DIE GROSSEN DER WELTGESCHICHTE

1.000 berühmte Persönlichkeiten von A bis Z

Feryal Kanbay

Sonderausgabe

1998 Trautwein Lexikon-Edition
Genehmigte Sonderausgabe

Redaktion: Dr. Matthias Feldbaum, Barry Sandoval
Redaktionsassistenz: Matthias Edbauer, Andrea Franz
Chefredaktion: Claudia Schäfer
Produktionsleitung: Uwe Eckhard
Abbildungen: Gruppo Editoriale Fabbri, Mailand; Lidman Production, Stockholm
Titelabbildungen: AKG, Berlin (4); Bundespräsidialamt, Bonn (1); Amerika-Haus, München (1); Gruppo Editoriale Fabbri, Mailand (4); Lidman Production, Stockholm (5); Microsoft, Unterschleißheim (1); Missionaries of Charity, München (1); Reuters, Frankfurt (1)
Umschlaggestaltung: Inga Koch

ISBN 3-8174-5228-4
5152281

VORWORT

Das Lexikon „Die Großen der Weltgeschichte“ stellt in über 1000 Artikeln, mit mehr als 600 Abbildungen, das Leben und Werk bedeutender Männer und Frauen aus allen Kontinenten und von der vorgeschichtlichen Zeit bis ins Zeitalter des Internet vor. Gedanken, Taten und Werke der geschilderten Persönlichkeiten verknüpfen sich zu prägnanten und aktuellen Kurzbiografien.

Aber nicht nur namhafte Staatsmänner und die wichtigsten Politiker unserer Tage sind vertreten: Auch die Großen aus Wissenschaft, Wirtschaft, Religion und Philosophie, aus Literatur, Malerei, Musik, Theater, Medien und Sport werden hier gewürdigt – in konzentrierter, präziser und anschaulicher Form.

„Die Großen der Weltgeschichte“ werden somit zu einem ebenso informativen wie kurzweiligen Nachschlagewerk für Jung und Alt – für alle, die ihr Allgemeinwissen testen und erweitern wollen.

BENUTZERHINWEISE

Der **Artikelkopf** verschafft einen knappen Überblick über die Person (Name, Nationalität, Beruf und Lebensdaten werden hier hervorgehoben); der anschließende **Textteil** schildert ausführlich deren Bedeutung und Leistung.

Die Zuordnung der Persönlichkeiten zu **Piktogrammen** dient einer größeren Überschaubarkeit der Themengebiete. Folgende Symbole werden in diesem Lexikon verwendet:

Geschichte und Politik

Kunst und Kultur

Wissenschaft und Technik

Wirtschaft

Religion

Philosophie

Sport

Die **Umlaute** ä, ö, ü, werden wie a, o, u behandelt; ae, oe, ue werden getrennt alphabetisiert.

Wissenschaftlich nicht sicher belegte Daten sind als solche gekennzeichnet (z. B. † um 1260).

In den Texten wird mit **Verweispfeilen** (→) auf weiterführende, ergänzende Biografien hingewiesen, die ebenfalls als Stichwort im Lexikon vertreten sind.

Auf **Länderangaben** bei den Geburts- bzw. Sterbeorten wird verzichtet, wenn diese mit der Nationalitätsangabe in der Berufszeile übereinstimmt.

Namensartikel wie „de" und „von" werden bei der Alphabetisierung nicht berücksichtigt: d'Annunzio findet sich also unter Annunzio, van Gogh unter Gogh.

ABKÜRZUNGEN

Auf Abkürzungen wird im Text weitgehend verzichtet. Abgekürzt werden Adjektive, die auf -lich und -isch enden sowie die unten aufgeführten nicht sprechenden Abkürzungen:

Allgemeine Abkürzungen:

Bd., Bde.	Band, Bände	n. Chr.	nach Christi Geburt
d. Ä.	der Ältere	reg.	regierte
d. h.	das heißt	s.	siehe
d. i.	das ist	s. a.	siehe auch
d. J.	der Jüngere	sog.	so genannt
dt.	deutsch	u. a.	und andere, unter anderem
eigtl.	eigentlich	urspr.	ursprünglich
Frhr.	Freiherr	vollst.	vollständig
frz.	französisch	*	geboren
hl.	heilig(e)	†	gestorben
Jh., Jh.s	Jahrhundert(s)		

Amerikanische Bundesstaaten:

AL	Alabama	IA	Iowa	NE	Nebraska	SC	South Carolina
AK	Alaska	IN	Indiana	NV	Nevada	SD	South Dakota
AZ	Arizona	KS	Kansas	NC	North Carolina	TN	Tennessee
AR	Arkansas	KY	Kentucky	ND	North Dakota	TX	Texas
CA	Kalifornien	LA	Louisiana	NH	New Hampshire	UT	Utah
CO	Colorado	MA	Massachusetts	NJ	New Jersey	VA	Virginia
CT	Connecticut	MD	Maryland	NM	New Mexico	VT	Vermont
DE	Delaware	ME	Maine	NY	New York	WA	Washington
FL	Florida	MI	Michigan	OH	Ohio	WI	Wisconsin
GA	Georgia	MN	Minneapolis	OK	Oklahoma	WV	West Virginia
HI	Hawaii	MS	Mississippi	OR	Oregon	WY	Wyoming
ID	Idaho	MT	Montana	PA	Pennsylvania		
IL	Illinois	MO	Missouri	RI	Rhode Island		

Abaelardus, Petrus

(auch: Abélard, Abälard)
frz. Philosoph und Theologe
* 1079 in Palet bei Nantes
† 21.4.1142 bei Chalon-sur-Saône

A. gilt als Mitbegründer des mittelalterlichen Denkens. Der Sohn eines bretonischen Ritters schlug sein Erbe aus, um Theologie und Philosophie zu studieren. A. unterrichtete bereits ab seinem 22. Lebensjahr an eigenen Schulen in Melun, Corbeille, ab 1115 in Paris. Bekannt ist sein Liebesverhältnis zu seiner 17-jährigen Schülerin Héloïse, das er später in einem erfundenen Briefwechsel verherrlichte. Um die heimliche Heirat der beiden zu rächen, ließ der einflussreiche Onkel von Héloïse A. entmannen. Daraufhin ging er wie seine Geliebte ins Kloster, wo er weiter unterrichtete. A. bestimmte das mittelalterliche Denken in mehrfacher Hinsicht: *methodisch* aufgrund seiner scharfsinnig-dialektischen Unterscheidungskunst, *ontologisch* durch seine Stellungnahme im Universalienstreit, in dem er einen gemilderten Nominalismus vertrat, *theologisch* durch den Versuch Glauben und Wissen zu vereinigen sowie durch Kritik an mehreren Dogmen, wodurch er von der Kirche 1121 und 1141 verurteilt wurde.

Abraham

um 1800 v. Chr.

Nach dem Alten Testament ist A. der Stammvater Israels. Er steht für bedingungslosen Glauben, war er doch auf Befehl Gottes bereit seinen Sohn Isaak zu opfern. Laut Altem Testament ist A. aus Ur in Chaldäa in das Gelobte Land Kanaan eingewandert. Mit seiner Frau Sarah hatte er den Sohn Isaak, mit seiner Nebenfrau den Sohn Ismael. Im Islam gilt A. zusammen mit Ismael als Gründer der Kaaba in Mekka. Er wird als Gottesgesandter und erster Muslim verehrt.

Adenauer, Konrad

dt. Staatsmann
* 5.1.1876 in Köln
† 19.4.1967 in Rhöndorf

A. war der erste Kanzler der Bundesrepublik Deutschland. Der Sohn eines Kölner Kanzleirats studierte Jura und Volkswirtschaft. A. begann seine politische Karriere 1917 als Oberbürgermeister von Köln. Nach dem I. Weltkrieg trat er als Präsident des preußischen Staatsrates (1920–33) und als Abgeordneter im Provinzlandtag der Rheinprovinz für ein autonomes Rheinland innerhalb des Deutschen Reiches ein. 1933 wurde er als Gegner des Nationalsozialismus aller seiner Ämter enthoben, 1934 und 1944 vorübergehend inhaftiert. Nach Kriegsende setzten die amerikanischen Militärbehörden A. als Kölner Oberbürgermeister wieder ein. 1948 wurde er Präsident des Parlamentarischen Rates und wirkte an der Ausarbeitung des Grundgesetzes und der Entwicklung der BR Dtl. mit. A. wurde 1949 zum Vorsitzenden der CDU gewählt, deren Mitbegründer und Vorstandsmitglied er war. Im selben Jahr wählte der erste Deutsche Bundestag A., den Führer der stärksten Fraktion, zum Bundeskanzler. Er setzte sich für die Bestimmung Bonns zur Hauptstadt der neuen Republik ein. In den Jahren 1951–55 war er zugleich Außenminister. Das politische Hauptziel A.s war das internationale Vertrauen in Deutschland wiederherzustellen. Er verstärkte die Zusammenarbeit mit den USA bei gleichzeitiger Zurückweisung aller Vorschläge der Ostblockstaaten. 1954 erreichte er die Anerkennung der deutschen Souveränität durch die Westmächte und die Aufnahme der BR Dtl. in WEU und NATO. Mit der Sowjetunion nahm A. 1955 diplomatische Beziehungen auf und erreichte die Auslieferung der deutschen Kriegsgefangenen. 1953, 1957 und 1961 wurde er erneut zum Bundeskanzler gewählt. Ab 1958 wurde A.s Stellung durch außen- und innenpolitische Ereignisse, wie z. B. den Bau der Berliner Mauer, stark erschüttert. 1963 kam auf seine Initiative der dt.-franz. Freundschaftsvertrag zustande. Am 15.10.1963 trat A. vom Kanzleramt zurück, blieb jedoch bis 1966 Parteivorsitzender.

Adler, Alfred

österr. Psychiater und Psychologe
* 7.2.1870 in Wien
† 28.5.1927 in Aberdeen, Schottland

A. gilt als der Begründer der „Individualpsychologie". Ursprünglich Schüler und Mitarbeiter von S. →Freud, verwarf er 1911 dessen Theorien. Seine tiefenpsychologische Richtung ging vom Minderwertigkeitsgefühl des Menschen aus, verursacht durch die Erfahrung der Hilflosigkeit in der Kindheit, durch körperliche Mängel und soziale Ablehnung. Wie das Individuum seine Lebensziele verfolgt, kann daher nur im Zusammenhang mit der sozialen Gemeinschaft verstanden werden. A. leistete auch wertvolle Beiträge zur Sozialmedizin, Kindererziehung und zur Begründung einer eigenen Neurosenlehre. 1918 erschien sein Hauptwerk *Praxis und Theorie der Individualpsychologie*.

Adorno, Theodor W.

(urspr.: Th. Adorno-Wiesengrund)
dt. Philosoph, Soziologe und Musiktheoretiker
* 11.9.1903 in Frankfurt/Main
† 5.8.1969 in Visp, Schweiz

A. war der scharfsinnigste Gesellschafts- und Kulturkritiker Westdeutschlands. Zusammen mit Max Horkheimer Begründer der „Kritischen Theorie der Gesellschaft". 1925 war A. Kompositionsschüler bei Alban Berg. Nach dem Studium der Musik und Philosophie in Wien und

Frankfurt emigrierte er 1934 nach England. Nach langjährigen Lehrtätigkeiten in Oxford, New York und Los Angeles kam A. 1949 nach Deutschland zurück. Er lehrte an der Universität Frankfurt Philosophie und Soziologie; gleichzeitig leitete er das „Institut für Sozialforschung" (die sog. „Frankfurter Schule"). In seinen ideologiekritischen Arbeiten setzt er sich damit auseinander, dass die Aufklärung seit dem rationalen Denken des 18. Jh.s und durch die Technisierung in der modernen Industriegesellschaft sich in das selbstzerstörerische Gegenteil verkehrt habe. Aufklärung werde gezielt zur Sicherung von Herrschaft manipuliert und gegen die Freiheit des Menschen eingesetzt. Ab 1961 befasste sich A. mit den Methodenproblemen der Sozialwissenschaften. Nach seiner Rückkehr aus den USA wurde er zum Kritiker der kulturellen und intellektuellen deutschen Öffentlichkeit. Bedeutsam ist seine beratende Mitwirkung am Entstehen des „dt. Schicksalromans" *Dr. Faustus* von Th. →Mann (1947). Seine Werke: *Kierkegaard* (1933), *Dialektik der Aufklärung* (zusammen mit Horkheimer, 1947), *Philosophie der neuen Musik* (1949), *The Authoritarian Personality* (1950), *Minima Moralia* (1951), *Zur Metakritik der Erkenntnistheorie* (1956), *Musiksoziologie* (1962), *Negative Dialektik* (1966), *Ästhetische Theorie* (postum 1970).

Aischylos

(auch: Äschylus)
griech. Tragiker
* um 525 v. Chr. in Eleusis, Attika
† um 456 v. Chr. in Gela, Sizilien

A. gilt als Begründer der Tragödie als literarische Kunstform. Er führte die griechische

Tragödie aus der bis dahin starren Form in eine reichere des Dramas über. Er setzte neben dem einen bisher üblichen Schauspieler einen zweiten ein und konnte so mit dem Wechselgesang des Chors eine dramatische Handlung gestalten. In seinem Denken blieb A. der archaischen Religiosität verbunden; seine Trilogien endeten nicht mit dem Untergang des Helden, sondern mit der von den Göttern erwirkten Gnade und Erlösung. Von insgesamt etwa 90 Tragödien sind 7 vollständig überliefert: *Perser, Sieben gegen Theben, Prometheus, Hiketiden, Agamemnon, Choephoren, Euminiden;* von anderen Stücken sind nur Fragmente erhalten.

Albertus Magnus (hl.)

(urspr.: Graf Albrecht von Bollstädt)
dt. Theologe, Philosoph, Naturforscher
* um 1193 in Lauingen an der Donau
† 15.11.1280 in Köln

A. war der umfassendste und vielseitigste Gelehrte des Mittelalters („Doctor universalis"). Der Sohn einer staufischen Ministerialenfamilie wurde 1229 Dominikaner und lehrte an den Hochschulen von Köln und Paris. 1260–62 war A. Bischof von Regensburg. In seinen Schriften trat er für die Übernahme und christliche Umdeutung der aristotelischen Philosophie ein. Erst durch seine Übersetzungen ins Lateinische, die sein Schüler → Thomas von Aquin fortführte, konnten die – vorher teilweise verbotenen – Schriften des Aristoteles ihren Einfluss auf die Kirchenlehre entfalten. A. war auch ein bedeutender Naturwissenschaftler und besonders in der Botanik seiner Zeit voraus. Die erste Klassifikation der Pflanzen geht auf ihn zurück. Durch seine eigenen wissenschaftlichen Versuche widerlegte A. zahlreiche mythologische Vorstellungen. Sein großes Wissen auf den Gebieten der Chemie und Physik brachte ihm den Ruf eines Magiers ein. A. wurde 1931 von der katholischen Kirche heilig gesprochen (15.11.).

Alexander I. Pawlowitsch

Zar von Russland
* 23.12.1777 in St. Petersburg
† 1.12.1825 in Taganrog

A. war der älteste Sohn des Zaren Paul I., der unter Mitwisserschaft seines Sohnes ermordet wurde. Im Geist der Aufklärung von La Harpe erzogen, kam A. nach diesem Mord an die Macht. Er unterstützte 1805 Österreich, 1806/07 Preußen gegen →Napoleon I. Nach den Niederlagen bei Austerlitz (1805) und bei Friedland (1807) schloss A. mit dem französischen Kaiser ein Bündnis, das es ihm ermöglichte, im Krieg gegen Schweden (1808/09), Finnland und nach der Beendigung des Türkenkrieges (1809–12) Bessarabien zu gewinnen. Verärgert über die russischfeindliche Politik Napoleons in Polen, Oldenburg und Österreich sowie die schweren wirtschaftlichen Folgen der Kontinentalsperre, brach A. mit ihm 1811. Nach dem Scheitern der Großen Armee vor Moskau (1812) stellte er sich an die Spitze der antifranzösischen Koalition. Auf dem Wiener Kongress (1815) erreichte er die Vereinigung Polens mit Russland.

Alexander II. Nikolajewitsch

Zar von Russland
* 29.4.1818 in Moskau
† 13.3.1881 in St. Petersburg

Der Sohn von Nikolaus I. bestieg 1855 den Thron und beendete den Krimkrieg (1853–56).

A. führte in Russland zahlreiche Reformen durch: Die bäuerliche Leibeigenschaft wurde 1861 aufgehoben. 1862–66 kam es zur Modernisierung des Heeres, des Justiz-, Finanz- und Schulwesens. 1870/71 wurde der Dreikaiserbund mit Österreich und Preußen geschlossen, zerbrach aber durch das erneute russische Vordringen auf dem Balkan 1877/78. A., der bereits drei Attentaten unverletzt entkommen war, fiel 1881 dem Bombenanschlag der anarchistischen Gruppe „Volskwille“ zum Opfer.

Alexander VI.

(urspr.: Rodrigo de Borgia)
Papst
* 1430 in Jativa, Valencia
† 18.8.1503 in Rom

Schon in jungen Jahren durch seinen Onkel, Papst Calixt III., protegiert wurde A. bereits mit 25 Jahren Kardinal. Er führte ein sittenloses Leben und betrieb eine schamlose Vetternwirtschaft. Mit Vanozza de Cataneis hatte A. vier uneheliche Kinder. 1492 ließ er sich durch verbotenen Ämterkauf zum Papst wählen. Weiterhin galt sein Hauptinteresse seinem und dem Vermögen seiner Familie. Er versuchte, die Romagna für seinen Sohn C. →Borgia in ein Herzogtum umzuwandeln. Durch die Bulle „inter caetera divinae“ vom 4.5.1493 bestätigte er die Teilung der Neuen Welt zwischen Spanien und Portugal.

Alexander der Große

König von Makedonien
* 356 v. Chr. in Pella
† 10.6.323 v. Chr. in Babylon

Nach dem gewaltsamen Tod seines Vaters Philipp II. von Makedonien kam A. 336 20-jährig an die Macht. In nur 13 Jahren, bis zu seinem plötzlichen Tod, schuf er ein neues Weltreich. Als Schüler von Aristoteles war er mit der griechischen Bildung vertraut. A. sicherte als Feldherr des Korinthischen Bundes die Nordgrenze seines Landes durch einen Feldzug gegen die Thraker und Illyrer. 335 schlug er eine Revolte Griechenlands durch die Zerstörung Thebens nieder. 334 begann er den Kampf gegen die Perser, zog mit 42 000 Mann nach Asien, eroberte Kleinasien und besiegte 333 bei Issos den persischen Großkönig Darius III. Nach der Unterwerfung Syriens und Palästinas wurde A. in Ägypten als Befreier von der 200-jährigen Perserherrschaft begrüßt. Er gründete Alexandria, zog 331 zum Tigris und besiegte die Perser bei Gaugamela unter Darius III. endgültig. Nach Eroberung von Babylon, Susa und Ekbatana nannte er sich „König von Asien“. A. versuchte weiter seinen Bestand zu sichern, vor allem durch die Verschmelzung der Völker und Kulturen. Er selbst heiratete Roxane, eine baktrische Fürstentochter und später nochmals zwei achämenidische Prinzessinnen. Seine Versuche persische Sitten zu übernehmen führten bei Makedonen zu Hass und Verschwörung, die er blutig unterdrückte. 327–325 zog er, ohne strategische Notwendigkeit, nach Nordwestindien, besiegte König Poros, wurde jedoch durch seine meuternden Truppen zur Umkehr gezwungen. Bevor A. eine politische Einheit zwischen Makedonien, Griechenland und Vorderasien erreichen konnte, starb er 323 an der Malaria. A. führte durch die Erschließung des Orients für die griechische Kultur ein neues Zeitalter (Hellenismus) herauf.

Ali, Muhammad

(urspr.: Cassius Clay)
amerik. Boxer
* 17.1.1942 in Louisville (KY)

A. ist der erfolgreichste Boxer in der Geschichte des Boxsports. Er gewann 1960 bei den Olympischen Spielen in Rom die Goldmedaille im Halbschwergewicht. 1962 legte A. seinen Taufnamen Cassius Clay ab und trat der Sekte „Black-Muslim" bei. Seine Weigerung im Vietnamkrieg zu kämpfen brachte ihm 1967 die Aberkennung des Weltmeistertitels. 1974 holte er sich den Titel gegen George Foreman zurück. Sein Selbstbewusstsein und sein Showtalent trugen ihm den Spitznamen „Großmaul" ein. A. zog sich 1979 offiziell vom Boxsport zurück, betrat jedoch ein Jahr später noch einmal den Ring und gab gegen Larry Holmes auf. Heute leidet er an Schüttellähmung, einer Erkrankung des vegetativen Nervensystems.

Alkibiades

athen. Staatsmann und Feldherr
* um 450 v. Chr. in Athen
† 404 v. Chr. in Melissa, Phrygien

A. entstammte einer alten Adelsfamilie und war der Neffe des →Perikles. Der ehrgeizige und machthungrige Schüler von →Sokrates war ein hervorragender Rhetoriker und Stratege, dadurch konnte er das polit. Geschehen während des Peloponnesischen Krieges entscheidend mitbestimmen. A. wurde wegen Frevels am Mysterienkult zum Tode verurteilt, konnte jedoch nach Sparta fliehen. Er verhalf den Spartanern zu bedeutenden Erfolgen über Athen. Nach dem Zerwürfnis mit König Agis von Sparta ging er zu den Persern über. 411 mit Athen ausgesöhnt übernahm er wieder den Oberbefehl über die Flotte und erlangte durch Siege 410 und 408 unbeschränkte Machtbefugnis. Durch militärische Misserfolge (407) verlor A. seine Stellung als Feldherr. Erneut verurteilt floh er beim Zusammenbruch Athens 404 zu dem persischen Satrapen Pharnabazos, der ihn auf Betreiben des spartanischen Feldherrn Lysander ermorden ließ.

Altdorfer, Albrecht

dt. Maler, Kupferstecher und Baumeister
* um 1480 in Regensburg
† 12.2.1538 in Regensburg

A. war neben L. →Cranach d. Ä. und Wolf Huber einer der Hauptmeister der Donauschule, der Stilrichtung der Malerei im oberen Donaugebiet Anfang des 16. Jh.s. Der Regensburger Ratsherr und Stadtbaumeister war ein viel beschäftigter Künstler, von dem 55 Tafelbilder erhalten sind. In seinem berühmtesten Gemälde die Alexanderschlacht (1529), ein Bild voll dramatischen Geschehens, setzte er seine kräftigen Farben, die spielenden Lichter und seine detailfreudige Phantasie ein. Sein wichtigstes religiöses Werk ist der spätgotische Altar von St. Florian bei Linz. Von A. stammen die frühesten figurenlosen Landschaftsdarstellungen. In Komposition ungewöhnlich frei von Tradition wird mit Recht von „Altdorfscher Romantik" gesprochen, denn die 300 Jahre später einsetzende Romantik fand in ihm den Vorläufer. Neben Kupferstichen und Radierungen sind von A. eine große Zahl von Zeichnungen erhalten. Besonders hervorzuheben sind die Randzeichnungen zum Gebetbuch Kaiser →Maximilians I. A.s Tätigkeit als Baumeister beschränkte sich v. a. auf Nutzbauten.

Ampère, André Marie

frz. Mathematiker und Physiker
* 20.1.1775 in Lyon
† 10.6.1836 in Marseille

Der Mitbegründer der Elektrodynamik, auf deren Anwendung heute das Prinzip aller Elektromotoren und Generatoren beruht, stellte das nach ihm benannte Ampèresche Gesetz auf: Zwei parallele, stromdurchflossene Leiter (z. B. zwei Kupferdrähte) ziehen sich an oder stoßen sich ab, je nachdem, ob die Ströme in ihnen in die gleiche oder entgegengesetzte Richtung fließen. A. versuchte ferner den Magnetismus auf atomare Ringströme zurückzuführen und stellte die Regeln über die Ablenkung eines Magneten im elektrischen Feld auf. Ihm zu Ehren trägt die Einheit der Stromstärke seinen Namen.

Amundsen, Roald

norw. Polarforscher
* 16.7.1872 in Borge, Östfold
† Juni 1928 (verschollen)

Nach Abbruch seines Medizinstudiums beteiligte sich A. an der belgischen Südpolexpedition 1897–99, studierte dann an deutschen Observatorien Geophysik. Er durchfuhr 1903–06 erstmals die Nordwestpassage. Im Wettlauf mit R. F. Scott erreichten A. und seine vier Gefährten am 14.12.1911 zuerst den Südpol. Auf dem Rückweg entdeckte A. die bis 4068 m hohe Königin-Maud-Gebirgskette. 1926 gelang ihm zusammen mit Ellsworth und Nobile im Luftschiff „Norge“ den Nordpol zu überfliegen. Von einem Rettungsflug in die Arktis für die Nobile-Expedition kehrte er im Juni 1928 nicht zurück. Von A. sind diverse Reiseberichte erschienen, darunter *Die Eroberung des Südpols* (dt. 1912).

Andersen, Hans Christian

dän. Dichter
* 2.4.1805 in Odense
† 4.8.1875 in Kopenhagen

Weltberühmt wurde A. durch seine *Märchen und Erzählungen für Kinder* (1835–48, dt. 1959). Der Sohn eines dänischen Schusters ging 14-jährig nach Kopenhagen ans Theater, um sich in Gesang und Tanz ausbilden zu lassen. A. setzte sich mit dem Roman Der Improvisator (1835, dt. 1909) als Schriftsteller durch. Mit Humor und viel Phantasie schrieb er zunächst nur für Kinder, reicherte später seine Erzählform mit feiner Ironie und Lebensweisheit an, so dass immer mehr Erwachsene seine Werke schätzen lernten. A.s Werke sind unverkennbar von der Romantik beeinflusst: *Die Prinzessin auf der Erbse, Die Schneekönigin, Das hässliche Entlein* oder *Des Kaisers neue Kleider* sind eindrucksvolle Beispiele dafür.

Annunzio, Gabriele d'

(eigtl.: Antonio Rapagnetta)
ital. Dichter und Politiker
* 12.3.1863 in Pescara
† 1.3.1938 in Cargnacco am Gardasee

Der emphatisch-pathetische Lyriker A. war ein wortgewaltiger Formalist, dessen Werk, beeinflusst vom französischen Symbolismus, R. →Wagner und F. →Nietzsche, ein zentrales Motiv hatte: Der heroische, die Grenzen der Konventionen missachtende Übermensch, den er am vollkommensten in seinem Roman Feuer (1900, dt. 1900) darstellte. Einer wohlhabenden Bauernfamilie entstammend, veröffentlichte A. bereits als Gymnasiast seinen ersten Gedichtband *Primo verde* (1879). Sein Werk wurde durch die Freundschaft zu der Schauspielein E. →Duse wesentlich mitgeformt. Seine pathetische Lyrik gipfelte in den *Laudi del cielo, del mare, della terra e degli eroi* (1903–33). 1897 wurde A. Parlamentsabgeordneter der extremen Rechten, schloss sich dem Faschismus an und war eng mit Mussolini befreundet. 1924 wurde er in den Adelsstand erhoben.

Anselm von Canterbury (hl.)

engl. Theologe, Kirchenlehrer und Philosoph
* 1033 oder 1034 in Aosta
† 21.4.1109 in Canterbury

Der Begründer der Scholastik in England entstammte lombardischem Adel. A. trat 1060 in das Benediktinerkloster Bec bei Rouen ein, wurde 1078 Abt zu Bec. Er setzte die Tradition der christlichen Gelehrsamkeit seines Lehrers Lanfranc fort, wurde 1093 als dessen Nachfolger Bischof von Canterbury. Im Investiturstreit gegen die englischen Könige Wilhelm II. und Heinrich I. verteidigte A. das Kirchenrecht, musste nach Rom fliehen, konnte 1106 einen Ausgleich mit der englischen Krone herbeiführen. Er entwickelte den Schluss von der Idee Gottes auf seine Existenz, der später von I. →Kant als „ontologischer Gottesbeweis" bezeichnet und widerlegt wurde. A.s berühmteste Schriften sind: *Monologium, Prologium* und *Cur deus homo*. 1720 wurde er heilig gesprochen (21.4.).

Antiochos III., der Große

König von Syrien
* 242/43 v. Chr.
† 4.6. oder 4.7.187 v. Chr. bei Susa/Elymais

A., Sohn von Seleukos II., war 223–187 v. Chr. König des Seleukidenreiches. Er gewann nach mehreren Aufständen die Herrschaft über Kleinasien und Medien zurück und verlor im 4. Syrischen Krieg gegen Ägypten bei Raphia (217) Phönizien und Palästina. Auf seinem großen Feldzug nach Indien machte A. Armenien (212), das Partherreich (208), Baktrien und Gandhara (206) zu Vasallen, konnte jedoch seine Macht nirgends wirklich festigen. Um 200 eroberte er Palästina und Phönizien zurück, forderte Rom heraus und wurde zwischen 192 und 189 mehrmals geschlagen. A. musste daraufhin Kleinasien bis zum Turus räumen und an Rom hohe Reparationen zahlen. Bei einem Tempelraub wurde er im heutigen Südiran erschlagen.

Antonius, Marcus

(auch: Mark Anton)
röm. Feldherr und Staatsmann
* um 82 v. Chr.
† 1.8.30 v. Chr. in Alexandria

A.s Aufstieg als erfolgreicher Reiterführer hatte in Syrien und Gallien begonnen. Er war 54 v. Chr. Legat unter →Caesar, ab 49 Volkstribun, 44 zusammen mit Caesar Konsul. Nach dessen Ermordung verdammte er in seiner Leichenrede öffentlich die Mörder. 43 unterlag A. im Kampf um die Macht den Senatstruppen unter Oktavian (dem späteren Kaiser →Augustus) bei Mutina. Noch im gleichen Jahr söhnte er sich mit Oktavian aus und bildete mit ihm und Lepidus das zweite Triumvirat. 42 siegte A. gemeinsam mit Oktavian über die Cäsarmörder Brutus und Cassius bei Philippi. Bei der Aufteilung des Oberbefehls erhielt er den Osten, traf in Tarsus 41 erstmals die ägyptische Vasallenkönigin →Kleopatra. Vor allem die Übertragung ganzer römischer Provinzen an die Söhne Kleopatras, die er 37 geehelicht hatte, führte zum Bruch mit Oktavian und hatte dessen Kriegserklärung an A. zur Folge. A. verlor die Seeschlacht bei Aktium (31), floh nach Alexandria, wo er sich das Leben nahm.

Apollinaire, Guillaume

(eigtl.: Willhelm Appolinaris Kostrowitsky)
frz. Dichter poln.-ital. Herkunft
* 26.8.1880 in Rom
† 9.11.1918 in Paris

A. war einer der Wegbereiter der Moderne. Als Literatur- und Kunstkritiker entdeckte und förderte er Künstler wie P. →Picasso, G. →Braque und H. →Matisse. Dem Kubismus verhalf er zur Geltung und prägte den Begriff des Surrealismus. Nach der Schulausbildung in Monaco und Reisen durch Mitteleuropa, ließ er sich endgültig in Paris nieder. Bekannt wurde A. durch seine Gedichtsammlungen *Alcools* (1913, dt.1978) und *Calligrammes* (1918). A. gilt als Schöpfer eines neuen lyrischen Stils mit Direktheit und Spontanität der Form, wobei er weitgehend auf Interpunktion verzichtete. 1916 erlitt A. im Krieg eine schwere Kopfverletzung. 1918 starb er an der spanischen Grippe.

Arafat, Jasir

paläst. Politiker
* 27.8.1929 in Jerusalem

Der Gründer und Führer der Al Fatah, der größten palästinensischen Befreiungsorganisation, lässt in seinem Verhalten zu Israel einen deutlichen Wandel von radikaler Feindschaft zur Anerkennung des Existenzrechts des Staates Israel

erkennen. A. nahm 1948 am arabisch-israelischen Krieg teil, studierte nach 1951 Elektrotechnik in Ägypten. 1957–65 lebte er als Unternehmer in Kuwait. Nach der Gründung der Al Fatah (1963) wurde A. 1969 Vorsitzender des Exekutivrats der Palästinensischen Befreiungsbewegung (PLO). Nach der Errichtung der palästinensischen Exilregierung in Tunis, erkannte er 1988 den Staat Israel an. 1993 unterzeichneten A. und der israelische Ministerpräsident Yitzhak →Rabin das Abkommen über die Teilautonomie im Gasastreifen und in Jericho. Er erhielt 1994 zusammen mit Rabin und S. Perez den Friedensnobelpreis. Seit 1996 ist A. erster gewählter Präsident Palästinas.

Archimedes

griech. Mathematiker, Physiker und Erfinder
* 287 v. Chr. in Syrakus
† 212 v. Chr. in Syrakus

A. war der vielseitigste Naturwissenschaftler seiner Zeit. Er entdeckte zahlreiche physikalische Größen und Gesetze. Eine seiner größten Leistungen war die Formulierung des Hebelgesetzes, die er am einfachen Flaschenzug herausfand („Gebt mir einen festen Punkt außerhalb der Erde, und ich werde sie aus den Angeln heben"). Den ersten Flaschenzug baute A. mittels mehrerer Rollen. Die schiefe Ebene inspirierte ihn zur Erfindung der Schraube. Auch entdeckte er das nach ihm benannte „Archimedische Prinzip" des Auftriebs. A., der in

Alexandria studiert hatte, berechnete als Mathematiker Quadratwurzeln, Flächen und Rauminhalte, fand das spezifische Gewicht und das Gesetz des Schwerpunkts. Während der Eroberung von Syrakus wurde A. von römischen Soldaten erschlagen.

Ardenne, Manfred von

dt. Physiker
* 20.1.1907 in Hamburg
† 26.5.1997 in Dresden

Seine zahlreichen Erfindungen auf dem Gebiet der Elektrotechnik machten A. bekannt. Er war führend an der Entwicklung des Fernsehens, der Radartechnik und des Elektronenmikroskops beteiligt. 1928–45 leitete A. das von ihm in Berlin gegründete Forschungslabor für Elektronenphysik. Zwischen 1945 und 1955 war er in der UdSSR u. a. an der Entwicklung der ersten sowj. Atombombe beteiligt und erhielt 1953 den Stalin-Preis, 1970 die Lenin-Medaille. Ab 1955 übernahm A. eine Professur an der TU Dresden und war 1963–89 Mitglied der Volkskammer der DDR. In den letzten Jahren seiner Forschungstätigkeit beschäftigte sich A. auch mit der Krebsbekämpfung.

Ariosto, Ludovico

ital. Dichter
* 8.9.1474 in Reggio Emilia
† 6.7.1533 in Ferrara

Mit seinem Hauptwerk *Die Historie vom rasenden Roland* (1516–21, dt.1631–35), einem Epos in 46 Gesängen, ging A. in die Weltliteratur ein. Es war die Fortsetzung von Boiardos *Orlando inamorato* und übernahm die zum Hofton erhobene Form des Ritterromans und bildete als glanzvolle Erneuerung des Roland- und Artusstoffes den Höhepunkt der Renaissance-Dichtung. A. hatte seine humanistischen Studien beim Tod seines Vaters aufgeben müssen. 1503–17 war er als Dichter und Gesellschafter beim Kardinal Ippolito d'Este tätig. In dieser Zeit schrieb A. antikisierende Komödien, Satiren, Episteln und Gedichte nach dem Vorbild des Horaz und des Catull. 1524 wurde er Dichter und Direktor des Hoftheaters in Ferrara, wo er sich später ins Privatleben zurückzog.

Aristophanes

griech. Komödiendichter
* um 445 v. Chr. in Athen
† um 385 in Athen

A. war der bedeutendste Komödiendichter Athens. In einer Zeit des politischen und gesellschaftlichen Umbruchs gab er dem Unbehagen über den Zerfall des althellenischen Lebensideals Ausdruck durch Karikierung von Geschäftemachern und Kriegstreibern. Seine Werke sind eine Mischung aus geistreichem Humor, Satire, Derbheit und Pikanterie. Über die Herkunft und das Privatleben des Dichters ist sehr wenig bekannt. Von seinen insgesamt 44 Werken sind 11 erhalten, z. B. *Die Wolken* (423), *Die Wespen* (422), sein Hauptwerk *Die Vögel* (414), *Lysistrata* (411), *Frösche* (405), *Ekklesiazusen* (392?).

Aristoteles

griech. Philosoph und Naturforscher
* um 384 v. Chr. in Stagira, Thrakien
† um 322 v. Chr. in Chalkis auf Euböa

A. gilt neben →Sokrates und →Platon als Begründer der wissenschaftlichen Philosophie sowie als größter Denker und Naturforscher des Altertums. Zwanzig Jahre lang war er Mitarbeiter in Platons Akademie in Athen und zugleich dessen entschiedener Kritiker. Der Gegensatz zwischen A. Realismus und Platons Idealismus durchzieht die gesamte spätere Philosophie. Während seines Aufenthaltes am Hof des Hermias von Atarneus in Assos (Kleinasien) heiratete A. dessen Adoptivtochter Pythia. 342 wurde er als Erzieher des damals 13-jährigen →Alexander des Großen an den makedonischen Hof berufen. 335 kehrte er nach Athen zurück und gründete eine eigene Schule, den Peripatos. Nach dem Tod Alexanders des Großen 323 wurde A. wegen Gottlosigkeit angeklagt und floh nach Chalkis, wo er kurz darauf starb. Die meisten erhaltenen Schriften des A. sind Vorlesungskonzepte aus der Zeit der Lehrtätigkeit im Peripatos, während seine populär gehaltenen Lebensanweisungen und die Notizen fast vollständig verlorengegangen sind. Seine Schriften werden eingeteilt in: 1. die *Logik* (sechs Schriften), die sich mit der allgemeinen Bestimmung der Dinge sowie mit den Grundbegriffen und Regeln der richtigen Urteilsbildung und Schlussfolgerung befasst. 2. die *Metaphysik* (14 Bücher), die das Seiende als Seiendes und das höchste Seiende zum Thema hat. In ihr werden die Prinzipien aller Dinge untersucht: Stoff, Form, Zweck und Grund, wobei Gott in die Überlegungen mit einbezogen wird. 3. die *Naturphilosophie,* die sich mit den Grundbegriffen Raum, Zeit und Bewegung, mit den Elementen und der Zweckmäßigkeit der Natur einschließlich der menschlichen Seele befasst. 4. die *Ethik* (drei Schriften); sie bestimmt die Glückseligkeit des Menschen als das höchste Gut. Die Vollkommenheit wird durch die Theorie erreicht. 5. die *Politik,* in der der Mensch als ein von Natur aus soziales Wesen beschrieben wird. Aus anderen Gebieten sind nur einzelne Bemerkungen oder Fragmente erhalten; bis in unsere Zeit wirkt die *Poetik,* die vor allem die Tragödie analysiert. Zu besonderer Bedeutung kam A. in der christlichen Philosophie des Mittelalters.

Arkwright, Sir Richard

engl. Techniker und Erfinder
* 23.12.1732 in Preston, Lancashire
† 3.8.1792 in Cromford, Derbyshire

Durch die Konstruktion einer Baumwollspinnmaschine mit automatischer Garnzuführung (1768) wurde A. zum Wegbereiter der modernen Großindustrie. Zum Antrieb nutzte er ab 1775 statt der bisherigen Pferdekraft die Wasserkraft, ab 1790 dann die Dampfkraft. Durch den Aufbau der eigenen Textilproduktion wurde der ehemalige Barbier A. zum größten Textilfabrikanten seiner Zeit.

Arminius

german. Stammesfürst
* um 17 v. Chr
† um 19 nach Chr.

Der Sohn des Cheruskerfürsten Segimer, volkstümlich fälschlicherweise „Hermann“ genannt, wurde von Tacitus bis Kleist als Sinnbild des germanischen Freiheitkampfes gegen die Römer verstanden. Ihm ist es zu verdanken, dass sich das Römische Reich nicht bis hin zur Elbe ausdehnen konnte. Um 8 v.Chr erlernte A. im römischen Dienst das Kriegshandwerk. Unter Kaiser Tiberius kämpfte er gegen seine eigenen Landleute und erhielt für seine Verdienste das römische Bürgerrecht und die Ritterwürde. A. kehrte um 7 n. Chr. nach Germanien zurück und vernichtete gemeinsam mit anderen Germanenfürsten drei Legionen des römishen Statthalters Varus im Teutoburger Wald (9 n. Chr.). Eine Einigung der Germanen konnte er nicht erreichen, da die meisten Fürsten eine Verständigung mit

Rom suchten und sich gegen ihn stellten. A. führte den Kampf gegen Rom allein weiter, bis ihn die eigenen Verwandten,die seine zunehmende Machtstellung fürchteten, ermordeten.

Armstrong, Louis Daniel „Satchmo“

amerik. Jazzmusiker
* 4.7.1900 in New Orleans
† 6.7.1971 in New York

A. ist eine der berühmtesten, stilbildenden Persönlichkeiten in der Geschichte der Jazzmusik. Er begann seine Musikerlaufbahn in der Stilepoche des New-Orleans-Jazz. Nach 1924 bildete A. eigene Bands, spielte ab 1928 ausschließlich Trompete; durch sie und seine rauchige Stimme wurde er berühmt. Ab 1935 machte A. die Entwicklung zum neuen Swing-Stil mit, den er mit dem klassischen Jazz im Dixieland-Stil vereinte. A. wurde mit Hits wie *Mack the knife* (1959) und *What a wonderful world* (1968) einem breiten Publikum bekannt. Daneben wirkte er auch in über 35 Filmen mit.

Armstrong, Neil Alden

amerik. Astronaut
* 5.8.1930 in Wapakoneta (OH)

A. betrat am 21.7.1969 als erster Mensch den Mond, auf dem er als Kommandant von „Apollo 11“ mit der Mondfähre „Eagle“ gelandet war. Seine ersten Worte auf dem Erdtrabanten „Es ist nur ein kleiner Schritt für den Menschen, aber ein großer für die Menschheit“ blieben bis heute unvergessen. Eines der größten Abenteuer der Menschheit wurde damals weltweit live übertragen.

Arnim, Achim (Ludwig Joachim) von

dt. Dichter
* 26.1.1781 in Berlin
† 21.1.1831 in Wiepersdorf, Jüterbog

Als einer der bedeutendsten Vertreter der Hochromantik prägte A. die Kunst- und Weltanschauung dieser Geistesbewegung. Er studierte anfänglich Rechts- und Naturwissenschften, widmete sich aber später ausschließlich der Literatur. Mit C. →Brentano, dessen Schwester Bettina er 1811 heiratete, verband ihn eine lebenslange Freundschaft. Zusammen mit ihm war A. der Herausgeber und Bearbeiter der ers-ten deutschen Volksliedsammlung *Des Knaben Wunderhorn* (1805– 1808), die weitreichende Wirkungen im dt. Kunst- und Geistesleben bis ins 20.Jh. zeitigte. A. verfasste ein umfangreiches lyrisches Werk, schrieb patriotische Kriegslieder, phantastisch-historische Novellen wie z. B. die Sammlung *Der Wintergarten* (1809), den unvollendeten historischen Roman *Die Kronenwächter* (1817) und das Drama *Halle und Jerusalem* (1811). Großen Erfolg mit seinen Werken hatte A. nicht, da es ihm trotz des Ideenreichtums an Gestaltungskraft fehlte.

Artus

(auch: Arthur)
sagenhafter engl. König
um 500

A. soll im 6. Jh. gegen die eindringenden Angeln und Sachsen gekämpft haben. Zum ersten

Mal wird er in der sagengeschichtlich ergiebigen *Historia Britonum* des Nennius (9. Jh.) erwähnt. Besonders seit der *Historia Regum Britanniae* des Geoffrey von Monmouth (1135) wird A. Stoff vieler höfischer Epen, z. B. bei Hartmann von Aue, Gottfried von Straßburg und Sir Thomas Malory. Die Gestalt des Königs A. und seiner Tafelrunde von zwölf getreuen Rittern (Erec, Lancelot u. a.) geht vor allem auf keltische Märchen zurück.

Attila

(auch: Etzel, Atli)
Hunnenkönig
* um 410 (?)
† 453

Das Reich A.s reichte 445 vom Kaukasus bis an den Rhein. 434 hatte er gemeinsam mit seinem Bruder Bleda die Macht übernommen, ließ ihn jedoch bald ermorden und war dann der Alleinherrscher der Hunnen. Beim Angriff des Weststroms verwüstete er 451 Nordgallien, erlitt im gleichen Jahr auf den Katalaunischen Feldern im heutigen Frankreich durch die Westgoten eine Niederlage. 452 zog A. plündernd durch Italien bis nach Rom, doch Papst Leo I. konnte ihn zur Umkehr bewegen. Er starb in der Nacht seiner Vermählung mit der Burgunderin Ildiko, wahrscheinlich durch Mord. Nach A.s Tod löste sich das Hunnenreich vollkommen auf. Literarische Wirkung erlebte die Figur Etzels, als sie um 1200 in das *Nibelungenlied* einging.

Augstein, Rudolf

dt. Publizist
* 5.11.1923 in Hannover

A. ist der Herausgeber und Miteigentümer des Nachrichtenmagazins „Der Spiegel“. Mit dem enthüllenden Journalismus nach angelsächsischem Vorbild und der unverwechselbaren Sprache des „Spiegels“ prägte er die Nachkriegspresse in Deutschland ganz entscheidend und trug zur Aufdeckung zahlreicher politischer Skandale bei. A. war Gegner der Adenauer-Regierung, die er stets scharf kritisierte. 1962/63, während der „Spiegel-Affäre“, wurde er zeitweilig inhaftiert. A., der Mitglied des deutschen P.E.N-Zentrums ist, betätigte sich auch als Buchautor (*Preußens Friedrich und die Deutschen,* 1968; *Jesus Menschensohn,* 1972).

Augustinus, Aurelius (hl.)

christlicher Theologe, Philosoph und Kirchenlehrer
* 13.11. 354 in Tagaste, Numidien
† 28.8.430 in Hippo Regius, Nordafrika

Urpründlich war A., Sohn eines heidnischen Kleinbauern, Lehrer der Rhetorik. Er setzte sich mit Ciceros Philosophie auseinander, war Anhänger des Manichäismus, von der er sich aber wieder löste. Ab 383 studierte A. in Rom und Mailand den Neuplatonismus, trat nach dieser wechselvollen geistigen Entwicklung 387 zum Christentum über und wurde 395 Bischof von Hippo. Von kirchenpolitischer Bedeutung war sein Kampf gegen die zeitgenössischen religiösen Strömungen wie des Manichäismus sowie für den bedingungslosen Gehorsam gegenüber der römischen Kirche. Die Theologie des A.s ist bestimmt durch seine Lehre von der göttlichen Dreieinigkeit (*De Trinitate,* 399–419), von der Verdorbenheit der menschlichen Natur und der Notwendigkeit für die Erlangung der Glückseligkeit. Seine Definition des Verhältnisses Gott-Mensch blieb gültig für die nächsten Jahrhunderte. Mit dem Buch *De Civitate Dei* (*Über den Gottesstaat,* 413–26) schuf er ein geschichtsphilosophisches Modell, das im Mittelalter zu Auseinandersetzungen führte. In seiner Ethik versuchte A. Tugend und göttliche Vorsehung (Prädestinationslehre) in Einklang zu bringen. Sein Lebenswerk war für die gesamte Theologie des Mittelalters von größter Bedeutung und begründete die Vorherrschaft der westlichen Kirche. Heilig gesprochen (28.8.).

Augustus

(urspr.: Gajus Octavius)
erster röm. Kaiser
* 23.9.63 v. Chr.in Velitrae
† 19.8.14 n. Chr. in Nola bei Neapel

A. war Großneffe und Adoptivsohn →Caesars und zu dessen politischem Erben bestimmt. Nach Caesars Ermordung 44 v. Chr. erhielt er das Konsulat und schloss 43 mit Markus Antonius und Lepidus das 2. Triumvirat. Nach dem Sieg über Caesars Mörder →Brutus und Cassius im Jahre 42 teilten die Triumviren das Reich unter sich auf: A. erhielt den Westen, Antonius den Osten und Lepidus Afrika. Nach dem Sieg über Antonius bei Aktium (31 v. Chr.) und nach Ausschaltung des Lepidus war A. Alleinherrscher. Die Eroberung Alexandrias (30) beendete den Bürgerkrieg. Nach seiner triumphalen Rückkehr nach Rom (29) erneuerte er Staat und Gesellschaft unter betonter, jedoch nur äußerlicher Wahrung der republikanischen Traditionen. Mit ihm beginnt das Prinzipat, die röm. Kaiserzeit. 27 verlieh ihm der Senat den Ehrentitel „Augustus“ für die Wiederherstellung von Ruhe und Ordnung. Er sicherte die Reichsgrenzen in Gallien, Spanien, an der Donau, im Vorderen Orient und Afrika, eroberte die Alpen und das nördliche Alpenvorland. A. war ein Förderer der Wissenschaft und Kunst, holte →Vergil, →Horaz und →Ovid an seinen Hof und verfasste selbst die autobiographischen *Res gestae Divi Augusti* (Taten des Göttlichen Augustus). Ein Denkmal der augusteischen Kunst ist der „Altar des Augusteischen Friedens“ in Rom. Der Name A. (= der Erhabene) wurde später Bestandteil des offiziellen Titels röm. Kaiser.

Austen, Jane

engl. Schriftstellerin
* 16.12.1775 in Steventon, Hampshire
† 18.7.1817 in Winchester, Hampshire

A.s Beitrag zur englischen Literatur sind ihre großen Romane, von denen einige durch die Zeitlosigkeit ihrer Problematik heute noch einen tiefgehenden Eindruck beim Leser hinterlassen. Ihr Talent, mit feiner Ironie die Gesellschaft ihrer Zeit zu karikieren, zeigte sich bereits in jungen Jahren. A. schrieb Gesellschaftsromane, in denen sie den ländlichen Alltag aufs Korn nahm, den selbstgerechten Landadel und den gehobenen Mittelstand schilderte. Berühmt wurde die Schriftstellerin durch die besondere Erzähltechnik der erlebten Rede wie in ihrem Roman *Sense and Sensibility* (1811), der in den 90er Jahren des 20. Jh.s erfolgreich verfilmt wurde. In ihren Werken wie *Emma* (1816, dt.1961), *Stolz und Vorurteil* (1948; *Pride and Prejudice,* 1813) und *Mansfield Park* (1814) wirkt A. geradezu modern und ist von einer gewinnenden Klugheit, wenn sie Menschen und Dinge mit großer Schärfe betrachtet und sie mit verhaltenem Humor nachzeichnet.

Averroes

(eigtl.: Ibn Ruschd)
arab. Philosoph, Mediziner und Schriftsteller
* 1126 in Cordoba
† 11.12.1198 in Marrakesch

Als bedeutendster Vertreter der arabischen Philosophie versuchte A. über die Philosophie des

→Aristoteles eine Brücke zwischen Islam und Christentum zu schlagen. A. hatte in Cordoba Jura und Medizin studiert, war Kadi in Sevilla, später Leibarzt am Almohadenhof in Marokko. Neben den Aristoteles-Kommentaren schrieb er auch juristische Werke und eine umfassende Darstellung der Medizin seiner Zeit. Für A. ist die Welt unvergänglich sowie der Geist im Ganzen, nicht jedoch die einzelne menschliche Seele als Teil des einen Geistes. Diese Auffassung entsprach nicht der der Scholastik und wurde bekämpft. Seine Aristoteles-Kommentare dagegen waren im Mittelalter sehr geschätzt. Der „Averroismus" hatte trotz kirchlichen Verbots bis in die Renaissance Anhänger.

Avicenna

(eigtl.: Ibn Sina Abu Ali Al Husein)
pers. Arzt und Philosoph
* um 980 in Churmaiten bei Buchara
† Juli 1037 in Hamadan, Persien

A. studierte Jura, Philosophie und Naturwissenschaften. Seine Werke, meist arabisch geschrieben, umfassen beinahe das gesamte Wissen der damaligen Zeit. Sein Handbuch *Canon medicinae* (im 12. Jh. ins Lateinische übersetzt) war an den europäischen Hochschulen rund 700 Jahre lang für die Medizin (Lehre und Praxis) maßgebend. Als Philosoph gelang A. die Verschmelzung der aristotelischen mit den neuplatonischen Gedanken, die er in der 18-bändigen Enzyklopädie der Philosophie *Buch der Genesung der Seele* niederlegte. Seine Philosophie hatte starke Wirkung auf die Scholastik.

Babbage, Charles

engl. Mathematiker
* 26.12.1792 in Teignmouth, Devonshire
† 18.10.1871 in London

B., der 1828–39 Professor für Mathematik in Cambridge war, befasste sich vor allem mit der Entwicklung großer Rechenanlagen. Später konstruierte er eine programmgesteuerte Rechenmaschine, die als eine wichtige Grundlage für die Entwicklung des modernen elektronischen Computers angesehen werden kann.

Bach, Johann Sebastian

dt. Komponist
* 21.3.1685 in Eisenach
† 28.7.1750 in Leipzig

B. gelang mit seinem Werk eine einzigartige Synthese verschiedenster musikalischer Erscheinungsformen seiner Zeit: Tradition des protestantischen Chorals und der norddeutschen Orgelmusik, ital. Oper, zeitgenössische italienische Instrumentalmusik und Oratorium sowie französische und italienische Klaviermusik. Er stammte aus einer thüringischen Musikerfamilie. Nach dem frühen Tod der Eltern Johann Ambrosius B. und Elisabeth Lämmerhirt wurde B. Schüler seines älteren Bruders, des Organisten Johann Christoph B. 1703 wurde er Organist in Arnstadt, 1707 in Mühlhausen, wo er seine Kusine Maria Barbara B. heiratete. 1708 trat er in den Dienst von Herzog Wilhelm Ernst in Weimar und stieg dort 1714 zum Hofkonzertmeister auf. Nach dem Tod seiner Frau heiratete er 1721 Anna Magdalena Wilcken. 1723 trat B. das Amt des Thomaskantors in Leipzig an, das er bis zu seinem Tod ausübte.

B. hat sich mit Ausnahme der Oper in allen musikalischen Gattungen betätigt. Er war zu Lebenszeiten als Organist und Improvisator weitaus mehr geschätzt denn als Komponist. Seine Werke gerieten nach seinem Tod für ein Jahrhundert in Vergessenheit. Erst im frühen 19. Jh. begann die Entdeckung von B.s Kompositionen mit der Aufführung der *Matthäuspassion* durch Felix Mendelssohn Bartholdy. B.s Gesamtwerk umfasst über 200 Kantaten, *Johannes- und*

Matthäuspassion, Messe h-Moll, 4 kleine Messen, *Magnificat, Weihnachts- und Osteroratorium,* Motetten, Choräle, Arien und Lieder sowie Orgel- und Cembalowerke (darunter berühmt: *Das wohltemperierte Klavier* I und II, *Das Italienische Konzert, Goldberg-Variationen*), auch Kammermusik (darunter u. a. 6 *Brandenburgische Konzerte*).

Bacon, Sir Francis

engl. Politiker, Philosoph und Schriftsteller
* 22.1.1561 in London
† 9.4.1626 in Highgate, heute London

Die politische Karriere B.s, der eigentlich Advokat war, begann 1584, als er ins englische Parlament kam. Später übernahm er die Untersuchung der Revolte des Earls of Essex, mit dem er eigentlich befreundet war. Essex wurde 1601 wegen Hochverrats zum Tode verurteilt. Im gleichen Jahr wurde B. geadelt. Als Verfechter der absolutistischen Staats- und Rechtstheorie wurde er unter Jakob I. 1618 Lordkanzler, verlor aber seine öffentlichen Ämter 1621 in einem Bestechungsprozess. Später befasste er sich nur noch mit Philosophie und Literatur. B. war ein Kritiker der Scholastik und forderte vorurteilfreies, auf Erfahrung und Experiment beruhendes Wissenschaftsdenken. Er gilt mit seiner Arbeit als Begründer des Empirismus und der englischen Renaissancephilosophie. Für B. war das Ziel der Wissenschaft die Beherrschung der Natur („Wissen ist Macht"). Er beschrieb seine Methode der Wissenserneuerung u. a. in *The Advancement of Learning* (1605) und in *Novum Organum Scientiarium* (1620). Sein Hauptwerk *Instauratio magna* blieb unvollendet. Zu seinem Gesamtwerk zählen auch 85 Essays (1597–1625).

Baker, Josephine

frz. Tänzerin und Sängerin amerik. Herkunft
* 3.6.1906 in Saint Louis (MO)
† 12.4.1975 in Paris

Berühmt wrde B., nur mit einem Röckchen aus Bananen bekleidet, als Revuetänzerin und avancierte zum Sinnbild der „wilden" 20er Jahre. Sie machte Charleston in Europa bekannt und feierte 1925 in Paris (Folies Bergère) ihren größten Triumph. Die Tochter eines Spaniers und einer Schwarzen aus Saint Louis gehörte ab 1940 der Résistance an. In ihrer amerikanischen Heimat erfuhr sie alle Bitterkeiten der rassischen Diffamierung. Ab 1945 engagierte sie sich für verwaiste Kinder und baute ihr Schloss am Ufer der Dordogne zu einem Heim für elternlose Kinder aller Rassen und Nationalitäten aus, die sie später adoptierte.

Bakunin, Michail Alexandrowitsch

russ. Sozialphilosoph und Anarchist
* 30.5.1814 in Prjamuchino
† 1.7.1876 in Bern

B. gilt als einer der theoretischen Begründer der Anarchie. Er wollte Staat, Kirche und Ehe abschaffen; eine Diktatur des Proletariats lehnte er gleichfalls ab. Da seine Forderungen sogar K. →Marx zu weit gingen, wurde B. 1872 aus der Ersten Internationale ausgeschlossen. Der Spross einer alten Adelsfamilie studierte in Moskau und Berlin die Philosophen Fichte und

Hegel, wandte sich in Paris endgültig von der Theorie ab und der Philosophie der Tat zu. B. nahm am Dresdner Maiaufstand 1849 teil, wurde verhaftet und an Russland ausgeliefert. 1861 gelang ihm die Flucht nach England, wo er seine radikale Agitation fortsetzte. B. begründete die anarchistische Bewegung in Russland, die zahlreiche Terrorakte gegen führende russische Persönlichkeiten führte. Das Hauptwerk seiner revolutionären Schriften ist *Staatlichkeit und Anarchie* (1873).

Balanchine, George

(eigtl.: Georgi M. Balanchivadze)
amerik. Tänzer und
Choreograf georg. Herkunft
* 22.1.1904 in St. Petersburg
† 30.4.1983 in New York

Inspiriert durch die Werke Igor Strawinskys, schuf B. einen Tanzstil, der als Synthese von modernem Ausdruckstanz und klassischem Balett gelten kann („Neoklassizismus"). Seine Ausbildung erhielt B. in St. Petersburg, war ab 1925 Tänzer und Choreograf am „Ballet Russes" von Sergej Pawlowitsch Diaghilew in Paris. 1928 übernahm er die Choreographie zu Strawinskys Apollon Musagète. 1933 übersiedelte er in die USA, wo er in New York die neu gegründete American School of Ballet übernahm. Die besondere Leistung B.s nahm auf die Ballettentwicklung in den USA großen Einfluss. Von 1949–83 leitete er das „New York City Ballet", das für 20 Jahre das wichtigste Ballettensemble der westlichen Welt werden sollte. B. inszenierte auch Werke für den Film und das Fernsehen (*Die Flut* von Strawinsky, 1962).

Balzac, Honoré de

frz. Schriftsteller
* 20.5.1799 in Tours
† 18.8.1850 in Paris

B. gilt als Schöpfer des modernen soziologischen Realismus im Roman. Sein Hauptwerk ist der etwa 60 Bände umfassende Romanzyklus *La comédie humaine* (1829–54; *Die menschliche Komödie,* 1977), eine Gesamtdarstellung der französischen Gesellschaft seiner Zeit, der jedoch unvollendet blieb. Nach dem Abbruch des Jurastudiums versuchte sich B. als Drucker und Verleger, war aber erfolglos. Seinen literarischen Durchbruch hatte er im Alter von 30 Jahren mit dem Roman *Der letzte Chuan.* Zwischen 1829 und 1850 schrieb B. seine bedeutendsten Romane: *Das Chagrinleder* (1831, dt. 1841–46), *Die Frau von dreißig Jahren* (1831–44, dt. 1845), *Eugénie Grandet* (1834, dt.1835), *Vater Goriot* (1834/35, dt. 1835), *Verlorene Illusionen* (1837–44, dt. 1909), *Glanz und Elend der Kurtisanen* (1838–47, dt. 1909). Seine sprachliche Vitalität und urwüchsige Kraft als Erzähler lassen *Die Tolldreisten Geschichten* (1832–37, dt. 1908) erkennen.

Bannister, Sir Roger Gilbert

brit. Leichtathlet
* 23.3.1929 in Harrow bei London

B. war der erste Leichtathlet, der eine Meile unter vier Minuten lief (1954). B., der eigentlich Medizin studierte, nahm 1952 an den Olympischen Spielen in Helsinki teil und kam im 1500 m Lauf ins Finale. Nach einer bemerkenswerten Karriere als Mediziner wurde er zum Leiter des Pembroke College in Oxford ernannt.

Banting, Sir Frederick Grant

kanad. Mediziner
* 14.11.1891 in Alliston, Ontario
† 21.2. 1941 Musgrave Harbour, Neufundland

Banting gelang 1921 zusammen mit Ch. H. Best die Isolierung von Insulin aus tierischen Bauchspeicheldrüsen in reiner Form. Das Insulin ist ein von der Bauchspeicheldrüse produziertes Hormon, das den Blutzuckerspiegel herabsetzt und Glykogen aufbaut. Bereits 1923 konnte das Insulin zur Behandlung von Diabetes (Zuckerkrankheit) eingesetzt werden. B. erhielt im gleichen Jahr zusammen mit J. R. Macleod den Nobelpreis für Medizin, obwohl Macleod lediglich ein Laboratorium für B. zur Verfügung stellte. Ab 1930 war B. Direktor des eigens für ihn eingerichteten „Banting-Instituts“ in Toronto. 1934 wurde B. in den Adelsstand erhoben. Im 2. Weltkrieg war er als Militärarzt tätig und kam bei einem Flugzeugabsturz über Neufundland ums Leben.

Bardeen, John

amerik. Physiker
* 23.5. 1908 in Medison (WI)
† 30.1.1991 in Boston (MA)

Für seine Entdeckung des Transistoreffekts (Ladungstrennung zwischen verschiedenen Halbleiterschichten) 1949 und die Entwicklung des ersten Transistors erhielt B. 1956 zusammen mit W. H. Brittain und W. B. Shockley den Nobelpreis für Physik. Ab 1951 befasste sich B. mit der sog. Supraleitfähigkeit (sprunghaft steigende Leitfähigkeit fester Körper bei ihrer Abkühlung bis an den absoluten Nullpunkt von -273°C). Für die quantenmechanische Deutung dieses Phänomens erhielt B. zusammen mit L. N. Cooper und J. R. Schrieffer 1972 erneut den Physiknobelpreis.

Barlach, Ernst

dt. Bildhauer, Grafiker, Dramatiker
* 2.1.1870 in Wedel, Holstein
† 24.10.1938 in Rostock

Im Mittelpunkt des Schaffens des expressionistischen Bildhauers B. steht das menschliche Leid. In seinen knapp vereinfachten, ausdrucksstarken Plastiken und Grafiken formte er menschliche Typen und Charaktere von symbolischer Bedeutung (u. a. der *Buchleser* oder *Hockende Alte*). Vom Nationalsozialismus verfemt, wurden seine Werke nach 1933 entfernt bzw. zerstört, in den 50er Jahren teilweise erneuert. Mit seinen Dramen leistete B. einen bedeutenden Beitrag zur expressionistischen Dichtung. Für sein literarisches Werk, darunter acht Dramen, erhielt B. 1924 den Kleist-Preis.

Barnard, Christiaan Neethling

südafr. Chirurg
* 8.11.1922 in Beaufort West, Kappland

Als einer der Pioniere der Herzchirurgie gelang B. am 3.12.1967 in Kapstadt die erste erfolgreiche Verpflanzung eines menschlichen Herzens. Der Patient Louis Washkansky lebte mit dem fremden Herzen 18 Tage. B., der 1958–83 Chirurg am Groote-Schuur-Hospital war, führte trotz Kritiken von moralischer Seite weitere erfolgreiche Herztransplantationen durch.

Barthes, Roland

frz. Literaturwissenschaftler
* 12.11.1915 in Cherbourgh
† 26.3.1980 in Paris

B., der Hauptvertreter der französischen Strukturalismus, war einer der herausragenden Persönlichkeiten der Geistesgeschichte Frankreichs der Nachkriegszeit. Das Werk des von der Psychoanalyse und der modernen Anthropologie ausgehenden Semiotikers lässt sich schwer klassifizieren. Seine Essays, z. B. *Mythen des Alltags* (1964, dt.1970), *Das Reich der Zeichen* (1970, dt. 1981), *Fragmente einer Sprache der Liebe* (1977, dt. 1984), weisen B. als Soziologen, Philosophen und Sprachwissenschaftler aus. Im Zeitalter der Massenkommunikation untersuchte er Alltagsphänome und eine Erklärung für deren Einfluss auf das Wirklichkeitsempfinden des Menschen. 1960 gründete B. in Paris ein Forschungszentrum für Massenkommunikation.

Bartók, Béla

ung. Komponist und Pianist
* 25.3.1881 in Nagyszentmiklós
† 26.9.1945 in New York

Der sehr persönliche und übernationale Stil B.s entwickelte sich aus dem Erleben der ursprünglichen südosteuropäischen Volksmusik und westeuropäischen Einflüssen (A. →Schönberg). Bereits mit acht Jahren komponierte B. seine ersten Lieder. Er trat zunächst als Pianist auf, war dann, beeinflusst von R. →Strauss und F. →Liszt, als Komponist tätig und beschäftigte sich mit der Forschung des Volksliedes. Ab 1908 unterrichtete B. an der Budapester Musikakademie. In dieser Zeit entstand das erste von sechs Streichquartetten, die zu seinen bedeutendsten Werken zählen. Seine einzige Oper *Herzog Blaubarts Burg* komponierte B. 1911. Unter dem zunehmenden Druck des Nationalsozialismus emigrierte er 1940 in die USA, konnte sich aber, bereits 60 Jahre alt, künstlerisch nicht mehr eingewöhnen. 1943 entstand jedoch das *Konzert für Orchester,* das zu B.s reifsten Werken zählt. Sein Lehrwerk *Mikrokosmos* (1926–37) führt in das Klavierspiel, aber auch in die einzigartige Kompsitionstechnik B.s ein.

Baudelaire, Charles

frz. Dichter
* 9.4.1821 in Paris
† 31.8.1867 in Paris

B. gilt als der Schöpfer einer entpersönlichten Lyrik von europäischer Bedeutung. Sein dichterisches Schaffen, aber auch sein persönliches Leben haben ihm die Bezeichnung „Genius der Dekadenz“ eingebracht. B. verbrachte eine unglückliche Kindheit. Er studierte Jura in Paris, lebte längere Zeit auf Mauritius und Réunion. Nach seiner Rückkehr konnte er sich nicht mehr dem bürgerlichen Leben unterordnen. 1844 von seiner Familie wegen seiner Verschwendungssucht entmündigt, lehnte B. alles Herkömmliche ab. Er war jedoch fasziniert von den Abgründen des Lasters und der Hässlichkeit. Seine streng architektonisch komponierte Gedichtsammlung *Die Blumen des Bösen* (1857, dt. 1901) brachte ihm einen Prozess ein. Obwohl ihm die Gefährdung der Sitten vorgeworfen wurde, übte B. auf seine literarischen Zeitgenossen großen Einfluss aus. Auf Dauer konnte man sich seiner Kunst nicht entziehen. B.s Dichtung war eine Wanderung durch die Wüste der Großstadt als Vorhölle der verfallenden Zivilisation, hatte aber auch die Tropen zum Inhalt, war doch beiden die Schönheit gemeinsam. Als Kunstkritiker entdeckte er das Talent einer Reihe von Malern, bevor diese Berühmtheit erlangten. B. starb, ausgehöhlt vom ausschweifenden Leben, in einer Anstalt. Zu seinen bedeutenden Werken zählen auch: *Die Fanfarlo* (1847, dt. 1904), *Die künstlichen Paradiese* (1860, dt. 1901).

Bayle, Pierre

frz. Philosoph
* 18.11.1647 in Carlat, Foix
† 28.12.1706 in Rotterdam

Der frühe Vertreter der Aufklärung sah die Vernunft als alleinige Richtschnur des Handelns. B. war der Sohn eines calvinistischen Pfarrers. Sein Studium der Theologie und Philosophie beendete er in Genf. Er war Professor in Sedan (1676) und in Rotterdam (1681). Als Freidenker vertrat B. die unbedingte Toleranz. Er lehnte den religiösen Glauben nicht schlechthin ab, trennte ihn aber streng von dem eigentlichen Wissen. Seine offen vertretenen Thesen führten schließlich zum Verlust seines Lehrstuhls. Mit seinem Hauptwerk *Historisches und kritisches Wörterbuch* (1696–97) wurde B. zum Vorläufer der französischen Enzyklopädisten.

Beamon, Robert „Bob“

amerik. Leichtathlet
29.8.1946 in Jamaica bei New York

B. schrieb Sport-Geschichte, als er 1968 bei den Olympischen Spielen von Mexiko mit der Aufsehen erregenden Rekordweite von 8,90 m Olympiasieger im Weitsprung wurde. B. hatte den Weltrekord von 8,35 m um 55 cm verbessert. Erst 23 Jahre später konnte Mike Powell bei der Leichtathletik-Weltmeisterschaft 1991 in Tokio mit 8,95 m einen neuen Weltrekord aufstellen.

Beatles, The

engl. Popgruppe

Die ersten Lieder der B. prägten den Beat, der aus eine Mischung aus Rock 'n' Roll, Skiffle, Country und Rhythm and Blues entstand. Die Entwicklung ihrer Musik geht von der einfachen Liedform zu komplexen Strukturen, die

klassische, elektronische und indische Elemente enthalten. The B., das waren vier junge Musiker aus Liverpool, die aus einfachsten Verhältnisse stammten: **John Lennon** (* 9.10.1940 in Liverpool, † 8.12.1980 in New York), **Paul McCartney** (* 18.6.1942 in Liverpool), **George Harrison** (* 25.2.1943 in Liverpool), **Ringo Starr** (* 7.7.1940 in Liverpool). Ihre ersten internationalen Auftritte hatten die B. 1960 in Hamburg, 1962 mit *Love me do* ihren ersten Hit. Ihr letzter öffentlicher Auftritt war am 29.8.1966 in San Francisco, am 10.4.1970 wurde die Gruppe aufgelöst. 1995 nahmen die B. zwei neue, von J. Lennon komponierte Lieder auf und veröffentlichten Variationen alter Songs. Ihre wichtigsten Titel sind: *Please Please Me* (1963), *Help* (1965), *Sgt. Pepper's Lonely Hearts Club Band* (1967), das *White Album „The Beatles“* (1968), *Abbey Road* (1969).

Beaumarchais, Pierre Augustin Caron de

frz. Dramatiker
* 24.1.1732 in Paris
† 18.5.1799 in Paris

Berühmt wurde B. durch seine Komödien *Der Barbier von Sevilla* (1775, dt. 1776), die als Vorlage für die gleichnamige Oper von Gioacchino → Rossini diente (1816) und *Der tolle*

Tag oder die Hochzeit des Figaro (1783, dt.1785), die →Mozart zu seiner berühmten Oper mit dem gleichen Titel inspirierte. B., der wie sein Vater Uhrmacher gelernt hatte, wandte

sich der Musik zu und war Harfenlehrer am Hof Ludwigs XV. Nebenbei schrieb er seine Bühnenstücke, in denen er den dekadenten Adel seiner Zeit verspottete. Er schürte damit die Auflehnung gegen Unterdrückung und Rechtsmissbrauch (pamphletische *Memoiren*) und wurde zum geistigen Wegbereiter der Französischen Revolution. Durch seine Skandalprozesse wegen Urkundenfälschung hatte er 1770 zwar die bürgerlichen Rechte verloren, gründete aber später, inzwischen rehabilitiert, die „Société des Auteurs", die heute noch bestehende Gesellschaft von Dramatikern.

Beauvoir, Simone de

frz. Schriftstellerin
* 9.1.1908 in Paris
† 14.4.1986 in Paris

Durch die Forderung nach der uneingeschränkten Emanzipation der Frau in ihrem Roman *Das andere Geschlecht* (1949, dt. 1951) wurde B. zu einer Identifikationsfigur der modernen Frauenbewegung. Das Werk wurde von der katholischen Kirche verboten. Die Lebensgefährtin und Schülerin von J. P. →Sartre war eine Verfechterin des atheistischen Existenzialismus, der ihr gesamtes Werk durchzieht. Mit *Die Mandarine von Paris* (1954, dt. 1955) schrieb sie einen Schlüsselroman über die Linksintellektuellen um Sartre. Auch dieses Buch wurde von der Kirche verboten. Einige ihrer Werke haben autobiografischen Charakter, sind Zeugnisse schonungsloser Selbstdarstellung: *Memoiren einer Tochter aus gutem Hause* (1958, dt. 1960), *Alles in allem* (1972, dt. 1974).

Beckenbauer, Franz

dt. Fußballspieler und Trainer
* 11.9.1945 in München

B. gilt weltweit als einer der besten Fußballspieler aller Zeiten. Er war für seine elegante Ballführung bekannt und dirigierte aus der Position des Liberos heraus das Spiel. Mit dem FC Bayern München war B. viermal deutscher Meister und Pokalsieger, dreimal Gewinner des Europapokals. Bei 103 Länderspielen mit der deutschen Nationalmannschaft wurde er 1966 Vizemeister, 1972 Europameister, 1974 Weltmeister. 1977–80 spielte B. bei Cosmos New York. 1984–90 war er Teamchef der deutschen Nationalmannschaft und mit dieser 1990 Weltmeister. B. ist bislang der einzige Fußballer der Welt, der als Kapitän einer Mannschaft und als Trainer Weltmeister wurde.

Becket, Thomas

engl. Theologe und Erzbischof
* 21. 12.1118 in London
† 29.12.1170 in Canterbury

B., Kanzler Heinrichs II. (1155) und Erzbischof von Canterbury (1162), war ein Kaufmannssohn. Er studierte Theologie in Paris, später Kirchenrecht in Bologna. Als Kanzler König →Heinrichs II. trug B. dessen königliche Kirchenpolitik mit. Als Erzbischof gab er sein Kanzleramt auf und wurde zum kompromisslosen Vertreter der päpstlichen Interessen gegenüber Heinrich II. Der Streit zwischen B. und dem König entzündete sich an dem Versuch Heinrichs die Geistlichen Englands seiner weltlichen Gerichtsbarkeit unterzuordnen. B. verweigerte mit Unterstützung des Papstes seine Einwilligung zu den „Constitutions of Clarandon" (1164) und begab sich ins Exil nach Frankreich. Nach seiner Rückkehr (1170) erschlugen Gefolgsleute Heinrichs II. B. im Dom zu Canterbury, der daraufhin zur Wallfahrtsstätte wurde. Bereits 1173 wurde B. heilig gesprochen (29.12.).

Beckett, Samuel

irischer Schriftsteller
* 13.4.1906 in Dublin
† 22.12.1989 in Paris

B., der berühmteste Vertreter des „Theater des Absurden", gestaltete in seinen Werken die Absurdität der menschlichen Existenz und völlige Sinnentleerung des Daseins. Mit dem pessimistisch-absurden Stück *Warten auf Godot* (1952, dt.1953) erlangte er als Dramatiker Weltruhm. Nach seinem Literatur- und Sprachstudium ließ sich B. in Paris nieder. Seit dieser Zeit war er mit J. →Joyce befreundet, dessen Werke er ins Französische übersetzte. 1940, während der Besetzung Frankreichs, arbeitete er für die Résistance. Neben seinen Theaterstücken, die ohne Handlung auskommen und Ausdruck der Hoffnungslosigkeit des menschlichen Daseins sind, verfasste B. auch Romane – u. a. *Molloy* (1951, dt. 1954), *Malone stirbt* (1951, dt. 1958), *Der Namenlose* (1953, dt. 1959), die große Beachtung fanden. B., der in englischer und französischer Sprache schrieb, erhielt 1969 den Nobelpreis für Literatur. Weitere bedeutende Werke von B. sind: *Endspiel* (1957, dt. 1957), *Glückliche Tage* (1961, dt. 1963), *Der Verweiser* (1970, dt. 1972), *Schlecht gesehen schlecht gesagt* (1981, dt. 1983), *Immer noch nicht mehr* (1988, dt. 1991).

Becquerel, Antoine Henri

frz. Physiker
* 15.12.1852 in Paris
† 25.8.1908 in Le Croisic

B. ist der Entdecker der natürlichen Radioaktivität. Der Physikprofessor an der polytechnischen Schule in Paris hatte bei seinen Untersuchungen von Lichtstrahlen 1873 die infraroten Bandenspektren des Sonnenlichts sowie die Drehung der Polarisationsebene des Lichts im Magnetfeld entdeckt. 1896 gelang B. bei seinen bereits laufenden Phosphoreszenzuntersuchungen die radioaktive Strahlung des Urans nachzuweisen. Diese Strahlen (ursprünglich als B-Strahlen bezeichnet) hatten die gleichen Eigenschaften wie die 1895 von W. C. →Röntgen gefundenen Strahlen: Sie waren magnetisch ablenkbar und durchdrangen feste Körper, was auf Photoplatten nachweisbar war. B. setzte gemeinsam mit dem Ehepaar →Curie die Erforschung dieses Phänomens fort. 1903 erhielten die drei Wissenschaftler für ihre Arbeiten auf dem Gebiet der Radioaktivität den Physiknobelpreis.

Beecher Stowe, Harriet Elisabeth

amerik. Schriftstellerin
* 14.6.1811 in Litchfield (CT)
† 1.7.1896 in Hartford (CT)

Berühmt wurde B. durch ihren Roman *Onkel Toms Hütte* (1852, dt. 1852). Sie entstammte einer streng puritanischen Familie und war mit einem Professor für Bibelkunde verheiratet. Die ehemalige Lehrerin schrieb hauptsächlich fromm-moralische Geschichten für Zeitschriften. So erschien ihr später berühmtes Werk zunächst als Fortsetzungsroman (1851/52). Die Leidensgeschichte des Negersklaven Tom hatte

in der Zeit der zwischen Nord- und Südstaaten strittigen Negerfrage einen so großen Erfolg, daß die einzelnen Folgen bald als Buch erschienen. Die Angriffe auf dieses Werk beantwortete B. mit der Quellensammlung *Ein Schlüssel zu Onkel Toms Hütte* (1853, dt. 1853). Obwohl die Geschichte von Tom eine wichtige Rolle in der politischen Auseinandersetzung um die Sklavenbefreiung spielte, wird der emanzipatorische Wert dieses Buches heute von den kritischen Schwarzen bestritten.

Beethoven, Ludwig van

dt. Komponist
getauft 17.12.1170 in Bonn
† 26.3.1827 in Wien

B. ist wie J. →Haydn und W. A. →Mozart ein Komponist der Wiener Klassik. Er entstammte einer Musikerfamilie, die aus Brabant eingewandert war. Den ersten Musikunterricht erhielt B. von C. G. Neefe und seinem Vater, Tenorist bei der Bonner Hofkapelle, deren Mitglied er 1783 wurde. 1787 war B. für kurze Zeit Schüler Mozarts in Wien, wo er sich aber erst 1792 endgültig niederlassen konnte. Seine musikalische Weiterbildung erfolgte bei Haydn, Johann Schenk, Albrechtberger und Salieri. Seine ersten Kompositionen waren bereits in Bonn erschienen. Seit 1795 trat er in Wien mit eigenen Werken auf. Ein Gehörleiden, das 1795 einsetzte und 1818 zur völligen Taubheit führte, verdüsterte sein Verhältnis zur Umwelt. Das Werk *Heiligenstädter Testament* (1802) ist ein Ausdruck seiner Verzweiflung. Als Pianist konnte B. nicht mehr auftreten und widmete sich intensiver der Komposition. Seine musikalische Entwicklung führte vom Frühwerk, stark von Haydn und Mozart beeinflusst (Klaviersonaten bis op. 13, 6 Streichquartette op. 18, Symphonien Nr. 1 und 2), über die zweite Schaffensperiode (1803–15), in der sich die Stilmerkmale B.s deutlich ausprägten (Symphonien Nr. 3 bis 8, Klavierkonzerte Nr. 3 bis 5, das Violinkonzert, Streichquartette op. 59, 74 und 95, Klaviersonaten op. 30 bis 81, die Oper *Fidelio*). Die Werke der Spätphase (5 Streichquartette op. 127 bis 135, 4 Klaviersonaten op. 106 bis 111, Symphonie Nr. 9) stießen bei den Zeitgenossen zunächst auf Unverständnis. Erst später fanden diese Werke, die er selbst nicht mehr hören konnte, Beachtung und Würdigung.

Behaim, Martin

dt. Reisender, Geograph
und Kartograph
* 6.10.1459 in Nürnberg
† 29.7.1507 in Lissabon

Der von B. 1492 gefertigte erste Erdglobus ist der älteste erhaltene (im Germanischen Museum in Nürnberg), blieb aber im Jahr der Entdeckung Amerikas noch weit hinter dem Wissen seiner Zeit zurück. Da B.s „Erdapfel" noch vor der Reise des →Kolumbus entstanden ist, fehlt darauf noch Amerika. Er zeigt also noch den freien Weg nach Indien, dem ursprünglichen Ziel des Kolumbus. B., einer Nürnberger Patrizierfamilie entstammend, hatte eine Ausbildung zum Kaufmann erfahren. Er kam 1484 nach Lissabon und schloss sich Seefahrern an, die im Auftrag des portugiesischen Königs die Küsten Afrikas erforschten. B. wurde Mitglied der „Junta dos Mathematicos" und nahm 1485/86 an der zweiten Expedition des Diego Cao teil, die bis zum Kap Cross führte. Anschließend wurde er vom portugiesischen König geadelt.

Behring, Emil Adolf von

dt. Bakteriologe
* 15.3.1854 in Hansdorf, Westpreußen
† 31.3.1917 in Marburg

Mit der Entdeckung der Fähigkeit des menschlichen Organismus körpereigene Wirkstoffe (Antikörper) zu bilden, um mit deren Hilfe die Erreger von Infektionskrankheiten abzuwehren, fand B. die Grundlagen für die Serumheilkunde und für die Immunitätslehre. Auf diese Kenntnisse aufbauend entwickelte er gemeinsam mit P. →Ehrlich Impfstoffe gegen Diphterie und Tetanus. B. war ab 1889 Assistent von R. →Koch in Berlin, ab 1893 Professor in Halle, ab 1895 im Marburg. Zur Erforschung und industriellen Herstellung von Impfstoffen gründete er 1904 die B.-Werke. Für seine Leistungen in der Serumheilkunde erhielt B. 1901 den ersten Nobelpreis für Medizin.

Beisheim, Otto

dt. Unternehmer
* 3. oder 8.1.1924 Vossnacken bei Essen

B. führte als erster Unternehmer Cash-and-Carry-Märkte nach dem amerikanischen Vorbild in Deutschland ein. Der gelernte Lederwarenkaufmann lernte in den USA diese Großhandelsform kennen und gründete 1964 in Mühlheim an der Ruhr den ersten Markt dieser Art in Deutschland. In den nächsten Jahrzehnten erweiterte er sein Unternehmen kontinuierlich. Vor allem mit der Großhandelskette Metro konnte B. große finanzielle Erfolge erzielen. Ende der 80er Jahre dehnte er seine geschäftlichen Aktivitäten auch auf andere Geschäftsbereiche aus (u. a. Beteiligung an der Kaufhof AG, an der LTU Touristik, am Kabelkanalfernsehen). 1991 war der Grundumsatz der Metro-Gruppe mit 41 Milliarden DM angegeben.

Bell, Alexander Graham

amerik. Physiologe und Erfinder schott. Herkunft
* 3.3.1847 in Edinburgh
† 2.8.1922 in Baddeck (Neuschottland), Kanada

B. entwickelte und führte 1876 in Amerika das Telefon ein. Der Fernsprecher war bereits 1861 von J. Ph. →Reis, einem deutschen Physiker erfunden worden. B., der Professor für Stimmphysiologie war, verbesserte das Telefon, mit dem Sprache verständlich und zusammenhängend übertragen werden konnte. Mittels einer Membran wurden Schallwellen in elektrische Spannungsschwankungen verwandelt und durch eine elektrische Leitung übertragen und schließlich wieder in Schallschwingungen umgewandelt. B. gründete 1877 mit T. Sanders und G. Hubbard die amerikanische Bell Telephone Company.

Bellini, Giovanni

ital. Maler
* um 1430 in Venedig
† 29.11.1516 in Venedig

Der Hauptmeister der italienischen Frührenaissance stammte aus einer venezianischen Malerfamilie. Sein Vater Jacopo B., ein Meister der Perspektive und Architekturdarstellungen war B.s erster Lehrer. Später arbeitete B. bei Andrea Mantegna. Stand seine erste Schaffensperiode mit Altarbildern noch unter dem Einfluss des Vaters, übernahm B. dann von Antonello da Messina eine neue Maltechnik mit Ölfarben, die mehrere Abstufungen des Lichtes erlaubte. Selbst zum Meister dieser Technik geworden, wandte er sich verstärkt der Darstellung von Landschaften zu, wobei diese in das Geschehen einbezogen wurden wie auf den Bildern *Verklärung* (1480–85) und *Auferstehung Christi* (1475–80). B.s Werke beinflussten A. →Dürers spätere Arbeit, wie seine *Vier Aposteln* unter Beweis stellen. 1505, auf seiner zweiten Italienreise, bezeichnete Dürer „Giambellino" in einem Brief als „zwar sehr alt, aber immer noch den Besten im Malen.". Zu B.s bedeutendsten, nicht religiösen Bildern zählt das Porträt des Dogen *Leonardo Loredan* (1501–05). →Giorgone und →Tizian waren seine Schüler.

Benedikt von Nursia (hl.)

Ordensgründer
* um 480 in Nursia, Umbrien
† um 547 in Monte Cassino

B. ist der Begründer des nach ihm benannten Beneditkiner-Ordens, des ältesten abendländischen Mönchsordens. Nach einem Studienaufenthalt in Rom kehrte er als Mönch in seine Heimat zurück, zog mit einer großen Zahl von anderen Mönchen auf den Monte Cassino und gründete 529 das erste Kloster mit eigenen Ordensregeln. Die Benediktiner-Regeln wurden zum Vorbild zahlreicher Klostergründungen in ganz West- und Mitteleuropa und der „Ordo Sancti Benedicti" (Abk. OSB) entfaltete eine große Missionstätigkeit. Benediktinerklöster waren Stätten der Frömmigkeit und Gelehrsamkeit im westlichen Europa. Sie bewahrten und vermittelten besonders die antike Kultur. Viele Kirchenbewegungen und -reformen gingen von den Klöstern aus . B. wurde heilig gesprochen (11.7.).

Ben Gurion, David

(eigtl.: David Gruen)
israel. Politiker
* 16.10.1886 in Plonsk, Russland (heute Polen)
† 1.12.1973 in Tel Aviv

B., „Vater des modernen Israel", schloss sich schon früh der zionistischen Arbeiterpartei an. Nach der Russischen Revolution wanderte er 1906 nach Palästina aus. Als überzeugter Sozialist führte er 1921–35 die Gesellschaftsbewegung Histadrut, war 1930–65 Führer der Arbeiterpartei Mapai. Von 1935–38 leitete B. die Selbstverwaltung der Jewish Agency in Palästina und organisierte die illegale jüdische Einwanderung. Aus dem Kampf gegen die britische Mandatsmacht ging B. als Sieger hervor und rief am 14.5.1948 den Staat Israel aus. Bis 1953 sowie 1955–63 war er Ministerpräsident und Verteidigungsminister. B. gelang die wirtschaftliche und politische Stabilisierung des Landes. Sein Verdienst ist die militärische Behauptung Israels im Konflikt mit den arabischen Nachbarstaaten. 1952 schloss B. das Wiedergutmachungsabkommen mit der Bundesrepublik Deutschland.

Benn, Gottfried

dt. Schriftsteller
* 2.5.1886 in Mansfeld, Brandenburg
† 7.7.1956 in Berlin

B., einer der führenden Autoren des Expressionismus, studierte zunächst Philologie und Theologie, dann Medizin. Seine frühen Gedichte, z. B. *Morgue* (1912), *Fleisch* (1917), schockierten durch zynische, sachlich-kalte Darstellungen von Krankheit, Zerfall und Verwesung des menschlichen Körpers. B. verarbeitet seine Eindrücke als praktizierender Arzt für Haut- und Geschlechtskrankheiten und die für die Expressionisten charakteristischen Ängste, die aus der Bedrohung des Einzelnen durch die Moderne resultieren. Nach anfänglicher Sympathie für den Nationalsozialismus (*Der neue Staat und die Intellektuellen,* 1933) vollzog er eine Abkehr und wurde 1938 aus der Reichsschrifttumskammer ausgeschlossen und mit einem Schreibverbot belegt. Nach einer literarischen Schaffenspause bis 1946 erstrebte B. in seinem Spätwerk (*Statische Gedichte,* 1948; *Der Ptolemäer,* 1949; *Fragmente,* 1951; *Aprèslude,* 1955) die Überwindung des Nihilismus durch Absolutsetzen der künstlerischen Form. Für die jüngere Nachkriegslyrik ein Vorbild, erhielt der Dichter der strengen Formen und kühnen Metaphorik als erster den Georg-Büchner-Preis.

Bentham, Jeremy

engl. Philosoph und Rechtsgelehrter
* 15.2.1748 in London
† 6.6.1832 in London

Mit der Forderung nach „größtmöglichem Glück für die größtmögliche Zahl von Menschen" als Maxime für Moral und Gesetzgebung wurde B. zum Begründer des Utilitarismus (Nützlichkeitsdenkens). Er veröffentlichte Theorien zur Justiz-, Sozial- und Parlamentsreform sowie zur Volkswirtschaftslehre. In seinen Schriften, wie z. B. in seinem Hauptwerk *Prinzipien der Gesetzgebung* (1780, dt. 1883) versuchte B. eine allgemeine Staats- und Gesellschaftsreform zu erreichen. Mit seinen Werken beeinflusste er maßgeblich die Strafgesetzgebung und Völkerverständigung, wenn auch erst zu späteren Zeiten.

Benz, Carl Friedrich

dt. Ingenieur, Automobilpionier und Industrieller
* 25.11.1844 in Karlsruhe
† 4.4.1929 in Ladenburg bei Mannheim

Nachdem B. 1878 einen Zweitakt-Gasmotor baute, entwickelte er unabhängig von G. →Daimler einen Einzylinder-Viertakt-Verbrennungsmotor, mit dem er ein dreirädiges Fahrzeug ausstattete (1886). Es besaß bereits ein Differential, Riemenantrieb und Vollgummibereifung. B. schuf damit das erste Automobil, das sich heute im Deutschen Museum in München befindet. Er erhielt zahlreiche deutsche und ausländische Patente. 1883 gründete B. die Firma Benz & Cie. Obwohl anfangs belächelt und verspottet, konnte er bereits zu Beginn des 20. Jh.s ein breites Programm an Fahrzeugen anbieten.

Bering, Vitus Jonassen

dän. Seefahrer und Asienforscher
* 1680 in Horsens, Jütland
† 19.12.1741 auf der Beringinsel

B., nach dem ein Schiffsweg, ein Meer und eine Insel benannt wurden, sollte im Auftrag von Zar →Peter dem Großen herausfinden, wie weit sich das russische Reich im Osten erstreckt und ob zwischen Russland und Alaska eine Landverbindung existiert. 1728 segelte er von der Ostküste Kamtschatkas aus durch die bereits von Deschnjow 1648 befahrene Behringstraße, die Meerenge zwischen Asien und Amerika, um die Ostspitze Asiens. B. leitete ab 1734 eine große Expedition zur Erforschung der Nordküste Asiens und entdeckte 1741 die Küste Alaskas und die Inselkette der Aleuten. Auf der Insel Awatscha, später B.-Insel, gestrandet, starb B. wie viele seiner Begleiter an Erschöpfung und Skorbut.

Berlichingen, Götz (Gottfried) von

fränk. Reichsritter
* 1480 in Jagsthausen
† 23.7.1562 auf Burg Hornberg

Eine eiserne Prothese am rechten Arm, den er 1504 im Landshuter Erbfolgekrieg verloren hatte, brachte B. den Beinamen „Ritter mit der eisernen Hand". Wegen zahlreicher Fehden wurde er zweimal geächtet (1512 und 1518). Während des Bauernkriegs übernahm er 1525 wohl nicht ganz freiwillig die Führung der Odenwälder Bauern, wurde gefangen gesetzt, erst 1530 vom Reichskammergericht freigesprochen. Später nahm B. an den Feldzügen gegen die Türken (1542) und Frankreich (1544) teil. B.s Lebensbeschreibung lieferte dem jungen →Goethe den Stoff zu seinem berühmten Drama *Götz von Berlichingen mit der eisernen Hand* (1773).

Berlioz, Hector Louis

frz. Komponist
* 11.12.1803 in Côte-Saint-André
† 8.3.1869 in Paris

B. gilt als der bedeutendste Komponist der französischen Romantik und als Schöpfer der neueren Instrumentationskunst. Der Sohn eines Arztes studierte zuerst Medizin, gab jedoch das Studium bald auf und besuchte das Konservatorium in Paris. 1830 wurde B. epochemachende *Symphonie fantastique* uraufgeführt. Jedoch bekam er nicht nur Anerkennung, sondern gerade in Frankreich erfuhr B. große Ablehnung. Er gilt auch als Begründer der Programm-Musik im 19. Jh. und durch seine „Idée Fix" als Vorbild für R. →Wagners Leitmotivtechnik. Zu B. schönsten Werken gehören die dramatische Symphonie *Romeo und Julia* (1839), die Oper *Beatrice und Benedict* (1862), sein *Requiem* (1837) und *Te deum* (1855).

Bermann Fischer, Gottfried

dt. Verleger
* 31.7.1897 in Gleiwitz (heute Gliwice, Polen)
† 17.9.1996 in Camaiore, Italien

B. war der Schwiegersohn des Verlagsgründers Samuel Fischer. Nach dem Medizinstudium trat er in den S. Fischer Verlag ein. 1936 ging er wegen seiner jüdischen Herkunft zunächst nach Österreich und gründete dort den B. F. Verlag. 1938 musste er nach Schweden fliehen und emigrierte 1940 in die USA. Im Exil publizierte B. zahlreiche, von dem nationalsozialistischen Regime verfolgte Schriftsteller bzw. deren Werk wie Th. →Mann, H. von →Hofmannsthal, A. →Schnitzler und Stefan Zweig. Im Nachkriegsdeutschland trug er mit preiswerten Taschenbuchausgaben zur Verbreitung von anspruchsvoller Literatur bei.

Bernhard von Clairvaux (hl.)

frz. Theologe und Kirchenpolitiker
* 1091 in Fontaines, Burgund
† 20.8.1153 in Clairvaux, Aube

B. war der Gründer der Zisterzienser-Abtei Clairvaux (1115), die zum Mittelpunkt des klösterlichen Geisteslebens des Hochmittelalters wurde. Er entstammte hohem burgundischem Adel und trat 1112 in das strenge Reformkloster Cîtaux ein. Später von Clairvaux aus gestaltete B. die Regeln des Zisterzienserordens mit, wodurch der Orden eine erhebliche Verbreitung erfuhr. B. war von orthodoxer Frömmigkeit und von Mönchtum geprägt, was ihn zum Gegner der Frühscholastik machte. Darum bekämpfte er besonders → P. Abelardus. B., der charismatische Mystiker und energische Befürworter des 2. Kreuzzuges 1147, war auch politisch höchst einflussreich. Er hinterließ 900 Schriften, Briefe sowie Prädigten und wurde 1174 heilig gesprochen (20.8).

Bernini, Gian Lorenzo

ital. Bildhauer und Baumeister
* 7.12.1598 in Neapel
† 28.11.1680 in Rom

B. war einer der einflussreichsten und erfolgreichsten Künstler des italienischen Hochbarocks. Der Sohn eines Bildhauers arbeitete seit 1605 in Rom, wo er rasch großes Ansehen erlangte. Die Aufträge geistlicher und weltlicher Herren trugen dazu bei, dass seine Werke, z. B. der Brunnen auf der Piazza Navona (1647–52), zu prägenden Höhepunkten des römischen Stadtbildes wurden. Später arbeitete er vorwiegend im Dienste der Päpste, war Bauleiter der Peterskirche und errichtete die Kolonnaden des Petersplatzes (1656–67). 1665 ging B. nach Paris, um den Louvre zu vollenden. Aber inzwischen war sein barocker Stil im Zuge der französischen Hinwendung zum Klassizismus nicht mehr gefragt, so dass er den Auftrag nicht erhielt.

Bernstein, Leonard

amerik. Dirigent und Komponist
* 25.8.1918 in Lawrence (MA)
† 14.10.1990 in New York

B., Dirigent und Komponist von Weltruhm, gelang es, in seinem Werk die Grenzen zwischen der sog. „unterhaltenden“ und „ernsten“ Musik aufzuheben. Der Sohn jüdischer Emigranten studierte 1941 am Curtis Institute of Music in Philadelphia. 1943 wurde B. zweiter Dirigent des New York Philharmonic Orchestra. Als er im gleichen Jahr für den erkrankten Bruno Walter einsprang, feierte er ein Aufsehen erregendes Debüt und wurde über Nacht zum Star. Der

Ruhm B.s trug entschieden zum musilkalischen Selbstbewusstsein Amerikas bei. Von 1945–48 war er Leiter des N.Y. City Center Orchestra. B.s Kompositionen umfassen ein breites Spektrum wie u. a. seine 2. Symphonie *The Age of Anxiety* (1949), die einaktige Oper *Trouble in Tahiti* (1952), das Musical *Wonderful Town* (1953) sowie die Musik zu dem Film *Die Faust im Nacken* (1954). Sein bedeutendstes Werk entstand 1957 mit dem Musical *West Side Story*. Die größten Erfolge feierte er jedoch als Dirigent. 1958 übernahm er als erster im Land geborener Amerikaner die Leitung des New York Philharmonic Orchestra, von dem er sich 1969 trennte. Seit dieser Zeit arbeitete B. weltweit als Gastdirigent, betätigte sich musikpädagogisch und förderte junge Musiktalente.

Berzelius, Jöns Jacob Freiherr von

schwed. Chemiker
* 20.8.1779 in Väversunda
† 7. 8.1848 in Stockholm

B. führte nicht nur die heute noch gültigen Symbole der chemischen Elemente ein. Durch genaue Atomgewichtsbestimmungen konnte er seine Theorie, dass das Molekulargewicht gleich der Summe der Atomgewichte sei, nachweisen. Auch der Isomerie-Begriff geht auf B. zurück. Durch exakte Analysen gelang es ihm, die Elemente Cer (1803), Selen (1817) und

Thorium (1828) zu entdecken. Der berühmte Chemiker studierte eigentlich Sprachen und Medizin, wandte sich aber später immer mehr der Chemie zu. Er veröffentlichte ein *Lehrbuch der Chemie* (3 Bde.) und die *Berichte über die Fortschritte in der Physik und Chemie* (21 Bde.).

Bessemer, Sir Henry

engl. Ingenieur und Erfinder
* 19.1.1813 in Charlton
† 15.3.1898 in London

Berühmt wurde B. durch die Entwicklung des nach ihm benannten Verfahrens (1855) zur Erzeugung von Stahl aus phosphorarmem Eisen. Mit dieser Methode gelang es ihm, die Herstellungszeit von 24 Stunden auf 20 Minuten zu verkürzen und konnte so mit der Massenproduktion von Stahl beginnen, wodurch B. der „Industriellen Revolution" einen enormen Innovationsschub verlieh. Mit 117 Patenten, die meist industriell verwertbar waren (z. B. Maschine zur Erzeugung von Bronzestaub) gehörte B. zu den vielseitigsten und erfolgreichsten Erfindern seiner Zeit.

Bismarck, Otto Fürst von

preuß. Staatsmann und
dt. Reichskanzler
* 1.4.1815 in Schönhausen, Altmark
† 30.7.1898 in Friedrichsruh, Hamburg

B. war nach der Beendigung des Deutschen Reiches (1806) der Schöpfer des zweiten Deutschen Reiches (1871–1919) unter preußischer Führung und sein erster Reichskanzler. Seine friedenssichernde Diplomatie formte entscheidend das gesamte europäische Bündnissystem. Nach dem Studium der Rechtswissenschaft in Göttingen, gab es zunächst keine Anzeichen, die auf eine so große politische Karriere hindeuteten. Gelangweilt vom Staatsdienst widmete er sich sogar der landwirtschaftliche Arbeit auf seinen Gütern. Erst nach seiner Heirat

(1847) begann B.s politische Laufbahn. Er wurde zum Mitglied des Vereinigten Landtags in Preußen gewählt. B. wies sich als extrem konservativer Royalist aus und verteidigte die Privilegien des reichen preußischen Adels gegen die Ansprüche der gesellschaftlichen Verhältnisse, die im Wandel waren. Während der Revolution von 1848 missbilligte er die Nachgiebigkeit des preußischen Königs. 1849 wurde er Abgeordneter der 2. Preußischen Kammer, 1850 im Erfurter Parlament. Er lehnte die Unionspolitik ab und befürwortete die Wiederherstellung des Deutschen Bundes, musste sich jedoch als Gesandter im Frankfurter Bundestag (1851–59) damit abfinden, dass eine dualistische Lösung des deutschen Führungsproblems nicht möglich war. Von 1859–62 war B. Gesandter in St. Petersburg, wurde 1862 preußischer Ministerpräsident. In den nächsten Jahren gelang es B., innenpolitisch die preußische Krone zu stärken und in der Außenpolitik die Großmachtansprüche zu unterstreichen, besonders durch den Krieg gegen Dänemark (1864) und Österreich (1866). Der Deutsche Bund wurde aufgelöst, an seine Stelle trat der Norddeutsche Bund (1867). B. wurde nach dem Deutsch-Französischen Krieg (1870/71) Reichskanzler (1871–90). Um sich gegen französische Revancheabsichten zu sichern baute er ein kompliziertes System an Sicherheitsbündnissen auf. Während B. mit seiner ausgewogenen Bündnispolitik 20 Jahre lang Frieden in Mitteleuropa bewahren konnte, waren seine innenpolitischen Maßnahmen nicht immer glücklich. Um die Macht des Zentrums zu brechen, inszenierte er den „Kulturkampf" (1872–79), der die katholischen Staatsbürger und den Papst gegen ihn aufbrachte. 1879 kam es über seine Schutzzoll-Politik zum Bruch mit den Liberalen. Die Arbeiter entfremdete er dem Reich und seiner Führung durch das „Sozialistengesetz“ (1878), mit dem die Parteiarbeit der Sozialdemokratie unterbunden werden sollte. Nach dem Regierungsantritt von Wilhelm II. 1888 kam es zu Spannungen zwischen dem Kaiser und B., die schließlich zur Entlassung des Kanzlers führten (18.3.1890). An B., dem „Eisernen Kanzler“ scheiden sich heute noch die Geister. Während er für die einen der Reichsgründer und Friedensstifter ist, werfen ihm die anderen vor, er habe mit seinen genialen, aber selbstherrlichen Regierungsmethoden in Deutschland sowohl die Entwicklung eines echten Parlamentarismus als auch die Ausbildung eines guten diplomatischen Nachwuchses verhindert. So konnte sein kompliziertes Bündnissystem von seinen Nachfolgern nicht mehr gemeistert werden.

Bizet, Georges

(eigtl.: Alexandre César Léopold B.)
frz. Komponist
* 25.10.1838 in Paris
† 3.6.1875 in Bougival bei Paris

Bekannt wurde B. vor allem durch die Oper *Carmen* (1875). Aus einer musikalischen Familie stammend studierte er bereits mit 10 Jahren am Konservatorium in Paris. Mit seinem ersten Bühnenwerk (*Der Wunderdoktor,* 1857) hatte er schon Erfolg. Seine realistischen Opern *Die Perlenfischer* (1863) und *Das schöne Mädchen von Perth* (1866) blieben erfolglos. Die Oper *Carmen,* nach einer Novelle von P. →Mérimée, wurde bei der Uraufführung in Paris (1875) noch abgelehnt, aber noch im selben Jahr vom Wiener Publikum gefeiert; sie wurde später zu einem der größten Erfolge der Opernliteratur und zählt zu den meistgespielten Opern der Welt. B. komponierte auch 3 Symphonien, 2 Suiten (darunter *L'Arlésienne,* 1872) und Lieder.

Blair, Tony

(eigtl. Anthony Charles Lynton B.)
brit. Politiker
* 6.5.1953 in Edinburgh, Schottland

Als B. 1994 zum Nachfolger des verstorbenen J. Smith zum Parteichef (der jüngste Amtsinhaber in der Labour-Geschichte) gewählt wurde, setzte die Modernisierung innerhalb der Labour Party ein. Er machte sich zum Ziel, über der traditionellen Verankerung seiner Partei in der Gewerkschaftsbewegung hinaus besonders neue Wähler in der Mittelschicht anzusprechen. Mit dem Wahlsieg seiner Partei 1997 konnte B. seinen Erfolgskurs untermauern. Seit 3.5.1997 ist B., von Beruf Anwalt, Premierminister Großbritanniens. Anders als noch seine konservativen Amtsvorgänger John Major und M. →Thatcher befürwortet B. die Integration Großbritanniens in die Europäische Union; innenpolitisch setzt seine Regierung auf strukturelle Modernisierung der Wirtschaft.

Blake, William

engl. Maler, Grafiker und Dichter
* 28.11.1757 in London
† 12.8.1827 in London

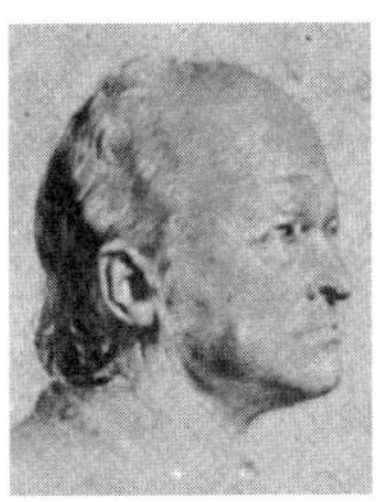

B.s mystische Weltanschuung und visionäre Symbolkraft hatten großen Einfluss auf die Präraffaeliten, später auf die Jugendstilkunst sowie die Expressionisten. Zum Kupferstecher ausgebildet schuf er zahlreiche Illustrationen zu Dante, Milton, zur Bibel und zu eigenen „prophetischen“ Dichtungen. 1873 erschien B.s erster Lyrikband, weitere Gedichtsammlungen folgten. Lange Zeit wurde B. als Künstler, Dichter und Mystiker nicht anerkannt. Erst viel später erfuhr sein Werk, eigentlich der Romantik angehörend, die gebührende Würdigung.

Bloch, Ernst

dt. Philosoph
* 8.7.1885 in Ludwigshafen
† 4.8.1977 in Tübingen

B. ist einer der bedeutendsten marxistischen Philosophen des 20. Jh.s. Beeinflusst von →Hegel und →Marx entwirft B. eine Philosophie der Utopie, in deren Zentrum er *Das Prinzip Hoffnung* (3 Bde., 1954–59) stellt. Nach dem Studium der Philosophie und Physik war er als freier Schriftsteller tätig (u. a. *Geist der Utopie,* 1918; sein einziges Erzählwerk Spuren, 1930). Als Jude emigrierte B. 1933 in die USA, wo seine wichtigsten Werke (*Subjekt-Objekt,* 1951; *Das Prinzip Hoffnung*) enstanden. 1949 erhielt er den Lehrstuhl für Philosophie in Leipzig und 1955 den Nationalpreis der DDR. B. vertrat einen Marxismus, der sich an der Zukunft orientiert, gegen die Doktrin des real existierenden Sozialismus. Nach Beschränkung seiner Arbeiten und der Zwangsemeritierung übersiedelte B. 1961 nach Westdeutschland. Er lehrte in Tübingen Philosophie und wurde 1967 mit dem Friedenspreis des Deutschen Buchhandels ausgezeichnet.

Boccaccio, Giovanni

ital. Dichter
* Juni/Juli 1313 in Florenz oder Paris
† 21.12.1375 in Certaldo bei Florenz

Seinen weltweiten Ruhm begründete B. mit seinem Hauptwerk *Decamerone* (1348–53, dt. 1471), mit dem ihm das überzeugendste Sittengemälde der italienischen Renaissance gelang.

Der Sohn eines florentiner Kaufmanns studierte zunächst Jura, brach aber das Studium ab und widmete sich vor allem der Dichtkunst. Mit dem Philosophen Petrarca, mit dem er ab 1330 zusammen reiste und studierte, verband ihn eine tiefe und fruchtbare Freundschaft. B. schuf mit *Ninfale d'Ameto* (1341/42) und *Die Nymphe von Fiesole* (1344, dt. 1957) die ersten bukolischen Dichtungen in italienischer Sprache. B. veranlasste die erste komplette Übersetzung →Homers ins Lateinische durch Leontio Pilato. Seine Heimatstadt Florenz übertrug dem glühenden Verehrer →Dantes 1373 den ersten öffentlichen Lehrstuhl zur Erklärung der „Divina Commedia“. Sein Hauptwerk *Decamerone* legte die Novelle als Kunstform fest und beinflusste die Weltliteratur nachhaltig. Es ist eine Sammlung von 100 in eine Rahmenerzählung eingeflochtenen, heiteren und ernsten, erbaulichen und frivolen Geschichten, die zehn junge florentinische Adlige auf einem Landgut während der großen Pest (1348) an zehn Tagen einander erzählen.

Boeing, William Edward

amerik. Flugzeugkonstrukteur
* 1.10.1881 in Detroit
† 28.9.1956 in Puget Sound (WA)

B. ist der Gründer des größten amerikanischen Unternehmens (Boeing Co.) der Luft- und Raumfahrtindustrie. Damit wurde sein Name zum Begriff der Weltluftfahrt. Heute ist das Unternehmen der weltweit größte Hersteller ziviler Düsenflugzeuge. Der sog. Jumbo-Jet war das erste Großraumflugzeug (1970) und kann bis zu 500 Passagiere befördern. Die Firma produziert auch für Welraumprojekte und den militärischen Bereich.

Boethius, Anicius Manlius Severinus

weström. Staatsmann,
Philosoph und Dichter
* um 480 in Rom
† 524 in Pavia

B. gilt als wichtiger Vermittler des antiken Denkens an das Mittelalter (z. B. Aristoteles-Übersetzungen und -Kommentare). Er war Kanzler, Ratgeber und Philosoph am Hof Theoderichs des Großen. Später wurde B. wegen einer angeblichen Verschwörung mit Ostrom lange Zeit eingekerkert und ohne Anhörung zum Tode verurteilt. Zum Kanon der häufig kopierten Bücher im Mittelalter gehörte seine im Gefängnis entstandene Schrift *Vom Trost der Philosophie* (524, dt. 31969).

Bogart, Humphrey

amerik. Filmschauspieler
* 25.12.1899 in New York
† 14.1.1957 in Los Angeles

B. wurde in seinen über 70 Filmen vorwiegend in der Rolle des Anti-Helden und des schweigsamen, zynischen Einzelgängers bekannt. Der Sohn eines Chirurgen kam 1922 als Schauspieler an den Broadway und 1930 nach Hollywood. Weltruhm erlangte er 1941 mit dem Film *Der Maltheserfalke*. Später als Privatdetektiv Philip Marlowe in *Tote schlafen fest* (1946) und in dem Kinoklassiker *Casablanca* (1942) mit Ingrid Bergman wurde B. schon zu Lebzeiten zu einer Kultfigur. Zu den Klassiker gehören die Filme wie *Der Schatz der Sierra Madre* (1948), *Key Largo* (1948) und *African Queen,* für den B. 1951 den Oscar erhielt.

Böhm, Karl

österr. Dirigent
* 28.8.1894 in Graz
† 14.8.1981 in Salzburg

Weltweite Anerkennung als einer der bedeutendsten Opern- und Konzertdirigenten unseres Jahrhunderts fand B. erst nach 1957. Er war 1934–43 Direktor der Dresdner Staatsoper, von 1943–45 sowie 1954–56 der Wiener Staatsoper. Nach dieser Zeit trat er ausschließlich als Gastdirigent an den wichtigsten Operhäusern der Welt auf (u. a. Metropolitan Opera New York, Salzburger und Bayreuther Festspiele). Vor allem Werke von Mozart und Strauss bildeten den Schwerpunkt in seinem Repertoire. 1964 erhielt B. als erster Dirigent nach 1945 den Titel des „Österreichischen Generalmusikdirektors“. Er erhielt zahlreiche Auszeichnungen und Ehrungen. B. ist der Stifter des Karl-Böhm-Preises für junge Dirigenten.

Bohr, Niels

dän. Physiker
* 7.10.1885 in Kopenhagen
† 18.11.1962 in Kopenhagen

B., einer der großen Wegbereiter der Atom- und Kernphysik, entwickelte 1913 unter Anwendung der Quantentheorie von M. →Planck das nach ihm benannte Atommodell (Bohr'sches Atommodell). Später bestimmte er das magnetische Moment des Elektrons (Bohr'sches Magneton). Ab 1916 war B. Professor in Kopenhagen. 1922 erhielt er den Physiknobelpreis für die Erforschung der Atomstruktur. In Zusammenarbeit mit Werner Heisenberg gelang B. 1926–27 mit der „Kopenhagener Deutung“ die Quantentheorie zum vorläufigen Abschluss zu bringen. 1943–45 arbeitet B. in Los Alamos (USA) an der Entwicklung der Atombombe mit.

Bolívar, Simón

südamerik. Freiheitskämpfer
und Politiker
* 24.7.1783 in Caracas
† 17.12.1830 in Santa Martha, Kolumbien

B., der Befreier Südamerikas, brachte seine nationalrevolutionären Ideen aus Europa mit. Nach Abschluss seiner Ausbildung wurde der Sohn einer reichen kreolischen Familie nach Europa geschickt, wo, beeinflusst von der Französischen Revolution, der Plan heranreifte, seine Heimat von der Herrschaft der Spanier zu befreien. Nach der Unabhängigkeitserklärung 1811 folgten schwere Kämpfen gegen die Spanier. Erst 1816 kam es zu größeren Erfolgen. 1819 wurde B. der Präsident der Republik Kolumbien (umfasste das heutige Kolumbien, Venezuela, Ecuador und Panama). 1824 brach er gemeinsam mit General José Antonio de Sucre endgültig die spanische Herrschaft in Südamerika. B. wurde auch Präsident von Peru (das heutige Peru und Bolivien). Trotz anfänglicher Erfolge scheiterte er vor allem an wirtschaftlichen Schwierigkeiten und musste 1830 wegen diktatorischer und antiliberaler Haltung abdanken.

Bolkiah, Hassanal

(eigtl.: Sir Muda Hassanal
al-Bolkiah Muizzaddin Waddaulah)
Sultan von Brunei
* 15.7.1946 in Bandar Seri Begawan, Brunei

B. gilt als der reichste Mann der Welt. 1995 wurde sein Vermögen auf rund 40 Milliarden US-Dollar geschätzt. Nach seiner Ausbildung in Malaysia und dem Besuch der Königlichen Militärakademie in Sandhurst wurde er 1961 Kronprinz. 1967 übernahm er die Regierungsgewalt. 1984 erlangte Brunei die Unabhängigkeit von Großbritannien. Den ersten wirtschaftlichen Aufschwung erlebte das Land 1929 mit der Erschließung außerordentlich ergiebiger Ölquellen. Von dem Reichtum des Landes profitieren auch die rund 280.000 Einwohner des Sultanats: Das Pro-Kopf-Einkommen lag 1995 bei etwa 18.500 US-Dollar, das ist der höchste Wert in Asien nach Japan. B. übernahm auch das Amt des Premierministers und hat zur weiteren Festigung der Monarchie eine Staatsideologie entwickelt, die absoluten Respekt für den Herrscher und seine Rolle als Verfechter des Islam einfordert. Der Sultan lebt fern „westlicher Dekadenz" (z. B. seit 1991 Alkoholverbot) in seinem prunkvollen Palast mit 1778 Zimmern mit seinen beiden Ehefrauen.

Bölkow, Ludwig

dt. Ingenieur und Unternehmer
* 30.6.1912 in Schwerin

B. wurde zum Wegbereiter der deutschen Luft- und Raumfahrtindustrie nach dem II. Weltkrieg. Er hatte bereits 1939 bei W. →Messerschmitt an der Entwicklung des ersten Düsenjagdflugzeugs der Welt (Me 262) mitgewirkt. 1956 gründete er die Firma „Bölkow Entwicklungen KG", schloss sich 1968 mit Messerschmitt, 1969 mit der Blohm'schen Hamburger Flugzeugbau GmbH zusammen. B. schied 1977 nach Differenzen aus dem Unternehmen aus.

Böll, Heinrich

dt. Schriftsteller
* 21.12.1917 in Köln
† 16.7.1985 in Langenbroich

B. ist einer der meistgelesenen deutschsprachigen Nachkriegsautoren unserer Zeit. Die Texte des Moralisten und politisch engagierten Schriftstellers sind an der Realität orientiert.

Die Hauptthemen sind Nationalsozialismus, Krieg sowie die Auswüchse der Nachkriegsgesellschaft. B. war der Sohn eines Tischlermeisters. Bis zu seiner Einberufung 1939 studierte er Germanistik und Klassische Philologie; nach 1945 nahm er sein Studium wieder auf. 1949 erschien sein erster Kurzroman *Der Zug war pünktlich.* In weiteren Kriegs- und Heimkehrerschicksalen geißelte er den Widersinn des Krieges (*Wanderer, kommst du nach Spa...,* 1950; *Wo warst du Adam?* (1951). Später entstanden seine kritisch-satirischen Romane und Erzählungen, die Kritik an der Gesellschaft der Nachkriegszeit und dem Katholizismus übten (*Haus ohne Hüter,* 1954; *Billard um halbzehn,* 1959; *Ansichten eines Clowns,* 1963, *Gruppenbild mit Dame,* 1971). Durch seine Proteste gegen die Gewalt der Massenmedien (*Die verlorene Ehre der Katharina Blum,* 1974) wurde B. von der rechtskonservativen Presse zum „geistigen Sympathisanten" des Terrorismus abgestempelt. In dieser Zeit gewann B. immer mehr an internationaler Bedeutung: 1971–74 war er Präsident des Internationalen P.E.N.-Clubs, 1972 erhielt er den Nobelpreis für Literatur. 1974 nahm B. den sowj. Dissidenten Alexander Solschenizyn bei sich auf. In der 80er Jahren engagierte er sich für die Anti-Kernkraft-Bewegung und Friedensinitiativen.

Bonaventura (hl.)

(eigtl.: Johannes Fidanza)
ital. Theologe, Philosoph
und Mystiker
* um 1221 in Bagnoreggio bei Rom
† 15.7.1274 in Lyon

B. war eine der bedeutendsten Gestalten des mittelalterlichen Geisteslebens. 1243 trat er in den Franziskanerorden ein, wurde 1257 Ordenskardinal. B. hatte einen wesentlichen Anteil an der Ausprägung der franziskanischen Richtung („ältere Franziskanerschule") der Scholastik. Von der katholischen Kirche wurde B. als Kirchenlehrer verehrt und 1482 heilig gesprochen (15.7.).

Bonifatius (hl.)

(urspr.: Wynfrith)
angelsächsisch.-dt. Missionar
und Bischof
* 672 in Wessex (England)
† 5.6.754 bei Dokkum, Friesland

B., der „Apostel der Deutschen" leistete mit seinem Missionswerk große zivilisatorische und kulturelle Aufbauarbeit. Der Benediktinermönch, der bereits mit sieben Jahren ins Kloster eingetreten war, wurde 719 in Rom von Papst Gregor II. unter dem neuen Namen B. zum Missionar von Deutschland ernannt. Nach der Missionierung von Thüringen, Hessen und Friesland, gründete B. zahlreiche Klöster (Fulda, Fritzlar). 722 zum Bischof ernannt gründete er die Bistümer Passau, Freising, Regensburg, das Erzbistum Salzburg und stiftete Erfurt, Würzburg und Eichstätt. Er schuf damit die im Wesentlichen bis in unsere Zeit reichende Diözesangliederung für Süddeutschland. 746 übernahm B. das Erzbistum Mainz. Bei erneuter Aufnahme der Friesenmission erschlugen ihn heidnische Friesen. Später wurde er heilig gesprochen (5.6.).

Bonifatius VIII.

(urspr.: Benedetto Caëtani)
Papst
* um 1235 in Anagni
† 11.10.1303 in Rom

Eigentlich ausgebildeter Jurist und Notar wurde B. 1281 zum Kardinal ernannt und 1294 zum

Papst gewählt. Für den herrschsüchtigen, habgierigen B. war das Papsttum die höchste geistliche und weltliche Gewalt, seine Politik jedoch stets erfolglos. Vergebens machte er lehensherrliche Rechte über Polen, Ungarn, Sizilien und Schottland geltend. Das in der Bulle „Clericis laicos" (1296) ausgesprochene Verbot von Kirchenmännern Steuern zu nehmen, führte zum Konflikt mit Frankreich. 1300 wurde das erste „Heilige Jahr" gefeiert. B.s geistliche und weltliche Ansprüche (Bulle „Unam sanctam" von 1302) sollten in bis dahin noch nicht da gewesener Weise (siehe →Gregor VII.) den päpstlichen Suprematieanspruch untermauern, dass →Philipp IV. von Frankreich ihn gefangen nehmen ließ.

Borgia, Cesare

ital. Kardinal und Fürst
* um 1475 in Rom
† 12.3.1507 in Viana, Spanien

B. war ein skrupelloser und machthungriger Renaissancefürst, der seine Ziele durch Mord und Verrat erreichte. Mit ihm als Vorbild schuf N. →Macchiavelli den für seine Zeit „idealen" Fürstentypus. Der Sohn von Papst →Alexander VI. gehörte dem aus Spanien stammenden Adelsgeschlecht der Borgia an. B. wurde von seinem Vater 1492 ohne Priesterweihe zum Erzbischof von Valencia, 1493 zum Kardinal ernannt. 1497 legte er seine kirchlichen Ämter ab, um politische Macht zu erwerben. 1499 vermählte sich B. mit Charlotte d'Albret von Navarra, der Tochter Ludwigs XII. und versuchte sich ein italienisches Fürstentum zu schaffen. Nach dem Tod von Alexander VI. wurde er von Papst Julius II. 1503 zur Rückgabe der eroberten Gebiete gezwungen. Als einer der militärischen Führer des Königs von Navarra fiel B. in Kastilien.

Born, Max

dt.-brit. Physiker
* 11.12.1882 in Breslau
† 5.1.1970 in Göttingen

B. gehört zu den bedeutendsten Wegbereitern der modernen theoretischen Physik der Festkörper. Er war Professor in Berlin, Frankfurt a.M. und Göttingen. In dieser Zeit arbeitete er an der exakten Formulierung der Quantenmechanik und arbeitete eng mit W. →Heisenberg zusammen. Nach der Emigration 1933 lehrte B. in Cambridge, Bangalore (Indien) und Edinburgh. 1939 wurde er britischer Staatsbürger. B. begründete mit seiner Gittertheorie der Elastizität die Dynamik der Kristallgitter. Für diese Arbeit und für seine Grundlagenforschung zur modernen Quantentheorie erhielt B. 1954 zusammen mit Walter Bothe den Nobelpreis für Physik.

Bosch, Carl

dt. Chemiker
* 27.8.1874 in Köln
† 26.4.1940 in Heidelberg

B. gelang es 1908–13, die bereits von Fritz Haber entwickelte Ammoniaksynthese zu einem industriellen Produktionsverfahren zu erweitern („Haber-Bosch-Verfahren"). Die synthetische Herstellung von Ammoniak, die Basis für Düngemittel, führte zu einer gewaltigen landwirtschaftlichen Ertragssteigerung in der ganzen Welt. Nach dem Chemiestudium war B. bei der Badischen Anilin- und Soda-Fabrik (BASF) tätig. 1925 wurde er Aufsichtsratsvorsitzender der I.G. Farbenindustrie AG. Für die Hochdrucksynthese von Ammoniak aus Stickstoff und Wasserstoff erhielt B. zusammen mit Friedrich Bergius 1931 den Nobelpreis für Chemie. B.s Hochdruckverfahren diente auch zur Herstellung anderer wirtschaftlich wichtiger Rohstoffe wie Kautschuk und Benzin durch Kohleverflüssigung.

Bosch, Hieronymus

(eigtl.: Hyronymus van Aken)
niederl. Maler
* um 1450 in 's-Hertogenbosch
† 6.8.1516 in 's-Hertogenbosch

B. schuf einzigartige Bilder von persönlichem religiösem Grundempfinden. Seine Darstellungsart, scheinbar teilweise dem Surrealismus des 20. J.s verwandt, muss zu seiner Zeit modern und ungewöhnlich gewirkt haben. Lokale Folklore, Traditionen, Mysterienspiele bilden Ausgangspunkte für Symbole und Allegorien. Die Themen sind in großartig gemalten, dramatisch-phantastischen Landschaften mit skurrilen, spukhaften Gestalten und Dämonen dargestellt. B. hatte in der Werkstatt des Vaters die Kunst der Buchmalerei, des Buchdrucks und des Kupferstichs erlernt. Über seinen künstlerischen Werdegang ist kaum etwas überliefert. Zur Signierung seiner Bilder verwendete er, wie damals üblich, den Namen seiner Heimatstadt 's-Hertogenbosch. So wurde der Künstler unter dem Namen Bosch bekannt. Er genoss zu Lebzeiten bereits hohes Ansehen und erhielt bedeutende Aufträge für biblische Werke (Altar mit dem *Jüngsten Gericht, Versuchung des hl. Antonius*). Philipp II. von Spanien trug eine umfängliche Zahl von B.s Werken zusammen, so dass der Prado in Madrid die größte Sammlung des Malers besitzt (u. a. *Garten der Lüste, Der Heuwagen, Himmlisches* und *Irdisches Paradies, Das Weltgericht*).

Bosch, Robert

dt. Industrieller
* 23.9.1861 in Albeck bei Ulm
† 12.3.1942 in Stuttgart

Mit seinen Erfindungen der Abreißzündung für Verbrennungsmotoren (1887), des Nieder- und Hochspannungs-Magnetzünders (1895 und 1901) sowie der Hochspannungs-Zündkerze für den Ottomotor hatte B. maßgeblichen Anteil an der Entwicklung der elektrischen Ausrüstung im Kraftfahrzeugbau. Nach dem Studium an der Technischen Hochschule in Stuttgart und Amerika gründete er seine Werkstatt für Feinmechanik und Elektrotechnik, Vorgänger der späteren B.-Werke. B. war sozialpolitisch sehr fortschrittlich (Einführung des Achtstundentags), gründete zahlreiche Wohlfahrtseinrichtungen und Stiftungen und finanzierte das 1942 in Stuttgart eröffnete Robert-Bosch-Krankenhaus.

Botticelli, Sandro

(eigtl.: Alessandro di
Mariano Filipepi)
ital. Maler
* um 1445 in Florenz
† 17.5.1510 in Florenz

Der Meister der florentinischen Frührenaissance hatte ursprünglich Goldschmied gelernt. B., zeichnerisch sehr begabt, lebte zunächst im Hause seines Bruders, eines Maklers, der wegen seiner Leibesfülle „botticelli" (= das Tönnchen) genannt wurde. Hieraus erklärt sich der Beiname Sandros, der gegen 1465 Schüler von Fra Filippo Lippi wurde. Sein Frühwerk steht deutlich unter dem Einfluss seines Lehrers. Für die Medici, die ihn förderten, schuf er die antikisierenden Allegorien *Geburt der Venus* (1478) und *Frühling* (1478). Neben mehreren Porträts malte er für die Medici auch die *Anbetung der Könige* (1475), ein Gemälde, auf dem mehrere Mitglieder der mächtigen Familie zu sehen sind. 1481–82 war B. mit drei Fresken an der Ausmalung der Sixtinischen Kapelle in Rom beteiligt. Nach dem Tod von Lorenzo de Medici brach die Zeit der sozialen und religiösen Unruhen an. B. wurde Anhänger des Bußpredigers Savonarola, der sein späteres Werk stark beeinflusste, u. a. *Verleumdung* (1495), *Pietà* (1500) sowie Zeichnungen für *Dantes Göttliche Komödie* (1482–1503).

Boucher, François

frz. Maler und Kupferstecher
* 29.9.1703 in Paris
† 30.5.1770 in Paris

B. gilt als der große Meister der französischen Rokokomalerei. Von Madame de Pompadour protegiert schuf er zahlreiche Bilder mit mythologischen und allegorischen Themen, von Intérieurs und Schäferszenen in graziös-heiterem, galantem Stil (*Toilette der Venus,* 1751; *Ruhendes Mädchen,* 1752). Der Künstler hatte schon in jungen Jahren großen Erfolg, wurde 1731 als Historienmaler in die Akademie aufgenommen, 1737 wurde er ordentlicher Professor. Darüber hinaus entwarf B. Theaterdekorationen und Gobelins, wobei seine dekorative Begabung besonders gut zur Geltung kam.

Brahe, Tycho

dän. Astronom
* 14.12.1546 in Knudstrup
† 24.10.1601 in Prag

B. betrieb schon vor der Erfindung des Fernrohres genaue Bestimmungen der Planetenörter. Schon während des Studiums der Rhetorik und Rechtswissenschaften beschäftigte er sich intensiv mit der Astronomie. B. wurde vom dänischen König gefördert und erbaute auf der Insel Ven im Sund die Sternwarten „Uranienborg“ und „Stjerneborg“ (heute Museum und Ruinen). 1599 wurde er kaiserlicher Hofastronom Rudolf II. in Prag, wo er J. →Kepler zum Gehilfen gewann, dem die Beobachtungen B.s bei der Aufstellung seiner Planetengesetze als Grundlagen dienten. B. blieb Anhänger des geozentrischen Weltbildes und somit Gegner von N. →Kopernikus.

Brahms, Johannes

dt. Komponist
* 7.5.1833 in Hamburg
† 3.4.1897 in Wien

Die Musik B.' hatte mit ihrer handwerklichen Meisterschaft und ihrer formalen Strenge großen Einfluss auf seine Zeitgenossen (M. Bruch, A. Dvořák). Nach der Musikausbildung ging er als Klavierbegleiter auf Reisen. 1862–64 war B. Hofmusikdirektor in Detmold. In Wien, wo er sich 1778 niederließ, freundete er sich mit Robert und Clara →Schumann an. B. versuchte im Gegensatz zu den meisten anderen Komponisten der Zeit, die von Beethoven übernommenen musikalischen Formen zu wahren. Er komponierte Symphonien und Kammermusik, jedoch nicht Programmmusik und Opern. Dadurch wurde er in einen starken Gegensatz zu der Neudeutschen Schule von F. →Liszt, R. →Wagner und H. →Berlioz gedrängt. Vor allem in seinen Liedern und in der Klaviermusik sind neben dem Klassizismus die lyrischen Züge besonders ausgeprägt.

Bramante

(eigtl.: Donato d'Angelo Lazzari)
ital. Baumeister
* um 1444 in Fermignano bei Urbino
† 11.3.1514 in Rom

B. ist der Begründer der klassischen antikisierenden Architektur der Hochrenaissance. Mit seinen Bauten prägte er nachhaltig das Bild von Mailand und Rom. Zur Architektur kam B. über die Malerei. Nach seiner Ausbildung und dem Studium der Antike arbeitete er von 1476–99 in Mailand vor allem an kirchlichen Bauten. In Rom schuf B. mit dem Tempietto von S. Pietro in Montoria (1502) das Musterbeispiel der Architektur der Hochrenaissance. Ab 1503 war in Rom für Papst →Julius II. tätig. Es waren vor allem Umbauten am Vatikanpalast und 1506 der Baubeginn der Peterskirche nach seinen Plänen. B. konnte nur die vier Hauptpfeiler beenden.

Brandt, Willy

(urspr.: Herbert Ernst Karl Frahm)
dt. Politiker
* 18.12.1913 in Lübeck
† 8.10.1992 in Unkel bei Bonn

B. wurde Bundeskanzler, als es am 21.10.1969 zur Bildung der ersten sozialliberalen Koalition kam. Schon 1966, als Außenminister und Vizekanzler der Großen Koalition, initiierte der SPD-Vorsitzende eine aktivere Ostpolitik, die entscheidend zur Überwindung der Auseinandersetzung zwischen den militärischen Machtblöcken in Europa beitrug. Für diese „Politik der Versöhnung" erhielt B. 1971 als erster dt. Politiker seit G. →Stresemann den Friedensnobelpreis. Ab 1931 war B. Mitglied der Sozialistischen Arbeiterpartei (SAP). 1933 emigrierte er nach Norwegen, 1939 nach Schweden und war unter dem Pseudonym Brandt (formelle Namensänderung 1949) im Spanischen Bürgerkrieg als Journalist tätig. B. kehrte 1945 als Berichterstatter skandinavischer Zeitungen nach Berlin zurück, wurde 1948 wiedereingebürgert und kam in den SPD-Vorstand. 1949–57 und ab 1969 war er Mitglied des Bundestages, 1950–57 Mitglied des Berliner Abgeordnetenhauses. Bereits als Regierender Bürgermeister von Berlin (1957–66) legte B. den Grundstein für seine spätere Ostpolitik. Im Februar 1964 wurde er Vorsitzender der SPD, war bei den Bundestagswahlen 1961 und 1965 Kanzlerkandidat der SPD. 1966–69 war B. Außenminister und Vizekanzler der Großen Koalition, 1969–74 Bundeskanzler. Wegen der Enttarnung von DDR-Spion Günter Guillaume im Kanzleramt trat B. am 6.5.1974 vorzeitig zurück. Ab 1976 war er Vorsitzender der Sozialistischen Internationale, 1977–89 Präsident der Nord-Süd-Kommission. 1987 trat B. als SPD-Vorsitzender zurück und wurde zum Ehrenvorsitzenden ernannt.

Braque, Georges

frz. Maler
* 13.5.1882 in Argeunteuil-sur-Seine
† 31.8.1963 in Paris

B. entwickelte mit P. →Picasso um 1908–14 den Kubismus (z. B. *Stillleben mit Violine und Harfe,* 1911): Es fand eine Auflösung der natürlichen Formen statt, prismatische, geometrisch-stereometrische Felder entstanden unter fast ausschließlicher Verwendung von Braun- und Grautönen. B. besuchte nach einer Anstreicher-Lehre die Kunstschule und ging nach Paris, wo er 1907 Picasso traf, mit dem er bis 1914 eng zusammenarbeitete. Um 1912 entstanden die ersten Collagen, für die reale oder gemalte Gegenstände mit einer Komposition verschmolzen wurden (z. B. *Die Obstschüssel,* 1912). Ab 1917, schwer verwundet vom Krieg zurückgekehrt, schlug B. eigene künstlerische Wege ein. Er setzte seine Arbeit mit Stillleben, Landschaften und Bühnendekorationen, plastischen Werken, später mit Druckgrafiken fort. Nach 1930 entstanden Keramikarbeiten und Glasfenster (z. B. in der Kirche von Varangeville).

Braun, Wernher von

amerik. Raketeningenieur
dt. Herkunft
* 23.3.1912 in Wirsitz (heute Polen)
† 16.6.1977 in Alexandria (VA)

Als technischer Direktor der Heeresversuchsanstalt Peenemünde war B. maßgeblich beteiligt an der Entwicklung der deutschen Fernraketen V1 und V2, die sog. „Wunderwaffe“, die erste automatisch gesteuerte Flüssigkeitsrakete.

1945 übersiedelte B. in die USA, 1955 wurde er eingebürgert. 1958 konstruierte er die Trägerrakete für den ersten amerikanischen Satelliten „Explorer I“ und war an der Entwicklung sowie Erprobung der dreistufigen Rakete „Saturn“ für die Mondflüge der USA beteiligt. Nach Abschluss des Apollo-Programms wurde B. stellvertretender Direktor der NASA.

Brecht, Bertolt

(eigtl.: Eugen Berthold Friedrich B.)
dt. Schriftsteller und Dichter
* 10.2.1898 in Augsburg
† 14.8.1956 in Berlin (Ost)

B. hat als Lyriker und Autor sowie als einer der bedeutendsten Dramatiker des 20. Jh.s und Begründer des epischen Theaters die Entwicklung der sozialkritischen und marxistischen Literatur und des Theaters international geprägt. B. ist zudem der meistgespielte Bühnenautor des 20. Jh.s. Zunächst studierte der Sohn eines Fabrikanten Literatur, Philosophie und Medizin in München. Durch seinen Dienst als Sanitätssoldat 1918 wurde B. zum erbitterten Kriegsgegner, begann individualistisch-expressionistische Dramen zu schreiben (*Baal, Trommeln in der Nacht,* beide 1922). 1928 hatte er besonders großen Erfolg mit der *Dreigroschenoper* (Musik von Kurt Weill), in der er die bürgerliche Scheinmoral zum Angriffsziel machte. 1933 flüchtete B., der inzwischen überzeugter Sozialist war, mit seiner Frau, der Schauspielerin Helene Weigel, nach mehreren Stationen in Europa in die USA, wo er sich 1941 niederließ. Die Zeit der Emigration war seine fruchtbarste Schaffensperiode. So entstanden die sozialistischen Lehrstücke, zum Teil nach Stoffen der Weltliteratur (u. a. *Leben des Galilei,* 1938; *Mutter Courage und ihre Kinder,* 1941; *Der gute Mensch von Sezuan,* 1942; *Der Kaukasische Kreidekreis,* 1947). Nach dem Krieg ging B. nach Ost-Berlin, da die Alliierten ihm die Einreise in die Westzone verweigerten. 1949 gründete er mit seiner Frau das „Berliner Ensemble“, das in den folgenden Jahren zur bedeutendsten Experimentierbühne Europas wurde. 1950 erhielt B. die österreichische Staatsbürgerschaft. Seine Spätwerke aus der Zeit nach dem Mauerbau in Berlin lassen B.s Resignation trotz des internationalen Erfolgs deutlich erkennen.

Brentano, Clemens

dt. Dichter
* 9.9.1778 in Ehrenbreitstein bei Koblenz
† 28.7.1842 in Aschaffenburg

B., eine der bedeutendsten Gestalten der Hochromantik, war vom Zwiespalt zwischen Poesie und Leben, Ästhetik und Religion geprägt. Nach einer Kaufmannslehre und dem Studium der Bergwissenschaften zeigte er immer mehr Neigung zur Literatur. Er machte die Bekanntschaft von →Goethe, →Fichte und mit seinem späteren Schwager Achim von →Arnim, mit dem er später sehr eng befreundet war und die Volksliedsammlung *Des Knaben Wunderhorn* (1806–08) herausgab. 1817 konvertierte B., wie viele Romantiker, zum Katholizismus. Es entstand eine Reihe von innig-frommen Erbauungsschriften. 1718–24 zeichnete er die Visionen der stigmatisierten Nonne Anna Katharina Emmerick auf. B.s reiches Werk ist von seiner überströmenden Fantasie und seinem ruhelosen Wesen gekennzeichnet. Er schrieb in allen literarischen Gattungen: Lyrik; Bildungsroman

(*Godwi,* 1818); Erzählungen und Märchen (*Geschichte vom braven Kasperl und dem schönen Annerl,* 1838); Dramen (*Ponce de Leon,* 1804). Zur Meisterschaft gelangte er aber nur in den Kurzformen.

Breschnew, Leonid Iljitsch

sowjet. Politiker
* 19.12.1906 in Kamenskoje, Ukraine
† 10.11.1982 in Moskau

Nach dem Sturz von N. →Chruschtschow, an dem er beteiligt war, bestimmte B. als Generalsekräter der KPdSU beinahe 20 Jahre die Politik der UdSSR. Er war ab 1931 Mitglied der KP, wurde 1952 ins Zentralkomitee der KP gewählt. Gefördert von Chruschtschow war er 1960–64 Vorsitzender des Präsidiums des Obersten Sowjet und als solcher nominelles Staatsoberhaupt der Sowjetunion. Nach der Machtübernahme 1964 ließ er die von seinem Vorgänger eingeleiteten Reformen abbrechen. Seine Innenpolitik war vor allem auf den Machterhalt der Partei ausgerichtet. Ab 1977 war er wieder Vorsitzender des Präsidiums des Obersten Sowjet. Somit vereinigte B. als erster in der Geschichte der UdSSR die Posten von Staats- und Parteioberhaupt in sich. In der „B.-Doktrin“ rechtfertigte er den Anspruch der Sowjetunion, die Entwicklung der sozialistischen Staaten in Europa notfalls durch Gewalt zu beeinflussen, z. B. beim Einmarsch der Truppen des Warschauer Pakts in die Tschechoslowakei 1968. Obwohl B. sich nach 1970 um eine Zusammenarbeit mit dem Westen bemühte, nutzte er die Zeit der Niederlage der USA in Vietnam zur Erweiterung der sowjetischen Macht in Afrika und Asien. B.s Tod leitete in der UdSSR eine Übergangsphase ein, an deren Ende der politische Kurswechsel von M. →Gorbatschow stand.

Britten, Edward Benjamin

engl. Komponist
* 22.11.1913 in Lowestoft, Suffolk
† 4.12.1976 in Aldeburgh, Suffolk

B. ist ein wichtiger Vertreter der englischen Musik des 20. Jh.s. Seinen ersten internationalen Erfolg hatte er 1937 bei den Salzburger Festspielen *(Variationen über ein Thema von Frank Bridge).* Berühmtheit erlangte B. vor allem durch seine Bühnenwerke (u. a. *Peter Grimes,* 1945; *Gloriana zur Krönung von Elisabeth II.,* 1953; *Ein Sommernachtstraum,* 1960), welche die englische Operntradition belebten. *War Requiem,* 1962 für die Einweihung der wieder aufgebauten Kathedrale von Coventry geschrieben, ist ein herausragendes Beispiel der englischen Chormusik. B. selbst waren v. a. seine Vokalwerke wichtig. Viele seiner Liederzyklen schrieb er für den befreundeten Tenor Peter Pears, mit dem er auch die jährlich stattfindenden Musikfeste von Aldeburgh ins Leben rief.

Bruch, Walter

dt. Ingenieur und Fernsehpionier
* 2.3.1908 in Neustadt an der Weinstraße
† 5.5.1990 in Hannover

B., der maßgeblich an der Entwicklung des deutschen Fernsehens beteiligt war, schuf die 625–Zeilen-Norm für Fernsehgeräte. Ab Ende der 50er Jahre arbeitete er an den Grundlagen des Farbfernsehsystems in der BR Deutschland. Das von ihm entwickelte PAL-System wurde 1967 gestartet und in über 60 Ländern eingeführt.

Bruckner, Anton

österr. Komponist
* 4.9.1824 in Ansfelden bei Linz
† 11.10.1896 in Wien

B.s monumentale Symhonien und seine Kirchenmusik sind beinflusst von der älteren katholischen Kirchen- und Orgelmusik, der Wiener Symphonik und vor allem von R. →Wagner. Er war Sängerknabe im Stift St. Florian in Linz, wurde dort später Lehrer und anschließend Domorganist auf dem Land. B. begann erst im Alter von 40 Jahren seine kompositorische Arbeit (*Messe d-Moll,* 1864; *1. Symphonie c-Moll,* 1865/66). 1868 wurde er Professor für Harmonielehre am Konservatorium in Wien. Weitere Symphonien, mehrere Messen (*Missa solemnis,* 1854; *Tae deum,* 1881) und das berühmte *Streichquintett* (1879) entstanden.

Bruegel, Pieter d. Ä.

fläm. Maler
* um 1528 bei Breda
† 5.9.1569 in Brüssel

B. ist der bedeutendste Vertreter der flämischen Malerei des 16. Jh.s. Nach Reisen durch Frankreich und Italien war er in Antwerpen und Brüssel tätig. In seinen Bildern ist der Einfluss von H. →Bosch eindeutig zu erkennen. Das bäuerliche Leben ist der Gegenstand in den meisten Gemälden des Künstlers („Bauern-B."), wie z. B. *Bauernhochzeit* (1568), *Bauerntanz* (1568) und die Reihe *Monatsbilder* (1565). Außer den ländlichen Motiven gehören auch biblische Szenen, Gleichnisse menschlicher Komik und Tragik, Tugend und Laster sowie satirische Darstellungen zu B.s Themen (*Turmbau zu Babel,* 1563; *Das Schlaraffenland,* 1567; *Die Blinden,* 1568). Seine beiden Söhne setzten die Familientradition fort: **Pieter Bruegel d. J.,** wegen seiner Dämonen- und Höllendarstellungen auch „Höllen-B." genannt, orientierte sich v. a. an den von Bosch beeinflussten Werken seines Vaters. **Jan Bruegel d. Ä.** war der talentiertere der beiden Söhne, der wegen seiner Malweise und seiner Motive auch „Samt- oder Blumen-B." genannt wurde.

Bruno, Giordano

(eigtl.: Filippo B.)
ital. Philosoph
* 1548 in Nola bei Neapel
† 17.2.1600 in Rom

B. verband das neue, naturwissenschaftlich bestimmte Weltbild mit Gedanken des Neuplatonismus. Aus der Unendlichkeit des Gottes schloss er auf die Unendlichkeit und Unvergänglichkeit des Universums. Seine Ansichten verwerfen die Naturlehre von Aristoteles und damit die christliche Kosmologie. B. war zunächst Dominikaner. Die Äußerung seiner Zweifel an den kirchlichen Dogmen führten zur Anklage wegen Ketzerei und zur Flucht (1576). Auf seiner Wanderschaft forschte und lehrte er an verschiedenen Universitäten. 1592 wurde B. von der Inquisition wegen seines Abfalls gefangen genommen und nach sieben Jahren Kerkerhaft öffentlich verbrannt. Zu seinen Werken gehören neben wissenschaftlich-philosophischen Abhandlungen (*Von der Ursache, dem Prinzip und dem Einen,* 1584, dt. 1872) und Lehrgedichten auch Sonette und die Komödie *Il candeleio* (1582).

Brutus, Marcus Junius

röm. Politiker
* 85 v. Chr.
† 42 v. Chr. bei Philippi, Makedonien

B., das Haupt der Verschwörung gegen G. J. →Caesar, war ein Anhänger der Stoiker und ein angesehener Redner und Schriftsteller. Im Bürgerkrieg kämpfte er auf der Seite des →Pompejus, wurde aber von Caesar nach dessen Sieg in der Schlacht von Pharsalos (48 v. Chr.) begnadigt und 44 v. Chr. zum Prätor von Rom ernannt. Um der außergewöhnlichen Machtbefugnisse Caesars Einhalt zu gebieten, ließ sich B. in die Verschwörung gegen den Diktator hineinziehen und tötete Caesar (44 v. Chr.) gemeinsam mit Cassius Longinus und anderen Senatoren im Senat. Die Attentäter mussten Rom verlassen. B. ging nach Griechenland, sammelte ein Heer, wurde jedoch 42 bei Philippi von M. →Antonius und Octavian (→Augustus) besiegt.

Büchner, Georg

dt. Dichter
* 17.19.1813 Goddelau bei Darmstadt
† 19.2.1837 in Zürich

B., der bereits mit 24 Jahren starb, hinterließ ein im Umfang zwar geringes, aber durch grundlegend neue Formgebung bedeutendes Werk. Er ist damit ein Hauptvertreter des „Vormärz“ und Vorläufer des Realismus und Naturalismus. Eigentlich studierte er Naturwissenschaften und Medizin und wurde 1836 Privatdozent in Zürich. Im Kampf gegen die reaktionären Zustände im Großherzogtum Hessen schloss er sich republikanischen und sozialistischen Freiheitsbewegungen an. 1934 gründete er die geheime Organisation „Gesellschaft für Menschenrechte“ und war Mitherausgeber der revolutionären Kampfschrift *Der Hessische Landbote.* 1835 musste er fliehen. Im gleichen Jahr schrieb er sein erstes Drama *Dantons Tod,* in dem er die politischen Ereignisse um G. J. →Danton während der Französischen Revolution verarbeitete. 1836 entstand das Dramenfragment *Woyzeck.* Beide Werke können als Vorläufer des modernen epischen Theaters angesehen werden. In dem satirischen Lustspiel *Leonce und Lena* (1836, veröffentlicht 1850) wird die Nähe zur Romantik deutlich.

Buddha

(eigtl.: Prinz Siddharta Gautama)
ind. Religionsstifter
* um 560 oder 460 v. Chr. bei Lumbini
† um 480 oder 380 v. Chr.
bei Kusinara

B. (sanskrit: der Erleuchtete) ist ein durch Erkenntnis der Heilswahrheit „Erleuchteter“ und insbesondere der Stifter des Buddhismus. Über sein Leben sind wenig authentische Angaben überliefert. Nach alter Legende gibt der 29-jährige das Prinzenleben auf, verlässt seine Frau und seinen Sohn, um als Asket Erlösung zu suchen. Durch Versenkung gelangt er schließlich nach sieben Jahren unter einem Feigenbaum in Buddh Gaya zur erlösenden Erleuchtung. B. gründet einen Mönchs- und Nonnenorden und zieht etwa 40 Jahre lang predigend durch die Provinzen Nordindiens. Kernstück des Buddhismus sind die „vier edlen Wahrheiten“, die um das Wesen, die Entstehung und Überwindung des Leids kreisen. Ziel des Buddhisten ist es, in mehreren Wiedergeburten ein Leben voll Meditation, Tugend und Weisheit zu führen, an dessen Ende das Nirwana steht, die Befreiung von den Wiedergeburten. B.s Lehre hat sich bis heute über den größten Teil Süd- und Ostasiens ausgebreitet.

Buffalo Bill

(eigtl.: William Frederick Cody)
amerik. Kundschafter,
Offizier und Schausteller
* 26.2.1846 in Scott County (IA)
† 10.1.1917 in Denver (CO)

B. ist der Gründer der ersten Wildwestschau (1883). Seinen Namen erhielt er, als er 1867/68 die Bauarbeiter der Pazifik Eisenbahngesellschaft mit Büffelfleisch belieferte (4200 Büffel in nur 17 Monaten). Legendär war sein Ruf als Postkurier und Kunstschütze, was ihn zum Helden zahlloser Indianergeschichten machte. Mit seinem Wildwest-Zirkus reiste B. mehr als 30 Jahre erfolgreich durch die USA und durch Europa.

Bulgakow, Michail Afanasjewitsch

sowjet. Schriftsteller
* 15.5.1891 in Kiew
† 10.3.1940 in Moskau

B., der eigentlich Arzt war, widmete sich ab 1921 ausschließlich dem literarischen Leben. Seine satirischen Werke durften ab 1925 in der Sowjetunion nicht mehr veröffentlicht werden. In seinem Roman *Die weiße Garde* (1924, dt. 1928) gab B. eine realistische Darstellung des Bürgerkriegs. In seinen Erzählungen (*Teufelsspuk,* 1925; *Tschitschikows Abenteuer,* 1925) beleuchtete er die sowjetische Wirklichkeit kritisch. Sein Hauptwerk *Der Meister und Margarita,* 1928 entstanden, wurde postum 1966/67 veröffentlicht (dt. 1968), wodurch B. in kurzer Zeit zum Klassiker avancierte.

Bunsen, Robert Wilhelm

dt. Chemiker
* 30.3.1811 in Göttingen
† 16.8.1899 in Heidelberg

Zu den bedeutendsten Erfindungen B.s, der ein äußerst vielseitiger Forscher war, zählen die Wasserstrahlpumpe, die Jodometrie, das Eiskalorimeter und der nach ihm benannte Bunsenbrenner (1855). Damit kann durch die Vermischung des Brenngases mit Sauerstoff eine vollständige Verbrennung mit Temperaturen von 300 bis 1500°C erreicht werden. Die grundlegenden Arbeitsmethoden der Spektralanalyse geht auf die Zusammenarbeit B.s mit G. R. →Kirchhoff zurück. Mit Hilfe der Spektralanalyse entdeckte B. die alkalischen Metalle Cäsium (1860) und Rubidium (1861). Die Elektrochemische Gesellschaft (1898) wurde 1902 B. zu Ehren in Deutsche Bunsengesellschaft umbenannt.

Buñuel, Luis

span. Filmregisseur
* 22.2.1900 in Calanda
† 29.7.1983 in Mexiko-Stadt

B. wurde schon mit seinem Erstlingswerk *Ein andalusischer Hund* (1928), das unter Mitarbeit von S. →Dalí entstand, von der surrealistischen Avantgarde gefeiert. Von surrealistischen Motiven waren auch die späteren Filme B.s, Sohn einer streng katholischen Großbürgerfamilie, bestimmt. Sein bevorzugtes Thema war die Abrechnung mit Bürgertum, Familie und katholischer Kirche. Für die Filme *Nazarin* (1959) und *Viridiana* (1961) erhielt B. die Goldene Palme von Cannes. 1972 gewann sein Film *Der diskrete Charme der Bourgeoisie* den Oscar als bester ausländischer Film. 1977 zog er sich ins Privatlkeben zurück und starb sechs Jahre später an einer Leberzirrhose.

Burckhardt, Jacob

schweiz. Kulturhistoriker
* 25.5.1818 in Basel
† 8.8.1897 in Basel

Der Professor für Geschichte in Zürich und Basel ist mit seinen Arbeiten über die griechische Antike und die Renaissance zum Begründer der modernen wissenschaftlichen Kunstgeschichte geworden (J. J. →Winckelmann). Nach einem anfänglichen Theologiestudium und zwei Italienreisen trat B. mit zahlreichen kunsthistorischen Schriften hervor, von denen *Die Kultur der Renaissance in Italien* (1860) ein Meisterwerk der wissenschaftlichen Prosa und bahnbrechend für die Kunstgeschichte ist. In seinen postum veröffentlichten Werken *Griechische Kulturgeschichte* (1898–1902) und *Weltgeschichtliche Betrachtungen* (1805) widerspricht er dem idealisierenden Griechenbild der Weimarer Klassik und dem Geschichtsoptimismus G. W. F. →Hegels; stattdessen prophezeite er dem 20. Jh. Kulturverfall und – ahnungsvoll – Barbarei. Weitere Werke (u. a.): *Die Zeit Konstantins des Großen* (1852) und *Geschichte der Renaissance* (1867).

Busch, Wilhelm

dt. Maler, Dichter und Zeichner
* 15.4.1832 Wiedensahl bei Hannover
† 9.1.1908 in Mechtshausen, Harz

B. gehörte zu den wenigen Zeichnern, die ihre Illustrationen mit eigenen Texten versahen. In sparsam gezeichneten Bildfolgen, ergänzt durch pointierte Verse, gelang ihm die kritisch-satirische Entlarvung von Trivialität und Heuchelei in der bürgerlichen Gesellschaft, aber auch der Kirche (*Der hl. Antonius,* 1870) und Politik. Weltberühmt wurden seine komischen Gestalten *Max und Moritz* (1865), *Hans Huckebein* und *Die fromme Helene* (beide 1872). Nach dem Studium der Malerei in Düsseldorf, Antwerpen und München war B. ständiger Mitarbeiter der satirischen Zeitschrift *Fliegende Blätter,* für die er seine ersten Bildergeschichten verfasste. Sehr bekannt wurde auch sein *Münchner Bilderbogen* (1859–71). Angeregt von den niederländischen Meistern entstanden zahlreiche Ölbilder, die jedoch keine große Beachtung fanden.

Butenandt, Adolf Friedrich

dt. Biochemiker
* 24.3.1903 in Bremerhaven-Lehe
† 18.1.1995 in München

B. gelang 1929–31 die Isolierung der weiblichen (Östron) und männlichen (Androsteron) Geschlechtshormone. 1935 bestimmte er die Konstitution des Schwangerschaftshormons Progesteron und des männlichen Sexualhormons Testosteron, deren Synthese dadurch möglich wurde. Damit hatte B. die Voraussetzung für die Entwicklung der Anti-Baby-Pille geschaffen. 1939 erhielt er zusammen mit Leopold Ružička den Nobelpreis für Chemie, dessen Annahme jedoch von den Nationalsozialisten untersagt wurde. Erst zehn Jahre später konnte er den Preis entgegennehmen. Von großer Bedutung für die biologische Schädlingsbekämpfung waren auch seine Arbeiten über die chemischen Vorgänge der Genwirkungen über Häutungshormone (Ecdyson) sowie den Insektenlockstoff Bombykol. 1956–72 war B. Professor in München, 1960–71 Präsident der Max-Planck-Gesellschaft. Hier setzte er sich für eine qualifizierte Grundlagenforschung ein, um einer Abwanderung junger Wissenschaftler ins Ausland entgegenzuwirken.

Byron, George Gordon Noël Lord

engl. Dichter
* 22.1.1788 in London
† 9.4.1824 Mesolongion, Griechenland

Die Verbindung von romantischer Begeisterung mit der formalen Klarheit des Klassizismus, allgemein interessierende Themen und exotisch-orientalische Stoffe machten B. zu einem der beliebtesten und meistgelesenen Dichter des 19. Jahrhunderts. 1809–11 unternahm er Reisen nach Spanien, Portugal, Malta, Albanien, Griechenland und in die Türkei. Ihren Niederschlag fanden die Erlebnisse in fremden Ländern in den zwei ersten Gesängen des Epos *Ritter Harolds Pilgerfahrt* (1812), das ihn über Nacht berühmt machte. Zu seinen bedeutenden Werken zählen das Epos *Don Juan* (1819–24, dt. 1824) sowie die Dramen *Manfred* (1817, dt. 1819) und *Cain* (1821, dt. 1831). Seine exzentrischen Seelenstimmungen wie Weltschmerz, Verzweiflung und Zerissenheit, die all seine Werke spiegeln, wurden in der ersten Hälfte des 19. Jh.s typisch für eine ganze Generation („Byronismus“). Nach Aufsehen erregender Scheidung und skandalösen Liebesaffären verließ B. 1816 England für immer. In Griechenland nahm er 1823 an dem Freiheitskampf gegen die Türken teil, starb aber bald an Sumpffieber.

Caballé, Montserrat

span. Sopranistin
* 12.4.1933 in Barcelona

C. ist eine der bedeutendsten Primadonnen des italienischen Belcanto (Bellini, Donizetti, Verdi). Ihre souveräne Gesangstechnik und die Dramatik ihres Vortrags machen sie zur Nachfolgerin der „Primadonna assoluta“ M. →Callas. Seit ihrem Debüt an der Metropolitan

Opera New York (1965) feierte C. an allen berühmten Opernhäuser der Welt Triumphe. Ihr enormes Rollenrepertoire umfasst auch Oratorien und Lieder. Sie setzt sich für die Wiederentdeckung vergessener italienischer Opern ein. In den letzten Jahren bringt C. ihr Können erfolgreich auch in die Unterhaltungsmusik ein (u. a. Auftritt und Schallplattenaufnahme 1988 mit Freddie Mercury, dem Sänger der Rockgruppe Queen).

Caesar, Gaius Iulius

röm. Staatsmann und Feldherr
* 13.7.100 v. Chr. in Rom
† 15.3.44 v. Chr. in Rom

C. entstammte dem altrömischen Patriziergeschlecht der Julier. Nach dem Kriegsdienst (81–79) und dem Studium der Rhetorik auf Rhodos (76–73), begann seine politische Laufbahn als hoher Verwaltungsbeamter (Quästor) in Spanien. C. war Ädil (65), Pontifex maximus (62) in Rom durch Stimmenkauf. 62 wurde er Statthalter (Prätor) von Spanien. Ende 60 bildete C. das sog. Triumvirat mit →Pompejus und Marcus Licinius Crassus. 59 wurde C. zum Konsul gewählt und hatte damit das höchste Staatsamt, mit dem die römische Republik alljährlich zwei Männer auszeichnete, erreicht. Von 58 bis 51 übte er in Gallia Cisalpina (Oberitalien) und Gallia Narbonensis (Südfrankreich) die immer wieder verlängerte Statthalterschaft aus. Zwischen 55 und 53 lagen die beiden Rheinübergänge und zwei Züge gegen Britannien. 52 unterdrückte C. einen Aufstand von ganz Gallien unter dem Keltenfürsten Vercingetorix. 49 verlangte der Senat auf Betreiben des Pompejus von C. die Auflösung seines Heeres. Ferner drohte ihm bei seiner Rückkehr nach Rom eine Anklage wegen Amtsmissbrauchs. Daraufhin überschritt er den Rubikon, den Grenzfluss seiner Provinz und begann den Bürgerkrieg. Innerhalb von zwei Monaten eroberte er ganz Italien, unterwarf Spanien und Sizilien. Noch 48 besiegte C. in Thessalien Pompejus, 47 setzte er in Ägypten →Kleopatra als Königin ein und schlug in Kleinasien in einem Blitzsieg den aufständischen Pharnakes II. Schließlich war C. Alleinherrscher. Nach seinem triumphalen Rückkehr nach Rom wurde er 45 auf Lebenszeit zum Diktator gewählt. Er reorganisierte den Staat und führte den Julianischen Kalender ein. Trotz der Ablehnung der Königswürde im Februar 44 führten seine uneingeschränkte Machtposition und die beginnende göttliche Verehrung zu einer Verschwörung in der republikanischen Senatsopposition. Am 15.3. (Iden des März) wurde C. während einer Senatssitzung von M. J.→Brutus und C. Cassius ermordet. Vor seinem Tod hatte C. noch seinen Großneffen Octavianus testamentarisch adoptiert, der wenig später als Erbe Caesars unter dem Beinamen →Augustus von neuem einen Bürgerkrieg um die Macht im Imperium Romanum auslöste. Von seinen literarischen Werken sind seine Aufzeichnungen über den gallischen Krieg *(De bello Gallico)* und über den Bürgerkrieg *(De bello civili)* erhalten.

Calderón de la Barca, Pedro

span. Dichter
* 17.1.1600 in Madrid
† 25.5.1681 in Madrid

C.s dramatisches Werk (120 weltliche Dramen und 80 Sakramentsspiele) bildet den Höhepunkt der spanischen Barockdichtung. Eigentlich zum Priester bestimmt und am Madrider Jesuitenkolleg erzogen, war C. ein christlicher Dichter, der das Menschenleben in seinen Bezügen zum

Weltganzen darstellte (Theatrum mundi). Er gab sein Theologiestudium auf und wandte sich der Literatur zu. Mit seinen Bühnenwerken errang C. große Anerkennung und Ansehen, besonders bei Hof. Nach einem recht abenteurlichen Leben wurde 1651 zum Priester geweiht und zog sich zurück, um sich der Dichtkunst zu widmen. Zu seinen Meisterwerken gehören u. a. *Die Verehrung des Kreuzes* (1634, dt. 1952), *Das Leben ein Traum* 1634/35, dt. 1961), *Der Richter von Zalamea* (1642, dt. 1931), *Das Große Welttheater* (1645, dt. 1963) und *Tochter der Luft* (1653, dt. 1941). Obwohl erfolgreich, geriet C. zu seinen Lebzeiten in Vergessenheit und wurde erst von der deutschen Romantik wieder entdeckt.

Caligula

(eigtl.: Gaius Iulius Caesar Germanicus)
röm. Kaiser
* 31.8.12 in Antium
† 24.1.41 in Rom

Der Sohn des römischen Feldherrn Germanicus und der Agrippina d. Ä. wurde 37 vom Senat zum Nachfolger des →Tiberius gewählt. Anfangs durchaus beliebt, machte sich C. bald bei Volk und Senat verhasst. Nach Krankheit verfiel er dem Caesarenwahn und verlangte göttliche Verehrung. Wegen seiner hemmungslos ausschweifenden Lebensweise ruinierte C. die Staatsfinanzen. 39 schlug er eine Senatsverschwörung sowie eine Militärrevolte nieder und führte ein Schreckensregiment. Nach einem erfolglosen Feldzug gegen Britannien wurde C. von der Prätorianergarde ermordet.

Callas, Maria

(eigtl. M. Kalogeropoulos)
ital. Sängerin griech. Herkunft
* 03.12.1923 in New York
† 16.09.1977 in Paris

B. wurde seit ihrem ersten Auftreten 1947 in Italien (Festspiele von Verona) als die beste dramatische Koloratursopranistin („Primadonna assoluta") ihrer Zeit gerühmt. Sie verfügte über eine brillante Gesangstechnik und große dramatische Ausdruckskraft. 1950 begann ihre Karriere an der Mailänder Scala. Hier inszenierte der Regisseur Luchino Visconti mit C. zahlreiche in Vergessenheit geratene Belcanto-Opern. 1956 gab die Sopranistin ihr Debüt an der Metropolitan Opera New York als „Norma" (von Bellini) und hatte bedeutende Erfolge an allen wichtigen Opernhäusern. Die Diva, der Launenhaftigkeit und Arroganz nachgesagt wurden, sorgte durch ihr Verhältnis zu dem griechischen Reeder Aristoteles Onassis auch im Privatleben für Schlagzeilen. In den 60er Jahren zog sie sich von der Bühne zurück und widmete sich hauptsächlich Schallplattenaufnahmen. 1973 unternahm die C. ihre letzte Europatournee.

Calvin, Johannes

(eigtl.: Jean Couvin)
frz.-schweiz. Reformator
* 10.7.1509 in Noyon (Picardie)
† 27.5.1564 in Genf

Nach humanistischen und theologischen Studien in Frankreich bekannte C. sich öffentlich zum evangelischen Glauben und wurde zum Verfechter der Reformation. Er musste Frankreich verlassen und ging nach Basel, wo 1535

sein Hauptwerk *Christianae religionis institutio* entstand. 1536 übernahm er in Genf ein kirchliches Lehramt zur Einführung in die Heilige Schrift. 1541 wurde die von C. verfasste Kirchenordnung erlassen: Sie regelte mit den vier Ämtern der *Pastoren* (für Predigt), *Ältesten* (für Kirchenzucht), *Diakonen* (für soziale Belange) und *Doktoren* (für Unterricht) das öffentliche und private, kirchliche und sittliche Leben einschließlich der Wirtschaft, Politik und Wissenschaft. Die Strenge calvinistischen Denkens führte bei Verstößen zu harten Strafen und Todesurteilen. Der kirchliche Kult beschränkte sich auf eine vereinfachte Liturgie mit Predigt, Gebet und Psalmengesang. Altar, Orgel, Bilder und Kerzen wurden abgeschafft. 1549 kam es zur Einigung mit den Anhängern von U. →Zwingli, mit der C. die Geschlossenheit der reformierten Kirche vollendete.

Calvin, Melvin

amerik. Biochemiker
* 8.4.1911 in Saint Paul (MN)

C. beschäftigte sich ab 1948 mit den chemischen Abläufen der Photosynthese, die zum Teil bereits erforscht war. Es gelang ihm den zweiten Teilschritt der Photosynthese zu analysieren und er entdeckte den Ablauf der sog. Dunkelreaktion, den er in dem nach ihm benannten C.-Zyklus beschrieb: Durch Sonneneinwirkung entstehen energiereiche Verbindungen, die Kohlendioxid und Wasser in Kohlenhydrate (Zucker) verwandeln. 1961 erhielt C. den Nobelpreis für Chemie. C. wurde auch als Autor verschiedener Lehrbücher und Monographien zur theoretischen organischen Chemie bekannt.

Camus, Albert

frz. Schriftsteller
* 7.11.1913 in Mondovi, Algerien
† 4.1.1960 bei Villeblevin

Durch die existenzialistischen Werke C.' wurde das europäische Geistesleben nach dem II. Weltkrieg in großem Maße beeinflusst. C., der Philosophie studiert hatte, war während des Krieges Mitglied der Résistance und Mitbegründer der Zeitung *Combat.* Seine Romane, Schauspiele und Essays sind Ausdruck seiner „Philosophie des Absurden". Der Existenzialist C. erkannte das menschliche Dasein rational als sinnlos. Im Gegensatz zu J. P. →Sartre war er jedoch Idealist, Moralist und Antikommunist. In dem Bestreben, nach einem Weg zur Erfüllung des natürlichen Glücksverlangens zu suchen, durchlief C. philosophisch und dichterisch unterschiedliche Phasen (der Weg vom Absurden über die Revolte zum Maß), die einige seiner bedeutendsten Werke verdeutlichen: *Der Mythos von Sisyphos* (1942, dt. 1950), *Der Fremde* (1942, dt. 1948), *Die Pest* (1947, dt. 1948), *Der Mensch in der Revolte* (1951, dt. 1953), *Der Fall* (1956, dt. 1957), *Das Exil und das Reich* (1957, dt. 1958). C. erhielt 1957 den Nobelpreis für Literatur. 1960 kam er bei einem Autounfall ums Leben.

Candler, Asa G.

amerik. Unternehmer
* 30.12.1851 in Carroll County (GA)
† 12.3.1929 in Atlanta

C. übernahm 1891 die Getränkefirma Coca Cola für 2300 US-Dollar. Das sirupartige Getränk hatte der Drogist Doc Pemberton 1886 kreiert und zwei Jahre später die Marke patentieren lassen. 20 Jahre nach dem Erwerb der Firma, hatte C. das Getränk zu einer nationalen Institution gemacht. 1917 zog er sich vom Geschäftsleben zurück und wurde zum Bürgermeister von Atlanta gewählt. Nach seinem Tod wurde die Firma an ein Bankenkonsortium verkauft. Einige Jahre später setzte sich Coca Cola auch international durch.

Canova, Antonio

ital. Bildhauer
* 1.11.1757 in Possagno, Treviso
† 13.10.1822 in Venedig

C. ist ein bedeutender Vertreter des italienischen Klassizismus. In Abkehr von dem prunkvollen Barock und der Überladung des Rokoko war er ein Bewunderer des ausgeglichenen und kühlen Stils der alten griechischen und römischen Bildkunst. In Paris entstand der größte Teil seiner viel bewunderten Marmorbildnisse, die von bestechend glatter Marmorbehandlung in akademisch berechneter Komposition waren. Zu seinen berühmtesten Werken zählen das *Grabmal Papst Clemens' XIV.* (1783–87), *Pauline Borghese als ruhende Venus* (1807) sowie Götterstatuen und mythologische Darstellungen (z. B. *Amor und Psyche*).

Caracciola, Rudolf

dt. Automobilrennfahrer
* 30.1.1901 in Remagen
† 28.9.1959 in Kassel

C. war einer der populärsten Rennfahrer in Deutschland. Er fuhr fast ausschließlich (ein Jahr für Alfa Romeo) für Mercedes-Benz (1926–39) und war mehrfacher deutscher Meister und Europameister. C. gewann u. a. sechsmal den Großen Preis von Deutschland und errang große Siege auch im Ausland. Ein Comebackversuch nach dem 2. Weltkrieg blieb ohne großen Erfolg.

Caravaggio

(eigtl.: Michelangelo da Merisi)
ital. Maler
* 28.9.1573 in Caravaggio bei Bergamo
† 18.7.1610 in Porto d'Ercole, Toskana

C. überwand den traditionellen Manierismus durch eine meist realistisch-drastische Darstellung mit lebendigen Lichtkontrasten und großer räumlicher Wirkung. Durch sein aufbrausendes Temperament kam er häufig mit dem Gesetz in Konflikt und musste nach einem Totschlag Rom verlassen. Er arbeitete in Neapel und Sizilien weiter. Seine großen Werke (u. a. *Früchtekorb,* 1596; *Bacchus,* 1597; *Berufung und Martyrium des hl. Matthäus,* um 1600; *Geißelung Christi,* 1607) beeinflussten die Maler des Barocks, wie z. B. Velazquez, Rubens und Rembrandt.

Carnegie, Andrew

amerik. Industrieller schott. Herkunft
* 25.11.1835 in Dunfermline, Schottland
† 11.8.1919 in Lenox (MA)

C., der 1848 in die USA auswanderte, baute später einen großen Konzern der Grundstoffindustrie auf und wurde zum „Stahlkönig" Amerikas. Sein Konzern ging 1901 auf die United States Steel Corp. über. Gemäß den Grundsätzen seines 1889 verfassten Buches *Das Evangelium des Reichtums* legte C. sein Vermögen (etwa 350 Millionen US-Dollar bei seinem Tod) in Stiftungen für künstlerische (Carnegie Hall in New York) und wissenschftliche Zwecke (Carnegie Corporation of New York) an.

Carracci, Annibale

ital. Maler
* 3.11.1560 in Bologna
† 15.7.1609 in Rom

Der Meister des dekorativen Freskos stammte aus einer Malerfamilie. Sein Bruder Agostino C. und sein Vetter Ludovico C. waren ebenfalls begabte Freskenmaler. C. schuf u. a. Fresken mit mythologischen Motiven im Palazzo Farnese in Rom (1595–1604), Altarblätter, Landschaften *(Christus und die Samariterin)* und Bildnisse (*Madonna,* 1588).

Carreras, José

span. Tenor
* 5.12.1946 in Barcelona

C. gilt als einer der großen internationalen Stars im Tenorfach. Besondere Erfolge konnte er mit Partien des italienischen Fachs feiern (u. a. Verdis *Don Carlos* und *Die Macht des Schicksals*). Berühmt sind auch seine Auftritte und Schallplattenaufnahmen zusammen mit den Star-Tenören P. →Domingo und L. →Pavarotti. Nach schwerer Krankheit gelang ihm 1987 die erfolgreiche Wiederaufnahme seiner Bühnentätigkeit.

Carter, Jimmy

(eigtl.: James Earl C. Jr.)
amerik. Politiker
* 1.10.1924 in Plains (GA)

C. war der 39. Präsident der USA (1977–81). Der außenpolitisch unerfahrene Demokrat bekam dieses Amt in einer sehr kritischen Zeit: Das Selbstbewusstsein der Amerikaner war nach der Niederlage der USA in Vietnam und die Watergate-Affäre von R. M. →Nixon noch immer nicht zurückgewonnen worden. C. bemühte sich innenpolitisch besonders um die

Wiedergewinnung wirtschaftlicher Stabilität. Seine Entscheidungsschwäche, aber auch seine

Menschenrechtspolitik nach außen stürzten das Land in eine noch größere Krise. Nach der missglückten Geiselbefreiung von US-Bürgern in der Botschaft in Teheran (1979) erlitt C. gegen R. →Reagan die schwerste Wahlniederlage der Demokraten. Bedeutung erlangte C. allerdings als Vermittler bei den Verhandlungen zwischen Israel und Ägypten in Camp David (1978).

Cartwright, Edmund

engl. Erfinder
* 24.4.1743 in Marnham, Nottinghamshire
† 30.10.1823 in Hastings

C. ist der Konstrukteur des mechanischen Webstuhls (1785) und gründete einige Jahre später seine eigene Manufaktur. Die Textilfabrik wurde bald von Webern handbetriebener Webstühle gestürmt und zerstört, was jedoch die Entwicklung der Automatisierung in der Textilbranche sowie den Beginn der industriellen Revolution in Großbritannien nicht aufhalten konnte. Von C. wurden auch Maschinen zum Wollekämmen und zum Seiledrehen entwickelt.

Caruso, Enrico

ital. Tenor
* 27.2.1873 in Neapel
† 2.8.1921 in Neapel

C. war der berühmteste Operntenor seiner Zeit. Mit seiner virtuos beherrschten Stimme und seiner darstellerischen Ausdruckskraft feierte er Triumphe in den großen Opernhäusern der Welt. Seine internationale Karriere begann 1898 als Loris in der Uraufführung von Giordanos *Fedora* in Mailand. Sein großes Repertoire ist auf fast 250 Schallplatten erhalten.

Casanova, Giacomo Girolamo

ital. Abenteurer und Schriftsteller
* 2.4.1725 in Venedig
† 4.6.1798 auf Schloss Dux, Böhmen

C., der sich selbst den Adelstitel Chevalier de Seingalt zulegte, hatte sein Priesteramt niedergelegt und reiste im diplomatischen Dienst durch Europa. In Venedig 1755 wurde C. wegen seines ausschweifenden Lebens und Blasphemie zu fünf Jahren Kerker verurteilt, konnte jedoch fliehen und ließ sich in Paris nieder. Seine Liebesaffären und Skandalgeschichten trieben ihn von einer Stadt in die andere. 1785 wurde er Bibliothekar des Grafen Waldstein in Böhmen, wo er seine Erinnerungen niederschrieb, die ein farbiges Bild an den europäischen Höfen zeichnen. Weltberühmt wurden C.s Memoiren aber vor allem durch die freimütig geschilderten erotischen Abenteuern.

Castro Ruz, Fidel

kuban. Politiker
* 13.8.1927 in Mayarí, Provinz Oriente

C. ist seit 1965 der Erste Sekretär des Zentralkomitees der Kommunistischen Partei Kubas. 1959 gelang ihm der Sturz des Diktators Batista y Zaldívar und C. wurde Ministerpräsident. Er setzte eine Agrarreform durch, reorganisierte das Schulwesen und verstaatlichte die Wirtschaft. 1961 bezeichnete er sich erstmals als Marxist-Leninist. Im Januar des gleichen Jahres kam es zum Abbruch der diplomatischen Beziehungen zu den USA, im April 1961 scheiterte ein von den USA unterstützter Invasionsversuch in der Schweinebucht. Kuba wurde zur Sozialistischen Republik erklärt. 1962 löste C. durch den sowjetischen Versuch, auf Kuba Raketenstützpunkte einzurichten, die Kuba-Krise aus. Danach erhielt er von den USA die Unabhängigkeitsgarantie, während die UdSSR gleichzeitig ihre Raketen zurückzog. C. unterstützte wiederholt gegen den Westen gerichtete revolutionäre Bewegungen besonders in Afrika. Durch die Reformen in Osteuropa nach 1989 geriet Kuba in eine tiefe Wirtschaftskrise. Die Wirtschaftsreformen, die er 1994 einleitete, sollen Unruhen und Massenflucht von Kubanern eindämmen. Seit 1979 ist C. Staatsoberhaupt und Ministerpräsident.

Cato, Marcus Porcius, der Ältere

röm. Politiker und Schriftsteller
* 234 v. Chr. in Tusculum
† 149 v. Chr. in Rom

C., der einer plebejischen Familie entstammte, hatte hohe Staatsämter inne. 204 v. Chr. wurde er Quästor in Afrika und Sizilien, 198 Prätor in Sardinien, 195 Konsul in Spanien. Ab 184 war er Zensor in Rom und trat mit seinem sprichwörtlich gewordenen *ceterum censeo (Carthaginem delendam esse)* für den 3. Punischen Krieg ein. C. versuchte den Einfluss des Hellenismus durch das Idealbild des echten Römertums zu verdrängen und begründete die lateinische Prosa. Von seinem Hauptwerk *Ursprünge der römischen Geschichte* sowie von seinen über 150 Reden sind nur Fragmente erhalten geblieben, vollständig dagegen sind seine Abhandlungen *Über den Ackerbau.*

Cavour, Camillo Benso di

ital. Staatsmann
* 10.8.1810 in Turin
† 6.6.1861 in Turin

C. gilt als Begründer der italienischen Einheit. Nach einer kurzen Offizierslaufbahn widmete er sich immer mehr der Politik. C. war ein Realpolitiker, der in wirtschaftlicher Stärke und sozialen Reformen die Voraussetzungen für politische Macht und nationale Neuerungen sah. 1852–61 war er mit kurzer Unterbrechung Ministerpräsident des Königreiches Sardinien. Durch die Teilnahmen am Krimkrieg (1855) erwarb er sich die Gunst →Napoleons III. Mit Hilfe Frankreichs gelang es C., 1858 die Österreicher zu schlagen, die die Lombardei abtreten mussten. Die Lombardei, später Parma, Modena, Toscana und die Romagna wurden an das Königreich Sardinien angeschlossen. C. unterstützte auch G. →Garibaldi bei seinen Unternehmungen in Sizilien und erreichte 1860 den Anschluss. 1861 wandelte er das sardische Parlament zum italienischen um. König Viktor Emanuel II. nahm den Titel „König von Italien" an. Als C. starb, war Italien bis auf Venetien und Rom geeint.

Celan, Paul

(eigtl.: Paul Anczel)
deutschsprachiger Lyriker
rumän. Herkunft
* 23.11.1920 in Tschernowitz, Bukowina
† 20.4.1970 in Paris

C., Sohn deutschsprachiger Juden, emigrierte 1948 aus Rumänien nach Paris. Beeinflusst vom französischen Symbolismus und Surrealismus schrieb er Gedichte, die chassidische und biblische Themen sowie Ghettoerlebnisse behandeln (*Von Schwelle zu Schwelle,* 1955). Bekannt wurde C. 1952 durch seine Lyriksammlung *Mohn und Gedächtnis,* in der sich die wohl bewegendste poetische Verarbeitung des Holocaust befindet: *Die Todesfuge.* Ab 1955 fand er zu einem bewussten Wortverhältnis, das zunehmend zur Abstraktion von Bild und Gebärde führte (*Sprachgitter,* 1959): Die dichterische Aussage wurde knapper und rätselhafter (u. a. Ein-Wort-Zeilen, Kurzgedichte). 1960 erhielt C. den Georg-Büchner-Preis. Schwer psychisch erkrankt ging er in den Freitod.

Celibidache, Sergiu

rumän. Dirigent
* 28.6.1912 in Roman
† 14.8.1996 in Paris

C.s Karriere begann, als er 1945 in Vertretung von W. →Furtwängler die Leitung der Berliner Philharmoniker übernahm. Er wurde zu einer der bekanntesten Musikerpersönlichkeiten in Berlin. Nach Aufenthalten als Gastdirigent in Lateinamerika und Schweden war C. ab 1979 Generalmusikdirektor in München und Chefdirigent der Münchner Philharmoniker, die er zu einem vielbeachteten Aufstieg führte. Berühmt sind seine eigenwilligen Bruckner- und Brahms-Interpretationen. Der für seine langsamen Tempi bekannte Dirigent lehnte grundsätzlich Schallplattenaufnahmen ab und mied Festspiele.

Celsius, Anders

schwed. Astronom
*27.11.1701 in Uppsala
† 25.4.1744 in Uppsala

C. ist der Erfinder des Quecksilber-Thermometers, dessen Skala er in 100 gleiche Teile (Celsius-Grade) zwischen Gefrier- und Siedepunkt des Wassers einteilte (1742). Den Nullpunkt

dieser Skala legte jedoch erst C. →Linné mit dem Gefrierpunkt des Wassers zusammen. C. war ab 1730 Professor an der Universität, ab 1740 Direktor der Sternwarte Uppsala. Er beteiligte sich an der Erdvermessung in Lappland und Peru, deren Ergebnis die Newtonsche Hypothese von der Erdabplattung bestätigte. C. verfocht die Einführung des Gregorianischen Kalenders. U. a. wies er erstmals den Zusammenhang zwischen Nordlicht und Erdmagnetfeld nach.

Cervantes Saavedra, Miguel de

span. Dichter
* 29.9.1547 in Alcalá de Henares
† 23.4.1616 in Madrid

Mit seinem Hauptwerk, dem ursprünglich als Satire auf die Rittergeschichten der Zeit konzipierten Roman *Don Quijote de la Mancha* (1605–1615, dt. von L. →Tieck 1799), schuf C. eines der größten Werke der Weltliteratur, das für die Entwicklung des Romans wegweisend wurde. Elemente des Schelmen- und Abenteurromans verbinden die zwölf *Exemplarischen Novellen* (1613, dt. 1779), personen- und handlungsreiche Sitten- und Milieubilder. Seine Erfahrungen als Ritter verarbeitete er in seinen Werken. C. kämpfte beispielsweise in der Schlacht von Lepanto. Sein Spätwerk *Die Mühen und Leiden des Persiles und der Sigismunda* (1616, dt. 1746) ist ein Ritter- und Abenteuerroman, der in nördlichen Ländern spielt. C. wuchs in ärmlichen Verhältnissen auf, und als er in Armut starb, war er kaum bekannt.

Cézanne, Paul

frz. Maler
* 19.1.1839 in Aix-en-Provence
† 22.10.1906 in Aix-en-Provence

C. gilt als einer der Begründer der modernen Malerei. Der Autodidakt, der eigentlich Jura studieren sollte, bildete sich an der Académie Suisse weiter und ließ sich zunächst von →Delacroix, →Rubens und →Tintoretto stark beeinflussen (*Urteil des Paris,* 1860; *Entführung,* 1867). Später entstanden, unter Einfluss von Pisarro, seine impressionistischen Werke (vor allem Landschaftsdarstellungen). Nachdem seine Bilder bis 1882 regelmäßig vom Pariser Salon abgelehnt wurden, zog sich C. in die Provence zurück, wo er sich langsam vom Impressionismus löste und seinen eigenen, für die moderne Malerei bahnbrechenden Stil entwickelte: Einzelheiten ordnen sich dem Ganzen unter. Dinge, Körper und Landschaften werden auf geometrische Grundformen reduziert. C.s Bilder sind Kontraste, die aus feinsten Farbflächen aufgebaut werden (u. a. *Tisch mit Gefäßen und Früchten vor einer Kommode,* um 1885; *Die großen Badenden,* 1898–1905; *Montagne Sainte-Victoire,* 1904–06).

Chagall, Marc

russ.-frz. Maler und Grafiker
* 7.7.1887 in Liosno bei Witebsk
† 28.3.1985 in Saint-Paul-de-Vence

Ch. ist einer der bekanntesten und bedeutendsten Maler unseres Jahrhunderts. Seine Eindrücke mischen sich mit Einflüssen aus der Volkskunst, der jüdischen Tradition, dem russischen Märchen, biblischen Geschichten und Kindheitserinnerungen zu einem sehr persönlichen Stil. Nach dem Kunststudium in Sankt Petersburg, war Ch. 1910–14 in Paris in enger

Fühlung mit →Matisse und →Picasso. Seine Ausstellung 1914 in Berlin befruchtete die deutschen Expressionisten besonders stark. 1915 ging er nach Russland zurück, übersiedelte 1922 nach Paris und musste 1941 in die USA emigrieren. Zu den großartigen Werken Ch.s gehören neben zahlreichen Gemälden (u. a. *Der Dichter oder halb vier,* 1911; *Sommernachtstraum,* 1938; *Les Lumières du Mariage,* 1945) Decken- und Wandbilder (Opera in Paris, 1964, Metropolitan Opera in New York), Buchillustrationen (z. B. zu →Gogols *Tote Seelen,* 1923–27), Bühnenbilder (u. a. →Strawinskis *Feuervogel,* 1945) und Entwürfe für Glasbilder (Fraunmünster in Zürich, 1970; St. Stephan in Mainz, 1978–84). Den Begriff „Surrealist“ soll G. → Apollinaire nur erfunden haben, um die Werke C.s beschreiben zu können. C. schrieb schon 1931 seine Autobiografie, *Ma Vie* (mein Leben).

Champollion, Jean François

frz. Ägyptologe
* 23.12.1790 in Figeac
† 4.3.1832 in Paris

Ch. gelang 1822 die Entzifferung der Hieroglyphen mit Hilfe der dreisprachigen (hieratisch, demotisch und griechisch) Inschriften auf dem „Stein von Rosette“, der bereits 1798 gefunden worden war. Der Professor der Geschichte, der neben Griechisch und Hebräisch auch Arabisch, Syrisch, Koptisch, Persisch und Sanskrit beherrschte, entdeckte, dass es sich bei den Inschriften nicht um Symbole, sondern um Lautzeichen handelte. 1831 erhielt er den ersten Lehrstuhl für Ägyptologie in Paris.

Chanel, Coco

(eigtl.: Gabrielle Ch.)
frz. Modeschöpferin
* 19.8.1883 in Saumur
† 10.1.1971 in Paris

Berühmte wurde Ch. durch das von ihr kreierte „kleine Schwarze" (1926), das kurze Kleid der Charleston-Zeit. Bereits während des I. Weltkrieges entwickelte sie die typische einfache Linie (Matrosenjacken, Faltenröcke, gerade Kittel- und Hemdblusenkleider). 1954 gelang ihr der internationale Durchbruch mit den „Chanel-Kostümen", die zum Markenzeichen ihres Modehauses wurden. Verewigt wurde der Name Ch. auch durch ihr berühmtes Parfüm „Chanel Nr. 5" (1920). 1983 übernahm Karl Lagerfeld die künstlerische Leitung des Hauses Chanel.

Chaplin, Charlie

(eigtl. Sir Charles Spencer Ch.)
engl. Filmschauspieler und Regisseur
* 16.4.1889 in London
† 25.12.1977 in Vevey, Schweiz

Ch.s Paraderolle, der Tramp, der tragisch-komische, jedoch immer würdevolle Vagabund, wurde zur berühmtesten Figur der Filmgeschichte. Ch. stammte aus ärmsten Verhältnissen und war Akrobatikclown und Schauspieler einer Wandertruppe. Auf einer Amerikatournee wurde er als Filmkomiker in Hollywood engagiert (1914). Bald hatte er seine ersten Erfolge mit den Filmen *Der Tramp* (1915) und *Der Einwanderer* (1917). Ch. wurde zum unerreichten Meister des Slapstick, der Satire und der Pantomime (u. a. *The Kid,* 1921; *Goldrausch,* 1925). Die politische Dimension seiner Filme war offensichtlich: *Moderne Zeiten* (1936) war eine

Anspielung auf die zunehmende Industrialisierung und die damit verbundene Entfremdung des Menschen. *Der Große Diktator* (1940) war seine Abrechnung mit A. →Hitler. Die Gesellschaftskritik seiner Filme führten in Amerika zu öffentlicher moralischer und politischer Anfeindung. 1952 wurde ihm nach einem Europaaufenthalt die Einreise in die USA verweigert. Im gleichen Jahr übersiedelt er mit seiner Familie in die Schweiz. Zu seinen bekannten Filmen gehören *Lichter der Großstadt* (1931), *Monsieur Verdoux* (1947), *Rampenlicht* (1952), *Ein König in New York* (1957), *Die Gräfin von Hongkong* (1965, Regie). 1971 erhielt Ch. einen Ehren-Oscar, 1975 wurde er als Anerkennung für seine Leistungen in den Adelsstand erhoben.

Cheops

ägypt. König
* 2615 v. Chr.
† 2550 v. Chr.

Ch. ist der Sohn des Begründers der 4. Dynastie (oder Pyramidendynastie) des alten Reiches Snofrus und der Erbauer der zweitgrößten Pyramide bei Giseh (2572–53). Mit diesem Grabmonument, das sich nahe seiner Hauptstadt Memphis befand, setzte er sich ein Denkmal der Unsterblichkeit als „Gottkönig". Im Inneren führen mehrere Gänge zu den Grabkammern, die nach der Beisetzung des Herrschers mit riesigen Granitblöcken verschlossen wurden. Heute wird vermutet, dass zum Bau der Pyramiden nicht Tausende von Sklaven jahrelangen Frondienst leisten mussten; wahrscheinlicher ist eine genau geplante Arbeitsbeschaffung für die während der alljährlichen Nilüberschwemmung arbeitslose Landbevölkerung.

Chlodwig I.

fränk. König
* um 466
† 27.11. (?) 511 in Paris

Der Gründer des fränkischen Reiches stammte aus dem Haus der Merowinger und wurde nach seinem Vater Childerich I. 482 König der salischen Franken. 486 vernichtete Ch. bei Soissons den Rest der Römerherrschaft in Gallien. Um 496 gelang ihm die Unterwerfung der Alemannen und 507 die Eroberung des Westgotischen Reiches bis zur Garonne. Beeinflusst durch seine Frau Chlothilde, eine katholische Burgunderprinzessin, trat Ch. zum katholischen Christentum über, im Gegensatz zu den meisten übrigen Germanen, die das arianische Christentum annahmen. 508 wurde sein Reich durch den oströmischen Kaiser anerkannt. Ab 509 residiert er in Paris. Ch. gelang durch die Verschmelzung der fränkischen und romanischen Herrschaftsbereiche die Grundlage des späteren Reiches →Karls des Großen zu schaffen.

Chopin, Frédéric François

(urspr.: Fryderyk Franciszek Ch.)
poln.-frz. Komponist und Pianist
* 1.3.1810 in Zelazowa-Wola bei Warschau
† 17.10.1849 in Paris

Durch seine Klavierkompositionen erschloss Ch. diesem Instrument völlig neue Ausdrucksmöglichkeiten und Klangwelten. Er war der Sohn französisch-polnischer Eltern. Sein Stil zeichnet sich, unter dem Einfluss seiner Herkunft, durch eine unverwechselbare, teils französische, teils von polnischen Folklore-Elementen (Mazurka, Polonaise) geprägte Melodik aus. Seine virtuose Brillanz und sein unübertroffenes Improvisationstalent ermöglichten ihm den Zugang zu den Salons der musikalischen und der literarischen Gesellschaft. Ch. starb früh an Tuberkulose, an der er seit seiner Kindheit litt.

Christie, Agatha

(eigtl.: A. Mary Clarissa Mallowan)
englische Schriftstellerin
* 15.9.1880 in Torquay, Devon
† 12.1.1976 in Wallingford, Oxfordshire

Ch. ist mit ihren spannenden und psychologisch verschlüsselten Detektivromanen die bekannteste und erfolgreichste Kriminalschriftstellerin aller Zeiten. Ihre Geschichten spiegeln v. a. den Lebensstil der britischen Mittelschicht. In vielen ihrer Romane werden raffiniert konstruierte Verbrechen durch die Amateurdetektivin *Jane Marple* oder den belgischen Detektiv *Hercule Poirot,* der bereits ihren ersten Kriminalfall *Das geheimnisvolle Verbrechen in Styles* (1920) übernahm, aufgeklärt. Neben ihren Romanen (*Mord im Pfarrhaus,* 1930; *Mord im Orientexpress,* 1934; *Tod auf dem Nil,* 1937; *Zehn kleine Negerlein,* 1939; *Morphium,* 1940) gehören auch zahlreiche Bühnenstücke zum Schaffen. *Die Mausefalle* z. B. wird seit 1952 ununterbrochen täglich in London aufgeführt.

Chruschtschow, Nikita Sergejewitsch

sowjet. Politiker
* 17.4.1894 Kalinowka, Kursk
† 11.9.1971 in Moskau

Der Nachfolger Stalins gab der Partei und der UdSSR eine neue Richtung, leitete die „Tauwetterperiode“ und Entstalinisierung ein, schaltete W. Molotow und G. Malenkow aus. Ch. war der Sohn eines Bauern, wurde 1918

Anhänger Lenins. Seine politische Karriere verlief sehr erfolreich. 1935 wurde er Erster Sekretär der KP Moskau, 1938 der KP Ukraine. Im Politbüro (1939) gehörte er zum engsten Mitarbeiterkreis Stalins. 1949 war er Sekretär des ZK, 1952 Mitglied des Präsidiums, 1953 Erster Sekretär des ZK, 1954–64 der politische Führer der UdSSR. Ab 1958 war Ch. auch Ministerpräsident. Das besondere Ziel der Politik Ch.s war die bisher vernachlässigte Landwirtschaft. Doch unzureichend eingeleitete und dilettantisch durchgeführte Reformen blieben weithin erfolglos. Außenpolitisch vertrat Ch. die Koexistenzpolitik mit dem Westen, rief jedoch 1962 zusammen mit F. →Castro die Kubakrise hervor (Errichtung von Raketenbasen auf Kuba). Die zunehmenden wirtschaftlichen Misserfolge und der sich verschärfende Konflikt mit der VR China trugen wesentlich zu seinem Sturz 1964 bei.

Churchill, Sir Winston Leonard Spencer

brit. Politiker und Schriftsteller
* 30.11.1874 in Blenheim Palace bei Oxford
† 24.1.1965 in London

Die lange und wechselvolle politische Karriere Ch.s, aus der Familie der Herzöge von Marlborough stammend, begann als Offizier in den Kolonien des Britischen Empire. Der Übertritt von den Konservativen zu den Liberalen und die Freundschaft zu David Llyod George bedeuteten seinen politischen Aufstieg. Ch. war 1908 Handels-, 1910 Innenminister. 1911 wurde er Erster Lord der Admiralität, trat 1915 nach dem gescheiterten Angriff auf Gallipoli zurück. Nach dem Sturz Llyod Georges und der Wahlniederlage der Liberalen wechselte er wieder zu den Konservativen. 1924–29 war er

Schatzkanzler. Politische Gegensätze entfernten Ch. von seiner Parteilinie. Er zog sich von der aktiven Politik zurück und widmete sich seinem literarisch-historischem Schaffen, für das er 1953 den Literaturnobelpreis erhielt. Mit dem Ausbruch des II. Weltkriegs kehrte Ch. als Marineminister in die Politik zurück. 1940 wurde er Premier- und Verteidigungsminister. Großbritannien war durch die Kapitulation Frankreichs und den deutschen U-Boot-Krieg in die Bedrängnis geraten. Mit der Unterzeichnung der „Atlantikcharta“ 1941 erhielt Ch. amerikanische Hilfe. In der von ihm geschaffenen „Großen Allianz“ zwischen England, den USA und Russland konnte Ch. seinen Standpunkt nur bedingt durchsetzen (Konferenzen von Teheran, 1943 und Jalta, 1945). Während der Konferenz von Potsdam (1945) musste er nach einer Wahlniederlage zurücktreten. 1951 gelang es Ch. erneut, Premierminister zu werden. Zu seinen bedeutenden Werken gehören u. a. *Die Weltkrise* 1911–18 (1923–27, dt. 1925 ff.), *Marlborough* (1933–35, dt. 1968 ff.), *Der II. Weltkrieg* (1948–53, dt. 1950–54).

Cicero, Marcus Tullius

röm. Redner, Staatsmann und Philosoph
* 3.1. 106 v. Chr. in Arpinum
† 7.12.43 v. Chr. in Caieta

C. gilt als der größte Redner Roms. 58 Reden, rhetorische *(De oratore)* und philosophische (*De re publica, De officiis* u. a.) Schriften sind von ihm erhalten. Die kulturhistorische Bedeutung C.s liegt vor allem in der Bewahrung und Auseinandersetzung mit der griechischen Philosophie. Nach dem Studium der Rhetorik, des

Rechts und der Philosophie trat C. als gewandter Redner hervor; er wurde 75 Quästor in Sizilien, 69 Ädil, 66 Prätor, 63 Konsul. Mittels seiner vier großen Reden entlarvte er die Catilinarische Verschwörung. 55–51 entstanden seine Hauptschriften *Über den Redner* (55), *Über den Staat* (54–51), *Über die Gesetze* (53). Während des Bürgerkrieges zwischen →Caesar und →Pompejus stellte er sich auf die Seite Pompejus. Nach Caesars Ermordung wandte sich C. als Führer des Senats gegen M. →Antonius, der ihn 43 nach Bildung des 2. Triumvirats ermorden ließ.

Cid, El

(eigtl.: Rodrigo Diaz de Vivar)
span. Ritter und Nationalheld
* um 1043 in Vivar
† 10.7.1099 in Valencia

In einem Heldenepos, um 1140 entstanden, wird das Leben und die Taten des spanischen Nationalhelden verherrlicht. Von den Mauren C. genannt, von den Spaniern El Campeador gerufen, eroberte er 1094 das Maurenreich Valencia und hielt die Stadt bis zu seinem Tod gegen den wiederholten Ansturm der Almoraviden. Das Epos erfuhr bis zum 16. Jh. viele Umformungen, geriet in Vergessenheit, bis es im 18. Jh. wiederentdeckt wurde. Zum Mittelpunkt dramat. Darstellung wurde die Gestalt des Helden C. u. a. bei L. de →Vega und Corneille.

Claudius, Matthias

dt. Dichter
* 15.8.1740 in Reinfeld, Holstein
† 21.1.1815 in Hamburg

C. war der Herausgeber des *Wandsbecker Boten* und schuf damit einen neuen Zeitschriftentyp, in dem volkstümlich-schlichte Gedichte, Briefe, Erzählungen und Übersetzungen veröffentlicht wurden. F. G. →Klopstock, G. E. →Lessing und J. G. →Herder waren Mitarbeiter der Zeitschrift. Zu C.s bekanntesten Gedichten, die oft von F. → Schubert vertont wurden, gehören *Der Mond ist aufgegangen, Rheinweinlied* sowie *Der Tod und das Mädchen.*

Claudius, Tiberius, Caesar Augustus Germanicus

röm. Kaiser
* 1.8.10 v. Chr. in Lyon
† 13.10.54 n. Chr. in Rom

Zunächst wegen angeblicher geistiger Schwäche an der Übernahme öffentlicher Äm-ter gehindert, wurde C. nach der Ermordung seines Neffen G. J. →Caligula zum neuen Herrscher ausgerufen. Er eroberte Britannien, Thrakien und Mauretanien. Es gelang ihm, Reformen des Ehe-, Erb- und Sklavenrechts durchzuführen. Die eigenständige kaiserliche Verwaltung wurde ausgebaut. C. geriet als Politiker mehr und mehr unter den Einfluss seiner Frauen. Seine dritte Gattin Messalina ließ er 48 wegen ihres zügellosen Lebenswandels hinrichten. Seine vierte Frau Agrippina d.J. vergiftete ihn nach der Adoption ihres Sohnes →Nero.

Clausewitz, Carl Philipp Gottfried von

preuß. General
* 1.6.1780 in Burg bei Magdeburg
† 16.11.1831 in Breslau

Durch sein militärtheoretisches Werk *Vom Kriege* (1816–30, nicht vollendet, 1832 von seiner Witwe herausgegeben) gilt C. als Begründer der modernen Kriegslehre. Die bis heute im Wesentlichen gültige Darstellung des Krieges fand später weltweit bei Militärs sowie bei →Engels und →Lenin höchste Beachtung. In C.' Betrachtungen ist der Krieg die „Fortsetzung der Politik mit anderen Mitteln". C. trat sehr jung in das preußische Heer ein, besuchte später die Kriegsschule in Berlin. Er wirkte an der Reorganisation des Heeres mit. 1812 trat C. in russische Dienste, kehrte 1815 in preußische Dienste zurück. 1818–30 war er Verwaltungsdirektor der Kriegsschule in Berlin. 1831 wurde er zum Generalstabschef der Observationsarmee im Ostpreußen.

Clinton, Bill

(eigtl.: William Jefferson C.)
amerik. Politiker
* 19.9.1946 in Hope (AR)

Mit C. zog 1993 der erste Präsident in das Weiße Haus, der nach dem II. Weltkrieg geboren wurde. Der 42. Präsident der USA beendete auch die 12 Jahre lange Regierungszeit der Republikaner. Nach dem Studium der Rechtswissenschaften war er 1973–76 Professor für Jura an der Universität von Arkansas. 1978 wurde C. mit 32 Jahren in Arkansas einer der jüngsten Gouverneure in der Geschichte der USA. Die Innenpolitik bildete den Schwerpunkt seiner ersten Amtsperiode nach der Wahl zum Präsidenten. In der Beschäftigungs- und Finanzpolitik konnte er große Erfolge aufweisen. Das Haushaltsdefizit wurde 1993–95 um 20% gesenkt, zusätzliche Arbeitsplätze geschaffen und die Modernisierung des Bildungssystems eingeleitet. In der Außenpolitik trat C. als Vermittler zwischen Israel und PLO auf und hatte u. a. Anteil an dem Friedensschluss in Bosnien-Herzegowina. C. wurde 1996 als erster demokratischer Präsident seit F. D. →Roosevelt (1936) wieder gewählt.

Cockcroft, Sir John Douglas

brit. Physiker
* 27.5.1897 in Todmorden, Yorkshire
† 18.9.1967 in Cambridge

C. entwickelte 1929 mit E. T. Walton einen Hochspannungsgenerator zur Kernzertrümmerung, in dem geladene Teilchen beschleunigt wurden. 1939 gelang ihnen die erste Atomkernumwandlung durch künstlich hochbeschleunigte Protonen. 1951 erhielten C. und Walton für dieses Prinzip den Physiknobelpreis.

Comenius, Johann Amos

(eigtl.: Jan. A. Komensky)
böhm. Theologe und Pädagoge
* 28.3.1592 in Nivnice, Ostmähren
† 15.11.1670 in Amsterdam

C. gilt als Begründer der modernen Pädagogik. Nach dem Studium der reformierten Theologie führte er ein Wanderleben als Lehrer und Prediger. 1618 wurde er Prediger der Böhmischen Brüder, 1648 deren Bischof. C. machte erstmals Erziehung und Unterricht zum Gegenstand theoret. Überlegungen. Er forderte eine verständnisvolle Lehrweise anhand von Selbsttätigkeit und Anschauung, einheitl. Schulaufbau, sytematischem Unterricht für alle Kinder. Sein bebildertes Sprach- und Lesebuch, *Orbis sensualium pictus* (1658), war bis ins 19. Jh. das in Deutschland am meisten benutzte Schulbuch.

Conrad, Joseph

(eigtl.: Józef Teodor Konrad Nalecz Korzeniowski)
engl. Schriftsteller poln. Herkunft
* 3.12.1857 bei Berditschew, Ukraine
† 3.8.1924 in Bishopsbourne, Kent

C.s hervorragende Erzählkunst von psychologischer Tiefenschärfe und seine Versuche mit impressionistischen und symbolischen Darstellungtechniken machten ihn zum Wegbereiter für den Roman der Moderne (J. →Joyce). In seinen autobiografisch geprägten Werken thematisiert er das Scheitern in wesensmäßig fremder Umwelt, verbindet eine abenteuerliche Handlung mit psychologisch eindringlichen Charakterstudien. C., der ursprünglich Seemann war, wurde 1886 britischer Staatsbürger und widmete sich nach 1893 nur noch dem Schreiben. Seine bekanntesten Werke sind *Herz der Finsternis* (1902, dt. 1926) und der Roman *Lord Jim,* der die Entwicklungsgeschichte eines jungen Seemannes erzählt, 1900 erschien (dt. 1927) und 1967 verfilmt wurde.

Constable, John

engl. Maler
* 11.6.1776 in East Bergholt, Suffolk
† 31.3.1837 in London

C. gelang es, die Landschaftsmalerei durch seinen unverwechselbaren Stil zur großen Meisterschaft zu führen. Nach exakt ausgeführten Ölstudien nach der Natur malte er Landschaften in betontem Licht- und Schattenwechsel und machte vor allem Wolkenballungen zu Haupttträgern der Stimmung (z. B. *Weymouth Bay,* 1816; *Heuwagen,* 1821). C. war wegweisend für die spätere impressionistische Malerei, besonders auf die Schule von Barbizon, aber auch auf E. →Delacroix.

Cook, James

engl. Seefahrer
* 27.10.1728 in Morton, Yorkshire
† 14.2.1779 auf Hawaii

C. ist eine der großen Gestalten der Entdeckungsgeschichte. Er erwarb sich nautisches, kartographisches und astronomisches Wissen an und arbeitete sich vom Schiffsjungen bis zum Steuermann hoch. 1755 trat C. in die Royal Navy ein und unternahm von 1768–79 drei große Weltreisen. Er entdeckte die Ostküste Australiens, Neuseeland sowie zahlreiche Inselgruppen im Pazifischen Ozean. 1772 gelangte C. bis über den südlichen Polarkreis u. traf

auf die Eismassen der Antarktis. Damit konnt er nachweisen, dass das riesige sagenumwobene „Südland“ (Terra australis) nicht existierte. Später befuhr er die Nordwestküste Amerikas bis zur Beringstraße. C.s Aufzeichnungen über die Sitten und Gebräuche der Südseebewohner stellten eine Fundgrube für die damalige anthropologische und ethnologische Forschung dar. Auf den Hawaii-Inseln, die er 1778 wieder entdeckt hatte, wurde C. bei einem Streit von den Einwohnern erstochen.

Cooper, James Fenimore

amerik. Schriftsteller
* 15.9.1789 in Burlington (NJ)
† 14.9.1851 Cooperstown (NY)

Weltberühmt wurde C. durch seine *Lederstrumpf-Erzählungen.* Es sind Szenen aus dem Leben eines amerikanischen Pioniers, die das Leben der Grenzer, der Indianer und die Geschichte Amerikas beschreiben (*Die Ansiedler,* 1823, dt. 1824; *Der letzte Mohikaner,* 1826, dt. 1841; *Die Steppe,* 1827, dt. 1827; *Der Pfadfinder,* 1840, dt. 1841). Nach vielen Reisen als Seemann bei der Handels- und Kriegsmarine (1806–10) sowie später als Unternehmer (1826–33) wertete er seine politischen und sozialen Eindrücke in Reisebüchern und politischen Schriften. Neben den bekannten historischen schrieb C. auch Seeromane.

Correggio

(eigtl.: Antonio Allegri)
ital. Maler
* August 1494 (oder um 1489?)
in Corregio, Emilia
† 5.3.1534 in Correggio, Emilia

C. war einer der einflussreichsten Anreger der Barockmalerei. Im Übergang von der Renaissance zum Barock malte er religiöse und mythologische Bilder, in ein durchgehendes weiches Helldunkel getaucht und mit äußerst geschickten perspektivischen Überschneidungen und Verkürzungen. Zu seinen bekanntesten Werken gehören die vier mythologischen Bilder von 1530 *Danae, Leda mit dem Schwan, Io* und *Die Entführung des Ganymed* sowie die Altarbilder *Der Tag* (oder *Madonna mit dem hl. Hieronymus,* 1527–28) und *Die Nacht* (oder *Geburt Christi,* 1530). C.s Kunst wirkte auf die Barockmalerei bis ins 16. und 17. Jh. nach.

Cortés, Hernando

(auch: Hernán Cortéz)
span. Eroberer
* 1485 in Medellín, Estremadura
† 2.12.1547 in Castilleja
de la Cuesta bei Sevilla

C. nahm 1511 unter dem Kommando von Diego de Velázquez an der Eroberung Kubas teil. Von dort ausgehend unterwarf er 1519–21 die Azteken in Mexiko, denen er waffentechnisch weit überlegen war. Außerdem wurde C. anfangs für den in der indianischen Überlieferung verheißenen weißen Gott Quetzalcoatl gehalten, wodurch die übrigen Indianerstaaten Mexikos, um der Unterjochung durch die Azteken zu entgehen, auf die Seite der Spanier traten. 1519 zog der Konquistador in die Hauptstadt Tenochtitlan (heute Mexiko-Stadt) ein, nahm den König Montezuma II. gefangen und zwang ihn zur Unterwerfung. Von 1521–26 war C. Statthalter des Landes. Später wurde er des Amtsmissbrauchs beschuldigt, jedoch freigesprochen. Bei seinen zahlreichen Expeditionen entdeckte er 1536 die Halbinsel Kalifornien.

Coubertin, Pierre Baron de

frz. Sportfunktionär
* 1.1.1863 in Paris
† 2.9.1937 in Genf

C., der Initiator der modernen Olympischen Spiele, gründete 1894 in Paris das Internationale Olympische Komitee (IOC), dessen Präsident er bis 1925 war. Dem Pädagogen und Diplomaten ist es zu verdanken, dass die ersten Spiele der Neuzeit als völkerverbindende und Frieden bringende Veranstaltung in der Tradition des antiken Wettkampfs 1896 in Athen stattfanden. Nur Amateursportler durften daran teilnehmen und wurden mit Ehrenpreisen ausgezeichnet. Obwohl der Amateurstatus 1981 abgeschafft wurde, haben viele Ideen C.s bis heute Bestand.

Courbet, Gustave

frz. Maler
* 10.6.1819 in Ornans, Doubs
† 31.12.1877 in La-Tour-de-Peilz,
Schweiz

C. zählt zu den Begründern des Realismus. Der Autodidakt erlernte die Malerei vor allem durch das Studium der Bilder im Pariser Louvre sowie durch die eingehende Beobachtung der Natur. C. schuf statt herkömmlicher mytho-

logischen und romantischen Werke Bilder von alltäglichen Personen und Dingen (*Steinklopfer,* 1849; *Das Begräbnis in Ornans,* 1850), später Stillleben, Porträts und Landschaften (*Zwei Mädchen am Ufer der Seine,* 1856). 1855 errichtete C. seinen eigenen, berühmten „Pavillon du Réalisme". 1871 wurde C. wegen Beteiligung am Kommune-Aufstand in Paris angeklagt und floh 1875 in die Schweiz.

Court, Margaret

austral. Tennisspielerin
* 16.7.1942 in Albury,
New South Wales

C. gehört zu den überragenden Spielerinnen des Weißen Sports. Sie schaffte 1970 als zweite Frau den Grand Slam, den Sieg bei vier bedeutenden Turnieren der Welt in einem Jahr. Außerdem gewann sie dreimal in Wimbledon (1963, 1965 und 1970), je fünfmal bei den Französichen Meisterschaften und den US Open sowie elfmal die Australian Open.

Cranach, Lucas d. Ä.

dt. Maler und Kupferstecher
* Oktober 1472 in Kronach
† 16.10.1553 in Weimar

C. gilt neben Dürer als der bedeutendste deutsche Künstler des 16. Jh.s. und ist der Mitbegründer der Donauschule. 1503/04 ließ er sich in Wien nieder, wo seine ersten bekannten Werke (u. a. *Ruhe auf der Flucht,* 1504) entstanden. Ab 1505 war C. Hofmaler des sächsischen Kurfürsten Friedrich des Weisen. Hier eröffnete er seine eigene Werkstatt. Nach einer Reise in die Niederlande wurde der Einfluss der holländischen Meister auf seine Werke deutlich. C. fand mit seinen Porträts, mythologischen Themen mit betonter Einbeziehung des weiblichen Akts, Zeichnungen für Holzschnitte, Kupferstiche und Radierungen so großen Anklang, dass er die Ausführung vieler Bilder seiner Werkstatt überließ. Er fertigte Illustrationen für die Bibel sowie Reformationsschriften und arbeitete am Gebetsbuch Kaiser Maximilians I. mit. C. unterstützte die Reformation und M. →Luther und war mit Ph. →Melanchton befreundet und schuf von beiden zahlreiche Porträts.

Cromwell, Oliver

engl. Staatsmann
* 25.4.1599 in Huntingdon
† 3.9. 1658 in London

Der große Aufstieg des strengen Puritaners C. begann mit dem Ausbruch des Englischen Bürgerkriegs 1642. Der Landedelmann organisierte die Kerntruppe des Parlamentheeres aus Puritanern und den Independenten, mit der er die königstreuen Truppen 1644 und 1645 besiegte. 1648 warf er royalistische Aufstände in Schottland und Wales nieder und vertrieb im gleichen Jahr die Presbyterianer aus dem Unterhaus. Mit dem Restparlament ließ C. dem König →Karl I. den Prozess machen und ihn 1649 hinrichten. Weitere royalistische Aufstände in Irland (1649–50) und Schottland (1650–51) schlug er blutig nieder. 1653 ließ sich C. zum „Lord Protector" der Republik mit diktatorischen Vollmachten auf Lebenszeit ausrufen. Außenpolitisch konnte C. große Erfolge verzeichnen. Durch Flottensiege über die Holländer (1653–54) und Spanier (1657) konnte er die englische Seemacht wesentlich stärken. Die

„Navigationsakte“ von 1651 war ein bedeutender Schritt zum merkantilistischen Imperialismus. Nach C.s Tod erfolgte bereits 1660 die Restauration durch Karl II.

Curie, Marie

frz. Chemikerin und Physikerin
poln. Herkunft
* 7.11.1867 in Warschau
† 4.7.1934 in Sancellemoz, Schweiz

C. war die erste Frau, die den Nobelpreis erhielt, und zwar gleich zweimal. 1903 bekam sie den Physiknobelpreis zusammen mit ihrem Mann Pierre Curie und H. →Becquerel für die Entwicklung auf dem Gebiet der spontanen Radioaktivität. 1911 erhielt sie den Nobelpreis für Chemie für die Entdeckung der radioaktiven Elemente Polonium und Radium. Damit wurde C. zur Begründerin der Radiochemie. Sie hatte 1892 Polen verlassen, um bei Becquerel, dem Entdecker der Strahlung von Uran, Naturwissenschaften zu studieren. C. starb an Leukämie, was eine Folge der Überdosen an radioaktiver Strahlung während ihrer Forschungen war.

Daguerre, Louis Jacques Mandé

frz. Maler und Erfinder
* 18.11.1787 in
Cormeilles-en-Parisis
† 10.7.1851 in Bry-sur-Marne

D. entwickelte 1837 das erste fotografische Abbildungsverfahren (Daguerreotypie). Der Dekorations- und Panoramamaler hatte schon mit seinen scheinbar bewegten Bildern (Dioramen) großen Erfolg. Er wollte aber das von der „Camera obscura“ von der Natur gelieferte Bild au-

tomatisch festhalten. Joseph N. Niepce hatte bereits entdeckt, dass eine versilberte, polierte Kupferplatte durch Joddämpfe lichtempfindlich gemacht werden kann. D. gelang es, das latente Bild durch Quecksilberdampf zu entwickeln und zu fixieren. Diese Bilder, von denen man noch keine Abzüge machen konnte, stellen den Beginn der Fotografie dar. D.s Erfindung wurde vom französischen Staat aufgekauft und der Öffentlichkeit vorgestellt.

Daimler, Gottlieb Wilhelm

dt. Ingenieur
* 17.3.1834 in Schorndorf
† 6.3.1900 in Bad Cannstatt

D. war neben C. →Benz einer der Schöpfer des modernen Automobils. Er entwickelte mit Wilhelm Maybach den Otto-Motor zum Benzinmotor weiter. 1885 konstruierte B. das erste Motorrad und ein Jahr später das erste vierrädrige Auto. 1890 gründete er in Bad Cannstatt die Daimler-Motorengesellschaft, die 1926 mit der Benz & Cie. AG (gegründet 1883) zur Daimler Benz AG in Stuttgart vereinigt wurde. Seit 1902 wurden die produzierten Personenwagen nach Mercedes, der Tochter von D.s Rennwagen-Konstrukteur Emil Jelinek benannt.

Dalai Lama

(eigtl.: Tanchu Dhondup;
Mönch Tenzin Gyatzu)
tibet. Priesterfürst
* 6.6.1935 in Takser
bei Kumbum, Tibet

D. ist seit 1578 der Titel des höchsten Priesters und weltlichen Würdenträgers Tibets und wurde von den mongolischen Fürsten verliehen. Nach Auffassung der tibetischen Buddhisten ist

der D. die Wiederverkörperung des göttlichen Avalokiteshvaras, der in einem neugeborenen Kind Dogma ist. Tenzin Gyatzu wurde 1939 nach dem Tod des 13. D. in Osttibet von Mönchen auserwählt und 1940 als 14. der D. inthronisiert. 1959 musste der D. vor den chinesischen Truppen fliehen, die einen Aufstand im seit 1950 besetzten Tibet niederschlugen. Er ging nach Indien ins Exil und fordert seitdem die Unabhängigkeit seines Landes mit gewaltlosem Widerstand gegen China. 1989 erhielt er den Friedensnobelpreis.

Dalí, Salvador

span. Maler, Bildhauer und Grafiker
* 11.5.1904 in Figueras, Katalonien
† 23.1.1989 in Figueras, Katalonien

D. ist einer der bedeutendsten Vertreter des Surrealismus. In seiner perfekten, altmeisterlichen Technik, die im Kontrast zu den anderen Surrealisten stand, verbindet er mit exakter Naturtreue gemalte Einzelheiten zu Kompositionen aus der Welt des Traums, des Rausches und der Religion. Seine visionären Sujets verdichtete D. besonders in den Bildern der 30er Jahre zu schockierenden Aussagen (u. a. *Die brennende Giraffe,* 1935). Auf seinen Gemälden überlagern sich oft sexuelle und religiöse Inhalte mit persönlichen Gefühlen. Neben der Malerei umfasst sein Werk auch Buchillustrationen (z. B. *Don Quichotte,* 1958), Entwürfe für Bühnenbilder sowie Plastiken (*Venus von Milo mit Schubladen,* 1936–64). Bedeutend sind seine surrealistischen Objekte der 30er Jahre (z. B. *Hummer-Telefon,* 1936) sowie seine Filmarbeit mit L. →Buñuel (*Der andalusische Hund,* 1929; *Das goldene Zeitalter,* 1930). D., der auch Glasobjekte und Schmuck entwarf und sogar ein Parfüm kreierte, ließ seinen Namen hemmungslos vermarkten. Seine Frau Gala war seine Muse und ist auf vielen Werken D.s zu erkennen. 1982 wurde er zum Marquis de Dalí y Púlbol erhoben.

Dalton, John

engl. Chemiker und Physiker
* 6.9.1766 in Eaglesfield, Cumberland
† 27.7.1844 in Manchester

D. entdeckte 1804 das *Gesetz der multiplen Proportionen:* Wenn sich zwei bestimmte Elemente zu verschiedenen Verbindungen vereinigen, sind die Gewichtsverhältnisse der Komponenten dieser Verbindungen durch einfache Zahlen erfassbar. Er definierte das Daltonsche Gesetz. Es besagt, dass der Druck eines Gemisches idealer Gase der Summe der Drücke entspricht, die die Einzelbestandteile ausüben würden. Er entwickelte auch die *Daltonsche Atomhypothese* (die Atome eines Elements besitzen das gleiche Atomgewicht, die verschiedenen Elemente aber weisen spezifische Atomgewichte auf), die zur physikalischen Grundlage der Chemie schlechthin wurde.

Dante Alighieri

ital. Dichter
* Mai 1265 in Florenz
† 14.9.1321 in Ravenna

D. ist der Schöpfer der italienischen Literatursprache. Die Gedichte seines ersten Werkes *La vita nuova* (1283–1293) sind Meilensteine eines neuen dichterischen Stils. Nach dem Vorbild der Äneis von →Vergil schuf D. sein Hauptwerk: die *Göttliche Komödie* (1307–21, dt. 1767–69), das größte christliche Weltgedicht. Das Epos schildert in hundert Gesängen in Terzinen gleichnishaft die Wanderung D.s – geführt von Vergil – durch die Reiche des Jenseits, durch Verdammnis, Läuterung und Seligkeit. Es stellt eine „Summa" des Mittelalters dar und beeinflusste die abendländische Literatur sehr stark. D. stammte aus einem adeligen Geschlecht. Er wurde in einer Dominikanerschule erzogen und widmete sich später hauptsächlich philosophischen und theologischen Studien. Nach seiner Heirat beteiligte D. sich am politischen Leben von Florenz. Ab 1300 war er Prior und versuchte die Unabhängigkeit des Stadtstaates gegenüber den Machtansprüchen des Papstes zu wahren. 1302 wurde er bei Todesstrafe aus Florenz verbannt. D. verbrachte die letzten Jahrzehnte seines Lebens in Paris, Bologna und Padua, später in Ravenna.

Danton, Georges Jacques

frz. Rechtsanwalt und Revolutionär
* 28.10.1759 in Arcis-sur-Aube
† 5.4.1794 in Paris

Durch seine überzeugende Rednergabe wurde D. zu einem der Führer der Französischen Revolution. Aufgrund seiner Aktivitäten bei der Beseitigung der Monarchie 1792 zum Justizminister ernannt, veranlasste er die sog. Septembermorde und legte die Grundlagen für die jakobinische Schreckensherrschaft. Nach 1793 zeigte D. innen- und außenpolitische Kompromissbereitschaft, was zu Konflikten mit M. →Robespierre führte, der ihn schließlich hinrichten ließ. Das Leben D.s inspirierte verschiedene Dichter zu großen Bühnenwerken (z. B. G. →Büchner).

Darius I., der Große

(auch: Dareios)
pers. König
* 550 v. Chr.
† 486 v. Chr.

D. war einer der bedeutendsten Herrscher des Altertums. Er entstammte dem Geschlecht der Achämeniden und wurde 522 durch die Tötung des Usurpators Gaumata Großkönig von Persien. Innenpoltisch teilte D. das Reich in 20 große Steuerprovinzen ein, die von Satrapen (Statthalter) geleitet wurden. Er führte eine einheitliche Währung sowie eine Reichspost ein und ließ Heerstraßen errichten. Ab 515 baute D. die prunkvolle Palaststadt Persepolis, die 332 von →Alexander dem Großen niedergebrannt wurde. Er zog nach Ägypten, wo er den Kanal vom Nil zum Roten Meer fertig stellen ließ; er unterwarf Thrakien und Makedonien und schlug 499–493 den Aufstand der ionischen Griechen in Kleinasien nieder.

Darwin, Charles Robert

engl. Naturforscher
* 12.2.1809 in Shrewsbury, Shropshire
† 19.4.1882 in Down, Kent

D. wurde mit seinem Hauptwerk *Über den Ursprung der Arten durch natürliche Zuchtwahl* (1859, dt. 1883) zum Begründer der Selektionstheorie (Darwinismus) und der Erklärung der Evolution. Grundlage für dieses Werk, das seit seinem Erscheinen Aufsehen erregt und bis heute heftig kritisiert wird, war das bei einer weltumspannenden Seereise (1731–1802) gesammelte Beobachtungsmaterial. Die revolutionären Ideen beeinflussten nicht nur die Biologie, sondern auch die Kultur- und Geisteswissenschaften des 19. Jh.s nachhaltig. Die These von der gemeinsamen Abstammung und der allmählichen Entwicklung der Arten erschütterte damals die christliche Schöpfungslehre, ist aber heute noch gültig und wird durch die moderne Vererbungslehre bestätigt.

Daumier, Honoré

frz. Maler, Grafiker und Bildhauer
* 26.2.1808 in Marseilles
† 10.2.1879 in Valmondois, Seine-et-Oise

Der Autodidakt D. war einer der fruchtbarsten und anregendsten Zeichner des 19. Jh.s. Die meist satirisch-kritischen Werke des hervorragenden Lithografen erschienen ab 1832 in den Zeitschriften *La Caricature* und *Le Charivari.* Er schuf 1850–70 eine Reihe von Aquarellen und meist dramatisch bewegte, großformatige Ölbilder sowie etwa 40 Ton- und Bronzebüsten. D., der 1872 erblindete, war ein scharfer Kritiker des gesellschaftlichen und politischen Lebens seiner Zeit.

David

israelit. König
* 11. Jh. v. Chr. in Bethlehem
† 965 (?) v. Chr. in Jerusalem

D., aus dem Stamm der Judäer, war als Hirte und Musiker am Hof von König Saul. Nach seinem Sieg über die Philister (er soll den Riesen Goliath getötet haben!), erhielt er Sauls Tochter zur Frau und wurde nach dessen Tod von den Judäern zum König gesalbt, später von den israelischen Nordstämmen zum König erhoben. D. gab seinem Staat in Jerusalem einen neuen politischen und religiösen Mittelpunkt. Nach Unterwerfung der Nachbarstaaten entstand ein Großreich, das aber schon zu D.s Lebzeiten gefährdet war. Er schlug u.a den Aufstand seines Sohnes Absalom nieder und ernannte seinen Sohn →Salomo zum Nachfolger. Die Psalmen des Alten Testament werden ihm zugeschrieben.

David, Jacques-Louis

frz. Maler
* 30.8.1748 in Paris
† 29.12.1825 in Brüssel

Der Hauptmeister des Klassizismus D. studierte in Rom die Antike (1775–80). Er begründete diesen Stil durch Werke wie *Schwur der Horatier* (1784/85), das zum Leitbild des Klassizismus wurde. 1793 war D. Vorsitzender im Klub der Jakobiner. In dieser Zeit entstanden heroisierende Bilder aus der Zeitgeschichte (*Der sterbende Marat,* 1793). Seine besondere Bedeutung liegt auf dem Gebiet der Porträtmalerei (z. B. *Madame Récamier,* 1800), die er auch als Hofmaler Napoleons I. unter Beweis stellen konnte (*Die Krönung Napoleons I.,* 1806–07). Nach dem Sturz des Kaisers 1814 musste auch David ins Exil gehen und lebte bis zu seinem Tod in Belgien. D.s Malerei kann als Vorbild einer ganzen Epoche angesehen werden.

Dayan, Moshe

israel. Offizier und Politiker
* 20.5.1915 in Deganya, Palästina
† 16.10.1981 in Tel Aviv

D., der zu den Pionieren des Staates Israel gehörte, war seit seinem erfolgreichen Sinai-Feldzug gegen Ägypten 1956 Oberbefehlshaber der Streitkräfte. Später wurde er Landwirtschaftsminister (1959–67). Im Sechstage-Krieg

(1967) sowie im Jom-Kippur-Krieg (1973) leitete er das Verteidigungsministerium. In der Regierung Begin wurde D. Außenminister (1977–78). Er trug maßgeblich zum Abschluss des israelisch-ägyptischen Friedensvertrages von Camp David (1978) bei. Aus Protest gegen die Siedlungspolitik Menachem Begins sowie dessen Verweigerung den Palästinensern Autonomie zu gewähren trat D. 1979 zurück.

Dean, James Byron

amerik. Schauspieler
* 8.2.1931 in Fairmont (IN)
† 30.9.1955 in Salinas (CA)

D., der in den drei Filmen (*Jenseits von Eden,* 1955; *...denn sie wissen nicht, was sie tun,* 1955; *Giganten,* 1956) seiner kurzen Karriere den Prototyp des verletzbaren Außenseiters spielte, wurde zum Idol der Halbstarken-Generation. Sein plötzlicher Tod durch einen Autounfall noch vor dem Erscheinen seines letzten Films machte D. zur großen Kultfigur der Jugendlichen auf der ganzen Welt, die bis heute verehrt wird.

Debussy, Claude

frz. Komponist
* 22.8.1862 in Saint-Germain-en-Laye
† 25.3.1918 in Paris

D. ist der Schöpfer und Repräsentant der impressionistischen Musik, die nach 1890 durch Werke wie *Prélude à l'après-midi d'un faune* (1892–94) entstand. D.s Musik verzichtet auf nach außen gekehrte Emotionalität und hebt sich damit deutlich von der Romantik und besonders der deutschen Tradition ab (*Pelléas et Melisande,* Oper, 1902). Sein formal strenges Spätwerk wird vor allem durch die Liedvertonungen gekennzeichnet (*Trois poèmes de St. Mallarmé,* 1913). D.s Musik leitete eine Wende zur neoklassizistischen Einstellung der Moderne ein.

Defoe, Daniel

engl. Schriftsteller
* Ende 1659 oder Anfang 1660 in London
† 26.4.1731 in London

Mit seinem Abenteuerroman *Robinson Crusoe* (1719, dt. 1905) errang D. Weltruhm. Er übte verschiedene Berufe aus, verfasste sozialpolitische und weltanschauliche Abhandlungen. 1702 griff D. die Unduldsamkeit der englischen Kirche in Glaubensfragen an, was ihn an den Pranger brachte. Erst im Alter schrieb er realistisch lehrhafte Abenteuerromane. Die belehrende und moralisierende Tendenz seines Hauptwerkes wiederholt sich in D.s weiteren Romanen (z. B. *Glück und Unglück der berühmten Moll Flanders,* 1722, dt. 1954).

Degas, Edgar

(eigtl.: Edgar-Hillaire-Germain de Gas)
frz. Maler, Grafiker und Bildhauer
* 19.7.1834 in Paris
† 26.9.1917 in Paris

Geschult an den Klassizisten und der italienischen Renaissance malte D. zunächst geschichtliche Themen und Porträts. Durch seine Bekanntschaft mit E. →Manet wandte er sich um 1865 dem Impressionismus zu und wurde

zu einem der Hauptmeister dieser Richtung. In seinen Werken schildert D., Sohn eines reichen Bankiers, in Momentaufnahmen das Milieu gehobener Unterhaltung der Großstadt. Ungewohnte Kompositionen, Ausschnitte, überraschende Auf- und Untersichten sowie neue Motive (Balletteusen im Übungssaal, Jockeys beim Pferderennen, Straßenszenen, Interieurs) bereichern die Malerei. Ab 1890 widmete sich D. hauptsächlich der Pastellmalerei.

Delacroix, Ferdinand Victor Eugène

frz. Maler und Grafiker
* 26.4.1798 in Charenton-Saint-Maurice bei Paris
† 13.8.1863 in Paris

Der bedeutendste Vertreter der französischen Romantik wurde vor allem von den Werken von P. P. →Rubens und J. →Constable beeinflusst. Er schuf dramatische Kompositionen von leuchtender Farbkraft mit historischen (*Die Freiheit führt das Volk an,* 1830) und literarischen Themen (*Dante und Vergil in der Hölle,* 1822), die zur Sensation des Pariser Salons wurden.

Delbrück, Max

amerik. Biologe dt. Herkunft
* 4.9.1906 in Berlin
† 9.3.1981 in Pasadena (CA)

D., der Mitbegründer der Molekularbiologie, entdeckte 1946 bei den Bakteriophagen (Viren, die nur Bakterien als Wirtszelle befallen) den Vermehrungsmechanismus und die Erbstruktur der Viren. D. legte mit der Erkenntnis, dass bakterielle Phagenresistenz auf Mutationen beruht, den Grundstein für die Bakteriengenetik. D., der 1945 amerikanischer Staatsbürger wurde, erhielt 1969 mit A. D. Hershey und S. Luria den Nobelpreis für Medizin.

Demokrit

griech. Philosoph
* um 460 v. Chr. in Abdera, Thrakien
† um 371 v. Chr. in Abdera, Thrakien

D., Schüler von Leukipp, ist der Begründer der atomistischen Naturauffassung, die besagt, dass die Wirklichkeit aus unendlich vielen verschiedenartigen, unteilbaren und unsichtbaren kleinsten Teilchen (Atomen) besteht, die sich im sonst leeren Raum ständig bewegen. Die Dinge entstehen aus deren Verbindung und Trennung. Atomismus steht im Gegensatz zu der Lehre von Parmenides, dass alles Gegenständliche bloßer Schein sei. In der Ethik vertrat D. den Eudämonismus, die Auffassung, dass das höchste Gut, die Glückseligkeit, in der Ruhe und Heiterkeit der Seele besteht und durch eine maßvolle Lebensführung erreicht werden kann. Seine Schriften über Naturwissenschaften, Kunst und Ethik, die später vor allem →Aristoteles stark beeinflussten, sind nur in Fragmenten erhalten.

Demosthenes

athen. Staatsmann und Redner
* 348 v. Chr. in Paiania, Attika
† 322 auf Kalauria

D. studierte Rhetorik und konnte einen angeborenen Sprachfehler mit äußerster Selbstdisziplin überwinden. Bekannt wurde er mit erfolgreichen Verteidigungsreden. In seinen Reden

(Philippika) bekämpfte er die Einflussnahme Philipps II. von Makedonien auf die griechischen Freistaaten. 339 v. Chr. rief er den Hellenischen Bund zwischen Athen, Theben und anderen Städten ins Leben, dem Philipp II. 340 den Krieg erklärte und der 338 durch die Niederlage des Bundes bei Chaironeia zerfiel. Wegen Beteiligung am Lamischen Krieg (322) unter Antipatros wurde D. zum Tode verurteil, entkam jedoch nach Kalauria (heute Poros), wo er sich das Leben nahm.

Deng Xiaoping

chin. Politiker
* 22.8.1904 in Guangan, Sichuan
† 19.2.1997 in Peking

D. stieg nach dem Sturz (1977) der sog. Viererbande um die Witwe →Mao Zedongs zum mächtigsten Mann der Volksrepublik China auf. Die auf seine Initiative hin eingeleitete Reformpolitik führte vor allem auf wirtschaftlichem Gebiet zu großen Erfolgen. Die Öffnung des Landes nach Westen brachte 1978 den Friedensvertrag mit Japan und die Aufnahme in den Sicherheitsrat der UNO. D. erreichte 1984 die Rückgabe der britischen Kronkolonie Hongkong für 1997. Der Einsatz der Streitkräfte 1989 gegen Demonstranten in Peking zeigte jedoch deutlich, dass es sich bei seiner Reformpolitik um wirtschaftliche, nicht um politische Reformen handelte. D., seit 1924 Mitglied der KPCh, nahm 1934/35 am langen Marsch teil. 1955–67, dann 1974–76 sowie 1977–87 war er Mitglied des Politbüros. 1956 wurde er Generalsekretär der KPCh (bis 1967), 1952–67, 1973–76 und 1977–80 war er stellvertretender Ministerpräsident. Als Oberbefehlshaber der Armee (seit 1981) trat er 1990 zurück.

Descartes, René

(lat. Renatus Cartesius)
frz. Philosoph und Naturwissenschaftler
* 31.3.1596 in La Haye, Touraine
† 11.2.1650 in Stockholm

D. ist der „Vater der neuzeitlichen Philosophie", der im Gegensatz zu den Scholastikern nach einem „unerschütterlichen Fundament" suchte, auf das sich sichere Erkenntnis gründen lässt. In seinem methodischen, radikalen und universellen Zweifel stößt D. auf sich selbst, was zunächst einzig gewiss ist: „Cogito ergo sum" (Ich denke, also bin ich"). D. warf das Leib-Seele-Problem auf, lieferte einen Beweis der göttlichen Existenz und die Existenz der Außenwelt, der für ihn in der Behebung des „subjektiven Zweifels" an der Existenz Gottes bestand. Klarheit und Deutlichkeit der Erkenntnis sind Wahrheitskriterien bei D., die mathematische Exaktheit ist Ideal allen Erkennens. Die Ergebnisse seines Denkens und Forschens fasste er in zahlreichen Werken zusammen. 1637 erschien die autobiografische *Abhandlung über die Methode* (dt. 1969), 1644 *Die Prinzipien der Philosophie* (dt. 1906–08). D.' Einfluss auf die europäische Philosophie war bis zur Aufklärung bestimmend. Seine mathematisch-physikalischen Erkenntnisse veröffentlichte er – gewarnt vom Schicksal Gallileis – nur sehr zögernd (*Die Welt,* 1625). D. begründete die analytische Geometrie, führte zur Lösung von Gleichungen mit mehreren Unbekannten die Kurven im Koordinatensystem ein. Er stellte eine Theorie der Erscheinung des Regenbogens anhand wassergefüllter Glaskugeln auf und wurde so zum Mitentdecker des Brechungsgesetzes. 1649 wurde D. an den schwedischen Hof gerufen, um Königin Christine zu unterrichten.

Diana

(eigtl.: Lady D. Frances Spencer)
Prinzessin von Wales
* 1.7.1961 in Sandringham
† 31.8.1997 in Paris

Lady D. heiratete 1981 den britischen Thronfolger Prinz Charles. Dank ihrer sympathischen Austrahlung wurde D. innerhalb kürzester Zeit zum beliebtesten Mitglied des britischen Königshauses und wurde vom britischen Volk sehr geschätzt. Neben ihren „königlichen Pflichten" setzte sie sich verstärkt für Minderheiten (z. B. AIDS-Kranke) ein. 1996 ließen sich D. und Prinz Charles, die seit 1993 getrennt lebten, auf Wunsch von Königin Elisabeth II. scheiden. Nach der Scheidung nahm D. kaum mehr Pflichten wahr, setzte sich aber mehr für humanitäre Hilfe ein (u. a. gegen Landminen). Im Sommer 1997 kam sie bei einem Autounfall in Paris ums Leben.

Dickens, Charles

(eigtl.: John Huffam)
engl. Schriftsteller
* 7.2.1812 in Landport bei Porthmouth
† 9.6.1870 in Gadshill, Kent

D. gilt als Begründer des sozialen Romans in England. Wegen finanzieller Schwierigkeiten musste er seine Ausbildung abbrechen. Bevor er Anwaltsgehilfe wurde, war D. häufig dazu gezwungen, niedere Hilfsarbeiten zu verrichten. In seinen von diesen Erfahrungen geprägten Werken schildert er lebendig, realistisch

und humorvoll die Verhältnisse seiner Zeit, insbesondere in den niederen Kreisen, und geht in teilweise tendenziöser Art auf soziale Missstände ein. Seine literarische Laufbahn begann D. als Journalist des *Morning Chronicle*. Später schrieb er feuilletonistische Skizzen von London und wurde 1836 mit seinen *Pickwick Papers* bekannt. 1836 entstand sein weltberühmter Roman *Oliver Twist* (dt. 1838), 1843 die Erzählungen *Der Weihnachtsabend* (dt. 1844), 1850 der weitgehend autobiografische Roman *David Copperfield* (1851). Später war D. der Herausgeber der radikal-liberalen Zeitung *Daily News.*

Diderot, Denis

frz. Philosoph und Schriftsteller
* 5.10.1713 in Langres, Haute-Marne
† 30.7.1784 in Paris

D., der führende Vertreter der französischen Aufklärung, war der Begründer und der Herausgeber der monumentalen französischen *Enzyklopädie* (28 Bde.); mit daran beteiligt waren u. a. J. J. →Rousseau und →Voltaire. Neben zahlreichen ästhetischen und literarischen Schriften (*Essai sur la peinture,* 1765 von →Goethe übersetzt) verfasste er philosophische Abhandlungen und Dialoge. Seine Ästhetik beeinflusste auch die deutsche Kunstauffassung. D. führte das bürgerliche Trauerspiel in Frankreich ein (*Le fils naturel,* 1757 von →Lessing übersetzt).

Diesel, Rudolf

dt. Ingenieur und Erfinder
* 18.3.1858 in Paris
† 29.9.1913 im Ärmelkanal

Nach dem Studium befasste D. sich zuerst mit der Kältetechnik und war Mitarbeiter von →Linde. Später beschäftigte er sich mit der

Weiterentwicklung von Verbrennungsmotoren. Damit gelang D. 1892/93 eine leistungsstarke Alternative zur Dampfmaschine zu schaffen. Der D.-Motor, robuster als der Otto-Motor, erzielte einen höheren Wirkungsgrad und verbrannte das billigere Schweröl. Ab 1912 setzte D. seine Motoren in Lokomotiven und Lastwagen ein. D.-Autos werden erst ab 1936 gebaut. D. schied auf einer Überfahrt nach England wahrscheinlich freiwillig aus dem Leben.

Diokletian, Gajus Aurelius Valerius

röm. Kaiser
* um 243 in Dioklea, Dalmatien
† 313 (316?) in Salona
(heute Solin bei Split)

Seine Laufbahn führte D. vom Freigelassenen über den Militärdienst auf den Kaiserthron (284). Er ordnete das Römische Reich neu durch die Einführung der Tetrarchie (Viererherrschaft) 293 zur Dezentralisierung der Staatsverwaltung und zur Sicherung der Thronfolge. 297 wurden die Provinzen neugegliedert. Weitere innenpolitische Maßnahmen D.s waren Finanz-, Steuer sowie Verwaltungs- und Heeresreformen und die erbliche Berufsbindung. Zur Wahrung der religiösen Einheit ließ er Manichäer und Christen im Reich stark verfolgen (303/304). Wie vorgesehen dankte D. 305 ab.

Diogenes von Sinope

griech. Philosoph
* um 412 v. Chr. in Sinope, Kleinasien
† um 323 v. Chr. in Korinth

D., Schüler des Anisthenes, ist der bekannteste Vertreter der kynischen Schule (v. griech. „kyon": Hund). Er war ein scharfer und spöttischer Kritiker der Normen seiner Gesellschaft. Mit seiner asketischen und naturverbundenen Lebensweise wollte D. die Ideale der Autarkie und Bedürfnislosigkeit verkörpern. Nach einer Anekdote soll D. in einer Tonne „wie ein Hund" gelebt haben, was sinn- und wortbildend für unseren Begriff „zynisch" wurde. Als →Alexander d. Große ihn sah und mitleidsvoll fagte, ob er einen Wunsch habe, soll D. geantwortet haben: „Ja, geh' mir aus der Sonne".

Dionysios I., der Ältere

Tyrann von Syrakus
* um 430 v. Chr.
† 367 v. Chr.

D. erzwang 406 seine Ernennung zum obersten Heerführer und baute diese Stellung zu einer Tyrannis aus, unter Beibehaltung aller bisherigen staatlichen Einrichtungen und Ämter. In mehreren Kriegen (398–392 und 382–374) befreite D. Sizilien von Karthagos Herrschaft und brachte das Land unter seine Kontrolle. Er erstrebte die Macht in ganz Griechenland, besiegte den Italikerbund und drang in die Ägäis vor. Der Hof D.' wurde zum geistigen Mittelpunkt seiner Zeit. Durch die voreingenommene Geschichtsschreibung des Timaios von Tauromenion entstand das einseitig negative Bild seiner Regierungszeit. Die Figur des D. inspirierte u. a. F. →Schiller zu seinem berühmtem Werk *Die Bürgschaft.*

Disney, Walt

(eigtl.: Walter Elias D.)
amerik. Trickfilmzeichner
und -produzent
* 5.12.1901 in Chicago
† 15.12.1966 in Burbank (CA)

Der Schöpfer von „Mickey Mouse" (1926) war Karikaturist und Reklamezeichner. Seine ersten Versuche mit Zeichentrickfilmen machte D. 1922, durch die die kluge und witzige Maus weltberühmt wurde. Die Nebenfiguren wie „Goofy" und „Onkel Dagobert" kamen später ebenfalls zu Weltruhm, „Donald Duck" wurde zur Kultfigur für Jung und Alt. Der erste abendfüllende Spielfilm *Schneewittchen und die sieben Zwerge* entstand 1937, dem weitere folgten (*Pinocchio,* 1941; *Bambi,* 1951; *Alice im Wunderland,* 1951; *Susi und Strolchi,* 1955). Nach dem Krieg drehte D. auch Dokumentarfilme (z. B. *Die Wüste lebt,* 1953). Er ist der Mitbegründer des „The Walt Disney Co."-Freizeitkonzerns (Vergnügungsparks, Spielfilme u. a.).

Disraeli, Benjamin, Earl of Beaconsfield

brit. Staatsmann und Schriftsteller
* 21.12.1804 in London
† 19.4.1881 in London

D., der 1817 vom Judentum zur anglikanischen Kirche konvertierte, war schon früh durch seine literarischen Werke bekannte geworden (u. a. *Der tolle Lord,* 1837). 1837 wurde er ins Unterhaus gewählt und war ab 1848 an der Spitze der

Konservativen, denen er durch die Wahlrechtsreform (allgemeines und gleiches Wahlrecht für Männer) von 1867 und ein imperialistisches Programm neue Wähler zuführte. Als Premierminister (1868 und 1874–80) setzte D. seine imperialistische Kolonialpolitik erfolgreich ein, vor allem zur Sicherung Indiens. 1875 durch den Kauf von 40 Prozent der Aktien des Suezkanals, später durch den Erwerb Zyperns von der Türkei auf dem Berliner Kongress (1878) konnten die Seewege in den Mittleren Osten ebenfalls gesichert werden. Außenpolitische Misserfolge führten 1880 zu seiner Wahlniederlage. Die Konzeption des britischen Empire als föderatives Weltreich stammt von D.

Döblin, Alfred

dt. Schriftsteller und Arzt
* 10.8.1878 in Stettin
† 26.6.1957 in Emmendingen

Mit *Berlin Alexanderplatz* (1929), der zu den bedeutendsten modernen Romanen zählt, wurde D. international bekannt. Der spätere Psychiater war der Mitbegründer der expressionistischen Zeitung *Der Sturm* (1910). Der Sohn einer jüdischen Familie musste 1933 emigrieren und erhielt 1936 die französische Staatsbürgerschaft. 1940 floh er in die USA und konvertierte zum Katholizismus; seine gefährliche Flucht ist beschrieben in *Schicksalsreise* (1949). Nach seinen expressionistischen Romanen *Die drei Sprünge des Wang-lun* (1915) und *Berge, Meere und Giganten* (1924) wandte sich D. dem exakten Realismus zu. Seine im Exil und nach 1945 entstandenen zeitkritischen Werke mit religiösen und mythischen Motiven fanden wenig Beachtung. Der jährlich vergebene Alfred-Döblin-Preis wurde von Günter Grass gestiftet.

Domagk, Gerhard

dt. Bakteriologe
* 30.10.1895 in Lagow, Starnberg
† 24.4.1964 in Burgberg, Schwarzwald

D. gelang 1935 die Entdeckung der Sulfonamide, was zum erstenmal eine wirksame Bekämpfung krankheitserregender Bakterien ermöglichte. Ab 1943 arbeitete er an der Chemotherapie der Tuberkulose, später des Krebses und entwickelte 1956 das Krebsmittel E39. 1939 erhielt D. den Nobelpreis für Medizin.

Domingo, Plácido

span. Tenor
* 21.1.1941 in Madrid

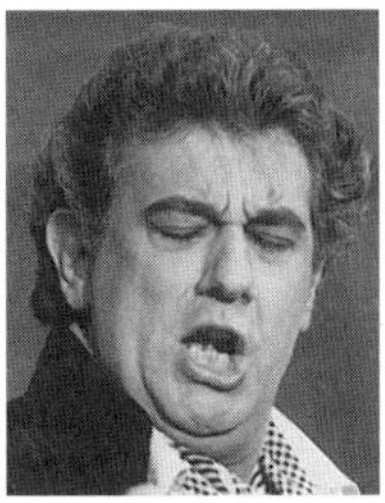

D. gehört zu den gefeiertsten Tenören der Gegenwart. Sein Repertoire reicht von der französischen Grande opéra über G. →Verdi bis R. →Wagner; er feiert glanzvolle Auftritte überall in der Welt. D. übernahm auch Hauptrollen in Opernverfilmungen (z. B. *Othello,* 1986) und war als Operndirigent erfolgreich (*La Bohème,* 1984 in New York). Seit 1987 ist er Opernchef von Los Angeles, seit 1996 Künstlerischer Leiter der Oper Washington.

Dominikus (hl.)

(eigtl. D. Guzmán)
span. Ordensgründer
* um 1170 in Caleruega, Kastilien
† 6.8.1221 in Bologna

D. ist der Gründer des nach ihm benannten Dominikanerordens (Orden der Predigerbrüder, Ordo Fratrum Praedicatorum, OP), des zweiten großen Bettelordens neben den von →Franz von Assisi ins Leben gerufenen Franziskanern. Im Unterschied zu diesem sind die Dominikaner jedoch ein Priester-Orden. Denn D. war Kanoniker am Stift von Osma, bevor er 1215 eine Priestergenossenschaft in Toulouse gründete, um den der katholischen Kirche große Sorgen bereitenden ketzerischen Laienbewegungen der Katharer und Waldenser besser begegnen zu können. Bereits 1216 von Papst Honorius III. anerkannt, gab sich der schnell wachsende Orden eine sehr effiziente Organisation und wissenschaftliche Ausbildung, dass er 1232 mit der Inquisition betraut wurde. Neben D., der schon 1234 heilig gesprochen wurde (7.8.), waren bedeutende Gelehrte und Prediger wie →Albertus Magnus, →Thomas von Aquin und →Meister Eckhart Mitglieder des Ordens.

Donatello

(eigtl.: Donato di Niccolò di Betto Bardi)
ital. Bildhauer
* um 1386 in Florenz
† 13.12.1466 in Florenz

D.s Werk ist bahnbrechend für die Bildhauerkunst des 15. Jh.s in Italien. Er war ein Meister des Bronzegusses für Statuen und Reliefs, arbeitete aber auch in Marmor und Holz. D. schuf seit der Antike den ersten Akt: *David,* die erste umschreitbare Freifigur (1430). Mit dem *Denkmal des Gattamelata* entstand 1446/47 das erste profane Reiterstandbild und mit *Judith und Holofernes* 1455 die erste Freiplastikgruppe.

Donizetti, Gaetano

(eigtl.: Gaetano Domenica Maria D.)
ital. Komponist
* 29.11.1797 in Bergamo
† 8.4.1848 in Bergamo

D. komponierte anfangs Kirchen- und Instrumentalmusik. Erst seine vierte Oper *Enrico*

conte di Borgogna wurde 1818 öffentlich aufgeführt. Später widmete er sich fast nur noch der Komposition von Opern. Von seinen 74 Bühnenwerken werden heute noch aufgeführt: *Der Liebestrank* (1832), *Lucia di Lammermoor* (1835), *Die Regimentstochter* (1840), *Linda di Chamounix* (1842) und vor allem seine Opera buffa *Don Pasquale* (1843).

Doppler, Christian

österr. Mathematiker und Physiker
* 29.11.1803 in Salzburg
† 17.3.1853 in Venedig

D. veröffentlichte 1842 das Ergebnis seiner Beobachtung der Farbverschiebung in den Spektren bewegter Sterne: Das Licht sich nähernder Sterne verschiebt sich nach Blau, sich entfernender nach Rot. Mit Hilfe des „D.-Effekts" konnten später die Radialgeschwindigkeiten von Sternen, von interstellarer Materie und von Sternensytemen berechnet werden. Der D.-Effekt ist auch auf die Akustik anwendbar: Bei Annäherung an eine Schallquelle nimmt die Tonhöhe zu, bei Entfernung nimmt sie ab. Dieses Gesetz wurde 1845 von Christophorus H. D. Buys-Ballot (vom fahrenden Zug aus) nachgewiesen. D. wurde 1850 erster Direktor des neuen Physikalischen Instituts in Wien.

Dornier, Claudius

(eigtl.: Claude Dornier)
dt. Flugzeugkonstrukteur
* 14.5.1884 in Kempten
† 15.12.1969 in Zug, Schweiz

D. war richtungsweisend im Großflugzeugbau. Zunächst Mitarbeiter bei den Zeppelinwerken, gründete er 1914 in Friedrichshafen eine Flugzeugwerft, die Stammfirma der Dornier-Gruppe. 1922 baute D. das Flugboot „Wal", das R. →Amundsen bei seinen Expeditionen benutzte. Später entwickelte er den „Superwal"; diese Flugzeuge erschlossen den regelmäßigen Postflugdienst über den Südatlantik. Die zwölfmotorige DO-X (1928), für 170 Passagiere und mit 3600 km Reichweite, war damals das größte Flugzeug der Welt und wurde zum Vorbild für den Großraum-Flugzeugbau.

Dostojewski, Fjodor Michailowitsch

russ. Schriftsteller
* 11.11.1821 in Moskau
† 9.2.1881 in St. Petersburg

D., der schon 1846 seinen ersten Roman veröffentlicht hatte, wurde wegen Teilnahme am revolutionären Zirkel des Sozialisten Petraschewski 1849 zum Tode verurteilt, aber auf dem Schafott zu vierjähriger Zwangsarbeit nach Sibirien begnadigt. Nach seiner Entlassung kehrte er 1859 nach St. Petersburg zurück und nahm die Verbindung mit den literarischen Kreisen wieder auf. Seine autobiografischen Berichte über die Erlebnisse aus der sibirischen Zeit *Aus einem Totenhaus* (1861/62, dt. 1886) sowie seine großen Romane *Schuld und Sühne* (1866, dt. 1887), *Der Spieler* (1867, dt. 1890), *Der Idiot* (1868, dt. 1889), *Die Dämonen* (1872, dt. 1888), und *Die Brüder Karamasow* (1879/80, dt. 1886) festigten den Ruhm D.s. In seinen kurz hintereinander entstandenen Werken legt D. innerste Regungen und Abgründe der menschlichen Seele bloß. Er hatte sich schon in Sibirien vom Sozialismus abgekehrt und zu einem unkirchlichen Christentum, später auch zu einem russischen Messianismus hingewandt.

Doyle, Sir Arthur Conan

engl. Schriftsteller
* 22.5.1859 in Edinburgh
† 7.7.1930 in Crowborough, Sussex

D. schuf mit dem Meisterdetektiv Sherlock Holmes die Gattung des modernen Kriminalromans. Der exzentrische Kriminologe besitzt eine überragende Beobachtungs- und Kombinationsgabe, während sein Gehilfe Dr. Watson mit seinen eher naiven Fragen dem Leser Brücken zum Verständnis baut. D., der eigentlich Arzt war, schrieb ursprüngl. Gesellschafts- und Historienromane. Weltberühmt wurde er jedoch mit *Abenteuer des Sherlock Holmes,* 1891/ 92, dt. 1895; *Der Hund von Baskerville,* 1901/ 02, dt. 1905). D. wurde 1902 geadelt.

Drais, Karl Freiherr von

dt. Erfinder
* 29.4.1785 in Karlsruhe
† 10.12.1851 in Karlsruhe

D. baute 1817 ein hölzernes Laufrad („Draisine"), das den Vorläufer des modernen Fahrrades darstellt. Es hatte zwei hintereinander angeordnete Räder, wobei das vordere lenkbar war und mit Bodenberührungen der Füße angetrieben wurde. Zu weiteren Erfindungen von D., der eigentlich Forstmeister war, zählen eine Schreibmaschine und ein periskopartiges Spiegelsystem.

Drake, Sir Francis

engl. Seefahrer
* um 1540 in Crowndale, Devon
† 28.1.1596 Portobello, Panama

D. war nach →Magalhães der zweite Seefahrer, der die Erde umsegelte (1577–80). Seine ersten

Reisen unternahm er nach Indien und Guinea für den englischen Sklavenhandel. 1885 kämpfte D. im Auftrag von Königin →Elisabeth I. gegen die Spanier und war 1588 als Vizeadmiral an der Vernichtung der spanischen Armada beteiligt. D. führte die Kartoffel in Europa ein und machte auch das Tabakrauchen bekannt. Durch seine zahlreichen Eroberungs- und Kaperfahrten sowie erfolgreichen Seeschlachten wurde D. zum Mitbegründer der englischen Weltmacht. Er wurde 1580 in den Adelsstand erhoben.

Dreyfus, Alfred

frz. Offizier
* 9.10.1859 in Mühlhausen, Elsass
† 12.7.1935 in Paris

Der jüdische Artillerieoffizier D. wurde 1894 wegen angeblichen Verrats militärischer Geheimnisse an Deutschland degradiert und zu

lebenslänglicher Deportation nach Cayenne verurteilt. Obwohl der tatsächlich Schuldige Major Marie-Charles Esterházy bereits 1896 ermittelt worden war, wurde D. erst 1899 begnadigt und 1906 nach zehn Jahren Festungshaft freigesprochen und rehabilitiert. Die D.-Affäre brachte Frankreich in eine schwere innenpolitische Krise durch Aufleben des Antisemitismus und des scharfen Gegensatzes zwischen klerikalen Nationalisten und republikanischen D.-Anhängern. Nach einer scharfen Anklage durch É. →Zola führte die Krise schließlich zur Sammlung der Linksgruppen und 1898 zur Gründung der „Liga für Menschenrechte", und auf der Rechten zur Gründung der präfaschistischen „Action française". Der Sieg der sozialdemokratischen Kräfte hatte 1909 die Trennung von Staat und Kirche in Frankreich zur Folge.

Droste-Hülshoff, Anette Freiin von

(eigtl.: Anna Elisabeth Freiin von D. zu H.)
dt. Dichterin
* 10.1.1797 auf Schloss Hülshoff bei Münster
† 24.5.1848 in Meersburg

Bekannt wurde D. durch ihre sinnlich-visionäre Naturlyrik und die meisterhaft realistische Novelle *Die Judenbuche* (1842). Die tief religiöse Dichterin entstammte einem streng katholischen Geschlecht. Die meisten ihrer Naturgedichte entstanden auf Schloss Meersburg, wo sie krank und zurückgezogen ab 1841 lebte. Drei große Versepen mit frühen Gedichten erschienen 1838, die religiösen Jugendgedichte *Das geistliche Jahr* 1851 nach ihrem Tod.

Dschingis-Khan

(eigtl.: Temudschin)
mongol. Stammesfürst
* 1155 (oder 1167)
† 18.8.1227 in Provinz Ningsia

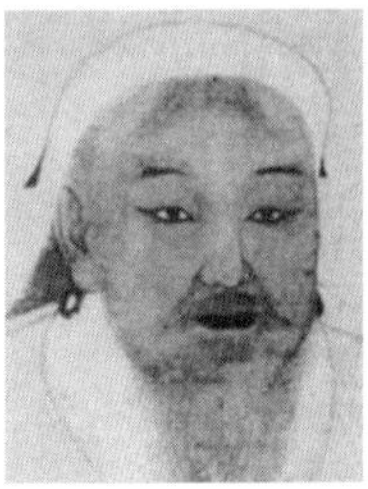

D. begründete ein mongolisches Weltreich, das von China bis Vorderasien reichte. Temudschin stammte aus einer nomadischen Fürstenfamilie, deren Sippe durch die Tataren auseinander fiel. In den folgenden Jahren baute er die Steppenherrschaft wieder auf, wurde Heerführer des nordchinesischen Chin-Reiches und besiegte die Tataren. 1206 nahm er den etymologisch nicht völlig geklärten Titel D. an und vereinigte die mongolischen Stämme. Er baute ein schlagkräftiges Reiterheer und eine einheitliche Rechtssprechung auf. D. führte zahlreiche Eroberungsfeldzüge (1209 Nordwest-China, 1215 Mandschurei und Peking, 1219 Korea, 1220 Turkestan, 1221 Iran, 1223 Russland). Sein Reich, das stark von chinesischen und persischen Einflüssen geprägt war, umfasste rund die Hälfte der damaligen Menschheit, wurde aber nach seinem Tod unter seinen Nachkommen aufgeteilt.

Dubček, Alexander

tschechoslowak. Politiker
* 21.11.1921 in Uhrovec, Slowakei
† 7.11.1992 in Prag

Mit der unter ihm eingeleiteten wirtschaftlichen und politischen Liberalisierung wurde D. zur Symbolfigur des sog. Prager Frühlings (1968). Sein Ziel war, Sozialismus und Demokratie miteinander zu verbinden, ein Versuch, der durch den Einmarsch der Truppen des Warschauer Paktes ein schnelles Ende fand. D. wurde 1969 abgelöst, 1970 entmachtet und aus der Partei ausgeschlossen. Nach der demokratischen Revolution 1989 wurde er rehabilitiert und zum Parlamentspräsidenten ernannt.

Duchamp, Marcel

frz. Künstler
* 28.7.1887 in Blainville bei Rouen
† 2.10.1968 in Paris

D., einer der bedeutendsten avantgardistischen Künstler der Moderne, erklärte mit seinen „Ready-mades“ industriell hergestellte Gebrauchsgegenstände (*Fahrrad-Rad,* 1913; *Fla-*

schenständer, 1914) zu Kunstwerken. Zu Beginn seines Schaffens widmete er sich vor allem der Malerei. 1912 entstand das Bild *Akt, eine Treppe herabsteigend,* in dem D. in der Darstellung fortlaufender Bewegung kubistische und futuristische Ideen verband. Seine Ready-mades machten ihn vor allem in den USA, wohin er 1914 übersiedelte, bekannt. Ab 1915 war D. die Zentralfigur des Dadaismus, eine Bewegung, die die Ausgangsbasis des Surrealismus bildete, dem er in der Folgezeit nahestand. Später beschäftigte er sich zunehmend mit kunsttheoretischen Fragen und Experimentalfilmen. Die Kunst der 50er und 60er Jahre wurde durch D.s Philosophie der „Gegenkunst“ stark beeinflusst.

Duden, Konrad

dt. Philologe
* 3.1.1829 in auf Gut Bossigt bei Wesel
† 1.8.1911 in Sonnenberg, heute zu Wiesbaden

Der Gymnasiallehrer und Schuldirektor D. setzte sich für eine Vereinheitlichung unterschiedlicher Schreibweisen in der deutschen Sprache ein. 1880 gab er sein *Vollständiges Orthographisches Wörterbuch der deutschen Sprache* heraus, das zur Grundlage der deutschen Rechtschreibung wurde und insbesondere den Grundstein zur ersten deutschen Rechtschreibreform (1.1.1901) legte.

Dumas, Alexandre, d. Ä.

frz. Schriftsteller
* 24.7.1802 in Villers-Cotterêts, Aisne
† 5.12.1870 in Puys bei Dieppe

Die drei Musketiere (1844, dt. 1845) und *Der Graf von Monte Christo* (1845, dt. 1846) sind wohl die berühmtesten Unterhaltungsromane D.', die bereits unzählige Male erfolgreich verfilmt wurden. D. schrieb wirkungsvolle Schauspiele und wurde mit dem Drama *Henri III.*

(1829) über Nacht bekannt. Sein Werk umfasst etwa 300 populäre Romane von überschäumender Fantasie, Dramen, Novellen, Reiseberichte und Skizzen. Sein dichterisches Talent vererbte D. seinem Sohn **Alexandre Dumas, dem Jüngeren,** der als Schöpfer des sozial engagierten modernen Gesellschaftsdramas und der Sittenkomödie in Frankreich gilt. Berühmt wurde er durch den trivialromantischen Roman *Die Kameliendame* (1848, dt. 1950), der von G. →Verdi vertont *(La Traviata)* und später mehrmals verfilmt wurde.

Dunant, Henri

schweiz. Philanthrop und Schriftsteller
* 8.5.1828 in Genf
† 30.10.1910 in Heiden, Appenzell-Außerrhoden

D. ist der Gründer des Roten Kreuzes. Mit seinen Schilderungen des Elends der Kriegsverwundeten in seinen *Erinnerungen an Solferino* (1862, dt.1895) erregte er die Weltöffentlichkeit. Aufgrund D.s Bemühungen trat 1864 eine internationale Konferenz zusammen, auf der die Genfer Konvention beschlossen wurde, ein Abkommen zum Schutz der Verwundeten, Kriegsgefangenen und Zivilisten. 1901 erhielt er den Friedensnobelpreis.

Duncan, Isadora

amerik. Tänzerin
* 26.5.1877 in San Francisco
† 14.9.1927 in Nizza

D. kreierte zu Beginn des 20. Jh.s in Europa den sog. freien Tanz, einen völlig neuen Tanzstil, der sich in Ausdruck und Bewegung, Kostüm und Musik von den starren Regeln des klassischen Balletts gelöst hatte. An antike Vorbilder

anknüpfend, bewegte sie sich in weißen fließenden Gewändern und stets barfuß, ohne Spitzentanz und die charakterischtischen Sprünge, zu sinfonischer Musik, die oft gar nicht für den Tanz komponiert war. D. trat für eine Befreiung des weiblichen Körpers von äußeren Zwängen ein und beeinflusste die bildende Kunst und Literatur des Jugendstils wesentlich. Zusammen mit ihrer Schwester Elisabeth gründete sie in Berlin und anderen europäischen Städten Tanzschulen für Kinder und verfasste mehrere Schriften über ihre neue Tanzkunst. D., deren Stil schon zu Lebzeiten häufig als zu gekünstelt kritisiert wurde, starb bei einem Autounfall.

Dunlop, John Boyd

ir. Tierarzt und Erfinder
* 5.2.1840 in Dreghorn, Ayrshire
† 23.10.1921 in Dublin

D. entwickelte 1888 den auf die Radfelge aufgeklebten Luftreifen für Fahrzeugräder. 1889 gründete er in London die Dunlop Rubber Co. Ltd. zur Herstellung von Fahrrad- und Autoreifen. Die Reifenproduktion wurde 1985 von der japanischen Sumitomo Rubber Ind. Ltd. übernommen.

Dürer, Albrecht

dt. Maler und Grafiker
* 21.5.1471 in Nürnberg
† 6.4.1528 in Nürnberg

D. vollzog in seinem Werk und durch eigene kunsttheoretische Forschungen den Übergang von der Tradition des Mittelalters (Spätgotik)

zur Neuzeit (Renaissance). Nach einer Lehre in der Goldschmiedewerkstatt seines Vaters lernte er die Malerei bei Michael Wolgemut. 1990–94 ging D. auf Wanderschaft (Niederlande, Basel, Straßburg), 1594 heiratete er in Nürnberg Agnes Frey und unternahm 1994/95 die erste, 1505–07 die zweite Italienreise. 1498 entstand sein erster Grafikzyklus: 15 Holzschnitte zur *Apokalypse.* Religiöse Themen und Bildnismalerei bildeten die Schwerpunkte in D.s weiterem Schaffen: *Große Passion* (1498–1510), *Marienleben* (1501–11), Holzschnitte; *Adam und Eva* (1504), *Ritter, Tod und Teufel* (1513/14), *Melancholie,* Kupferstiche; *Paumgartner-Altar* (um 1504) in München, *Rosenkranzfest* (1505–07) in Prag, *Aposteltafeln* (1526) in München, Gemälde; Bildnisse; Selbstbildnisse; Aquarelle und Handzeichnugen. D. entwickelte die Druckgrafik zu einer bis dahin unerreichten Perfektion. Seine Schriften *Vier Bücher von menschlicher Proportion* (1528) wurden für die Kunstliteratur wegweisend.

Dürrenmatt, Friedrich

schweiz. Schriftsteller
* 5.1.1921 in Konolfingen bei Bern
† 14.12.1990 in Neuenburg, Neuchâtel

Der politisch engagierte, unkonventionelle, oft satirische Dramatiker und Zeitkritiker D. kam besonders durch seine Dramen *Die Ehe des Herrn Mississippi* (1952), *Der Besuch der alten Dame* (1956) und *Die Physiker* (1962) zu Weltruhm. Neben Hörspielen (*Die Panne,* 1956) entstanden auch Kriminalromane (*Der Richter und*

sein Henker, 1952; *Der Verdacht,* 1953) und andere Prosatexte, in denen D. die selbstgefälligen und unmenschlichen Konventionen der zeitgenössischen Gesellschaft kritisiert. Für sein umfangreiches Werk erhielt er 1986 den Georg-Büchner-Preis.

Duse, Eleonore Giulia Amalie

ital. Schauspielerin
* 3.10.1858 in Vigevano bei Pavia
† 21.4.1924 in Pittsburgh (PA)

Die weltberühmte Tragödin D. beeinflusste mit ihrer Bühnenkunst den Darstellungsstil einer Epoche. Sie stammte aus einer Komödiantenfamilie und hatte ihren ersten Auftritt 1862 als Cosette in *Die Elenden* von V. →Hugo. Zu Beginn ihrer Karriere spielte sie zahlreiche Stücke aus dem Repertoire von Sarah Bernhardt. D. entwickelte jedoch schnell ihren eigenen Stil, in dem sie im Gegensatz zu S. Bernhardts künstlich-dramatischer Darbietung, die realistische Wiedergabe von Gefühlen hervorhob. Neben Stücken von H. →Ibsen bevorzugte sie vor allem Dramen →d'Annunzios, mit dem sie befreundet war.

Dvořák, Antonín

tschech. Komponist
* 8.9.1841 in Mühlhausen, Moldau
† 1.5.1904 in Prag

D., der Sohn eines Metzgers, wollte urspr. den väterlichen Betrieb übernehmen, aber schon bald bemerkte man seine außerordentliche musikalische Begabung und schickte ihn nach Prag auf das Konservatrium (1857). D., der von

J. →Brahms gefördert wurde, verband in seinen Kompositionen den Einfluss L. van →Beethovens und der deutschen Romantik mit Elementen der böhmisch-mährischen Folklore. Er gelangte zu einem selbständigen Stil, der ihn neben B. →Smetana zum Begründer einer nationaltschechischen Musik werden ließ. In seiner berühmten neunten Sinfonie *Aus der neuen Welt* (1893) verarbeitete er auch Elemente der nordamerikanischen Folklore ein. Zu seinen berühmtesten Werken gehören neben seinen Sinfonien die Oper *Rusalka* (1900) und das *Requiem* (1890). Ab 1901 war D. Direktor am Prager Konservatorium.

Dyck, Anthon(is) van

fläm. Maler und Radierer
* 22.3.1599 in Antwerpen
† 9.12.1641 in London

D. ist neben seinem Lehrer P.P. →Rubens der bedeutendste Vertreter der flämischen Barockmalerei im 17. Jh. Beeinflusst wurde er vor allem von den Venetianern um →Tizian. D.s Porträts zeigen eine scharfe psychologische Beobachtungsgabe, die späteren Bildnisse sind geprägt von der Betonung des Dekors sowie reicher Farbenpracht und lassen in der Darstellung der Personen eine vornehme Lässigkeit erkennen. D. war 1620/21 in England im Dienste Jakobs I., ging 1621 nach Italien und studierte die großen Meister der Malerei. 1627–32 arbeitete er wieder in Antwerpen, war Hofmaler der Erzherzogin Isabella und ab 1632 König Karls I. in London. In der englischen Malerei reichte D.s Wirkung bis Th. →Gainsborough und J. →Reynolds. Zu seinen berühmten Werken gehören u. a. *Susanna im Bade, Beweinung Christi* (1634), *Martyrium des hl. Sebastian, Samson und Delila.*

Dylan, Bob

(eigtl.: Robert Allen Zimmerman)
amer. Folk- und Rocksänger
* 24.5.1941 in Duluth (MN)

D.s poetisch-anarchische Lieder begründeten in den 60er Jahren ein neues Genre, den Protestsong (u. a. *Like a Rolling Stone,* 1965; *Blowin' in the Wind*). Er wurde zum bedeutendsten amerikanischen Popsänger seiner Zeit. Musikalisch gelang es D. Folk and Rock zu verbinden. Mit seinen kritischen Texten erhob er Anklage gegen politische (Krieg, Atombombe, Rassendiskriminierung) und soziale (Drogenproblem, Materialismus) Missstände. Manche seiner Songs wurden inzwischen zu Klassikern der Popmusik. D. arbeitete auch als Autor *(Tarantula),* Schauspieler und Soundtrack-Schreiber *(Pat Garrett jagt Billy the Kid)* und Regisseur *(Renaldo und Clara).*

Eastman, George

amerik. Erfinder und Industrieller
* 12.7.1854 in Waterville (NY)
† 14.3.1932 in Rochester (NY)

E. verbesserte 1880 die fotografische Trockenplatte und experimentierte mit biegsamen Schichtträgern für lichtempfindliche Emulsionen. 1884 entwickelte er ein Herstellungsverfahren für durchsichtige Celluloid-Rollfilme für die von ihm konstruierte Kodak-Box-Kamera. Damit entfiel der mühsame Plattenwechsel nach jeder Aufnahme, und erstmals waren Aufnahmen ohne Stativ möglich. Mit diesen Erneuerungen wurde E. der Wegbereiter für die Amateurfotografie. 1889 gründete er die E.-Company (ab 1901 E. Kodak Co.), die zum führenden Unternehmen der Fotoindustrie wurde. E. schied freiwillig aus dem Leben.

Echnaton

(urspr.: Amenophis IV.)
ägypt. Pharao
* 1391 v. Chr.
† 1347 v. Chr.

Der Sohn und Nachfolger von Amenophis III. bestieg den Pharaonenthron des „Neuen Reiches" als Amenophis IV. und machte →Nofretete zu seiner Hauptgemahlin. An Politik und Wirtschaft war er kaum interessiert; so wandte er sich mehr den religiösen Fragen zu und brach mit der überkommenen polytheistischen Religion. Er suchte an ihrer Stelle einen monotheistischen Kult um den Sonnengott Aton zu setzen. Später nannte er sich E. (ägypt.: Achen-Aton „es gefällt dem Aton"). Im vierten Regierungsjahr gründete er als neue Residenz Achet Aton („Horizont des Aton") und ließ alles Andenken an den früheren Kult des Götterkönigs Amun vernichten. E. machte die gesprochene Sprache zur Literatursprache. Die Einführung einer monotheistischen Religion stieß auf großen Widerstand bei der Bevölkerung und den Priestern und führte schließlich zur Schwächung des ägyptischen Reiches.

Edison, Thomas Alva

amerik. Ingenieur und Erfinder
* 11.2.1847 in Milan (OH)
† 18.10.1931 in West Orange (NY)

E. war der erfolgreichste Erfinder Amerikas. Bereits mit neun Jahren begann er systematisch naturwissenschaftliche Experimente zu betreiben, die er mit Gelegenheitsjobs (u. a. Zeitungsjunge, Telegrafist) finanzierte. E. verbesserte den Tele-

grafen, entwickelte das Telefon und die Kamera weiter. 1876 erfand er das heute noch verwendete Kohlekörnermikrofon, ein Jahr später den Fonografen, den Vorläufer des Grammofons, 1879 die Kohlefadenlampe und das Schraubengewinde der Glühlampe. 1881 baute er den ersten Generator, 1882 das erste öffentliche Elektrizitätswerk der Welt in New York, das bis zu 5000 Lampen gleichzeitig mit Strom versorgte. 1883 entdeckte er den glüh-elektrischen Effekt (E.-Effekt), der für die Entwicklung der Elektronenröhre maßgeblich war. 1889 gelang E. die Konstruktion einer Laufbildkamera, mit der er einen Kinofilm herstellen konnte. E. erfand insgesamt mehr als 2000 elektrische Verfahren und Apparaturen und besaß mehr als 1000 Patente.

Eduard III.

engl. König
* 13.11.1312 in Windsor
† 21.6.1377 in Sheen, heute Richmond

E., Sohn von E.II. wurde 1327 nach dem Sturz seines Vaters gekrönt. Er konnte jedoch erst 1330, nachdem er den Statthalter und Günstling seiner Mutter Isabella, Roger de Mortimer, beseitigte, die Herrschaft antreten. Nach dem Tod Karls IV. erhob er Anspruch auf den französischen Thron und nahm 1340 den Titel des Königs von Frankreich an. Damit brach der Hundertjährige Krieg aus. Anfangs war E. erfolgreich. Es gelang ihm, das verlorene Ansehen der Krone wiederherzustellen. 1360 kam es zum Frieden von Brétigny; E. verzichtete auf die französische Krone, was ihm Teile von Nord- und Westfrankreich einbrachte. Die wirtschaftlich schwierige Lage und die Pest führten jedoch zum Verlust dieser Gebiete. Die hohen Kriegskosten zwangen E. auch zu Zugeständnissen an den Adel und das Parlament, das in Ober- und Unterhaus gespalten wurde. 1366 widerrief er die Lehenshoheit des Papstes über England. Die Ansiedlung flämischer Tuchhändler in England nutzte E. zur Begründung der englischen Textilindustrie.

Ehrlich, Paul

dt. Mediziner
* 14.3.1854 in Strehlen, Schlesien
† 20.8.1915 in Bad Homburg von der Höhe

E. ist der Begründer der Chemotherapie. Der Schüler und Mitarbeiter von R. →Koch entwickelte Medikamente, die Bakterien, aber auch erkrankte Zellen abtöten, den gesunden aber nicht schaden und legte damit den Grundstein für die chemotherapeutische Behandlungsmethode. 1910 entdeckte E. das *Salvarsan,* ein Mittel zur Bekämpfung von Syphilis. Von Bedeutung waren auch seine Arbeiten über den Nachweis der Gallenfarbstoffe im Harn und die Färbung von Geweben. Mit der Seitenkettentheorie schuf E. die Basis für die Antigen-Antikörper-Reaktion in der Immunitätslehre. Ab 1899 leitete er das Institut für experimentelle Therapie in Frankfurt a.M., das später nach ihm benannt wurde. 1908 erhielt E. den Nobelpreis für Medizin.

Eichendorff, Joseph Freiherr von

dt. Dichter
* 10.3.1788 auf Schloss Lubowitz, Oberschlesien
† 26.11.1857 in Neiße

E.s schlichte Gedichte (1837), die z.T. zum Volkslied wurden, übten einen bleibenden Einfluss auf die deutsche Lyrik und machten ihn zu einem der bedeutendsten Vertreter der Spätromantik. Der Sohn eines preußischen Landadeligen gehörte nach dem Studium der Rechte und der Philosophie zum Kreis um F. →Schlegel. Sein Erstlingswerk war der Zeitroman *Ahnung und Gegenwart* (1815). Den idyllischen Einklang zwischen Mensch und Natur erstrebte E. in seiner Novelle *Aus dem Leben eines Taugenichts* (1826). Seine Lyrik – u. a. von R. →Schuman und Hugo Wolf vertont – besang Naturschönheit, Sehnsucht, Wanderschaft und Heimweh. E. schrieb auch Dramen, die aber weitgehend in Vergessenheit gerieten.

Einstein, Albert

amerik. Physiker dt. Herkunft
* 14.3.1879 in Ulm
† 18.4.1955 in Princeton (NJ)

Neben E.s spezieller (1905) und allgemeiner (1916) Relativitätstheorie zur Beschreibung der Phänomene in bewegten Bezugssystemen und in Abhängigkeit von der Gravitation, war es vor allem seine Quantenhypothese des Lichtes (Einsteinsches Äquivalenz-Gesetz), die das Weltbild der physikalischen Forschung grundlegend erweiterte. Aus der speziellen Relativitätstheorie folgerte E. das Gesetz der Trägheit der Energie: Raum und Zeit, erst mit der Materie und dem Kosmos entstanden, sind nicht als absolute Einzelgrößen, sondern als ein vierdimensionales Raum-Zeit-Kontinuum vorzustellen. Das daraus erweiterte Gesetz der Äquivalenz (Gleichwertigkeit) von Masse und Energie drückte er in der berühmt gewordenen Formel aus: $E = mc^2$, d. h. Energie E gleich Masse m multipliziert mit dem Quadrat der Lichtgeschwindigkeit. E.s Theorie wurde bald von der Atomphysik bestätigt und fand in der ersten Atombombe 1945 die brutale Anwendung. Nach seiner Tätigkeit am Patentamt in Bern war E. 1910–14 Professor in Zürich, ab 1914 Leiter des Kaiser Wilhelm Instituts in Berlin. 1921 erhielt er den Physiknobelpreis für seine Arbeiten zur Quantentheorie. In den 20er und 30er Jahren war der Pazifist und Sozialist E. wegen seiner jüdischen Abstammung heftigen antisemitischen Angriffen ausgesetzt. 1932 verzichtete er auf alle seine akademischen Ämter und emigrierte in die USA. 1940 wurde E. amerikanischer Staatsbürger. Als er 1939 Präsident F. D. →Roosevelt auf eine mögliche atomare Aufrüstung Deutschlands aufmerksam machte, gab er den Anstoß zum Bau der Atombombe (J. R. →Oppenheimer).

Eisenhower, Dwight David

amerik. Offizier und Präsident
* 14.10.1890 in Denison (TX)
† 28.3.1969 in Washington (DC)

E. nahm als Oberbefehlshaber der amerikanischen Truppen in Europa am 8.5.1945 in Reims die Kapitulation der deutschen Wehrmacht entgegen. Der West-Point-Absolvent erhielt 1942 als Brigadegeneral den Oberbefehl über die alliierten Streitkräfte in Europa und Nordafrika sowie über die Invasionstruppen. Von Juli bis November 1945 war E. Oberbefehlshaber der Besatzungstruppen in Deutschland, anschließend Generalstabschef in Washington. 1950–53 übernahm er den Oberbefehl über die NATO-Streitkräfte in Europa. Der Republikaner E. wurde 1952 als Nachfolger Trumans zum 34. Präsidenten der USA gewählt. Seinen Wahlerfolg konnte er vier Jahre später wiederholen (1957–61). E.s Innenpoltik wurde vor allem wegen Vernachlässigung der Sozialreformen, aber auch wegen seiner verzögernden Haltung in Bürgerrechtsfragen und der Rassenintegration zunehmend kritisiert. Außenpolitisch war E. erfolgreicher: Er beendete den Koreakrieg. 1956 stellte er sich in der Suezkrise gegen Großbritannien und Frankreich, die zur Aufstellung der E.-Doktrin führte, die E. ermächtigte, im Nahen Osten zur Wahrung wichtiger US-Interessen militärisch einzugreifen. Die Versuche E.s, den kalten Krieg zu überwinden (Treffen mit N. →Chruschtschow in Camp David 1959), blieben durch den Abschuss eines amerikanischen U-2-Aufklärers über der Sowjetunion erfolglos.

Eliot, T(homas) S(tearns)

engl. Schriftsteller amerik. Herkunft
* 26.9.1888 in St. Louis (MO)
† 4.1.1965 in London

E., einer der bedeutendsten Lyriker, Dramatiker und Literaturkritiker der Moderne, gilt als Erneuerer der angelsächsischen Lyrik und des religiösen Dramas. Nach einer puritanischen Erziehung studierte er Philosophie, Psychologie, Romanistik und alte Sprachen. 1914 ging E. nach England, wo 1917 sein Erstlingswerk *The Lovesong of J. Alfred Prufrock* entstand. Sein Langgedicht *Das wüste Land* (1922, dt. 1927) wurde zu einem der Hauptwerke der modernen Literatur. E. bezeichnete sich selbst als in der Literatur der Klassik, in der Politik dem Royalismus und in der Religion dem Anglokatholizismus nahe stehend. Zu dem umfangreichen Werk des Literaturnobelpreisträgers (1948) gehören auch Essays, Dramen und Kritiken. E. kritisiert in seinen Werken oft den geistigen und religiösen Zerfall der abendländischen Kultur und stellt den humanistischen Glauben dagegen. E.s Gedicht *Old Possums Katzenbuch* (1939, dt. 1952) diente 1981 als Vorlage für das bekannte Musical *Cats* von Andrew Lloyd Webber.

Elisabeth I.

Königin von England
* 7.9.1522 in Greenwich
† 24.3.1603 in Richmond

E., die Tochter von →Heinrich VIII. und Anna Boleyn, wurde wegen der Scheidung der Eltern von den Katholiken nicht als legitim anerkannt und hatte kein Anrecht auf die Thronfolge. Sie wurde aber vom Parlament nach dem Tod von Maria I., der Katholischen 1558 zur Königin bestimmt. E. führte das Inselreich mit Hilfe ihres Beraters Lord Burghley zu großer politischer Macht und zu wirtschaftlichem Aufstieg. Die Tudor-Königin wurde zur Vorkämpferin des Protestantismus in Europa und führte 1559 die anglikanisch-protestantische Kirche wieder ein. Sie fiel unter den päpstlichen Bann, den sie mit harten Gesetzen gegen die Katholiken beantwortete. 1580 kam es erneut zu einer katholischen Opposition unter →Maria Stuart, die E. gefangen nehmen und hinrichten ließ (1587). Durch die Vernichtung der spanischen Armada 1588 durch F. →Drake schließlich konnte England seinen Weg zur größten Handelsmacht der Welt antreten. Innenpolitisch verfolgte E. eine Politik des - Ausgleichs und versuchte den Staat zu festigen. Während ihrer Regentschaft erreichte das wirtschaftliche und kulturelle Leben (W. →Shakepeare) seine Blütezeit (Elisabethanisches Zeitalter). E. blieb in ihrer 44 jährigen Regierungszeit unverheiratet und designierte König Jakob VI., Sohn Maria Stuarts, zu ihrem Nachfolger.

Elisabeth Amalie Eugenie („Sisi")

österr. Kaiserin
* 24.12.1837 in München
† 10.9.1898 in Genf

E., die zweite Tochter des bayerischen Herzogs Maximilian, heiratete 1854 Kaiser →Franz Joseph I. von Österreich. Kaiserin „Sisi" galt als eine der schönsten Frauen des europäischen Adels und war im Volk sehr beliebt. Aus der Zweckehe mit dem österreichischen Monarchen gingen drei Töchter und Thronfolger Rudolf hervor. Die als sehr exzentrisch geltende Kaiserin E. konnte sich mit dem strengen spanisch-habsburgischen Hofzeremoniell nicht anfreunden. Sie neigte zu liberalen politischen Meinungen und setzte sich für den Ausgleich mit Ungarn ein. 1867 wurde E. zur Königin von Ungarn gekrönt. Der Selbstmord des Thronfolgers 1889 trieb sie verstärkt vom Wiener Hof weg. Die letzten Jahre ihres Lebens verbrachte E. fast ständig auf Reisen. In Genf wurde sie von dem italienischen Anarchisten Luccheni ermordet.

Elisabeth Petrowna

russ. Zarin
* 29.12.1709 in Kolomenskoje bei Moskau
† 5.1. 1762 in St. Petersburg

E. war die voreheliche Tochter von Zar Peter dem Großen und Katharina I. Nachdem sie bei der Thronbesetzung zweimal übergangen worden war, setzte sie 1741 mit einer Palastrevolution ihren Anspruch auf den Zarenthron durch. E.s ausschweifende Günstlingswirtschaft führte innenpolitisch zu schweren wirtschaftlichen Krisen. Sie förderte Kunst und Wissenschaft in großem Maße. 1755 wurde in Moskau die erste russische Universität und 1758 in St. Petersburg die Akademie der Künste gegründet. Außenpolitisch war die Zarin erfolgreicher: Sie beendete den Krieg mit Schweden und setzte die Eingliederung Russlands in die europäischen Mächtekoalitionen fort. Das Bündnis mit der österreichischen Kaiserin →Maria Theresia gegen →Friedrich dem Großen hatte 1756 den Ausbruch des Siebenjährigen Krieges zur Folge, bei dem sie erfolgreich gegen Preußen kämpfte.

Ellington, „Duke"

(eigtl. Edward Kennedy E.)
amerik. Jazzmusiker
* 29.4.1899 in Washington (DC)
† 24.5.1974 in New York

E.s Musik war für die Entwicklung des Jazz richtungsweisend. Er begann Ende der 20er Jahre in dem typischen „jungle style" mit Stücken wie *Black and Tan Fantasy* im New Yorker Cotton Club. Nach 1930 schuf er den melancholisch-sentimentalen „mood style" (*Mood Indigo,* 1930; *Solitude*). E. durchbrach die übliche 3-Minuten-Begrenzung der Stücke mit suitenartigen Verläufen und eigenständigen Concerti für Solisten. Immer wieder dazukommende Musiker mit ausgeprägtem eigenen Stil (u. a. Billy Strayhorn) bestimmten die Musik seiner Band sehr stark. Als Pianist und Bandleader beeinflusste E. den traditionellen Jazz und Swing nachhaltig. Ab 1940 entwickelte er sich zum sinfonischen Stil, komponierte u. a. die Revue *Jump for Joy* (1941) und vor allem sinfonische Werke (z. B. *Deep South Suite,* 1947; *Harlem,* 1951), die dem Jazz musikalisch zum höchsten Niveau verhalfen. Später schrieb er auch Filmmusik (*Anatomy of a Murder,* 1959; *Paris Blues,* 1961) und bedeutende Werke der Kirchenmusik. Kaum ein anderer Jazzmusiker vor E. und wahrscheinlich auch nach ihm dürfte so viele Stücke komponiert und so viele Konzerte gegeben haben.

Engels, Friedrich

dt. Sozialpolitiker und Philosoph
* 28.11.1820 in Barmen bei Wuppertal
† 5.8.1895 in London

E. gilt zusammen Mit K. →Marx als der Begründer des wissenschaftlichen Sozialismus. Der Sohn eines wohlhabenden Textilfabrikanten studierte nach der Kaufmannslehre Philosophie und setzte sich früh mit den Hegelschen Ideen auseinander. Während seines Aufenthalts in väterlichen Betrieben in Manchester (1841–44) bekam er einen tiefen Einblick in die soziale Lage der Textilarbeiter. 1841 lernte E. K. Marx kennen, mit dem er lebenslang eng befreundet war. Inzwischen überzeugter Sozialist, schuf er mit den Schriften *Umrisse zu einer Kritik der Nationalökonomie* und *Die Lage der arbeitenden Klasse in England* (1845) die ersten Analysen der kapitalistischen Wirtschafts- und Gesellschaftsordnung. Mit Marx zusammen entwickelte E. den Übergang vom Hegelianismus (F. →Hegel) zum dialektischen Materialismus und verfasste gemeinsam mit ihm im Auftrag des „Bundes der Kommunisten" das *Kommunistische Manifest* (1848). Während der Märzrevolution von 1848 kehrte E. nach Deutschland zurück und gründete in Köln zusammen mit Marx die *Neue Rheinische Zeitung*. 1849 nahm er am pfälzischen Aufstand teil und ging nach der Niederlage der Revolution wieder nach England zurück. E. unterstützte Marx auch finanziell und ermöglichte so die Arbeit an dessen Hauptwerk *Das Kapital*. In seinen eigenen Werken erarbeitete er philosophische Grundlagen des Marxismus und brachte marxistische Ideen in eine historisch wirksame Form. Mit seinem Werk *Dialektik der Natur* (1873–83) schuf er eine materialistische Weltanschauung und trug wesentlich zur Dogmatisierung des „Marxismus" bei. Ab 1870 wurde er Sekretär im Generalrat der „Internationalen Arbeiterassoziation", konnte jedoch den Zusammenbruch der 1. Internationalen nicht verhindern. Nach dem Tod von Marx (1883) war E. der Führer der marxistischen Bewegung und gab den 2. (1885) und 3. Band (1894) des *Kapitals* heraus.

Epikur

griech. Philosoph
* um 341 v. Chr. auf Samos
† um 270 v. Chr. in Athen

E. gründete in Athen eine eigene Philosophenschule, deren Hauptanliegen die Ethik war. Ausgehend von →Demokrits Atomistik vertrat er eine nur von Tatsachen ausgehende Naturlehre. E. lehrte eine durch wohlabgewogene Lebensführung zu gewinnende Glückseligkeit, Furchtlosigkeit vor den zu verehrenden Göttern und vor dem Tode sowie die Unerschütterlichkeit der Seele. Aus der Fehldeutung dieser diesseitsbezogenen Lebenshaltung, des Epikuräismus, wurde die Lehre E.s später verfälscht und ist zum Begriff für Genusssucht und ausschweifende Lebensweise geworden (Epikureer = Genussmensch). Von seinen zahlreichen Schriften sind nur drei Lehrbriefe und eine Sammlung von 40 Lehrsätzen überliefert.

Erasmus von Rotterdam

(eigtl.: Desiderius)
niederländ. Theologe und Humanist
* 28.10.1466 oder 1469 in Rotterdam
† 12.7.1536 in Basel

E., einer der bedeutendsten Vertreter des Humanismus, war der Sohn eines niederländischen Priesters und geprägt von der „Devotio moderna" (religiöse Erneuerungsbewegung des 14./

15. Jh.s). Zunächst Augustinermönch und in Besitz einer universalen Gelehrsamkeit wurde er 1506 von seinem Gelübde entbunden und königlicher Rat Karls V. Ab 1521 hielt sich E. meistens in Basel auf. Er war mit europäischen Humanisten befreundet und stand mit ihnen im Briefwechsel. E. war ein scharfer Kritiker kirchlicher Missstände und Befürworter innerkirchlicher Reformen, was sich in der Herausgabe zahlreicher Schriften niederschlug (u. a. die berühmte Satire *Lob der Torheit,* 1511). Als er sah, dass M. →Luthers Reformen in einen unüberwindlichen Konflikt mit der Kirche führten, wandte er sich von ihm ab. In einem schriftlich ausgetragenen Streit *(De libero arbitrio)* kam es 1524/25 zum endgültigen Bruch. E. war der kritische Herausgeber von Klassikern, Kirchenvätern und des Neuen Testaments (1516; Grundlage für Luthers Übersetzung). Die verschiedensten Fragen des täglichen Lebens, aber auch aus Religion, Kunst und Wissenschaft behandelte E. in Dialogen (*Colloquia familiara,* 1518 ff.), Essays und etwa 3000 erhaltenen Briefen. Der 1958 gestiftete E.-Preis für kulturelle und soziale Leistungen soll an ihn erinnern.

Erhard, Ludwig

dt. Politiker
* 4.2.1897 in Fürth
† 5.5.1977 in Bonn

Als Bundeswirtschaftsminister (1949–63) war E. mit seinem Konzept der sozialen Marktwirtschaft der Initiator des dt. Wirtschaftswunders („Vater des Wirtschaftswunders"). Der Betriebs- und Volkswirt war von 1928–42 am Institut für Industrieforschung in Nürnberg tätig. 1945/46 war er bayerischer Minister für Handel und Gewerbe. Als Wirtschaftsberater der amerikanischen Besatzungsbehörden in Bad Homburg bereitete E. im Auftrag der Alliierten die Währungsreform für die Westzone vor. Damit fing der wirtschaftliche Aufstieg der Bundesrepublik an. 1963 wurde E. gegen den Widerstand K. →Adenauers Bundeskanzler. Trotz der zunehmenden Kritik an seiner politischen Passivität und außenpolitischer Differenzen mit Frankreich wurde er 1965 wieder gewählt. Die in seine Amtszeit fallende erste wirtschaftliche Krise der BR Dtl. und der Austritt der FDP-Minister aus dem Kabinett führten 1966 zu einer Minderheitsregierung E.s. Im Dezember 1966 trat er zurück. Sein Nachfolger wurde Kurt Georg Kiesinger mit einer CDU/CSU-SPD-Koalition. 1966/67 war er CDU-Vorsitzender, anschließend Ehrenvorsitzender der CDU. Von E. erschienen wirtschaftspolitische Werke wie *Deutschlands Rückkehr zum Weltmarkt* (1953) und *Wohlstand für alle* (1957).

Ernst, Max

dt. Maler, Grafiker und Bildhauer
* 2.4.1891 in Brühl
† 1.4.1976 in Paris

Nachdem E. in Bonn Philosophie und Psychologie studiert hatte, entschied er sich für die Malerei. E. gehört zu den bedeutendsten Künstlern des Surrealismus. Sein vielseitiges Werk reicht von dadaistischen Collagen und Assemblagen über die Erfindung verschiedenster Methoden (z. B. Frottage) bis zu großen surrealistischen Bildern. E. war 1919 zusammen mit Hans Arp der Mitbegründer der Kölner Dada-Gruppe und der Herausgeber von Dada-Zeitschriften. 1922 übersiedelte der Künstler nach Paris und gründete die surrealistische Gruppe (zusammen mit André Breton und Paul Éluard). Mit halluzinatorischem Sinn für die Realitäten des Traumes und des Unbewussten entstanden Gemälde, die zu den Meisterwerken des Surrealismus zählen (*La Parole,* 1921; *Oedipus Rex,* 1924; *Der Dschungel,* 1936). Während des II. Weltkrieges, nach französischer Internierung, emigrierte E. in die USA und kehrte erst 1952 nach Frankreich zurück. Er schuf Plastiken, die sich aus der Material- und Objektmontage seines Frühwerks entwickelten (*Capricorne,* 1848). E. verfasste auch Abhandlungen über die moderne Malerei. Neben P. →Picasso gilt er als der vielseitigste Künstler der Moderne.

Eugen, Prinz von Savoyen-Carignan

österr. Feldherr und Staatsmann
* 18.10.1663 in Paris
† 21.4.1736 in Wien

Der Prinz entstammte der savoyischen Herzogsfamilie und wurde am französischen Hof erzogen. Nachdem seine Bitte, im französischen Heer dienen zu dürfen, von →Ludwig XIV. – wie es heißt wegen seines kleinen Wuchses – abgelehnt wurde, trat E. ins österreichische Heer ein (1683), wo er rasch zum Oberbefehlshaber und zum Feldmarschall der kaiserlichen Truppen aufstieg (1693). Er sicherte die Großmachtstellung Österreichs im Türkenkrieg (Siege bei Zenta 1697, Peterwardstein 1716, Eroberung Belgrads 1717) und zusammen mit den englischen Truppen unter dem Herzog von Marlborough im Spanischen Erbfolgekrieg (1701–14) gegen das Hegemoniebestreben Ludwigs XIV. (Siege u. a. bei Höchstädt 1704, Turin 1706, Malplaquet 1709). Als einflussreichster Berater von Kaiser Karl VI. förderte E. staatliche Reformen und trat für die Vereinheitlichung der Verwaltung ein. Er galt als Förderer der Kunst und Wissenschaft und stand mit Ch. →Montesquieu und →Voltaire in Verbindung. Als Kunstfreund ließ er Schloss Belvedere in Wien bauen und errichtete eine bedeutende Bibliothek.

Euklid von Alexandria

griech. Mathematiker
um 300 v. Chr.

Das Lehrbuch *Elemente* (13 Bde. sind erhalten), in dem E. das mathematische Wissen seiner Zeit aufzeichnete, war bis ins 19. Jh. neben der Bibel das meistverbreitetste Werk und am häufigsten übersetzte Buch der Welt. Aus seinem Leben ist sehr wenig bekannt. Wahrscheinlich studierte er an der platonischen Akademie in Athen. Nach E. benannt sind der *Kathetensatz,* der *Höhensatz,* der *Euklidsche Algorithmus;* die *Euklidsche Geometrie* (die klassische Geometrie) und der *Euklidsche Raum* (der normale dreidimensionale Raum) tragen ihm zu Ehren seinen Namen. Er verfasste auch Abhandlungen über die Planimetrie, Sphärik, Fixsterne und Musiktheorie.

Euler, Leonhard

schweiz. Mathematiker und Physiker
* 15.4.1707 in Basel
† 18.9.1783 in St. Petersburg

E., der neben Mathematik auch Theologie, Medizin und orientalische Sprachen studiert hatte, wurde bereits mit 20 Jahren Professor für Physik und Mathematik an der Petersburger Akademie. Seine Arbeiten waren bahnbrechend. E. begründete die Variationsrechnung, fand die reziproken Potenzsummen und arbeitete über Kettenbrüche, komplexe Zahlen, trigonometrische Differentiale und deren Integration. In der Physik gilt er als einer der Begründer der Hydrodynamik und der Theorie des Kreisels. 1767 völlig erblindet, hinterließ E. 28 große Werke und über 700 Abhandlungen. Die E.sche Zahl e=2,71828... als Basis des natürlichen Logarithmus ist nach ihm benannt.

Euripides

griech. Tragödiendichter
* um 480 v. Chr. in Salamis
† 406 v. Chr. in Pella, Makedonien

E. ist der modernste der griechischen Tragiker. Im Gegensatz zu →Aischylos und →Sophokles hat er die Stellung des Menschen in einer Welt von unlösbaren Konflikten und Fragwürdigkeiten mit psychologischem Tiefblick dargestellt. E. holte die Götter von ihrem Thron, kritisierte sie und unterstellte sie dem menschlichen Urteil. Für E. wird die Tragödie zum Theater und verliert die kultische Bedeutung. Daher stellt er auch die Rolle des tragischen Chors zurück. Er nahm zwar am Schicksal Athens Anteil, wie die Dramen *Troerinnen, Andromache* und *Herakliden* zeigen, hielt sich jedoch von der Politik fern. E.' große Bedeutung wurde erst in der hellenistischen Zeit und für das Drama der Moderne erkannt. Von seinen 92 Stücken sind 19 erhalten, neben den oben genannten: *Medea, Elektra, Iphigenie auf Tauris, Orest, Iphigenie auf Aulis* sowie der *Kyklops,* das einzig vollständig überlieferte Satyrspiel.

Eyck, Jan van

niederländ. Maler
* um 1390 in Maaseyck
oder Maastricht
† (begraben) 9.7.1441 in Brügge

E. gilt zusammen mit seinem Bruder Hubert v. E. als der Hauptmeister der altniederländischen Malerei. 1425 war er der Hofmaler Philipps des Guten, wirkte ab 1431 als Hof- und Stadtmaler in Brügge. Eines seiner ersten und berühmtesten Werke ist der Genter Altar. Die 12 Tafeln vollendeten E. und sein Bruder gemeinsam 1432. Er verfeinerte die Ölmalerei in leuchtender Farbigkeit, führte sie mit vielfältiger Licht- und Schattenwirkung zur höchsten Meisterschaft und bereitete dem Realismus der spätmittelalterlichen Malerei den Weg. Zu seinen berühmten Werken zählen auch die *Madonna des Kanzlers Rolin, Die Arnolfini-Hochzeit* (1434) und die *Lucca-Madonna.*

Fahrenheit, Daniel Gabriel

dt. Physiker
* 24.5.11686 in Danzig
† 16.9.1736 in Den Haag

F. stellte durch den Anschluss seiner Temperaturskala an zwei Fixpunkte erstmals reproduzierbare Alkohol- später auch Quecksilberthermometer her. Nach einer Kaufmannslehre und großen Reisen ließ er sich in Amsterdam nieder und beschäftigte sich hauptsächlich mit der Konstruktion von wissenschaftlichen Messinstrumenten. Er interessierte sich besonders für die Temperaturmessung. Seine Skala, in Grad Fahrenheit (°F), belegt den Gefrierpunkt des Wassers mit 32°F und dessen Siedepunkt mit 212°F. Vor allem in angelsächsischen Ländern ist sie die gesetzliche Temperaturskala.

Fangio, Juan Manuel

argentin. Automobilrennfahrer
* 24.6.1911 in Balcarce
† 17.7.1995 in Buenos Aires

F. gehörte zu den dominierenden Formel-1-Fahrern der Nachkriegszeit. Er fuhr für Alfa Romeo, Mercedes, Ferrari, Cooper und Masarati. F. gewann 24 von 51 Grand-Prix-Rennen bis er wegen einer Verletzung ausscheiden musste. Der Triumphzug F.s begann mit den Mercedes Silberpfeilen, die ihm ein sagenhaftes Comeback ermöglichten: Er ist der einzige Formel-1-Fahrer, der fünfmal die Weltmeisterschaft (1951 und 1954–57) gewonnen hat.

Faraday, Michael

engl. Physiker und Chemiker
* 22.9.1791 in Newington Butts bei London
† 25.8.1867 in Hampton Court bei Richmond

F. hatte Buchbinder gelernt und bekam durch das Studium der zu bindenden Bücher Interesse an den Naturwissenschaften. Als Autodidakt wurde er zuerst Assistent, ab 1825 Direktor der Labors der Royal Institution in London, später Professor für Chemie (1827). F. machte eine Reihe wichtiger Entdeckungen, darunter 1824 das Benzol, konnte erstmals Chlor, später auch andere Gase unter Druck verflüssigen. Sein wichtigstes Gebiet jedoch wurde die Elektrizität. Mit praktischen Versuchen entdeckte F. die elektromagnetische Induktion und konstruierte den ersten Dynamo, wodurch er zum Begründer der modernen Elektrodynamik wurde. Zu seinen weiteren Entdeckungen gehören der F.-Tyndall-Effekt und insbesondere die Faradayschen Gesetze der Elektrolyse (1833). Auf den großen Wissenschaftler geht auch der Faradaysche Käfig zurück, der ein z. B. durch Metallgitter vollständig umschlossener Raum ist und zur Abschirmung äußerer elektrischer Felder dient. F. prägte Begriffe wie Feld, Feldlinien, Kraftlinien, Elektrolyse, Anode und Kathode.

Fassbinder, Rainer Werner

dt. Regisseur, Schauspieler und Autor
* 31.5.1945 in Bad Wörishofen
† 10.6.1982 in München

F., aus dem Arbeiter- und Kleinbürgermilieu entstammend, begründete 1968 in München die

Theaterkommune „antitheater“. Ab 1969 wandte er sich hauptsächlich Film und Fernsehproduktionen zu. In 14 Jahren drehte F. 42 Filme, in denen er die Vor- und Zeitgeschichte der BR Deutschland, häufig an Frauengestalten (*Die Ehe der Maria Braun,* 1979; *Lili Marleen,* 1980; *Lola,* 1981), vor allem aber die Ohnmacht des Individuums in der industriellen Leistungsgesellschaft darstellte (*Warum läuft Herr R. Amok?* 1969; *Händler der Vier Jahreszeiten,* 1972; *Angst essen Seele auf,* 1973). Für das Fernsehen produzierte er u. a. die TV-Serie *Acht Stunden sind kein Tag* (1972), Geschichten aus dem Leben einer Arbeiter-Familie, sowie die umstrittene Serie *Berlin Alexanderplatz* (1979/80, nach dem Roman von A. →Döblin). Für den Film *Die Sehnsucht der Veronika Voss* erhielt F. den Goldenen Bären von Berlin. Von 1970–72 war er mit der Schauspielerin und Sängerin Ingrid Caven verheiratet.

Faulkner, William Cuthbert

amerik. Schriftsteller
* 25.9.1897 in New Albany (MS)
† 6.7.1962 in Oxford (MS)

F., der einer alten Südstaatenfamilie entstammte, veröffentlichte in den frühen Jahren spätromantische Gedichte. Mit seinen epischen Werken blieb er zunächst erfolglos, bis er 1929 mit seinem Familienroman *Sartoris* bekannt wurde. In seinen weiteren Romanen schildert F. vor allem die amerikanischen Südstaaten mit ihrem Rassenproblem und ihrer verfallenden Gesellschaftsordnung. Er versucht durch die Einführung mehrerer Erzähler aus verschiedenen Gesichtspunkten die Handlung perspektivisch zu entwickeln und verzichtet auf erzählende Chronologie (*Schall und Wahn,* 1929, dt. 1956). Zu F.s bedeutendsten Werken gehören u. a. *Freistatt* (1931, dt. 1951), *Absalom, Absalom!*

(1936, dt. 1938), *Requiem für eine Nonne* (1951, dt. 1956), *Die Spitzbuben* (1962, dt. 1963). Er erhielt 1949 den Literaturnobelpreis und bekam zweimal den Pulitzerpreis (1955, 1962).

Faust, Johannes

(eigtl.: Georg F.)
Arzt, Astrologe und Schwarzkünstler
* um 1480 in Knittlingen, Württemberg
† um 1536 in Staufen, Breisgau

F., der nach der Sage Theologie und Medizin studierte, nannte sich erst später Dr. Johannes F. und zog als Wanderarzt und Magier in Deutschland umher. Er suchte den Anschluss an die großen Geister des Humanismus, wurde aber aus mehreren Städten wegen seiner Scharlatanerien ausgewiesen. Schon zu Lebzeiten rankten sich Zaubersagen um F.s Gestalt. Nach seinem plötzlichen Tod wurde behauptet, der Teufel habe ihn geholt, dem er um der Erkenntnis willen seine Seele verkauft hatte. Die früheste literarische Fassung seiner Lebensbeschreibung ist das deutsche Volksbuch von 1587 in lutherisch-theologischem Geiste. Die bedeutendste dichterische Gestaltung des Stoffes erfolgte durch J.W. →Goethe: *Urfaust* (um 1774), *Faust* (1808–32). Die Gestalt des Dr. F. inspirierte aber auch andere Dichter (z. B. G. E. →Lessing und Chr. →Marlowe) wie auch Komponisten (z. B. Charles Gounod) zu Meisterwerken.

Fellini, Federico

ital. Regisseur
* 20.1.1920 in Rimini
† 31.10.1993 in Rom

F. arbeitete zunächst als Karikaturist und Journalist. Zu Weltruhm kam er mit seinem Film *La Strada* (1954), in dem seine Frau Giulietta Masina eine Hauptrolle spielte. In seinen späteren Filmen bevorzugte F. eine episodenhafte Erzählform und verarbeitete eigene Erfahrungen.

F.s Filme führen die sozialkritischen Tendenzen des Neorealismus fort. Die einzelnen Schicksale jedoch werden nicht nur aus den gesellschaftlichen Verhältnissen entwickelt; auch mythischen und religiösen Tendenzen versucht er Ausdruck zu geben. Zu seinen bedeutenden Filmen gehören *Satyricon* (1968), *Roma* (1972), *Amarcord* (1973), *Casanova* (1976), *Die Stadt der Frauen* (1979). F. erhielt 1957 den Oscar für den besten ausländischen Film *Die Nächte der Cabiria* und 1963 erneut für *Achteinhalb*. 1960 wurde ihm für den Film *Das süße Leben* die Goldene Palme von Cannes verliehen.

Ferdinand II.

röm.-dt. Kaiser
* 9.7.1578 in Graz
† 15.2.1637 in Wien

F., der von den Jesuiten im Geist der Gegenreformation erzogen wurde, setzte nach seinem Regierungsantritt (1619) die Rekatholisierung der österreichischen Länder seiner Vorgänger fort, in deren Folge es 1618 zum Ausbruch des Dreißigjährigen Krieges kam. Er selbst warf den Aufstand in seinen böhmischen Erblanden (1618) blutig nieder und vertrieb die gesamte protestantische Führungsschicht aus Böhmen und Mähren. Eine Ausweitung des böhmischen Krieges wurde dadurch unvermeidlich. Anfangs konnten die kaiserlichen Truppen unter A. →Wallenstein und J. →Tilly bedeutende Erfolge erringen und Dänemark besiegen. 1619 wurde F. gekrönt, allerding unter Anerkennung des Augsburger Religionsfriedens. Der Protest der katholischen Reichsfürsten gegen den Versuch des Kaisers, eine absolutistische Herrschaft über das Reich zu errichten, führte zur Entlassung Wallensteins. Durch das Restitutionsedikt von 1629, das die Protestanten zur Rückgabe aller Kirchengüter an die katholische Kirche zwang, wuchs der Widerstand des evangelischen Lagers. Schweden und Frankreich griffen in den Krieg ein, wodurch der Kaiser zum Frieden von Prag (1635) und zum Widerruf des Restitutionsedikts gezwungen wurde. 1636 trat er die Krone seinem Sohn F. III. ab.

Ferdinand II., der Katholische

span. König
* 10.3.1452 in Sos, Aragonien
† 23.1.1516 in Madrigalejo

F., König von Aragonien, schuf 1469 durch Heirat mit seiner Kusine →Isabella I. von Kastilien die Voraussetzung für die Vereinigung von Aragonien und Kastilien zum Königreich Spanien. 1492 eroberte er Granada, die letzte Bastion der Mauren. 1503/04 erwarb F. Neapel, 1512 Navarra. In Kastilien erzwang er landwirtschaftliche Reformen auf Kosten des Adels und stärkte dadurch die Macht der Krone. Die Inquisition führte F. als zusätzliches Machtmittel ein. Er förderte die Eroberungs- und Entdeckungsfahrten und leitete den Beginn der spanischen Weltmachtstellung ein.

Fermi, Enrico

ital. Physiker
* 29.9.1901 in Rom
† 28.11.1954 in Chicago

F. stellte die Theorie des β-Zerfalls von Nukleonen auf. Er entdeckte die Kernumwandlung durch Beschuss mit langsamen Neutronen

und die Möglichkeit der Steuerung der Kettenreaktion in einem Kernreaktor und leitete damit das sog. Atomzeitalter ein. 1938 erhielt F. den Physiknobelpreis, emigrierte jedoch aufgrund der faschistischen Rassengesetze noch im gleichen Jahr in die USA. In Chicago arbeitete er in der Kernforschung und war 1944–46 in Los Alamos an der Entwicklung der Atombombe beteiligt.

Feuerbach, Ludwig Andreas

dt. Philosoph
* 28.7.1804 in Landshut
† 13.9.1872 in Rechenberg bei Nürnberg

Ausgehend von der Kritik an G.W.F. →Hegel (*Kritik der Hegelschen Philosophie,* 1839) vertrat F. eine antispekulative, zum Teil materialistische, dogmatisch nicht streng gebundene Philosophie. Idealistisch war dagegen seine Vorstellung von der Ethik. Er stellte den Menschen in das Zentrum seines Denkens, in ihm sah er auch den Ursprung und den Inhalt der Religion („Gott ist nichts anderes als das Wesen des Menschen"). F. beendete sein Theologiestudium nicht und besuchte ab 1825 Hegels philosophische Vorlesungen in Berlin. 1830 erschien sein antitheologisches Werk *Gedanken über Tod und Sterblichkeit,* das F.s akademische Laufbahn früh beendete. Er zog sich auf sein Schloss in Ansbach zurück, wo seine Hauptwerke entstanden. In *Wesen des Christentums* (1841) und *Das Wesen der Religion* (1845) versucht F. zu beweisen, dass alle religiösen Vorstellungen idealisierte Vorstellungen vom Menschen sind. Seine Anthropologie fand im 19. Jh. viele Anhänger aber auch Kritiker. F.s materialistische Erklärung des Menschen beeinflusste die frühen Schriften von K. →Marx und F. →Engels.

Fichte, Johann Gottlieb

dt. Philosoph
* 19.5.1762 in Rammenau, Oberlausitz
† 28.1.1814 in Berlin

F. war neben G. W. F. →Hegel und F. W. J. →Schelling einer der bedeutendsten Vertreter des deutschen philosophischen Idealismus. Nach dem Studium der Theologie, der Rechte und der Philosophie wurde er 1794 an die Universität Jena berufen. Im selben Jahr erschien F.s an I. →Kants Vernunftskritik anknüpfende *Grundlage der gesamten Wissenschaftslehre,* mit deren subjektivem Idealismus er der Frühromantik entscheidende Impulse gab. Die Werke *System der Sittenlehre* und *Grundlage des Naturrechts* (1798/99) lieferten eine umfassende Darstellung seines idealistischen Systems. Im sog. Atheismus-Streit 1799 wurde F. seiner Professur in Jena enthoben, war 1805 Professor in Erlangen, später in Berlin. In seiner Religionsphilosophie lehrt F., dass Gott nicht als persönlich, sondern mit einer „moralischen Weltordnung" identisch anzusehen sei, was ihm den Vorwurf des Atheismus eintrug. Wichtig waren auch seine politischen Schriften. F. forderte einen Staatssozialismus (*Der geschlossene Handelsstaat,* 1800), später auch eine Erweckung des dt. Nationalbewusstseins (*Reden an die deutsche Nation,* 1807/08).

Fischer von Erlach, Bernhard

österr. Baumeister
* 18.7.1656 in Graz
† 5.4.1723 in Wien

F. gilt als Begründer der dritten Phase der europäischen Barockarchitektur, die von Österreich ausging. Er stammte aus einer Tiroler Künstlerfamilie und wurde 1670–86 in Rom ausgebildet, wo er die italienische und auch die französische Baukunst kennenlernte. F. verstand es, deren Anregungen in seinem Werk zu einem neuen monumentalen, jedoch dynamischen Baustil zu verschmelzen. Inzwischen berühmt, arbeitete er für den Hochadel Wiens und wurde zum Rivalen von Lukas von Hildebrandt, der leicht beschwingte, typisch österreichische Barockarchitektur formte. F.s „Reichsstil" prägte das architektonische Bild der Hauptstadt. Ab 1695 baute er Schloss Schönbrunn, ab 1716 die Karlskirche in Wien. Zu F.s berühmten Werken gehören auch die Kollegienkirche in Salzburg (1696–1707) und die Hofbibliothek in Wien (ab 1721).

Fischer-Dieskau, Dietrich

dt. Bariton
* 28.5.1925 in Berlin

Der lyrische Bariton F. ist einer der bedeutendsten Opern- und Oratoriensänger der Nachkriegszeit. Seine Liedinterpretationen von F. →Schubert, R. →Schumann und Hugo Wolf verhalfen der Kunst des Liedgesanges zu großer Popularität. 1948 wurde F. Mitglied der Städtischen Oper Berlin. Seitdem wirkte er bei den bedeutenden Festspielen (u. a. in Bayreuth und Salzburg) und feierte Triumphe an den großen Opernhäusern (z. B. 1965 Covent Garden Opera London in *Arabella*). F., der auch ein umfangreiches Schallplattenwerk besang, ist seit 1982 Professor in Berlin.

Fitzgerald, Ella

amerik. Jazzsängerin
* 25.4.1918 in Newport News (VA)
† 15.6.1996 in Beverly Hills (CA)

Die bekannte Swing- und Bluessängerin galt seit den 40er Jahren als die „First Lady of Jazz". F. wurde 1934 bei einem Amateursänger-Wettbewerb in Harlem entdeckt. Ihren ersten großen Erfolg hatte sie mit der verjazzten Form des Kinderreims *A tisket, a tasket.* Die Sängerin mit der eine enorme Spannweite umfassenden Stimme arbeitete u. a. mit den Jazz-Größen L. →Armstrong, Count Basie, D. →Ellington und B. →Goodman. Mit den herausragenden Aufnahmen von *Lady be good* und *How high the moon* in den 40er Jahren avancierte F. zu einer Ausnahmesängerin. Sie interpretierte Werke von Cole Porter, G. →Gershwin, Irving Berlin und Jerome Kern und schuf so Dokumente der modernen amerikanischen Musik. In ihren letzten Lebensjahren konnte F. aus gesundheitlichen Gründen nicht mehr auftreten.

Flaubert, Gustave

frz. Schriftsteller
* 12.12.1821 in Rouen
† 7.5.1880 in Croisset bei Rouen

F. gilt neben →Stendhal und H. →Balzac als der Klassiker des französischen Romans und der Wegbereiter des französischen Naturalismus. Er ist der Schöpfer und bedeutendster Vertreter des kritischen, unpersönlichen und sachlichen Realismus. F., der an einer Krankheit des Nervensystems litt, führte ein zurückgezogenes Leben, das er nur durch Reisen in Nordafrika, im Orient und in Italien unterbrach. F.s Abscheu gegenüber der zeitgenössischen Gesellschaft und Kultur, sein Leiden an der Trivialisierung des Lebens bildeten die Hauptquellen seiner Kunst. Sein Hauptwerk *Madame Bovary* entstand 1857 (dt. 1892). In dem Roman wird das Leben einer jungen Frau dargestellt, die an dem Widerspruch zwischen Gefühl und feindlicher Umwelt zugrunde geht. Das Werk erregte mit seiner Ehebruch-Thematik im damaligen Paris großes Aufsehen. Zu F.s Werk gehören auch *Salammbô* (1863, dt. 1908), *Lehrjahre des Herzens* (1869, dt. 1904), *Die Versuchung des hl. Antonius* (1874, dt. 1905).

Fleming, Sir Alexander

brit. Bakteriologe
* 6.8.1881 in Lochfield Darvel
† 11.3.1955 in London

F. gilt als einer der bedeutendsten Mediziner des 20. Jh.s. 1928 entdeckte er das Penicillin und erforschte die Anwendungsmöglichkeiten dieses Schimmelpilzes bei der Wachstumshemmung verschiedener Bakterien. Damit wurde F. zum Wegbereiter der Krankheitsbekämpfung mit Antibiotika. Ab 1940 konnte Penicillin mit Hilfe der Gefriertrocknung in größeren Mengen hergestellt werden. 1944 wurde er in den Adelsstand erhoben. 1945 erhielt F. zusammen mit den Penicillin-Forschern E. B. Chain und H. W. Florey den Nobelpreis für Medizin.

Fontane, Theodor

dt. Schriftsteller
* 30.12.1819 in Neuruppin
† 20.9.1898 in Berlin

F. war ein viel beachteter Journalist und Reiseschriftsteller, bevor er sich – bereits im hohen Alter – zum bedeutendsten Romancier des dt. Realismus entwickelte. Aus einer Hugenottenfamilie entstammend, erlernte F. zunächst den Beruf des Apothekers. Durch sein literarisches

Interesse kam er zum Journalismus und war Zeitungskorrespondent in England, später Kriegsberichterstatter in Frankreich. 1870–89 betätigte sich F. als Theaterkritiker der *Vossischen Zeitung.* Durch die historischen Balladen (1861) und Reiseschilderungen *Wanderungen durch die Mark Brandenburg* (1862– 82) hatte er erste dichterische Erfolge. Spät trat F. mit Romanen und Novellen hervor, vor allem mit Darstellungen der Berliner Gesellschaft, des märkischen Adels sowie persönlicher Schicksale des Bürgertums: *Irrungen und Wirrungen* (1888), *Frau Jenny Treibel* (1892), *Effi Briest* (1895), *Die Poggenpuhls* (18 96) und *Der Stechlin* (1899), sein Altersroman mit autobiografischen Zügen.

Ford, Henry

amerik. Ingenieur und Industrieller
* 30.7.1863 in Wayne County (MI)
† 13.7.1942 in Chicago

F. war der erfolgreichste Automobilkonstrukteur seiner Zeit. Der Sohn eines Farmers interessierte sich schon von Jugend auf für technische Dinge. Er arbeitete bei der Edison Illuminating Company in Detroit als Ingenieur. 1892 konstruierte er sein erstes Automobil, das er später in seiner 1903 gegründeten Ford Motor Company zu der legendären „Tin Lizzy“ weiterentwickelte, die zum großen Erfolg wurde. Mit seinem neuartigen Konzept der Betriebsorganisation und der Herstellung revolutionierte F. die industrielle Produktion. 1913 führte er das Montagefließband und andere Rationalisierungsmaßnahmen ein und verbesserte gleichzeitig die Arbeitsbedingungen (höhere Löhne, kurze Arbeitszeiten, Sozialleistungen). Damit konnte F. Automobile herstellen, die für die breite Masse erschwinglich waren. Mit seinem Vermögen finanzierte er gemeinnützige Stiftungen (u. a. 1936 die Ford-Foundation zur Friedenssicherung). Seine Erfahrungen verarbeitete er in verschiedenen Büchern (z. B. *Fortbewegung,* 1930).

Foucault, Jean Bernard Léon

frz. Physiker
* 18.9.1819 in Paris
† 11.2.1869 in Paris

F. wurde durch seinen Pendelversuch (F.-Pendel) bekannt, wodurch er den Nachweis der Erdrotation erbrachte. Dazu befestigte er ein 62 m langes Pendel an der Kuppel des Panthéon in Paris. Die sichtbare, scheinbare Drehung der Schwingungsebene des Pendels wird durch die Achsendrehung der Erde verursacht. 1850 gelang F. eine sehr genaue Bestimmung der Lichtgeschwindigkeit im Laboratorium mittels eines Drehspiegels. Er verbesserte das Nicolsche Prisma und beschäftigte sich mit den Problemen der Wärmelehre und des Magnetismus.

Franco y Bahamonde, Francisco

span. General und Staatschef
* 4.12.1892 in El Ferrol
† 20.11.1975 in Madrid

F. war der letzte und dienstälteste Diktator Westeuropas. 1935 reformierte er als Generalstabschef das Heer. Seine Militärrevolte im Juli 1936 in Spanisch-Marokko weitete sich zu einem blutigen Bürgerkrieg gegen die spanische Volksfrontregierung aus, den F. 1939 mit deutscher und italienischer Unterstützung für sich entscheiden konnte. Als Staats- und Regierungschef errichtete er 1939 ein faschistisches Regime, das sich auf das Militär, den Klerus und die Einheitspartei Falange stützte. F. verhielt sich im II. Weltkrieg trotz Hitlers Drängen neutral, was die Grundlage für das Fortbestehen seiner Herrschaft bis zu seinem Tod schuf. 1947 erklärte F. Spanien zu einer „katholischen Monarchie“, jedoch erst 1953 gelang es ihm, Spanien aus der internationalen Isolation herauszuholen (Stützpunktabkommen mit den USA).

Frank, Anne

(eigtl.: Annelies Marie F.)
niederländ. Mädchen
dt.-jüdischer Herkunft
* 12.6.1929 in Frankfurt a.M.
† März 1945 im KZ Bergen-Belsen

F. war die Tochter des jüdischen Bankiers Otto F., der 1933 mit der Familie nach Holland emigrierte. Die Familie lebte während der deutschen Besatzung (1942–44) in einem Amsterdamer Hinterhaus versteckt, bevor der Zufluchtsort der Gestapo bekannt wurde. In diesem Versteck verfasste F. in niederländischer Sprache ein Tagebuch (12.6.1942 bis 1.8.1944), das von ihrem Vater, dem einzigen Überlebenden der Familie, nach dem Kriegsende veröffentlicht wurde und weltweite Anteilnahme fand. F. wurde nach der Verhaftung mit ihrer Familie ins Konzentrationslager deportiert und kam dort um.

Franklin, Benjamin

amerik. Politiker, Schriftsteller und Naturwissenschaftler
* 17.1.1706 in Boston
† 17.4.1790 in Philadelphia

F., ursprünglich Buchdrucker, war einer der Mitunterzeichner der amerikanischen Unabhängigkeitserklärung (1776). Der wohlhabende Zeitungsverleger, Vertreter eines gemilderten

Puritanismus, schrieb Essays, Satiren, Fabeln und seine Autobiografie (1791) und war 1736–51 Schriftführer des Parlaments von Pennsylvania. F. wirkte als erster Botschafter der 13 nordamerikanischen Kolonien in Paris und wurde nach seiner Rückkehr zum Gouverneur seines Heimatstaates ernannt. Neben seinen politischen Aufgaben betrieb F. naturwissenschaftliche Forschungen, besonders auf dem Gebiet der Elektrizität. Durch die Entdeckung der Spitzenladungen und -entladungen gelang ihm 1752 die Konstruktion eines Blitzableiters.

Franz I.

frz. König
* 12.9.1494 in Cognac
† 31.3.1547 in Rambouillet

F., Sohn des Herzogs von Karl von Orléans wurde 1515 König von Frankreich. 1519 bewarb er sich erfolglos um die römisch-deutsche Kaiserkrone. 1521–44 führte F. vier Kriege gegen Österreich um das Erbe von Burgund und um die Vorherrschaft in Italien. Im Frieden von Crépy 1544 zwischen F. und Karl V. kam es zum endgültigen Verlust von Italien. Innenpolitisch regierte er absolutistisch. Er entmachtete den Adel und schränkte den Einfluss der Kirche drastisch ein. F. war ein großer Förderer der Renaissance-Kunst und der Wissenschaft (Humanismus). Unter seiner Herrschaft entstand das Schloss Fontainebleau und ein Teil des Louvre. F. stiftete das Collège de France in Paris und errichtete die königliche Bibliothek. Die Reformation wurde zunehmend verfolgt (Edikt von Fontainebleau 1540).

Franz Ferdinand

österr. Erzherzog
* 18.12.1863 in Graz
† 28.6.1914 in Sarajevo

Die Ermordung des österreichischen Erzherzogs F. in Sarajevo durch einen serbischen Nationalisten war der äußere Anlass für den Ausbruch des I. Weltkriegs. Der Neffe von Kaiser →Franz Joseph I. war nach dem Selbstmord des Kronprinzen Rudolf zum Thronfolger ernannt worden. Ab 1899 war er als Kavalleriegeneral mit der Organisation und Modernisierung des kaiserlichen Heeres betraut. F., der schon früh die Reformbedürftigkeit der Doppelmonarchie Österreich-Ungarn erkannt hatte, dachte an die Schaffung eines Groß-Kroatien als dritte Säule der Donau-Monarchie, was nicht zuletzt zum Mordanschlag in Sarajevo durch serbische Extremisten führte. Seine inoffizielle „Nebenregierung" im Schloss Belvedere und die nicht standesgemäße Ehe lieferten weitere Anlässe, dass der Erzherzog in Konflikt mit dem Kaiser geriet.

Franz Joseph I.

österr. Kaiser
* 18.8.1830 in Schönbrunn bei Wien
† 21.11.1916 in Schönbrunn bei Wien

F., der am längsten von allen europäischen Herrschern (1848–1926) regierte, war eine Symbolfigur der späten Habsburgermonarchie. Er wurde Nachfolger seines Onkels Ferdinand I., der 1848, im Jahr der Revolution in Österreich, abdankte. Die Revolution ließ er durch Fürst Schwarzenberg, den Aufstand der Ungarn mit Hilfe der russischen Armee unterdrücken. 1851 hob er die Märzverfassung auf und regierte nach dem erneuerten System des absolutistischen Zentralismus. F. führte auch eine unglückliche Außenpolitik. Durch den Krimkrieg (1853–56) verschlechterte sich das Verhältnis zu Russland. Der wachsende Druck des Nationalismus führte zum Verlust der Lombardei (1856 Schlacht bei Solferino) und 1866 von Venetien. Die Niederlage gegen Preußen (1866 bei Königgrätz) hatte das Ausscheiden aus dem Deutschen Bund zur Folge. 1867 kam es durch Erschütterungen der zentralistischen Herrschaft notgedrungen zum Ausgleich mit Ungarn und zur Errichtung der Doppelmonarchie Österreich-Ungarn. Später pflegte F. engere Beziehungen zu Deutschland (Dreikaiserbund) und betrieb eine aktive gegen die russischen und serbischen Interessen gerichtete Balkanpolitik (1908 Annexion Bosniens und der Herzegowina), was zu Spannungen und letztendlich zum Ausbruch des I. Weltkrieges führte. Familiäre Schicksalsschläge wie der Selbstmord des Kronprinzen Rudolf und die Ermordung der Kaiserin →Elisabeth trieben den absolutistischen Monarchen auch privat in die Isolation.

Franz von Assisi

(eigetl.: Giovanni Bernardone)
ital. Ordensstifter
* 1181/81 in Assisi
† 3.10.1226 in Assisi

Der bereits 1228 heilig gesprochene F. war Gründer des Franziskanerordens (Ordo Fratrum Minorum); dieser älteste Bettelorden der Katholischen Kirche war neben dem Dominikanerorden (→Dominikus) von herausragender Bedeutung im Spätmittelalter. Aufgrund eines Bekehrungserlebnisses brach er im Alter von 24 Jahren mit seinem bürgerlichen Leben (als Offizier) und mit seiner Familie, die für ihn eine Kaufmannskarriere vorgesehen hatte. Es folgte eine Zeit der tätigen Nächstenliebe. Dann begann er, in völliger Armut durch Italien ziehend, das Ideal der Nachfolge Christi zu predigen. Den um ihn versammelten Jüngern wies er mit den Texten aus dem Neuen Testament als erste Regel den Weg zum selbstlosen Dienst an Kirche und Mitmenschen in Armut und Buße (1210). Der rasch wachsenden Brüderschaft schloss sich 1212 die Schwesternschaft der Klara von Assisi (Klarissen) und ein Dritter Orden (Terzianen) an. 1220 zog sich F. von der Leitung des Ordens zurück und gab diesem 1223 die endgültige vom Papst Honorius III. approbierte Regel mit der Hauptaufgabe der inneren und äußeren Mission. Die von F. gewollte radikale Armut wurde abgeschwächt, um sie der bestehenden Kirche anzupassen. Die letzten sechs Jahre verbrachte F. in mystischen Visionen, versunken in der Einsamkeit, empfing 1224 die Stigmata (Wundmale Christi). In seinen geistlichen Gesängen sang er das uneingeschränkte Lob der Schöpfung. Sie sind angesichts der zu seiner Zeit verbreiteten dualistischen und leibfeindlichen Strömungen als eine Bejahung des Leiblichen und Materiellen zu betrachten. Viele Legenden bildeten sich über seine besondere Liebe zu den Tieren.

Fraunhofer, Joseph von

dt. Optiker und Physiker
* 6.3.1787 in Straubing
† 7.6.1826 in München

F. war Spiegelmacher und Glasschleifer. 1813 wurde er Leiter des mechanisch-optischen Utzschneider-Instituts, das durch Herstellung von optischen Geräten (Fernrohre, Spektrometer u. a.) weltberühmt wurde. F.s Erfolg beruhte darauf, dass er anstelle des zeitgemäßen Probierens wissenschaftliche Erkenntnis und Kontrolle bei der Fertigung seiner Präzisionsinstrumente anwandte. Durch seine Forschungen konnte die Wellentheorie des Lichtes endgültig bestätigt werden. 1814 entdeckte F. die dunklen Absorptionslinien im Sonnenspektrum, die nach ihm benannt wurden und untersuchte die Beugungserscheinungen mit parallen Strahlen. Anhand seines Beugungsgitters konnte er erstmals die absolute Wellenlänge von Spektrallinien messen. Der wissenschaftliche Autodidakt erhielt den Ehrendoktor der Universität Erlangen und wurde 1824 für seine Verdienste geadelt.

Freud, Sigmund

österr. Neurologe und Psychiater
* 6.5.1856 in Freiberg
(heute Pribor, Tschechien)
† 23.9.1939 in London

F. ist der Begründer der theoretischen und praktischen Psychoanalyse. Ab 1885 war er Dozent für Neuropathologie und eröffnete eine psychiatrische Praxis in Wien, wo er bis zu seiner Emigration 1938 lebte. Nach frühen physiologischen und neurologischen Arbeiten

beschäftigte er sich mit dem Problem der Neurose (*Studien über Hysterie,* 1895). Bis 1896 entwickelte F. allmählich seine eigentliche psychoanalytische Behandlungsmethode. Bei der Behandlung von Hysterie wandte er statt Suggestion und Hypnose die neuartigen Methoden des freien Assoziierens und der Traumdeutung an. Diese dienten vor allem zur Aufdeckung und Abreaktion verdrängter, meist aus der Kindheit stammender seelischer Krankheitsursachen. Bei seinen Untersuchungen definierte F. den Geschlechtstrieb als die zentrale Triebkraft jeglichen Handelns. Das „Ich" steht in F.s Lehre im Spannungsfeld von Wünschen, repräsentiert durch das „Es" (das Unbewusste), Umweltanforderungen sowie gesellschaftlichen Normen, repräsentiert durch das „Über-Ich", zwischen denen es zu vermitteln hat. Bedeutende, aber sich von F.s Theorien unterscheidende tiefenpsychologische Schulen wurden von seinen Schülern begründet (A. →Adler, C. G. →Jung). F.s Erkenntnisse hatten großen Einfluss auf die moderne Psychotherapie, Ethnologie, Anthropologie, Religionspsychologie und Kulturphilosophie, die ihren Niederschlag in zahlreichen wissenschaftlichen Werken fanden (*Traumdeutung,* 1900; *Zur Psychopathologie des Alltagslebens,* 1901; *Totem und Tabu,* 1913; *Das Unbehagen in der Kultur,* 1930; *Abriss der Psychoanalyse,* 1938). Seine Psychoanalyse ist heute eine eigenständige wissenschaftliche Disziplin. Kritisiert wird besonders F.s Forderung nach Anpassung des Individuums an die Gesellschaft statt der Änderung der gesellschaftlichen Strukturen.

Friedman, Milton

amerik. Nationalökonom
* 31.12.1912 in New York

F. ist der Begründer des sog. Monetarismus, demzufolge die Konjunktur über die umlaufende Geldmenge gesteuert werden soll. Der Wirtschaftswissenschaftler plädiert im Gegensatz zu J. M. →Keynes (Fiscal policy) für die Abschaffung des Wohlfahrtsstaates in seiner heutigen Form. Die vordergründige Aufgabe sei die Bekämpfung der Inflation durch Geldmengenpolitik. F. ist seit den 60er Jahren einflussreicher Berater der republikanischen Partei der USA, wo seine Lehre während Ronald Reagens Amtszeit praktiziert wurde. 1976 erhielt F. den Nobelpreis für Wirtschaftswissenschaften.

Friedrich, Caspar David

dt. Maler
* 5.9.1774 in Greifswald
† 7.5.1840 in Dresden

F., einer der bekanntesten Maler der deutschen Romantik, erhielt seine Ausbildung in Kopenhagen (1794–98) und lebte anschließend bis zu seinem Tod in Dresden. Er kam mit führenden literarischen Vertretern der Romantik in Berührung (1802), fand, von Goethe gewürdigt, ab 1805 allgemeine Anerkennung. 1816 wurde er Mitglied der Akademie. Die frühen Arbeiten F.s sind durchweg Sepiazeichnungen. Sein erstes bedeutendes Ölgemälde entstand erst 1807 (*Kreuz im Gebirge,* Tetschner Altar). F. wandte sich von den Idealen seiner Zeitgenossen und der Klassik ab. Für ihn dient die Kunst als Mittlerin zwischen Mensch und Natur. Sein Hauptthema ist die Landschaft und in Ihr das Entstehen und Vergehen im Wandel der Jahreszeiten. Zu seinen berühmtesten Werken zählen *Kreidefelsen auf Rügen* (um 1820), *Das Eismeer* (auch *Die Gescheiterte Hoffnung,* 1821), *Mondaufgang am Meer* (1822), *Der einsame Baum* (1822) und *Friedhofseingang* (1825).

Friedrich I. Barbarossa

röm.-dt. Kaiser
* um 1122 in Waiblingen (?)
† 10.6.1190 im Fluss Saleph
(heute Göksu, Türkei)

F., Sohn des Herzogs F. von Schwaben aus dem Geschlecht der Staufer und der Welfin Judith, wurde nach dem Tod seines Onkels Konrad III. 1152 in Aachen zum König gekrönt. Daran wurde die Hoffnung auf die endgültige Beilegung des Gegensatzes zwischen Staufern und Welfen geknüpft. F. stellte auf dem Würzburger Reichstag den Ausgleich zwischen den beiden Herrscherhäuser her, indem er seinem Cousin →Heinrich dem Löwen das Herzogtum Bayern zurückgab. 1155 wurde er in Rom zum Kaiser gekrönt, weigerte sich aber, das Kaisertum als päpstliches Lehen zu akzeptieren (1157). Ab 1158 konnte er auf mehreren Italienzügen die lombardischen Städte und das sich ihm vor allem widersetzende Mailand zunächst erobern. Mit

Papst Alexander III. erwuchs ihm aber ein Feind, der zusammen mit den lombardischen Städten F.s groß angelegte Politik in der Renovatio Imperii in Italien 1177 verhinderte (Frieden von Venedig). Seine Hausmachtspolitik nördlich der Alpen verlief glücklicher. Zunächst bestrafte er die unterlassene Hilfeleistung seines welfischen Cousins mit dem Entzug aller Lehen. Barbarona konnte danach seine Hausmacht zwischen Elsass und Egerland ausbauen; 1178 wurde er bereits zum König von Burgund gekrönt, das er durch seine zweite Ehe mit Beatrice von Burgund gewann. Sein Sohn →Heinrich IV. ließ F. 1184 zum König von Italien krönen und mit der Erbin von Sizilien vermählen. Damit konnte er die staufische Macht bis nach Unteritalien führen. F. verkörperte das ritterliche Ideal seiner Zeit: Heiterkeit, Ausgeglichenheit, ausgeprägtes Rechtsgefühl. Unter seiner Regierung begann sich die deutsche Kultur des Hochmittelalters zu entfalten. Auf dem 3. Kreuzzug ertrank F. beim Baden im Fluss Saleph im südlichen Anatolien.

Friedrich II.

röm.-dt. Kaiser
* 26.12.1194 in Jesi bei Ancona
† 13.12.1250 in Fiorentino

Die Herrschaft F.s, Sohn von →Heinrich VI. und Konstanze von Sizilien, war geprägt von ständigen Auseinandersetzungen zwischen Kirche und Krone. Der Enkel →Friedrichs I. Barbarossa wurde als unmündiger König von Sizilien unter der Vormundschaft →Papst Innozenz' III. in Süditalien erzogen und 1212 von diesem als Gegenkönig gegen →Otto IV. nach Deutschland geschickt. F.s Stellung wurde durch Ottos Niederlage (1214) gegen Frankreich gefestigt. 1220 wurde er in Erwartung des versprochenen Kreuzzuges vom Papst zum Kaiser gekrönt. In den folgenden Jahren widmete er sich der Neuordnung Siziliens zu einem modernen, zentralistisch organisierten Beamtenstaat, gründete die erste Staats-Universität in Neapel. Der deutsche Teil des Reiches entglitt jedoch zusehends seinem Einfluss, zumal er hier Reichsgewalt an weltliche und geistliche Territorialherren abtreten musste. Die ständige Verzögerung des 5. Kreuzzuges (1228–29) hatte ihm inzwischen den ersten päpstlichen Bann eingetragen. Durch vertragliche Einigung mit dem Sultan wurde F. zum König von Jerusalem gekrönt. Der Versuch, das sizilische Staatssystem auf Mittel- und Oberitalien zu übertragen, führte zu erneuten Kämpfen mit dem Papsttum. Ein zweites Mal verfiel er dem päpstlichem Bann. Die jahrelangen Kämpfe zwischen dem Kaiser und dem Papst konnten die Einheit des Reiches nicht wiederherstellen. Mit seinem Tod brach die Stauferherrschaft schnell zusammen, weil sich seine Söhne und sein Enkel Konradin (†1268), der letzte Staufer, nicht durchsetzen konnten. F. war bewandert in antiker, arabischer und christlicher Philosophie und pflegte Wissenschaft, Dichtung und Kunst. Unter seiner Herrschaft erreichte Süditalien eine Zeit kultureller und wissenschaftlicher Blüte.

Friedrich II., der Große

preuß. König
* 24.1.1712 in Berlin
† 17.8.1786 in Potsdam

Unter F. wurde Preußen zur europäischen Großmacht neben dem Habsburgerreich ausgebaut. Der unmenschlichen Erziehung seines Vaters →Friedrich Wilhelm I. versuchte er sich durch Flucht zu entziehen (1730), die jedoch misslang. Nach zweijähriger strenger Haft in Küstrin musste sich F. der angeordneten Verlobung mit Elisabeth von Braunschweig beugen. Nach der Aussöhnung mit dem Vater umgab er sich mit Künstlern und Gelehrten auf Schloss Rheinsberg und widmete sich selbst den schönen Künsten. 1740 wurde F. gekrönt und erhob nach dem Regierungsantritt Anspruch auf Schlesien, das er in den zwei Schlesischen Kriegen (1740–42, 1744/45) eroberte und damit den endgültigen Verzicht →Maria Theresias auf Schlesien erreichte. Auf eine durch die damit entstandene Dualität Preußen-Österreich vorauszusehende Auseinandersetzung bereitete er sich mit dem verstärktem Ausbau seiner Armee vor. F. schloss mit England ein Bündnis, nachdem sich Frankreich auf die Seite von Österreich und Russland gestellt hatte und fiel 1756 präventiv in Sachsen ein, wodurch er den Siebenjährigen Krieg auslöste. Er errang glänzende Siege u. a. in Prag, Rossbach, Zorndorf, Liegnitz und Torgau, musste aber auch schwere Niederlagen bei Kolin, Hochkirch und Kunersdorf hinnehmen. Mit dem unerwarteten Friedensschluss Russlands durch den neuen Zaren Peter III. konnte die Katastrophe für Preußen abgewendet werden. Durch den Frieden von Hubertusburg 1763 konnte F. als Sieger aus diesem Krieg hervorgehen und damit Preußens Stellung als europäische Großmacht sichern. In den folgenden Jahren widmete sich F. dem Wiederaufbau seines zum Teil zerstörten Landes sowie dem wirtschaftlichen Fortschritt. Geleitet von humanitären Forderungen der Aufklärung („Ich bin der erste Diener meines Staates") führte der „Alte Fritz" – wie man den schon zu Lebzeiten legendären König nannte – tiefgreifende Reformen in Heer und Rechtssprechung, in Bildungswesen und Landwirtschaft durch und war ein großer Förderer von Kunst und Wissenschaft.

Friedrich Wilhelm I., der Soldatenkönig

preuß. König
* 15.8.1688 in Berlin
† 31.5.1740 in Potsdam

F. ging als „Soldatenkönig" in die Geschichte ein, weil er Preußen zu einem militärisch ausgerichteten Staat umwandelte. Er festigte die absolute Monarchie, indem er den Staatsinteressen Vorrang vor allen Standesprivilegien gab. F. schuf einen gut funktionierenden Verwaltungsapparat, ein pflichttreues und sparsames Beamtentum, mit dessen Hilfe er einen Staatsschatz von neun Millionen Talern ansammelte. Er sorgte für die Neuansiedlung der Bauern und konnte dadurch die Agrarproduktion beträchtlich steigern. Doch sein Hauptanliegen war das Heer, das er auf 800 000 Mann vergrößerte und durch Zucht und Drill zu einer schlagkräftigen Truppe gestaltete. Mit strenger, bisweilen brutaler Hand erzog er auch seinen Sohn, den späteren →Friedrich II.

Friedrich Wilhelm, der Große Kurfürst

preuß. Regent
* 16.2.1620 in Berlin
† 9.5.1688 in Potsdam

F., der am Hof des niederländischen Statthalters Friedrich Heinrich erzogen wurde, übernahm 1640 die Regentschaft in seinem vom Dreißigjährigen Krieg verwüsteten Land. Im Westfälischen Frieden 1648 erhielt er Hinterpommern, Magdeburg, Halberstadt und Minden. F. schuf ein stehendes Heer, das von den Landständen finanziert werden musste. Außenpolitisch strebte er die Vergrößerung des Staatsgebietes an. F. befreite das Herzogtum Preußen im Frieden von Oliva 1660 von Polen, besiegte die Schweden 1675 bei Fehrbellin. Innenpolitisch setzte er gegen die Stände den Absolutismus durch und bildete aus vielen Teilgebieten einen zentral verwalteten Einheitsstaat. Er führte die landesherrliche Steuerhoheit ein und betrieb eine merkantilistische Wirtschaftspolitik. Die Schäden des Dreißigjährigen Kriegs versuchte F. durch Ansiedlung von Bauern sowie Förderung der Landwirtschaft zu beseitigen. 1685 nahm er aus Frankreich vertriebene Hugenotten auf, die neue Gewerbezweige ins Land brachten. Mit dem Bau einer Handelsflotte leitete er eine Kolonialgründung in Afrika ein (Großfriedrichsburg an der Goldküste). F. schuf mit seinen innenpolitischen Maßnahmen die Grundlage für die spätere Großmacht Preußen.

Frisch, Max

schweiz. Schriftsteller
* 15.5.1911 in Zürich
† 4.4.1991 in Zürich

F. zählt mit seinen Dramen und Romanen zu den bedeutendsten und meistgelesenen deutschsprachigen Autoren der Nachkriegszeit. Nach seinem Germanistik- und Architekturstudium war er als Journalist tätig. Das Hauptthema seines Gesamtwerkes bildet die Selbstentfremdung des Menschen in der modernen Zeit. F. gestaltete Gegenwartsprobleme in den autobiografischen *Blättern aus dem Brotsack* (1940), in seinen *Tagebüchern* (1950, 1972) und in Dramen, die stark von B. →Brechts epischem Theater beeinflusst sind: *Nun singen sie wieder* (1946), *Die Chinesische Mauer* (1947), *Als der Krieg zu Ende war* (1949), *Don Juan oder Die Liebe zur Geometrie* (1953), *Biedermann und die Brandstifter* (1958), *Andorra* (1961). Den ersten großen Romanerfolg hatte F. 1954 mit *Stiller.* 1957 erschien *Homo Faber* in Form des Tagebuchromans. Ab den 70er Jahren verfasste er Autobiografisches in Romanform (*Montauk,* 1975), später setzte er sich verstärkt mit dem Tod auseinander (*Der Mensch erscheint im Holozän,* 1979). Sein letzter Roman war *Blaubart* (1982). F. erhielt 1958 den Georg-Büchner-Preis, 1976 den Friedenspreis des deutschen Buchhandels.

Fugger, Jakob II., der Reiche

dt. Kaufmann und Bankier
* 6.3.1459 in Augsburg
† 30.12.1525 in Augsburg

F. entstammte dem Augsburger Kaufmannsgeschlecht, das bereits 1368 nachweisbar ist und

1414 die Reichsgrafenwürde erhielt. Jakob F. gilt als der Begründer des Reichtums des Hauses. Seine Ausbildung erhielt er im Großhandel in Venedig und leitete ab 1485 die Faktorei in Innsbruck, die die Produktion und Handel von Kupfer und Silber in Tirol beherrschte. Nachdem er sich an die Spitze des Unternehmens setzte, widmete er sich vor allem dem Bankgeschäft und wurde zum größten Bankier seiner Zeit. Die F. wurden zu den wichtigsten Geldgebern der Fürsten; sie finanzierten Kaiser →Maximilian I. und ermöglichten die Königswahl Kaiser →Karls V. durch Bestechungsgelder. Bezahlten ließen sie sich durch Privilegien und Pfandschaften, konnten so aber auch auch karitative Stiftungen wie die „Fuggerei", eine heute noch bestehende Wohnsiedlung für die mittellosen Bürger der Stadt Augsburg ins Leben rufen.

Furtwängler, Wilhelm

dt. Dirigent und Komponist
* 25.1.1886 in Berlin
† 30.11.1954 in Ebersteinburg (heute Baden-Baden)

F. war einer der bedeutendsten Interpreten der Musik des 19. Jh.s und der Moderne. Nach den frühen Kompositionen war er fast ausschließlich als Dirigent tätig. 1922–28 dirigierte F. das Leipziger Gewandhausorchester, die Berliner Philharmoniker (1922–45, 1947–54), die Wiener Philharmoniker u. a. Orchester. 1933 wurde er Direktor der Berliner Staatsoper und Vizepräsident der Reichsmusikkammer. Er setzte sich während des Nationalsozialismus für jüdische Musiker ein, dirigierte unerwünschte Werke (z. B. 1934 Rücktritt aus

Protest gegen den Boykotts von P. →Hindemith). Später ging F. jedoch Kompromisse ein und erhielt wegen seiner Tätigkeiten während des NS-Regimes von den Siegermächten bis 1947 Auftrittsverbot. Nach seiner Rehabilitierung unternahm er Gastspielreisen mit den Berliner Philharmonikern. Seine Schallplattenaufnahmen sind bedeutende Dokumente der deutschen romantischen Orchestertradition.

Gagarin, Juri Alexejewitsch

sowjet. Kosmonaut
* 9.3.1934 in Kluschino bei Smolensk
† 27.3.1968 in der Nähe von Moskau

G. umkreiste am 12.4. 1961 als erster Mensch in dem Raumschiff „Wostok" einmal die Erde. Der Luftwaffenoffizier und Testpilot landete nach insgesamt 108 Minuten wieder auf der Erde. „Der Held der Sowjetunion" kam bei einem Flugzeugabsturz ums Leben.

Gainsborough, Thomas

engl. Maler
* 14.5.1727 in Sudbury, Suffolk
† 2.8.1788 in London

G. gilt neben J. →Reynolds als der Hauptmeister der englischen Bildnismalerei. Sein vom Rokoko geprägtes Werk wurde im Wesentlichen von der Landschaft seiner Heimat beeinflusst, zeigt aber auch die Anregungen aus der niederländischen Landschaftsmalerei (A. von →Dyck). G. gestaltete seine Poträts in unmittelbarer Beziehung zur umgebenden Landschaft (*Der Morgenspaziergang,* 1785). Ab 1774 lebte er in London, wo zahlreiche Porträts der königlichen Familie entstanden.

Galen(os), Claudius

griech. Arzt
* um 129 in Pergamon, Kleinasien
† um 199 in Rom

Neben →Hippokrates war G. einer der großen Ärzte der Antike. Er studierte Naturwissenschaften, Medizin und Philosophie und war ab 162 in Rom der Leibarzt des Kaisers →Mark Aurel. Aufbauend auf den Lehren des Hippokrates studierte G. die Anatomie von Affen und Schweinen und übertrug die dabei gewonnenen Erkenntnisse auf den Menschen. Er fasste das gesamte medizinische Wissen seiner Zeit in einem Lehrsystem zusammen. Seine Theorien, aber auch die Anweisungen für Arzneimittel und deren Zubereitung galten noch über das Mittelalter hinaus. Sein umfangreiches Werk blieb teils im Original, teils in Übersetzungen erhalten.

Galilei, Galileo

ital. Naturforscher
* 15.2.1564 in Pisa
† 8.1.1642 in Arcetri bei Florenz

G., der Sohn eines Musikers, studierte (seit 1581) an der Universität von Pisa. 1589 erhielt er den Lehrstuhl für Mathematik. Als Begründer der neuzeitlichen experimentellen Naturforschung entdeckte die Gesetze der Pendelschwingungen und konstruierte eine hydrostatische Waage (1586) zur Dichtemessung fester Körper. Er untersuchte, seit 1589 Professor für Mathematik, am Schiefen Turm von Pisa die Gesetze des freien Falles. In seiner feinmechanischen Werkstatt verbesserte G. die Fernrohrtechnik und entdeckte so die Gebirge des Mondes, die vier Jupitermonde, den Phasenwechsel der Venus und die Sonnenflecken. Durch sein wiederholtes Eintreten für das kopernikanische heliozentrische Weltsystem geriet G. als Hofmathematiker und -philosoph des Großherzogs von Toskana mit der katholischen Kirche in Konflikt. Die Widerlegeng der aristotelisch-scholastischen Physik brachte ihn 1632 vor die Inquisition, und er wurde in zwei Prozessen zum Schweigen, dann unter Drohung der Folter zum Widerruf verurteilt. Ab 1633 wurde er unter Hausarrest gehalten. G.s Konflikt mit der Kirche inspirierte zahlreiche bedeutende Dichter zu literarischen Werken (z. B. →Brecht). G. wurde erst in den 90er Jahren unseres Jahrhunderts von der katholischen Kirche freigesprochen und rehabilitiert.

Galsworthy, John

engl. Schriftsteller
* 14.8.1867 in Kingston Hill, Surrey
† 31.1.1933 in London

G. wurde mit seinen Werken, in denen er ein umfassendes Panorama der englischen bürgerlichen Welt entwarf, zum Kritiker des Lebensstils der Bourgeoisie und der sozialen Verhältnisse in England. Der Rechtsanwalt G. gab seine Praxis auf und schrieb Essays, Kurzgeschichten, sozialkritische Dramen. Sein Hauptwerk ist der Romanzyklus *Die Forsyte Saga* (1906–21, dt.1925) und dessen Fortsetzungen *Eine Moderne Komödie* (1924–28, dt. 1929) und *Das Ende vom Lied* (1931–33, dt. 1937). Hier wird der Aufstieg und Verfall einer englischen Familie aus dem gehobenen Mittelstand der spätviktorianischen Epoche erzählt. G., der Mitgründer des internationalen PEN-Clubs (1921), erhielt 1932 den Nobelpreis für Literatur.

Galvani, Luigi

ital. Arzt und Naturforscher
* 9.9.1737 in Bologna
† 4.12.1798 in Bologna

G. entdeckte 1798 bei Versuchen mit Froschschenkeln die nach ihm benannte galvanische Elektrizität. Er erkannte ein Zucken der Muskulatur, wenn diese von zwei miteinander verbundenen verschiedenen Metallen berührt wird. G. führte diese Erscheinung zunächst auf Lebensprozesse zurück („tierische Elektrizität“ oder „Lebenskraft“). Erst A. →Volta erklärte die physikalischen Grundlagen der galvanischen Elemente, aus denen später die Elektrolyse und die heutigen Trockenbatterien hervorgingen.

Gama, Vasco da

portug. Seefahrer
* um 1469 in Sines
† 24.12.1524 Cochin, Indien

Da G. ist der Entdecker des Seewegs nach Indien. Er wurde von König Manuel I. beauftragt, den Seeweg zu finden, um den langen und schwierigen Landweg vermeiden zu können. Da G. verließ am 8.7.1497 mit vier Schiffen Rastello bei Lissabon, umrundete das Kap der Guten Hoffnung und erreichte am 20.5.1498 die indische Küste. 1502/03 fuhr er als „Admiral des indischen Meeres“ erneut nach Indien und brach nach der Gründung der ersten Niederlassung an der Ostküste Afrikas das Monopol der Araber im Indien-Handel. Damit leitete da G. den Aufstieg Portugals zur Kolonialmacht ein.

Gandhi, Mohandas Karamchand „Mahatma“

ind. Politiker
* 2.10.1869 in Porbandar, Gujarat
† 30.1.1948 in Delhi

Den Namen „Mahatma“, Große Seele, gab ihm das indische Volk, als er 1915 nach seiner Rückkehr nach Indien die Unabhängigkeitsbewegung gegen die Engländer einleitete. G. stammte aus einer vornehmen Hindufamilie und studierte in Großbritannien Jura. In Südafrika setzte er sich für die politischen Rechte der eingewanderten Inder ein wobei er ausschließlich gewaltlosen Widerstand leistete. Ab 1920 kämpfte G. für die Befreiung Indiens von der britischen Herrschaft. Seine Methode des waffenlosen Kampfes wurde beeinflusst von der indischen Idee des Nichtverletzens sowie von der Bergpredigt und beruhte auf der Nichtbeteiligung an britischen Institutionen und auf bürgerlichem Ungehorsam. Mit seinen Aktionen „Häusliches Spinnen“ (1921) und „Marsch zum Meer“ (1930) versuchte G. Indien von der britischen Textilindustrie und vom Salzmonopol unabhängig zu machen und damit die ökonomische Basis der Briten zu schwächen. Für seine gezielte Gesetzesübertretung kam er insgesamt achtmal ins Gefängnis, zwang die Briten jedoch durch konsequentes Fasten mehrfach zu vorzeitiger Entlassung. G. bemühte sich um die Abmilderung der Gegensätze zwischen den Kasten und um eine Einigung zwischen Moslems und Hindus, konnte die Teilung Indiens jedoch nicht verhindern. An der Unabhängigkeit Indiens hat er entscheidend mitgewirkt. G., eine Persönlichkeit von tiefer Religiosität und großem politischen Geschick, wurde 1948 von einem fanatischen Hindu erschossen. G. wird nicht nur in Indien wegen seinem gewaltlosen Eintreten für die Menschenrechte verehrt, sondern er wird in der ganzen Welt als moralischer Lehrer anerkannt.

Garbo, Greta

(eigtl.: Greta Lovisa Gustafsson)
schwed. Schauspielerin
* 18.9.1905 in Stockholm
† 15.4.1990 in New York

Die kühl-distanzierte Schönheit der Schauspielerin sowie ihr abrupter Rückzug aus dem Filmgeschäft (1941) trugen zum Mythos der G. bei. Aufgewachsen in ärmlichen Verhältnissen, arbeitete sie als Verkäuferin und wirkte später in Werbefilmen mit. Ab 1922 besuchte G. die Schauspielschule des Königlichen Dramatischen Theaters in Stockholm, wo sie von dem Regisseur Mauritz Stiller entdeckt wurde. Er gab ihr den Künstlernamen und brachte sie nach ersten Erfolgen (*Gösta Berlings Saga*, 1924) nach Hollywood. In ihren Filmen, u. a. →*Mata Hari* (1931), *Menschen im Hotel* (1932), *Königin Christine* (1933), *Anna Karenina* (1935) und *Maria Walewska* (1938) verkörperte G. meist leidende, geheimnisvolle Frauenfiguren. Einen ihrer größten Erfolge hatte „die Göttliche“ jedoch mit der Komödie *Ninotschka* (1939), in der sie ihren wohl untypischsten Auftritt als eine Kommunistin, die den Reizen des Kapitalismus erliegt, hatte. Nach dem Film *Die Frau mit den zwei Gesichtern* (1941), der bei Publikum und Kritik durchfiel, zog sich G. konsequent aus der Öffentlichkeit zurück. 1954 erhielt sie einen Ehren-Oscar für ihr Gesamtwerk.

Garibaldi, Giuseppe

ital. Freiheitskämpfer und Politiker
* 4.7.1807 in Nizza
† 2.6.1882 auf Caprera

G. gehört zu den gefeierten italienischen Nationalhelden. Als piemontesischer Marineoffizier schloss er sich 1833 dem Geheimbund „Giovine Italia“ („Junges Italien“) an, wurde nach einem gescheiterten Aufstand 1834 zum Tod verurteilt, floh jedoch nach Südamerika. Bei Ausbruch der Revolution 1848 kehrte G. in die Heimat zurück, kämpfte gegen die Österreicher und leitete 1849 die Verteidigung des aufständischen Rom gegen die Franzosen. Nach erneutem Exil zog er sich bis 1860 auf die Insel Caprera zurück; er und seine „Rothemden“ eroberten mit der Unterstützung des sardinischen Ministerpräsidenten C. →Cavour Sizilien und Neapel, wo 1861 König Viktor Emanuel II. das Königreich Italien proklamierte. 1862 und 1867 versuchte er vergeblich den französisch besetzten Kirchenstaat einzunehmen. Nach der Proklamation der Republik in Frankreich (1870) unterstützte G. diese mit seinem Freiwilligenkorps. Ab 1874 war er als eine der Hauptfiguren des italienischen Risorgimento (Einigungsbewegung) Mitglied des italienischen Parlaments.

Gates, Bill

(eigtl.: William Henry G. III.)
amerik. Unternehmer
* 28.10.1955 Seattle (WA)

G. gründete bereits im Alter von 19 Jahren die Computerfirma Microsoft Corp. Mit der Entwicklung des weltweit erfolgreichsten Betriebssytems MS-DOS für den ersten Personalcomputer (PC) von IBM begann 1981 der kometenhafte Aufstieg des Jungunternehmers. G.

avancierte zu einem der erfolgreichsten Firmenchefs des späten 20. Jh.s. 1997 war Microsoft mit etwa 20 000 Mitarbeitern und 11,4 Milliarden US-Dollar Umsatz der unumstrittene Welt-Marktführer im PC-Softwarebereich. Mit der Entwicklung von WINDOWS 95 führte G. ein verbessertes Betriebssystem für PC ein. Das System wurde kontinuierlich durch weitere Programmelemente erweitert, um WINDOWS immer einfacher und damit benutzerfreundlicher zu gestalten.

Gaudí, Antoni

(eigtl.: A. Gaudí y Cornet)
span. Architekt und Kunsthandwerker
* 25.6.1853 in Reus bei Tarragona
† 10.6.1926 in Barcelona

G. prägte das Stadtbild Barcelonas durch seine Architektur, in der die Elemente der spanischen Gotik, des maurisch beeinflussten Mudejarstils mit Jugenstilformen verschmelzen. Er konzipierte Bauten und Parks als Gesamtkunstwerk. Als sein Hauptwerk gilt die seit 1883 im Bau befindliche, unvollendete Kirche *Sagrada Familia* in Barcelona. u. a. baute er 1885–90 das *Palacio Güell* und dessen Park, 1904–06 das Haus *Battló* sowie *Casa Milà* (1905–10), ein Appartementhaus in Barcelona.

Gauguin, Paul

frz. Maler
* 7.6.1848 in Paris
† 8.5.1903 Atuona, Marquesas-Inseln

Der Bankangestellte G. war ein Autodidakt, dessen Freizeitmalerei von Camille Pissarro impressionistisch beeinflusst wurde. Ab 1883 widmete er sich nur noch der Malerei und beteiligte sich 1886 an der großen Ausstellung der

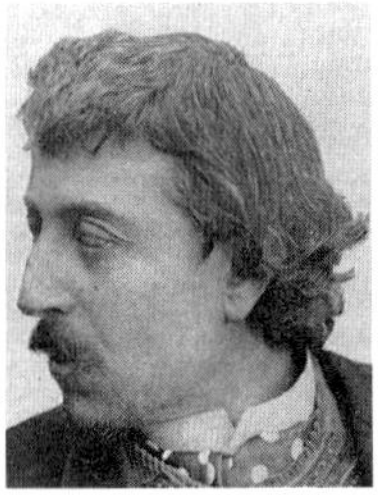

Impressionisten. 1887 reiste G. nach Panama und Martinique. Seine Begegnung mit der tropischen Vegetation und dem naturnahen Dasein der Bewohner war für die Herausbildung seiner Themen und die Farbigkeit seiner Bilder entscheidend. Er begann betont flächig zu malen. Wieder in die Bretagne zurückgekehrt arbeitete G. in einem avantgardistischen Künstlerkreis. Die „Schule von Pont-Aven", die wesentlich von G. geprägt wurde, hat die Entwicklung der modernen Malerei entscheidend beeinflusst. Durch van →Gogh wurde G. mit dem japanischen Holzschnitt bekannt. Die gemeinsame Arbeit mit van Gogh fand durch Spannungen ein baldiges Ende (1888). 1891 fuhr G. erneut in die Südsee und kehrte 1893 ein letztes Mal nach Frankreich zurück. Hier illustrierte er sein autobiografisches Tahiti-Buch *Noa-Noa* (1897, dt. 1920). 1895 verließ er Paris endgültig und ging nach Tahiti, zog sich 1901 auf die Marquesas-Inseln zurück. Mit Werken wie *Tahitische Frauen* (1897) hatte G. seinen eigenen Stil gefunden.

Gaulle, Charles de

frz. General und Staatsmann
* 22.11.1890 in Lille
† 9.11.1970 in
Colombey-les-deux-Églises

De G., einer der großen Staatsmänner des 20. Jh.s, wurde ab 1940 zum Symbol des französischen Widerstands gegen die deutsche Besatzungsmacht. Der ehemalige Kadett der Militärakademie betrieb zwischen den Weltkriegen die Reorganisation des Heeres. Nach der Kapitulation Frankreichs floh de G. nach Großbritannien und gründete unter Nichtanerkennung des Waffenstillstandes das Komitee der Nationalen Befreiung (CFLN) in London. Aus dem Exil rief er seine Landsleute über Ansprachen im Rundfunk zur Fortsetzung des Krieges

auf. 1943 wurde de G. Chef der Exilregierung in Algerien. August 1944 zog er in das befreite Paris ein, wo er bis 1945 Präsident der 4. Republik war. Ende 1945 wurde er von der Nationalversammlung als Ministerpräsident bestätigt und zum Staatsoberhaupt gewählt. Durch Differenzen in seinem Drei-Parteien-Kabinett trat de G. 1946 zurück. Auf dem Gipfel der Algerienkrise, ausgelöst durch die Militärrevolte in Algier, beauftragte der französische Staatspräsident den Nationalhelden mit der Bildung einer neuen Regierung. Damit wurde er zum Schöpfer der 5. Republik. De G. erhielt Sondervollmachten, setzte eine grundlegende Verfassungsänderung durch und wurde am 21.12.1958 zum Staatspräsidenten gewählt. Er beendete den Algerienkrieg und vollzog die Auflösung des französischen Kolonialreichs. Mit K. →Adenauer legte de G. den Grundstein für die deutsch-französische Aussöhnung und unterschrieb einen Konsultativvertrag (1963). Er strebte eine von den USA unabhängige nationale Politik der europäischen Staaten an und trat aus den militärischen Organisationen der NATO aus. Nach innenpolitischen Schwierigkeiten (Maiunruhen in Paris sowie die größte Streikwelle der französchen Geschichte) trat de G. 1969 zurück.

Gauß, Carl Friedrich

dt. Naturwissenschaftler
* 30.4.1777 in Braunschweig
† 23.2.1855 in Göttingen

Bereits 1801 gab G. seine *Untersuchungen über die höhere Mathematik* heraus, die Grundlage für die moderne Zahlentheorie: Die Zahlen lassen sich auf einer Ebene, der Gaußschen-

Zahlenebene, darstellen. Später folgten Arbeiten zur Theorie der unendlichen Reihen, über

die numerische Mathematik und den Fundamentalsatz der Algebra. Als Direktor der Sternwarte in Göttingen errechnete er den Standort des Planetoiden Ceres. Er verbesserte ab 1816 die geodätischen Verfahren und erfand den Sonnenwendespiegel (Heliotrop). Zusammen mit dem Physiker Wilhelm Weber konstruierte G. 1833 den ersten elektromagnetischen Telegrafen. Ferner begründete er das Gaußsche Maßsystem, ein absolutes physikalisches Maßsystem.

Georg I. Ludwig

dt. Kurfürst und engl. König
* 7.6.1660 in Hannover
† 22.6.1727 in Osnabrück

G., Kurfürst von Hannover, wurde nach dem Aussterben der englischen bzw. schottischen Linie der Stuarts über seine Mutter Sophie, eine Enkelin König Jakobs I. von England, auf den englischen Thron berufen (1714). Er begründete damit die bis 1837 währende Personalunion zwischen dem Königreich England und Hannover (seit 1814 Königreich). Wegen mangelhafter englischer Sprachkenntnisse und geringem Interesse an der Innenpolitik überließ G. diese den britischen Kabinettchefs, was die Stärkung des Kabinetts gegenüber der Krone zur Folge hatte.

Georg III.

engl. und hannoveranischer König
* 4.6.1738 in London
† 29.1.1820 in Windsor

Im Gegensatz zu seinen beiden Vorgängern wurde G. in England geboren und erzogen. In seinen ersten Regierungsjahren konnte er die monarchische Stellung wieder stärken. Zur

Rettung der fast bankrotten Staatsfinanzen beendete er im Sonderfrieden von Paris (1763) den Siebenjährigen Krieg. G.s zentralistisch-absolutistische Politik verschuldete den amerikanischen Unabhängigkeitskrieg (1775– 83), dessen Ausgang das Ende seines persönlichen Regiments bedeutete. Die geschwächte Stellung G.s sicherte endgültig das politische Übergewicht von Parlament und Kabinett gegenüber der Krone. Nach der geistigen Erkrankung übernahm sein Sohn (später Georg IV.) 1811 die Regentschaft.

George, Stefan

dt. Dichter
* 12.7.1868 in Büdesheim, Bingen
† 4.12.1933 in Minusio, Tessin

G., der bedeutendste Vertreter des Symbolismus, trat für eine gegen den Naturalismus gerichtete Erneuerung deutscher Lyrik ein. Seine ersten Gedichte veröffentlichte er bereits während der Gymnasialzeit. Durch Reisen kam G. mit bedeutenden Zeitgenossen in Frankreich, England, Österreich und den Niederlanden in Berührung. Er begründete die Zeitschrift *Blätter für die Kunst* (1892–1919), in deren Umkreis sich ein Freundeskreis von Dichtern, Künstlern und Wissenschaftlern bildete (G.-Kreis). Seine Lyrik, streng gegliedert und in knapper, jedoch klangvoller Sprache, versteht Kunst als sakralen Wert: *Hymnen* (1890), *Pilgerfahrten* (1891), *Algabal* (1892). Sein Frühwerk wurde durch die Zyklen *Das Jahr der Seele* (1897) und *Der Teppich des Le-*

bens... (1900) beendet. In *Der siebente Ring* (1907), *Der Stern des Bundes* (1914) und *Das neue Reich* (1928) verkündete G. zunehmend irrational den vergöttlichten Menschen. Diese formstrengen Gedichte hatten starken Einfluss auf die Jugendbewegung. Als die Nationalsozialisten G.s Utopie des göttergleichen Menschen in ihrem Sinne umdeuteten und ihn für ihre Zwecke vereinnahmen wollten, verließ er 1933 Deutschland.

Geronimo

(eigtl.: Goyathlay)
Stammeshäuptling
* Juni 1829 im südlichen Arizona (heute Clifton)
† 17.2.1909 in Fort Sill (OK)

G., der Apachen-Häuptling, war der Führer der Chiricahua während des spektakulären Aufstandes 1885–86. Er verübte zahlreiche Überfälle gegen die Weißen und wurde von General George Crook gefangen genommen. G. gelang zunächst die Flucht; später wurde er ausgeliefert und lebte mit seinen Leuten als Farmer in Oklahoma. Seine Autobiografie entstand 1906.

Gershwin, George

(eigtl.: Jacob G.)
amerik. Komponist
* 26.9.1898 in Brooklyn, New York
† 11.7.1937 in Beverly Hills (CA)

G. zählt zu den populärsten und bedeutendsten Musikerpersönlichkeiten der USA im 20. Jh. Der Sohn russisch-jüdischer Einwanderer begann seine Karriere 1914 als Berufsmusiker und feierte mit seinen Schlagern, Songs und Revuen schon bald große Erfolge. Berühmt wurde G. 1924 mit der *Rhapsody in Blue,* ei-

nem Klavierkonzert mit Jazzorchester und dem Musical *Lady be Good.* Anschließend gelang es G., die Elemente des afro-amerikanischen Jazz mit der europäischen Kunstmusik zu vereinigen. Anlässlich einer Europareise entstand 1928 die Fantasie *Ein Amerikaner in Paris.* 1935 schuf G. mit dem realistischen Bühnenstück *Porgy and Bess* sein größtes Werk, das zum Meilenstein der amerikanischen Oper wurde.

Getty, Jean Paul

amerik. Industrieller
* 15.12.1892 in Minneapolis
† 6.6.1976 in Suttom Place (England)

G. galt zu Lebzeiten als einer der reichsten Männer der Welt. Er hatte nach seinen Angaben mit 23 Jahren bereits seine erste Million im Ölgeschäft verdient und baute die Ölgesellschaft seines Vaters zu einem globalen Imperium auf. Die Getty Oil Co. wurde 1984 von der Texaco Inc. übernommen. Bei seinem Tod hinterließ G., der für seinen großen Geiz berühmt war, ein auf 20 Milliarden Dollar geschätztes Privatvermögen.

Giacometti, Alberto

schweiz. Bildhauer und Maler
*10.10.1901 in Borgonova (heute Stampa), Graubünden
† 11.1.1966 in Paris

G., einer der bedeutendsten Bildhauer der Moderne, schloss sich zunächst unter dem kubistischen Einfluss dem Surrealismus an (1930). Sein späteres Werk lässt sich jedoch keiner Richtung mehr zuordnen. Charakteristisch sind die überlangen, unregelmäßig konstruierten Büsten und Figuren mit übermäßig betonten

Gliedmaßen und kleinen, ebenfalls in die Länge gezogenen Köpfen. Durch hemmende Gerüste zum Beispiel versucht er die Isoliertheit des Menschen zu betonen (*Die Nase,* 1947).

Gide, André

frz. Schriftsteller
* 22.11.1869 in Paris
† 19.2.1951 in Paris

Der Begründer der Zeitschrift *Nouvelle Revue Française* stand anfangs dem Symbolismus nahe, orientierte sich später an großen Philosophen und Dichtern wie →Pascal, →Nietzsche, →Dostojewski →und Goethe. In seinem Werk forderte G. das Recht des Einzelnen auf Selbstverwirklichung und lehnte jede die persönliche Freiheit einschränkende Konvention ab. Der puritanisch streng erzogene Dichter bekannte sich mit einer bisher nicht gekannten Offenheit zu seiner Homosexualität. G. schuf ein alle literarischen Formen umfassendes Werk, dessen Mittelpunkt, Tagebücher und autobiografische Darstellungen, Zeugnis unentwegter Selbstforschung ist. Die Summe seines Denkens und Glaubens gab G. in seinem Erziehungsroman *Der Falschmünzer* (1925, dt. 1929). Sein Alterswerk *Theseus* (1946, dt. 1949) ist ein Spiegel seines Selbst. G. erhielt 1947 den Nobelpreis für Literatur.

Giorgione

(eigtl.: Giorgio da Castelfranco)
ital. Maler
* 1477 oder 1478 in Castelfranco bei Treviso
†24.10.1510 in Venedig

G. gilt als der wegweisende Maler der venezianischen Hochrenaissance. Er war Schüler G. →Bellinis. Seine Landschaften sind in zartes Licht getaucht, das weiche Farbübergänge schafft. Im Gegensatz zu Bellini tritt bei G. die Natur als gleichberechtigtes Thema neben die Darstellung des Menschen. Seine Werke hatten großen Einfluss auf seinen Schüler →Tizian und die zeitgenössische Malerei. Keines seiner Werke ist signiert, daher sind nur wenige mit Sicherheit ihm zuzuschreiben: *Thronende Madonna mit Heiligen, Drei Philosophen, Das Gewitter, Jüngling* und *Ruhende Venus*. G. starb früh an der Pest.

Giotto di Bondone

ital. Maler und Baumeister
* um 1266 in Colle di Vespignano
† 8.1.1337 in Florenz

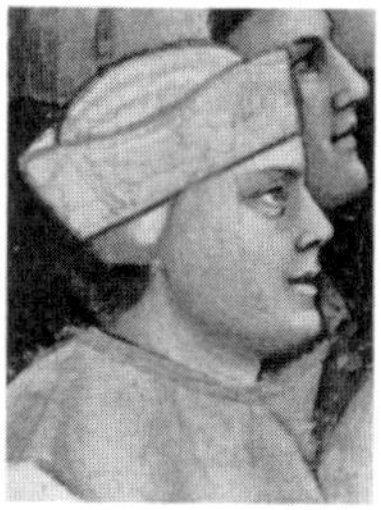

Die große Bedeutung des Werkes von G. liegt in der Abkehr von den Prinzipien der byzantinischen Malerei. Er wandte sich z. B. vom Goldgrund ab und schuf durch gemalte Architektur einen Bezug von Gestalt und Ort. Neuartig ist auch die plastisch klare Formgebung. Berühmt sind G.s Fresken: Arena-Kapelle, Padua; Santa Croce, Florenz; San Francesco, Assisi. G.s Wirken in Padua, Rom, Florenz und Mailand beeinflusste die italienische Malerei nachhaltig. Er wurde bereits von →Leonardo und im 16. Jh. von →Vasari als Begründer der italienischen Malerei gepriesen.

Giovanni da Bologna

(genannt Giambologna)
fläm.-ital. Bildhauer
* um 1529 in Douai
† 13.8.1608 in Florenz

G. war der Meister des Manierismus mit großen künstlerischen Wirkungen in Europa. Nach einer Ausbildung in Mons, studierte er ab 1554 in Rom und ging 1556 nach Florenz, wo er in den Dienst der Fürsten von Medici trat. G. schuf zahlreiche monumentale wie kleinplastische Bronze- und Marmorgruppen und Einzelfiguren. Zu seinen berühmtesten Werken zählen der Neptunsbrunnen (1563–67) in Bologna, der Ozeanbrunnen (1576) in Florenz und der Raub der Sabinerinnen (1583) in Florenz.

Goethe, Johann Wolfgang von

dt. Dichter, Naturforscher und Staatsbeamter
* 28.8.1749 in Frankfurt am Main
† 22.3.1832 in Weimar

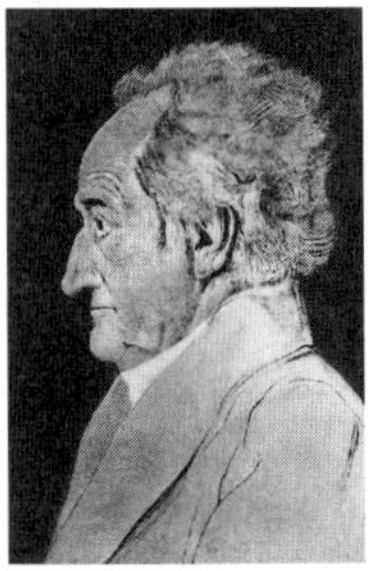

Der wohl größte europäische Dichter entstammte einer Frankfurter Patrizierfamilie. G. studierte nach einer vielseitigen Erziehung ab 1765 in Leipzig Jura. Hier veröffentlichte er seine ersten von der modernen Anakreontik bestimmten poetischen Werke, die seine Liebe zu der Wirtstochter Kätchen Schönkopf spiegeln (*Das Buch Anette, Neue Lieder* und das Schäferspiel *Die Laune des Verliebten*). 1768 musste G. wegen einer schweren Krankheit nach Frankfurt zurückkehren. Seine Genesungszeit stand unter dem Einfluss der pietistischen Schriftstellerin Susanne K. von Klettenberg. 1770/71 beendete G. in Straßburg sein Studium. Die Begegnung mit J. G. →Herder beeinflusste seine Wendung zum Irrationalismus der Sturm- und Drangzeit (Beschäftigung u. a. mit Volkspoesie, →Homer, →Shakespeare). Die Liebe zu der Pfarrerstochter Friederike Brion wurde der Anlass zur ersten großen deutschen Erlebnislyrik *(Mailied; Willkommen und Abschied)*. Die Frankfurter Jahre von 1771 bis 1775 (als Advokat) und eine Zwischentätigkeit am Reichskammergericht, die zu dem Liebeserlebnis mit Charlotte Buff führte, sind die Zeit der eigentlichen Geniedichtung: Lyrik wie *Wanderers Sturmlied,* Hymnen (*Mahomets Gesang, Prometheus* und *Ganymed*); *Götz von Berlichingen* (1773); verschiedene Dramenentwürfe *(Urfaust); Clavigo* (1774). Der empfindsam-schicksalhafte Briefroman *Die Leiden des jungen Werther* (1774) brachte den internationalen Erfolg. Der allseits bekannte junge Dichter zog die Aufmerksamkeit des kunstliebenden Weimarer Hofes auf sich. Hier war er zunächst Erzieher des Herzogs Karl August, übernahm aber schon bald wichtige Staatsämter. Die enge Freundschaft mit der kultivierten Hofdame Charlotte von Stein bewirkte eine Selbsterziehung und Bändigung zu maßvoller Form (Gedichte *Ilmenau, Harzreise im Winter, An den Mond; Prosafassung der Iphigenie*). Danach zeigte G. wachsendes Interesse an naturwissenschaftlichen Forschungen (Entdeckung des menschlichen Zwischenkieferknochens). Die vertiefte Beschäftigung mit der Antike und der italienischen Kunst in zwei Italienreisen (1786–88,1790) brachte die entscheidende Wendung zur Klassik. Er vollendete *Egmont* (1788) und zog sich von seinen Ämtern in Weimar weitgehend zurück. Seine langjährige Verbindung mit Christine Vulpius wurde 1806 durch Eheschließung legalisiert. Eine neue Schaffensperiode bedeutete die Freundschaft und die enge Zusammenarbeit mit F. →Schiller, die von 1794 bis zu Schillers Tod (1805) währen sollte und die hochklassische Epoche der deutschen Literatur prägte. In dieser Zeit entstanden der klassische deutsche Bildungsroman *Wilhelm Meisters Lehrjahre* (1795/96), das Versepos *Hermann und Dorothea* (1797) sowie *Faust I* (1808 vollendet). In G.s Eheroman *Die Wahlverwandschaften* (1809) traten romantisch-dämonische Elemente hervor. Dazwischen widmete er sich der naturwissenschaftlichen Arbeit (*Metamorphosen der Pflanzen,* 1790; *Farbenlehre* 1810). Mit dem Tod von Herder (1803), Schiller und Ch. M. →Wieland (1813) löste sich der Weimarer Dichterkreis auf. Ab 1810 begann G. mit Arbeiten, die auf sein Leben und sein Werk zurückblickten (*Dichtung und Wahrheit,* 1811–13). 1814 entstand in einem neuen Stil die Lyriksammlung *West-östlicher Divan,* in der mystisches Gedankengut des Orients mit dem Erlebnis der Liebe zu Marianne von Willemer gestaltet wurde. Die leidenschaftliche Neigung des 74-jährigen Dichters zu der jungen Ulrike von Levetzov kam in seinen schönsten Liebesgedichten zum Ausdruck (*Trilogie der Leidenschaft,* 1827). Den Abschluss von G.s Schaffen bildeten der Roman *Wilhelm Meisters Wanderjahre* (1829) und die Tragödie *Faust II* (1831). Im Roman, als Fortsetzung der *Lehrjahre* zu verstehen, zieht G. eine etwas resignative Bilanz aus seiner übergroßen Lebenserfahrung, wie schon der Untertitel *oder die Entsagenden* andeutet. Der „Faust" ist die in die griechische Antike transportierte Lebens- und Bewährungsgeschichte des rastlos tätigen, mit dem Teufel im Bunde stehenden Faust, die Fortsetzung des *Faust I* und gleichzeitig das summus opus des Dichterfürsten.

Gogh, Vincent van

niederl. Maler
* 30.3.1853 in Groot Zundert, Nordbrabant
† 29.7.1890 in Auvers-sur-Oise

Van G., dessen Werk von größter Bedeutung für die moderne Kunst war, begann erst 1880 zu malen. Davor arbeitete der Pfarrerssohn als Kunsthändler, war später als Wanderprediger bei Grubenarbeitern tätig. Von den niederländischen Meistern beeinflusst, schuf van G. zunächst realistische Gemälde in dunklen Farben, in denen das Leben der Bauern und Arbeiter geschildert wurde (*Die Kartoffelesser,* 1885). Er übersiedelte 1886 nach Paris, wo er mit dem Impressionismus und dem japanischen Holzschnitt in Berührung kam. Seine Farben wurden heller. Van G. reiste 1888 nach Arles; in südlicher Sonne reifte sein Stil zur Vollendung. Hier entstanden seine bekanntesten Bilder: u. a. *Boote am Strand, Die Sonnenblumen, Caféterrasse am Abend.* Seine Freundschaft und Zusammenarbeit mit P. →Gauguin endete in einer Krise. Nach einem schweren Nervenzusammenbruch wurde G. in die Anstalt Saint-Rémy gebracht (1889). Hier malte er trotz der sich wiederholenden Krisen weiter Bilder von starker Leuchtkraft der Farben, Landschaften, die mehr und mehr von flackernder Unruhe erfüllt waren. Der nervöse Pinselstrich und die Schwarztöne, die immer häufiger über heller Landschaft auftauchen, zeigen die zunehmende Verdüsterung seines Gemütszustandes (*Kornfeld mit Krähen,* 1890). Im Mai 1890 nahm sich der Künstler in einer neuen Nervenkrise das Leben. Zu Lebzeiten wurden seine Kunst verkannt – G. hatte nur ein einziges Bild verkauft.

Gogol, Nikolai Wassiljewitsch

russ. Schriftsteller
* 1.4.1809 in Sorotschinzy, Poltawa
† 4.3.1952 in Moskau

G., der eigentlich Schauspieler werden wollte, kam 1828 nach St. Petersburg. Hier freundete er sich mit A. →Puschkin an, der ihm den Weg in die russische Literatur wies. Bekannt wurde G. mit den humoristisch-fantasievollen Novellen *Abende auf dem Gutshof von Dikanka* (1831/32, dt. 1910). Seine Komödie *Der Revisor* (1836, dt. 1854) war ein großer Erfolg, aber G. fühlte sich in Russland unverstanden und ging 1836 ins Ausland (Rom). 1842 vollendete er den ersten Teil des Schelmenromans *Die Toten Seelen* (dt.1846), schrieb die sozialkritische Groteske *Der Mantel* (dt. 1851) sowie die Komödien *Eine Heiratsgeschichte* und *Die Spieler.* Nach einer Wallfahrt nach Jerusalem (1848) kehrte G. nach Russland zurück, wo zunehmend religiöse Gewissensqualen zu einer seelischen und körperlichen Erkrankung führten. G.s realistische und moralisierende Werke beeinflussten die realistische Dichtung des 19. Jh.s, vor allem F.M. →Dostojewski sehr stark („Wir kommen alle aus Gogols ‚Mantel'").

Goldoni, Carlo

ital. Dichter
* 25.2.1707 in Venedig
† 6.2.1793 in Paris

G. ist der Erneuerer der italienischen Komödie nach dem Vorbild →Molières. Er führte das Charakterlustspiel ein, das der Commedia dell'arte entgegenwirkte und diese allmählich ablöste. G. arbeitete nach dem Jurastudium zunächst als Advokat, begann aber schon früh mit der Dichtung der ersten Bühnenwerke. Ab 1748 war er an den venezianischen Theatern Sant' Angelo und San Luca tätig und schrieb eine Reihe sehr erfolgreiche Stücke (u. a. *Diener zweier Herren,* 1746, dt. 1762). Wegen Konflikte mit seinem literarischen Widersacher Carlo Gozzi, verließ G. 1762 Venedig und ging als Direktor des italienischen Theaters nach Paris. Die Französische Revolution raubte ihm seine finanzielle Sicherheit, und er starb völlig verarmt. G. hinterließ etwa 150 Bühnenstücke (z. B. *Das Kaffeehaus,* 1750, dt. 1771; *Mirandolina,* 1752, dt. 1770; *Die Grobiane,* 1760, dt. 1770).

Goldsmith, Oliver

anglo-ir. Schriftsteller
* 10.11.1728 (oder 1730) in Pallas, Irland
† 4.4.1774 in London

G., Sohn eines Pfarrers, ging nach dem Medizinstudium nach London (1757), wo er Artikel für eine Zeitschrift verfasste. Er schrieb moralische und politische Essays, hatte aber seinen großen Erfolg mit dem empfindsamen Familienroman *Der Dorfprediger von Wakefield* (1766, dt. 1767). Dieses Werk beeinflusste J. W. →Goethe und andere deutsche Dichter des Sturm und Drang maßgeblich. G. schuf auch zahlreiche Komödien (*Der Gutmütige,* 1768), populäre Geschichtswerke sowie erzählende Gedichte (*Das verlassene Dorf,* 1770).

Goldwyn, Samuel

(eigtl.: Samuel Goldfish bzw. Schmul Gelbfisz)
amerik. Filmproduzent poln. Herkunft
* 22.8.1884 in Warschau
† 31.1.1974 in San Francisco

G. war einer der großen Studiobosse und einer der Väter der Filmmetropole Hollywood. Der Sohn einer jüdisch-polnischen Einwandererfamilie kam 1899 nach New York. G., der in einer Handschuhfabrik arbeitete, beschloss nach seinem ersten Kinobesuch den Beruf zu wechseln und gründete 1913 und 1916 die Vorläufer der großen Produktionsgesellschaften Paramount und Metro-Goldwyn-Mayer. G. produzierte 1913 den ersten Langfilm Hollywoods *(The Squaw Man).* Seinen größten Filmerfolg hatte er mit dem Heimkehrerdrama *Die besten Jahre unseres Lebens* (1946), der mit acht Oscars ausgezeichnet wurde.

Goodman, Benny

amerik. Jazzmusiker
* 30.5.1909 in Chicago
† 13.6.1986 in New York

G., der „King of Swing", war der Inbegriff der Swing-Ära der 30er Jahre. Mit seinem runden,

eleganten Ton trug er zur Popularisierung der Jazzmusik entscheidend bei. Seine Big Band, in der fast alle großen Musiker des Swing wie Count Basie, Lionel Hampton und Stan Getz spielten, war die erfolgreichste Band der USA. G. war der erste Orchesterchef, der farbige Musiker engagierte. Er interpretierte auch klassische Werke u. a. von P. →Hindemith, Aaron Copland, B. →Bartók.

Gorbatschow, Michail Sergejewitsch

russ. Politiker
* 2.3.1931 in Priwolnoje, Nordkaukasien

Bei seinem Amtsantritt als Generalsekretär der KPdSU (1985) leitete G. die bis dahin größten Reformversuche in der Geschichte der Sowjetunion ein. Das Ziel der Perestroika war die Demokratisierung der sowjetischen Gesellschaft und die schrittweise Einführung marktwirtschaftlicher Prinzipien in das sowjetische Wirtschaftssystem. G.s Reformen erfuhren jedoch Widerstand v.a. im Parteiapparat von den orthodox-kommunistischen Funktionären, die um ihre Privilegien fürchteten, aber auch von den Radikalreformern um den damaligen Präsidenten der Russischen Sozialistischen Föderativen Sowjetrepublik Boris Jelzin. Uneingeschränkt erfolgreich war G. auf dem Gebiet der Außenpolitik. Sein Reformschub löste 1988/89 in anderen Staaten des Warschauer Pakts umfassende Demokratisierungsmaßnahmen aus. G.s Abrüstungsvorschläge, die er der NATO unterbreitete, führten 1987 zur Abschaffung sämtlicher atomarer Mittelstreckenraketen in Europa. 1988 veranlasste er den Rückzug der sowjetischen Truppen aus Afghanistan. Damit war die Abkehr von hegemonialer Großmachtpolitik deutlich geworden. G. erkannte den unaufhaltsamen Zerfall des Ostblocks und die politische Instabilität der DDR. Mit seiner Zustimmung zur deutschen Einheit (1990) veränderte er das politische Bild Europas. 1990 erhielt G. den Friedensnobelpreis und wurde im gleichen Jahr zum Staatspräsidenten der UdSSR gewählt. Nach dem missglückten Putsch orthodox-kommunistischer Kräfte im August 1991 konnte G. den Zerfall der Sowjetunion nicht verhindern. Nach der Unabhängigkeitserklärung fast aller ehemaligen Sowjetrepubliken und der Gründung der GUS (Gemeinschaft Unabhängiger Staaten) trat er im Dezember 1991 zurück.

Gordimer, Nadine

südafr. Schriftstellerin
* 20.11.1923 in Springs, Transvaal

G., eine der bedeutenden Schriftstellerinnen Südafrikas, setzt sich in ihrem literarischen Werk vor allem mit dem inzwischen aufgehobenen Apartheidsystem auseinander. Dessen zerstörende Auswirkungen auf die weiße und schwarze Bevölkerung schildert sie in ihren Romanen, die geprägt sind von einer präzisen, unsentimentalen Sprache (*Fremde unter Fremden,* 1958, dt. 1962; *Der Ehrengast,* 1970, dt. 1986; *Burgers Tochter* (1979, dt. 1982). G. bietet Lösungswege an, indem sie u. a. die Emanzipation aus der provinziellen Begrenztheit thematisiert.Ihr Einsatz für die Menschenrechte und gegen die Apartheid verschaffte ihr hohes Ansehen und internationale Preise: G. erhielt u. a. den Nelly Sachs Preis, den Grand Aigle d'Or und 1991 schließlich den Nobelpreis für Literatur.

Gorki, Maxim

(eigtl.: Alexej Maximowitsch Peschkow)
russ.-sowjet. Schriftsteller
* 28.3.1868 in Nischni Nowgorod
† 18.6.1936 in Moskau

G. gilt als Schöpfer des sozialistischen Realismus und wurde in der UdSSR lange Zeit als Inbegriff des sowjetischen Literaten gefeiert. Er stammte aus ärmlichen Verhältnissen und schrieb nach seinen Wanderjahren (1891/ 92) zunächst Erzählungen (*Marka Tschudra,* 1892), in denen er in realistischer Weise das Leben der Landstreicher schilderte (u. a. *Tschelkasch,* 1985, dt. 1901). Durch sein Drama *Nachtasyl* (1902, dt. 1903) kam G. zu Weltruhm. Er hatte sich schon 1903 der marxistischen Bewegung angeschlossen ohne doktrinär zu werden. Wegen Differenzen mit der sowjet. Staatsführung verbrachte er viele Jahre im Exil. Obwohl er sich nach der endgültigen Heimkehr die Linien der offiziellen Kulturpolitik zu Eigen machte, durfte G. wegen Problemen mit J. →Stalin die Sowjetunion nicht mehr verlassen.

Gottfried von Straßburg

mittelhochdt. Dichter
* um 1180
† um 1215

G., neben →Hartmann von Aue und →Wolfram von Eschenbach der dritte große Dichter der höfischen Epik, schuf das Versepos *Tristan* (um 1205–15). Keltische Sagenmotive verwendend entwirft der Dichter ein Idealbild der Minne, die quasireligiösen Rang erhält: Tristan wirbt im Auftrag von König Marke erfolgreich um Isolde; auf der Rückreise nach England trinken beide versehentlich jenen Zaubertrank, der für Marke bestimmt gewesen war und der sie nun in unauflösbarer Liebe miteinander verbindet. Mit der Verbannung Tristans endet das Fragment gebliebene Werk, das neben Fortsetzungsversuchen auch zahlreiche Neubelebungen fand, so etwa durch R. →Wagner in seinem Musikdrama *Tristan und Isolde* (1865).

Gottsched, Johann Christoph

dt. Literaturtheoretiker und Dichter
* 2.2.1700 in Juditten, Ostpreußen
† 12.12.1766 in Leipzig

G. betrieb die Reform von Sprache, Dichtung und Theater nach dem Vorbild der französischen Klassik und des Rationalismus (*Versuch einer critischen Dichtkunst,* 1730 und *Grundlegung einer deutschen Sprachkunst,* 1748). Der Anhänger der Aufklärung studierte Geisteswissenschaften und wurde Professor für Literatur in Leipzig. In Zusammenarbeit mit der Schauspielerin Karoline Neuber wirkte G. für eine Theaterreform und versuchte eine systematische deklamatorische Ausbildung junger Schauspieler einzuführen, um dadurch die Hebung des sozialen Ansehens dieses Berufstandes zu erreichen. Sein Dogmatismus sowie sein Rationalismus führte zu literarischen Kontroversen v.a. mit G.E. →Lessing. Gegen die aufkommende Genieperiode verlor G. nach 1740 an Einfluss.

Goya y Lucientes, Francisco José de

span. Maler und Grafiker
* 30.2.1746 in Fuentetodos bei Zaragoza
† 15.4.1828 in in Bordeaux

G.s Werk war seiner Zeit um ein Jahrhundert voraus, indem es romantische und impressio-

nistische Elemente vorwegnahm, die die spätere Generation der Kunst äußerst stark beeinflussten. Nach seiner Ausbildung war G. Direktor der Madrider Malerakademie (1785), wurde 1799 Hofmaler. Seine Vorbilder waren v. a. →Velàzquez und G. B. →Tiepolo. Bekannt wurde G. mit den bestürzend einprägsamen Bildern, die den Krieg und das Elend seiner Zeit dokumentieren (*Erschießung der Aufständischen am 3.Mai 1808 in Madrid,* 1814). Die grausame Welt menschlicher Bosheit und Brutalität setzte er der spielerischen Welt des ausklingenden Rokoko entgegen. G.s mittlere und späte Schaffensperiode stand unter dem Einfluss der Niederländer (→Rembrandt, P. →Bruegel d. Ä., H. →Bosch), in der herausragende Porträts entstanden. Als Hofmaler von Karl IV. schuf er das Bild der königlichen Familie, das unbarmherzig den wahren Charakter der beteiligten bloßstellt. In der Spätzeit nahm das Unheimliche und Düstere in den Bildnissen zu. Die Aquatinta-Technik mit ihrer Hell-Dunkel-Wirkung, die G. anwandte, unterstreicht das Dämonische seines grafischen Werkes. Zu seinen bekanntesten Werken zählen: *Die nackte* und *die bekleidete Maja* (um 1797), 14 Wandbilder aus seinem Landhaus (u. a. *Saturn verschlingt eines seiner Kinder,* 1819–23); Radierfolgen (*Caprichos,* 1796–98). Ab 1824 lebte G., völlig taub, in Frankreich.

Gracchus, Tiberius Sempronius und Gajus Sempronius

röm. Politiker und Reformer
162–133 v. Chr. (Tiberius Sempronius)
153–121 v. Chr. (Gajus Sempronius)

Die Brüder G. waren Angehörige des altröm. Plebejergeschlechts der Sempronier. Als Söhne der Cornelia, Tochter des →Scipio Africanus, gehörten sie dem Scipionenkreis an und wurden im Sinne der griechischen Geisteswelt und Humanität erzogen. Sie traten für eine Reform der Agrargesetze ein, welche die Macht der Großgrundbesitzer brechen und der Not der Kleinbauern und der großstädtischen Plebs Einhalt gebieten sollte. Tiberius erneuerte als Volkstribun die entsprechenden Gesetze (133 v. Chr.), wurde aber nach mehreren Verstößen gegen die römische Verfassung (u. a. gesetzwidrige Wiederwahl) von den Senatoren mit 300 seiner Anhänger erschlagen. Sein Bruder Gajus war Mitglied der Ackerkommission, Quästor (126–124) und Volkstribun (123–122). Er setzte die Reformbestrebungen Tiberius' fort, erließ Gesetze u. a. zur Getreideversorgung der Armen, die während seiner Abwesenheit von dem neuen Volkstribun wieder aufgehoben wurden. Als der Senat gegen Gajus den Staatsnotstand erklärte, ließ sich dieser nach der Niederlage seiner Anhänger von einem Sklaven töten. Die Bewegung der Gracchen und die senatorische Reaktion leiteten die Zeit der Revolution und den allmählichen Niedergang der republikanischen Staatsform Roms ein.

Greco, El

(eigtl.: Dominikos Theotokópulos)
griech.-span. Maler
* um 1541 in Phodele, Kreta
† (begraben) 8.4.1614 in Toledo

G. kam über Venedig und Rom (1570), wo er Schüler →Tizians war, 1577 nach Toledo an den Hof →Philipps II. von Spanien. Mit den Gemälden für die Kirche Santo Domingo (1577–79) und der visionären Traumdarstellung *Verehrung des heiligsten Namens Jesu* (1580) hatte er Erfolg und wurde bekannt. G.s leidenschaftlich-visionäres Werk führte den europäischen Manierismus zur höchsten Steigerung. Mit seinen überlangen, schmalgesichtigen Figuren in intensiven Farben vor kühlem

Hintergrund fand er zu einem eigenen, unverwechselbaren „expressionistischen“ Stil. Zu G.s bedeutendsten Werken zählen: *Begräbnis des Grafen Orgáz* (1586), *Toledo im Wetterleuchten* (um 1610), *Hl. Franz* (1604–14), *Entkleidung Christi, Die Eröffnung des siebten Siegels.*

Greene, Graham

engl. Schriftsteller
* 2.10.1904 in Berkhamsted, Hertfordshire
† 3.4.1991 in Vevey, Schweiz

G. zählt zu den großen englischen Romanciers des 20. Jh.s. Berühmt wurde er durch seine psychologisch anspruchsvollen Abenteuer- und Kriminalromane und durch seine literarische Auseinandersetzung mit dem Katholizismus (1926 zum Katholizismus konvertiert). Den Durchbruch schaffte G. mit *Orientexpress* (1932, dt. 1950). Als sein Hauptwerk gilt *Die Kraft und die Herrlichkeit* (1940, dt. 1948), in dem ein alkoholabhängiger Priester und der ihn verfolgende Polizist, zwei Idealisten entgegengesetzter Ideologien, gegenüberstehen, sich aber nicht in „Gut“ und „Böse“ einordnen lassen. Die innerlich zerrissenen, vereinsamten Außenseiter stehen im Mittelpunkt von G.s gesamten Werk. Zahlreiche Romane wurden erfolgreich verfilmt und machten sein Werk einem breiten Publikum bekannt (*Der Dritte Mann,* 1950, dt. 1951; *Unser Mann in Havanna,* 1958, dt. 1959; *Die Stunde der Komödianten* (1966, dt. 1966). G.s Spätwerk war zunehmend komödiantisch geprägt (*Die Reisen mit meiner Tante,* 1969, dt. 1970; *Monsignore Quijote,* 1982, dt. 1982). Nicht viele Romanciers im 20. Jh. erreichten mit ihren Werken diese Popularität wie G.: Er begeisterte nicht nur den Leser, sondern erhielt auch den Beifall der Kritiker

Gregor I., der Große (hl.)

Papst und Kirchenlehrer
* um 540 in Rom
† 12.3.604 in Rom

G. war der erste Mönch auf dem Papstthron. Er entstammte dem alten Senatorenadel der Anicier, verzichtete jedoch auf eine politische Karriere und zog sich als einfacher Mönch in das Benediktinerkloster zurück. Als Gesandter von Papst Pelagius II. weilte er in Konstantinopel, wurde anschließend dessen Berater und 590 sein Nachfolger. G. bahnte die Missionierung der Angelsachsen (596 Entsendung von 40 Mönchen) und den Übertritt der Langobarden zum Katholizismus an. Mit hervorragender Verwaltung der kirchlichen Ländereien baute er den Kirchenstaat aus und schuf die Grundlagen für die weltliche Macht des Papsttums. Mit zahlreichen Schriften übte G. nachhaltigen Einfluss auf das gesamte Mittelalter aus. Die nach ihm benannten Gregorianischen Gesänge wurden in seinem Pontifikat gesammelt und neu geordnet. Er wurde heilig gesprochen (3.9.).

Gregor VII. (hl.)

(urspr.: Hildebrand)
Papst
* um 1021
† 25.5.1085 in Salerno

Der Benediktiner Hildebrand ging 1046/47 mit Papst Gregor VI. ins Exil nach Köln. 1047–49 war er Mönch in Cluny und kehrte mit Papst Leo IX. nach Rom zurück. G. beteiligte sich an der Neuordnung der Papstwahl von 1059 (Kardinäle als ausschließliche Papstwähler) und bestieg 1073 den Stuhl Petri. Von da an forderte er unnachgiebig die Vorrangstellung der geistlichen Macht über die weltliche um so das Reich Gottes auf Erden zu verwirklichen. G. bekämpfte die Simonie, den Handel mit geistlichen Dingen und Ämtern, die Priesterehe und die Laieninvestitur, wodurch es zum Investiturstreit mit den weltlichen Herrschern kam. König →Heinrich IV., der an dem bestehenden Reichskirchensystem festhielt, wurde von G. 1076 gebannt und musste sich 1077 in Canossa unterwerfen. Nach dem erneuten Bann durch G. (1080) ließ Heinrich IV. Erzbischof Wibert von Ravenna zum Gegenpapst (Clemens III.) wählen und eroberte Rom (1084). G., der sich in die Engelsburg zurückzog, ließ sich durch den Normannenfürsten →Roger I. befreien, wurde jedoch von der Volkswut über die Gräueltaten der Befreier zum Verlassen Roms gezwungen. Sein Pontifikat verhalf der kirchlichen Reformbewegung zum Durchbruch; der päpstliche Suprematieanspruch wurde seitdem stets erneut erhoben. G. wurde heilig gesprochen (25.5).

Grieg, Edvard

norweg. Komponist
* 15.6.1843 in Bergen
† 4.9.1907 in Bergen

G. stand während seines Studiums am Leipziger Konservatorium unter dem Einfluss v. R. →Schumanns Musik. Später verband er die Elemente der heimatlichen Folklore mit Stilmitteln der deutschen Romantik. Den Zugang zur nordischen Musik, die zur Grundlage seines Werkes wurde, fand er durch den norwegischen Komponisten Rikard Nordraak. G. war in Oslo Musiklehrer und Dirigent der Philharmonischen Gesellschaft (1866–69), gründete nach seiner Italienreise (1869–70) die „Musikvereinigung" und leitete das Bergener Orchester „Harmonien" (1880–82). Besonders bekannt wurden das Klavierkonzert a-Moll (1868), die Musik zu H. →Ibsens *Peer Gynt* (1876), Orchestersuiten (1888, 1891), die Suite *Aus Holbergs Zeit* (1885), Klavierstücke *(Zug der Zwerge)* sowie Lieder und Kammermusik.

Grillparzer, Franz

österr. Dichter
* 15.1.1791 in Wien
† 21.1.1872 in Wien

G., der bedeutendste Dramatiker des dt. Biedermeier, schrieb sein erstes Werk mit 18 Jahren der *(Blanka von Kastilien)* und hatte zunächst beachtliche Erfolge mit der Tragödie *Die Ahnfrau* (1817) und weiteren Dramen (*Sappho,* 1819, *Das goldene Vlies,* 1822). Nach seinem Studium ging der Hoftheaterdichter als Archivar in den Staatsdienst, unternahm auch noch viele Reisen nach Italien, Deutschland, wo es zu Begegnungen mit →Goethe und den Romantikern kam, sowie nach London, Paris, Athen und Konstantinopel. Sein Lustspiel *Wehe dem, der lügt* (1838) wurde ein Misserfolg. Danach ließ er die späteren Dramen unveröffentlicht. G.s zwiespältiger, selbstquälerisch-melancholischer Charakter prägte sein Werk, aber auch sein Leben: Er blieb zeitlebens ein Einzelgänger und trotz seiner Liebe zu Kathi Fröhlich unverheiratet. Er zog sich weitgehend aus der Öffentlichkeit zurück. Erst 1850 wurden seine Werke von dem Burgtheaterdirektor Heinrich Laube wieder entdeckt, was G. zum gefeierten Dichter der Wiener Bühne machte. In den Dramen verband G. die Tradition der Weimarer Klassik mit der des österreichischen Barocktheaters, des Wiener Volkstheaters (*Der Traum ein Leben,* 1834). Neben bedeutenden Novellen (*Das Kloster bei Sendomir,* 1828; *Der arme Spielmann,* 1847), entstand seine Gedankenlyrik, die bitter-sarkastischen Epigramme und autobiografische Schriften. Zu G.s bekanntesten Dramen gehören: *Ein treuer Diener seines Herrn* (1828), *Des Meeres und der Liebe Wellen* (1831), *Die Jüdin von Toledo* (1872).

Grimm, Jacob Ludwig Carl

dt. Sprach- und Literaturwissenschaftler
* 4.1.1785 in Hanau
† 20.9.1863 in Berlin

G., der Begründer Germanistik, schuf die erste wissenschaftliche *Deutsche Grammatik* (1819–37). In Arbeitsgemeinschaft mit seinem Bruder **Wilhelm G.** (* 24.2.1786 Hanau; † 16.12.1859 in Berlin), der ebenfalls Sprachwissenschaftler war, dessen Erzähltalent aber stärker ausgeprägt war, entstand ein umfassendes literaturwissenschaftliches Werk, von dem vor allem das monumentale *Wörterbuch der deutschen Sprache* (erst postum 1861 beendet) und die Sammlung der *Kinder- und Hausmärchen* (1812–15) bekannt wurden. Beide Brüder studierten in Marburg Jura, wurden jedoch durch die Romantiker zur Erforschung der altdeutschen Literatur angeregt. Später widmete sich Jakob Ludwig G. ausschließlich der Erforschung der germanischen Sprachwissenschaft und Altertumskunde (*Deutsche Rechtsaltertümer,* 1828; *Deutsche Mythologie,* 1835), während sich Wilhelm G. als Sagenforscher und Herausgeber zahlreicher mittelhochdeutscher Literaturwerke einen Namen machte (*Deutsche Sagen,* 1816–18; *Die deutsche Heldensage,* 1829). Als Universitätsprofessoren gehörten sie den „Göttinger Sieben" an, die 1837 wegen ihrer liberalen polit. Haltung entlassen wurden.

Grimmelshausen, Hans Jakob Christoffel von

dt. Dichter
* um 1622 in Gelnhausen, Hessen
† 17.8.1676 in Renchen, Baden

Mit dem Roman *Der Abentheurliche Simplicissimus Teutsch* (1669) schuf G. eine Barockdichtung von Weltrang, die unter dem Einfluss des Schelmenromans entstand und autobiografische Züge trägt. Erzählt wird das Schicksal eines „dummen Toren", der sich in die abenteuerliche Welt stürzt und ihr am Ende als Einsiedler entsagt. G. stammte wohl aus protestantisch-bürgerlichem Haus und führte 1634–48 ein abenteuerliches Soldatenleben, trat später zum Katholizismus über und lebte als Gutsverwalter, Burgvogt, Gastwirt und schließlich als Schultheiß (Gemeindevorsteher) in Baden. Die Fortsetzungen seines Hauptwerkes (*Der seltzame Springinsfeld,* 1670; *Trutz Simplex,* 1670) waren weniger erfolgreich. G.s Schelmenfiguren sind Urbilder für →Brecht, Günter Grass und Jaroslav Hašek.

Gropius, Walter

dt.-amerik. Architekt
* 18.5.1883 in Berlin
† 5.7.1969 in Boston

G. ist der Gründer des Bauhauses, der Schule für Baukunst, Malerei und Kunstgewerbe (1919 in Weimar). Sein Ziel war die Verschmelzung von Kunst und Architektur zu einer Einheit. Nach dem Architekturstudium war G. Schüler von Peter Behrens. 1911 verwirklichte er beim Bau der Fagus-Werke (Schuhfabrik) in Alfeld seine funktionalistischen Ideen, die für die Baukunst des 20.Jh.s wegweisend wurden: die Entmaterialisierung des Baukörpers durch Beton und Glas. G. war 1919–28 Direktor des Bauhauses in Weimar (ab 1826 in Dessau). 1928 baute er in Berlin die „Siemensstadt", emigrierte 1932 in die USA. Dort gründete er an der Harvard-Universität eine eigene Architekturschule, die u. a. 1952 das PANAM-Building in New York errichtete. 1964–68 entstand die Berliner Buckow-Rudow-Siedlung (heute Gropius-Stadt). Zu seinem umfassenden Schaffen gehören auch Entwürfe für Stühle, Lampen, Textilien und Keramik.

Grotius, Hugo

(eigtl.: Huig de Groot)
niederl. Jurist, Gelehrter und Staatsmann
* 10.4.1583 in Delft
† 28.8.1645 in Rostock

Humanist und Arminianer (von dem reformierten Theologen J. Arminius Anfang 17. Jh. gegeründete Richtung) G., der Mitglied der holländischen Stände und oberster Beamter von Rotterdam war, wurde nach dem Verbot der arminianischen Lehren (1619) zu lebenslanger Haft verurteilt. Der aus einer Delfter Patrizierfamilie stammende Rechtsgelehrte konnte aber nach seiner Verurteilung und Enteignung 1621 nach Frankreich fliehen und trat 1635 als Gesandter in schwedische Dienste. Mit seinem Hauptwerk *Drei Bücher vom Recht des Krieges und des Friedens* (1625, dt. 1950), das auf naturrechtlicher Anschauung beruht, wurde G. zum Begründer des neueren Völkerrechts.

Grove, Andrew S.

amerik. Unternehmer
ungar. Herkunft
* 2.9.1936 in Budapest

G. war Präsident u. Hauptgeschäftsführer von Intel Corporation (1987– 98), dem führenden Mikroprozessoren-Hersteller der Welt. Mit 20 in die USA ausgewandert trat er nach seinem Chemie-Studium 1968 in die Firma Intel ein. G.

hatte wesentlichen Anteil an der Entwicklung der MOS (Metal-Oxide-Semiconductor)-Technologie, bei der auf photomechanischem Weg die Schaltstrukturen in den Halbleitergrundstoff Silicium geäzt werden. Mit MOS gelang Intel der Durchbruch zur Hochintegration von Transistoren auf einem Chip. Unter seiner Firmenleitung übernahm Intel 1993 erstmals die Führung auf dem Halbleitermarkt.

Grünewald, Matthias

(eigtl.: Mathis Gothart, Beiname N(e)ithardt)
† dt. Maler
* um 1470–75 in Aschaffenburg oder Würzburg
† 31.8.1528 Halle, Saale

G.s Leben und seine Anfänge als Maler sind weitgehend unbekannt. Ab 1509 war er für den erzbischöflichen Hof in Aschaffenburg tätig, ab 1516 bei Kardinal Albrecht von Brandenburg. Durch den Bauernkrieg verlor G. sein Hofamt und ging 1528 als „Wasserkunstmacher" nach Halle, wo er die Brunnen der Stadt betreute. Sein erstes bekanntes Werk ist die *Verspottung Christi* (1503). 1509 malte er die Standflügel des Heller-Altars in Grisaille und 1513–15 sein Hauptwerk, den *Isenheimer Altar* (heute in Colmar, Elsass). In G.s Schöpfungen findet die Spätgotik ihren Höhepunkt. Seine Malkunst blieb ihr im Wesentlichen verhaftet, wenn er auch mit der Formenwelt der Renaissance in Berührung kam. G.s Kunst ist, zeitgleich mit der A. →Dürers, von bemerkenswerter Eigenständigkeit. Er hatte keine eigentlichen Vorbilder, und seine Kunst ist auch ohne nennenswerte Nachfolge geblieben. Viele Werke G.s sind wohl während des Dreißigjährigen Krieges verloren gegangen. Erhalten sind neben 23 Tafelbildern 37 Zeichnungen.

Gryphius, Andreas

(eigtl.: A. Greif)
* 2.10.1616 in Glogau, Schlesien
† 16.7.1664 in Glogau, Schlesien

G. gilt als der bedeutendste Lyriker und Dramatiker des deutschen Hochbarock. Obwohl er kaum die Schule besuchte, eignete er sich umfangreiche Kenntnisse in den alten und neuen Sprachen an und wurde Hauslehrer. Später studierte er Philosophie. Nach Wanderjahren in Italien und Frankreich ließ er sich in Glogau nieder, wurde 1662 Mitglied der „Fruchtbringenden Gesellschaft" (älteste deutsche Vereinigung zur Pflege von Sprache und Moral). Geprägt durch die Schrecken des Dreißigjährigen Krieges ist G.s dichterisches Schaffen gekennzeichnet von tiefstem Pessimismus. Seine Hauptthemen sind Vergänglichkeit und Eitelkeit alles Irdischen (*Sonn- und Feiertagssonette,* 1639; *Sonette,* 1643). In seinen fünfteiligen, in der Versform des Alexandriners geschriebenen Dramen verwendet G. pathetische Sprachformen (*Cardenio und Celinde,* 1657), in den possenhaften Lustspielen derbe Mundart und satirische Situationskomik (*Die geliebte Dornrose,* 1660; *Horribilicribrifax,* 1663). Als höchste Ehre wurde ihm der Titel des „Lorbeergekrönten Dichters" zuteil (1637).

Guericke, Otto von

(eigtl.: O. von Gericke)
dt. Physiker
* 20.11.1602 in Magdeburg
† 11.5.1686 in Hamburg

G., der juristische, mathematische und technische Studien betrieben hatte, war Bürgermeister von Magdeburg. Bekannt wurde er 1663 durch die Demonstration der Wirkung des Luftdrucks mit den „Magdeburger Halbkugeln", die er mit seiner selbst erfundenen Luftpumpe

(1654) evakuiert hatte. Wegen des damit hergestellten Unterdrucks konnten die Halbkugeln auch bei Einsatz zahlreicher Pferde nicht auseinander gezogen werden. Damit gelang G. der Nachweis des Vakuums. 1660 konstruierte er das erste Manometer sowie das erste Barometer und konnte die ersten Wetterprognosen stellen. Auch untersuchte er atmosphärische und elektrische Vorgänge.

Guevara Serna, Ernesto „Che"

argent.-kuban. Revolutionär
* 14.6.1928 in Rosario, Argentinien
† 9. oder 10.10.1967 bei Higueras, Bolivien

Der argentinische Arzt G. kämpfte ab 1956 mit F. →Castro als Guerillero gegen den kubanischen Diktator Fulgencio Batista. Nach dem Sieg der Revolution (1959) war er zunächst in der Regierung tätig. 1965 verlies G. Kuba, nachdem er mit seiner Industriepolitik und seinem spezifisch kubanischen Modell des Sozialismus in Konflikt mit sowjet. Interessen geraten war. G. wollte jedoch die Revolution auch in andere südamerikanische Länder bringen. Er formulierte eine Lehre des Guerillakrieges als Mittel des Kampfes gegen die kapitalistische Gesellschaft und imperialistische Länder. 1966 baute G. in Bolivien eine neue Guerillaorganisation auf, konnte aber die KP des Landes nicht für sich gewinnen. 1967 wurde er von den Regierungstruppen gefangen genommen und erschossen. G.s charismatische Ausstrahlung ließ ihn in den 60er Jahren zum Vorbild der Neuen Linken in Europa und den USA werden.

Guggenheim, Peggy

(eigtl.: Marguerite G.)
amerik. Kunstmäzenin und -sammlerin
* 26.8.1898 in New York
† 23.12.1979 in Venedig

Die Nichte Salomon Guggenheims (Begründer des gleichnamigen Museums in New York) stellte ihre bemerkenswerte Sammlung (Meisterwerke von P. →Picasso, P. →Mondrian u. a.) 1942 erstmals vor. G. organisierte Ausstellungen mit Werken zeitgenössischer Kunst und förderte u. a. J. →Pollock. Ihre Sammlung enthält auch Werke von M. →Ernst, mit dem sie in den 40er Jahren verheiratet war.

Gustav I.

(eigtl.: G. Erikson Wasa)
schwed. König
* 12.5.1496 oder 1497 in Lindholmen
† 29.9.1560 in Stockholm

G., der Schweden von dänischer Herrschaft befreite, wurde nach seiner Flucht aus Dänemark 1521 zum Reichsverweser. 1523 wählte ihn der Reichstag zum König. 1527 führte G. die Reformation ein und sanierte die Staatsfinanzen durch Säkularisation von Kirchengut. Er nahm an dem dänisch-lübischen Krieg (1533–36) teil und befreite Schweden aus der Abhängigkeit von Lübeck und der Hanse. Mit der Neuordnung der Landesverteidigung und der Verwaltung gelang ihm die Stärkung des Königshauses.

Gustav II. Adolf

schwed. König
* 19.12.1594 in Stockholm
† 16.11. 1632 bei Lützen

Der Enkel von →Gustav I. wurde nach dem Tod seines Vaters, König Karl IX., 1611 für mündig

erklärt. G. führte mit dem Reichskanzler Axel Oxenstjerna vorbildliche Gerichts- und Verwaltungsreformen durch, förderte das Wirtschaftsleben und schuf ein schlagkräftiges Heer. Damit ermöglichte er siegreiche Feldzüge gegen Dänemark, Russland sowie Polen und konnte die Großmachtstellung Schwedens begründen. Zur Rettung des Protestantismus und aus Sorge um die schwedische Herrschaft an der Ostsee griff G. 1630 in den Dreißigjährigen Krieg ein. Nach siegreichen Schlachten gegen →Tilly und →Wallenstein fiel er in der Schlacht bei Lützen.

Gutenberg, Johannes

(eigtl.: J. Gensfleisch)
dt. Buchdrucker
* um 1397 in Mainz
† 3.2.1486 in Mainz

G. gilt als der Erfinder des Buchdrucks mit beweglichen, immer wieder in neuen Kombinationen verwendbaren, aus Metall gegossenen Lettern sowie des dazu erforderlichen Gießinstruments. Er war in Straßburg als Edelsteinschleifer und Spiegelmacher zu Wohlstand gelangt. Aber für seine jahrelangen Versuche und den Bau einer starken Presse benötigte er mehr Geld. So kehrte er 1448 nach Mainz zurück, wo er sich von Johannes Fust Geld lieh. 1452 konnte G. mit der praktischen Arbeit beginnen und die 42-zeilige Bibel herstellen (1452–55). 47 Exemplare dieser Bibel sind erhalten, davon 12 als Pergamentdrucke. Durch Meinungsverschiedenheiten mit seinem Geldgeber J. Fust kam es zum Prozess, und G. verlor seine Werkstatt. Er konnte sie mit erneut geliehenem Geld wieder aufbauen, über deren Tätigkeit jedoch nichts bekannt ist. Seit 1900 steht in Mainz das G.-Museum, das seit 1962 als das „Weltmuseum der Druckkunst“ gilt.

Hadrian(us), Publius Aelius

röm. Kaiser
* 24.1.76 in Italica, Spanien
† 10.7.138 in Baiae bei Neapel

H., der Waise war, wurde von seinem Vormund Trajan adoptiert und erhielt 117 die Kaiserwürde. Er beendete die Expansionspolitik Roms und sicherte die Reichsgrenzen durch den planmäßigen Ausbau des Limes in Germanien und die Errichtung des Hadrianwalls in Britannien (122–128). Im Osten legte H. den Euphrat als Grenze fest. 134/35 schlug er den Judenaufstand unter Bar Kochba nieder. Innenpolitisch führte H. Wirtschafts- und Verwaltungsreformen ein, baute das Beamtensystem aus, sorgte für Rechtskodifikation und humane Rechtssprechung. Er war ein Verehrer und Förderer der griechischen Kultur. H. ließ das Pantheon in Rom wieder aufbauen und den Monumentaltempel des Zeus Olympios in Athen vollenden, sein Mausoleum (die spätere Engelsburg) sowie die Villenanlage von Tibur (Tivoli) im klassizistischen Stil errichten. Seine Autobiografie, Gedichte und Reden sind überliefert.

Hahn, Otto

dt. Chemiker
* 8.3.1879 in Frankfurt a.M.
† 28.7.1968 in Göttingen

H. schuf durch die Entdeckung der Kernspaltung (1938) die Grundlage für die Nutzung der

Atomenergie. Er entdeckt u. a. die radioaktiven Elemente Radiothorium und Radioactinium und zusammen mit der österreichischen Physikerin Lisa Meitner das Protactinium. Gemeinsam mit Friedrich Strassmann gelang es H. den Atomkern des Urans durch Beschuss von langsamen Neutronen zu spalten. Für diese Entdeckung erhielt er 1944 den Nobelpreis für Chemie. H. war von 1910–34 Professor in Berlin, 1929–45 Direktor des Kaiser-Wilhelm-Instituts für Chemie und 1946–60 Präsident der Max-Planck-Gesellschaft. 1957 unterzeichnete er das Göttinger Manifest gegen atomare Aufrüstung der Bundeswehr. Zu H.s bedeutenden Veröffentlichungen gehören *Angewandte Radiochemie* (1936), *Neue Atome* (1950) sowie *Von Radiothor zur Uranspaltung* (1962).

Halley, Edmond

engl. Astronom
* 8.11.1656 in Haggerstone bei London
† 25.1.1742 in Greenwich

H., königlicher Astronom und der Direktor der Sternwarte Greenwich entdeckte die Eigenbewegung der Sterne und beobachtete als erster den Merkurdurchgang vor der Sonne. H. berechnete die Bahnen von 24 Kometen, darunter die des nach ihm benannten *Halleyschen Kometen* mit einer Umlaufzeit von 76 Jahren, der 1986 wieder erschien. H. befasste sich mit der astronomischen Ortsbestimmung auf See durch Beobachtung der Mondbewegung. 1688 zeichnete er die erste meteorologische Generalkarte und kartierte 1702 die Gezeiten im Ärmelkanal. 1730 wurde H. als Professor für Geometrie nach Oxford berufen, wo er ein Observatorium auf dem Dach seines Hauses baute, das heute noch zu bestaunen ist.

Hals, Frans

niederl. Maler
* um 1583 in Antwerpen (?)
† 26.8.1666 in Haarlem

H. schuf eine vom italienischen Einfluss befreite Barockmalerei, die durch das Erstarken des niederländischen Bürgertums gefördert wurde und einen typischen Charakter erhielt. Er kam aus dem Flämischen nach Holland und war als Vorsteher der Malergilde hoch angesehen und stand in engem Kontakt zu P. P. →Rubens und A. van →Dyck. Mit seinen Gestalten, die aus dem volkstümlichen Leben gegriffen waren, wurde er zum Meister der Bildnismalerei und zum Sittenschilderer seiner Zeit. H.' Malkunst wurde immer lebendiger und lockerer und war von leuchtender Farbigkeit, besonders in Einzelporträts, Regenten- und Schützenstücken (*Festmahl der Offiziere der Sankt-Georgs-Schützengilde,* 1616; *Lachender Trinker,* 1628/1630; *Herr Bodophe,* 1643).

Hammurapi

(auch Hammurabi)
babylon. König
* um 1760 v. Chr.
† um 1686 v. Chr.

H. war der sechste König der 1. Dynastie von Babylon. Er vereinigte die rivalisierenden Kleinstaaten zu einem Großreich, das sich schließlich über das gesamte Zweistromland bis zum Persischen Golf erstreckte. Auf seiner Stele aus Diorit (1901 gefunden, heute im Louvre, Paris) ist ein großer Teil der von ihm erlassenen Gesetze des öffentlichen und privaten Rechts erhalten, die älteste Gesetzessammlung der Welt. H. führte sein Reich zu wirtschaftlicher Blüte. In der Literatur förderte er das Akkadische gegenüber dem Sumerischen *(Gilgamesch-Epos).* Es entstanden Tempel und Paläste; Mathematik, Astronomie und Medizin wurden gefördert.

Händel, Georg Friedrich

dt. Komponist
* 23.2.1685 in Halle, Saale
† 14.4.1759 in London

H., der Meister der barocken Orgelmusik, wurde mit der Uraufführung des *Messias* (1742), eines Orgelkonzerts für Chor und Orchester, weltberühmt. Seine Ausbildung erhielt er in Halle und Italien, wo er die berühmtesten italienischen Komponisten seiner Zeit kennen lernte. H. wirkte an der Hamburger Oper (seine erste Oper *Almira,* 1705), dann als Kapellmeister in Hannover und ließ sich 1712 in London nieder und wurde 1714 zum Hofkomponisten ernannt. Hier führte H. erfolgreich seine Oper *Rinaldo* auf (1711). Seine zahlreichen, im Stil der neapolitanischen Schule gehaltenen Opern gehören zu den bedeutendsten Werken der spätbarocken „Opera seria". Nach schwerer Krankheit wandte sich H. ab 1740 der Komposition von Oratorien zu. Diese bilden mit ihrer Verbindung von englischer Chortradition und Stilelementen der italienischen Oper den Höhepunkt der Oratorien-Musik (u. a. *Israel in Ägypten,* 1739; *Saul,* 1739; *Samson,* 1743; *Judas Maccabaeus,* 1747; *Theodora,* 1750). Zu seinen bedeutendsten Orchesterwerken gehört die *Feuerwerksmusik* (1749), entstanden anlässlich des Aachener Friedens.

Hannibal

karthag. Feldherr
* 247 oder 246 v. Chr. in Karthago
† 183 v. Chr. in Libyssa (Kleinasien)

H., Sohn des karthagischen Feldherren Hamilkar Barkas, wurde durch seine Erziehung zum unversöhnlichen Römerfeind. Durch die Eroberung von Sagunt (219) löste er den 2. Punischen Krieg aus (218–01). 218 überschritt H.

die östlichen Pyrenäen, durchzog Gallien und überquerte mit 30 000 Mann Fußvolk, 8000 Reitern und 37 Kriegselefanten die Alpen und schlug in drei großen Schlachten die römischen Heere. Zu einem Debakel für die Römer wurde die Schlacht bei Cannae (Apulien), in der Barkide 8 röm. Legionen (ca. 80 000 Mann) vernichtete. Rom selbst konnte H. nicht erobern („H. ante portas!", 211). Seine Truppen wurden durch die römische Hinhaltetaktik geschwächt und erhielten kaum noch Nachschub aus der Heimat. Schließlich wurde 207 auch das zur Verstärkung anrückende Heer seines Bruders Hamilkar vernichtend geschlagen. 203, nach Karthago zurückgerufen, verlor er die Schlacht bei Zama gegen →Scipio d. Ä. (202), was die Zerschlagung der karthagischen Großmacht bedeutete. Nach der Beendigung des 2. Punischen Krieges floh H. 195 nach Syrien zu →Antiochos III., nach dessen Niederlage bei Magnesie 189 nach Kreta und schließlich nach Bithynien in Kleinasien. Als Rom erneut seine Auslieferung verlangte, setzte er seinem Leben durch Gift ein Ende.

Hardy, Thomas

engl. Schriftsteller
* 2.6.1840 in Upper Bockhampton, Dorset
† 11.1.1928 in Max Gate, Dorset

Mit seiner Erzählkunst und der düster-pessimistischen Weltbetrachtung stand H. an der Schwelle zwischen spätviktorianischem Zeitalter und Moderne. Er schrieb tragische, naturalistische Romane in der heimatlichen Landschaft von Dorsetshire, die mit den Schicksalen ihrer Personen unheilvoll verwoben ist (z. B.

Tess von D'Urbervilles, 1895, dt. 1925; 1979 von Roman Polanski verfilmt). H. war zunächst Architekt in London und betätigte sich erst ab 1880 als freier Schriftsteller. Zu seinen bekanntesten Werken gehört auch das epische Geschichtsdrama *The Dynasts* (1903–08), das die Napoleonischen Kriege zum Thema hat.

Hartmann von Aue

mittelhochdt. Dichter
* um 1160
† nach 1210

Über die Herkunft des alemannischen Klosterschülers H. ist kaum etwas bekannt. Der aus einer allemanischen Ministerialfamilie stammende und im Kloster erzogene H. gehört neben →Gottfried von Straßburg und →Wolfram von Eschenbach zu den drei großen höfischen Epikern der staufischen Epoche. Wohl als Ritter nahm er wahrscheinlich am Kreuzzug →Friedrich Barbarossa von 1189–92 teil. In seinem Büchlein (um 1180–85) entwickelte H. in Form eines Streitgesprächs zwischen Seele und Leib eine höfische Minnelehre. Seine größten Werke sind jedoch die stilistisch eleganten höfischen Versepen *Erec* (um 1190) und *Iwein* (1200), Übersetzungen der französischen Artusromane von Chrétien de Troyes. Sie sind im Gegensatz zur Vorlage ethisch ausgerichtet und behandeln das Problem des Schuldigwerdens des ritterlichen Menschen, der durch leidvolles Bemühen und Ausübung seiner höfischen Pflichten doch Gnade und Sühne erlangt. Von derselben ethisch-moralischen Thematik sind die Verslegenden *Gregorius* (1195/96) und *Der arme Heinrich* (nach 1199). Bedeutend sind auch H.s formvollendete Lieder der hohen Minne und mehrere Kreuzzugslieder.

Harun al Raschid

abbasid. Kalif
* 766 in Rei, Teheran
† 24.3.809 in Tus, Meschhed

H., der Kalif aus der Abbasiden-Dynastie, war ein Förderer von Kunst und Wissenschaft. Unter seiner Herrschaft erlebte das Abbasidenreich ein Zeitalter der wirtschaftlichen und kulturellen Blüte. H. soll mit →Karl dem Großen einen Briefwechsel gehabt haben, was jedoch in der Forschung umstritten ist. Seine Gerechtigkeit und Weisheit , die in der berühmten Märchensammlung *Tausendundeine Nacht* gerühmt werden, wurde in späteren Berichten stark idealisiert.

Hassan II.

König von Marokko
* 9.7.1929 in Rabat

H., seit 1961 auf dem marokkanischen Thron, schuf mit der Verfassung von 1972 eine „konstitutionelle, demokratische und soziale Monarchie". Er regiert jedoch mit fast unumschränkter Machtfülle. H., der sich als Mittler zwischen der westlichen und der arabischen Kultur sieht, überlebte bereits zwei Attentate (1971/72). Trotz des Verbots durch die UNO annektierte er 1975/76 nach dem Abzug der Spanier das Gebiet Westsahara. Während der Golfkrise (1990/91) war H. auf der Seite der Gegner Iraks.

Hastings, Warren

brit. Staatsmann
* 6.12.1732 in Churchill, Oxfordshire
† 22.8.1818 in Daylesford, Worcestershire

H. begann seine Karriere bei der Ostindischen Kompanie und kam als Angestellter 1750 nach Kalkutta. Zunächst Gouverneur von Bengalen wurde H. 1774 der erste britische Generalgouverneur von Ostindien. H. dehnte die Macht der Ostindischen Kompanie auf die Rechtsprechung und die Gesetzgebung aus (Opiumsteuer), wobei er rigide Vorgehensweisen nicht scheute. H. gelang die Festigung der britischen Herrschaft auf dem indischen Subkontinent. Nach seiner Rückkehr nach Großbritannien (1785) wurde er vom Unterhaus wegen Willkürherrschaft und persönlicher Bereicherung angeklagt, jedoch vom Oberhaus 1795 freigesprochen.

Hatschepsut

altägypt. Königin
etwa 1490–1470 v. Chr. (Regierungszeit)

H., eine der bedeutendsten Persönlichkeiten der 18. Dynastie, wurde die Hauptgemahlin ihres Halbbruders Thutmosis II. Nach dessen Tod fiel der Thron dem Stiefsohn und Neffen von H., Thutmosis III., zu, der jedoch noch unmündig war. Daher übernahm sie stellvertretend die Regentschaft, nahm aber 1488 Titulatur und Insignien eines männlichen Pharao an (bildliche Darstellungen mit Kinnbart). Mit Hilfe vorzüglicher Beamten führte H. ein ausgewogenes Friedensregiment. Im Mittelpunkt der Außenpolitik standen kultureller und wirtschaftlicher Austausch. 1482 nahm sie die traditionellen Handelsexpeditionen ins Weihrauchland Punt (Ostafrika) wieder auf. H. erbaute ihren Todestempel Deir el-Bahri, bereicherte die Tempelanlage des Reichsgottes Amun durch zwei riesige Granitobelisken. Der Thronerbe Thutmosis III. machte seine Ansprüche als offizieller Erbe geltend. Unter seinem wachsenden Einfluss wurden die Minister der Königin gestürzt (um 1473). Es ist unbekannt, ob H. ihr Leben 1469/68 gewaltsam verlor oder nicht. Ihr Bild wurde an allen Orten vernichtet, und sie wurde in den späteren Königslisten nicht aufgeführt.

Haub, Erivan

dt. Unternehmer
* 29.9.1932 in Mühlheim an der Ruhr

Der Eigentümer der Tengelmann-Gruppe baute sein Unternehmen zu einem der größten Filialisten der Welt (Schwerpunkt Lebensmittel) auf. H., der als reichster Mann Deutschlands gilt (geschätztes Vermögen 9 Milliarden DM), wurde der Öffentlichkeit vor allem durch sein Engagement im Umweltschutz bekannt. Nach einer kaufmännischen Ausbildung und dem Studium der Wirtschaftswissenschaften übernahm er 1969 die Leitung der Tengelmann-Gruppe. In den folgenden Jahren leitet H. die Expansion des Unternehmens ein (Kaiser's, Löwa Warenhandel GmbH, A & P). Ab 1984 setzte er sich verstärkt für den Umweltschutz ein und führte Umweltaktionen in seinen Ladenketten durch (z. B. keine Froschschenkel und Schildkrötensuppe im Angebot, keine phosphathaltigen Waschpulver, ab 1990 quecksilberfrei Batterien). Von der Umweltschutzorganisation WWF (World Wide Fund for Nature) wurde H. 1990 zum „Ökomanager des Jahres" gekürt.

Hauptmann, Gerhart

dt. Dichter
* 15.11.1862 in Ober-Salzbrunn, Schlesien
† 6.6.1946 in Agnetendorf, Schlesien

H. wurde mit seinen bühnenwirksamen sozialen Milieu- und Familiendramen (*Vor Sonnenaufgang,* 1889) sowie mit der Diebeskomödie *Der Biberpelz* (1893) und der Tragikomödie *Die Ratten* (1911) zum bedeutendsten Vertreter des Naturalismus. Berühmt wurde der Dichter besonders für seine erschütternd-aufrüttelnde Dramatisierung des Weberaufstandes von 1844 in dem Stück *Die Weber* (1892). Die Werke *Fuhrmann Henschel* (1899), *Michael Kramer* (1900) und *Rose Bernd* (1903) haben den leidenden Menschen zum Grundthema. H., der Naturwissenschaften, Philosophie und Geschichte studierte und Bildhauer werden wollte, wandte sich ab 1884 ganz seiner dichterischen Arbeit zu. Neben seinen realistischen Stücken schrieb er auch neuromantisch-symbolische schlesische Märchen (*Hannele,* 1984; *Die versunkene Glocke,* 1897; *Der arme Heinrich,* 1902). Der leicht ironisierende Roman *Der Narr in Emanuel Quint* entstand 1910. Nach dem I. Weltkrieg gestaltete er antike Stoffe und die Gewalt menschlicher Leidenschaften in symbolisch-mythologischen Dramen (*Der Bogen des Odysseus,* 1914; *Des großen Kampffliegers Till Eulenspiegel Abenteuer,* 1928). Seine Spätwerke tragen Bekenntnischarakter (*Der große Traum,* 1942; *Der neue Christophorus,* 1943). H., der während der Weimarer Republik als intellektuelle Symbolfigur verehrt wurde, bezog nach der Machtergreifung der Nationalsozialisten keine eindeutige Stellung gegen die neuen Herrscher und ließ sich vielfach von ihnen vereinnahmen. 1912 erhielt er den Nobelpreis für Literatur.

Hauser, Kasper

dt. Findelkind
* angeblich 30.4.1812 in Karlsruhe
† 17.12.1833 in Ansbach

H. tauchte 1828 verwahrlost und geistig unterentwickelt in Nürnberg auf. Nach eigenen Angaben war er in einem dunklen Verließ ohne jeden menschlichen Kontakt aufgewachsen. Die pädagogischen Bemühungen konnten H.s durch langjährige Isolierung verkümmerten Seelenzustand nicht heilen (*Kasper-Hauser-Komplex:* Entwicklungsstörungen, die auf fehlende soziale Bindungen zurückgehen). Er starb an einer ihm von einem Unbekannten beigebrachten Stichwunde. Um H.s Herkunft rankt sich eine reiche Literatur. Die Vermutung, dass es sich bei H. um einen Urenkel des Großherzogs Karl Friedrich von Baden handelt, der als Erbprinz ein mögliches Opfer eines dynastischen Verbrechens wurde, ist 1996 mittels DNS-Analyse jedoch widerlegt worden.

Havel, Václav

tschech. Schriftsteller und Politiker
* 5.10.1936 in Prag

In H.s politisch engagiertem literarischen Schaffen steht das Drama *Das Gartenfest* (1963, dt. 1967) im Mittelpunkt. Er setzt sich darin mit den Gefahren totalitärer Machtansprüche für Staat und den Einzelnen auseinander. In seinen weiteren vom absurden Theater beeinflussten Bühnenstücken verfolgte H. diese Thematik weiter (*Die Benachrichtigung,* 1965, dt. 1967; *Largo Desolato,* 1984, dt. 1984). 1968 wirkte H. maßgeblich an der Reformbewegung des Prager Frühling mit und war Mitbegründer der „Charta 77" (1977). Seine Werke erschienen ab 1976 nur noch im Ausland. Als Vertreter der Menschenrechte war er trotz schwerer Erkrankung mehrmals in Haft (1979–83, 1985 und 1989). Nach der Beendigung der kommunistischen Herrschaft wurde H. Präsident der Tschechoslowakei (Dezember 1989) und ist seit der Teilung des Landes (Januar 1993) Staatspräsident der Tschechischen Republik. H. erhielt 1969 den österrischen Staatspreis für Literatur, 1989 den Friedenspreis des Deutschen Buchhandels und wurde 1991 mit dem Karlspreis ausgezeichnet.

Hawking, Stephen William

brit. Physiker und Kosmologe
* 8.1.1942 in Oxford

H. ist einer bedeutendsten theoretischen Physiker unserer Zeit. Der Professor für Physik an der Universität Cambridge (seit 1977) veröffentlichte 1988 sein populärwissenschaftliches

Werk *Eine kurze Geschichte der Zeit – Die Suche nach der Urkraft des Universums.* H. schuf eine Theorie der Schwarzen Löcher, in denen das sich explosionsartig ausdehnende Universum irgendwann als Raum-Zeit-Kontinuum endet. Er lieferte bahnbrechende theoretische Arbeiten über den Ursprung und die Entwicklung des Kosmos („Urknall"). In seinen neuesten Forschungen versucht er die Quantenmechanik und die Relativitätstheorie in einer Theorie zusammenzufassen.

Hawks, Howard

amerik. Filmregisseur
* 30.5.1896 in Goshen (IN)
† 26.12.1977 in Palm Springs (CA)

Bekannt wurde H. vor allem durch spannende Gangster- und Abenteuerfilme (*Scarface,* 1932; *Land der Pharaonen,* 1955; *Hatari!,* 1962) sowie Western bekannt (*Red River,* 1948; *Rio Bravo,* 1959). Er drehte auch eine Reihe von erfolgreichen Komödien (*Leoparden küsst man nicht,* 1938; *Ich war eine männliche Kriegsbraut,* 1949; *Blondinen bevorzugt,* 1953), in denen Cary Grant häufig die Hauptrolle spielte. H.s Filme *Haben und Nichthaben* (1944) und *Tote schlafen fest* (1946) zählen zu den Klassikern Hollywoods.

Haydn, Franz Joseph

österr. Komponist
† 31.3.1732 in Rohrau, Niederösterreich
† 31.5.1809 in Wien

H. ist neben W.A. →Mozart und L. van →Beethoven einer der Großmeister der Wiener

Klassik. Seine musikalische Ausbildung erhielt er als Chorknabe im Wiener Stephansdom (1740–49). 1761–90 war er Kapellmeister des Fürsten Esterházy in Eisenstadt, ließ sich anschließend in Wien nieder. Der inzwischen international berühmte Komponist ging

1790–92, dann 1794/95 auf Konzertreisen nach England (1791 Ehrendoktor der Universität Cambridge). Hier lernte H. G. F. →Händel kennen, dessen Oratorien ihn zur Komposition seiner Oratorien *Die Schöpfung* (1798) und *Die Jahreszeiten* (1801) inspirierten. H. hinterließ ein sehr umfangreiches Werk, für das der Niederlander Anthony van Hoboken ein Werkverzeichnis anlegte: 104 Sinfonien (*Abschiedssinfonie,* 1772), 83 Streichquartette (*Kaiserquartett*), 60 Sonaten sowie Variationen und Einzelsätze für Klavier, 14 Messen (u. a. *Pauken-, Nelson-, Theresien-* und *Schöpfungsmesse*), Lieder und Arien, 13 italienische Opern.

Hearst, William Randolph

amerik. Verleger
* 29.4.1863 in San Francisco
† 14.8.1951 in Beverly Hills (CA)

H. gilt – mit seinem schärfsten Konkurrenten Joseph Pulitzer – als der Wegbereiter des Boulevardjournalismus in den USA. Nachdem er 1887 von seinem Vater den *San Francisco Examiner* übernahm, baute er den größten Pressekonzern der USA auf (1995 etwa 100 Zeitungsunternehmen, mit eigenem Nachrichtendienst) und gewann starken Einfluss. Die Titelfigur in dem Film *Citizen Kane* (von O. →Welles) ist H. nachempfunden.

Hebbel, Christian Friedrich

dt. Dramatiker
* 18.3.1813 in Wesselburen, Dithmarschen
† 13.12.1863 in Wien

H., der Schöpfer der realistischen Tragödie beeinflusste das Drama des 19. Jh.s maßgeblich. Der Sohn eines Maurers, der in ärmlichen Verhältnissen aufwuchs, war ein Autodidakt und betätigte sich 1827–35 als Schreiber. Später studierte er Literatur und Philosophie in Heidelberg und München. Die ersten Erfolge hatte er mit den Tragödien *Judith* (1841) und *Genoveva* (1843). Nach seiner Verheiratung mit der Schauspielerin Christine Enghaus (1846) ließ er sich in Wien nieder. H.s Tragödien zeigen das Individuum im Wendepunkt zweier Epochen. Es wird gegen die höhere Weltordnung (z. B. das Berufsstandsethos und der Tugendbegriff des Bürgertums) schuldig und muss notwendig an der Wiederherstellung dieser rigiden Ordnung zugrunde gehen. Zu seinen bedeutendsten Werken zählen das bürgerliche Trauerspiel *Maria Magdalena* (1844) sowie die historisch-mythischen Dramen *Herodes* und *Marianne* (1849), *Agnes Bernauer* (1852), *Gyges und sein Ring* (1856), die Trilogie *Die Nibelungen* (1861) und *Demetrius* (1864). Weniger erfolgreich waren seine Lustspiele und Lyrik.

Hegel, Georg Wilhelm Friedrich

dt. Philosoph
* 27.8.1770 in Stuttgart
† 14.11.1831 in Berlin

H. war der einflussreichste Vertreter des Deutschen Idealismus, den er vom Subjektivismus (Leib-Seele-Verhältnis, Verstand, Wille) J. G. →Fichtes und vom Objektivismus (Recht, Moralität, Sittlichkeit) F. W. J. → Schellings trennte. Das Ziel seiner Philosophie ist es die Einheit von Sein und Denken nachzuweisen, die sich in

dialektischen Schritten zu einem „Absoluten" hin vollzieht („Alles Vernünftige ist wirklich, und alles Wirkliche ist vernünftig"). Nach dem Studium der Philosophie und Theologie (gemeinsam mit Schelling und F. →Hölderlin) war H. Hauslehrer, ab 1801 Professor in Jena. 1806 flüchtete er vor den Franzosen nach Bamberg, wo er Redakteur der Bamberger Zeitung, ab 1808 Gymnasialdirektor in Nürnberg war. H.s bedeutendstes Werk *Phänomenologie des Geistes* erschien 1807 und beeinhaltet die Weiterentwicklung der Dialektik hin zur Theorie des absoluten Geistes. 1812 veröffentlichte er seine Wissenschaft der Logik, ab 1816 lehrte er in Heidelberg Logik, Metaphysik und Naturrecht sowie Geschichte der Philosophie. Ein Jahr nach dem Erscheinen der *Enzyklopädie der philosophischen Wissenschaften* (1817) wurde H. Fichtes Nachfolger an der Universität Berlin, 1829 Rektor der Universität. Er starb an einer Choleraepidemie. H.s größter unmittelbarer Einfluss ging von seinen postum veröffentlichten Vorlesungen aus. Sein Denken, das auch romantische Tendenzen einschließt, stellt eines der größten spekulativen Systeme in der Philosophiegeschichte Europas dar. Es wirkte im Marxismus und anderen philosophischen Lehren fort.

Heidegger, Martin

dt. Philosoph
* 26.9.1889 in Meßkirch, Baden
† 26.5.1976 in Freiburg, Breisgau

H., führender Vertreter der deutschen Existenzphilosophie, wurde mit seinem 1927 erschienen Hauptwerk *Sein und Zeit* bekannt. Im Vordergrund seines Denkens steht jedoch nicht die Existenz, sondern das „Sein". Auf die Frage nach dem Sinn des Seins versucht H. zunächst die Antwort für das menschliche „Dasein" zu geben, den Menschen in seiner wirklichen Existenz, seiner Befindlichkeit, seiner Angst vor dem Tod zu erfassen. H. hat nicht nur die Philosophie in Deutschland beeinflusst, sondern ganz besonders den französischen Existenzialismus (A. →Camus, J. P. →Sartre) und fand auch in Südamerika und Japan große Beachtung. Darüber hinaus hat H. durch seine Auseinandersetzung mit der Tradition neue philosophiegeschichtliche Perspektiven eröffnet und der Pädagogik, Psychatrie, Kunst- und Literaturwissenschaft neue Impulse gegeben. Nach dem Studium der Philosophie und Theologie (1919–13) war H. Professor in Marburg (1922–28), übernahm 1928 die Nachfolge seines Lehrers E. →Husserl in Freiburg, wurde 1933 Rektor der Universität Freiburg. Anfangs sympathisierte er mit dem Nationalsozialismus, sah aber seinen Irrtum bald ein und trat ein Jahr später zurück. Die Distanzierung vom Regime brachte H. dessen Ächtung. Weitere bedeutende Werke von ihm sind *Was ist Metaphysik?* (1929), *Vom Wesen der Wahrheit* (1943), *Holzwege* (1950), *Was heißt Denken* (1954), *Unterwegs zur Sprache* (1959), *Phänomenologie und Theologie* (1970).

Heine, Heinrich

dt. Dichter
* 13.12.1779 in Düsseldorf
† 17.2.1856 in Paris

H., der aus einer jüdischen Kaufmannsfamilie stammte, studierte nach einer erfolglosen kaufmännischen Laufbahn Jura. 1825 trat er zum Protestantismus über. Seine ersten dichterischen Erfolge hatte H. mit *Reisebilder* (1826–31), in denen er seine persönlichen Stimmungen und Eindrücke von Natur, Politik und Gesellschaft mit kritischer Reflexion und Ironie verband. Eine Wanderung durch den

Harz, während der er auch J. W. →Goethe besuchte, fand vor allem in der *Harzreise* (1827) ihren Niederschlag. International bekannt wurde H. mit seinem Werk *Buch der Lieder* (1827). Er unternahm häufig Reisen und war ab 1831 als Korrespondent der Augsburger *Allgemeinen Zeitung* in Paris und ließ sich hier nieder. Die Eindrücke seiner Reisen hielt H. in den satirischen Vers-Epen *Atta Troll* (1843) und *Deutschland, ein Wintermärchen* (1844) fest, die die politischen und gesellschaftlichen Verhältnisse der Restaurationsepoche in Deutschland geißelten. Ab 1835 wurden seine Schriften trotz begeisterter Aufnahme in Öffentlichkeit und literarischer Welt in Deutschland verboten. Ein unheilbares Rückenmarksleiden fesselte den Dichter ab 1848 bis zu seinem Tod ans Bett (*Romanzero,* 1851; *Vermischte Schriften,* 1853/54). H. versuchte mit kulturellen und politischen Berichten aus Frankreich einen Ausgleich mit Deutschland zu schaffen (*Französische Zustände,* 1833; *Die romantische Schule,* 1836). Mit seinem zukunftsweisenden journalistischen Stil gilt er als Begründer des modernen Feuilletons. Von seinen Balladen *(Loreley)* wurden viele von F. →Schubert und R. →Schumann vertont.

Heinrich I.

dt. König
* um 875
† 2.7.936

H., Sohn Herzog Ottos I. aus dem Haus der Liudolfinger, wurde als Herzog von Sachsen zum Nachfolger vom König Konrad I. bestimmt und 910 von den Sachsen und Franken bestätigt. Seine Anerkennung durch Bayern und Schwaben musste er sich erkämpfen. 925 gewann H. Lothringen für das Reich, erkaufte sich durch Tributzahlungen einen Waffenstillstand mit Ungarn (926). In dieser Zeit konnte er die Elbslawen und die Böhmen unterwerfen und ein Reiterheer sowie Burganlagen aufbauen. So gerüstet, kündigte er die Zahlungen an Ungarn auf und besiegte sie 933 bei Riade an der Unstrut. Damit konnte H. das Reich nach innen und außen festigen.

Heinrich II.

engl. König
* 5.3.1133 in Le Mans
† 6.7.1189 in Chinon

H., aus dem Hause Plantagenet, setzte sich 1154 im Kampf um die Krone gegen Stephan I. von Blois durch. Er erbte von seinem Vater Anjou, Maine und Touraine, von der Mutter (Mathilde, Tochter des engl. Königs Heinrich I.) England und die Normandie mit der Lehenshoheit über die Bretagne. Durch die Ehe mit Eleonore von Aquitanien besaß H. Poitou und Guyenne mit der Gascogne. Dieses so entstandene Anjevinische Reich machte ihn auf frz. Boden mächtiger als den König von Frankreich selbst. Es gelang ihm gegenüber den Baronen die Zentralgewalt wieder herzustellen. In den Konstitutionen von Clarendon (1164) beanspruchte H. das Verfügungsrecht über die kirchl. Güter und die Gerichtshoheit über die Geistlichkeit. Thomas Beckett, der Erzbischof von Canterbury und frühere Kanzler H.s, der die Konstitutionen nicht anerkannte, wurde von den königlichen Rittern ermordet (1170). 1171/72 konnte H. Teile Irlands erobern und hier die englische Herrschaft begründen. Die Regentschaft ging auf seine Söhne →Richard Löwenherz und später →Johann ohne Land über.

Heinrich III.

röm.-dt. Kaiser
* 28.10.1017 in Osterbeck, Geldern
† 5.10.1056 in Pfalz Bodfeld, Harz

H., Sohn Kaiser Konrads II. aus dem Hause der Salier, wurde ein Jahr nach seinem Regierungsantritt als Herzog von Bayern 1027 deutscher König und 1039 Herzog von Schwaben und Kärnten sowie König von Burgund. Er förderte die Wirtschaft und sicherte die Macht im Osten mit der Unterwerfung Böhmens (1041) und der ungarischen Lehensnahme (1045). H. unterstützte die kirchlichen Reformbewegungen von Cluny und setzte 1046 die rivalisierenden Päpste ab und erhob Bischof Suitger von Bamberg als Clemens II. zum neuen Papst. Im selben Jahr ließ er sich von ihm zum Kaiser krönen und festigte damit seine Macht über das Papsttum.

Heinrich IV.

röm.-dt. Kaiser
* 11.11.1050 in Goslar
† 7.8.1106 in Lüttich

H. wurde nach dem Tod seines Vaters →Heinrich III. 1056 König. Für den noch Minderjährigen führten zunächst seine Mutter Agnes von Poitou, dann die Erzbischöfe Anno II. von Köln und Adalbert I. von Bremen die Regentschaft (1062). Nach seinem Herrschaftsantritt 1065 wandte sich H. gegen die inzwischen mächtig gewordenen Reichsfürsten und warf einen Aufstand (1073–75) der Sachsen nieder. In Italien hatte inzwischen das Reformpapsttum mächtig gegen die Gepflogenheiten der röm.-dt. Könige aufbegehrt in Italien oder anderswo Bischofsstühle zu besetzen und über Kirchengüter zu verfügen. Das Verbot der Laieninvestitur durch Papst →Gregor VII. führte schließlich zum Kirchenbann und Absetzung des Königs. Reformeifer, aber auch Machtpolitik ließen viele weltliche und geistliche Fürsten Partei gegen H. ergreifen. Aus der Exkommunikation konnte sich H. nur durch den Gang nach Canossa vom Bann lösen, wo sich der Papst in die Burg der Mathilde von Tuszien zurückgezogen hatte. Rudolf von Schwaben, der zum Gegenkönig gewählt woden war, konnte H. 1080 erfolgreich bekämpfen. Nach erneutem Bann ließ H. Erzbischof Wibert von Ravenna als Clemens III. zum Gegenpapst wählen, der ihn 1084 zum Kaiser krönte. Durch die weiteren Kämpfe gegen das Reformpapsttum verlor er seine Herrschaft in Italien und wurde 1105 von seinem Sohn, dem späteren →Heinrich V. zur Abdankung gezwungen.

Heinrich V.

röm.-dt. Kaiser
* wahrscheinlich 11.8.1086
† 23.5.1125 in Utrecht

H., Sohn König →Heinrichs IV., empörte sich gegen seinen Vater und zwang ihn 1105 zur Abdankung. Nach der Thronbesteigung 1106 lehnte jedoch auch er das Invstiturverbot ab und erzwang 1111 vom Papst Paschalis II. die Kaiserkrönung. Die umfangreichen Besitzungen der verstorbenen Markgräfin Mathilde von Tuszien, die sie dem Hl. Stuhl vermacht hatte, zog H. gewaltsam ein. 1112 wurde H. gebannt, besetzte Rom erneut und stellte 1118 den Gegenpapst Gregor VIII. auf. 1122 beendete er den Investiturstreit durch Abschluss des Wormser Konkordats mit Papst Calix II. (ab 1119). Mit H. starb 1125 das Geschlecht der Salier aus.

Heinrich VI.

röm.-dt. Kaiser
* 1165 in Nimwegen
† 28.9.1197 in Messina

H., bereits zu Lebzeiten seines Vaters Kaiser →Friedrich I. Barbarossa zum König gekrönt, erhielt 1191 die Kaiserwürde. H., verheiratet mit Konstanze, Tochter Königs →Rogers II. und Erbin des süditalienischen Normannenstaates, setzte seine Ansprüche mit Waffengewalt durch (1194) und ließ sich in Palermo zum

König von Sizilien krönen. Inzwischen musste sich H. in Deutschland der welfischen Fürstenopposition erwehren, was ihm durch die Gefangennahme von König →Richard I. Löwenherz gelang (1193). Der Kaiser ließ den König von England erst gegen hohes Lösegeld wieder frei. Mit H. erreichte das Herrscherhaus der Staufer den Höhepunkt seiner Macht. Sein Plan die erbliche Thronfolge einzurichten und damit das Königreich Sizilien mit dem Kaiserreich dauernd zu verbinden, scheiterte am Widerstand der Reichsfürsten. H.s Sohn war der spätere Kaiser →Friedrich II., dem zunächst aber die dt. Königswürde verwehrt blieb.

Heinrich VIII.

engl. König
* 28.6.1491 in Greenwich
28.1.1547 in Westminster

Der prachtliebende und machthungrige Renaissancefürst H. gelangte besonders durch seine sechs Ehen zu zweifelhaftem Ruhm. Nach seinem Regierungsantritt heiratete er 1509 Katharina vom Aragonien, die Tochter Ferdinands II., und beteiligte sich am spanischen Krieg gegen Frankreich. Inzwischen führte der Kanzler, Kardinal Thomas Wolsey, bis 1529 die Staatsgeschäfte. Dessen Nachfolger Th. →Morus und Thomas Chromwell, ließ H. später hinrichten. Um seine kostspielige Politik und ausschweifende Hofhaltung finanzieren zu können, zog H. Kirchengüter ein, was zu Spannungen mit Rom führte. Als Papst Clemens VII. die Scheidung seiner ersten Ehe verweigerte, kam es zum Bruch mit der römischen Kirche. 1533 ließ H. seine Ehe von Thomas Cranmer, dem Erzbischof von Canterbury, für ungültig erklären und heiratete seine Geliebte Anna Boleyn (Mutter von →Elisabeth I.). Durch die Suprematsakte (1534) machte er sich zum Oberhaupt der von Rom gelösten englischen (anglikanischen) Kirche. Trotz seiner Bemühungen, die anglikanische Kirchenverfassung zu festigen, konnt H. die Ausbreitung des Calvinismus nicht verhindern. Er ließ Anna Boleyn wegen angeblichen Ehebruchs 1536 hinrichten. Seine dritte Frau Jane Seymour verstarb bei der Geburt des Thronfolgers Eduard VI. Von seiner vierten Frau Anna von Cleve ließ sich der König scheiden. Die fünfte Gemahlin H.s, Katharina Howard, musste ebenfalls unter dem Beil sterben. Lediglich die sechste Königin, Katharina Parr, überlebte Heinrich VIII.

Heinrich der Löwe

Herzog von Sachsen und Bayern
* um 1129 in Ravensburg
† 6.8.1195 in Braunschweig

H., aus dem Geschlecht der Welfen, erhielt die seinem geächteten Vater entzogenen Herzogtümer Sachsen (1142) und Bayern (1156) zurück, nachdem es durch den Regierungsantritt seines Vetters Kaiser →Friedrich I. zum Ausgleich zwischen Welfen und Staufern gekommen war. Sein Hauptinteresse galt der Gebietserweiterung und dem wirtschaftlichen Ausbau Sachsens durch Kreuzzüge gegen die Slawen sowie durch planmäßige Siedlungspolitik zwischen Unterelbe und Ostsee (Neugründung von Lübeck und Braunschweig). 1176 trat der Gegensatz Welfen-Staufer erneut hervor, als H. sich weigerte Kaiser Friedrich I. gegen die aufständischen lombardischen Städte zu unterstützen. Auch geriet er durch seine rücksichtslose Expansionspolitik mit den norddeutschen Reichsfürsten in Konflikt. 1179 verhängte Friedrich I. die Acht über H. und entzog ihm die Reichslehen Sachsen und Bayern, nachdem dieser sich mehrfach geweigert hatte auf dem kaiserlichen Hoftag zu erscheinen. 1181 ging er nach England in die Verbannung. Nach seiner Rückkehr 1185 kämpfte H. erneut um den welfischen Besitz, musste 1194 das Friedensangebot →Heinrichs VI. annehmen.

Heisenberg, Werner Karl

dt. Physiker
* 5.12.1901 in Würzburg
† 1.2.1976 in München

H., Schüler von M. →Born und N. →Bohr, gilt als einer der bedeutendsten theoretischen Physiker unserer Zeit. Der Mitbegründer der Quantenmechanik war 1927–41 Professor in Leipzig, lehrte später im Ausland. 1941–45 war H. Direktor des Kaiser-Wilhelm-Instituts für Physik in Berlin, ab 1949 Leiter des neugegründeten Max-Planck-Instituts. Aus der Quantentheorie entwickelte H. die nach ihm benannte Unschärferelation (1927), für die er 1932 den Nobelpreis erhielt. H. stellte fest, dass das Neutron wie das Proton zu den Bausteinen des Atomkerns gehört und dass beide Teilchen nur verschiedene Zustände desselben Elementarteilchen zeigen. 1940 entwarf er den ersten Kernreaktor und war im II. Weltkrieg mit der deutschen Atombombenentwicklung betraut. Ab 1960 arbeitete H. an der Aufstellung einer einheitlichen Feldtheorie (sog. Weltformel). Die Ergebnisse seiner Forschung fasste er in seinen zahlreichen Werken zusammen: u. a. *Die physikalischen Prinzipien der Quantentheorie* (1930), *Das Naturbild der heutigen Physik* (1955), *Physik und Philosophie* (1959), *Einführung in die einheitliche Feldtheorie der Elementarteilchen* (1966), *Schritte über Grenzen* (1971), *Neue Städte – Utopie und Wirklichkeit* (1972).

Helmholtz, Hermann von

dt. Naturwissenschaftler
* 31.8.1821 in Potsdam
† 8.9.1894 in Berlin

H. war Militärarzt und Anatomielehrer, ab 1849 Professor für Pysiologie und Physik. Der vielseitig interessierte Naturwissenschaftler machte eine Reihe von bedeutenden Erfindungen und Entdeckungen. H. untersuchte die Muskeltätigkeit und konnte 1847 das universell gültige Gesetz von der Erhaltung der Energie aufstellen. 1852 bestimmte er erstmals die Fortpflanzungsgeschwindigkeit von Nervenreizen.

Durch optisch-physiologische Erforschung des Sehvorganges gelang H. die Erfindung des Augenspiegels und einer Reihe heute untentbehrlicher optischer Instrumente (*Handbuch der physiologischen Optik,* 1867). Er entwickelte Theorien über das Farbsehen (Young-Helmholtzsche Dreifarbentheorie). In dem Werk *Lehre von den Tonempfindungen als physiologische Grundlage für die Theorie der Musik* (1863) fasste er die Ergebnisse seiner akustischen Forschungen zusammen (Frequenzanalyse im Innenohr). Naturerscheinungen (Gewitter, Wirbelstürme u.ä.) stellte H. mathematisch dar und wurde zum Begründer der Meteorologie. Er formulierte erstmals den Begriff der freien Energie und gab eine atomistische Deutung der Elektrizität.

Hemingway, Ernest Millar

amerik. Schriftsteller
* 21.7.1899 Oak Park (IL)
† 2.7.1961 in Ketchum (ID)

H., dessen Werk beispielgebend für die moderne Literatur wurde, stellt in realistischen Kurzgeschichten und Romanen das Leben als brutales Ereignis dar. Sein Stil, vom Journalismus geprägt, ist von präziser Wortwahl, seine Dialoge wirken lebensecht. H. verherrlicht in filmartig kurzen Szenen männlichen Mut als Überwindung menschlicher Unterlegenheit des Individuums in einem sinnlosen Kampf ums Dasein. Seine kämpferischen Helden sind häufig Jäger, Angler, Stierkämpfer und Kriegsteilnehmer. H. selbst nahm als Freiwilliger am I. Weltkrieg teil, war Kriegsberichterstatter im Nahen Osten; seine Erlebnisse aus dem Spanischen Bürgerkrieg gingen in sein wohl bekanntestes Werk, den Roman *Wem die Stunde schlägt* (1940, dt. 1941), ein. H. nährte den Mythos der Selbstidentifikation mit seinen Romanhelden, und als er sein Ideal der ständigen Bewährung in Herausforderung und Gefahr nicht verwirklichen konnte, schied er freiwillig aus dem Leben. H.s Werk wurde mehrfach ausgezeichnet. 1953 erhielt er den Pulitzerpreis, 1954 den Nobelpreis für Literatur. Zu seinen erfolgeichsten Titeln, von denen einige auch verfilmt wurden, zählen *Fiesta* (1926, dt.1928), *In einem anderen Land* (1929, dt. 1930), *Schnee am Kilimandscharo* (1936, dt. 1949), *Haben und Nichthaben* (1937, dt. 1951), *Der alte Mann und das Meer* (1952, dt. 1952); postum erschien der Roman *Inseln im Strom* (1970, dt. 1971).

Hendrix, James Marshall („Jimi“)

amerik. Rockmusiker
* 27.11.1942 in Seattle (WA)
† 19.9.1970 in London

H. war eine Symbolfigur des Underground-Rock. Nach seinen Erfolgstiteln *Hey Joe, Purple Haze, Star Spangled Banner* wurde er 1967 als der beste Rockgitarrist der Welt gefeiert und nahm einen wesentlichen Einfluss auf die Entwicklung der Rockmusik. H. erweiterte seine Technik durch elektronische Effekte und spielte bei seinen sensationellen Auftritten die Gitarre auch mit den Zähnen und der Zunge. Zu seinen spektakulärsten Konzerten zählt der Auftritt 1969 in Woodstock. H. starb bereits mit 27 Jahren nach Einnahme von Schlaftabletten und Alkoholgenuss.

Henkel, Fritz

dt. Unternehmer
* 20.3.1848 in Vöhl, Hessen
† 1.3.1930 in Düsseldorf

H. brachte das erste „Universal-Waschmittel“ auf den Markt und legte den Grundstein für den Aufstieg seiner 1876 gegründten Firma zu einem der größten Chemiekonzerne der Welt. Schon als Schüler interessierte er sich für Chemie. Nach einer Lehre in einer Farben- und Lackfabrik entwickelte er aus Soda und Wasserglas ein Waschmittel in Pulverform. Nachdem er seine Firma gründete, benannte er sein Produkt „Henkels Bleichsoda“, das zum großen Erfolg wurde. 1907 brachte H. sein neues Waschmittel auf den Markt: Persil, benannt nach den wichtigsten Bestandteilen Perborat und Silikat. Durch eine einmalige Werbekampagne wurde das erste „selbsttätige“ Waschmittel zum sensationellen Welterfolg. Heute umfasst das Unternehmen mehrere Bereiche: Organische Chemie (Farben, Lack), Feinchemie (kosmetische und pharmazeutische Chemie), Kosmetik und Körperpflege, Wasch- und Reinigungsmittel. 1993 hatte der Konzern 40 500 Beschäftigte und einen Weltumsatz von 14,1 Milliarden DM.

Heraklit

(auch Herakleitos)
griech. Naturphilosoph
* um 540 v. Chr. in Ephesos
† um 480 v. Chr. in Ephesos

H. war einer der größten frühgriechischen Denker. Seine sinnbildreichen, oft dunklen Schriften sind nur fragmentarisch erhalten. Nach seiner Philosophie wird alles durch Gegensätze bestimmt, die ständig ineinander umschlagen. Die Polaritäten finden im Logos, der gesetzlichen Ordnung der Weltvernunft, zu einer spannungsgeladenen Einheit und Harmonie. Das Feuer, Sinnbild der Veränderung, ist für H. der

Urstoff. Charakteristisch für seine Philosophie sind zwei Aussprüche: *Der Krieg ist der Vater aller Dinge* und *Niemand kann zweimal in den gleichen Fluss steigen.* H. beeinflusste →Plato und in der Neuzeit das Denken der Renaissance, →Hegels und →Nietzsches.

Herberger, Joseph („Sepp")

dt. Fußballtrainer und Sportlehrer
* 28.3.1897 in Mannheim
† 28.4.1977 in Mannheim

H., der Trainer der deutschen Nationalmannschaft (1936–64), errang 1954 in Bern mit seinem Team den Weltmeisterschaftstitel, obwohl der Finalgegner Ungarn hoher Favorit war. Der Erfolg der „Helden von Bern" löste in Deutschland große Begeisterung aus und machte H. zu einer legendären Fußballfigur.

Herder, Johann Gottfried

dt. Philosoph, Theologe und Dichter
* 25.8.1744 in Mohrungen, Ostpreußen
† 18.12.1803 in Weimar

H. gilt als der Initiator des Sturm und Drang und Wegbereiter der deutschen Klassik. Nach einer ärmlichen Jugend studierte er in Königsberg Medizin, Theologie und Philosophie und erhielt durch Förderung von Johann Georg Hamann eine Anstellung als Prediger in Riga; ab 1776 war er auf Fürsprache J. W. →Goethes Hofprediger in Weimar, dem H. bereits 1770/71 begegnet war und der ihn stark künstlerisch beeinflusst hatte. In Weimar entwickelte sich eine lebenslange spannungsvolle und fruchtbare Freundschaft zu Goethe und F. →Schiller. H. trat zuerst mit kritischen Abhandlungen zur Kunst und Literatur hervor (*Fragmente über die neue deutsche Literatur,* 1767; *Kritische Wälder,* 1769) und begann damit sein Wirken als großer Anreger der deutschen Geistesgeschichte. Eine Seereise nach Nantes (1769) wurde für ihn zu einem entscheidenden Bildungserlebnis (*Journal meiner Reise,* postum veröffentlicht). Später befasste er sich mehr mit geschichtsphilosophischen und philosophischen Problemen (auch eine Philosophie der Geschichte zur Bildung der Menschheit, 1774). Kennzeichnend für seine Auffassung ist, dass er Natur und Geschichte als Zusammenhang und in einem Fortschritt zu immer größerer Harmonie sieht. Das höchste Ideal und Ziel für die Entwicklung ist für ihn die Humanität (*Ideen zur Philosophie der Geschichte der Menschheit,* 4 Bde., 1784–91; Briefe zur Beförderung der Humanität, 1793–97). Seine Sprachphilosophie (*Abhandlung über den Ursprung der Sprache* 1772) hatte ihre Nachwirkung bis ins 20. Jh. H.s Beachtung der Volksdichtung beeinflusste besonders die Romantik (*Stimmen der Völker in Liedern* 1778/79).

Herodes I., der Große

jüd. König
* um 73 v. Chr. in Askalon
† 4 v. Chr. (?) in Jerusalem

H. war idumäisch-nabatäischer Herkunft und römischer Bürger. 47 war er Statthalter von Galiläa, 46 in der römischen Verwaltung von Syrien. Nach seiner Flucht vor dem Makkabäer Antigonos nach Rom, wurde H. von Markus →Antonius zum König der Juden ernannt. Ab 39 eroberte er mit römischer Hilfe das westjordanische Land, 37 Jerusalem. Mit seiner grausamen, vor allem gegen die Makkabäer gerichteten Innenpolitik sicherte H. seine Herrschaft. So wird er des Bethlehemitischen Kindermordes beschuldigt. Zu seiner ausgedehnten Bautätigkeit gehört u. a. die Neugestaltung des Jerusalemer Tempels. Nach seinem Tod teilte

Kaiser →Augustus die Herrschaft unter den drei Söhnen H.' auf.

Herodot(os)

griech. Geschichtsschreiber
* um 490 v. Chr. in Halikarnassos, Karien
† um 425 v. Chr. in Thurioi, Kalabrien

H. ist der älteste griechische Historiker und gilt als Vater der Geschichtsschreibung. Ab 444 lebte er in Thurioi, zwischendurch auch in Athen und war mit →Sophokles und →Perikles befreundet. H. unternahm ausgedehnte Reisen nach Ägypten, Phönizien, Mesopotamien und ins Land der Skythen, auf denen er das geschichtliche und geographische Material für seine neun *Historien* sammelte. In seinem Geschichtswerk stellt H. die Auseinandersetzung der Griechen und Asiaten von den Anfängen bis zur Zeit der Perserkriege dar. Er liefert eine farbige, Sagen und Novellen einschließende Schilderung von allem, was er über die Frühgeschichte (ab etwa 700 v. Chr.) der griechischen, aber auch fremden Staatswesen in Erfahrung gebracht hatte. H.s Werk stellt eine unerschöpfliche Quelle für Geschichtsforschung, Dichtung und Kunst dar.

Hertz, Heinrich Rudolf

dt. Physiker
* 22.2.1857 in Hamburg
† 1.1.1894 in Bonn

H. war Schüler und Assistent von H. →Helmholtz, später Professor in Karlsruhe und Bonn. Er befasste sich hauptsächlich mit Elektrodynamik, bestätigte 1887/88 die von J.C. →Maxwell gemachten Voraussagen über die Wesensgleichheit der Radiowellen mit den Lichtwellen und entdeckte den Einfluss von kurzwelligem

Licht auf die elektrische Entladung. Weiterhin untersuchte H. die Kathodenstrahlen und die Induktion sowie die Festkörperphysik. Die Einheit der Frequenz periodischer Vorgänge, speziell der elektromagnetischen Schwingungen pro Sekunde wurden nach ihm benannt (Hz). Seine Erkenntnisse dienten später als Grundlage für die drahtlose Nachrichtentechnik.

Hertzsprung, Ejnar

dän. Astronom
* 8.10.1873 in Frederiksborg
† 21.10.1967 in Tølløse auf Seeland

H. erkannte erstmals eine Beziehung zwischen der absoluten Helligkeit und der Spektralklasse der Sterne und erstellte 1909 ein Temperatur-Leuchtkraft-Diagramm, das 1913 von Henry Norris Russell zum sog. Hertzsprung-Russell-Diagramm (wichtiges Klassifizierungsschema bzw. Zustandsdiagramm für die Fixsterne) verbessert wurde. H. war 1902–09 an der Sternwarte Kopenhagen, 1909–19 am Observatorium in Potsdam tätig und war 1919–44 Professor der Universitätssternwarte Leiden.

Herzl, Theodor

österr. Schriftsteller
* 2.5.1860 in Budapest
† 3.7.1904 in Edlach, Niederösterreich

Unter dem Einfluss der antisemitistischen Ausschreitungen, die die Dreyfus-Affäre (A. → Dreyfus) auslöste, verfasste H. 1896 seine

Schrift *Der Judenstaat,* in der er die Gründung eines jüdischen Staates in Palästina forderte.

1897 berief er den ersten Zionistischen Weltkongress in Basel ein und wurde damit zum Initiator eines politischen Zionismus. H., der in Wien Jura studiert hatte, war 1891–95 Korrespondent der Neuen Freien Presse in Paris, ab 1896 Redakteur in Wien. 1901 verhandelte er mit dem osmanischen Sultan über Palästina und entwarf in seinem Roman *Altneuland* (1902) eine Zukunftsvision der möglichen politisch-sozialen Form eines eigenständigen jüdischen Staates. H.s Vorstellungen konnten erst nach dem II. Weltkrieg durch die Gründung des Staates Israel (1948) verwirklicht werden. Seine sterblichen Überreste wurden 1949 in die „Heimat" überführt.

Herzog, Roman

dt. Jurist und Politiker
* 5.4.1934 in Landshut

H. wurde 1994 zum Bundespräsidenten und zum Nachfolger Richard von Weizsäckers gewählt. Der CDU-Politiker (1970 Eintritt in die Partei) war Privatdozent in München (1964–66), später Professor in Berlin (1966–69) und Speyer (1969–72). Als Präsident des Bundesverfassungsgerichts (ab 1987) verteidigte H. die Unabhängigkeit der Justiz gegenüber der politischen Macht. Mit Besonnenheit und Scharfsinn äußert er sich zur dt. Politik und Gesellschaft und gibt so wichtige Impulse, z. B. zur Ausländer-, Bildungs- und Sozialpolitik. 1997 erhielt H. als „Präsident der Erneuerung" den Karlspreis der Stadt Aachen.

Hess, Walter Rudolf

schweiz. Neurophysiologe
* 17.2.1881 in Frauenfeld, Thurgau
† 12.8.1973 in Zürich

Der Nobelpreisträger H. (1949 mit Antono Egas Modiz) erforschte ab 1925 die Funktionen des vegetativen Nervensystems. Durch feinste Reiz-Elektroden, die er in das Gehirn von Versuchstieren einführte, löste er durch schwache elektrische Impulse z. B. Fress- oder Angriffslust aus. Damit entdeckte er die Rolle des Zwischenhirns, das auf die Funktionen der inneren Organe einen koordinierenden Einfluss hat. H.s Arbeiten über die funktionelle Organisation des vegetativen Nervensystems war für die Verhaltungsforschung und Psychopharmakologie von großer Bedeutung.

Hesse, Hermann

(Pseudonym Emil Sinclair)
dt.-schweiz. Schriftsteller
* 2.7.1877 in Calw
† 8.8.1962 in Montagnola, Tessin

H., Sohn eines Missionspredigers, sollte Theologe werden. Er entfloh jedoch dem evangelisch-theologischen Seminar in Maulbronn. Nach einer Ausbildung wurde er Buchhändler und Antiquar in Basel (1899). Nach ersten lyrischen und erzählerischen Arbeiten hatte er 1904 Erfolg mit *Peter Camenzind.* 1911 unternahm H. eine Indienreise. Während des I. Weltkrieges arbeitete er in der Berner Kriegsgefangenenfürsorge und wurde 1923 Schweizer Staatsbürger. H.s stark autobiografische und lyrisch geprägte Erzählungen sind besonders von der Romantik beeinflusst (*Unterm Rad,* 1906; *Gertrud,* 1910; *Rosshalde,* 1914 und *Knulp,* 1915). Eine Epoche innerer Krisen und Wandlungen während der Reifejahre spiegeln die Erzählungen *Demian* (1919), *Klingsors letzter Sommer* (1920), *Siddharta* (1922). H. erstrebte Klärung und Vereinbarung der Gegensätze von Geist und Ethos mit Natur und Sinnlichkeit, von westlicher und östlicher Lebensweisheit (*Narziss und Goldmund,* 1930; *Die Morgenlandfahrt,* 1932; *Das Glasperlenspiel,* 1943). H. führte einen ständigen Kampf gegen Nationalismus, Rassismus und Krieg. Seit den 60er Jahren erlebte er eine von den USA ausgehende Renaissance und wurde zur Kultfigur der jungen Generation, die in dem Roman *Der Steppenwolf* (1927) ihre Flucht vor den Gesellschaftsnormen in Musik und Drogen bestätigt fand. H.s Werk wurde mehrfach ausgezeichnet. 1946 erhielt er den Nobelpreis für Literatur und 1955 den Friedenspreis des Deutschen Buchhandels.

Hilbert, David

dt. Mathematiker und Physiker
* 23.1.1862 in Königsberg
† 14.2.1943 in Göttingen

H. ist einer der großen Mathematiker des 20. Jh.s, der auf vielen Gebieten neue Wege wies. 1897 veröffentlichte er die *Theorie der algebraischen Zahlkörper,* eine Vereinheitlichung der algebraischen Zahlentheorie. In *Grundlagen der Geometrie* (1899) behandelte er Fragen der Axiomatik und wies nach, dass die Voraussetzungen der Mathematik von Menschen konstruiert worden sind. H.s Arbeiten über Integralgleichungen führten zu der Begriffsbildung des Hilbert-Raumes (ein abstrakter Raum mit beliebig vielen Dimensionen), der wichtig ist für die mathematische Behandlung physikalischer Probleme. Die nach ihm benannte Beweistheorie besagt, dass jedes Problem gelöst oder die Unmöglichkeit seiner Lösung bewiesen werden kann. In der Physik fand H. neue Lösungen in der kinetischen Gas- und in der Relativitätstheorie. Weitere Werke sind *Grundzüge der theoretischen Logik* (1928) und *Methoden der mathematischen Physik* (1937).

Hildegard von Bingen (hl.)

dt. Mystikerin und Naturheilkundige
* 1098 in Bermersheim bei Alzey
† 17.9.1179 in Rupertsberg bei Bingen

H. war vermutlich die Tochter des Edelfreien Hildebertus von Vernersheim (Bermersheim). Bereits in der Kindheit erlebte sie ihre „Visionen des Lichts". H. trat früh in das Benediktinerkloster Disibodenberg ein und gründete um 1150 das Kloster Rupertsberg. Die Äbtissin verfasste Schriften in lateinischer Sprache zur Kosmologie sowie zur Natur- und Heilkunde (um 1150/60), die eine wichtige Quelle des naturkundlichen Wissens im Mittelalter darstellt. In *Causa und curea* beschreibt sie zahlreiche Krankheiten und ihre Behandlung, vor allem durch Heilkräuter. Besonders in den letzten Jahren erleben die sanften Heilmethoden H.s eine Renaissance. Sie wurde heilig gesprochen (17.9.). Als Komponistin hinterließ H. 77 Gesänge nach dem liturgischen Kalender *(Symphonia armonie celestium revelationum)* und das geistliche Schauspiel Ordo virtutum mit 82 Melodien im syllabischen Stil.

Hindemith, Paul

dt. Komponist
* 6.11.1895 in Hanau
† 28.12.1963 in Frankfurt a.M.

H., wurde bekannt als anti-romantischer Komponist und Interpret. Seit den frühen 20er Jahren bestimmten er und Komponisten wie A. →Schönberg, B. →Bartók und I. →Strawinskij die musikalische Avantgarde. Radikale Frühwerke (*Mörder, Hoffnung der Frauen,* 1921; *Das Nusch-Nuschi,* 1921; *Sancta Susanna,* 1922) brachten ihm den Ruf „Bürgerschreck" ein. H.s kompositorische Erneuerungen und der ethische Anspruch der Oper *Mathis*

der Maler galten bei den national-sozialistischen Machthabern als entartet. 1934 wurde das Werk vom NS-Regime verboten, was den Rücktritt von W. →Furtwängler nach sich zog. H. verließ Deutschland, ging 1935–37 als Musikorganisator nach Ankara und emigrierte 1938 in die Schweiz. 1940–53 war er Professor an der Yale Universtität und wurde 1946 amerikanischer Staatsbürger. 1951–57 lehrte er in Zürich. H. schrieb auch Gebrauchsmusiken für die Jugendmusikbewegung (*Plöner Musiktag,* 1932) und komponierte fast in allen Gattungen (Oper: *Cardillac,* 1926; *Wir bauen eine Stadt,* 1930; *Die Harmonie der Welt,* 1957; Ballet: *Der Dämon,* 1923; *Hérodiade,* 1944; Instrumentalwerke; Chorwerke; Lieder: *Das Marienleben,* 1922/23;). Er war auch ein bedeutender Dirigent und Musiktheoretiker.

Hindenburg, Paul von

(eigtl.: Paul von Beneckendorff und von H.)
dt. General und Staatsmann
* 2.10.1847 in Posen
† 2.8.1934 in Neudeck, Westpreußen

H., der „Held von Tannenberg“ im I. Weltkrieg wurde zur Symbolfigur der politischen Rechten und aufgrund seiner Popularität zum Reichspräsidenten gewählt (1925–34). Der Sieger von Tannenberg (1914) und an den Masurischen Seen (1914/15), der die Russen zum Rückzug aus Preußen zwang, entstammte einer preußischen Gutsbesitzerfamilie und kam bereits mit 12 Jahren auf die Kadettenschule. Nach der Teilnahme am Deutsch-Französischen Krieg (1870/71) besuchte er die Kriegsakademie und wurde 1911 als kommandierender General pensioniert, 1914 jedoch als Oberbefehlshaber in Ostpreußen reaktiviert, wo er mit Erich von Ludendorff als Generalstabchef die dt. Ostfront entscheidend befehligte. Seine Operationen an der Westfront im Frühjahr /Sommer 1918 blieben erfolglos. H. sah die Aussichtslosigkeit eines militärischen Sieges und forderte die Beendigung des Krieges. Nach der Unterzeichnung des Versailler Vertrages legt er den Oberbefehl nieder und zog sich ins Privatleben zurück. In der Weimarer Republik wurde H. mit der Unterstützung der vereinigten Rechtsparteien zum Reichspräsidenten gewählt und 1932 mit der Unterstützung der Parteien der Mitte gegen A. →Hitler wiedergewählt. Als der 85-jährige unter dem Druck seiner Ratgeber (Franz von Papen) am 30.3.1933 Hitler zum Reichskanzler berief, besiegelte er damit das Ende der Weimarer Republik und ebnete der Errichtung der nationalsozialistischen Diktatur den Weg.

Hippokrates

griech. Arzt
* 460 v. Chr. auf der Insel Kos, Ägäis
† 377 v. Chr. in Larissa, Thessalien

H. war der bedeutendste Arzt seiner Zeit. Er rückte erstmals von der religiös-magischen Auffassung der Krankheit ab und betrachtete sie unter natürlichen und verstandesmäßigen Gesichtspunkten und brachte die Medizin einen entscheidenden Schritt voran. Die hippokratische Schule vertrat eine Säftelehre, nach der die Elemente Feuer, Wasser, Erde, Luft im menschlichen Körper als die vier Kardinalsäfte wirken. H.' Medizin beschränkte sich weitgehend auf die Prophylaxe und Diagnose, ließ die Heilkraft der Natur wirken und wandte weniger Therapie oder operativen Eingriff an. Gesundheit sollte auf richtiger Mischung, Krankheit auf fehlerhafter Zusammensetzung beruhen. Die Medizin des H. wurde Grundlage der Heilkunde im Mittelalter und wirkt teilweise bis in die Gegenwart. Im *Eid des Hippokrates* (Vorbild des heutigen ärztlichen Eids) wurden die ethischen Pflichten des Arztes festgelegt (→Galenos).

Hirohito

(Showa Tenno)
Kaiser (Tenno) von Japan
* 29.4.1901 in Tokio
† 7.1.1989 in Tokio

Die Inthronisation von H. im Dezember 1926 zum 124. Tenno (göttlicher „Sohn der Sonne" und oberster Shinto-Priester) leitete in Japan ein neues Zeitalter ein. H. hatte bereits 1921 die Regentschaft für den erkrankten Vater Yoshihito übernommen. Japan stieg zur Vormacht in Asien auf. 1936 warf H. einen Aufstand rechtsextremer Offiziere nieder und schloss noch im gleichen Jahr mit A. →Hitler den Anti-Kominternpakt gegen die Sowjetunion. 1941 trat Japan durch den Angriff auf den US-Stützpunkt von Pearl Harbor in den II. Weltkrieg ein. Als letzte der Achsenmächte Deutschland, Italien und Japan kapitulierte es am 15.8.1945. Von dem internationalen Militärgerichtshof von der Anklage der Kriegsverbrechen freigesprochen musste H. jedoch auf seinen Göttlichkeitsanspruch verzichten und wurde der erste „bürgerliche" Kaiser Japans. Diese Veränderung brachte dem Land einen radikalen Wandel zur westlich orientierten Industriemacht. Die Verfassung von 1947 beließ H. als konstitutionellem Monarchen lediglich eine repräsentative Funktion. H. besuchte als erster amtierende Tenno 1971 das Ausland. Er war der Tenno mit der längsten Regierungszeit in der japanischen Geschichte. Als Privatmann war der Tenno ein begeisterter Meeresbiologe.

Hitchcock, Sir Alfred

engl. Filmregisseur und Autor
* 13.8.1899 in London
† 29.4.1980 in Los Angeles

Der Meister des publikumwirksamen Thrillers verstand es, mit einem typischen Spannungsaufbau den Zuschauer zu fesseln. Ursprünglich im Reklamefach tätig, wechselte er zum Film über und arbeitete als Regisseur und Drehbuchautor (u. a. *39 Stufen,* 1935). Sein großer Aufstieg begann 1940 in Hollywood. H. wurde berühmt für seine Kriminalfilme, die an Überraschungs-, Spannungs- und Schockeffekten unübertroffen sind und zu den Klassikern des Kinos zählen (z. B.: *Berüchtigt,* 1946; *Bei Anruf Mord,* 1953; *Das Fenster zum Hof,* 1954; *Vertigo,* 1958, *Der unsichtbare Dritte,* 1959). Später kombinierte H. kriminalistische mit psychologischen Elementen und reicherte diese parodistisch an (*Psycho,* 1960; *Die Vögel,* 1963; *Marnie,* 1964; *Frenzy,* 1971; *Familiengrab,* 1974). H. wurde 1979 in den Adelsstand erhoben.

Hitler, Adolf

dt.-österr. Diktator
* 20.4.1889 in Braunau, Oberösterreich
† 30.4.1945 in Berlin

H. trägt als „Führer" und Reichskanzler des nationalsozialistischen Deutschlands (1933–1945) die Hauptverantwortung für den II. Weltkrieg und die Ermordung von mehr als 6 Mio. Menschen in sogenannten Konzentrationslagern. Der aus kleinbürgerlichen Verhältnissen stammende Verehrer der Musik R. →Wagners lebte nach Abbruch des Besuchs der Oberrealschule in Steyr als Bohemien und Bewohner von Männerasylen in Wien, wo er sich 1907/08 vergeblich an der Kunstakademie bewarb. 1913 übersiedelte er nach München, wo er bei Ausbruch des I. Weltkrieges als Freiwilliger in den bayerischen Armeedienst eintrat. 1919 wurde der rhetorisch außerordentlich Begabte Mitglied der Deutschen Arbeiterpartei, die 1920 in NSDAP (Nationalsozialistische Deutsche Arbeiterpartei) umbenannt wurde. H. polemisierte als Propagandaredner gegen den Versailler Friedensvertrag und appellierte unter Ausnutzung der Unzufriedenheit über den Ausgang des Krieges an die Instinkte der Massen. 1921 übernahm er die Parteileitung und baute eine Führungsposition auf, die in weiten Teilen der Bevölkerung Hoffnung auf die Verbesserung der wirtschaftlichen und politischen Verhältnisse weckte und trotz Straßenterror und volksverhetzender Propaganda zunehmend Anklang fand. H.s Münchner Putsch vom 8./9.11.1923 (Marsch zur Feldherrnhalle), der die Regierung stürzen und ihn an die Macht bringen sollte, scheiterte. Die NSDAP wurde verboten, H. zu fünf Jahren Festungshaft verurteilt. In dieser Zeit entstand sein programmatisches Buch *Mein Kampf.* Nach seiner vorzeitigen Entlassung (Dezember 1924) baute er die NSDAP neu auf und organisierte sie zu einer schlagkräftigen Kaderpartei mit den halbmilitärischen Verbänden der SA (Sturmabteilung) und SS (Schutzstaffel). H. zog die Konsequenzen aus dem missglückten Putschversuch und strebte die Macht nun auf legalem Wege an. Seine Agitation, die vor allem seine Partei als Bollwerk gegen den Bolschewismus und Garant eines deutschen Wiederaufstiegs hinstellte, bekam durch die Weltwirtschaftskrise (1929) und die darauffolgende Arbeitslosigkeit großen Auftrieb. H. wurde 1933 als Führer der stärksten Partei von Reichspräsident →Hindenburg unter politischem Druck zum Reichskanzler ernannt. Nach dessen Tod (1934) vereinigte er in seiner Person als „Führer und Reichskanzler" die Funktionen von Staatsoberhaupt und Regierungschef. Durch „Gleichschaltung" aller Verbände und Organisationen und durch die Beherrschung von Presse, Funk und kultureller Einrichtungen wurde die Opposition mundtot gemacht. Die Rückgliederung des Saargebietes (1935), die Aufhebung der Rüstungsbeschränkungen aus dem Versailler Vertrag, die Schaffung der Achse Berlin-Rom (1936), die spektakuläre Veranstaltung der Olympischen Spiele (1936) sowie der Einmarsch ins entmilitarisierte Rheinland (1936) und der „Anschluss" Österreichs (1938) fanden in Deutschland überwiegend begeisterte Zustimmung. Auf einer primitiven Rassentheorie aufbauend, derzufolge die „Arier" die „wertvollen" Menschen seien, erklärte H. die Juden zur „minderwertigen" Rasse und ließ sie verfolgen (Nürnberger Gesetze, 1935; Eheverbot zwischen Juden und Ariern). 1938 kam es zur „Reichskristallnacht" (Zerstörung jüdischer Geschäfte und Synagogen). Dieses Alarmzeichen wurde von den Westmächten nicht wahrgenommen, und sie stimmten im Münchner Abkommen der Angliederung des Sudetenlandes an das Reich zu. Mit dem Einfall in Polen begann H. 1939 den II. Weltkrieg. Nach schnellen Siegen über Polen und Frankreich, überforderte der Krieg gegen die Sowjetunion (Beginn: Juni 1941) und die USA (Beginn: Dezember 1941) die deutschen Militärkräfte. Die ins Absurde steigenden Pläne eines Großdeutschen Reiches offenbarten den Größenwahn H.s. Seine Rassentheorie verwirklichte er auf grausamste Weise und ließ ab Herbst 1941 etwa 6 Millionen Juden ermorden („Endlösung der Judenfrage"). Ein Militärputsch der widerständischen Kreise misslang, H. überlebte das von Graf Stauffenberg am 20.7.1944 ausgeführte Attentat. Mit immer sinnloseren Durchhalteparolen versuchte er, den Zusammenbruch, der sich nach der Schlacht von Stalingrad 1942/43 abzeichnete, hinauszuzögern. Den Konsequenzen seiner verbrecherischen Politik (über 50 Millionen Kriegsopfer) entzog sich H. durch Selbstmord und hielt sogar in seinem Testament noch am Rassenwahn fest.

Hobbes, Thomas

engl. Staatstheoretiker
* 5.4.1588 in Malmesbury, Wiltshire
† 14.12.1679 in Hardwick Hall, Derbyshire

H. vertrat in der Auseinandersetzung mit R. →Descartes und dem naturwissenschaftlichen Denken und gegen die philosophische Tradition als erster ein geschlossenes empiristisches System. Seine Erkenntnisauffassung war sensualistisch, seine Seinsvorstellung naturalistisch und materialistisch (*Elementa philosophiae,* 1642–58, dt. 1915–17). Als Anhänger der Royalisten im englischen Bürgerkrieg musste H. 1640 nach Paris ins Exil gehen und konnte erst 1651 unter der Herrschaft O. →Cromwells nach England zurückkehren. Von Grund auf pessimistisch eingestellt, sah er den Naturzustand unter den Menschen als den egoistischen Kampf aller gegen alle, der nur durch den Staat unterdrückt werden kann, der seine Autorität aus einem „Gesellschaftsvertrag" zum Wohle aller bezieht (*Leviathan,* 1651, dt. 1794–95). H. hat die Tradition des englischen Empirismus wesentlich mitbestimmt, besonders in Frankreich wirkte in erster Linie seine Staatslehre (J. J. →Rousseau). H. hat zahlreiche staatsphilosophische sowie historische und naturwissenschaftliche Werke verfasst.

Ho Chi Minh

(eigtl.: Nguyen That Thanh)
vietn. Politiker
* 19.5.1890 in Kiem Liên
† 3.9.1969 in Hanoi

H. („der nach Erkenntnis strebende") war der Führer im Kampf für die Unabhängigkeit Indochinas gegen Japan (1941–45) und gegen die französische Kolonialherrschaft (1946–54) sowie der Gründer der heutigen Republik Vietnam. Der Verlauf des abenteuerlichen Lebens von H. ist nicht vollständig geklärt. Er studierte in Europa, arbeitete als Journalist, Fotograf und

war Mitbegründer der KP Frankreichs (1920) und später Indochinas (1930). H. war lange für die Komintern (Kommunistische Internationale) tätig (1925–39, in China, Thailand, Europa), bevor er sich der Befreiung seines Landes verschrieb. Nach dem Zusammenbruch Japans (1945) setzte er den Kaiser von Annam ab und gründete die Demokratische Republik Vietnam, deren Staatschef er wurde (1945–54). Ab 1946 kämpfte er gegen die Franzosen und wurde nach dem entscheidenden Sieg bei Dien Bien Phu (1954) und dem Genfer Indochina-Abkommen zum Präsidenten der Volksrepublik Vietnam (Nordvietnam) gewählt (1954–69). H. setzte eine große Landreform und die sozialistische Planwirtschaft durch. Ab 1960 unterstützte er den Guerillakrieg der Nationalen Befreiungsfront von Südvietnam gegen die von den USA politisch und militärisch gestützte Regierung in Saigon (Vietnamkrieg).

Hoffmann, E. T. A.

(eigtl.: Ernst Theodor Amadeus H.)
dt. Dichter, Komponist und Zeichner
* 24.1.1776 in Königsberg
† 25.6.1822 in Berlin

Der vielseitig begabte H. war Jurist im preußischen Staatsdienst in Posen und Warschau, musste aber 1807, als Preußen die meisten polnischen Gebietsteile verlor, den Staatsdienst quittieren. H., von exzentrischem Wesen, war als gewissenhafter Beamter und leidenschaftlicher Künstler innerlich gespalten, was sich auch in seinem literarischen Schaffen ausdrückt. Seine Erzählungen und Kunstmärchen behandeln besonders musikalische und künstlerische Probleme und verbinden fantastisch-leidenschaftliche und unheimlich-grausige mit

grotesken Zügen (*Fantasiestücke in Callots Manier,* 1814/15). Die Alltagswelt und der Realitätssinn werden mit entrückter Romantik und grotesker Geisterwelt verwoben (*Elexiere des Teufels,* 1816; *Nachtstücke,* 1817; *Die Serapionsbrüder,* 1819– 21). In den *Lebensansichten des Katers Murr* (1820–22) stellte H. das Philistertum in der Maske des Katers dem autobiografisch geprägten Bild des Kapellmeisters ironisch gegenüber. Musikalisch sehr begabt und interessiert, war H. ab 1808 Musikdirektor in Bamberg, dann in Leipzig und Dresden. Er komponierte u. a. die romantische Oper *Undine* (1816). Später kehrte er in den juristischen Dienst zurück. Auch als Maler und Zeichner trat H. hervor. Von schonungsloser Offenheit waren vor allem seine Karikaturen. H.s Person und Werk beeinflussten nachhaltig die europäische Literatur und lieferten z. B. den Stoff für die Oper *Hoffmanns Erzählungen* (1881) von J. →Offenbach.

Hoffmann-La Roche, Fritz

schweiz. Unternehmer
* 24.10.1868 in Basel
† 18.4.1920 in Basel

Der Kaufmann H. war der Gründer eines der größten pharmazeutischen Konzerne der Welt. Seine pharmazeutischen Kenntnisse erwarb er in der Drogerie, in die ihn sein Vater als Compagnon eingekauft hatte (1893). Bereits 1896, nach dem Ausstieg seines Partners, benannte er die Firma um (F. Hoffmann-La Roche & Cie) und stellte den Chemiker Emil Christoph Barrell (1874–1953) ein. Mit den ersten Erfolgspräparaten *Sirolin* (bakterienhemmendes Mittel) und *Digalen* (Kreislaufmittel) wuchs auch der Konzern. Den Niederlassungen in Deutschland folgten Tochtergesellschaften im Ausland (Paris, 1903; New York, 1905; Wien 1907; London 1909; St. Petersburg, 1910 und Yokohama, 1911). Vor dem Ausbruch des I. Weltkriegs hatte H. sein Unternehmen zu einem Weltkonzern ausgebaut. Er hatte die Bedeutung der pharmazeutischen Markenartikel mit gleichbleibend genauer Zusammensetzung und Wirksamkeit erkannt. H. ging in Marketing und Werbung neue Wege; er informierte die Apotheken, Ärzte und veröffentlichte die neueren Erkenntnisse in Fachzeitschriften und in wissenschaftlichen Periodika. Mit dem Ausbruch des I. Weltkrieges begann der Niedergang des Unternehmens. H., der bereits mit 52 Jahren starb, erlebte den Wiederaufbau seines Unternehmens nicht mehr.

Hoffmann von Fallersleben, August Heinrich

(eigtl.: A. H. Hoffmann)
dt. Dichter und Germanist
* 2.4.1798 in Fallersleben
bei Braunschweig
† 19.1.1874 auf Schloss Corvey, Westfalen

H., der Verfasser des *Deutschlandliedes* (1841), wurde wegen seiner freiheitlich-patriotischen Haltung in den *Unpolitischen Liedern* (2 Bde., 1840/41) amtsenthoben und des Landes verwiesen. Nach philologischen, theologischen und archäologischen Studien und anschließenden Reisen war er 1835–42 Professor in Breslau. H. erwarb sich Verdienste vor allem um die mittelniederl. Literatur und sammelte als Germanist und Literaturhistoriker Dichtungen und Liedgut aus vergangenen Zeiten *(Otfrieds Evangelienbuch, Ludwigslied).* 1848 wurde er rehabilitiert, war ab 1860 Bibliothekar auf Schloss Corvey. H. verfasste auch volkstümliche Kinderlieder *(Winter ade, Alle Vöglein sind schon da)* sowie Trink- und Liebesgedichte.

Hofmannsthal, Hugo von

(Pseudonym: Loris und Theophil Morren)
österr.Schriftsteller
* 1.2.1874 in Wien
† 15.7.1929 in Rodaun bei Wien

H. studierte Jura und Romanistik, bevor er sich der Literatur zuwandte. Neben R. →Strauss und Max Reinhardt Mitbegründer der Salzburger Festspiele (1917) gehörte dem Schriftstellerkreis „Jung Wien“ an, dichtenden Ästhetizisten im Zeichen des Jugendstils. Vor der Jahrhundertwende war H. neben A. →Schnitzler der berühmteste Autor dieses Schriftstellerkreises. Zunächst schrieb er schwermütig-zarte *Gedichte* (1903) im Geist des Fin de Siécle und lyrische Dramen, welche die Probleme von Schönheit und Tod behandeln (*Gestern,* 1891; *Der Thor und der Tod,* 1893; *Der weiße Fächer, Die Frau im Fenster,* beide 1897). Nach einer Schaffenskrise um 1900 wandte H. sich der Erneuerung antiker und abendländischer Überlieferungen zu (*Das kleine Welttheater,* 1903; *Ödipus und die Sphinx,* 1906). Er schrieb Opernlibretti für Strauss (u. a. *Der Rosenkavalier,* 1911; *Die Frau ohne Schatten,* 1919; *Arabella,* 1933) sowie Dramen, die von den Motiven und Formen des Spätmittelalters und Barock bestimmt sind, z. B. das Moritätenspiel *Jedermann. Das Spiel vom Sterben des reichen Mannes* (1911), mit dem seit 1920 die Salzburger Festspiele eröffnet werden. H.s lyrisches und dramatisches Werk spiegelt den österreichischen Impressionismus und Symbolismus wieder. Tief getroffen von den Wirren der Kriegs- und Nachkriegszeit wollte H. als Kulturpolitiker in Reden, Essays und Briefen und mit dem Fragment des Entwicklungsromans *Andreas oder die Vereinigten* (1930) das geistige Erbe Europas wieder beleben.

Holbein, Hans d. J.

dt. Maler
* 1497/98 in Augsburg
† (begraben) 29.11.1543 in London

H., einer der bedeutendsten Maler der deutschen Renaissance, war der Schüler seines Vaters H. des Älteren. 1515 kam er nach Basel, wo er die Malerei des deutschen Humanismus kennenlernte. Bei seinem Aufenthalt in Oberitalien (1518) wurde H. von der italienischen Malerei beeinflusst und schloss diese beiden Elemente zu reinen Renaissanceformen zusammen. Ab 1519 war er Mitglied der Malerzunft und kam über Frankreich 1526 nach England, wo er, ab 1536 Hofmaler König Heinrichs VIII., außer der königlichen Familie den Adel und die Kaufleute des hanseatischen Handelskontors in London porträtierte. Als Bildnismaler zählte H. zu den bedeutendsten seines Jahrhunderts. Seine Porträts stellte er in würdevoller Harmonie mit höchster zeichnerischer Kunst dar (*Erasmus von Rotterdam,* 1523; *Der Kaufmann Georg Gisze,* 1533; *Jane Seymour,* 1536; *Heinrich VIII.,* 1537; *Christine von Dänemark,* 1538; *Anna von Cleve,* 1539). Neben den Bildnissen entstanden Fassaden- und Wandmalereien sowie grafische Blätter für Metall- und Holzschnitte (*Der Totentanz,* um 1525).

Hölderlin, Johann Christian Friedrich

dt. Dichter
* 20.3.1770 in Lauffen, Neckar
† 7.6.1843 in Tübingen

H. studierte auf Wunsch seiner Familie Theologie im Tübinger Stift. Durch philosophische

Studien und der Freundschaft mit G. W. F. →Hegel und F. W. J. →Schelling kam er von

seinem geistlichen Berufsziel ab und war ab 1794 als Hauslehrer tätig, u. a. bei dem Frankfurter Bankier Gontard (1796–98), zu dessen Frau Susette er eine jugendlich-schwärmerische Liebe fasste. H. verherrlichte sie in *Menons Klagen um Diotima.* Von Anstellungen als Hauslehrer in der Schweiz (1801) und in Bordeaux (1802) kehrte er geistig erkrankt zurück. Nach vorübergehender Besserung seiner Gesundheit war H. landgräflicher Bibliothekar in Homburg, wurde jedoch 1806 in eine Heilanstalt in Tübingen eingeliefert und von 1807 bis zu seinem Tod von einem Schreinerehepaar betreut. In seiner kurzen Schaffensperiode stand H. mit seinem griechisch geprägten Idealismus zwischen Klassik und Romantik. 1793 entstanden unter dem Einfluss von F. →Schiller pathetische *Hymnen* und *Elegien.* In den autobiografisch-lyrischen Briefroman *Hyperion* (11797– 99) schildert er in rhythmischer Prosa das Scheitern des jungen Idealisten am Schaffen einer neuen Einheit von Gott, Mensch und Natur. Die dramatischen Empedokles-Fragmente (1797–1800) behandeln den mystischen Opfertod des Dichters und Sehers. H.s späte Lyrik (1801–08) kreist in gedrängter, bildreicher Sprache um tiefste Fragen der Völker und ihrer geistigen und religiösen Haltung.

Homer

griech. Dichter
8. Jh. v. Chr, wahrscheinlich
in Kleinasien geboren

Schon dem Altertum war nichts Sicheres über H. bekannt. Er soll als blinder Rhapsode (umherziehender Sänger im frühen Griechenland) die *Ilias* und die *Odyssee,* zwei Epen um den trojanischen Sagenkreis, gedichtet haben. Weitere epische Dichtungen, die unter seinem Namen überliefert waren, wurden ihm schon in der Antike abgesprochen. In der Diskussion der Homerischen Frage (F. A. Wolf, 1795) wurde dargelegt, dass die beiden Epen erst zur Zeit des Peisistratos (athenischer Politiker um 600 v. Chr.) von einem Bearbeiter aus eigentlich

mündlich überlieferten Einzelgesängen verschiedener Erzähler zusammengestellt worden seien. Seitdem werden zwei Hauptrichtungen vertreten: die *Unitarier,* die eine Dichterpersönlichkeit annehmen und die *Analytiker,* die die These Wolfs weiterzuentwickeln suchen. Die *Ilias* mit 16 000 Hexameter-Versen behandelt zeitlich gerafft die zehnjährige Belagerung Trojas durch die Griechen. In der *Odyssee* werden in 12 000 Hexametern die abenteuerlichen Irrfahrten und die Heimkehr von Odysseus nach Ende des Trojanischen Krieges geschildert. Troische Sagen bilden den Hintergrund dieser Dichtung, in die auch alte Seefahrergeschichten hineinverwoben sind. Im Altertum gehörte H. als „Dichter" schlechthin zum allgemeinen Bildungsgut und galt als Begründer der olympischen Götterwelt. Im Mittelalter geriet H. in der westlichen Kultur in Vergessenheit, bis er in der Renaissance wiederentdeckt wurde und die abendländische Dichtkunst bis in die Zeit J. W. →Goethes stark beeinflusste.

Horaz

(lat. Quintus Horatius Flaccus)
röm. Dichter
* 8.12.65 v. Chr. in Venusia, Apulien
† 27.11.8 v. Chr. in Rom

H. zählt neben →Vergil und →Ovid zu den wichtigsten Dichtern der römischen Antike. Als Sohn eines Freigelassenen genoss er eine ungewöhnlich gute Ausbildung in Rom und Athen.

Nach →Caesars Ermordung kämpfte der Republikaner H. als Militärtribun auf seiten →Brutus' bei Philippi (42 v. Chr.) und verlor bei der Rückkehr durch Octavians (→Augustus) Landverteilung an die Veteranen seinen ererbten Landbesitz. In Rom schlug er sich als Schreiber durch und lernte Vergil kennen, der ihn 38 bei Maecenas und seinem Literatenkreis einführte. Dieser schenkte H. ein kleines Landgut in den Sabinerbergen und ermöglichte ihm ein freies Leben als Dichter. H.' Werk entstand zwischen 41 und 13 und ist in neun Bänden vollständig erhalten. Seine ersten Dichtungen sind satirische Literaturkritiken in Hexametern *(Sermones)* und Moralpredigten gegen die allgemeine Verderbtheit *(Epoden)*. In seinen Oden *(Carmina)* nahm sich H. in Versmaß und Strophenbau vor allem →Sappho und Alkaios zum Vorbild, die Gedichte sind jedoch weniger gefühls- als verstandesmäßig geprägt. Die stark persönlich gefärbten *Episteln* (Briefgespräche in Hexametern) behandeln philosophische und dichterische Themen. Den Abschluss seine Werkes bilden die späten Oden u. a. das *Carmen saeculare* im Auftrag von Augustus zur Jahrhundertfeier (17 v. Chr.).

Horváth, Ödön von

(eigtl.: Edmund von H.)
österr. Schriftsteller
* 9.12.1901 in Fiume
† 1.6.1938 in Paris

H., der Schöpfer des modernen Wiener Volkstheaters, schrieb scharf analysierende, satirisch-kritische Stücke in süddeutsch geprägter Kunstsprache. Thematisch bezog er sich meistens auf politische Krisen der Zeit nach dem I. Weltkrieg und deren Wiederspiegelung im Kleinbürgertum. H. zeichnete unter dem Eindruck des herannahenden Nationalsozialismus auf derb-komische, häufig zynische Weise dumpfes Volksempfinden und jene Sprachlosigkeit, die sich in Hass und Gewalt entlädt (u. a. *Italienische Nacht,* 1930; *Geschichten aus dem Wienerwald,* 1931; *Kasimir und Karoline,* 1932). H. war der Sohn eines ungarischen Diplomaten. Nach dem Studium der Geisteswissenschaften in München emigrierte er nach Österreich (1934) und lebte nach 1938 in Paris, wo er während eines Gewitters von einem Ast erschlagen wurde. Die Sprache H.s regte seit der Wiederentdeckung seines Werkes in den 60er Jahren eine Reihe junger Autoren an (Franz Xaver Kroetz, Peter Handke). Zu den bekanntesten Titeln H.s, der 1931 den Kleist-Preis erhielt, zählen die Romane *Der ewige Spießer* (1930) und *Jugend ohne Gott* (1938).

Hubble, Edwin Powell

amerik. Astronom
* 20.11.1889 in Marshfield (MO)
† 28.9.1953 in San Marino (CA)

H., der Begründer der extragalaktischen Astronomie, erforschte mit dem Andromedanebel erstmals eine Galaxie außerhalb unserer Milchstraße. Er klassifizierte extragalaktische Nebel nach ihrer Form und entdeckte den sog. *H.-Effekt:* Die Fluchtgeschwindigkeit von extragalaktischen Systemen nimmt mit der Entfernung der Nebel von ihrem gemeinsamen Ursprung linear zu. Wenn die Fluchtgeschwindigkeit die Lichtgeschwindigkeit erreicht, werden keinerlei Signale mehr von diesen jenseits des *H.-Radius* existierenden Galaxien erhalten. Aus der *H.-Konstanten* lässt sich auf ein Alter des Weltalls von etwa 15–19,5 Milliarden Jahren schließen. H. war 1919–53 Observator am Carnegie-Institut der Mount-Wilson-Sternwarte in Pasadena.

Huch, Ricarda

(Pseudonym Richard Hugo)
dt. Schriftstellerin
* 18.7.1864 in Braunschweig
† 17.11.1947 in Schönberg, Taunus

Das Werk H.s (Gedichte, autobiografisch geprägte Romane) gehört der Neuromantik an.

Nach dem Studium der Geisteswissenschaften promovierte sie 1891 als eine der ersten Frauen. H. beeinflusste mit ihrem vielschichtigen Werk die Literatur- und Geschichtswissenschaft ihrer Zeit. Ihre frühe Dichtung ist einem gefühlsstarken Subjektivismus verbunden. (*Aus der Triumphgasse,* 1902; *Das Leben, ein kurzer Traum,* 1903). Später folgten Darstellungen historischer Gestalten und Ereignisse (*Die Geschichte von Garibaldi,* 1907; *Der große Krieg in Deutschland,* eine epische Schilderung des Dreißigjährigen Krieges, 1914; *Wallenstein. Eine Charakterstudie,* 1915). H. betrieb auch literar- und kulturgeschichtliche Forschungen. Mit dem ideengeschichtlichen Werk *Die Romantik* (1899–1902) trug sie zu Wiederentdeckung dieser Epoche bei und leitete die Überwindung des Naturalismus in der deutschen Literatur ein. Ihr Spätwerk enthält neben Lyrik, Erzählungen und Erinnerungen vor allem religiöse und philosophische Schriften (u. a. *Entpersönlichung,* 1921; *Urphänomene,* 1946). Als Protest gegen die Nationalsozialisten trat H. 1933 aus der Preußischen Akademie der Künste aus.

Hugo, Victor Marie

frz. Dichter
* 26.2.1802 in Besançon
† 22.5.1885 in Paris

H., der Hauptvertreter der französischen Romantik, verkörperte den Typus des Sehers und des prophetischen Dichters und verband die Kraft des Wortes mit der Kraft der beschwörenden Vision. Der Sohn eines napoleonischen Generals war ein entschiedener Kriegsgegener. 1824 gründete H. die Zeitschrift *La Muse française,* das Organ der französischen Romantik, deren Ziele er im Vorwort seines Dramas *Cromwell* (1827) formulierte. 1841 wurde er Mitglied der Académie française und trat 1848 als demokratischer Abgeordneter der Pariser Kammer für liberale Ideen ein. Bei der Errichtung des 2. Kaiserreichs durch Napoleon III. musste H. fliehen. 1851–70 war er in England im Exil, kehrte nach der Ausrufung der Republik nach Paris zurück. H. schuf durch Verbindung des Erhabenen und des Grotesken einen neuen Kunststil. In reichem Pathos schildert er voller Fantasie Entwicklung und Läuterung der Menschheit (*Die Weltlegende,* 1859–83). Die romantische Geschichtserzählung *Der Glöckner von Notre-Dame,* wohl der berühmteste seiner Romane, entstand 1831. Sein Roman *Die Elenden* (1862) hat einen ehemaligen Zuchthäusler zur Hauptfigur und machte die untersten Volksschichten (Proletariat und Subproletariat) literaturfähig. Formvollendet sind H.s Gedichtssammlungen *Herbstblätter* (1831), *Dämmerungsgesänge* (1835) und *Innere Stimmen* (1837).

Humboldt, Alexander Freiherr von

dt. Naturforscher und Geograph
* 14.9.1769 in Berlin
† 6.5.1859 in Berlin

Durch die Ergebnisse seiner Expeditionen, besonders auf den Gebieten der Geographie und Geologie, erlangte H. Weltruhm und begründete neue Wissenszweige wie Vulkanismus, Erdmagnetismus, Pflanzengeographie und Klimakunde. Mit dem französischen Botaniker Aimé Bonpland bereiste er 1799 Spanien, Teneriffa und das bisher unerschlossene Venezuela, 1800 Kuba, 1801–02 Kolumbien, Ecuador und Peru. 1803/04 waren beide in Mexiko und kehrten über Nordamerika nach Europa zurück. H. erforschte auch Herkunft, Sprache, Kunst und Kultur der Völker der besuchten Länder. Nach seinen naturwissenschaftlichen Studien war er

1792–97 Bergassessor in fränkischen Minen, besuchte 1797 J.W. →Goethe und F. →Schiller in Jena. H. veröffentlichte die Ergebnisse seiner Forschung in dem 30–bändigen Werk *Reise in die tropischen Gebiete der neuen Welt* (1805–34). Nach zweijährigem Aufenthalt in Berlin, wo er Vorlesungen hielt, bereiste H. mit anderen Wissenschaftlern auf Einladung von Zar Nikolaus I. das asiatische Russland (Ural, Altai und Kaspisches Meer). In seinem Hauptwerk *Kosmos, Entwurf einer physikalischen Weltbeschreibung* (5 Bde., 1845–62) vereinigte H. das Denken der klassischen Zeit mit dem Geist der aufkommenden exakten Naturwissenschaften zu einer methodisch neuen Weltschau.

Humboldt, Karl Wilhelm Freiherr von

dt. Gelehrter und Staatsmann
* 22.6.1767 in Potsdam
† 8.4.1835 in Tegel (heute Berlin)

H., Bruder von A. →Humboldt war ein Universalgelehrter. Nach Jura- und Philosophiestudium und diplomatischem Dienst befasste er sich zunächst mit literaturkritischen Arbeiten (ab 1791 mit J. W. →Goethe und F. →Schiller befreundet) und schrieb Gedichte und Übersetzungen. In Jena entstand die politische Schrift *Ideen zu einem Versuch, die Grenzen der Wirksamkeit des Staates zu bestimmen* (1792). H. verteidigte darin die Freiheit des einzelnen gegenüber der Allmacht des Staates. Nach Reisen durch Westeuropa war er 1802–08 preußischer Ministerresident am Päpstlichen Stuhl in Rom. Als Leiter der preußischen Kulturpolitik (1809/10) gründete er die nach ihm benannte Universität Berlin. Ab 1810 Staatsminister, reformierte H. Elementarschule und Gymnasium im Geist des Neuhumanismus. Auf dem Wiener Kongress war er Gesandter Preußens (1814/15), wo sein Vorschlag für eine stärkere deutsche Einheit ohne Erfolg blieb. Durch die reaktionäre preußische Politik sah er sich veranlasst, den Staatsdienst zu quittieren (1819). H. widmete sich nur noch seinen sprachphilosophischen und sprachwissenschaftlichen Studien, durch die er zum Begründer der vergleichenden Sprachwissenschaft wurde (*Über die Verschiedenheit des menschlichen Sprachbaus und ihren Einfluss auf die geistige Entwicklung des Menschengeschlechts,* 1836). Durch seine Verbundenheit mit der deutschen Klassik und vom liberalen Gedankengut geleitet wurde H. zu einem der Führer des Neuhumanismus.

Hume, David

schott. Philosoph und Historiker
* 7.5.1711 in Edinburgh
† 25.8.1776 in Edinburgh

H. erhielt seine Ausbildung in einem Jesuitenkolleg in Frankreich und studierte später Jura. Sein philosophisches Hauptwerk *Abhandlung über die menschliche Natur entstand* 1733–36 und machte ihn über die Grenzen seiner Heimat bekannt. Nach Tätigkeiten als Anwalt, Bibliothekar und Diplomat zog er sich als Privatgelehrter zurück. H. erarbeitete eine empiristische und psychologistische Erkenntnistheorie. Seine Analyse des Bewusstseins führte ihn zur Hervorhebung der Sinnesempfindungen sowie zum Begriff der Assoziation von Vorstellungen. In seiner *Geschichte Englands* (1754–62) hielt er sich nur an erwiesene Tatsachen. Er lehnte die Vernunfteinsichten der traditionellen Metaphysik ab. In der Ethik vertrat H. Determinismus, Hedonismus und Utilitarismus (*Eine Untersuchung über die Prinzipien der Moral,* 1751, dt. 1883) und beeinflusste damit maßgeblich die französische Aufklärung und wirkte entscheidend auf I. →Kant und den Positivismus.

Hus, Jan

(dt. Johannes Huß)
tschech. Reformator
* um 1368 in Husinec, Südböhmen
† 6.7.1415 in Konstanz

H., nach der Priesterweihe Rektor der Universität Prag, war ein Anhänger des englischen Theologen John Wyclif. Er entwickelte dessen religiöse und sozialrevolutionäre Ideen weiter. Die Verbreitung von Wyclifs Kritik an kirchlichen Missständen trug H. 1410 den päpstlichen Bann ein. Unter königlichem Schutz konnte er seine Stellung halten, musste aber, als auch die Prager theologische Fakultät sich gegen ihn wandte, 1412 nach Südböhmen fliehen, wo er seine Hauptschrift *De ecclesia* verfasste. Damit stellte H. die gesamte Herrschaftsordnung der katholischen Kirche in Frage. Unter Zusicherung freien Geleits durch Kaiser Sigismund stellte er sich 1414 dem Konstanzer Konzil, wo er der Ketzerei angeklagt wurde. H. verweigerte den Widerruf seiner reformatischen Lehren und wurde 1415 verbrannt. Sein Tod löste die Hussitenkriege aus, die erst 1436 beendet wurden. H. schuf mit *De orthographia bohemica* (1406 oder 12) die im Wesentlichen heute noch gültigen Regeln der tschechischen Rechtschreibung.

Hussein II. Ibn Talal

König von Jordanien
* 14.11.1935 in Amman

H. ist seit 1952 König von Jordanien. Im arabisch-israelischen Konflikt sucht er seit Beginn der 80er Jahre eine politische Lösung. Nach dem Verlust von Jerusalem und dem Westjordanland im Sechstagekrieg (1967) war es zu Spannungen mit den Palästinensern gekommen, die ins Land strömten. Die Palästinensische Befreiungsorganisation PLO

plante die Errichtung eines revolutionären Staates in Rest-Jordanien. 1970 kam es zum Bürgerkrieg („Schwarzer September"). 1974 erkannte H. das Alleinvertretungsrecht der PLO an. 1988 verzichtete er auf das von Israel besetzte Westjordanland zugunsten der palästinensischen Bevölkerung. 1994 beendete H. in Washington mit Y. →Rabin, dem damaligen Ministerpräsidenten Israels, den seit 1967 bestehenden Kriegszustand. H., dessen Haschemiten-Dynastie sich in der direkten Nachfolge →Mohammeds sieht, wurde in Alexandria und England erzogen und besuchte die britische Militärakademie in Sandhurst.

Husserl, Edmund

dt. Philosoph
* 8.4.1859 in Prossnitz, Mähren
† 27.4.1938 in Freiburg i.Br.

H. wandte sich nach dem naturwissenschaftlichen Studium unter dem Einfluss seines Lehrers Franz Brentano der Philosophie zu. Er bemühte sich um eine Neubegründung der Philosophie als strenge Wissenschaft in der Tradition der europäischen Aufklärung. 1887 trat H. vom jüdischen zum lutherischen Glauben über, lehrte ab 1901 in Göttingen, 1916 in Freiburg. Mit seinen Werken *Logische Untersuchungen* (1901) und *Ideen zu einer reinen Phänomenologie und phänomenologischen Philosophie* (1913) wurde H. zum Begründer der Phänomenologie. Er forderte die Aufgabe aller bis dahin herrschenden Meinungen und verbindlichen Ansichten, um „zu den Sachen selbst" vorzustoßen. Später ging er stärker auf die „transzendentale Subjektivität" zurück (*Formale und transzendentale Logik,* 1929). H. beeinflusste die zeitgenössische Philosophie, besonders M. →Heidegger und Max Scheler. Die Nationalsozialisten entzogen ihm 1936 den Professorentitel.

Hutten, Ulrich von

dt. Humanist und Dichter
* 21.4.1488 auf Burg Steckelberg bei Fulda
† 29.8.1523 in Ufenau, Zürichsee

H., Sohn eines fränkischen Ritters, studierte an deutschen und italienischen Universitäten Sprachen, Jura und Literatur, nachdem er 1505 der Fuldaer Klosterschule entflohen war. Seine Erlebnisse der verderblichsten Periode des Papsttums aus nächster Nähe machten ihn zum entschiedenen Gegner der römischen Kirche. Wieder in Deutschland wurde H. vom Mainzer Erzbischof Albrecht in Dienst genommen. 1517 erhielt er auf dem Augsburger Reichstag von Kaiser →Maximilian I. die Dichterwürde und wurde zum Ritter geschlagen. H. war überzeugt, dass das deutsche Volk von der römischen Kirche ausgebeutet würde und schloss sich 1519 M. →Luther an. Neben den *Dunkelmännerbriefen* (1517) veröffentlichte er eine Reihe weiterer Kampfschriften gegen die moralische Verwahrlosung der katholischen Kirche (*Vadiscus,* 1520). Nach dem Wormser Edikt (1521) eröffnete er auf eigene Faust einen „Pfaffenkrieg" gegen die Geistlichkeit am Mittelrhein, der jedoch scheiterte. H. gewann den geächteten Franz von Sickingen für die Sache der Reformation, kämpfte gegen die Landesherren für eine starke Ritterschaft, auf die sich ein nationales, von Rom unabhängiges Kaisertum stützen sollte. Luther wandte sich von ihm ab. Nach dem Sturz Sickingens (1523) musste H. in die Schweiz fliehen, wo ihm U. →Zwingli Asyl gewährte.

Hutton, James

engl. Geologe
* 3.6.1726 in Edinburgh
† 26.3.1797 in Edinburgh

H. ist der Begründer des Plutonismus, der Lehre, die vulkanischen Kräften und Magmen eine entscheidende Rolle bei der Entstehung der Gesteine zuspricht. Sie hat sich gegenüber dem Neptunismus (Lehre, dass die Gesteine durch Ablagerung aus dem Meer entstanden seien) durchgesetzt und diesen widerlegt. H., der in Paris und Leiden Medizin studiert hatte, wandte sich erst später der Gesteinslehre zu und wurde zum Wegbereiter der modernen Geologie.

Huxley, Aldous Leonard

brit. Schriftsteller
* 26.7.1894 in Godalming, Surrey
† 22.11.1963 in Hollywood (CA)

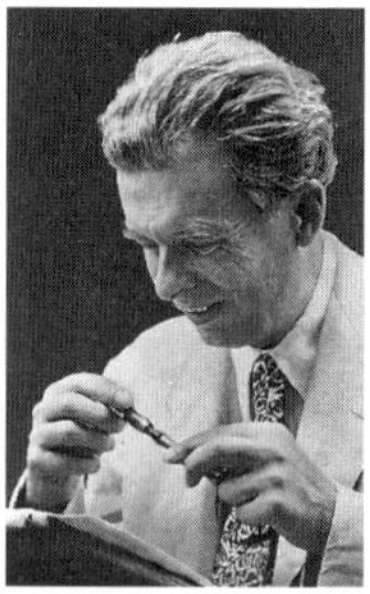

H. ist einer der bedeutenden Kulturkritiker und zivilisationskritischen Mahner unseres Jahrhunderts. Nach Lehrtätigkeit in Eton war er nach dem I. Weltkrieg Journalist und ließ sich nach einer ausgedehnten Weltreise (1925) in USA nieder. H. kritisierte in seinen Essays, Novellen, Kurzgeschichten und Romanen die feine englische Gesellschaft (*Parallen der Liebe,* 1925), aber vor allem den blinden Fortschrittsglauben und warnt vor einem Rückfall in die Barbarei. Er schildert in Utopien eine mechanisierte und schließlich vom Atomkrieg zerstörte Menschheit (*Schöne neue Welt,* 1932, dt. 1953; *Affe und Wesen,* 1949, dt. 1951). 1935 hielt H. pazifistische Vorträge und engagierte sich für Juden. Zu seinen entschiedenen Antikriegsbüchern gehört u. a. *Geblendet in Gaza* (1936, dt. 1953). Nach Experimenten mit Psychodrogen (*Die Pforten der Wahrnehmung,* 1954) wandte er sich der buddhistischen Mystik zu.

Huygens, Christiaan

niederl. Mathematiker und Physiker
* 14.4.1629 in Den Haag
† 8.6.1695 in Den Haag

H. begründete mit dem „Huygenschen Prinzip" die Wellentheorie des Lichts (1690). Es besagt: Jeder Punkt, der vom Licht getroffen wird, sendet seinerseits Licht in Form einer Kugelwelle aus. Der vielseitige Forscher war Mitglied der Académie française (1666–81). H. befasste sich mit der Wahrscheinlichkeits-, der Differenzial- und Integralrechnung, verbesserte die Zeitmessung und erfand die Pendeluhr (1657). Mit den von ihm formulierten Stoßgesetzen und der Lichttheorie konnte er Reflexion, Brechung und Ausbreitungsrichtung erklären. Diese Erkenntnisse nutze H. zum Bau von optischen Instrumenten und damit zu astronomischen Entdeckungen, darunter den Saturnmond „Titan" und die Saturnringe. In dem musiktheoretischen Werk *Novus cyclus harmonicus* (1661) nahm er eine Teilung der Oktave in 31 gleiche Teile vor.

Ibn Saud, Abd al Aziz III.

(eigtl.: Abd al Aziz Ibn Abd ar Rahman As Sa'ud)
König von Saudi-Arabien
* 24.11.1880 in Riad
† 9.11.1953 in Taif

I., Oberhaupt der puritanischen Sekte der Wahhabiten, ist der Begründer des saudiarabischen Reiches (1932). Er wuchs im Exil in Kuwait auf

und begann 1902 mit der Rückgewinnung seines Landes. Nach der Eroberung Riads holte er in den folgenden Jahren den gesamten Nordosten der Halbinsel von den Osmanen zurück. Mit der Sesshaftmachung der Beduinen versuchte I. sein Staatswesen zu festigen. Nach dem I. Weltkrieg beseitigte er mit der Unterstützung Großbritanniens die letzten osmanischen Stützpunkte auf der Halbinsel und nahm nach der Eroberung der heiligen Stadt Mekka (1925) den Königstitel an. I. regierte autokratisch, förderte die wirtschaftliche Entwicklung des Landes durch Ölkonzessionen (ab 1938), gelangte dadurch zunehmend unter amerikanischen Einfluss. Bereits zu Lebzeiten wurde das Bild des Königs zur Legende verklärt.

Ibsen, Henrik

norweg. Dramatiker
* 20.3.1828 in Skien
† 23.5.1906 in Oslo

I. wies dem realistischen Drama den Weg in den Naturalismus. Er war nach journalistischer Tätigkeit ab 1851 Leiter und Dramaturg am Theater in Bergen. 1857 wurde er Direktor des Norske Teatret in Oslo, wo er wenig erfolgreich war. I. lebte 1864–91 im Ausland (meist in Italien und Deutschland), da er sich in seiner Heimat unverstanden fühlte. In dieser Zeit erlangte er mit seinen unkonventionellen historischen Dramen *Brand* (1866, dt. 1872), *Peer Gynt* (1867, dt. 1881) und *Kaiser und Galiläer* (1873, dt. 1888) Weltruhm. Es folgten die realistischen Gesellschaftsdramen, die den Durchbruch der Moderne in der skandinavischen Literatur einleiteten. Das Grundthema war der Zerfall der zwischenmenschlichen Beziehungen (*Stützen der Gesellschaft,* 1877, dt. 1878). I. behandelte brisante soziale Probleme wie die Emanzipation der Frauen und Darwinismus (*Nora oder ein Puppenheim,* 1879; *Gespenster,* 1881, dt. 1884; *Ein Volksfeind,* 1882, dt. 1883). Die heftigen Diskussionen um seine Werke machten ihn zum meistgespielten Dramatiker seiner Zeit. In seinen späteren symbolhaften und mythischen Werken traten Fragen des Individualismus und der menschlichen Vereinsamung in den Vordergrund (*Die Frau vom Meer,* 1888, dt. 1889; *Baumeister Solness,* 1892, dt. 1893; *Wenn wir Toten erwachen,* 1899, dt. 1900). 1891 kehrte I. in seine Heimat zurück.

Ingres, Jean August Dominique

frz. Maler
* 29.8.1780 in Montauban
† 14.1.1867 in Paris

I. gilt mit der zeichnerisch klaren und sensiblen Form und kühler Farbgebung als der reinste Vertreter des französischen Klassizismus. Nach einer Ausbildung im Zeichnen und im Geigenspiel besuchte er sehr erfolgreich die Akademie in Toulouse und war ab 1797 Schüler von J.L. →David. I. lebte 1806-20 in Rom, anschließend in Florenz. In Italien entwickelte er seinen persönlichen Stil. Erst nach dem Erfolg seines Gemäldes Gelübde Ludwigs XIII kehrte er 1824 nach Paris zurück. Geschult an der Antike, an →Raffael und H. →Holbein d. J. schuf I. meisterhafte Porträts (Mademoiselle Rivière, 1805) sowie große historische und mythologische Bilder (*Achill empfängt die Abgesandten Agamemnons,* 1801). Er lehnte die romantische Schule und vor allem F. W. E. →Delacroix entschieden ab und stand der Entwicklung zum Realismus feindlich gegenüber. Zu seinen Hauptwerken gehören Rückenakte, *Die Badende* (1808), *Die große Odaliske* (1814), sowie historische, religiöse und mythologische Motive, z. B. *Ödipus und die Sphinx* (1808), *Türkisches Frauenbad* (1859).

Innozenz III.

(urspr.: Lotario Conte di Segni)
Papst
* 1160 oder 1161 in Anagni, Latium
† 16.7.1216 in Perugia

I. führte das mittelalterliche Papsttum auf den Höhepunkt seiner politischen und moralischen Macht. 1198 wurde er zum Nachfolger von Coelestin III. gewählt. Nach dem plötzlichen Tod Kaiser Heinrichs VI. führte I. die Regentschaft für den unmündigen →Friedrich II. (1198–1208) und stellte die päpstliche Oberlehenshoheit über das unteritalienisch-staufischen Königreich wieder her. Außerdem erlangte bzw. erneuerte er die päpstliche Oberlehenshoheit über England, Aragón, Bulgarien und Portugal. Er nutze die Schwäche des römisch-deutschen Reiches und vergrößerte 1198/99 den Kirchenstaat um bedeutende Nachbargebiete und trennte damit den kaiserlichen vom staufischen Machtbereich. Im deutschen Thronstreit stellte sich I. auf die Seite des Welfen →Otto IV. gegen Philipp von Schwaben (1201) und krönte ihn 1208 zum Kaiser. Als Otto päpstliche Interessen in Italien bedrohte, belegte I. ihn 1210 mit dem Bann. 1212 erhob er Friedrich II. zum König und künftigen Kaiser. 1208 rief er zu einem blutigen Ketzerkreuzzug gegen die Albigenser (eine sektiererische Reformbewegung) auf. 1215 berief I. das 4. Laterankonzil, das der Kreuzzugsvorbereitung, der Unterdrückung der Häresie (Ketzerei) und der Kirchenreform (u. a. Ohrenbeichte) diente. Zum letzten Mal erhob ein Papst den Anspruch auf uneingeschränkte weltliche Oberherrschaft.

Ionesco, Eugène

frz. Schriftsteller rumän. Herkunft
* 26.11.1909 in Slatina
† 28.3.1994 in Paris

I. ist neben S. →Beckett der bedeutendste Vertreter des Absurden Theaters. Die Kindheit verbrachte er in Frankreich (1912– 25), kehrte dann nach Rumänien zurück und ließ sich ab 1938 endgültig in Paris nieder. I. schrieb aus

gesellschaftskritischem Impuls dramatische Grotesken, in denen der Mensch zur Karikatur deformiert ist. Durch Absurdität des Dialogs will er provozieren und aufrütteln, durch Sprachkritik die Gedanken- und Seelenlosigkeit der erstarrten bürgerlichen Gesellschaft bloßstellen. I. lehnte das klassische psychologische Drama, aber auch das politische Theater B. →Brechts ab. Seine bekanntesten Stücke sind *Die Stühle* (1951, dt. 1960), *Die Nashörner* (1959, dt. 1960), *Der König stirbt* (1963, dt. 1964), *Hunger und Durst* (1964, dt. 1964), *Der Mann mit den Koffern* (1975, dt. 1976).

Isabella I., die Katholische

span. Königin
* 22.4.1451 in Madrigal de las Altas Torres
† 26.11.1504 in Medina del Campo

I., Tochter von Johann II. von Kastilien und Isabella von Portugal, heiratete 1469 den Thronerben von Aragonien (als →Ferdinand II. ab 1479 König). Damit schuf sie die Voraussetzungen für den spanischen Nationalstaat. Nach erfolgreicher Beendigung der kastilischen Erbfolgekriege (1474–79) regierte I. gemeinsam mit dem König. Mit Hilfe der Städte gelang es ihr den politischen Einfluss des Adels zurückzudrängen. Sie beseitigte die Korruption und baute eine zentralistische Verwaltung auf. I. brachte dem Land eine neue wirtschaftliche Entwicklung. 1492 eroberte sie das letzte maurische Königreich Granada und schloss damit die 700 Jahre dauernde Rückeroberung der iberischen Halbinsel von den Arabern ab. Ein Edikt aus dem gleichen Jahr sah die Ausweisung aller Juden und Mohammedaner vor, nachdem schon Tausende von ihnen der 1481 erneuerten Inquisition zum Opfer gefallen waren. Mit dieser konsequent nationalen Einigungspolitik schuf I. die Grundlagen für die Weltmachtstellung Spaniens im 16. Jh. Ebenfalls 1492 trat Ch. →Columbus mit Unterstützung I.s seine ruhmreiche Entdeckungsfahrt in die „Neue Welt“ an.

Isidor von Sevilla (hl.)

span. Enzyklopädist
* um 560 in Cartagena
† 4.4.636 in Sevilla

Der Metropolit (Erzbischof) von Sevilla (599) verfasste die bedeutendste Enzyklopädie des Mittelalters, die 20–bändige *Etymologiae.* Daneben war I. Geschichtsschreiber und der letzte lateinische Kirchenlehrer, dessen theologische, kosmologische, liturgische und literaturgeschichtliche Schriften wesentlich die Kultur des abendländischen Mittelalters beeinflussten. Seine Ausführungen über die Musik in *Etymologiarum sive originum libri XX* (II., VI. und VII. Buch) übertragen die spätantike Musiktheorie ins Mittelalter und bilden die wichtigste Quelle der frühmittelalterlichen Musikauffassung.

Iwan IV. Wassiljewitsch

(genannt Iwan der Schreckliche)
russ. Zar
* 25.8.1530 in Moskau
† 18.3.1584 in Moskau

I. wurde nach dem Tod seines Vaters Wassili III. 1533 Großfürst von Moskau und ließ sich 1547 nach byzantinischem Zeremoniell als erster russischer Zar krönen. Innenpolitisch führte er Reformen der Verwaltung und des Rechtswesens, der Kirche und des Heeres durch. I.s bedeutende außenpolitische Erfolge waren die Eroberung der Khanate von Kasan (1552),

Astrachan (1556) und von Teilen Sibiriens (1582). Die erfolglosen Kämpfe gegen Polen und Schweden um den Besitz Livlands (1558–82) zerrütteten das Land und die Wirtschaft. Mit der grausamen Terrorherrschaft seiner Leibgarde beseitigte der misstrauische und jähzornige Despot ab 1565 jede Opposition von Geistlichkeit und Hochadel und setzte so sein absolutistisches Regierungssystem fort.

Jackson, Michael

amerik. Popmusiker
* 29.8.1958 in Gary (IN)

J. begann seine Karriere als Kinderstar der Familiengruppe „Jackson Five", aus der er 1972 mit seinem Solo-Album *Ben* hervorging und mit der er bis 1988 gemeinsam auftrat und Platten aufnahm. Mit *Thriller* gelang ihm 1982 der Durchbruch (über 40 Millionen verkaufte Tonträger). J. wurde mit seiner erotischen Falsettstimme und der optischen Umsetzung seiner Songs sowie seinem tänzerischen Talent zum weltweit erfolgreichsten und populärsten Musiker der 80er Jahre. Er erhielt den Grammy Preis für *Don't stop till you get enough* (1979) sowie für *Thriller* und *Beat it* (1983). J., der sich mehrfach Gesichtsoperationen unterzog und sich dadurch ein androgynes Äußeres verlieh, wurde 1994 wegen angeblicher Verführung eines Minderjährigen angeklagt und konnte sich mit dem Kläger außergerichtlich einigen. Seine spektakuläre Ehe mit Lisa Marie Presley, der Tochter von E. →Presley, wurde 1996 nach nur 18 Monaten geschieden. J.s Einkommen wurde 1989 auf durchschnittlich 35 Millionen US-Dollar (einschließlich Werbeverträge) geschätzt.

Jakob II.

schott.-engl. König
* 14.10.1633 in London
† 16.9.1701 in Saint-Germain-en-Laye

J., Sohn →Karls I., wurde im Bürgerkrieg von 1646 gefangengenommen, konnte aber nach Frankreich fliehen. Nach der Thronbesteigung seines Bruders Karl II. kam er nach England zurück und war Großadmiral der englischen Flotte. 1672 trat J. zum Katholizismus über, worauf er des Landes verwiesen wurde. Nach dem Tod des Königs 1685 folgte er gegen den Willen der Opposition seinem Bruder auf den Thron. J.s absolutistisches Regime und sein Bestreben, den Katholizismus in England wieder aufzurichten, führten 1688 zu seinem Sturz in der Glorreichen Revolution. 1689 setzte das Parlament J., der nach Frankreich geflohen war, ab und ernannte →Wilhelm von Oranien zum neuen König. Seine Versuche, den Thron zurückzuerobern, scheiterten wie die seines Sohnes Jakob Eduard.

James, Henry

engl. Schriftsteller amerik. Herkunft
* 15.4.1843 in New York
† 28.2.1916 in London

J. gilt als der bedeutendste Vertreter des psychologischen Realismus in der angelsächsischen Literatur. Seine subtile Erzählkunst war wegweisend für die Weiterentwicklung des modernen Romans (J. →Conrad, J. →Joyce, M. →Proust, V. →Woolf). J. genoss eine weltbürgerliche Erziehung. Seine schulische Ausbildung erfolgte in den USA, in London, Paris und Genf. Er studierte Jura an der Harvard Universität, begann jedoch schon bald, Kritiken und Stories für Zeitschriften zu schreiben. 1876 ließ er sich in London nieder. J.' Kurzgeschichten und Romane sind in der „Bewusstseinstechnik" abgefasst, die das Geschehen vom Standpunkt eines Mithandelnden aus darstellt. Im Zentrum seines frühen Werks steht der Kontrast von amerikanischer und europäischer Wesensart (*Bildnis einer Dame,* 1881, dt. 1950). Zu seinen meisterhaften Romanen gehören u. a. *Der Amerikaner* (1877, dt. 1877),1915 wurde er britischer Staatsbürger. *Die goldene Schale* (1904, dt. 1963) sowie *Die Gesandten* (1903, dt. 1956). J. verfasste auch Kurzgeschichten, Essays, Reisebücher und Autobiografien.

Janáček, Leoš

tschech. Komponist
* 3.7.1854 in Hukvaldy, Mähren
† 12.8.1928 in Ostrava (Mährisch-Ostrau)

J.s Werk zählt zu den eigenständigsten und eindrucksvollsten Leistungen der osteuropäischen Musik. Nach dem Studium in Brünn, Prag, Leipzig und Wien, war er Musiklehrer und 1919–25 hochangesehener Kompositionslehrer am Prager Konservatorium. Den Durchbruch als Komponist hatte J. 1916 mit der Prager Erstaufführung seiner Oper *Jenufa* (1903). Seine intensive Beschäftigung mit der mährischen Volksmusik und die genaue Beobachtung von Sprachrhythmus und -melodie waren Ausgangspunkte seines Bühnenschaffens. Bei J. vermischen sich das romantische Erbe von B. →Smetana, A. →Dvořák und M. →Mussorgskys musikalischer Realismus sowie impressionistische Einflüsse zu einer expressiven musikalischen Ausdrucksweise. Zu seinem umfangreichen Werk gehören Opern (*Šarka,* 1887; *Die Ausflüge des Herren Brončeк,* 1917; *Kátja Kabanová,* 1921; *Das schlaue Füchslein,* 1923), Balett (*Tagebuch eines Verschollenen,* 1916– 19), Orchesterwerke (*Sinfonietta,* 1926), Streichquartette, Kirchenmusik, Klavierwerke, Chöre und Lieder. Populär geworden ist die Rhapsodie *Taras Bulba* (1918).

Jaspers, Karl

dt. Philosoph
* 23.2.1883 in Oldenburg
† 26.2.1969 in Basel

J., Professor für Psychologie (1916), kam nach psychiatrischen Studien (Allgemeine Psychopathologie, 1913) unter dem Einfluss Wilhelm Dilthey, E. →Husserl und M. →Weber zur Philosophie (ab 1922 Professor für Philosophie in Heidelberg). Als wichtigster Vertreter der Existenzphilosophie formulierte er deren Zentralbegriff „Grenzsituation" (Leiden, Kampf, Tod) und ihre grundlegende Terminologie in seiner dreibändigen *Philosophie* (1932). J. versteht die Philosophie nicht mehr als Theoriesystem, sondern als zu lebende Praxis der verantwortungsvollen „Weltorientierung" und „Existenzerhellung", deren Bezugspunkt die Transzendenz ist. J.s Existenzphilosophie missfiel den Nationalsozialisten, die ihn mit Lehrverbot belegten (1937–45). Als Gegner von Marxismus und Psychoanalyse engagierte er sich ab 1945 als politischer Schriftsteller. Ab 1948 Professor in Basel, bezog J. auch aktuelle politische Fragen in sein Denken ein und kritisierte die Doktrin der atomaren Abschreckung der Weltmächte (*Die Atombombe,* 1958). Auf seine Empfehlung auf Forderungen nach Wiedervereinigung zu verzichten (*Wohin treibt die Bundesrepublik,* 1966) erntete er teilweise scharfe Kritik. J. erhielt 1958 den Friedenspreis des Deutschen Buchhandels und 1965 den internationalen Friedenspreis.

Jean Paul

(eigtl.: Johann Paul Friedrich Richter)
dt. Dichter
* 21.3.1768 in Wunsiedel, Fichtelgebirge
† 14.11.1825 in Bayreuth

Als Erzähler des Idealismus verband J. zahlreiche Elemente bekannter literarischer Strömungen miteinander zu einer eigenen Stilform. Er stammte aus einer ärmlichen Lehrers- und Pfarrerfamilie und musste sein Studium der Theologie und Philosophie aus wirtschaftlicher Not abbrechen. J. wurde Haus- und Volksschullehrer, während er seine bereits 1783 begonnene literarische Arbeit fortsetzte. Ab 1794 widmete er sich ganz dem Schreiben. Den ersten Erfolg hatte er mit dem Erziehungsroman *Die unsichtbare Loge* (1793). J.s eigenwillige Erzählkunst, ausgestattet mit reicher Fantasie und einem Hang zum Skurrilen und Grotesken, reicht von der differenzierten Seelenschilderung idealistisch-genialer Charaktere (u. a. in *Hesperus,* 1795; *Flegeljahre,* 1804/05) bis zur humoristischen Darstellung kleinbürgerlicher Idylle (*Schulmeisterlein Maria Wutz,* 1790; *Leben des Quintus Fixlein,* 1796). J.s eigenständige Prosa wirkte auf Romantik und Realismus weiter.

Jeanne d'Arc (hl.)

(Jungfrau von Orléans)
frz. Nationalheldin und Patriotin
* um 1412 Domrémy-la-Pucelle, Vogesen
† 30.5.1431 in Rouen

Das lothringische Bauernmädchen J. war von religiös-nationalem Sendungsbewusstsein erfüllt und glaubte sich durch überirdische Eingebung zur Befreiung Frankreichs von den Engländern im Hundertjährigen Krieg berufen. 1429 wurde sie von Karl VII. empfangen und nach eingehender Prüfung dem Heer zugeteilt. Die Truppen brachen unter J.s Führung und von ihrer Ausstrahlungskraft angefeuert, die englische Belagerung von Orléans. Nach der Befreiung geleitete sie den neuen König (Karl VII.) zu seiner Krönung nach Reims (16.7.1429). Der Angriff auf Paris scheiterte, und J. fiel 1430 in die Hand der Burgunder, die sie gegen eine hohe Summe an die Engländer auslieferten. In Rouen wurde sie von einem kirchlichen Gericht der Zauberei und Ketzerei angeklagt. Sie widerrief eine unter Druck unterzeichnete Abschwörung, wurde zum Tod auf dem Scheiterhaufen verurteilt und öffentlich verbrannt, ihre Asche in die Seine gestreut. Das durch J.s Wirken entstandene Nationalgefühl führte zur Aufhebung des Urteils durch den Hof (1456) und zu ihrer Rehabilitierung. 1920 wurde sie heilig gesprochen (30.5.). J.s Schicksal inspirierte große Dichter zu literarischen Meisterwerken (Epos von →Voltaire; Dramen u. a. von F. →Schiller, B. →Brecht und Anouilh).

Jefferson, Thomas

amerik. Präsident
* 13.4.1743 in Shadwell (VA)
† 4.7.1826 in Monticello (VA)

J., der Vorkämpfer der Unabhängigkeit, gehörte 1769–75 dem verfassunggebenden Landtag Virginias an und war Mitglied des Kontinentalkongresses in Philadelphia. Er wurde zum maßgeblichen Verfasser der amerikanischen Unabhängigkeitserklärung vom 4.7.1776. Nach seiner Amtszeit als Gouverneur von Virginia (1779–81) war J. Gesandter in Paris und erlebte die Französische Revolution. Anschließend wurde er erster Außenminister der Regierung G. →Washingtons. Als Gegner einer starken Zentralgewalt trat er für die Rechte der Einzelstaaten ein, wurde zum Gründer der Republikanischen Partei (der späteren Demokratischen Partei) und als deren Führer Vizepräsident und 1801–09 dritter Präsident der Vereinigten Staaten von Amerika. Zu seinen wichtigsten Entscheidungen als Präsident gehörte der Ankauf von Lousiana (seinerzeit das riesige Gebiet zwischen Mississippi und Rocky Mountains) von Frankreich für 15 Millionen US-Dollar, wodurch sich die Fläche der USA verdoppelte. Nach seiner Amtszeit gründete J. die Universität von Virginia.

Jenner, Edward

engl. Arzt
* 17.5.1749 in Berkeley, Gloucestershire
† 26.1.1823 in Berkeley, Gloucestershire

J., der Landarzt war, erkannte, dass einmal an Kuhpocken erkrankte Rinder nach überstandener Krankheit gegen die menschliche Form der Pocken immun sind. Seine Idee, den bei der Erstinfektion vermutlich gebildeten Abwehrstoff zu gewinnen, um ihn dann auf den Menschen als Schutz gegen Pocken zu übertragen, erwies sich als richtig. Bereits 1796 führte J. die erste Pockenschutzimpfung ein, durch die zahllose Menschen dem Tod entkamen oder vor Entstellung bewahrt blieben.

Jeremias

jüd. Prophet
* um 645 v. Chr.
† um 585 v. Chr.

J., einer der Großen Propheten des Alten Testaments stammte aus einem Priestergeschlecht in Anatot bei Jerusalem. 627 v. Chr. zum Propheten berufen, warnte er das Königreich Juda vor einer Beteiligung an der Machtpolitik zwischen Babylon und Ägypten. Er musste miterleben, wie Juda von Babyloniern erobert, und Jerusalem zerstört wurde (597 und 586). Seine Landsleute verschleppten J. als Landesverräter nach Ägypten, wo er gesteinigt worden sein soll. Seine Reden und Leiden sind von seinem Schreiber Baruch aufgezeichnet.

Jesaja

jüd. Prophet
8. Jh. v. Chr.

J., Prophet Israels, wurde 740 v. Chr. durch eine Vision im Tempel in Jerusalem berufen und wirkte bis 701. Das nach ihm benannte Buch des Alten Testaments, bestehend aus drei Kapiteln (Kapitel 1–39, 40–55, 56–66), ist von verschiedenen Verfassern zu verschiedenen Zeiten geschrieben. Es enthält die Weissagung eines kommenden Messias, die das Neue Testament auf Jesus hin deutete.

Jesus von Nazareth

Zentrale Gestalt des Neuen Testaments, jüdischer Wanderprediger und Stifter des Christentums

Obwohl über keine historische Gestalt seit zweitausend Jahren soviel geschrieben und gesprochen wird wie über J., sind der Zeitpunkt seiner Geburt und die Dauer seines Wirkens nicht sicher feststellbar. Geschichtsschreiber wie C. →Tacitus, Sueton und F. Josephus erwähnen seinen Namen nur beiläufig. Man nimmt heute an , dass J. sieben Jahre vor unserer Zeitrechnung (noch zur Regierungszeit →Herodes I.) zur Welt kam und unter dem römischen Prokurator (26–36 n. Chr.) Pontius Pilatus gekreuzigt wurde. Nach der ältesten Überlieferung stammt er aus Nazareth. Die Kenntnis von J. beschränkt sich im Wesentlichen auf das in den vier Evangelien enthaltene Zeugnis der urchristlichen Gemeinde, das erst zwischen 70 und 100 n. Chr. entstand. Allen Evangelien ist es gemeinsam, dass sie keine historischen Berichte sind, sondern Verkündigungen der Botschaft Christi. Die Geburtsgeschichten drücken göttlichen Ursprung und Weltbedeutung des Erlösers aus. Paulus kannte sie noch nicht. J. ließ sich der Überlieferung nach von Johannes dem Täufer taufen. Seitdem war er sich wohl seiner Sendung als Messias bewusst, aber erst gegen Ende seines Wirkens wurde er als solcher von seinen Jüngern verstanden. Nach den Evangelien begann J.' Tätigkeit in Galiläa und endete mit der Passion in Jerusalem. Er verkündete, dass das Kommen der Herrschaft Gottes unmittelbar bevorstehe und zugleich in ihm, in J., verwirklicht sei. In der Bergpredigt ist ausgesprochen, was er von seinen Jüngern und Nachfolgern forderte. J.' Sendungsbewusstsein wurde von den Vertretern der jüdischen Religion nicht anerkannt, die ihn durch seine herausfordernde Haltung als Unruhestifter betrachteten. Als er mit seinen Jüngern zum Passahfest nach Jerusalem kam, ließen ihn die Pharisäer festnehmen, machten ihm den Prozess und verklagten ihn als Revolutionär beim römischen Statthalter Pilatus. Dieser verurteilte J. zum Kreuzestod und ließ ihn hinrichten. Seine Anhänger waren jedoch überzeugt, dass er lebe und sich ihnen offenbare, womit sich die Lehre des J. von Nazareth in der christlichen Kirche fortsetzte.

Johann I. ohne Land

(John Lackland)
engl. König
* 24.12.1167 in Oxford
† 9.10.1216 in Newark, Nottingham

J., der jüngste Sohn →Heinrichs II., erhielt seinen Beinamen nach einem erfolglosen Feldzug gegen Irland. Er kam 1199 als Nachfolger seines Bruders →Richard Löwenherz an die Macht und überging damit seinen Neffen Arthur von Bretagne, den er 1203 im Gefängnis umbringen ließ. Daraufhin forderte der französische König Philipp II. August J. (vergeblich) vor ein Pairsgericht und erklärte ihm den Krieg. J. verlor in diesem Krieg Normandie, Anjou, Maine, Touraine und Poitou und musste nach der Niederlage bei Bouvines (1214) endgültig den festländischen Besitz Englands nördlich der Loire an Frankreich abtreten. Sein Widerstand gegen den Erzbischof von Canterbury führte 1207 zum Konflikt mit Papst →Innozenz III. Dieser nutzte die geschwächte politische Lage J.s und zwang ihn 1213 durch Androhung des Banns zur Anerkennung der päpstlichen Oberlehenshoheit über England. Aufständische englische Barone nötigten ihm 1215 die Magna Charta (das wichtigste Grundgesetz Englands) ab, die ihm weitgehend seine Herrschaftsrechte einschränkte.

Johann III. Sobieski

poln. König
* 17.8.1629 in Olesko, Galizien
† 17.6.1696 in Wilanów, Warschau

J., der Nationalheld Polens, entstammt einer Magnatenfamilie. Nachdem er als Feldherr schon an den Kämpfen gegen die Kosaken beteiligt war, errang J. 1673 bei Choczim am Dnjestr einen Sieg über die Türken. 1674 wurde er nach dem Tod König Michaels zum König gewählt und verbündete sich zunächst mit Frankreich, dann im 2. Türkenkrieg (1683–99) mit Österreich. J. war als nomineller Oberbefehlshaber des polnisch-deutschen Ertsatzheeres wesentlich an der Befreiung Wiens von den Türken beteiligt (Sieg am Kahlenberg 1683). Dem großen Förderer von Kunst und Wissenschaft gelang es trotz seiner geschickten Diplomie nicht, die innenpolitische Opposition der Magnaten (Angehörige des hohen Adels) zu brechen.

Johannes XXIII.

(eigtl.: Angelo Giuseppe Roncalli)
Papst
* 25.11.1881 in Sotto il Monte bei Bergamo
† 3.6.1963 in Rom

J. war Wegbereiter des Zweiten Vatikanischen Konzils, das 1962 einberufen wurde, u. a. eine Lockerung des erstarrten Zentralismus des Papsttums brachte und zur ökumenischen Öffnung der Kirche führte. Mit seinen Enzykliken setzte sich J. vor allem für soziale Gerechtigkeit und wirtschaftlichen Ausgleich unter den Nationen („Mater et Magistra", 1961) sowie für den Weltfrieden („Pacem in terris", 1963) ein. Seit seiner Ernennung zum Bischof 1925 war J. als A. G. Roncalli im päpstlichen diplomatischen Dienst tätig, wurde 1953 Kardinal und Patriarch von Venedig und 1958 zum Papst gewählt. Er zählt zu den bedeutendsten Päpsten der Neuzeit.

Johannes der Evangelist

Apostel

J., Sohn des Zebedäus, Bruder des Jakobus, war nach dem Johannesevangelium (viertes Evangelium des Neuen Testaments) Lieblingsjünger Jesu. Er soll später in Ephesos gewirkt und Schüler um sich versammelt haben, aus deren Mitte wahrscheinlich gegen Ende des 1. Jh.s n. Chr. das Johannesevangelium und die Johannesbriefe stammen.

Johannes Paul II.

(eigtl.: Karol Wojtyla)
Papst
* 18.5.1920 in Wadowice bei Krakau, Polen

J. ist der erste nichtitalienische Papst seit Hadrian VI. (1523). Nach dem Studium der polnischen Philologie und der Philosophie war K. Wojtyla während der deutschen Besetzung als

Arbeiter und Schauspieler tätig. Ab 1942 studierte er Theologie in Krakau, 1946 erhielt er die Priesterweihe, 1958 die Bischofsweihe und war ab 1976 Kardinal. Sein Pontifikat (seit dem 16.10. 1978) ist gekennzeichnet durch eine Aufwertung der hierarchisch-zentralistischen Kirchenstruktur und Betonung des Heiligen Stuhls als höchste Lehr- und Leitungsautorität innerhalb der katholischen Kirche. J.' striktes Nein, Frauen zum Priesteramt zuzulassen, seine kompromisslose Ablehnung der Empfängnisverhütung sowie sein Beharren auf der Zölibatspflicht rufen besonders außerhalb der katholischen Kirche der westlichen Länder Unverständnis hervor. Auf seinen zahlreichen Weltreisen mahnte J. zum sozialen Frieden und stellte sich hinter die Menschenrechtsforderungen. Die Reisen in sein Heimatland Polen (1979, 1983, 1987) waren von großer politischer Bedeutung und dienten der Stärkung der oppositionellen Gewerkschaftsbewegung (L. →Walesa) und der Geistlichen in der Auseinandersetzung mit der damaligen kommunistischen Führung. 1981 überlebte der Papst schwerverletzt ein Attentat auf dem Petersplatz. 1994 erschien von J. *Die Schwelle der Hoffnung überschreiten,* seit 250 Jahren die erste Buchveröffentlichung eines Papstes.

John, Sir Elton

(eigtl.: Reginald Kenneth Dwight)
engl. Rockmusiker und Komponist
* 25.3.1947 in Pinner, Middlesex

J. zählt seit den frühen 70er Jahren zu den Superstars der Rockmusik. Der ehemalige Schüler der Royal Academy of Music in London startete seine bemerkenswerte Karriere 1970/71 in den USA. Zu den erfolgreichsten Titeln des extravaganten Künstlers, der auch mit seinen ausgefallenen Brillen Aufsehen erregte, gehören u. a. *Rocket Man* (1972), *Crocodile Rock* (1972), *Don't Let the Sun Go Down on Me* (1974). Der größte Erfolg der Popgeschichte war der auf den Tod →Dianas (1997) umgeschriebene und auf deren Totenmesse vorgetragene Song *Goodbye England's Rose*. Im Februar 1998 wurde er geadelt.

Johnson, Philip Cortelyou

amerik. Architekt
* 8.7.1906 in Cleveland (OH)

J., Schüler von →Mies van der Rohe, übernahm von seinem Lehrer die klare, elementare Architektur, die bei ihm durch betonte Eleganz geprägt ist. Zunächst trug er zur Verbreitung des funktionalistischen Architekturstils in den USA bei. Seine ersten Bauten sind in ihrer Geometrisierung noch vom Rationalismus beeinflusst wie z. B. sein eigenes Haus *(Glass House)* in Connecticut. Ab den 50er Jahren lässt sich in J.s Werken das historisierende Element erkennen. In den 70er Jahren zählte J. zu den Begründern der postmodernen Architektur. Zu seinen bekannten Bauten gehören u. a.: Lincoln Center (1962–64), Kunsthalle Bielefeld (1966–68), AT&T Building in New York (1978–82).

Joseph II.

röm.-dt. Kaiser
* 13.3.1741 in Wien
† 20.2.1790 in Wien

J. folgte 1765 seinem Vater Franz I. auf den Kaiserthron und war Mitregent in den habsburgischen Erbländern bis zum Tode seiner Mutter →Maria Theresia (1780). Seine Hauptaufgabe sah J. darin, eine umfassende Staatsreform im Geist des aufgeklärten Absolutismus durchzuführen. Er führte tiefgreifende Neuerungen ein, u. a. auf den Gebieten der Rechtspflege (Abschaffung der Folter), Bauernbefreiung und setzte die Toleranz in Glaubensfragen durch (u. a. Emanzipation der Juden). Mit Hilfe von Heer, Beamten und Staatskirche wollte er einen deutschsprachigen österreichischen Einheitsstaat schaffen, was besonders in Ungarn und den Niederlanden wachsenden Widerstand und Unruhen auslöste, und die Rücknahme vieler Reformen zur Folge hatte. Außenpolitisch betrieb J. eine Expansionspolitik, gewann 1772 Ostgalizien und Lodomerien (1. Polnische Teilung), 1775 die Bukowina für Österreich. Seine Versuche, Bayern zu erwerben bzw. gegen die Niederlande einzutauschen, scheiterten im Bayerischen Erbfolgekrieg.

Joule, James Prescott

engl. Physiker
* 24.12.1818 in Salford bei Manchester
† 11.10.1889 in London

Den physikalischen Untersuchungen widmete sich J., der eigentlich Brauereibesitzer war, als Privatgelehrter. Als einer der ersten Wissenschaftler vertrat er den Erhaltungssatz der Energie nach Robert Mayer und bestimmte 1843 das mechanische Wärmeäquivalent [die der Wärmemenge von 1 Kalorie (cal) entsprechende mechanische oder elektrische Energie: 1 cal = 4,1868 Joule]. Ab 1852 betrieb J. gemeinsam mit William Thomson die experimentelle Erforschung der Thermodynamik. Der Joule-Thomson-Effekt spielt bei der Gasverflüssigung eine große Rolle: Jedes Gas kühlt sich unterhalb einer für das betreffende Gas spezifischen Temperatur bei Expansion ohne äußere Arbeitsleistung ab. J. entdeckte außerdem die Erscheinung der Magnetostriktion: Ferromagnetische Stoffe ändern bei Magnetisierung ihre Länge (Joule-Effekt).

Joyce, James

(eigtl.: J. Augustine Aloysius J.)
ir. Schriftsteller
* 2.2.1882 in Dublin
† 13.1.1941 in Zürich

J.s Hauptwerk *Ulysses* (1922, dt. 1927), das seinen Ruf als literarisches Genie begründete, wurde schon vor dem Erscheinen in England, Irland und den USA wegen angeblicher Obszönitäten verboten. S. Beach, die Inhaberin der Pariser Buchhandlung Shakespeare & Co., brachte 1922 eine zunächst zensierte Ausgabe heraus. Die erste vollständige Ausgabe von J.s Monumentalwerk konnte erst 1958 postum veröffentlicht werden. In seinem revolutionären Roman schildert J. in einem zeitlupenartigen Erzählstil („Bewusstseinsstrom“) über 24 Stunden aus dem Leben von Leopold Bloom in Dublin. Der Alltag der Personen verliert durch unkonventionelle Erzählweise, die in jedem der 18 Kapiteln wechselt (Über-, Vor- und Rückblenden von Wünschen, Gedanken und Eriegnissen), an Selbstverständlichkeit. J. verließ seine irische Heimat mit 20 Jahren und lebte lange Zeit in Paris, wo er u. a. Kontakt zu S. →Beckett hatte. Seine Karriere als Schriftsteller begann mit *Dublin* (1914, dt. 1928). In seinem autobiografischen Roman *Jugendbildnis* (1916, dt. 1926) schilderte er seine Befreiungsversuche von den Fesseln der jesuitischen Erziehung. Sein letztes großes Werk *Finnegan's Wake* (1936, dt. 1989) ist die Forsetzung der Technik seines Hauptwerkes und bildet den Höhepunkt seiner wortschöpferischen Kunst. J., der in verschiedenen europäischen Städten als Journalist und Sprachlehrer lebte, starb fast erblindet in der Schweiz.

Juan Carlos I.

(eigtl.: J.C. Victor Maria de Borbón y Borbón)
König von Spanien
* 5.1.1938 in Rom

J., Enkel König Alfons' XIII. wurde nach Wiedereinführung der Monarchie 1947 durch →Franco zu dessen Nachfolger bestimmt und als künftiger König vorgesehen. 1975 wurde er von den Cortes (Volksvertreter in Spanien) als König vereidigt. Nach 40 Jahren Diktatur gilt J. als Garant der Demokratie in Spanien. Zu seinen ersten Aufgaben gehörten die Auflösung franquistischer Einrichtungen und die Durchsetzung demokratischer Reformen. 1977 fanden in Spanien die ersten freien Parlamentswahlen seit 1936 statt. Der Putsch von 1981 scheiterte durch die konsequente Haltung des Königs. 1982 wurde ihm der Karlspreis der Stadt Aachen verliehen.

Juan d'Austria, Don

span. Feldherr und Admiral
* 24.2.1547 in Regensburg
† 1.10.1578 bei Namur

J. war der natürliche Sohn Kaiser →Karls V. und der Regensburger Bürgerstochter Barbara Blomberg. 1559 wurde er als kaiserlicher Prinz anerkannt. Als Befehlshaber der Flotte der Heiligen Liga (Spanien, Venedig und Heiliger Stuhl) siegte J. 1571 über die Türken in der Seeschlacht bei Lepanto und brach damit die türkische Vorherrschft im Mittelmeer. 1576–78 war er Statthalter in den Niederlanden, wo er über die Aufständischen militärische Erfolge errang.

Juárez, Benito Pablo

mex. Politiker
* 21.3.1806 in San Pablo Guelatao (Oaxaca)
† 18.7.1872 in Mexiko-Stadt

J., der indianischer Abstammung war, studierte Rechtswissenschaft. Als Mitglied des Kongresses (1855 Justizminister) hatte er maßgeblichen Anteil an der Ausarbeitung der Verfassung von 1857. Als liberaler Staatspräsident (1861–72) konnte er sich nach langwierigen Kämpfen gegenüber der klerikalen Rebellenregierung durchsetzen und die Trennung von Kirche und Staat vollziehen. In dem darauffolgenden mexikanischen Bürgerkrieg griffen auch Truppen Frankreichs, Spaniens und Englands ein. →Napoleon III. ließ 1864 den österreichischen Erzherzog Maximilian zum Kaiser von Mexiko krönen. Obwohl J. sich zunächst in den Norden des Landes zurückziehen musste, konnte er Maximilian nach dem Abzug der französischen Truppen besiegen und ließ ihn 1867 hinrichten.

Julius II.

(eigtl.: Giuliano della Rovere)
Papst
* 5.12.1443 in Albissola bei Savona
† 21.2.1513 in Rom

Der Neffe von Papst Sixtus IV. wurde nach dem Tod von Pius III. durch Bestechungsgelder 1503 zum neuen Papst gewählt. Nach der Vertreibung der Borgias (1504 Entmachtung von C.→Borgia) baute J. den neuzeitlichen Kirchenstaat unter mehrmaligem Bündniswechsel zwischen den europäischen Großmächten auf. 1506 eroberte er Bologna und Perugia, 1509 Ravenna, Rimini und andere Städte der Romagna. In der Heiligen Liga mit Spanien und Venedig (1511) gewann J. weitere Städte und vertrieb die Franzosen. Damit erreichte er sein politisches Ziel, Italien von der Fremdherrschaft zu befreien. 1512 berief er das 5. Laterankonzil ein. J., der ein großer Freund und Förderer der Kunst war, machte Rom mit Aufträgen an D. →Bramante, →Raffael, →Michelangelo und andere Künstler zum Mittelpunkt der Renaissance.

Jung, Carl Gustav

schweiz. Psychiater und Psychologe
* 26.7.1875 in Kesswill, Thurgau
† 6.6.1961 in Küsnacht, Zürich

J. ist der Begründer der sog. „analytischen“ oder „komplexen“ Psychologie. Nach Abschluss des Medizinstudiums war er als Assistenz- und Oberarzt an der psychatrischen Universitätsklinik Zürich, später als Professor tätig. J., zeitweilig Anhänger der Psychoanalyse S. →Freuds, löste sich 1913 wieder von ihm und begründete eine eigene tiefenpsychologische Richtung. Im Gegensatz zu Freud vertrat er die Auffassung, dass die Sexualität nicht die einzige und zentrale Triebquelle der menschlichen Psyche sei. So gelangte J. zu der Erkenntnis, dass der Entwicklungsprozess des Menschen nicht nur vom individuellen Unterbewusstsein (verdrängte Wünsche, Triebe, Erlebnisse) geprägt sei; es seien auch artgemäße Reaktions- und Verhaltensweisen (Archetypen) als das „kollektiv Unbewusste“ wirksam (Die Beziehungen zwischen dem Ich und dem Unbewussten, 1928). Beide Formen des Unbewussten sind aufeinander bezogen, ihre Energie und Triebdynamik nennt J. die Libido. Bestimmt durch die vier Grundfunktionen Denken, Fühlen, Empfinden und Intuieren unterscheidet er die beiden in ihrem Bewusstsein grundverschiedenen Persönlichkeiten: den „extrovertierten“ und den „introvertierten“ Typ (*Psychologische Typen,* 1921). J. betrieb auch ausgedehnte Studien über die Symbolik in Träumen (*Über psychische Energetik und das Wesen der Träume,* 1928), Mythen, Märchen, Religionen und in der Kunst (*Gestaltungen des Unbewussten,* 1950) sowie über alchimistische Praktiken (*Mysterium Conjunctionis,* 1955).

Justinian I.

byzant. Kaiser
* 11.5.482 oder 483 in Tauresium, Skopje
† 11.11.565 in Konstantinopel

J. war der letzte römischer Kaiser in Byzanz. Ihm gelang die Wiedervereinigung fast des ganzen Römischen Reiches, das er ein letztes Mal zu Macht und Blüte führte. Durch die Niederwerfung des Nikaaufstands (532) wurde er zum absoluten Herrscher. Durch seine Feldherrn Belisar und Narses eroberte J. das Wandalenreich in Nordafrika (533/34), das Ostgotenreich in Italien (535–40) sowie das Westgotenreich in Spanien (554) und besiegte die Slawen und die Perser. Die innere Zerrissenheit versuchte er mit einer großen Rechtsreform zu überwinden. Die Sammlung des römischen Rechts im *Corpus Juris Civilis* ist sein größter Verdienst. J., der Kämpfer für die Einheit von Reich, Recht und Christentum unterdrückte das Heidentum, versuchte unter dem Einfluss seiner Gemahlin Theodora vergeblich Monophysiten (Anhänger des nur göttlichen Jesu) und Orthodoxe wieder zu vereinen. Unter J.s Herrschaft erreichten byzantinische Literatur und Baukunst (z. B. Hagia Sophia) ihren Höhepunkt.

Juvenal, Decimus Junius

röm. Satiriker
* um 60 n. Chr. in Aquinum
† um 140 n. Chr.

J. lieferte in 16 Satiren eine stark überzeichnende Karikatur des Sittenverfalls und der Heuchelei der römischen Oberschicht seiner Zeit. Sein Stil ist prägnant formulierend und sentenzenreich, von einem oft pathetisch wirkenden Ton ständiger Entrüstung geprägt und bildet den Gegensatz zu der geistvollen Ironie des →Horaz. J.s tiefer Pessimismus ist auf persönliche traumatische Erlebnisse der Gewaltherrschaft Domitians zurückzuführen, unter dem er wahrscheinlich nach Ägypten deportiert worden war. J. Werk wurde wegen seiner moralischen Strenge im Mittelalter besonders geschätzt und viel gelesen.

Kafka, Franz

österr. Schriftsteller
* 3.7.1883 in Prag
† 3.6.1924 in Kierling bei Wien

K., als Erzähler dem Expressionismus nahe, ist keiner literarischen Richtung zuzuordnen. Sein Werk, größtenteils erst postum erschienen, gehört zu den bedeutendsten der deutschsprachigen Literatur des 20. Jh.s. Nach dem Jurastudium arbeitete er als Versicherungsangestellter. Schon früh an Tuberkulose erkrankt, wurde er vorzeitig pensioniert (1922). K. gestaltete in klarer, schlichter, ausgefeilter Prosa den einsamen modernen Menschen in seiner Lebensangst, im Widerspruch mit sich selbst und einer anonymen, überwältigenden Macht (z. B. die Romane *Der Prozess,* 1925, 1962 von O. →Welles verfilmt, und *Das Schloss,* 1926). Dieses Ausgeliefertsein erlebte er persönlich in dem ungeliebten Beruf des Angestellten. Von Bedeutung ist auch das Autoritätsproblem. K. konnte sich von dem Druck seines strengen Vaters, eines tschechisch-jüdischen Kaufmanns, nicht lösen (der nie abgeschickte *Brief an den Vater,* 1919). Ähnlich dem Surrealismus, der von K. stark beeinflusst wurde, wird die realistische, klar verständliche Darstellung mit grotesk-hintergründigen Traumvisionen in einer gleichnis- und bilderreichen Sprache verbunden. Zu seinen Lebzeiten erschienen die Erzählungen *Betrachtung* (1913), *Der Heizer* (1913, später das 1. Kapitel von *Der Verschollene*), *Die Verwandlung* (1916), *Das Urteil* (1916), *In der Strafkolonie* (1919), *Ein Landarzt* (1919) und – kurz nach seinem Tod – *Der Hungerkünstler* (1924). K. hatte testamentarisch bestimmt, sein Werk nach dem Tod zu verbrennen. Sein Freund Max Brod ignorierte K.s Verfügung und veröffentlichte seinen Nachlass, zu dem auch die zum Teil unvollendeten Romane (s.o.) gehören. Weitere Werke: *Amerika* (1927, heutiger Titel *Der Verschollene*), Erzählungen, Briefe (*Brief an den Vater; Briefe an Milena; Briefe an Felice,* 1952) und Tagebücher. Damit begründete Brod postum K.s Weltruhm.

Kandinski, Wassily

frz. Maler und Grafiker
russ. Herkunft
* 4.12.1866 in Moskau
† 13.12.1944 in Neuilly-sur-Seine bei Paris

K. ist der Begründer der abstrakten, gegenstandslosen Malerei (*Erstes abstraktes Aquarell,* 1910). Angeregt von den Impressionisten, gab er seine juristische Laufbahn auf und studierte in München Malerei (1896). In seinem Frühwerk verband er in erster Linie den Jugendstil mit Elementen der russischen Volkskunst (*Der Brautzug,* 1903). K., Schüler von Franz von Stuck, lernte in Paris die Fauvisten kennen, entwickelte ab 1908, wieder in München, seinen eigenen Stil, der über den Expressionismus zu immer stärkerer Abstraktion führte. Er malte seine ersten gegenstandslosen Bilder, zuerst bewegte Farbfantasien, später Kompositionen geometrischer Farbflächen und richtungsbetonter Linien (*Komposition VIII,* 1923; *Akzente in Rosa,* 1926). Von Bedeutung waren seine Begegnungen mit F. →Marc, P. →Klee und August Macke. 1909 gründete er mit Alexander Kanoldt die „Neue Künstlervereinigung" und gab mit F. Marc ab 1911 den Almanach *Der Blaue Reiter* heraus. Es kam zu Austellungen der gleichnamigen Künstlergruppe, der auch P. Klee angehörte. 1922–33 war K. Professor am Bauhaus in Weimar und Dessau und ging nach dessen Schließung nach Paris. In seinem Spätwerk entwickelte er eine Art Bildsprache aus geometrischen Strukturen und tierartigen Fantasiegebilden (*Verschiedene Teile,* 1940; *Gemäßigter Schwung,* 1944). Eine theoretische Begründung seines Malstils versuchte er mit den Abhandlungen *Über das Geistige in der Kunst* (1912), *Punkt und Linie zu Fläche* (1926). 1933 emigrierte K. nach Paris, 1937 wurden 57 „entartete" Werke von ihm aus den deutschen Museen durch die Nationalsozialisten entfernt. Ab 1939 war K. französischer Staatsbürger.

Kant, Immanuel

dt. Philosoph
* 22.4.1724 in Königsberg
† 12.2.1804 in Königsberg

K., einer der größten Philosophen der europäischen Denkgeschichte, hat die Philosophien des 19. Jh.s und bis heute maßgeblich geprägt. Der Sohn eines pietistischen Sattlermeisters war nach dem Studium der Philosophie und

Theologie Hauslehrer, ab 1755 Dozent und ab 1770 Professor in Königsberg. K. verließ seine Heimatstadt selten, führte ein ereignisarmes Leben, stand aber im Gedankenaustausch mit vielen großen Geistern seiner Zeit. In seiner „vorkritischen“ Schaffensperiode bis etwa 1769 beschäftigte er sich, an I. →Newton anknüpfend, auch mit naturwissenschaftlichen Problemen (*Allgemeine Naturgeschichte und Theorie des Himmels,* 1755). In seinem Denken wurde K. zunächst von der rationalistischen Aufklärungsphilosophie der Leibniz-Wolffschen Schule bestimmt, distanzierte sich aber unter dem Einfluss von J. J. →Rousseau bald von ihr. Die Schriften *Träume eines Geistersehers, erläutert durch Träume der Metaphysik* (1766) und *De mundi sensibilis atque intelligibilis forma et principiis* (1770) bilden den Übergang zu der kritischen Epoche. Seine Auseinandersetzung mit D. →Hume (englischer Empirismus) war für seine Neuorientierung entscheidend. K. begründete sein System des „kritischen, d.h. transzendentalen, Idealismus“ (Kritizismus) mit dem berühmten Werk *Kritik der reinen Vernunft* (1781). Er leitete eine „kopernikanische Wende“ in der Philosophie ein als Lehre von den Möglichkeiten und Grenzen menschlicher Erkenntnis und zeigt, dass Erkenntnis über „Dinge an sich“ nicht möglich ist. Damit stellte K. die gesamte vorherige Metaphysik mit allen Aussagen über Seele, Unsterblichkeit, Freiheit und Gott als unkritisch und „dogmatisch“ in Frage. Seine Ethik (*Grundlegung der Metaphysik der Sitten,* 1785; *Kritik der praktischen Vernunft,* 1788) hebt die Freiheit des Menschen als Vernunftswesen hervor und unterstellt ihn der im „kategorischen Imperativ“ des Sittengesetzes formulierten Pflicht. In seiner *Kritik der Urteilskraft* (1790) untersucht K. die Grundsätze des Schönen und Erhabenen in Kunst und Natur sowie das Prinzip der Zweckmäßigkeit im Bereich des Lebendigen. Berühmt ist auch seine Schrift *Zum ewigen Frieden* (1795). Die letzte Phase seines Denkens führte vor allem auf dem Gebiet der Naturphilosophie zu ganz neuen Ansichten.

Karajan, Herbert von

österr. Dirigent
* 5.4.1908 in Salzburg
† 16.7.1989 in Anif bei Salzburg

K. gilt als einer der bedeutendsten Dirigenten des 20. Jh.s. Seine Kunst prägte vor allem die langjährige Zusammenarbeit mit den Berliner Philharmonikern. K., Sohn eines musikbegeisterten Salzburger Chirurgen, bekam schon als Vierjähriger Klavierunterricht. Zunächst Pianist, hatte er sein Debüt als Operndirigent 1927 mit *Fidelio* in Salzburg. Nach Anfängen in Ulm (1928–34) und Aachen (1934–38) setzte er seine steile Karriere nach der Machtübernahme der Nationalsozialisten fort, da fast alle führenden Dirigenten im Exil waren, und K. sich systemkonform verhielt. Ab 1938 stand er unter Vertrag an der Berliner Staatsoper (die berühmte Zauberflöte-Inszenierung mit Gustaf Gründgens). Aus der NSDAP wurde K. später wegen Heirat mit einer Halbjüdin ausgeschlossen. Diese NS-Mitgliedschaft konnte nach 1945 seinen Aufstieg nur wenig verzögern. K. galt als einer der größten Verdi-Interpreten und beherrschte die große sinfonische Tradition von Beethoven bis Bruckner. Er übernahm mehrere leitende Stellungen (Gesellschaft der Musikfreunde Wien, 1949; Salzburger Festspiele, 1956; Wiener Staatsoper, 1957; Gründung der Salzburger Osterfestspiele, 1967 u. a.). 1954 wurde er als Nachfolger von W. →Furtwängler Chefdirigent der Berliner Philharmoniker. 1969 gründete K. die H.v.K.-Stiftung zur Förderung junger Dirigenten und hatte maßgeblichen Anteil an der Entdeckung junger Künstler (z. B. Anne-Sophie Mutter). Mit Hilfe eigener Produktionsfirmen organisierte er Live-Aufführungen und zahlreiche Tonaufnahmen, die den Schallplattenmarkt beherrschen.

Karl I.

engl. König
* 19.11.1600 in Dunfermline, Schottland
† 30.1.1649 in London

K., Sohn Jakobs I., führte ein streng absolutistisches Regiment. Das Parlament fasste 1628 die „Petition of Rights" ab, mit der Bitte an den König, eine Reihe von Grundrechten zu bestätigen. Obwohl er dem Parlament das Steuerbewilligungsrecht hatte zugestehen müssen, ließ er das Parlament bis 1640 nicht mehr zusammentreten. Erst als K. im Kampf gegen das die anglikanische Kirchenordnung ablehnende Schottland finanzielle Unterstützung brauchte, musste er es wieder einberufen. Das Parlament beschloss einschneidende Beschränkungen der königlichen Macht. Dadurch kam es zu unüberbrückbaren Differenzen und damit zur Puritanischen Revolution (1642). Das königliche Heer unterlag im Bürgerkrieg (1642–46) dem Parlamentsheer O. →Cromwells, der den König 1648 gefangen nahm und als Landesverräter hinrichten ließ.

Karl I., der Große

(lat. Carolus Magnus)
röm.-dt. Kaiser
* 2.4.742
† 28.2.814 in Aachen

K., Sohn Pippins III., des Jüngeren, folgte mit seinem Bruder Karlmann seinem Vater in der Regierung und wurde nach Karlmanns Tod (771) Alleinherrscher des Fränkischen Reiches. In zahlreichen Feldzügen (772–804) unterwarf er die noch heidnischen Sachsen und zwang sie zur Annahme des Christentums (Errichtung der Bistümer Bremen, Münster, Paderborn, Osnabrück, Verden und Minden). Zu Hilfe gerufen von Papst Hadrian I. gegen den Langobardenkönig Desiderius eroberte K. dessen Reich (773/774), vereinigte es mit dem Fränkischen Reich und setzte sich 774 die Langobardenkrone auf. Ab 778 bekämpfte er in Nordspanien die Araber und Basken. Die slawischen Liutizen befriedete er 789, die Sorben 806, und Böhmen unterwarf er 805/806 der fränkischen Tributherrschaft. Große militärische Anstrengung erforderte die Zerschlagung des Awaren-Reiches (791,795/796, 805). Die Grenzen sicherte K. durch Errichtung von Marken (Einsetzung der Markgrafen). Mit der Stabilisierung seiner Macht wurde er zum mächtigsten Herrscher seiner Zeit. Als „Patricius Romanorum" (Schutzherr der Römer) griff K. auch in römische Verhältnisse ein. 800 ließ er sich von Papst Leo III. zum römischen Kaiser krönen und nahm die römische Reichsidee wieder auf. Von Byzanz nicht anerkannt, kam es zum Krieg in Italien. Im Frieden von Aachen (812) verzichtete K. auf Dalmatien und Venetien und wurde dafür vom oströmischen Reich akzeptiert. Um die Reichseinheit weiter zu festigen baute er Verwaltung und Gerichtswesen aus. Neben Handel, Gewerbe und Landwirtschaft förderte er vor allem die kulturelle Entwicklung des Reiches. K. berief zahlreiche Gelehrte an seinen Hof, ließ Aachen durch Palastbauten und Kapelle zu seiner prächtigsten Pfalz ausbauen, wo er sich ab 794 bevorzugt aufhielt. Er unterstützte auch die Errichtung von Dom- und Klosterschulen (Zentren der „karolingischen Renaissance"). K. brachte antike, christliche und germanische Ideale in Einklang und legte den Grundstein des christlichen Abendlandes.

Karl IV. (Wenzel)

röm.-dt. Kaiser
* 14.5.1316 in Prag
† 19.11.1378 in Prag

K. war der älteste Sohn König Johanns von Böhmen aus dem Haus der Luxemburger und wuchs am französischen Hof auf. 1346 wurde er von den Kurfürsten zum Gegenkönig gegen →Ludwig IV., den Bayern gewählt und nach dessen Tod (1347) als König allgemein anerkannt. 1355 ließ er sich in Italien zum König der Langobarden und zum Kaiser krönen, verzichtete aber in realistischer Einschätzung der tatsächlichen Machtverhältnisse auf die Wiederherstellung der deutschen Herrschaft in Italien. Mit der Goldenen Bulle (1356) schuf K. ein Reichsgrundgesetz zur Regelung der Königswahl ohne Zustimmung des Papstes und machte die Kurfürsten zu Mitträgern des Reiches. Seine intensive Hausmachtpoltik brachte 1367 die Niederlausitz und 1373 Brandenburg unter seine Herrschaft. Durch seine Beziehungen zur Hanse und durch die Berufung großer Künstler und Gelehrter machte K. Prag zum wirtschaftlichen und geistigen Zentrum des Reiches. Er gründete die Prager Neustadt, errichtete den Sankt-Veitsdom sowie die Karlsbrücke und stiftete 1348 die erste Universität im Heiligen Römischen Reich. Seine Prager Hofkanzlei hatte nicht unerheblichen Anteil an der Herausbildung einer frühneuhochdeutschen Kanzleisprache.

Karl V.

röm.-dt. Kaiser
* 24.2.1500 in Gent
† 21.9.1558 in San Gerónimo de Yuste

K., Enkel Kaiser →Maximilians I., war der Sohn Philipps I., des Schönen, und Johanna der Wahnsinnigen. Nach dem Tod →Ferdinands II. von Aragonien wurde er 1516 zum König von Spanien ausgerufen, 1519 zum römischen König gewählt und 1530 als letzter dt. König vom Papst zum Kaiser gekrönt. K. behauptete in vier dynastischen Kriegen gegen Franz I. von Frankreich (1521–44), in denen sein Heer den Sieg bei Pavia (1525) erfocht und Rom eroberte (1527), die burgundischen Besitzungen und die Vorherrschaft in Italien. 1529 schlug er die bis nach Wien vorgedrungenen Türken zurück. Mit der zögernden, eigentlich nur der Heidenmission wegen geförderten Eroberung Mexikos (1519–21) und Perus (1532/33) legte K. den Grund für das spanische Kolonialreich. Er war ein entschiedener Gegner M. →Luthers, den er wegen seiner Lehre durch das Wormser Edikt (1521) mit der Reichsacht bestrafte. Angesichts der drohenden Gefahr durch die Türken und den französischen König stimmte er 1532 aber dennoch dem Nürnberger Religionsfrieden zu. Nach dem Scheitern aller Kompromissbemühungen durch das Misstrauen der Lutheraner sowie die Unnachgiebigkeit der Päpste führte K. den siegreichen Schmalkaldischen Krieg (1546/47), wodurch er nur vorübergehend die Oberhand über die Protestanten gewann. Die von Moritz von Sachsen geleitete Fürstenverschwörung (1552) führte schließlich zum Augsburger Religionsfrieden (1555), der die Gleichstellung der Katholiken und Lutheraner brachte. Durch das Scheitern seiner geplanten katholischen Universalmonarchie dankte K. 1556 ab, in Spanien und Burgund zugunsten seines Sohnes →Philipp II., in Österreich zugunsten seines Bruders Ferdinand I.

Karl der Kühne

burgund. Herzog
* 10.11.1433 in Dijon
† 5.1.1477 in Nancy

K., der ehrgeizige Sohn Philipps des Guten, suchte sich des Vasallentums gegenüber der französischen Krone zu entziehen und Burgund auf Kosten Frankreichs und des Heiligen Römischen Reiches zu vergrößern und zu einem zentral organisierten Königreich auszubauen. Durch den Widerstand König Ludwigs XI. gelang es ihm nicht, die Königskrone zu erringen. 1469 erwarb er jedoch die Pfandherrschaft über

die habsburgischen Besitzungen am Oberrhein, eroberte 1466/67 das Fürstentum Lüttich, 1472/72 das Herzogtum Geldern und 1475 Lothringen. Beunruhigt über K.s Vordringen am Oberrhein lieferten ihm die Eidgenossen 1476 die siegreichen Schlachten von Grandson und Murten und schlugen ihn 1477 im Bund mit lothringischen und elsässischen Truppen bei Nancy vernichtend, wo er im Kampf fiel. Durch die Heirat seiner Erbtochter Maria mit Erzherzog Maximilian von Österreich, dem späteren Kaiser →Maximilian I., (1477) erwarben die Habsburger Burgund.

Karl Martell

fränk. Hausmeier
* um 688
† 22.10.741 in Quierzy-sur-Oise

K., Sohn Pippins des Mittleren aus dem Hause der Karolinger, übernahm 741 von seinem Vater die Hausmeierwürde. De facto regierte er anstelle der schwachen Merowingerkönige. K. einte Neustrien (das romanische und westgotische Eroberungsgebiet der Franken im Westen mit den Hauptstädten Paris bzw. Soissons) und Austrasien (Maas-Mosel-Rheingebiet), unterwarf Friesen und Alemannen und brachte Bayern, Sachsen und Aquitanien in lose Abhängigkeit zum Fränkischen Reich. 732 schlug er bei Tours und Poitiers die nach Westeuropa vorrückenden Araber und beschränkte deren Herrschaft in Spanien. K. reformierte durch Aufstellen gepanzerter Reiterheere das Kriegswesen, das künftig auf der Gefolgschaftspflicht der Vasallen beruhte. Durch Vergabe von Lehen aus dem Kirchengut sicherte er sich die Treue seiner Ritter. Das Reich teilte der ungekrönte Herrscher unter seine Söhne Karlmann und →Pippin dem Jüngeren auf und wurde damit zum Begründer der karolingischen Dynastie.

Kasimir III., der Große

poln. König
* 30.4.1310 in Kowak, Kujawien
† 5.11.1370 in Krakau

K. war der letzte Herrscher aus dem Hause der Piasten. 1333 folgte er seinem Vater Wladislaw I. Lokietek auf den Thron. Im Vertrag von Visegrad (1335) überließ K. Schlesien dem König von Böhmen gegen Verzicht der böhmischen Kronansprüche auf Polen. Im Vertrag von Kalisch (1343) erkannte er die Herrschaft des Deutschen Ordens über Pomerellen und das Kulmerland an. K. eroberte bis 1349 Rotrussland (Westukraine) und bis 1366 den westlichen Teil Wolhyniens und vereinigte Kujawien mit der polnischen Krone. Er kodifizierte erstmals das polnische Recht, holte deutsche Siedler ins Land und gründete 1364 die Universität von Krakau.

Katharina II. Alexejewna, die Große

(geborene Prinzessin Sophie Auguste Friederike von Anhalt-Zerbst)
russ. Zarin
* 2.5.1729 in Stettin
† 17.11.1796 in Zarskoje Selo

K., die 1745 Zar Peter III. heiratete, ließ ihren Gatten durch einen Militärputsch stürzen und ermorden und setzte sich 1762 an die Spitze des russischen Kaiserreichs. Als Kaiserin repräsentiert sie eine der glanzvollsten Epochen der russischen Geschichte. Ihr Hof wurde geprägt von ihren Liebhabern und Günstlingen auf Ministerposten, darunter vor allem Fürst Potemkin. Als Schülerin der französischen Aufklärer, mit denen sie korrespondierte, versuchte K. anfangs liberale Reformen im Inneren, wie z. B. die Erneuerung der lokalen und zentralen Verwaltung, gab sie jedoch zugunsten des Adels, auf dessen Wohlwollen sie ihr Regiment stützte, bald wieder auf. Sie verschärfte die bäuerliche Leibeigenschaft bis zur Sklaverei. Der dadurch ausgelöste Bauernaufstand in der Ukraine wurde 1773/74 unterdrückt und hatte die Konsequenz, dass K. weitere soziale Reformen rigoros ablehnte. Außenpolitisch errang sie Siege über die Türken (1768–74 und 1787–92) und den Zugang zur Schwarzmeerküste sowie die Krim. Weitere große Landgewinne erreichte sie mit den drei polnischen Teilungen (1772, 1792 und 1795) und damit dem Aufstieg Russlands zur europäischen Hegemonialmacht.

Keats, John

engl. Dichter
* 31.10.1795 in London
† 23.2.1821 in Rom

K. gehört neben Percy B. Shelley und G. →Byron zu den bedeutenden Vertretern der englischen Hochromantik. Der Sohn eines Londoner Kutschers lernte zunächst bei einem Chirurgen, widmete sich aber später nur noch der Dichtkunst. K. entdeckte die griechische Mythologie als Thema wieder und verband sie in seiner Lyrik mit feinsten Natur- und Sinneneindrücken und verherrlichte die Schönheit, die ihm so viel bedeutete wie die Wahrheit. Bekannt wurde er mit dem Sonett *On first looking into Chapman's Homer* (1815). Seine berühmte romantische Verserzählung *Endymion* erschien 1818 und wurde von der Kritik derart verrissen, dass sich K.s Lungenleiden rapide verschlechterte. Auch durch einen Kuraufenthalt in Italien konnte er nicht geheilt werden. Zu seinen bekannten Werken gehören auch die Epen *Hyperion* (1819), *Isabella* (1820) sowie Oden und Balladen (*La Belle Dame sans Merci,* 1820).

Keller, Gottfried

schweiz. Dichter
* 19.7.1819 in Zürich
† 15.7.1890 in Zürich

K. gehört zu den großen deutschsprachigen Dichtern des bürgerlichen Realismus. Der Autodidakt brach seine Ausbildung als Maler (1840–42 in München) aus wirtschaftlicher Not und ungenügendem künstlerischen Talent ab. In Zürich schrieb er 1846 politisch-weltanschauliche Gedichte, die ihm ein Stipendium für Studienaufenthalte in Heidelberg (1848–50) und in Berlin (1850–55) brachten. Besonders beeinflusst wurde K. von dem Philosophen L. →Feuerbach, was schon in seinem ersten, autobiografischen Bildungsroman *Der grüne Heinrich* (1854/55, zweite Fassung 1879/80) deutlich wurde. Nach Zürich zurückgekehrt, wurde er erster Staatsschreiber (1861–76) und strebte in politischer, patriotischer, philosophischer und Naturlyrik nach Anschaulichkeit und volkstümlichem Ausdruck. K.s große Bedeutung beruht vor allem auf seinen realistischen Erzählungen. Stilistisch reich und stark durchgeformt sind die oft zyklisch zusammengefassten Novellen aus dem bürgerlichen Leben, aus Sage und Geschichte der Schweiz (*Die Leute von Seldwyla,* 1856–74; *Romeo und Julia auf dem Dorfe,* 1876; *Züricher Novellen,* 1878; *Das Sinngedicht,* 1882). Zeitkritik, Humor und Fabulierfreude drücken sich in *Kleider machen Leute, Der Schmied seines Glücks* und *Die missbrauchten Liebesbriefe* aus, die sein realistischer Altersroman *Martin Salander* (1886) nicht mehr erreichte.

Keller, Helen

amerik. Sozialreformerin
und Schriftstellerin
* 27.6.1880 in Tuscumbia (AL)
† 1.6.1968 in Westport (CT)

K. verlor im Alter von 19 Monaten nach einer Gehirnhautentzündung Gehör und Augenlicht. Durch zielbewusste Überwindung ihrer körperlichen Behinderung durch Geist und Seele gelang es ihr Sprechen, Lesen und Schreiben zu lernen. 1894 trat K. in die Wright-Humason-Schule in New York ein, wo sie das Sprechen vervollkommnen und Kenntnisse in Deutsch, Französisch, Latein sowie in Mathematik und Physik erwerben konnte. Ab 1900 studierte sie im Radcliffe College und wurde später Inspektorin der Blinden- und Gehörlosenanstalten der USA. Sie war Mitarbeiterin zahlreicher wohltätiger Organisationen und reiste in viele Länder, um eine produktive Blindenerziehung zu fördern.

Kelly, Grace

(Fürstin Gracia Patricia)
amerik. Schauspielerin
* 12.11.1929 in Philadelphia (PA)
† 14.9.1982 in Monaco

K., Tochter aus einem reichen Elternhaus, gelangte mit nur zwölf Filmen zu Weltruhm. Unter A. → Hitchcock, für den sie den Idealtypus der scheinbar kühlen und unnahbaren Blondine verkörperte, spielte sie in drei Filmen die Hauptrolle (*Bei Anruf Mord,* 1953; *Das Fenster zum Hof,* 1954; *Über den Dächern von Nizza,* 1955), die längst zu den Hollywood-Klassikern zählen. Für den Film *Das Mädchen vom Lande* erhielt sie 1955 den Oscar. Im gleichen Jahr lernte K. während des Festivals in Cannes Fürst →Rainier III. von Monaco kennen, den sie 1956 heiratete. Als Fürstin Gracia Patricia gab sie den Beruf der Schauspielerin auf und widmete sich repräsentativen und karitativen Aufgaben. K. kam bei einem Autounfall ums Leben. Zu ihren erfolgreichen Filmen gehören auch der Westernklassiker *Zwölf Uhr mittags* (1952) und *Die oberen Zehntausend* (1956).

Kelvin, Sir William Thomson

engl. Physiker
* 26.6.1824 in Belfast
† 17.12.1907 in Netherhall, Largs

Nach K. ist die Skala der absoluten Temperatur benannt. Der Physikprofessor forschte vor allem auf den Gebieten der Thermodynamik und Elektrizität. Seine Untersuchungen der Wärme führten zur Aufstellung der Theorie vom „Kältetod" bei -273,15°C (= 0 K), dem absoluten Nullpunkt der Temperatur. K. entdeckte 1856 mit der bei stromdurchflossenen Körpern auftretenden Wärme den thermoelektrischen „Thomsoneffekt" und formulierte mit Hilfe des Entropie-Begriffes parallel zu Rudof Clausius den zweiten Hauptsatz der Thermodynamik. Außerdem verbesserte er zahlreiche Messverfahren und -geräte und legte in der Kabeltelegrafie das erste funktionierende Kabel durch den Nordatlantik.

Kemal Atatürk

(urspr.: Mustafa Kemal Pascha)
türk. General und Staatsmann
* 12.3.1881 in Saloniki
† 10.11.1938 in Istanbul

K. Atatürk („Vater der Türken", seit 1934) ist der Gründer der modernen, westlich orientierten Türkei und ihr erster Staatspräsident. Nach Besuch der Kriegsakademie in Monastir und

Istanbul nahm er an dem Putsch der „Jungtürken" gegen Sultan Abdül Hamid II. (1908) teil. K. kämpfte im italienisch-türkischen Krieg (1911/ 12) und im Balkan-Krieg (1913) und vereitelte als Armeebefehlshaber im 1. Weltkrieg auf der Seite Deutschlands eine britische Invasion auf der Halbinsel Gallipoli (1915). Nach der Niederlage führte K. die Spitze der nationalen Erhebung gegen die alliierte und griechische Besetzung. 1920 berief er die Nationalversammlung nach Ankara, was faktisch die Abschaffung der Monarchie bedeutete. 1921/22 wurden die Griechen aus Kleinasien vertrieben. K. beseitigte neben dem Sultanat und Kalifat auch die Scharia (Islamisches Recht), erreichte die Revision des Friedensvertrages von Sèvres und rief 29.10.1923 die türkische Republik aus. In seiner Zeit als Staatspräsident reformierte K. mit diktatorischen Vollmachten das Land tiefgreifend nach europäischem Vorbild. Er setzte eine große Anzahl – für ein islamisches Land revolutionärer – Reformen durch (die Einehe, gleiches Recht für Frauen, Einführung von Familiennamen, Gregorianischer Kalender, Lateinschrift, westliche Kleidung sowie Verschleierungs- und Fesverbot). K. führte das Land aus dem Feudalismus und Mittelalter in die Neuzeit. Die Grundsätze seiner Politik („Kemalismus") haben bis heute große Bedeutung.

Kennedy, John Fitzgerald

amerik. Präsident
* 29.5.1917 in Brookline (MA)
† 22.11.1963 in Dallas (TX)

K., der 35. Präsident der USA, wurde während seiner kurzen Amtsperiode (1961–63) zu einer Symbolfigur für den Aufbruch in eine bessere

Zukunft Amerikas. Der Sohn einer reichen Bostoner Familie war Absolvent der Harvard Universität und Marineoffizier im II. Weltkrieg und ab 1947 für die Demokraten im Repräsentantenhaus und Senat. 1953–60 Senator von Massachusetts, wurde K. 1960 mit knapper Mehrheit über Richard Nixon zum ersten katholischen und bis dahin jüngsten Präsidenten der USA gewählt. Sein ehrgeiziges innenpolitisches Programm, das u. a. die Reform des Bildungswesens, der Kranken- und Sozialversicherung, Stadtsanierung sowie der Verkehrspolitik vorsah, scheiterte an der konservativen Mehrheit im Kongress. K. prägte den Begriff der „New Frontier" (neue Grenze) im Sinne eines Ausbruchs aus erstarrten Denk- und Verhaltensweisen, was besonders von der stärker werdenden Bürgerrechtsbewegung der amerikanischen Schwarzen hoffnungsvoll aufgegriffen wurde. Außenpolitisch war K. um Entspannung im Kalten Krieg bemüht. Aber durch den Bau der Berliner Mauer (1961) und die Kubakrise (Stationierung sowjetischer Raketen auf Kuba 1962) kam es zu erneuten Spannungen zwischen den Supermächten. Ab 1961 schickte er verstärkt „Beratertruppen" nach Vietnam und trug damit zur Eskalation des Vietnamkrieges bei. Die Hintergründe der Ermordung K.s sind bis heute nicht restlos aufgeklärt. Ebenfall einem Attentat zum Opfer fiel auch K.s jüngerer Bruder Robert Francis K. (*20.11. 1925–†6.6.1968), der 1961– 64 Justizminister, Berater seines Bruders und ab 1965 demokratischer Senator von New York war.

Kepler, Johannes

dt. Astronom
* 27.12.1571 in Weil, Württemberg
† 15.11.1630 in Regensburg

K. hatte evangelische Theologie studiert und war Mathematiklehrer in Graz. Seine erste

Schrift *Weltgeheimnis,* die noch spekulativ und astrologisch gefärbt war, schickte er 1596 an den Prager Astronomen T. →Brahe. Dieser erkannte die mathematische Begabung K.s und

ernannte ihn 1600 zu seinem Assistenten in Prag. Nach dessen Tod wurde der junge Wissenschaftler sein Nachfolger als kaiserlicher Hof-Astronom und Mathematiker. In der Weiterführung von Brahes Arbeit (1605–19) stellte K. die drei berühmten, nach ihm benannten Keplerschen Gesetze auf, welche die elliptischen Planetenbahnen beschreiben und mathematisch erklären. Mit seinen Werken (*Neue Astronomie,* 1609; *Weltharmonie,* 1619; *Abriss der kopernikanischen Astronomie,* 1618–22) bestätigte er das Weltbild des N. →Kopernikus. Auch auf dem Gebiet der Optik war K. bahnbrechend und erarbeitete die theoretischen Voraussetzungen für das astronomische Fernrohr. K. war durch finanzielle Sorgen, den Tod seiner Kinder und durch die Anklage seiner Mutter als Hexe schwer belastet.

Keynes, John Maynard, Lord

brit. Nationalökonom
* 5.6.1883 in Cambridge
† 21.4.1946 in London

K., berühmtester Ökonom des 20. Jh.s, begründete mit seinem Hauptwerk *Allgemeine Theorie der Beschäftigung, des Zinses und des Geldes* (1936) eine neue Richtung in der Nationalökonomie und prägte damit die Wirtschaftspolitik der westlichen Industrieländer nachhaltig. Mit der sog. Keynesianischen Revolution stellte er die moderne Volkswirtschaftslehre auf eine neue Grundlage, indem er die volkswirtschaftlichen Kreislaufgrößen (Konsum, Invstition, Sparen) zum zentralen Forschungsgegenstand machte. K. versuchte zu zeigen, dass die Gesamtnachfrage (bestehend aus Konsum und Investition) das Niveau der Beschäftigung in einer Volkswirtschaft bestimmt. Zur Bewahrung der Vollbeschäftigung forderte er wirtschaftspolitische Maßnahmen des Staates (Fiscal policy), was in Deutschland in das Stabilitätsgesetz (1967) Eingang fand. K.s Lehre verlor in der Mitte der 70er Jahre an Einfluss und wurde von M. →Friedmans Monetarismus abgelöst.

Khomeini, Ruhollah Mussawi Hendi

iran. Politiker und Geistlicher (Ajatollah)
* 24.9.1902 in Khomein bei Isfahan
† 3.6.1989 in Teheran

K., der bis 1979 in der westlichen Welt kaum bekannte islamische Religionsführer, wurde mit dem Sturz von Schah Mohammed Reza Pahlawi das geistige und politische Oberhaupt des Landes. Der schiitische Ayatollah war 1964 vom Schah des Landes verwiesen worden. Von seinem Exil in Paris aus organisierte K. Aktionen gegen das bröckelnde Regime des Schahs, dessen westlich orientierte Reformen die konservativen Mullahs (schiitische Priester) ablehnten. Nach seiner triumphalen Rückkehr nach Teheran begründete er mit dem Referendum vom 1.4.1979 die „Islamische Republik Iran". Nach islamischem Recht lehnte K. jede Trennung von Religion und Staat ab. Er initiierte die brutale Unterdrückung der innenpolitischen Opposition und förderte fundamentalistisch islamische Bewegungen in der gesamten arabischen Welt. Voll religiösem Eifer richtete er seinen Hass gegen die USA und hielt 70 US-Bürger 444 Tage lang als Geiseln in Teheran fest

(1979). 1980 rief er zum Heiligen Krieg gegen Saddam Hussein auf, was zu einem 8-jährigen Krieg gegen den Irak führte. Nach K.s Tod entwickelt sich unter seinen politischen Nachfolgern eine gemäßigtere Innen- und Außenpolitik.

Khorana, Har Gobind

amerik. Biochemiker ind. Herkunft
* 9.1.1922 in Raipur, Indien

K.s Entschlüsselung des genetischen Codes brachte bahnbrechende Erkenntnisse in der molekularen Genetik. Die Struktur der DNS (Desoxyribonukleinsäure) war bekannt (von F. →Crick und James Dewey Watson 1953 beschrieben) sowie der Mechanismus der Proteinbiosynthese. K. konnte DNA künstlich synthetisieren. Der Vergleich dieser bekannten Nucleotidkette mit der RNS (Ribonukleinsäure), deren Synthese von der DNA gesteuert wird, ermöglichte die Zuordnung (1965) der entsprechenden Aminosäuren jedem Nukleotidtriplett (Codon aus drei Nukleinbasen) und damit die Enträtselung des Codes. 1976 gelang K. die Herstellung des ersten künstlichen Gens im Reagenzglas, das in eine Bakterienzelle eingepflanzt, dort wie ein natürliches Gen bei der Übertragung von Informationen arbeitete. Später untersuchte er u. a. die Struktur von künstlichen Zellmembranen. 1968 erhielt K. zusammen mit Marshall W. Nirenberg und Robert Holley den Nobelpreis für Medizin.

Kierkegaard, Søren Aabye

dän. Philosoph, Theologe
und Schriftsteller
* 5.5.1813 in Kopenhagen
† 11.11.1855 in Kopenhagen

K.'s Denken beeinflusste vor allem die moderne protestantische Theologie und die Existenzphilosophie. In kritischer Auseinandersetzung mit den Systementwürfen des Deutschen Idealismus (besonders mit G. W. F. →Hegel) stellt er das konkrete Dasein des Individuums in den Mittelpunkt. In seiner Auffassung der Existenz als Prozess unterscheidet er drei Stadien: die ästhetische, die ethische und die christliche Existenzform. K., Sohn eines reichen Kaufmanns, war sehr religiös erzogen worden. Nach

dem Studium bei F. W. →Schelling in Berlin begann er 1842 seine literarische Arbeit und ging gegen das zeitgenössische institutionalisierte Christentum mit leidenschaftlicher Polemik vor. Auch M. →Luther lehnte er ab und stellte gegen dessen 95 Thesen eine einzige entgegen: Das Christentum sei praktisch verschwunden, denn es habe in seiner zeitgenössischen Form mit dem Neuen Testament nichts mehr gemein. Seine Schriften beweisen dialektische Schärfe und psychologische Beobachtungsgabe. Bekannt wurde K. mit der Schrift *Entweder – Oder* (1843, dt. 1885), verfasste ferner *Furcht und Zittern* (1843, dt. 1882), *Der Begriff Angst* (1844, dt. 1890), *Philosophische Brocken* (1844–46, dt. 1890), *Die Krankheit zum Tode* (1849, dt. 1851), *Einübung im Christentum* (1850, dt. 1878).

King, Martin Luther

amerik. Politiker und Geistlicher
* 15.1.1929 in Atlanta (GA)
† 4.4.1968 in Memphis (TN)

K., protestantischer Pfarrer, war seit Mitte der 50er Jahre Vorkämpfer der schwarzen Bürgerrechtsbewegung in den USA. Der charismatische Führer ist noch heute die Symbolfigur des Widerstandes gegen jede Art von Rassendiskriminierung. Nach dem Vorbild M. →Gandhis proklamierte er passive Ungehorsamskampagnen gegen die Rassentrennungsgesetze und kam deshalb wiederholt ins Gefängnis. Mit Hilfe eines Boykotts erzwang er 1955/56 die Aufhebung der Rassenschranken in den öffentlichen Verkehrsmitteln von Montgomery, Alabama. K. organisierte in den Südstaaten der USA zahlreiche Protestdemonstrationen. Den Höhepunkt seiner Bewegung erreichte er 1963 mit dem Marsch nach Washington, wo er vor 250 000 Menschen seine berühmt gewordene Vision von einer freien und gleichen Gesellschaft vortrug („I have a dream"). K. wurde bei einer Ansprache in Memphis von einem Rassisten erschossen. 1964 erhielt er postum den Friedensnobelpreis.

Kinsey, Alfred Charles

amerik. Biologe und Sexualforscher
* 23.6.1894 in Hoboken (NJ)
† 25.8.1956 in Bloomington (IN)

K. wurde durch seine Untersuchungen des Sexualverhaltens des Menschen bekannt. Ab 1942 Direktor des Instituts für Sexualforschung in Indianapolis, erforschte er das sexuelle Verhalten beider Geschlechter in der Zivilisationsgesellschaft, indem er mittels eines anonymen Fragebogensystems etwa 20 000 weiße Amerikaner in den USA befragte. Die ab 1938 gesammelten Informationen über intimste Vorlieben erschienen im sog. „Kinseys-Report" in zwei Teilen unter den Titeln *Das sexuelle Verhalten des Mannes* (1948) und *Das sexuelle Verhalten der Frau* (1953), was eine Flut moralischer Entrüstung hervorrief.

Kipling, Rudyard

engl. Schriftsteller
* 30.12.1865 in Bombay
† 18.1.1936 in London

K., der Meister der Kurzgeschichte und der Balladen, entstammte einer anglo-indischen Familie. In England ausgebildet war er anschließend als Journalist in Indien tätig (1882).

Später bereiste er als Journalist China, Japan und die USA (1882–89). Schauplatz seiner farbig erzählten Romane, Märchen, Kurz- und Tiergeschichten ist Indien. Weltruhm erlangte K. durch *Das Dschungelbuch* (1894/95, dt. 1898), Tiergeschichten für Kinder. Durch den Abenteurroman *Kim* (1901, dt. 1908) wuchs seine Popularität. 1907 erhielt er als erster Engländer den Nobelpreis für Literatur. Einige von K.s Werken wurden erfolgreich verfilmt. Besonders in seinen über 300 Kurzgeschichten tritt K. nachdrücklich für die Idee des Brit. Reiches ein und zeigt sich immer wieder als überzeugter Verfechter des brit. Imperialismus

Kirch, Leo

dt. Medienunternehmer
* 21.10.1926 in Würzburg

K. begann seine Unternehmerkarriere im Medienbereich 1956 mit dem Erwerb von Filmlizenzen. 1959 kaufte er 400 Filme der Gesellschaft United Artists/Warner Brothers. K. ist heute der Eigentümer einer international tätigen Firmengruppe, die vor allem Filme und Fernsehserien produziert und verkauft (ca. 15 000 Filme, 1991). Seit 1985 ist K. mit 10 % am Axel Springer Verlag beteiligt und besitzt seit 1988 Mehrheitsanteil an der Programmgesellschaft für Kabel- und Satellitenrundfunk (43 % Beteiligung bei SAT 1). 1989 erwarb er den Deutschen Bücherbund. Seit Beginn der 80er Jahre liegt K.s Hauptengagement im Bereich Privatfernsehen. Im Juli 1996 startete er mit DF 1 den ersten digitalen Pay-TV-Sender. Die K.-Gruppe zählt heute zu den größten Medienimperien der Welt.

Kirchhoff, Gustav Robert

dt. Physiker
* 12.3.1824 in Königsberg
† 17.10.1887 in Berlin

K. stellte 1845 die Kirchhoffschen Regeln auf: Die *Knotenregel* besagt, dass in jedem Punkt, in dem sich der elektrische Strom verzweigt, die Summe der zufließenden gleich der Summe der abfließenden Ströme ist. Die *Maschenregel* gibt an, dass in jedem elektrischen Stromkreis die Summe der elektromotorischen Kräfte (z. B. Batterien) gleich der Summe der Produkte der Widerstände mal dem Strom ist, der sie durchfließt. Nach dem *Strahlungsgesetz* ist das Verhältnis von Emission einer Strahlung und Absorption dieser Strahlung bei gegebener Temperatur und Wellenlänge für alle Körper konstant. K. untersuchte das Spektrum der Sonne und wurde zum Begründer der Spektralanalyse; schließlich entdeckte er die Elemente Caesium und Rubidium.

Kirchner, Ernst Ludwig

dt. Maler und Grafiker
* 6.5.1880 in Aschaffenburg
† 15.6.1938 in Frauenkirch
bei Davos, Schweiz

K. gilt als der Hauptgründer der Künstlervereinigung „Die Brücke“ (1905–13) und gewann entscheidenden Einfluss auf die Entstehung und Entwicklung des deutschen Expressionismus. In dieser engen Lebens- und Arbeitsgemeinschaft der Künstler (Fritz Bleyl, Erich Heckel, Karl Schmidt-Rottluff, Max Pechstein, Otto Mueller und Emil Nolde) vollzog sich der radikale Bruch mit den erstarrten Formen und den sozialen und künstlerischen Konventionen. Eine tabufreie, betont unbürgerliche Lebensweise, aber auch die Bildschöpfungen mit ihrer kühnen Direktheit und der schrillen Farbkraft schockierten die Bourgeoisie. Dieser Brücke-Stil wandelte sich später in den Berliner Jahren (ab 1911) zur Darstellung des hektischen und anonymen Großstadtlebens (*Straßenszene,* 1913; *Fünf Frauen auf der Straße,* 1913). Nach dem Architekturstudium widmete er sich ausschließlich der Kunst. Der Militärdienst (1915) führte zum psychischen Zusammenbruch (Selbstbildnis *Der Trinker,* 1915). Nach einem Sanatoriumsaufenthalt (1915/16) übersiedelte K. in die Schweiz. In den Jahren der Zurückgezogenheit entstand aus der engen Wechselbeziehung zwischen Malerei, Grafik und Plastik sein vielseitiges Gesamtwerk, in dem die reale Welt malerisch ins Märchenhaft-Symbolische verwandelt wird (*Waldinneres,* 1937; *Hirten am Abend,* 1937). 1937 wurden 639 Werke K.s von den Nationalsozialisten als „entartet“ aus deutschen Museen entfernt, er selbst von der Berliner Akademie der Künste ausgeschlossen. Mit 58 Jahren nahm sich der Künstler das Leben.

Klee, Paul

dt.-schweiz. Maler und Grafiker
* 18.12.1879 in Münchenbuchsee
bei Bern
† 29.6.1940 in Muralto bei Locarno

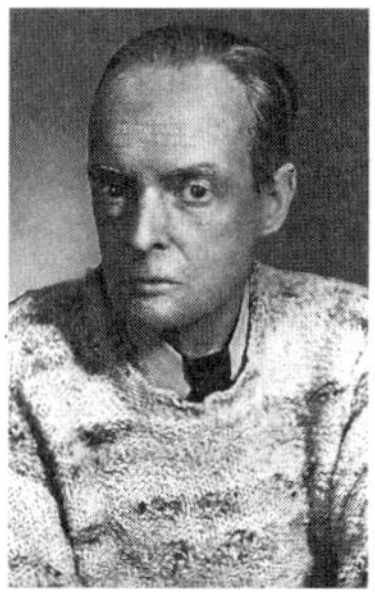

K.s Werk lässt sich kaum nach Entwicklungsphasen einordnen, denn oft benutzte K. zur gleichen Zeit unterschiedliche Ausdrucksformen. In einzigartiger Weise verband er das Abstrakte mit den Elementen einer traumhaft-skurrilen Zeichensprache, die Gemeinsamkeiten mit den Surrealisten aufweisen. Der Schüler F. von →Stucks lebte ab 1906 in München. Hier kam er in Berührung mit den Mitgliedern des „Blauen Reiters“ W. →Kandinsky, F. →Marc und August Macke. Angeregt wurde K. auch durch die neuere französische Malerei (P. →Cézanne, H. →Matisse), durch V. van →Gogh und eine Reise nach Tunis mit Macke und Moillet. Nach dem I. Weltkrieg holte ihn W. →Gropius 1920 ans Bauhaus in Weimar (später in Dessau). 1931–33 war K. Akademieprofessor in Düsseldorf, wurde 1933 entlassen und emigrierte in die Schweiz. Seine Werke waren im „Dritten Reich" als „entartet" verboten. K. gestaltete aus Form und lichten Farben eine Fantasiewelt, die aber Elemente der Wirklichkeit, Verweise auf Gegenständliches enthält (*Rote und weiße Kuppeln,* 1914; *Die Zwitschermaschine,* 1922). In seinem Spätwerk überwiegen die dunklen Farben und stark konturierte Formen in Themen der Gegenwart (*Der Tod im Feuer; Aufstand der Viadukte,* 1937; *Dieser Stern lehrt beugen,* 1940).

Kleist, Heinrich von

dt. Dichter
* 18.10.1777 in Frankfurt/Oder
† 21.11.1811 in Berlin

Das Grundthema von K.s Dramen und Erzählungen ist der Gegensatz zwischen dem innersten Gefühl des Menschen als absolutem Maßstab und der vom Verstand beherrschten Wirklichkeit. K., Sohn einer preußischen Offiziersfamilie, wurde aus Tradition Offizier, entschied sich jedoch später für das Philosophiestudium, das er unter dem Einfluss von I. →Kant aufgab. Seine Reisejahre durch Europa endeten mit einem Zusammenbruch und der Vernichtung seiner Manuskripte (1803). Nach seiner Krankheit kehrte K. als Beamter in den Staatsdienst zurück. In dieser Zeit entstanden seine Hauptwerke wie die meisterhaften Lustspiele *Amphitryon* (1807) und *Der zerbrochene Krug* (1811), das Trauerspiel *Penthesilea* (1807), das romantisch-märchenhafte *Käthchen von Heilbronn* (1810, erschienen 1820) und die politischen Dramen wie *Prinz Friedrich von Homburg* (1821) und *Die Hermannsschlacht* (1821). Der geniale Dramatiker hatte zu Lebzeiten weder mit seinen Dramen noch mit den heute als meisterhaft geltenden Erzählungen (*Michael Kohlhaas, Die Marquise von O..., Das Erdbeben in Chili* u. a.) Erfolg. Auch als Herausgeber der Zeitschriften *Phöbus* und *Berliner Abendblätter* scheiterte er. In seinen persönlichen, künstlerischen und patriotischen Hoffnungen enttäuscht, wählte K. zusammen mit seiner schwer kranken Freundin Henriette Vogel den Freitod.

Kleisthenes

athen. Staatsmann
Ende 6. Jh. v. Chr.

K. aus dem Geschlecht der Alkmäoniden war von Peisistratos verbannt worden, kehrte nach dem Sturz des Tyrannen Hippias 510 v. Chr. nach Athen zurück. Er setzte um 508/507 gegen den Widerstand des Spartanerkönigs Kleomenes I. und der konservativen Adelskreise eine Verfassungsreform durch. K. führte eine Verfassungsreform durch, bei der er die Bürgerschaft in zehn lokale, nach den verschiedenen sozialen Schichten und Landschaften Attikas gemischte Phylen (Unterabteilungen) einteilte. Jede von ihnen sandte 50 Vertreter in den neuen Rat der 500, der die Stadt verwaltete. Alle Bürger hatten das Recht, während der Volksversammlung Fragen und Anträge zu stellen. Es war die erste Repräsentativverfassung auf lokaler Basis. Damit wurde K. zum Begründer der Demokratie in Athen.

Klenze, Leo von

dt. Baumeister und Maler
* 28.2.1784 in Schladen, Goslar
† 27.1.1864 in München

K., Hofbaumeister König Ludwigs I., schuf in München klassizistische Bauten wie Glyptothek (1816–30), Alte Pinakothek (1826–36), Propyläen (1846–62) u. a. Mit seinem Werk trug er wesentlich zu einer einheitlichen Stadtgestaltung bei. Nach einem Gesamtplan entstanden z. B. Königsplatz, Odeonsplatz und Ludwigstraße. Bei Regensburg baute K. die Walhalla (1830–42), in St. Petersburg die Neue Eremitage (1839–52). K. schulte sich auf groß angelegten Reisen durch Griechenland und Italien an den Bauten der Antike und der Hochrenaissance. Diese Eindrücke setzte er unmittelbar in seinen Bauten um. Als Kenner und Bewunderer Griechenlands und Italiens wurde er zum Vorkämpfer für den Erhalt antiker Bauwerke.

Kleopatra VII., die Große

ägypt. Königin
* 69 v. Chr. in Alexandria
† August 30 v.Chr in Alexandria

K. war die dritte Tochter von Ptolemaios XII. und regierte formell zusammen mit ihrem Brudergemahlen Ptolemaios XIII. und Ptolemaios XIV. Sie verstand es →Caesars Beistand während des Alexandrinischen Krieges 48/47 gegen Ptolemaios XIII. zu gewinnen. Ihrer Verbindung mit Caesar entstammte Ptolemaios XV. Kaisarion. K. zog 46 in einem Triumphzug mit dem Imperator in Rom ein. Nach Caesars Ermordung (44) kehrte sie nach Alexandria zurück, entmachtete Ptolemaios XIV. und erhob ihren Sohn zum Mitregenten. Nach dem Römischen Bürgerkrieg konnte K. die Liebe M. →Antonius' gewinnen, der sich ihretwegen von Oktavia, der Schwester Oktavians (→Augustus) scheiden ließ und K. 37 heiratete. Ihre drei gemeinsamen Kinder proklamierte sie zu Vasallenkönigen. Nach M. Antonius' Niederlage im Machtkampf gegen Oktavian tötet K. sich der Überlieferung zufolge durch den Biss einer Giftschlange, um der Gefangenschaft zu entgehen. Kaum eine Frau hat zu Lebzeiten, aber auch später so viel Aufsehen erregt wie die letzte Königin Ägyptens.

Klerk, Frederik Willem de

südafr. Politiker
* 18.3.1936 in Johannesburg

Nach seiner Wahl zum Staatspräsidenten (1989–94) leitete K. 1990 eine radikale Staats- und Verfassungsreform zur Abschaffung der Apartheid und zur Beendigung der Herrschaft der weißen Minderheit in Südafrika ein. Im gleichen Jahr wurde der ANC (African National Congress) wieder zugelassen und N. →Mandela aus der Haft entlassen. Nach dem Sieg des ANC bei den ersten freien Parlamentswahlen im Mai 1994 wurde K. von seinem Nachfolger N. Mandela zum Vizepräsidenten berufen. 1993 erhielt K. zusammen mit Mandela den Friedensnobelpreis.

Klimt, Gustav

österr. Maler
* 14.7.1862 in Wien
† 6.2.1918 in Wien

K. ist der bedeutendste Vertreter des Wiener Jugendstils und Mitbegründer der Wiener Sezession (1897). Er entwickelte einen neuen, flächig ornamentalen, dekorativen Stil, in dem sich natürlich wiedergegebene Einzelheiten wie Gesichter und Hände mit abstrakten, mosaikartigen Flächenmustern fast unauflöslich verbinden (*Der Kuss,* 1908; *Salome,* 1909). Für seine Frauenfiguren ist eine dekadent-morbide Sinnlichkeit charakteristisch. Die immer wieder abgewandelte raffinierte Erotik seiner Werke *(Die Jungfrau, Adam und Eva)* wurde damals als anstößig und obszön empfunden. K. sollte nach dem Besuch der Kunstgewerbeschule in Wien Graveur und Goldschmied werden, eröffnete aber zusammen mit seinem Bruder ein Atelier für Wanddekorationen. Er verfertigte u. a. Treppenhaus- und Deckengemälde im Wiener Burgtheater und im Kunsthistorischen Museum. K. beeinflusste mit seinem Werk Künstler wie Oskar Kokoschka und Egon Schiele und später Friedensreich Hundertwasser und die Wiener Schule des Fantastischen Realismus (Ernst Fuchs).

Klopstock, Friedrich Gottlieb

dt. Dichter
* 2.7.1724 in Quedlinburg
† 14.3.1803 in Hamburg

K.s literarhistorische Bedeutung liegt in seinem Einfluss auf die deutsche Bewegung des Sturm und Drang. Ihm gelang der Durchbruch aus der konventionellen, rational bestimmten Aufklärungsliteratur zur Erlebnisdichtung der Empfindsamkeit. Formal ersetzte K. den französischen Alexandriner durch den griechischen Hexameter und löste damit die deutsche Metrik aus der Bindung an französische Vorbilder. Epochemachend wirkte das erste große Epos der neuhochdeutschen Literatur, *Der Messias* (1748–73), durch gefühlsbetonte Darstellung, kühne, ungewohnte sprachliche Neuschöpfungen und feierliche Überhöhung des Stils. In seinen *Oden* (1771) griff K. zunächst auf griechische und englische Vorbilder zurück, wandte sich aber zunehmend freien Rhythmen zu. K. war nach seinem Theologiestudium Hauslehrer in Langensalza, später in Kopenhagen als Legationsrat am dänischen Hof. Ab 1770 lebte er vorwiegend in Hamburg. K. schrieb auch religiöse Schauspiele und zeitkritische Prosa (*Die deutsche Gelehrtenrepublik,* 1774) und das nationale Weihespiel *Hermanns Schlacht* (1769).

Koch, Robert

dt. Bakteriologe
* 11.12.1843 in Clausthal-Zellerfeld, Harz
† 27.5.1910 in Baden-Baden

Mit der Entdeckung des Milzbrandbazillus 1876 konnte K. erstmals lebende Mikroorganismen als Erreger einer Krankheit nachweisen. Er entwickelte eine Methode, homogene Bakterienkulturen außerhalb des Organismus auf speziellen Nährböden anzulegen. Die Technik, die klaren Bakterienkolonien mit synthetisierbaren Anilinfarbstoffen einzufärben, erleichterte die bakteriologische Analyse. So fand K. 1882 das Tuberkelbakterium, 1883/84 den Choleraerreger. K. versuchte durch Entwicklung des Alttuberkulins ein Heilmittel gegen die Tuberkulose zu schaffen. Bei seinen Expeditionen nach Italien, Asien und Afrika erforschte er die Malaria und Pest. Er fand heraus, dass die Tsetsefliege die Schlafkrankheit überträgt. Er schuf die Grundlagen für chemische und physikalische Desinfektion und wies Wege zur Vorbeugung und Bekämpfung von Epidemien. 1905 erhielt K. den Nobelpreis für Medizin.

Kohl, Helmut

dt. Politiker
* 3.4.1930 in Ludwigshafen

K. ist der erste Kanzler des vereinigten Deutschland. Nach dem Fall der Berliner Mauer 1989 hatte er die Vereinigung der beiden deutschen Staaten forciert (Zehn-Punkte-Plan zur Einheit, Währungsunion) und wurde bei der ersten gesamtdeutschen Bundestagswahl in seinem Amt bestätigt. Der CDU-Politiker war ab 1959 Mitglied des Landtags und ab 1969 Ministerpräsident von Rheinland-Pfalz. Seit 1973 Vorsitzender der CDU und seit 1976 Mitglied des Bundestags wurde K. 1982 durch ein konstruktives Misstrauensvotum gegen Helmut Schmidt Bundeskanzler in der aus CDU/CSU und FDP bestehenden Regierungskoalition. Seine angekündigte „Wende“ fand hauptsächlich in der Wirtschaftspolitik statt, hatte aber ungeachtet des wirtschaftlichen Aufschwungs keine positven Auswirkungen auf die Beschäftigungssituation (1997/98 rund 5 Mio. Arbeitslose) und die hohe Staatsverschuldung. Außenpolitisch setzte er sich maßgeblich für die politische und ökonomische Einigung Europas ein.

Kollwitz, Käthe

dt. Grafikerin und Bildhauerin
* 8.7.1867 in Königsberg
† 22.4.1945 in Moritzburg bei Dresden

K. zählt vor allem mit ihren sozialkritischen Radierungen, Lithografien und Holzschnitten zu den herausragendsten Vertretern der neueren deutschen Grafik. Das Hauptthema ihres grafischen Werkes ist Leid und Elend des Großstadtproletariats, wobei die anklägerische Tendenz der frühen Jahre später zu warmer, mitleidender Mütterlichkeit wird. Vom Realismus Max Klingers ausgehend, vermengen sich realistische und impressionistische Elemente in ihren Radierungen (*Ein Weberaufstand,* 1894–98), während die späteren Bildwerke und Holzschnitte vom Expressionismus geprägt sind (*Krieg und Proletariat,* 1922–25). Das Spätwerk umfasst vielfache Abwandlungen des Motivs Mutter und Kind, oft als Kohlezeichnungen, die von hoher Sensibilität und Plastizität sind. Nach einer Ausbildung in Berlin (ab 1895) und Studien in Florenz und Rom (1907) wurde K. 1919 Mitglied der Preußischen Akademie der Künste und leitete 1928–33 das Meisteratelier für Grafik an der Berliner Kunstakademie. 1933 erhielt sie durch die Nationalsozialisten Berufs- und Ausstellungsverbot.

Kolmogorow, Andrej Nikolajewitsch

sowjet. Mathematiker
* 25.4.1903 in Tambow
† 20.10.1987 in Moskau

K., der große und vielseitige Mathematiker, stellte 1933 die Axiomatik des Wahrscheinlichkeitsbegriffes auf, für den er vielfältige Anwendungsmöglichkeiten aufzeigte. In den 50er Jahren entwickelte er mit der Theorie dynamischer Systeme eine der Grundlagen für die Berechnung der Planetenbewegungen. In seiner Theorie der Turbulenzen untersuchte er den Rückstoß der Antriebsdüsen bei Flugzeugen. Er leistete auch Vorarbeiten zur Chaosforschung. K. war nach dem Mathematikstudium Professor in Moskau, später Leiter des Mathematischen Instituts. 1939 wurde er in die Akademie der Wissenschaften der UdSSR aufgenommen. Er machte sich auch als Verfasser zahlreicher Lehrbücher einen Namen.

Kolumbus, Christoph

genues. Seefahrer
* 1451 in Genua
† 20.5.1506 in Valladolid

K., einer der größten Seefahrer seiner Zeit, hat selbst nie erfahren, dass er Amerika entdeckte. Der Sohn eines armen Webers aus Genua kam als Schiffbrüchiger nach Lissabon, wo er sich dem eingehenden Studium von Landkarten und geographischen Schriften widmete, das ihn zur Erkundung eines Seewegs nach Indien von Westen her anregte. In Portugal fand sein Plan keine Unterstützung, deshalb übersiedelte er 1486 nach Spanien, wo er jahrelang vergeblich vesuchte, die spanische Königin →Isabella I. für

sein Vorhaben zu gewinnen. Erst 1492 wurden ihm drei Karavellen (Segelschifftyp im 15. und 16. Jh.) zur Verfügung gestellt. Seine erste Entdeckungsfahrt ging mit den Schiffen „Santa Maria", „Niña" und „Pinta" am 3.8.1492 von Palos ab. Am 12.10.1492 erreichte K. die Bahamas, am 27.10.1492 Kuba und am 16.12.1492 Hispaniola (Haiti). In drei weiteren abenteuerlichen Fahrten entdeckte er auch die Kleinen Antillen, Jamaika, Puerto Rico, die Nordküste Südamerikas (Orinocomündung). Während seiner dritten Expedition (1498–1500) wurde K., der bei Hofe in Ungnade gefallen war, gefangen genommen und in Ketten nach Spanien (1500) gebracht, jedoch bald rehabiliert. Auf seiner vierten Fahrt (1502–04) stieß er auf die Antillen und die mittelamerikanische Küste (Honduras, Nicaragua, Costa Rica). Dem Entdecker Amerikas und Begründer eines neuen Zeitalters blieben zu Lebzeiten Ruhm und Reichtum versagt. Er starb völlig verarmt in dem Glauben, den westlichen Seeweg nach Indien entdeckt zu haben.

Konfuzius

chin. Philosoph
* um 551 v. Chr. Qufu, Shandong
† um 471 v. Chr.

K.s Weisheiten sind, von seinen Schülern aufgeschrieben, in fünf Büchern überliefert. Er stammte aus einer adeligen, aber verarmten Familie. Nach kurzer Beschäftigung als Beamter war er hauptsächlich als Lehrer und Erzieher tätig. K., der wegen seiner überragenden Bildung und Weisheit schon zu Lebzeiten hochverehrt wurde, verließ 56-jährig seinen Heimatstaat Lu, weil seine extrem konservativen politischen Vorstellungen und sein strenger Moralismus dort nicht verwirklicht wurden. Umgeben von seinen Anhängern, die auch nach der Rückkehr in die Heimat bei ihm blieben, war K. jahrelang auf Wanderschaft. Sein hierarchisches Weltbild geht auf die früheste chinesische Vorstellung zurück, die den Kosmos als Ganzes von dem Gesetz „Tao" durchdrungen sah. Nach dem Vorbild der göttlichen Sternenordnung, hat der Mensch einen bestimmtem Platz innerhalb der Familie und Gesellschaft, den er mit Gehorsam, Gerechtigkeit und den Tugenden der Nächstenliebe auszufüllen hat. K.s Gedankengut wurde während der Han-Zeit (202 v. Chr.-220 n. Chr.) und der Song-Zeit (960–1279) als Staatslehre fest in der Erziehung und Politik des Landes verankert.

Konrad II.

dt.-röm. Kaiser
* um 990
† 4.6.1039 in Utrecht

K. wurde nach dem Tod Heinrichs II. (1024) als erster Herrscher aus dem Geschlecht der Salier zum deutschen König gewählt und 1027 in Rom zum Kaiser gekrönt. Die innen- und außenpolitischen Erfolge ließen ihn zu einem der kraftvollsten Herrscher des Mittelalters werden. Seine Nachfolge sicherte K., indem er 1028 den 11-jährigen Sohn (→Heinrich III.) in Aachen zum König krönen ließ. Über eine Erblinie seiner Gemahlin gewann er das Königreich Burgund hinzu (1033). Es gelangen ihm die Ausdehnung der deutschen Oberhoheit über Polen sowie die Wiedergewinnung der Lausitz und des Milzenerlandes. Für die Hilfestellung im Kampf gegen Polen überließ K. Knut I. von Dänemark die Mark Schleswig. 1030 schlug er die von seinem Stiefsohn, Herzog Ernst von Schwaben, angezettelten Aufstände endgültig nieder. Er stützte sich vor allem auf die kleineren Machtträger (Reichsministerialität, städtisches Bürgertum), beschnitt die Sonderrechte der hohen weltlichen und geistlichen Würdenträger. K. erklärte die Lehen des niederen Adels für erblich und stärkte die Rechte der Städte durch die Verleihung von Münz- und Marktrechten. Er ließ den Dom zu Speyer – seine spätere Grabstätte – bauen.

Konrad III.

dt. König
* um 1093
† 15.2.1152 in Bamberg

K., Herzog von Schwaben und erster Staufer auf deutschem Thron, ließ sich 1127 zum Gegenkönig wählen, konnte sich aber gegen Lothar III. nicht durchsetzen. Erst nach dessen Tod 1138 wurde K. rechtmäßig zum König gewählt. Der mächtige Welfenherzog Heinrich der Stolze von Bayern und Sachsen hob nach Geblütsrecht Anspruch auf den Thron und erkannte K.s Wahl nicht an, was zur berühmten staufisch-welfischen Rivalität führte, die sich nach Heinrichs Tod unter Herzog Welf VI. (1140–42) und besonders unter →Heinrich dem Löwen fortsetzte. Der vom deutschen König zusammen mit Ludwig VII. von Frankreich durchgeführte 2. Kreuzzug (1147–49) endete mit der Vernichtung des deutschen Heeres. Entmutigt und an der Malaria erkrankt, ernannte K. seinen Neffen →Friedrich I. (Barbarossa) zum Nachfolger.

Konstantin I., der Große

(eigtl.: Flavius Valerius Constantinus)
röm. Kaiser
* 27.2.273 (?) in Naissus, heute Niš
† 22.5.337 in Nikomedia

K., Sohn von Constantius I. und Helena, wurde nach dem Tod seines Vaters von der Truppe zum Augustus ausgerufen. Aber erst durch die Siege gegen Maxentius (312) an der Milvischen Brücke bei Rom, 324 gegen Licinus bei Chrysopolis konnte er die Alleinherrschaft antreten. K. setzte die von →Diokletian begonnene Neuorganisation des Römischen Reiches fort. Im Toleranzedikt von Mailand (313) wurde der christliche Glaube gleichberechtigt neben die alten Religionen gestellt und die Verfolgung der Christen verboten. 325 berief K. das I. Ökumenische Konzil nach Nikäa ein, das den Streit innerhalb der christlichen Lehre des Arius und des Athanasius zugunsten des letzteren entschied. Das Eingreifen K.s in die dogmatischen Auseindersetzungen führte dazu, dass die Kirche zum politischen Machtinstrument und das Christentum allmählich zur Staatsreligion wurde, an deren Spitze der Kaiser die Vertretung Gottes auf Erden verkörperte. Zur weiteren Stärkung des Kaisertums führte er ein strenges Hofzeremoniell ein und schuf einen Kronrat mit sieben Ministern, der ihm zur Seite stand. K. führte wieder die Erbmonarchie ein und machte 330 aus strategischen Gründen Byzanz, heute Konstantinopel, als „Neues Rom" zur Residenz.

Kopernikus, Nikolaus

(auch: Coppernicus, Kopernik)
dt.-poln. Astronom
* 19.2.1473 in Thorn
† 24.5.1543 in Frauenburg, Ostpreußen

K. hatte eine umfassende Ausbildung. Er studierte Philosophie und Naturwissenschaften in Krakau und Bologna, später Medizin und Jura in Rom, Padua und Ferrara. Als Leibarzt und Sekretär stand er in den Diensten seines Onkels, des Bischofs von Ermland, war ab

1512 Domherr in Frauenburg. Neben seiner Verwaltungsarbeit widmete sich K. vor allem dem Studium der Astronomie. Angeregt durch alte griechische Schriften, übernahm er von Aristarch die Theorie des heliozentrischen Planetensystems, das im Gegensatz zu der damals gültigen geozentrischen Vorstellung stand, nach der die Erde den ruhenden Mittelpunkt des Alls darstellte. K. ging bei seinen Berechnungen davon aus, dass die Erde nicht stillstehe, sondern sich um sich selbst bewege, womit die Bewegungen der Sterne und Planeten als Scheinbewegungen erklärt waren. Er vertrat die Ansicht, die Erde bewege sich zusammen mit den anderen Planeten in kreisförmigen Bahnen um die ruhende Sonne. Das Werk über seine bahnbrechenden Erkenntnisse *Über die Kreisbewegungen der Weltkörper* (1543, dt. 1879) erschien kurz vor K.s Tod und, obwohl dem Papst gewidmet, kam 1616 auf den Index der vom Vatikan verbotenen Bücher. K.' heliozentrisches Weltbild wurde später von J. →Kepler und G. →Galilei bestätigt und korrigiert (die Planeten bewegen sich in elliptischen Bahnen um die Sonne, nicht in kreisförmigen).

Kornberg, Arthur

amerik. Biochemiker
* 3.3.1918 in Brooklyn (NY)

K. gelang es, aus Kolibakterien ein Enzym (Kornberg-Polymerase) zu isolieren, durch das die Synthese von DNS (Desoxyribonukleinsäure) sowie deren Reproduktion möglich wurde. Durch weitere Arbeiten an anderen Zellen (z. B. Tumorzellen) wies er auch hier die Polymerase nach und konnte die Biosynthese der DNS nachweisen und zum ersten Mal einen geschlossenen enzymatischen Mechanismus für die Vererbung formulieren. K. erhielt 1959 zusammen mit dem Amerikaner Severo Ochoa den Nobelpreis für Medizin. Im selben Jahr ging K. als Leiter des Instituts für Biochemie an die Stanford-Universität nach Palo Alto (CA), wo er seitdem lebt.

Kreisky, Bruno

österr. Politiker
* 22.1.1911 in Wien
† 29.7.1990 in Wien

Der erste sozialdemokratische Bundeskanzler Österreichs (1970–83) war die überragende Politikerpersönlichkeit des Landes während der 70er Jahre. Obwohl er aus bürgerlichen Verhältnissen stammte, schloss er sich bereits mit 16 Jahren der sozialistischen Arbeiterjugend an. Nach dem Verbot der Sozialdemokratischen Arbeiterpartei gründete K. 1934 die illegale „Revolutionäre Sozialistische Jugend" und wurde wegen Hochverrats verhaftet. Nach seiner Entlassung 1937 konnte er das Studium der Rechtswissenschaft und Nationalökonomie fortsetzen. Nach dem „Anschluss" Österreichs an das Deutsche Reich (1938), wurde K. erneut inhaftiert und abgeschoben. Bis 1945 lebte er in Schweden und arbeitete als Journalist. Nach der Rückkehr begann er mit dem Eintritt in die neu gegründete Sozialistische Partei Österreichs (SPÖ) seine politische Karriere (1953–59 Staatssekretär im Bundeskanzleramt, 1956–83 Mitglied des Nationalrats, 1959–66 Außenminister, 1967–85 Vorsitzender der SPÖ). Während seiner Amtszeit rückte er eine Sozial- und Bildungsreform in den Vordergrund. Seine größten Erfolge jedoch hatte K., der stets für die Wahrung österreichischer Neutralität plädierte, in außenpolitischen Fragen. Er engagierte sich für einen Ost-West-Dialog und arrangierte zwei amerikanisch-sowjetische Gipfeltreffen in Wien (1961 und 1979). K. setzte sich sehr stark für eine Nahost-Friedensregelung ein, empfing 1979 den PLO-Chef J. →Arafat und erkannte als erster westeuropäischer Staatsmann die Palästinensische Befreiungsorganisation an. Innenpolitisch geriet Österreich durch die immer höher werdende Staatsverschuldung und Affären in wirtschaftliche

Schwierigkeiten. Als die SPÖ 1983 bei den Wahlen die absolute Mehrheit verlor, trat K. zurück.

Kroc, Ray

amerik. Unternehmer
* 5.10.1902 in Chicago
† 14.1.1984 in San Diego (CA)

K., der die Marktlücke für Fastfood-Restaurants erkannt hatte, baute ab Mitte der 50er Jahre McDonald's zur führenden Schnellimbiss-Restaurantkette aus. Er stammte aus einfachen Verhältnissen. Nach verschiedenen Tätigkeiten arbeitete er für eine Firma, die Pappbecher produzierte. In den 30er Jahren entwickelte K. einen Multimixer, der für vermehrten Absatz von Mixgetränken und damit auch von Pappbechern sorgte. 1939 gründete er sein eigenes Unternehmen, das nach dem II. Weltkrieg in finanzielle Schwierigkeiten geriet. K. wurde auf die Brüder McDonald aufmerksam, die 1937 ein sog. Drive-In-Restaurant eröffnet hatten. Mit einem ausgeklügelten Lizenzsystem (Interessenten konnten das Konzept und den Namen erwerben) wollte K. die Marktlücke für solche Restaurants schließen. Er selbst war der erste Lizenznehmer und eröffnete das erste McDonald's Restaurant in Des Plaines bei Chicago. 1961 zahlte K. die McDonald-Brüder aus, erwarb das Recht auf den Namen und begann das Konzept auf eigene Rechnung zu vermarkten. Ende der 60er Jahre, nachdem er die Konkurrenz abgehängt hatte, änderte er das Konzept und wechselte vom reinen Straßenverkauf zum Restaurant mit Sitzplätzen. Die Idee von K. auch einheimische Gerichte anzubieten erwies sich jedoch als Fehler, der erhebliche finanzielle Einbußen nach sich zog. Erst die Konzentration auf die klassische McDonald's Produktpalette brachte den internationalen Durchbruch. Ab 1970 gelang K. die internationale Expansion. 1971 wurde in München das erste deutsche McDonald's Restaurant eröffnet.

Krösus

(griech. Kroisos)
lyd. König
* um 595 v. Chr.
† nach 526 v. Chr.

K., Sohn und Nachfolger von Alyattes, war der letzte König der Lyder aus dem Geschlecht der Mermnaden. Er vergrößerte sein Reich durch die Eroberung fast der gesamten Westhälfte Kleinasiens bis zum Fluss Halys im Osten. Er verpflichtete die griechischen Städte dort (außer Milet) zu Abgaben und Heeresfolge. K. erwies sich durch Stiftungen für den Artemistempel und das Orakel in Delphi als Griechenfreund. Die Prophezeiung des Orakels, dass er ein großes Reich zerstören werde, wenn er den Fluss Halys überschreite, erfüllte sich an seinem eigenen Staat. Beim Einfall in persisches Reichsterritorium (Kappadokien) wurde er von dem Perserkönig Kyros II. geschlagen, 547 v. Chr. in seiner Hauptstadt Sardes belagert und gefangengenommen. Sein Tod ist umstritten. Nach dem griechischen Geschichtsschreiber →Herodot wurde K. begnadigt, Keilschriften auf Tempelsäulen in Ephesus berichten jedoch von seiner Hinrichtung. K. war berühmt wegen seines sprichwörtlichen Reichtums.

Krupp, Alfred

dt. Industrieller
* 26.4.1812 in Essen
† 14.7.1887 in Essen

Der Name Krupp steht für das aufblühende deutsche Unternehmertum im 19. Jh. K. übernahm bereits 14-jährig das väterliche Gussstahlwerk in Essen und baute es zum Großunternehmen aus. Durch Kontakte mit dem Ausland verbesserte er die Techniken (Bessemer-, Siemens-Martinverfahren) und gewann neue Kunden. Zahlreiche eigene Erfindungen und geschickte Nutzung der Wirtschaftslage ermöglichten die Expansion. Nach 1848, inzwischen

Alleininhaber, verwandelte er die Firma zu einem Konzern, der neben Stahl für Münzwalzen und Stempel auch Räder, Achsen und Schienen für den Eisenbahnbau produzierte. International bekannt wurde K. durch die Weltausstellung 1851 in London. Er stieg in die Rüstungsindustrie ein und verdrängte mit seinen Kanonen aus Stahl die herkömmlichen aus Eisen oder Bronze, was im Krieg gegen Frankreich (1870/71) eine entscheidende Rolle spielte. K. beschäftigte zuletzt 21 000 Arbeiter in seinen Werken, die der patriarchalische Konzernchef mit vorbildlichen Sozialeinrichtungen versorgte (u. a. Werkswohnungen, Krankenhäuser, Krankenkasse).

Kublai Khan

(auch: Kubilai, Khubilai)
mongol. Großkhan
* 23.9.1215 in Peking
† 18.2.1294 in Peking

K., der Enkel →Dschingis Khans, setzte sich gegen seine um die Vorherrschaft kämpfenden Brüder durch und wurde 1260 Großkhan der Mongolen. Er eroberte Südchina und begründete als Kaiser von China die Yüan-Dynastie (1280). Die Hauptstadt verlegte er von Karakorum nach Peking. K. eroberte Korea, Hinterindien sowie Indonesien und schuf das größte und mächtigste Reich unter mongolischer Herrschaft. Unter K. blühte der Handel innerhalb des vereinigten Großchina und zwischen den verschiedenen Völkern und Religionen herrschte Toleranz. So berichtet zumindest der Seefahrer →Marco Polo, der 1275–92 am kaiserlichen Hofe lebte. Sein Reisebericht vermittelt auch einen ausführlichen Eindruck von Pracht und Reichtum der kaiserlichen Residenz. Überliefert ist aber auch, dass Millionen der entrechteten chinesischen Einwohner Armut leiden mussten und an Hunger zugrunde gingen. K.s Versuche bis nach Japan, Vietnam und Java vorzustoßen, scheiterten.

Kyros II., der Große

altpers. König
† 529 v. Chr.

K., aus der Dynastie der Achämeniden, wurde 559 v. Chr. persischer König und der Begründer der persischen Großmacht. 550 besiegte er seinen Oberherrn, den Mederkönig Astyages. Den Lyderkönig →Krösus, der ihm Gebiete streitig machte, konnte K. 547 unterwerfen, so auch die griechischen Städte Kleinasiens, die Karer und Lykier. 539 eroberte er Babylon und gewann wenig später das gesamte Reich der Chaldäer. Damit herrschte er über ein Weltreich. K. galt als großmütig und gütig, zeigte gegenüber den Unterworfenen religiöse Toleranz. Er fiel 529 im Kampf gegen die nomadischen Massageten.

La Fayette, Marie Joseph Motier, Marquis de

frz. General und Politiker
* 6.9.1757 auf Schloss Cavaniac, Auvergne
† 20.5.1834 in Paris

L., der sich schon seit seiner Jugend für die liberalen Ideen begeisterte, kämpfte seit 1777 auf Seiten der um ihre Unabhängigkeit ringenden nordamerikanischen Kolonisten gegen die Engländer. Am entscheidenden Sieg 1781 bei Yorktown war er wesentlich beteiligt und erwarb sich in Amerika Ruhm und Ansehen. Nach seiner Rückkehr zog L. 1789 als Vertreter des Adels in die Generalstände ein. Anfangs war er ein begeisterter Anhänger der Französischen Revolution und legte der Nationalversammlung den Entwurf zur Erklärung der Menschen- und Bürgerrechte vor. Doch lehnte er die bald bemerkbar werdenden radikal-republikanischen Bestrebungen ab und setzte sich für eine konstitutionelle Monarchie ein. Als Oberbefehlshaber der Pariser Nationalgarde unterdrückte er antiroyalistische Aufstände. Nach dem Sturm auf die Tuilerien und der Gefangennahme von König Ludwig XVI. 1792 musste L. ins Ausland fliehen. Unter →Napoleon I. kehrte er nach Frankreich zurück und beteiligte sich in der nachnapoleonischen Restauration als liberaler Deputierter wieder aktiv an der Politik. Während der Julirevolution 1830 wurde er abermals Kommandant der Nationalgarde und wirkte an der Einsetzung des „Bürgerkönigs“ Louis Philippe mit, bekämpfte aber später dessen Politik an der Spitze der liberalen Opposition.

La Fontaine, Jean de

frz. Dichter
* 8.7.1621 in Château-Thierry, Champagne
† 13.4.1695 in Paris

L.s Dichterruhm gründet sich auf seine Wiederentdeckung der Fabel. Nach dem Studium der Theologie und Rechtswissenschaft in Reims ließ er sich als Forstmeister in seiner Heimatstadt nieder. 1658 ging er nach Paris, um sich dort dem Schreiben zu widmen. Er war ein charmanter Gesellschafter und verkehrte in den vornehmen Salons. L., der mit J. P. →Racine und →Molière befreundet war, wurde 1684 in die Académie Française aufgenommen. Bekannt wurde er mit den geistreich-frivolen Erzählungen *Ergötzliche Geschichten* (1165– 85, dt. 1811). Durch seine in 12 Bänden erschienenen über 240 *Fabeln* (1688 und 1694, dt. 1791–94) erlangte L. zeitlosen Ruhm. In vollendeten Versen verfasste er Erzählungen zum Teil nach antiken Überlieferungen und schuf in der Nachfolge der von den antiken Fabeldichtern gepflegten Moralbelehrung spannende, fantasievolle Geschichten über Tiere, Pflanzen und Menschen.

Lagerlöf, Selma Ottilia Lovisa

schwed. Schriftstellerin
* 20.11.1858 auf Gut Mårbacka, Värmland
† 16.3.1940 auf Gut Mårbacka, Värmland

Weltruhm erlangte L. mit dem Roman *Die wunderbare Reise des kleinen Nils Holgersson* (1906, dt. 1907). Das moderne Lesebuch für Schulkinder, das in über 30 Sprachen übersetzt wurde, verbindet in Märchenform die moralische Entwicklung eines Jungen mit der Beschreibung der heimatlichen Landschaft und Geschichte. L. wurde wegen eines Hüftleidens von Privatlehrern unterrichtet, besuchte 1882–85 das Lehrerinnenseminar in Stockholm und war bis 1895 als Lehrerin tätig. Danach unternahm sie Reisen nach Italien (1895) und nach Palästina (1899/1900), wobei sie vielfältige Eindrücke für ihre Arbeit sammelte. Internationalen Erfolg hatte L. auch mit ihrem Roman-Erstling *Gösta Berling* (1891, dt. 1896), *Die Wunder des Antichrist* (1897, dt. 1899) und *Jerusalem* (1901/02, dt. 1902). Als erste Frau erhielt sie 1909 den Nobelpreis für Literatur und wurde 1914 das erste weibliche Mitglied der Schwedischen Akademie der Wissenschaften. L. förderte mit ihrem Werk die Hinwendung der schwedischen Literatur zur Romantik.

Lamarck, Jean-Baptiste de Monet de

frz. Naturforscher
* 1.8.1744 in Bazentin, Picardie
† 18.12.1829 in Paris

L.s Aufsehen erregende Arbeiten über die Abstammung innerhalb der Tierwelt (*Zoologische Philosophie,* 1809), die er auch auf den Menschen bezog, lösten heftige wissenschaftliche Diskussionen aus. Seine Theorie zur Erklärung des Artwandels, als Lamarckismus bezeichnet, besagt, dass jedes Lebewesen durch eine „Anstrengung seines inneren Gefühls“ zweckmäßig bestimmte Organe entwickle und andere vernachlässige. Eine Neu,- Rück- oder Umbildung

erfolge durch äußere, lange Zeit gleichbleibende Einflüsse. Weiterhin behauptet L., dass solche erworbenen Eigenschaften auf die Nachkommen vererbt werden, wodurch es zur Artumwandlung komme. Für seine Erklärungsversuche liegt jedoch kein Beweis vor. Die Ursachen des Artwandels werden heute durch den Darwinismus erklärt (Ch. →Darwin). L. war ein vielseitiger Gelehrter und beschäftigte sich mit Meteorologie, Chemie und Botanik, bevor er sich schließlich der Zoologie widmete. Als sein bedeutendstes Werk gilt die *Histoire naturelle des animaux sans vertèbres* (1815–1822), in dem er die wirbellosen Tiere beschrieb und sie sytematisch nach Merkmalen ordnete. Wenngleich L.s Theorie sich nicht bestätigte und heute als überholt gilt, so war sie doch ein wichtiger Schritt zur modernen Abstammungslehre.

Landsteiner, Karl

österr.-amerik. Mediziner
* 14.6.1868 in Wien
† 26.6.1943 in New York

L. ist der Entdecker der klassischen Blutgruppen A, B, 0 (1901). Der Arzt und Pathologe machte schon 1900 die Beobachtung, dass durch Serum fremden Blutes die roten Blutkörperchen verklumpen (Agglutination). Die mögliche Spezifizierung des Blutes durch die Entdeckung der Blutgruppen erwies sich besonders bei Transfusionen als lebenswichtig. 1927 fand L. zusammen mit Ph. Levine die Blutfaktoren M, N, P u. a., die vor allem für den Vaterschaftsnachweis von Bedeutung sind. 1940 bestimmte er in Zusammenarbeit mit Alexander S. Wiener den Rhesusfaktor (Rh) und ermöglichte so Gegenmaßnahmen bei Risikoschwangerschaften mit einem Rh-ungleichen Fötus. 1930 erhielt L. den Nobelpreis für Medizin.

Lang, Fritz

österr.-amerik. Filmregisseur
* 5.12.1890 in Wien
† 2.8.1976 in Beverly Hills (CA)

L. gehörte zu den bedeutendsten Pionieren des neuen Mediums Film und schuf bereits in den 20er Jahren Meisterwerke wie *Dr. Mabuse, der Spieler* (1922) und seine Vision *Metropolis* (1925/26), die bis heute nichts von ihrer Faszination verloren hat. L. lehnte das Angebot Joseph Goebbels ab, als Reichsfilmintendant zu arbeiten und emigrierte 1933 über Frankreich in die USA. In Hollywood schuf er mit *Du lebst nur einmal* (1936), *Rache für Jesse James* (1940), *Die Frau im Fenster* (1944) und *Engel der Gejagten* (1951) neue Glanzpunkte seiner Karriere. 1942 drehte L. in Zusammenarbeit mit B. →Brecht den gegen das nationalsozialistische Regime gerichteten Film *Auch Henker sterben.* Nach seiner Rückkehr nach Deutschland (1956) konnte er nicht mehr an seine frühen großen Erfolge anknüpfen (*Das indische Grabmal,* 1958). In seinem letzten Werk *Die tausend Augen des Dr. Mabuse* (1960) beschäftigte sich L. zum vierten Mal mit dem bösartigen Genie, dessen Ziel die Weltherrschaft ist.

Lao-tse

(auch: Laozi)
chin. Philosoph
wahrscheinlich im 4. oder 3. Jh. v. Chr.
(nach chin. Tradition * um 604 v. Chr.)

Die Berichte über die Person des großen Denkers sind legendenhaft und widersprüchlich. Er soll im östlichen Honan geboren sein und aus einer angesehenen Familie stammen. Der Familienname soll Li gewesen sein. L. (bedeutet „Alter Meister") gilt als Begründer des Taoismus und das Werk Tao-te-king (das Buch vom Tao, dem ewigen Ursprung der Welt, und Te, der im Menschen wirkenden Kraft) wird ihm zugeschrieben. Die Legende berichtet, dass er seine Stellung als kaiserlicher Archivar aufgegeben habe und als Einsiedler nach Westen gewandert sei. Seine Lehre habe er, bevor er die Grenze überschritt, auf Bitten eines Wächters aufgeschrieben. Es sind 81 poetisch formulierte Gedanken. Theoretisch begreift L.s Lehre die Welt als in ewigem Wandel, deren beständiges Grundprinzip das Tao ist. Praktisch entwirft sie die Utopie von der Rückkehr zum natürlichen Urzustand der Menschheit. L.s philosophische Grundhaltung ist im chinesischen Volk tief verwurzelt.

Lassalle, Ferdinand

dt. Publizist und Politiker
* 11.4.1825 in Breslau
† 31.8.1864 in Genf

L. gilt als Mitbegründer der deutschen sozialdemokratischen Arbeiterbewegung. Der Sohn eines jüdischen Seidenhändlers studierte Geschichte und Philosophie. Die Hegelsche Staatsauffassung lernte er durch H. →Heine in Paris kennen. 1848 schloss sich L. dem Kreis um K. →Marx und F. →Engels an und schrieb für die *Neue Rheinische Zeitung.* Wegen seiner politischen Betätigung, wegen Agitation und Aufhetzung zum Klassenhass kam er mehrmals ins Gefängnis. Ende der 50er Jahre griff L. in die praktische Politik ein und entwickelte ein sozialistisches Programm. Er strebte im Gegensatz zu Marx die Einbeziehung des Staates in sein Programm an, forderte allgemeine, gleiche und geheime Wahlen und staatlich unterstützte Produktionsgenossenschaften, die auf Dauer das kapitalistische Wirtschaftssystem ersetzen sollten. 1863 gründete er den „Allgemeinen Deutschen Arbeiterverein". Trotz des großen Einsatzes stellte sich kein durchschlagender Erfolg ein. Auch Bündnisgespräche mit →Bismarck blieben ohne Ergebnis. In dieser entscheidenden Phase der Arbeiterbewegung starb L. bei einem Duell um eine Frau.

Lauda, Nikolaus „Niki"

österr. Automobilrennfahrer
* 22.2.1949 in Wien

Die Karriere des dreimaligen Formel-1-Weltmeisters (1975, 1977 und 1984) schien nach seinem schweren Unfall (1976) auf dem Nürburgring, bei dem er schwerste Brandverletzungen erlitt, beendet zu sein. Aber bereits 42 Tage später fuhr L. wieder Rennen. 1979 beendete er seine Karriere, wurde jedoch 1982 wieder aktiv und gewann 1984 seine dritte Weltmeisterschaft. L. setzte sich verstärkt für bessere Sicherheitsmaßnahmen auf den Rennstrecken ein. Nach seinem endgültigen Rücktritt gründete er die eigene Luftfahrtgesellschaft *Lauda Air.*

Lavoisier, Antoine Laurent de

frz. Chemiker
* 26.8.1743 in Paris
† 8.5.1794 in Paris

L. ist der Mitbegründer der neuzeitlichen Chemie. Bei seinen chemischen Experimenten erkannte er durch exakte Wägung und Messung aller Vorgänge das Wesen der Verbrennung und Atmung (Sauerstoffaufnahme). Damit gelang ihm die endgültige Widerlegung der damals gültigen Phlogiston-Theorie. Diese besagte, dass brennbare Körper einen bestimmten Stoff, das

Phlogiston, enthalten, der bei ihrer Verbrennung entweicht, die Körper also leichter werden. Er fand die Zusammensetzung des Wassers (H_2O) heraus und erkannte das Gesetz der Erhaltung der Masse. Die neuen Erkenntnisse der quantitativen Chemie fasste er in seinem grundlegenden chemischen Lehrbuch (1789) zusammen. L. leitete auch die königlichen Pulverfabriken. In den Wirren der Französischen Revolution wurde er der Veruntreuung bezichtigt und hingerichtet.

Lawrence, Thomas Edward

(genannt Lawrence of Arabia)
engl. Archäologe und Schriftsteller
* 15.8.1888 in Tremedoc, Wales
† 19.5.1935 in Clouds Hill, Dorset

L. verdankt seinen Ruhm vor allem seinen abenteuerlichen, autobiografischen Büchern. Er hatte als Archäologe den Nahen Osten kennen gelernt. Als politischer Agent Großbritanniens und Vertrauensmann des späteren Königs Faisal I. organisierte L. den Aufstand der Araber gegen die Türken (1916–18). Er eroberte mit den Arabern 1917 Akaba und 1918 Damaskus. Er nahm an der Pariser Friedenskonferenz (1919) teil, konnte aber die erneute Kolonialisierung der soeben befreiten Araber durch Großbritannien nicht verhindern. Verbittert über die britische Orientpolitik schied L. nach 1922 aus dem britischen Kolonialamt aus und diente als einfacher Soldat. In dem Buch *Die sieben Säulen der Weisheit* (1926, dt. 1936), das als Grundlage für den Film *Lawrence von Arabien* (1962) von D. →Lean diente, schilderte er seine Tätigkeit während des Araberaufstandes. Ein ungeschminktes Bild seiner Soldatenzeit entwarf er in *Unter dem Prägestock* (1955 erschienen).

Lean, Sir David

brit. Filmregisseur
* 25.3.1908 in Croydon, London
† 16.4.1991 in London

L. war einer der erfolgreichsten Regisseure von monumentalen Historienfilmen und Romanadaptionen. Er arbeitete sich vom Klappenjungen zum Techniker und Cutter hoch, bevor er 1942 das erste Mal Regie führte. Mit den beiden Verfilmungen von Charles-Dickens-Werken (*Geheimnisvolle Erbschaft,* 1946; *Oliver Twist,* 1948) stellte L. sein großes Talent unter Beweis. Den internationalen Durchbruch hatte er mit dem Antkriegsepos *Die Brücke am Kwai* (1957), das insgesamt mit 7 Oscars ausgezeichnet wurde. Mit seinen weiteren Filmen etablierte sich L. endgültig als der Meister des Ausstattungsfilms und galt bis Mitte der 70er Jahre als der kommerziell erfolgreichste Regisseur der Welt. Zu seinen berühmtesten Werken zählen *Lawrence von Arabien* (1962), *Dr. Schiwago* (1965), *Ryan's Tochter* (1969/70) und *Reise nach Indien* (1984). 1984 wurde L. geadelt.

Le Corbusier

(eigtl.: Charles-Édouard Jeanneret-Gris)
schweiz.-frz. Architekt und Maler
* 6.10.1887 in La Chaux-de-Fonds, Schweiz
† 27.8.1965 in Cap Martin, Alpes-Maritimes

L., einer der prägenden Architekten des 20. Jh.s, trug wesentlich zur Durchsetzung des funktionalen, vom Kubismus ausgehenden sog. International Style der 20er und 30er Jahre bei. Innerhalb der frühen Phase seines Schaffens entstand ein neuer Wohnbaustil: kubische Grundform, Flachdach mit Dachgarten, große Fenster, umlaufende Fensterbänder, freier Grundriss, freie Fassadengestaltung. Ab 1935 löste sich L. allmählich von der rationalistischen Architektur. In dieser Werkphase entstanden im Städtebau Pläne zu „Wohneinheiten", vielstöckigen, gleichhohen und gleichgestalteten Häusern, die symmetrisch in eine Parkanlage angeordnet sind. Das Hauptwerk aus dieser Zeit ist die von L. so genannte „Wohnmaschine" der „Unité d'Habitation" (1945–52) in Marseilles. Mit seinem wohl berühmtesten, wenn auch nicht typischsten Werk – die Wohlfahrtskapelle Notre-Dame-du-Haut in Ronchamps (1950–54) – gelang ihm die Überwindung der kubischen Strenge. L. hatte eine Ausbildung als Graveur erhalten und studierte anschließend Architektur. Neben seinen vielfältigen Projekten veröffentlichte L. bahnbrechende theoretische Schriften, entwarf Möbel und Einrichtungsgegenstände und hinterließ zahlreiche Gemälde.

Leeuwenhoek, Antony van

niederl. Naturforscher
* 24.10.1632 in Delft
† 27.8.1723 in Delft

L. entdeckte mit Hilfe selbstentwickelter und -gebauter Mikroskope erstmals die Kleinstlebewesen des Wassertropfens (1674), die Blutzellen (1673/74), die Bakterien (1676), die Spermien (1677) und die Querstreifung bei Muskeln (1682). Der Tuchhändler hatte ursprünglich keine wissenschaftliche Ausbildung, widmete sich aber in seiner Freizeit der Weiterentwicklung der Mikroskopie und seinen Forschungsarbeiten. L.s Forschungsergebnisse wurden von der Königlich-Wissenschaftlichen Gesellschaft in London bestätigt und unterstützt. So wurde L. schon zu Lebzeiten als Begründer der Mikrobiologie anerkannt.

Leibniz, Gottfried Wilhelm

dt. Philosoph und Universalgelehrter
* 1.7.1646 in Leipzig
† 14.11.1716 in Hannover

L. stand nach dem Studium der Philosophie und Rechtswissenschaften und Aufenthalten in Mainz und Paris (1672–76) im Dienst der Herzöge von Braunschweig-Lüneburg. Neben diplomatischen Missionen, Verbindungen zu vielen bedeutenden Gelehrten seiner Zeit (L. korrespondierte mit Kapazitäten aus aller Welt) bemühte er sich um die Organisation der Wissenschaften (1700 Gründung der Preußischen Akademie der Wissenschaften in Berlin) und um den Ausgleich zwischen Protestantismus und Katholizismus. L. betrieb auch historische Forschungen und entwickelte bahnbrechende Ideen auf verschiedenen Wissenschaftsgebieten. Seine mathematischen und logischen Erkenntnisse konnten erst in unserem Jahrhundert richtig verstanden werden. Er entwarf eine Rechenmaschine, die multiplizieren und dividieren konnte. Er entdeckte das Dualsystem (jede Zahl lässt sich mit den Ziffern 0 und 1 ausdrücken), nach dem heute moderne Computer arbeiten. Unabhängig von I. →Newton entwickelte L. die Infinitesimalrechnung und kam der Erkenntnis des Energieerhaltungsgesetzes sehr nahe. In seiner Philosophie versuchte L. die naturwissenschaftlichen und mathematischen Erkenntnisse in einem rationalen System fortzusetzen. In diesem System wird die Eigenart des Individuellen berücksichtigt und der Bezugspunkt auf ein Universelles (Gott) nicht aufgegeben. Grundsätzlich ist die Welt für L. vernünftig und vollkommen. Nach seiner Monadenlehre (*La monadologie,* orig. 1840, dt. 1720) besteht der Kosmos aus dynamischen, unausgedehnten Krafteinheiten („Monaden"), die mit unterschiedlicher Qualität die Gesetzlichkeiten des Universums in sich tragen und von Gott, der „Urmonade", in eine „prästabilierte (vorherbestimmte) Harmonie" gebracht wurden. Von dieser Grundlage aus behandelte L. psychologische, ethische, rechtsphilosophische und ästhetische Probleme (*Nouveaux essais sur l'entendement humain,* 1704; *Essais de théodicée sur la bonté de Dieu, La liberté de l'homme et l'origine du mal,* 1710). Nur wenige seiner zahlreichen praktisch-technischen und politischen Vorschläge wurden verwirklicht. Sein Nachlass, der noch viel unveröffentlichtes Material enthält, wird von der L.-Gesellschaft betreut. L. war mit seiner universalen Ausbildung und seiner Produktivität auf verschiedensten Gebieten einer der größten Gelehrten der europäischen Geistesgeschichte.

Leif Eriksson

normann. Seefahrer
* um 970
† um 1020

L., Sohn Erichs des Roten gilt als erster Entdecker Amerikas (um 1000). Der Handelsschiff-Führer segelte von der normannischen Westsiedlung (Westerbygd) im südlichen Grönland aus nach Süden, erreichte Labrador und betrat wahrscheinlich als erster Europäer amerikanischen Boden. Südwärts drang er bis nach Neufundland und Neuschottland und fuhr entlang der amerikanischen Küste, die er „Vinland" (Weinland) nannte, vermutlich bis in die Gegend des heutigen Boston.

Lenin, Wladimir Iljitsch

(eigtl.: Wladimir Iljitsch Uljanow)
sowjet. Staatsmann
* 22.4.1870 in Simbirsk
(heute Uljanowsk)
† 21.1.1924 in Gorki bei Moskau

L., der Gründer der Sowjetunion, entwickelte als Theoretiker die Lehre des Marxismus weiter und passte sie den besonderen russischen Verhältnissen an. Aus einer bürgerlichen Famile stammend kam er schon früh mit revolutionären Strömungen in Berührung. Die Hinrichtung seines älteren Bruders als Mitglied einer Verschwörung gegen Zar Alexander III. wurde für L. zur prägenden Erfahrung. Nach Vollendung des Jurastudiums war er in St. Petersburg als Anwalt tätig und bewegte sich in oppositionellen Kreisen. Ab 1888/89 beschäftigte er sich mit den Werken von K. →Marx, die ihn entscheidend beeinflussten. L. entwickelte jedoch seine Vorstellung von einer scharfen Trennung zwischen Partei und Arbeiterklasse, die eigentlich der marxistischen Grundauffassung widersprach. 1895 gründete er mit seinem späteren Gegner J. O. Martow den „Kampfbund zur Befreiung der Arbeiterklasse", der alle marxistischen Gruppen in Petersburg vereinigte und der Arbeiterbewegung politische Ziele gab. L. wurde verhaftet und 1897–99 nach Sibirien verbannt, wo er seine spätere Frau und Mitstreiterin Nadeschda Konstantinowna Krupskaja kennenlernte. Nach seiner Rückkehr trat er der 1898 gegründeten Sozialdemokratischen Partei Russlands (SPR) bei. 1900–05 lebte L. in europäischer Emigration (München, Genf und London). Seine Überzeugung war, dass nur eine straff zentralistische Partei von Berufsrevolutionären die Sache des Proletariats zum Sieg führen könne. Uneinigkeit in hauptsächlich taktischen Fragen führte 1903 zur Spaltung der SPR in Menschewiki und Bolschewiki, deren Führung L. übernahm. Während der Revolution von 1905 war er wieder in Russland, ging aber erneut ins ausländische Exil, bis er im April 1917 mit deutscher Hilfe in das vom I. Weltkrieg schwer gezeichnete Russland zurückkehrte. Nach der „Oktoberrevolution" unter L. →Trotzki, L. und J. →Stalin gelang am 7.11.1917 der Sturz der provisorischen Regierung von Alexander F. Kerenski. L. wurde als Vorsitzender des Rats der Volkskommissare Führer des Staates und der Partei, der von da an die Macht gehörte. Nach Ausschaltung aller Linksparteien 1919 errichtete L. das Politbüro und das ZK-Sekretariat, wodurch die Macht in wenigen Händen konzentriert wurde. Das Chaos des Bürgerkrieges und den Verfall der Wirtschaft versuchte er durch die „Neue ökonomische Politik" in den Griff zu bekommen (1921). Auf seine Initiative hin wurde 1922 die UdSSR gegründet. In diesem Jahr musste sich L. wegen schwerer Krankheit aus der Politik zurückziehen, wodurch J. →Stalin der Weg zur Macht geebnet wurde. Zu seinen wichtigsten Werken zählen *Was tun?* (1902), *Der Imperialismus als höchstes Stadium des Kapitalismus* (1915), *Staat und Revolution* (1917).

Leo I., der Große (hl.)

Papst
* in Tuszien
† 10.11.461 in Rom

L. war der erste überragende Vertreter des Papsttums und eigentlicher Begründer des römischen Primats (440–61). Innerkirchlich trat der große Kirchenlehrer für eine verbindliche Lehrmeinung ein und bekämpfte jede Abweichung, welche die Einigung gefährden könnte. In seinen Predigten, *Sermones,* begründete L. den Anspruch der Oberherrschaft des Papsttums über die weltliche Macht. Mit seinem berühmt gewordenen Schreiben von 449 griff der Papst in die dogmatischen Streitigkeiten der Ostkirche ein. Auf dem Konzil von Chalkedon 451 erkannte auch der Patriarch von Konstantinopel die kirchlichen Rechte des Heiligen Stuhles an. 452 konnte L. als Leiter einer stadtrömischen Gesandtschaft gegen Tributzahlung den Hunnenkönig →Attila von einem verheerenden Kriegszug nach Mittel- und Unteritalien abhalten. 455 konnte er Rom zwar vor der Einäscherung, nicht aber vor einer Plünderung durch die Wandalen König Geiserichs bewahren. L. wurde heilig gesprochen (10.11.).

Leo X.

(urspr.: Giovanni de' Medici)
Papst
* 11.12.1475 in Florenz
† 1.12.1521 in Rom

L., Sohn von Lorenzo de' Medici, wurde bereits mit 14 Jahren Kardinal. Von humanistischen Lehrern erzogen, machte er sich während seines achtjährigen Pontifikats (1513–21) als Mäzen um Wissenschaft und Kunst verdient. Die italienische Renaissance erlebte mit →Raffael und →Michelangelo ihren Höhepunkt. Die Vernachlässigung der geistlichen Pflichten und die Belastung der Kirchenfinanzen durch sein verschwenderisches Genussleben führten 1517 zu einer Kardinalsverschwörung gegen L. Gegen den Reformator M. →Luther ging er in den ersten Jahren nur zögernd vor aus Rücksicht gegen dessen Landesherrn Kurfürst Friedrich III. von Sachsen, den er bei der bevorstehenden Wahl des römischen Kaisers für den Bewerber Franz I. von Frankreich, später für eine Eigenkandidatur zu gewinnen hoffte. Erst 1521 verhängte er über Luther den Kirchenbann. Sein zögerliches Vorgehen gegen Luther und seine falsche Einschätzung der papstfeindlichen Stimmung in Europa hat den Fortgang der Reformen entscheidend begünstigt. In seiner Italienpolitik nutzte L. den Gegensatz zwischen Spanien-Habsburg und Frankreich, um die Herrschaft der Medici über Florenz zu sichern. Außerdem konnte er den Kirchenstaat durch den Wiedergewinn von Parma-Piacenza (1521) vergrößern.

Leo XIII.

(urspr.: Vincenzo Gioacchino Pecci)
Papst
* 2.3.1810 in Carpineto
† 20.7.1903 in Rom

Der aus verarmtem Landadel stammende Papst L., von Natur aus versöhnlich und friedliebend, erstrebte den Ausgleich der katholischen Kirche mit den politischen und sozialen Verhältnissen der Zeit. Während seiner langen Amtszeit (1878–1903) konnte er auf diplomatischem Wege den preußischen Kulturkampf beilegen. L. erkannte die Demokratie als legale Staatsform an und söhnte sich mit der Französischen Republik aus. Er förderte die Wissenschaften und öffnete 1881 die Vatikanischen Archive für die historische Forschung. In *Rerum Novarum,* der ersten Sozialenzyklika eines Papstes, nahm er Stellung zu den wichtigsten Fragen der Zeit. L. betonte den römischen Zentralismus, festigte die kirchliche Hierarchie und förderte die Missionstätigkeit. 1902 setzte er eine päpstliche Bibelkommission ein und empfahl als Grundlage der Theologenausbildung das Studium des hl. →Thomas von Aquin. Die Wiederherstellung des Kirchenstaates sowie der Friede mit den Ostkirchen blieben L. versagt.

Leonardo da Vinci

ital. Maler, Bildhauer, Baumeister
und wissenschaftlicher Forscher
* 15.4.1452 in Vinci bei Empoli
† 2.5.1516 auf Schloss Cloux
bei Amboise, Frankreich

L. hat neben →Michelangelo, →Raffael und →Tizian die italienische Hochrenaissance begründet und gilt als Künstler und Wissenschaftler selbst als die Verkörperung der Universalität des Renaissance-Menschen. Er war der natürliche Sohn eines Notars, dessen Begabung vom Vater früh gefördert wurde. Seine Ausbildung erhielt L. bei Meister Verrocchio in Florenz und wurde 1472 in die Malergilde als Meister aufgenommen. 1482–99 war er am Hofe des Herzogs Ludovico Sforza in Mailand tätig, später abwechselnd in Florenz und Mailand. 1517 folgte er einer Einladung von König Franz I. nach Frankreich. Das schöpferische Grundgesetz von L.s gesamtem Werk ist die Forderung nach der Einheit von Natur und Geist. Ihm gelang die auf den menschlichen Erkenntniswillen gegründete Einheit von Kunst und Wissenschaft. L.s Bedeutung für die europäische Geistesgeschichte liegt in der Verbindung von genauer Kenntnis der Naturerscheinungen und deren künstlerische Darstellung sowie die absolute Beherrschung aller wissenschaftlichen und malerischen Mittel. Viele seiner späteren Werke gingen verloren oder wurden teilweise zerstört (z. B. das Fresko *Abendmahl* im Kloster von Santa Maria delle Grazie in Mailand, 1496/97, später mittels Kopien restauriert). Zu L.s bekanntesten Werken gehören auch die *Mona Lisa,* die *Madonna in der Felsengrotte, Verkündigung* und *Hl. Anna Selbdritt.* Daneben verdeutlichen zahlreiche Zeichnungen und Skizzen die außergewöhnliche Begabung des Malers. Die Zeugnisse seiner architektonischen und Bildhauer-Tätigkeit sind nur in Zeichnungen und Dokumenten überliefert. L. war auch Naturforscher, der auf Grund von Experiment und Erfahrung eine Reihe grundlegender Gesetze entdeckte. Er untersuchte den Vogelflug und die Strömungen in Luft und Wasser. Mit seinen Entwicklungen und Konstruktionen von Geräten und Maschinen (Schraube ohne Ende, U-Boot, Flugzeug, Fallschirm) war er seiner Zeit weit voraus. Er sezierte selbst Leichen und verfasste ein Werk über die Anatomie des Menschen, das er mit seinen Zeichnungen versah. Sein großes Buch über die Malerei, das vor allem eine Untersuchung über die Verwendung des Schattens in der Malerei und eine Einleitung in die Perspektivlehre enthält, blieb unvollendet. Seine letzten Jahre widmete er der weiteren Erforschung des Menschen und versuchte in unzähligen sehr präzisen anatomischen Zeichnungen dem Gesetz des Lebens auf die Spur zu kommen. Der Linkshänder L. hat alle seine Werke in Spiegelschrift verfasst.

Leonidas

spartan. König
† 480 v. Chr.

Die Hauptquelle für die Lebensgeschichte L.' ist der griechische Geschichtsschreiber →Herodot. L. führte wahrscheinlich seit 488 v. Chr. die Spartaner an. Er wurde 480 nach dem dem Einzug des Perserkönigs Xerxes I. in Makedonien zum Oberbefehlshaber der vereinigten griechischen Truppen ernannt. L. hielt am Thermopylenpass gegen die Perser drei Tage lang die Stellung und deckte den Rückzug der griechischen Flotte in die Gewässer von Salamis. Durch den Verrat des Ephialtes sah L. seine Stellung umgangen und entließ das Hauptheer. Er kämpfte mit 300 Spartanern und 700 Thespiern bis zum Untergang. L. wurde in Sparta später kultisch verehrt.

Lessing, Gotthold Ephraim

dt. Dichter
* 22.1.1729 in Kamenz, Oberlausitz
† 15.2.1781 in Braunschweig

L.s Kampf im Sinne der Aufklärung für den Gebrauch der kritischen Vernunft und einer unvoreingenommenen Toleranz zwischen den Menschen und den Religionen, ein ewig währender Entwicklungsprozess, lässt den großen deutschen Dichter auch heute aktuell erscheinen. Der Pastorensohn besuchte die Fürstenschule zu Meißen und studierte Theologie, Medizin und Philosophie in Leipzig, wo er im Umgang mit Schauspielern die Einzelheiten der Bühnentechnik kennenlernte. Ab 1748 lebte er als freier Schriftsteller. 1767 wurde er Dramaturg in Hamburg (*Hamburgisch<e Dramaturgie,* 1767–69), bezog 1770 die Stelle eines Bibliothekars in Wolfenbüttel, die er bis zu seinem Tod innehatte.

L. begann seine dichterische Laufbahn mit Studentenliedern, anakreontischen Gedichten, Epigrammen und Fabeln in der Tradition von Äsop. Durch seine literaturästhetischen Schriften gelang es ihm, die deutsche Bühnendichtung aus der sklavischen Nachahmung der französischen Vorbilder zu lösen und die Grundlagen des klassischen Dramas zu entwickeln. In den *Briefen, die neueste Literatur betreffend* (1759–65) wandte er sich vornehmlich gegen J. Ch. →Gottsched und die Starrheit des französischen Klassizismus. L.s dramatische Dichtungen zeichnen sich durch eine meisterhafte Herausarbeitung der Charaktere und ihre Dialogführung aus. Seine Werke wie *Miss Sara Sampson* (1755), das erste deutsche bürgerliche Trauerspiel, *Minna von Barnhelm* (1776), das Muster eines deutschen Lustspiels, *Emilia Galotti* (1772), ein Drama gegen Fürstenwillkür und für die Menschenwürde sowie das Ideendrama *Nathan der Weise* (1779), mit der berühmten „Ringparabel", die den Ausgleich der drei großen Weltreligionen symbolisiert, gehören bis heute zu den meistgespielten Stücken auf deutschen Bühnen. L. wurde damit zum Wegbereiter der deutschen Klassik.

Lévi-Strauss, Claude

frz. Ethnologe
* 28.11.1908 in Brüssel

L. führte in den 60er Jahren, angeregt von R. Jakobson, die strukturalistische Methode der Anthropologie ein und wandte sie u. a. auf die Erforschung von Verwandtschhaftssystemen an. Mit der strukturalen Untersuchung der Mythenforschung wollte er die Gesetzmäßigkeiten des menschlichen Denkens ergründen. Der Dozent

für Soziologie in São Paulo unternahm Expeditionen ins Innere Brasiliens, nach Vorderindien und in den südpazifischen Raum. Er analysierte die Mythen von Naturvölkern, in denen sich noch die Einheit von Geist und Materie manifestiere. L. war 1959–82 Professor am Collège de France in Paris und ist seit 1973 Mitglied der Académie française. Seine bekanntesten Werke sind *Traurige Tropen* (1955, dt. 1960), *Das wilde Denken* (1962, dt. 1968), *Mythologica* (4 Bde., 1964–71, dt. 1964–75).

Lewis, Carl

amerik. Leichtathlet
* 1.7.1961 in Birmingham (AL)

L., einer der erfolgreichsten Sportler der Leichtathletik, gewann bei den Olympischen Sommerspielen 1984 in Los Angeles Gold über 100 m, 200 m, 4 x 100 m sowie im Weitsprung. Es folgten 1988 in Seoul Gold im Weitsprung und über 100 m, 1992 in Barcelona im Weitsprung und über 4 x 100 m. Nach dem Gewinn seiner neunten Goldmedaille 1996 in Atlanta zog sich L. aus dem aktiven Sport zurück.

Lewis, Meriwether

amerik. Forschungsreisender
* 18.8.1774 in Albermale (VA)
† 11.10.1809 in Nashville (TN)

L., Armeeoffizier, hatte schon 1792 an einer erfolglosen Expedition nach Missouri teilgenommen. 1804–06 leitete er zusammen mit William Clark die große „Far West Expedition" vom Osten der USA zum Pazifik, bei der er bisher unbekanntes Land erforschen sollte. Es war die längste transkontinentale Reise, die je unternommen wurde. Ab 1806 Gouverneur von Louisiana starb L. bei einer Schießerei in Tennessee.

Liebig, Justus Freiherr von

dt. Chemiker
* 12.5.1803 in Darmstadt
† 18.4.1873 in München

Nach dem Studium der Naturwissenschaften in Erlangen, Bonn und Paris wurde L. von A. von →Humboldt und L. J. Gay-Lussac gefördert und war bereits mit 21 Jahren Professor für Chemie in Gießen. Während seiner fast 30-jährigen Tätigkeit entwickelte sich diese kleine Hochschule zum Zentrum der europäischen Chemiewissenschaft. L. führte experimentellen Unterricht für Studenten ein. Durch die Verbesserung der Methoden der chemischen Analyse gelangen ihm große Entdeckungen, so z. B. Chloroform, Chloral und Hippursäure. Er erfand technisch anwendbare Verfahren wie die Silberverspiegelung von Glas und die Galvanoplastik. Sehr vielseitige Forschung betrieb L. besonders auf dem Gebiet der organischen Chemie. Er untersuchte den tierischen und pflanzlichen Stoffwechsel und führte die künstliche Düngung ein, die enorme Produktionssteigerungen in der Landwirtschaft zur Folge hatte. Auch die Erfindung von Fleischextrakt, Backpulver, Kindernahrung und chemischen Medikamenten geht auf den großen Chemiker zurück. 1840 verfasste er sein Hauptwerk *Organische Chemie in ihrer Anwendung und Physiologie.* Ab 1852 war L. Präsident der Bayerischen Akademie der Wissenschaften.

Lilienthal, Otto

dt. Ingenieur und Flugpionier
* 23.5.1848 in Anklam, Pommern
† 10.8.1896 in Berlin

L. war der erste Mensch, der mit selbstgebauten Apparaten Gleitflüge von anfangs 25 m bis zu schließlich 300 m ausführte (1891–96). Den eigentlichen Flugversuchen waren vielfältige wissenschaftliche Untersuchungen und technische Experimente vorausgegangen. Zusammen mit seinem Bruder baute L. 18 verschiedene Flugapparate, von denen die Ein- und Zweidecker-Hängeflugzeuge die erfolgreichsten waren. Er entwickelte auch Kleinmotoren, den L.-Röhrenkessel und den Ankersteinbaukasten. Seine Pionierarbeit förderte das Flugwesen entscheidend und regte O. und W. →Wright zu ihren Unternehmungen auf diesem Gebiet an. L. stürzte während eines Gleitfluges tödlich ab. Seine wissenschaftlichen Ergebnisse fasste er in dem Buch *Der Vogelflug als Grundlage der Fliegekunst* (1891) zusammen.

Lincoln, Abraham

amerik. Präsident
* 12.2.1809 bei Hodgenville (KY)
† 15.4.1865 in Washington (DC)

L., der 16. Präsident der Vereinigten Staaten von Amerika stammte aus einfachsten Verhältnissen und hatte aus eigener Kraft den Aufstieg zum Rechtsanwalt geschafft. Zunächst konservativer Vertreter im Abgeordnetenhaus von Illinois und Washington, begann er seine politische Karriere 1856 in der neugegründeten Republikanischen Partei. L. vertrat in der Sklavenfrage anfangs einen gemäßigten Standpunkt. Die Sklavenhaltung sollte in den Staaten, wo sie bestand, toleriert, aber ihre Ausdehnung verhindert werden. Während seiner Präsidentschaftskandidatur jedoch wurde er zum erklärten Gegner der Negersklaverei. L.s Haltung sowie seine Wahl zum Präsidenten führten dazu, dass die Südstaaten aus dem Bündnis austraten und die „Konföderierten Staaten von Amerika“ gründeten. Im anschließenden Bürgerkrieg (1861–65) gelang es der „Union“ nach anfänglichen Niederlagen gegen den Süden, den Gegner zur Kapitulation zu zwingen. L. setzte die Sklavenbefreiung und die Wiederherstellung der nationalen Einheit in der Union durch. Doch konnte er seine Versöhnungspolitik nicht mehr verwirklichen. Kurz nach seiner Wiederwahl zum Präsidenten wurde L. bei einem Theaterbesuch von einem Fanatiker erschossen.

Lindbergh, Charles August

amerik. Pilot
* 4.2.1902 in Detroit
† 26.8.1974 in Kipahulu auf Maui (HI)

L. gelang am 20./21.5. 1927 der erste Nonstop-Alleinflug über den Atlantik. Er bewältigte die Strecke New York–Paris in 33,5 Stunden. Nach seinem Maschinenbaustudium war L. Chefpilot der Luftpostverbindung zwischen Chicago und St. Louis. 1927 nahm er die Herausforderung an, mit einer Atlantiküberquerung 25 000 Dollar zu gewinnen und überflog mit seinem Eindecker „Spirit of St. Louis“ den Nordatlantik. L.s Pionierleistung wurde in Amerika und Europa stürmisch gefeiert und machte ihn zum Nationalhelden. Sein Abenteuer beschrieb er in seinem Buch *Mein Flug über den Ozean* (1953, dt. 1954). 1932 wurde die Öffentlichkeit erneut auf L. aufmerksam, als sein 20 Monate alter Sohn entführt und ermordet wurde.

Linde, Carl von

dt. Ingenieur und Industrieller
* 11.6.1842 in Berndorf, Oberfranken
† 16.11.1934 in München

L. entwickelte die Ammoniak-Kompressionskältemaschine (1873–76) und konstruierte den Vorläufer des Eisschranks. Seine Eismaschinen wurden in der 1879 in Wiesbaden gegründeten Gesellschaft für Linde's Eismaschinen AG (heute Linde AG) hergestellt und an Schlachthäuser, Brauereien und auch wohlhabende Privathaushalte geliefert. 1895 gelang es ihm, Luft in kontinuierlichem Betrieb zu verflüssigen, und ab 1901 begann er mit der Produktion von flüssigem Sauerstoff und Stickstoff. L. war 1868–78 und 1892–1910 Professor für Maschinenlehre am Münchner Polytechnikum. 1916 erschienen seine Erinnerungen *Aus meinem Leben und von meiner Arbeit.* 1897 wurde L. geadelt.

Lindgren, Astrid Anna Emily

schwed. Schriftstellerin
* 14.11.1907 in Vimmerby

L. wurde mit den abenteuerlichen Geschichten um „das stärkste Mädchen der Welt" Pippi Langstrumpf (1945–48, dt. 1949–51) eine weltweit bekannte Kinderbuchautorin. Genauso beliebt und erfolgreich sind auch ihre Bücher *Meisterdetektiv Kalle Blomquist* (1946–53, dt. 1950–57), die *Bullerbü-Erzählungen* (1847–52, dt. 1960) mit autobiografischen Elementen und *Michel in der Suppenschüssel* (1963, dt. 1964). L. setzte sich in ihren Büchern in erster Linie für Solidarität mit Kindern ein. Zahlreiche ihrer Werke wurden erfolgreich für Kino und Fernsehen verfilmt. 1978 erhielt sie den Friedenspreis des Deutschen Buchhandels. Weitere bekannte Werke der engagierten Autorin sind: *Karlsson vom Dach* (1955, dt. 1956), *Ferien auf Saltkråkan* (1964, dt. 1975), *Die Brüder Löwenherz* (1973, 1974), *Ronja Räubertochter* (1981, dt. 1982).

Linné, Carl von

(lat. Carolus Linnaeus)
schwed. Arzt und Naturforscher
* 23.5.1707 in Råshult, Småland
† 10.1.1778 in Uppsala

L.s Bedeutung für die Biologie liegt neben seinen vorbildlichen Pflanzenbeschreibungen darin, dass er die Grundlagen der systematischen Taxonomie geschaffen und die binäre Nomenklatur eingeführt hat, die jeder Pflanzen- und Tierart eine lateinische Doppelbezeichnung aus einem Gattungs- und einem Artnamen gibt (z. B. *Viola tricolor,* Stiefmütterchen; *Lumbricus terrestris,* Regenwurm). Die Freude an der Beobachtung von Natur hatte L. von seinem Vater, einem Landpfarrer mitbekommen. Er studierte später Medizin und Biologie und ließ sich als Arzt in Stockholm nieder. 1739 wurde er erster Präsident der Schwedischen Akademie der Wissenschaften, die er mitgegründet hatte. Ab 1741 war L. Professor für Medizin und Botanik Uppsala, bis er 1747 zum königliche Leibarzt befördert wurde. Neben seinem Hauptwerk, der systematischen Erfassung der Lebewesen (*Systema naturea,* 1735), schuf L. eine Reihe privater und öffentlicher Naturkunde-Museen und -sammlungen. Der Botanische Garten in Uppsala mit kostbaren Pflanzen aus aller Welt wurde zu einem berühmten Besichtigungsziel. Außer der Doppelbezeichnung der Lebewesen, führte er erstmals die Zeichen ♀ (weiblich) und ♂ (männlich) ein. Die hinter vielen Pflanzen- und Tiernamen zu findende Abkürzung L. besagt, dass diese Art zum ersten Mal von dem großen Naturforscher beschrieben wurde. L.s weitere bedeutende Werke sind: *Genera plantarum* (1737), *Materia medica* (1749–63), *Philosophia botanica* (1751), *Species plantarum* (1753).

Li Peng

chin. Politiker
* 1928 in Chengdu, Provinz Sichuan

L., der konservative Technokrat, lehnt gesellschaftliche Reformen grundsätzlich ab. Er ist seit 1945 Mitglied der KPCh., seit 1981 Mitglied des ZK. Von 1987–98 war er Ministerpräsident und gilt als mitverantwortlich für den blutigen Einsatz der Volksarmee im Juni 1989 in Peking. Nach dem Massaker ließ er eine „Säuberung" der kommunistischen Partei Chinas von politisch Andersdenkenden durchführen. Seit 1998 ist er Parlamentspräsident, bleibt aber de facto zweiter Mann im Staat.

List, Friedrich

dt. Volkswirtschaftler
* 6.8.1789 in Reutlingen
† 30.11.1846 in Kufstein

L. war der Vorkämpfer für den wirtschaftlichen Zusammenschluss der deutschen Staaten in einem Zollverein. Er wollte die junge deutsche Industrie durch ein Schutzzollsystem vor ausländischer Konkurrenz schützen, bis sie aus eigener Kraft den freien Wettbewerb bestehen könne. L., der Amtsschreiber und Oberrevisor in Tübingen war, erlangte 1817 ohne Vorbildung den Rang eines Professors der Staatswirtschaft. 1822 wurde er wegen „staatsfeindlicher Aufreizung" vorübergehend verhaftet, wanderte dann in die USA aus. 1830 kehrte L. als amerikanischer Konsul nach Deutschland zurück, um seine Ideen verwirklichen zu können: die Stärkung des Deutschen Bundes durch eine innerstaatliche Zollfreiheit und Schaffung eines einheitlichen Eisenbahnnetzes. Die Gründung der Leipzig-Dresdner Eisenbahngesellschaft (1834) konnte verwirklicht werden. Seine weiteren Vorstellungen scheiterten am Widerstand der dt Kleinstaaten. L. lebte als Fachschriftsteller in Dresden, Paris und Augsburg (*Das nationale System der politischen Ökonomie,* 1841) und schied später freiwillig aus dem Leben.

Liszt, Franz von

österr.-ung. Komponist und Pianist
* 22.10.1811 in Raiding, Burgenland
† 31.7.1886 in Bayreuth

L., der ab 1838 als bedeutendster Pianist seiner Zeit galt, übte auch als Lehrer und Komponist großen Einfluss aus. Er war das Haupt der Neudeutschen Schule, entwickelte die sinfonische Dichtung und eine für diese Zeit sehr kühne Harmonik. L., Sohn eines Gutsverwalters, erhielt eine ausgezeichnete Ausbildung bei Czerny und Antonio Salieri und wurde bereits mit 12 Jahren international als Wunderkind gefeiert. 1835–39 reiste L. in Gesellschaft seiner Lebensgefährtin Gräfin d'Agoult mit der er unter anderem die Tochter Cosima, spätere Frau R. →Wagners, hatte. 1842 ließ er sich als Kapellmeister in Weimar nieder, wo er Wagner und B. →Smetana förderte. Ab 1861 lebte er ohne festen Wohnsitz in Rom, Weimar und Budapest. L., der u. a. mit Paganini, Chopin, Berlioz, G. Sand befreundet war, hinterließ nahezu 700 Werke (Klavierkonzerte, Orchesterwerke, Oratorien, Kirchenmusik, Lieder). Zu seinen bekanntesten Stücken zählen *Liebesträume, Ungarische Rhapsodien* und *Les Préludes.* L. wurde 1859 geadelt.

Livingstone, David

schott. Missionar, Arzt
und Afrikaforscher
* 19.3.1813 in Blantyre bei Glasgow
† 1.5.1873 in Chitambo, Sambia

L. ging im Auftrag der Londoner Mission nach Afrika und wurde zum bedeutendsten Forscher des damals noch weitgehend unbekannten Kontinents. Er bereiste Süd- und Zentralafrika, erforschte den Lauf des Sambesi, fand und benannte 1855 die Viktoria-Fälle und durchquerte als erster Forscher das südliche Afrika (Luanda-Quelimane). 1869–71 im Gebiet des Tanganjikasees verloren sich L.s Spuren, bis er von Henry Morton Stanley gefunden wurde. Auf einer gemeinsamen Expedition der beiden mit dem Ziel die Nilquellen zu erkunden starb Livingstone.

Livius, Titus

röm. Geschichtsschreiber
* um 59 v. Chr. in Patavium (Padua)
† um 17 n. Chr. in Patavium (Padua)

L. schrieb eine Geschichte Roms von der Gründung 753 v. Chr bis zum Tod des älteren Drusus 9 v. Chr. in 142 Büchern *(Ab urbe condita)*, von denen die ersten 10 (bis 293 v. Chr.) und 21 bis 45 (ab 41 lückenhaft, bis zur Unterwerfung Makedoniens 219–167 v. Chr.) erhalten sind. Das vollständig vorliegende Inhaltsverzeichnis erlaubt jedoch eine Beurteilung des Gesamtwerkes. L. entnahm seinen Stoff literarischen Vorlagen und den Annalisten der Gracchen- und Sullazeit, bietet daher weniger eine kritische Auseinandersetzung mit den Quellen als vielmehr ein anschauliches episches Erzählwerk, in dem die römische Vergangenheit eine Verherrlichung erfährt. L.s Werk wurde im Altertum und vom europäischen Humanismus hochgeschätzt. Erst die im 18. Jh. einsetzende Kritik wies die Unzuverlässigkeit in der Faktengeschichte nach.

Lloyd Webber, Sir Andrew

engl. Komponist
* 22.3.1948 in London

L. ist seit den 70er Jahren der weltweit erfolgreichste Musicalkomponist. Nach dem Studium in Oxford entstand 1965 sein erstes Bühnenstück *The Likes of Us*. Bekannt wurde er durch die Rockoper *Jesus Christ Superstar* (1971), der Welterfolge wie *Evita* (1978), *Cats* (1981), *Starlight-Express* (1984), *Das Phantom der Oper* (1986) und *Les Misérables* folgten. L.s Werke enthalten alle Elemente von der Klassik bis zum Rock und Pop. Durch die Popularität seiner Musikwerke erlebte das Musical in den 80er und 90er Jahren auch in Europa ein Comeback. Einige Stücke von L. wurden, ebenfalls sehr erfolgreich, verfilmt. Der Komponist wurde 1992 geadelt.

Locke, John

engl. Philosoph, Politiker
und Pädagoge
* 29.8.1632 in Wrington bei Bristol
† 28.10.1704 in Oates, Essex

L. wurde mit seinem Hauptwerk *An Essay concerning Human Understanding* (1690) zum Begründer des englischen Empirismus. Nach dem Besuch der Londoner Westminster School studierte er in Oxford klassische Literatur und Philosophie, später Medizin. Wegen politisch-konfessioneller Verstrickungen verließ er England, ging nach Frankreich (1675–79), später nach Holland (1683–89) und kehrte erst nach der Entthronung von Jakob II. wieder zurück. L. schuf mit seinen Schriften die grundlegenden Voraussetzungen und Denkmodelle des Empirismus und wurde zum Wegbereiter der Aufklärung. Seine Philosophie besagt, dass alle menschliche Erkenntnis aus der äußeren oder inneren Erfahrung stammt. Im Gegensatz zum Rationalismus gibt es angeborene Vorstellungen („Ideen") nicht. In seiner Ethik und Pädagogik vertrat er: Alle Menschen bedürfen als einzigartige Wesen der freien und gleichberechtigten Entfaltung unter dem Aspekt von Vernunft und Toleranz. Im Hinblick auf die Religion forderte er die klare Unterordnung des Glaubens unter die Vernunft. Die Ideen L.s haben besonders das englische, darüber hinaus aber das gesamte europäische Denken beeinflusst. Seine Staatsauffassung fand auch Eingang in die amerikanische Unabhängigkeitserklärung sowie in die französische Verfassung (1791).

London, Jack

(eigtl.: John Griffith)
amerik. Schriftsteller
* 12.1.1876 in San Francisco (CA)
† 22.11.1916 in Glenn Ellen (CA)

L. ist der meistübersetzte amerikanische Autor, dessen Erfolg bis heute anhält und dessen Werk von seiner Faszination nichts eingebüßt hat. In Armut aufgewachsen, musste er schon als 14-jähriger für seinen Unterhalt sorgen. Er führte u. a. das Leben eines Abenteurers, Landstreichers, Seefahrers, Goldschürfers und reiste in der Welt umher. Der Autodidakt L. wurde literarisch von R. →Kipling, weltanschaulich von Ch. →Darwin, F. →Nietzsche und vor allem K. →Marx beeinflusst und schrieb Tendenzromane, in denen er das Thema des grausamen Existenzkampfes des einzelgängerischen Romanhelden in spannenden Tiergeschichten und Abenteuererzählungen, denen eigene Erlebnisse zugrunde liegen, behandelte. L., dessen Leben vom ähnlichen Existenzkampf wie das seiner Romanhelden gezeichnet war, nahm sich mit 40 Jahren das Leben. Zu seinen bekanntesten Werken zählen: *Ruf der Wildnis* (1903, dt. 1923), *Der Seewolf* (1904, dt. 1926), *Wolfsblut* (1906, dt. 1912), *Lockruf des Goldes* (1910, dt. 1949). Viele seiner Geschichten dienten als Vorlage für erfolgreiche Verfilmungen.

Lorenz, Konrad Zacharias

österr. Verhaltensforscher
* 7.11.1903 in Wien
† 27.2.1989 in Altenberg an der Donau

L. gilt als einer der Begründer der vergleichenden Verhaltensforschung der Tiere. Bekannt wurde er durch seine Untersuchungen über das Liebes- und Familienleben der Graugänse. Er beobachtete und analysierte tierische Verhaltensweisen und erforschte so das instinktive Verhalten, den auf Umweltreize ansprechenden „Auslösermechanismus". Darauf begründet deutete L. viele menschliche Verhaltensformen weitgehend als stammesgeschichtlich ererbte Instinkthandlungen. Das eigentliche Ziel seiner Forschungsarbeit war es, über das Tier zum tieferen Verständnis des Menschen zu gelangen. 1973 erhielt er zusammen mit Karl von Frisch und Nikolaas Tinbergen den Nobelpreis für Medizin. L. war Leiter der Forschungsstelle für Verhaltensphysiologie des Max-Planck-Instituts für Meeresbiologie, Schloss Buldern (1951–54), Direktor des MPI für Verhaltensphysiologie in Starnberg (1961–73) und ab 1973 Leiter der Abteilung für Tiersoziologie am Institut für vergleichende Verhaltensforschung in Wien. Die Ergebnisse seiner Forschung fasste L. in seinem umfangreichen Werk zusammen: u. a. *Das sogenannte Böse* (1963), *Über tierisches und menschliches Verhalten* (1964/65), *Die acht Todsünden der zivilisierten Menschheit* (1973), *Die Rückseite des Spiegels* (1973), *Das Wirkungsgefüge der Natur und das Schicksal des Menschen* (1978), *Vergleichende Verhaltensforschung* (1978), *Das Jahr der Graugans* (1979).

Louis, Joe

(eigtl.: Joseph Louis Barrow)
amerik. Boxer
* 13.5.1914 in Lexington (AL)
† 12.4.1981 in Las Vegas

L., Boxweltmeister im Schwergewicht (1937–1949), verteidigte seinen Titel 25mal. Der „Braune Bomber", wie L. wegen seiner Schlagkraft bezeichnet wurde, unterlag 1936 in einem Nicht-Titelkampf gegen den deutschen Außenseiter M. →Schmeling. Aber bereits 1938 glückte ihm die Revanche gegen Schmeling in einem Weltmeisterschaftskampf. Er blieb 13 Jahre ungeschlagen. 1949 trat L. zurück, versuchte aber wegen finanzieller Schwierigkeiten ein Comeback, scheiterte jedoch 1950 gegen Ezzard Charles. Seine verschwenderische Lebensweise führte dazu, dass der große Boxer in den letzten Jahren vor seinem Tod den Lebensunterhalt als Hotelportier verdienen musste. L. hatte in seiner Karriere rund 4,6 Mio Dollar an Preisgeldern eingenommen.

Loyola, Ignatius von (hl.)

(eigtl.: Iñigo Lopéz de L.)
span. Ordensgründer
* 1491 auf Schloss Loyola, Nordspanien
† 31.7.1556 in Rom

L., der spätere Gründer des Jesuitenordens (Societas Jesu), entschloss sich nach schwerer Verwundung bei der Verteidigung Pamplonas gegen die Franzosen (1521) und nach religiösem Bekehrungserlebnis zu gottgeweihtem Leben. Als Büßer und Bettler verfasste er eine Anleitung für Exerzitien und studierte nach einer Reise ins Heilige Land (1523/24) Theologie. 1534 gründete L. mit einigen Freunden den Jesuitenorden, 1536 wurde er zum Priester geweiht und erhielt 1540 von Papst Paul III. die Anerkennung seines Ordens. Über L.s Fähigkeit, Menschen zu führen, seine geistige Tiefe, Organisationsgabe und seelsorgerische Tätigkeit berichten etwa 7000 erhaltene Briefe. Als erster General des Ordens verschaffte er diesem noch zu Lebzeiten großes Ansehen. L.s Wirken beeinflusste die kirchliche Erneuerung im 16. Jh. und gab entscheidende Impulse für die katholische Weltmission und Gegenreformation. Er wurde heilig gesprochen (31.7.).

Ludwig, Peter

dt. Industrieller und Mäzen
* 9.7.1925 in Koblenz
† 22.7.1996

L., Besitzer der Ludwig Schokoladenwerke AG in Aachen, baute eine der wertvollsten Kunstsammlungen der Welt auf. Er entstammte einer vermögenden Industriellenfamilie und studierte Jura und Kunstgeschichte in Bonn und Mainz. Mit dem Aufbau seiner einmaligen Kunstsammlung begann L. in den 60er Jahren. Auch als Stifter und Mäzen erwarb er internationalen Ruf. Für L. bedeutete Kunst nicht bloße Geldanlage. Er wollte seine Sammlung der Öffentlichkeit zugänglich machen. Stiftungen verband er meist mit Auflagen. So schenkte er der Stadt Köln 340 Exponate. Die Stadt musste sich dafür aber zum Bau des Wallraff-Richartz-Museums und Museums Ludwig verpflichten. L. sammelt vor allem Pop-art, Neue Wilde und Kunsthandwerk aus allen Epochen sowie aus der Südsee und dem präkolumbischen Amerika. Teile der Sammlung Ludwig befinden sich in Aachen (z. B. Couven Museum: Kachelsammlung; Neue Galerie: zeitgenössische Kunst; Ludwig-Forum: Moderne inetrnationale Kunst), Berlin (Nationalgalerie: Europäische und amerikanische Moderne) und Köln (u. a. Rautenstrauch-Joist-Museum: Altperuanische Goldobjekte, Keramiken, Textilien sowie präkolumbianische Kunst).

Ludwig I.

bayer. König
* 25.8.1786 in Straßburg
† 29.2.1868 in Nizza

L., Sohn König Maximilians I. folgte seinem Vater 1825 auf den Thron. Er war zunächst ein verfassungstreuer, reformfreudiger und sparsamer Monarch, der nach der Julirevolution 1830 und besonders nach dem Hambacher Fest 1832 immer mehr auf ein neoabsolutistisches Regierungssystem einschwenkte. Er verlor zusehends an allgemeiner Sympathie. L.s Politik, die im Gegensatz zu den liberalen Forderungen der Zeit stand und seine Halsstarrigkeit führten nach der Pariser Februarrevolution von 1848 zu seinem Sturz. Der Skandal um seine Beziehung zu der berühmten Tänzerin Lola Montez gab der Opposition den äußeren Anlass, die Abdankung des Königs zugunsten seines Sohnes Maximilian II. Joseph zu erzwingen. Während seiner Regentschaft gestaltete L., der konservative Romantiker, die Haupt- und Residenzstadt München durch reiche Bautätigkeit (L. von →Klenze) und die Verlegung der Universität aus Landshut nach München zum süddeutschen Kunst- und Kulturzentrum aus.

Ludwig II.

bayer. König
* 25.8.1845 auf Schloss Nymphenburg, München
† 13.6.1886 bei Schloss Berg, Starnberger See

L. ist vor allem wegen seiner romantisch-schwärmerischen Kunstleidenschaft als der „Märchenkönig" in die Geschichte eingegangen. Der Enkel →Ludwigs I. kam in der schwierigen Zeit der deutschen Einigung mit 18 Jahren auf den Thron (1864). Nur widerwillig beteiligte er sein Land 1866 auf österreichischer Seite am Deutschen Krieg gegen Preußen. Im Deutsch-Französischen Krieg 1870/71 erfüllte L. seine Bündnispflicht gegenüber Preußen nur zögernd und gegen Gewährung von Zugeständnissen und trug dem preußischen König Wilhelm I. in einem von O. von →Bismarck entworfenen Schreiben die Kaiserwürde an. Das Hauptinteresse L.s galt der Kunst, vor allem der Musik R. →Wagners, den er glühend verehrte. Seit 1875 trat er öffentlich nicht mehr in Erscheinung und widmete sich der Errichtung seiner Schlossbauten (Herrenchiemsee, Neuschwanstein, Linderhof), die er abwechselnd als Domizil benutzte. L.s maßlose Schuldenwirtschaft und seine immer offenbarer werdende Geisteskrankheit bewirkten seine Entmündigung. Sein Onkel Prinz Luitpold übernahm am 10.6.1886 die Regentschaft. Drei Tage später ertrank der König zusammen mit dem Psychiater A. von Gudden unter bis heute nicht geklärten Umständen im Starnberger See.

Ludwig IV., der Bayer

dt.-röm. Kaiser
* um 1283 (?) in München (?)
† 11.10.1347 bei Fürstenfeldbruck vor München

Der Wittelsbacher L., Herzog von Bayern, wurde 1314 in einer umstrittenen Wahl gegen seinen Vetter, den Habsburger Friedrich den Schönen, zum deutschen König erhoben. Erst 1322 bei Mühldorf konnte L. seinen Rivalen entscheidend schlagen und gefangen nehmen. Er versöhnte sich jedoch mit ihm und ließ ihn 1325 wieder frei, um sich gegen den in Avignon residierenden Papst Johannes XXII., der die Approbation der deutschen Königswahl beanspruchte, stellen zu können. Der Papst eröffnete gegen den König den Prozess und verhängte 1324 über ihn den Bann und die Absetzung. L. setzte sich mit der Appellation an ein allgemeines Konzil zur Wehr und unternahm, unterstützt von den Ghibellinen, 1327–30 einen Italienzug. Er ließ sich 1328 von einem römischen Stadtadeligen als Vertreter Roms zum Kaiser krönen, verkündete kurz darauf die Absetzung des Papstes und erhob Nikolaus zum Gegenpapst. Im Streit um die Königswahl wurde im „Rhenser Kurverein" 1338 die Rechtmäßigkeit der Königswahl ohne päpstliche Zustimmung beschlossen. L.s erfolgreiche Hausmachtpolitik, die ihm die Mark Brandenburg (1323), die Grafschaft Tirol (1341/42) und die Grafschaft Holland-Seeland-Friesland-Hennegau eingebracht hatte, riefen die mächtigen Luxemburger auf den Plan, denen die Grafschaft Tirol durch einen Heiratscoup L.s entgangen war. Sie stellten 1346 Karl IV. als Gegenkönig auf. Nur der plötzliche Tod des Kaisers verhinderte einen Bürgerkrieg.

Ludwig XIV.

frz. König
* 5.9.1638 in St. Germain-en-Laye
† 1.9.1715 in Versailles

L., seit 1643 König, übernahm 1661 nach J. →Mazarins Tod die Regierung. Er entwickelte in einer für ganz Europa vorbildhaften Weise den Absolutismus durch Zentralisation des Staates allein auf seine Person hin („Der Staat bin ich"). L. fand einen durch die Politik von →Richelieu und Mazarin nach innen und außen gefestigten Staat vor. Er umgab sich auf allen Gebieten der Verwaltung und Wirtschaft, des Finanz-, Militär- und Bauwesens, der Wissenschaften und der Kunst mit den hervorragendsten Männern seiner Zeit als Minister bzw. als Ratgeber (besonders J. B. Colbert, F. M. Louvois, S. de Vauban). 1682 verlegte L. seine Residenz von Paris nach Versailles, wo mit Tausenden von Höflingen ein noch nie da gewesener prunkvoller Stil mit einem spanischen Hofzeremoniell entstand. Um der inneren Einheitlichkeit seines Staates willen hob er 1685 das Edikt von Nantes auf und verwies dadurch 50 000 hugenottischen Familien des Landes und bestand gegenüber dem Heiligen Stuhl auf den gallikanischen Freiheiten der katholischen Kirche in Frankreich. Außenpolitisch strebte L. den Ausbau der französischen Vormachtstellung in Europa und die Zurückdrängung der habsburgischen Mächte an und hatte zunächst Erfolge im Devolutionskrieg (1667/68), im Holländischen Krieg (1672–1678/79) und in den Reunionen. Aber durch die überlegene Gegnerschaft Wilhelms III. von Oranien blieb diese Okkupationspolitik weitgehend bedeutungslos, und L. musste den Pfälzischen Erbfolgekrieg (1688–97) ohne territorialen Gewinn beenden. Die Überspannung der Machtpolitik und die ständigen Kriege belasteten den schon durch das aufwendige Hofleben zerrütteten Staatshaushalt und erschöpften die Finanzen. Das einfache Volk litt unter großer Verarmung, und Hungerrevolten waren die Folge. L. setzte zwar im Spanischen Erbfolgekrieg (1701–14) die Anerkennung der bourbonischen Ansprüche auf den spanischen Thron durch, konnte aber gegenüber der Koalition zwischen England und dem habsburgischen Erbreich die Vorherrschaft in Europa nicht behaupten.

Ludwig XVI.

frz. König
* 23.8.1754 in Versailles
† 21.1.1793 in Paris

L., der mit →Marie Antoinette, der Tochter der österreichischen Kaiserin Maria Theresia, verheiratet war, besaß zunächst ungewöhnliche Popularität. In seinem politischen Handeln unentschlossen und schwach konnte er jedoch die in ihn gesetzten Hoffnungen nicht erfüllen. Die sich rasch ablösenden Reformversuche seiner Finanzminister blieben wirkungslos. Die verschuldete Staatskasse wurde durch den Eintritt in den Krieg gegen England (1778) zur Unterstützung der amerikanischen Kolonien zusätzlich belastet. Die aus dem amerikanischen Unabhängigkeitskrieg nach Frankreich gelangenden Freiheitsideen fielen bei den elitären Kreisen des Bürgertums und beim verarmten Stadt- und Landadel auf fruchtbaren Boden. Nach der Einberufung der Generalstände (1789), weil der Staat bankrott war, musste der König dem 3. Stand immer mehr Zugeständnisse machen, bis sich eine Nationalversammlung herausbildete, die mit der Ausarbeitung der Verfassung – zunächst noch für eine Monarchie, dann für eine Republik – betraut war. Im Laufe dieser Französischen Revolution verlor L. durch seine schwankende Haltung (Konspiration mit dem Ausland, Fluchtversuch) das Vertrauen des Volkes. Der Konvent der 1. Französischen Republik verurteilte den König nach einem missglückten Fluchtversuch 1792 zum Tod. Mit L. ging das „Ancien régime“ zu Ende.

Luhmann, Niklas

dt. Soziologe
* 8.12.1927 in Lüneburg

L., Professor in Bielefeld, arbeitet vor allem an einer Gesellschaftstheorie auf systemtheoretischer Grundlage. Die Wissenssoziologie erforscht die Beziehung zwischen Wissen und sozialer Wirklichkeit. Der Mensch, soziale Systeme, in die er eingebunden ist, und die Umwelt, die wiederum ebenfalls Systemcharakter hat, bilden ein komplexes Funktionsgefüge, das sich über die Kommunikation aufbaut und reguliert. Seine Arbeiten haben einen wesentlichen Einfluss auf die Entwicklung der soziologischen Theorie in Deutschland. L.s bedeutende Werke sind: *Soziologische Aufklärung* (1970), *Theorie der Gesellschaft oder Sozialtechnologie* (1971), *Soziale Systeme* (1984) und *Die Gesellschaft der Gesellschaft* (2 Bde, 1997).

Lukas (hl.)

Arzt und Reisegefährte
des Apostels Paulus

L., ein gebildeter Heidenchrist (bekehrter Heide) griechischer Herkunft, wird mehrfach in den Briefen Paulus' erwähnt. Er ist vermutlich der Verfasser des Lukas-Evangeliums (um 90 n. Chr.); ob dies auch für die Apostelgeschichte

(Buch des Neuen Testaments) gilt, ist zweifelhaft. L. war literarisch bewandert und schrieb auf Grund ausgedehnten Quellenstudiums. Die Legende will auch von dem Maler L. wissen, der zahlreiche Marienbilder geschaffen habe. Die mittelalterlichen Lukasgilden verehrten ihn jedenfalls als ihren Schutzpatron.

Luther, Martin

dt. Reformator
* 10.11.1483 in Eisleben
† 18.2.1546 in Eisleben

L., der Bergmannssohn, trat nach dem Studium der „Freien Künste" (1501–05) aus Gewissensgründen ins Erfurter Kloster der Augustiner-Eremiten, einem strengen Bettelorden, bei. 1507 erhielt er die Priesterweihe. Nach dem Studium der Theologie wurde er Professor an der Wittenberger Universität, wo er Vorlesungen über →Aristoteles und über biblische Bücher (Psalmen, Paulusbriefe) hielt. Dabei kam L. zu einem neuen Verständnis der „Gerechtigkeit Gottes": Allein durch die Barmherzigkeit Gottes und den Glauben an die Heilsbotschaft wird der Sünder begnadigt; weder die Vermittlung der Kirche noch die Verrichtung guter Werke entscheidet über seinen Wert vor Gott. Schon hierin zeichnete sich der Konflikt mit der offiziellen Lehrmeinung ab. Infolge der Propaganda des Ablasspredigers J. Tetzel veröffentlichte L. am 31.10.1517 seine 95 Thesen gegen die Bußpraxis der Kirche. Diese Glaubenssätze, die eigentlich als eine Herausforderung zu einem wissenschaftlichen Disput gedacht waren, lösten die Reformation und die Spaltung der Christenheit aus. Bei den Disputationen in Heidelberg und Augsburg (1518) weigerte sich L., seine Thesen zu widerrufen. Während des Streitgesprächs mit Johann Eck in Leipzig (1519) bezweifelte er die Unfehlbarkeit der Päpste und der Konzilien, wodurch es zum Bruch mit Rom kam. 1520 verbrannte L. öffentlich die Bannandrohungsbulle des Papstes und die Schriften des kanonischen Rechts. Auf dem Wormser Reichstag 1521 lehnte er den Widerruf seiner Schriften ab (besonders: *An den christlichen Adel deutscher Nation, Babylonische Gefangenschaft der Kirche, Von der Freiheit eines Christenmenschen,* 1520). Die Verhängung der Reichsacht in Worms blieb ohne Erfolg, da sein Landesfürst Friedrich III., der Weise L. auf der Wartburg Asyl verschaffte. Hier übersetzte er das Neue Testament in eine volksnahe ostmitteldeutsche Hochsprache. Das Werk erschien 1522 und verbreitete sich sehr schnell. L. kehrte nach Wittenberg zurück, um die Unruhen (Bildersturm u. a.), die inzwischen hier ausgebrochen waren, zurückzudrängen und die Ordnung wieder herzustellen. So war seine Reformation von Anfang an nicht sozialrevolutionär ausgerichtet gewesen. L. bekämpfte die radikale Bewegung der Täufer ebenso wie den Bauernkrieg (1525), für dessen brutale Niederschlagung durch die Obrigkeit er eintrat. 1525 heiratete L. die ehemalige Nonne Katharina von Bora im bewussten Gegensatz zu Zölibat und Mönchsgelübden. Durch sein Beharren auf der Realpräzenz Christi im Abendmahl verlor er die Sympathien der Anhänger U. →Zwinglis. L. errichtete 1525–30 die Organisation der sächsischen Landeskirche (Schriften: *Deutsche Messe,* 1526, *Katechismus,* 1529). Hessen folgte Sachsens Beispiel. Die geistliche Ausstattung der Landeskirche wurde mit der Schaffung eines evangelischen Gesangsbuchs und der Übersetzung der gesamten Bibel vervollständigt. Den Schmalkaldischen Bund (Bund protestantischer Fürsten und Städte zur Verteidigung des protestantischen Glaubens gegen →Karl V.) lehnte L. wie alles Bestreben auf politische Macht ab. In den *Schmalkaldischen Artikeln* formulierte er noch einmal seine Glaubensanschauungen in scharfem Gegensatz zur katholischen Kirche. Den kaiserlich-päpstlichen Feldzug gegen die protestantischen Fürsten (Schmalkaldischer Krieg) erlebte L. nicht mehr.

Luxemburg, Rosa

dt.-poln. Politikerin
* 5.3.1870 in Zamošč, Lublin
† 15.1.1919 in Berlin

L., die aus einer wohlhabenden jüdischen Kaufmannsfamilie stammte, fand bereits als Schülerin zum Sozialismus. Sie beteiligte sich an der Warschauer Arbeiterbewegung und musste vor drohender Verhaftung emigrieren. L. studierte in Zürich Volkswirtschaft und kam mit dem Marxismus in Berührung. Sie war die Mitbegründerin der „Sozialdemokratischen Partei des Königreichs Polen und Litauen“ (1893). 1898 übersiedelte sie nach Berlin und trat der SPD bei. Später entfremdete sie sich von der Sozialdemokratie zugunsten radikaler Ziele. Beim Ausbruch des I. Weltkrieges gründete L. mit Clara Zetkin und Karl Liebknecht die antimilitaristische „Gruppe International“, aus der 1917 der „Spartakusbund“ und 1918 die deutsche KP hervorgingen. Während des Krieges war die erklärte Kriegsgegnerin mehrfach im Gefängnis, von wo aus sie ihre Propaganda weiterführte *(Briefe aus dem Gefängnis).* Nach ihrer Entlassung während der Novemberrevolution 1918 stürzte sich L. erneut in den Kampf. Beim Januaraufstand 1919 wurde sie verhaftet und zusammen mit K. Liebknecht von Freikorpssoldaten ermordet.

Lysipp(os)

griech. Bildhauer
4 Jh. v. Chr.

L., der aus Sikyon stammte, war der herausragendste Erzgießer zur Zeit →Alexanders des Großen. Er hat den spätklassischen Stil der griechischen Antike wesentlich geprägt und war der Wegbereiter der hellenistischen Kunst. L. löste sich von den bis dahin geltenden Proportionsgesetzen des Polyklet und schuf Gestalten mit gestreckten Proportionen, auffallend kleinen Köpfen sowie ausdrucksvoller Körperbewegung, wobei er optische Wirkungen und den Raum um seine Statuen in die Gestaltung einbezog. L.s Bronzefiguren – es waren Statuen von Göttern, Heroen, Musen, Herrschern, Philosophen, Dichtern und Athleten – sind nicht original, aber zum Teil in römischen Kopien erhalten. L. werden zugeschrieben: u. a. *Alexander auf der Löwenjagd, Kopf des Sokrates, Farnesischer Herkules* und *Apoxyomenos.*

Machiavelli, Niccolò

ital. Politiker, Staatstheoretiker und Dichter
* 3.5.1469 in Florenz
† 22.6.1527 in Florenz

M., Sohn eines Beamten, setzte die Familientradition fort und trat in den Staatsdienst. Er war Sekretär, später Kanzler des „Rates der Zehn“ der Republik Florenz. M. richtete eine auf allgemeine Wehrpflicht beruhende Bürgerwehr ein. Er unternahm Gesandtschaftsreisen an die wichtigsten europäischen Fürstenhöfe und gewann tiefen Einblick in das Wesen und die Spielregeln der Macht. 1512 musste M. den Sturz der Republik und die Wiederherstellung der Herrschaft der Medici erleben. Amtsenthoben wurde er eingekerkert, jedoch als „unbedeutend“ wieder freigelassen. Er zog sich auf sein bescheidenes Landgut zurück und widmete sich literarischen Arbeiten. In seinem Hauptwerk *Der Fürst* (1513, Erstdruck 1532, dt. 1714) entwickelte M. unter dem Eindruck C. →Borgias und unter Orientierung an einer gegenüber Religion und Moral autonomen Staatsräson die Methoden monarchischer Herrschaft. Für die von ihm bevorzugte Staatsform, die Republik, sah er im durch Machtkampf zerrissenen Italien seiner Zeit keine Möglichkeit. Hinter M.s Theorie stand die Hoffnung, dass unter den italienischen Fürsten ein gewaltsamer Einiger Italiens erstehen möge. Er hielt jedes Mittel, auch Gewalt und Verbrechen, für gerechtfertigt, um dieses Ziel zu verwirklichen. In den *Unterhaltungen über die erste Dekade der römischen Geschichte des Livius* (1513, Erstdruck 1532, dt. 1776) arbeitete M. die Prinzipien der republikanischen Verfassung heraus. Er schrieb eine *Geschichte von Florenz* sowie *Sieben Bücher über die Kriegskunst* (1520). Er verfasste auch literarische Werke wie die Komödie *Mandragola* (um 1518, dt. 1805) sowie Gedichte und Briefe. Der „Machiavellismus" rief besonders zur Zeit der Aufklärung heftigen Widerspruch hervor, diente aber stets allen Despoten als Rechtfertigung. Für die Wissenschaft bedeuteten M.s Ideen den Beginn einer wertungsfreien Erforschung von Geschichte und Staatswesen.

Macleod, John

brit. Physiologe
* 6.9.1876 in Cluny, Perthshire
† 16.3.1935 in Aberdeen

M. entdeckte 1921 zusammen mit F. G. →Banting und C. H. Best das Insulin. Dieses Hormon fördert die Verbrennung von Kohlenhydraten im Körper und reguliert damit deren Stoffwechsel. M. erkannte die blutzuckersenkende Wirkung von Insulin sowie dessen Bedeutung bei der Behandlung der Zuckerkrankheit. 1923 erhielt er zusammen mit Banting den Nobelpreis für Medizin. M. lehrte ab 1928 als Professor für Physiologie an der Universität von Aberdeen (Schottland).

Magalhães, Fernão de

(Magellan)
portug. Seefahrer
* um 1480 in Sabrosa
† 27.4.1521 auf Mactan, Philippinen

M. war neben Kolumbus der bedeutendste Entdecker bei der Erforschung neuer Schifffahrtswege. Der Sohn eines portugiesischen Adeligen hatte als Seefahrer an einer Indienexpedition teilgenommen und mehrere Jahre in den Kolonien gedient, als er in Ungnade fiel. Ab 1517 stand er in spanischen Diensten und trat im Auftrag Karl V. 1519 mit fünf Schiffen den Westweg zu den Gewürzinseln, den Molukken, an. 1520 fuhr M. von Rio de Janeiro aus an der Küste entlang, erreichte die La-Plata-Mündung und fand die heute nach ihm benannte M.-Straße zwischen dem Festland und Feuerland. Am 28.11.1520 gelangte er in den Pazifischen Ozean, den er als erster überquerte. Im März 1521 erreichte er die Philippinen und Marianen, wo er im Kampf mit den Eingeborenen fiel. Sein Nachfolger J. van Sebastián Elcano führte die erste Weltumsegelung zu Ende, die den praktischen Beweis erbrachte, dass die Erde rund ist.

Magritte, René François Ghislain

belg. Maler
* 21.11.1898 in Lessines
† 15.8.1967 in Brüssel

M., einer der bedeutendsten Vertreter des Surrealismus, hat die Kunst bis in die jüngere Vergangenheit hinein beeinflusst (z. B. Pop-art). Nach dem Studium an der Brüsseler Akademie der schönen Künste kam er in einen Kreis surrealistischer Literaten und Musiker. Durch seine Bilder, die in dieser Zeit entstanden, wurde er auch international bekannt. M.s Bilder sind im Gegensatz zu den Bildern der übrigen Surrealisten nicht vom Unterbewusstsein geprägt, sondern zeigen eine vom Künstler reflektierte Wirklichkeit, in der er ungewöhnliche Gegenstände kombiniert oder die Größenverhältnisse verändert. Die naturgetreu dargestellten Figuren erhalten dadurch etwas traumhaft Unwirkliches und fordern den Betrachter auf witzige oder provozierende Weise zum Mitdenken auf oder weisen auf überraschende Sachverhalte hin. Die Irritation wird dadurch verstärkt, dass die den Bildern eingefügten Bezeichnungen oder die Titel den Bildinhalt verneinen (z. B. *La clef des songes,* 1927).

Mahler, Gustav

österr. Komponist und Dirigent
* 7.7.1860 in Kalischt, Mähren
† 18.5.1911 in Wien

M., einer der bedeutendsten Dirigenten seiner Zeit, war zu Lebzeiten als Komponist umstritten. Der Schüler von A. →Bruckner war Kapellmeister in Kassel, Prag, Leipzig, Budapest und Hamburg. 1897 übernahm er die Leitung der Wiener Staatsoper. 1907 war er Gastdirigent an der New Yorker Metropolitan Opera, ab 1909 zusätzlich Leiter der Philharmonic Society. M.s Ruhm als Dirigent gründet sich auf wegweisende Interpretionen der Werke von →Mozart, →Weber, →Wagner und Christoph Willibald Gluck sowie auf seinen Einsatz für zeitgenössische Musik. Er legte großen Wert auf die Verbesserung der Technik und trat kompromisslos für eine Reform der Opernbühne ein. Er betrachtete die Idee der Oper als Gesamtkunstwerk und nahm auch „Korrekturen" der Werke vor. Sein anspruchsvoller, herrischer Stil führte dazu, dass M. sich 1907 von der Wiener Oper trennte und als Gastdirigent nach New York ging. Als Komponist konzentrierte er sich auf die Gattungen Sinfonie und Lied. M. gilt als der letzte große Sinfoniker des 19. Jh.s, der gleichzeitig das Tor zur Moderne öffnete. Seine Werke hatten vor allem auf die Zweite Wiener Schule A. →Schönbergs starken kompositionstechnischen Einfluss, bevor sie im Dritten Reich als „jüdisch" verboten wurden. In den 60er Jahren wurde M. als Sinfoniker und Liedkomponist der Spätromantik wiederentdeckt. Sein Werk umfasst 10 Sinfonien, Lieder mit Orchester *(Lieder eines fahrenden Gesellen, Des Knaben Wunderhorn; Kindertotenlieder, Sieben Lieder aus letzter Zeit)* und ein Chorwerk *(Das klagende Lied).*

Malthus, Thomas Robert

engl. Nationalökonom
* 17.2.1766 in Rookery, Surrey
† 29.12.1834 in Bath

M., der Theologie studierte, beschäftigte sich während seiner Tätigkeit als Geistlicher auch mit bevölkerungstheoretischen Fragen. In seinem Hauptwerk *An Essay on the Principle of Population* (1798) entwickelte er eine Bevölkerungslehre, die auf ein drohendes Missverhältnis zwischen Bevölkerungsvermehrung und Nahrungsspielraum hinweist. Nach M. hat die wirtschaftliche Not nur eine Ursache: Die Bevölkerung vermehre sich in geometrischer, die Nahrungsmittelerzeugung aber nur in arithmetischer Progression. Daher bedürfe es der selbstverantwortlichen Zurückhaltung hinsichtlich der menschlichen Fortpflanzung. Der „Malthusiasmus" rief einen Sturm der Entrüstung hervor, führte aber auch zu positiven Auseindersetzungen und damit zu einem Umdenken in Richtung eines sozialen Handelns im 19. Jahrhundert.

Mandela, Nelson Rohlilahla

südafr. Politiker
* 18.7.1918 in Umtata, Transkei

M., seit den 50er Jahren die führende Persönlichkeit des African National Congress (ANC), engagierte sich früh im zunächst gewaltlosen Widerstand gegen die Apartheidspolitik der weißen Minderheitsregierung in der Republik Südafrika. Nach dem Massaker von Sharpeville und der Verhängung des Banns gegen den ANC ging er 1961 in den Untergrund und formierte einen militanten Flügel, um die Entwicklung mit Sabotageanschlägen zu beschleunigen. M. wurde 1962 verhaftet und in einem Schauprozess wegen der Organisation von Terroranschlägen zu lebenslanger Haft auf der Gefängnisinsel Robben Island verurteilt. Die Gefangenschaft machte ihn zum Mythos der schwarzen Bevölkerung Südafrikas. 1990 wurde M. auf die Anordnung des damaligen Staatspräsidenten F.W. de →Klerk freigelassen. Als Vizepräsident und ab 1919 Präsident des ANC kämpfte er für die Gleichstellung der schwarzen Bevölkerungsmehrheit. Nach dem Wahlsieg des ANC 1994 wurde M. Staatspräsident und holte de Klerk, der das Ende der Apartheid eingeleitet hatte, als Vizepräsidenten in die Regierung. 1993 erhielt M. zusammen mit de Klerk den Friedensnobelpreis.

Manet, Edouard

frz. Maler
* 23.1.1832 in Paris
† 30.4.1883 in Paris

M.s Werk war von entscheidender Bedeutung für die Entwicklung des Impressionismus. Der aus einer gutbürgerlichen Familie stammende Künstler ging zunächst bei dem Historienmaler Couture in die Lehre. Er studierte die Bilder alter Meister, vor allem im Louvre und kopierte sie. Das Hauptthema von M. ist das Figurenbild, aufgelockert, mit aufgehellten, aufeinander abgestimmten flächenhaften Farben gemalt, doch noch zeichnerisch-linear bestimmt. Im Gegensatz zur Akademiekunst mit ihren biblischen, mythologischen oder allegorischen Motiven zeigten M.s Bilder Freude am nackten Körper. Seine ersten Hauptwerke *Frühstück im Freien* (1863) und *Olympia,* die die Freilichtmalerei einleiteten, führten zu einem Skandal. Die von der Akademie-Jury abgelehnten Bilder durften in einer getrennten Ausstellung im „Salon des refusés" gezeigt werden und erregten großes Aufsehen in der Öffentlichkeit. Ab 1870 wuchs M.s Popularität, und er stellte mit wachsendem Erfolg seine Bilder aus. Zu seinen berühmtesten Werken zählen u. a. *Die Erschießung Kaiser Maximilians von Mexiko* (1867), *Der Pfeifer, Frühstück im Atelier, Emile Zola* (1868), *Manet malt in seinem Bootsatelier* (1875), *Nana* (1878) und *Bar in den Folies-Bergère* (1882).

Mann, Thomas

dt. Schriftsteller
* 6.6.1875 in Lübeck
† 12.8.1955 in Kilchberg bei Zürich

Als feinfühlig-nuancierender Analytiker, besonders in der Darstellung übersensibler, krankhafter, lebensuntüchtiger Charaktere, wurde M. zu einem der bedeutendsten deutschsprachigen Erzähler des 20. Jh.s. Der Sohn einer Lübecker Patrizierfamilie verließ nach dem Tod des Vaters die Schule und ging nach München, wo er 1893–1933 mit Unterbrechungen lebte. Er war Volontär in einer Versicherungsgesellschaft und Mitarbeiter des „Simplicissimus". Die ersten schriftstellerischen Erfolge stellten sich ein, und 1901 wurde M. mit dem autobiografisch geprägten Roman *Buddenbrooks* weltberühmt, für den er 1929 den Nobelpreis erhielt. Die Grundmotive, die in immer neuen Variationen seine Werke durchziehen, sind hier bereits zu erkennen: die Gegensätze zwischen Bürgertum und Künstler, Leben und Geist, Gemeinschaft und Individuum sowie die Zusammenhänge zwischen Krankheit und Genie, z. B. in *Tristan* und *Tonio Kröger* (1903), *Der Tod in Venedig* (1912). In seinem Zeitroman *Der Zauberberg* (1924) unternahm M. eine breite Analyse der Zeit vor dem I. Weltkrieg. 1914–22 geriet er in offenen Gegensatz zu seinem Bruder, dem Schriftsteller **Heinrich M.** (27.3.1871–12.3.1950), auf dessen Antikriegsschrift *Zola* (1815) er mit den demokratiefeindlichen *Betrachtungen eines Unpolitischen* (1918) antwortete. Erst während der Zeit der Weimarer Republik näherte er sich liberalen Positionen und bekämpfte den Nationalsozialismus. 1933 kehrte M. von einer Vortragsreise nicht mehr nach Deutschland zurück, sondern ließ sich in der Schweiz nieder, wo er an seiner Romantrilogie *Joseph und seine Brüder* (1933–43) weiterarbeitete. 1938 emigrierte M. in die USA. Er beteiligte sich an propagandistischen Rundfunksendungen gegen das Dritte Reich (*Deutsche Hörer,* 1942) und erhielt 1944 die US-Staatsbürgerschaft. 1947 vollendete er *Doktor Faustus,* in dem er das Schicksal Deutschlands mit dem Scheitern des genialen Tonkünstlers A. Leverkühn verknüpfte. Trotz seiner im Vergleich mit M. →Proust, J. →Joyce oder R. →Musil traditionellen Erzählweise gab M. dem modernen Roman durch Selbstparodie und ironische Brechung der Aussagen, Verwendung symbolischer Leitmotive und neue Formen der Zeitbehandlung entscheidende Impulse.

M.s Sohn **Golo M.** (27.3.1909 – 7.4.1994) zählte zu den großen dt. Historikern des 20. Jh.s. Sein älterer Sohn **Klaus M.** (18.11.1906 – 21.5.1949) war ein bedeutender Erzähler, Dramatiker, Essayist und antifaschistischer Publizist *(Die Sammlung, Stars and Stripes),* dessen Romane die Unruhe und Zerrissenheit des Autors und seiner Zeit widerspiegeln (*Mephisto,* 1936; *Der Vulkan,* 1939; *Der Wendepunkt,* 1942).

Mantegna, Andrea

ital. Maler und Kupferstecher
* wahrscheinlich 1431 Isola di Carturo bei Piazola
† 13.9.1506 in Mantua

M., der Tischlersohn, war Schüler Squarciones. Eine seiner ersten Arbeiten war die Ausmalung der Privatkapelle Eremitani in Padua, wo er mit dem Humanismus in Berührung kam. Seine Werke werden durch lineare Strenge, plastische Herausarbeitung der Figuren sowie kühle Farbigkeit gekennzeichnet. M. betrieb intensive Studien des klassischen Altertums und ließ antike Vorstellungen in seine Werke einfließen. Er verwendete eine zwar tiefenräumliche, jedoch künstlich geschichtete Naturdarstellung. 1459 wurde er Hofmaler des Markgrafen Lodovico Gonzaga in Mantua. Mit der Ausmalung der Camera degli Sposi im Palazzo Ducale begann in der Malerei die Raumillusion. M. schuf dort das erste in der Kunstgeschichte bekannte Gruppenporträt. Von ihm sind erhalten: der Hochaltar San Zeno in Verona, Kupferstiche und Tafelbilder (u. a. *Hl. Sebastian, Maria mit Kind, Triumph Caesars, Sieg der Tugend über die Laster*).

Mao Zedong

(Mao Tse-tung)
chin. Politiker
* 26.12.1893 in Shaoshan, Hunan
† 9.9.1976 in Peking

Der Führer der Chinesischen Revolution zählt zu den überragenden Persönlichkeiten des 20.

Jh.s. M., Sohn einer Bauernfamilie, war als Soldat am Sturz der Mandschudynastie beteiligt.

1913–18 besuchte er die Lehrerakademie und arbeitete anschließend als Universitätsbibliothekar in Peking. Durch seinen Vorgesetzten kam er mit dem Marxismus in Berührung und begann ab 1919 in seiner Heimatprovinz oppositionelle Gruppen zu organisieren. 1921 wurde in Shanghai unter M.s Führung die KP Chinas gegründet. 1923–27 hatte er eine führende Rolle während der ersten Allianz zwischen der KPCh und Guamindang (Nationale Volkspartei) inne. Ab 1924 beschäftigte sich M. vor allem mit der Bauernfrage (*Bericht über den Stand der Bauernbewegung in Hunan,* 1927) und der Auseinandersetzung mit der Guomindang. Nach dem Bruch der Allianz durch Chiang Kai-shek (1927) organisierte er Bauernaufstände in Hunan und baute Guerillaeinheiten auf. 1931 entstand in Kiangsi die erste chinesische „Sowjetrepublik". M. führte seine Leute auf dem „Langen Marsch" (1934/35) über 10 000 km in den Nordwesten Chinas, um der Offensive Chiang Kai-sheks zu entkommen. Ab 1937 kam es erneut zur Zusammenarbeit mit der Guomindang gegen die Japaner. 1937–40 konnte M. seine Stellung in der KP festigen und errang höchste Parteiämter. Der Konflikt zwischen den Kommunisten und Guomindang eskalierte zum Bürgerkrieg und endete mit der Vertreibung des Gegners vom Festland. 1949 proklamierte M. die Volksrepublik China. Als Staatspräsident betrieb er die Sozialisierung und Kollektivierung von Landwirtschaft und Industrie. Eine vorsichtige Liberalisierung sollte die sog. „Hundert-Blumen-Bewegung" einleiten, hatte aber nach heftiger Kritik an M. eine Verhaftungswelle zur Folge. Zu Spannungen zwischen VR China und der Sowjetunion kam es, da M. den Führungsanspruch der KPdSU ablehnte und die Gleichberechtigung mit der KPCh betonte. Der „Große Sprung nach vorne", der durch die Errichtung der Volkskommunen eine Steigerung der wirtschaftlichen Produktion erzielen sollte, wurde ein Fehlschlag, was zur innenpolitischen Schwächung M.s führte. 1959 gab er sein Amt als Präsident ab, blieb jedoch Parteivorsitzender. Nach der von ihm initiierten „Kulturrevolution" (1966–69), die sich gegen die westliche und die traditionell chinesische Denkweise richtete, wurde M. in seinen Auslegungen des Kommunismus mit K. →Marx und W.I. →Lenin gleichgestellt. Der gesamte etablierte Parteiapparat wurde entmachtet; M. versuchte seine alte Position wiederherzustellen, musste aber zahlreiche Opfer der Kulturrevolution später rehabilitieren. In den 60er Jahren hatte M. einen Führerkult um seine Person aufgebaut und seine Gedanken und Ausprüche in der lange Zeit verehrten Mao-Bibel (1966) veröffentlicht. In den 70er Jahren überließ er die politische Führung zunehmend seiner Frau **Jiang Qing,** die 1980 für alle Exzesse während der Kulturrevolution verantwortlich gemacht und zum Tode verurteilt, drei Jahre später jedoch zu lebenslänglicher Haft begnadigt wurde.

Marat, Jean Paul

frz. Arzt und Revolutionär
* 24.5.1743 in Boudry, Neuchâtel (Schweiz)
† 13.7.1793 in Paris

M. war nach dem Medizinstudium zunächst als Forscher tätig, wurde 1777 Arzt beim Grafen von Artois, dem späteren König Karl X. Beim Ausbruch der

Französischen Revolution stellte er sich an die Spitze der Bewegung. Durch seine aufpeitschenden Reden und Schriften schürte er den Hass der Bevölkerung und veröffentlichte in seiner Zeitung *L'Ami du peuple* (1789 –92) die Namen von „Volksfeinden", die er damit der Rache der Menge auslieferte. Nach der Abschaffung der Monarchie schloss sich M. im Konvent den äußersten Linken, den Jakobinern, an und war 1792 Urheber der Septembermorde an politischen Gefangenen. Neben M. →Robespierre und G. J. →Danton gehörte er zu den Führern der Bergpartei. 1793 leitete M. mit Hilfe der Massen eine Vernichtungskampagne gegen die Girondisten, die gemäßigten Republikaner, ein. Zur Vergeltung erstach ihn Charlotte de Corday d'Armont im Bad, wofür sie kurz darauf unter der Guillotine sterben musste.

Marc, Franz

dt. Maler, Grafiker und Bildhauer
* 8.2.1880 in München
† 4.3.1916 vor Verdun

Nach seinem Studium an der Kunstakademie in München kam M. auf Auslandsreisen mit dem Impressionismus, den Fauves und mit van →Gogh in Berührung und wurde vor allem von Robert Delaunay und dem Kubismus beeinflusst. 1911 gründete er mit W. →Kandinsky und einigen anderen Künstlern die Gruppe „Blauer Reiter" und gab den gleichnamigen Almanach heraus. M. fand in der Gestaltung von Tieren eine Möglichkeit, seine Träume künstlerisch auszudrücken, und gestaltete Pferd, Reh und Rind, Katze und Tiger als Ausdruck elementarer Lebenskraft mit Bezug auf den Kosmos. Sterne, Mond und Regenbogen verdeutlichen dies auf seinem seit 1945 verschollenen Hauptwerk *Turm der blauen Pferde* (1913). In seinen Bildern trat das Gegenständliche hinter zur Abstraktion führenden Formen zurück; die Grundfarben erhielten symbolische Bedeutung: Blau für das Männliche, Gelb für das weibliche Prinzip, Rot für die Materie. Werke wie *Rote Pferde, Die kleinen blauen Pferde und Rehe im Schnee* (1911), *Kühe – rot, grün, gelb* (1912), *Tierschicksale* (1913) haben den Weltruhm des Künstlers begründet. M. fiel im I. Weltkrieg. 1937 wurden 87 seiner Werke als „entartet" aus deutschen Museen entfernt.

Marco Polo →Polo, Marco

Marconi, Guglielmo Marchesa (ab 1929)

ital. Physiker und Ingenieur
* 25.4.1874 in Griffone bei Bologna
† 20.7.1937 in Rom

Mit der drahtlosen Übertragung von Nachrichten von England nach Neufundland – eine Entfernung von 3600 km – begann am 12.12. 1901 das Zeitalter der Rundfunkübertragung. M. hatte bereits 1895, aufbauend auf den Untersuchungen elektromagnetischer Wellen von J. C. →Maxwell und H. R. →Hertz, die geerdete Sendeantenne erfunden. Da die italienische Regierung kein Interesse an seinen Erfindungen zeigte, übersiedelte M. nach England, wo er große Unterstützung fand. 1896 gelang ihm die erste drahtlose Nachrichtenübertragung über mehrere Kilometer, 1897 gründete er die „Wireless Telegraph Company". 1899 konnte er die ersten Signale über den Ärmelkanal senden. Zu den wichtigsten Erfindungen des Physiknobelpreisträgers (1909, mit Karl Ferdinand Braun) gehören auch der geschlossene abgestimmte Schwingungskreis, die gekoppelte abgestimmte Sender- und Empfangsantenne und die Hohlspiegel-Richtantenne.

Maria, die Jungfrau (hl.)

M.s Leben als Mutter von →Jesus von Nazareth wird nur anhand der dürftigen Nachrichten aus den Evangelien fassbar. Ihre Stellung als Gottesmutter ist jedoch von großer Bedeutung für die Dogmengeschichte und in der katholischen Volksfrömmigkeit. In der katholischen Kirche sind ihre Jungfräulichkeit, ihre „unbefleckte", d. h. von der Erbsünde freie Empfängnis und ihre Himmelfahrt (Feiertag: 15.8.) Dogmen. Die reformierten Kirchen erkennen die Gottesmutterschaft und die Jungfräulichkeit zwar an, lehnen aber die Verehrung M.s, wie sie sich im katholischen Glauben etwa durch Wallfahrten (u. a. nach Lourdes, Altötting und Tschenstochau) ausdrückt, ab.

Maria Stuart

schott. Königin
* 8.12.1542 in Linlithgow
† 8.2.1587 in Fotheringhay

M. war eine zentrale Figur im politisch-konfessionellen Streit des 16. Jh.s. Die Tochter Jakobs V. von Schottland und Marias von Guise, erbte bereits im Säuglingsalter (1542) unter der Regentschaft ihrer Mutter die schottische Krone. Sie wurde in Frankreich erzogen und 16-jährig mit dem späteren französischen König Franz II. verheiratet. Nur kurze Zeit Königin, kehrte sie nach dem frühen Tod ihres Gemahls 1561 nach Schottland zurück. Inzwischen war die Stellung des katholischen Hauses Stuart geschwächt. Als Urenkelin Heinrichs VII. erhob M. Ansprüche auf den englischen Thron, auf dem die protestantische Elisabeth I. saß. 1565 heiratete sie ihren Vetter Lord Darnley, der von ihrem dritten Ehemann Earl of Bothwell ermordet wurde. Diese Tatsache ließ die Sympathien des Volkes für sie schwinden, und M. wurde vom Adel zur Abdankung gezwungen. 1568 floh sie nach England, um Hilfe bei Elisabeth I. zu suchen. Die englische Königin ließ jedoch ihre Rivalin inhaftieren und 19 Jahre später nach Entdeckung einer Verschwörung enthaupten. Das Leben und Schicksal der schottischen Königin inspirierten zahlreiche Literaten zu dichterischen Gestaltungen (u. a. F. →Schillers Tragödie *Maria Stuart,* 1800).

Maria Theresia

röm.-dt. Kaiserin
* 13.5.1717 in Wien
† 29.11.1780 in Wien

Da Kaiser Karl VI. ohne männlichen Erben starb, trat seine Tochter M. aufgrund der Pragmatischen Sanktion (1713) als Erzherzogin von Österreich und Königin von Ungarn und Böhmen dessen Nachfolge 1740 an. Frankreich, Bayern, Sachsen, Spanien und Österreich rüsteten zum Österreichischen Erbfolgekrieg (1740–48). Friedrich II. der Große nutzte Österreichs vermeintliche Schwäche und bemächtigte sich in zwei Kriegen (1740–42, 1744/45) Schlesiens. M. konnte bis auf Schlesien und die italienischen Herzogtümer Parma, Piacenza und Guastalla die habsburgischen Erblande zusammenhalten. 1745 erwarb sie für sich und für ihren Gemahl Franz I. Stephan von Lothringen, mit dem sie in ihrer 29-jährigen Ehe 16 Kinder hatte, die römisch-deutsche Kaiserwürde. Trotz der Allianz mit Frankreich und Russland gelang es M. im Siebenjährigen Krieg (1756–63) nicht, Preußen Schlesien wieder zu entreißen. Die Friedensjahre nutzte die Kaiserin, ihr vielgestaltiges Reich durch innere Reformen zu zentralisieren und im Sinne einer aufgeklärten Monarchie zu modernisieren. Sie vereinheitlichte das Heer, die Verwaltung und die Justiz, milderte Folter und Fron und beschnitt die Rechte der Kirche auf Schulen und Universitäten. In dieser Friedensperiode kam es zur Kolonisation Südungarns und Siebenbürgens („Schwabenzüge“). Nach dem Tod ihres Gatten (1765) nahm sie ihren Sohn Joseph II. zum Mitregenten an, was zu Spannungen und grundsätzlichen Meinungsverschiedenheiten führte. M. war mit der 1. Polnischen Teilung (1172) nicht einverstanden, obwohl dadurch Galizien an das Haus Österreich kam. Den Erwerb der Bukowina (1775) von den Türken missbilligte sie ebenfalls. Die Kaiserin vereitelte mit dem Frieden von Teschen nach dem Bayerischen Erbfolgekrieg (1778/79) einen größeren Gebietszuwachs über das gewonnene Innviertel hinaus. M., eine der größten Herrscherpersönlichkeiten ihrer Zeit, erfreute sich wegen ihres ungekünstelten Wesens außerordentlicher Popularität.

Marie-Antoinette

frz. Königin
* 2.11.1755 in Wien
† 16.10.1793 in Paris

Die jüngste Tochter →Maria Theresias und Franz' I. von Österreich wurde 14-jährig mit dem französischen Thronerben, dem späteren →Ludwig XVI., vermählt und vier Jahre später zur Königin gekrönt. Ihr verschwenderischer und leichtsinniger Lebenswandel und ihre ablehnende Haltung Reformen gegenüber entfernten sie dem Volk. Affären wie die „Halsbandgeschichte“ (Kardinal Rohan wollte die Gunst der Königin durch ein teures Schmuckstück „erkaufen“) schürten den Hass der Untertanen. Nach dem Ausbruch der Französischen Revolution drängte M. den König zum Widerstand und verhinderte durch ihr Veto die Errichtung einer konstitutionellen Monarchie. Sie versuchte in geheimen Verhandlungen mit europäischen Fürstenhöfen die Monarchie zu retten. Nach dem Scheitern der Flucht der königlichen Familie wurde M. durch das Revolutionstribunal zum Tode verurteilt und wenige Monate nach dem König guillotiniert.

Mark Aurel

(lat. Marcus Aurelius Antonius)
röm. Kaiser
* 26.4.121 in Rom
† 17.3.180 in Vindobona (Wien)

Nach dem Prinzip des Adoptivkaisertums wurde M. von Antoninus Pius zusammen mit Lucius Aurelius Verus adoptiert. 161 übernahm er zunächst gemeinsam mit Verus die Herrschaft über Rom. Hochgebildet versuchte der Kaiser, seine stoischen Grundsätze in einer gerechten, sozialen Politik zu verwirklichen, konnte aber den beginnenden Zerfall des Römischen Reiches nicht mehr aufhalten. Im Kampf um die Verteidigung der Reichsgrenzen verbrachte M. viele Jahre fern der Hauptstadt. 162–166 führte er Krieg gegen die Parther, 166–180 gegen die Quaden und die Markomannen, um die Donaugrenze zu sichern. M. starb während des Markomannenkrieges, wahrscheinlich an der Pest. Seine griechisch geschriebenen *Selbstbetrachtungen* weisen ihn als klugen, illusionslosen, um Gleichmut und Wahrhaftigkeit bemühten Herrscher aus. M. brach mit dem Prinzip „Adoption der Besten“, indem er 177 seinen Sohn Commodus zu seinem Nachfolger ernannte.

Mark Twain

(eigtl.: Samuel Langhorne Clemens)
amerik. Schriftsteller
* 30.11.1835 in Florida (MO)
† 21.4.1910 in Redding (CT)

M. ist der Begründer der amerikanischen Erzählliteratur und ein bedeutender Vertreter des amerikanischen Realismus. S. L. Clemens, wie M. eigentlich hieß, arbeitete als 12-jähriger in einer Druckerei, schrieb für Zeitungen und war später Raddampferlotse auf dem Mississippi (daher sein Pseudonym Mark Twain = zwei Faden Wassertiefe). Berühmt wurde M. mit den Lausbubengeschichten *Die Abenteuer Tom Sawyers* (1876) und *Abenteuer und Fahrten von Huckleberry Finn* (1884, dt. 1890). Durch eine umgangssprachliche Ausdrucksweise brach er mit den bisherigen stilistischen Konventionen und setzte das Zeichen für den Beginn einer eigenständigen amerikanischen Tradition. M.s kluger Humor weicht in den stark sozialkritischen Spätwerken einem bitteren Pessimismus (*Ein Yankee aus Connecticut an König Artus' Hof,* 1889, dt. 1923).

Marlborough, John Churchill, 1. Herzog von

engl. Feldherr und Politiker
* 26.5.1650 in Musbury, Devonshire
† 16.6.1722 in Cranbourn Lodge bei Windsor

M., ein militärisches Genie und von überragendem diplomatischen Geschick, nahm über viele Jahre maßgeblichen Einfluss auf die Geschichte Englands. Er hatte sich 1685 durch die Vereitelung eines Aufstandes gegen König Jakob II. dessen Vertrauen erworben. Aber schon 1688 wechselte M. auf die Gegenseite, zu →Wilhem III. von Oranien und wurde 1689 nach der „Glorious Revolution" zum Herzog erhoben. 1692 wurde er wegen Konspiration mit Jakob II. in den Tower geworfen, 1701 jedoch wieder in königliche Gnaden aufgenommen und beim Ausbruch des Spanischen Erbfolgekriegs mit dem Oberbefehl über die englischen Truppen betraut. Als 1702 Jakobs Tochter Anna Stuart den Thron bestieg, erreichte M., Annas Günstling, als erster Ratgeber der Königin den Höhepunkt seiner Macht. Im Zusammenwirken mit Prinz Eugen vertrieb er die Franzosen aus dem Heiligen Römischen Reich und fügte ihnen bei Ramillies (1706), Ooudenaarde (1708) und Malplaquet (1709) weitere schwere Niederlagen zu. Die Ablösung der militanten Whigs durch die friedensbereiten Tories (1710/11) führte zu M.s. Abberufung. Nach England zurückgekehrt, wurde er der Veruntreuung öffentlicher Gelder angeklagt und aller Ämter enthoben.

Marlow, Christopher

engl. Dramatiker
* 6.2.1564 in Canterbury
† 30.5.1593 in Deptford bei London

M. gilt auf dem Gebiet des Dramas als Vorläufer W. →Shakespeares, den er maßgeblich beeinflusste. Er verwendete erstmals den Blankvers und bereicherte das englische Volksstück mit der Gestaltung großer Persönlichkeiten aus der Geschichte. M. stellte den Charakter des von einer Idee besessenen Übermenschen in den Mittelpunkt seiner Tragödien (u. a. *Tamerlan der Große,* 1587, dt. 1893; *Doktor Faustus,* um 1592, dt. 1818). M., Sohn eines Schusters, war außergewöhnlich begabt und erreichte den Abschluss an der Universität Cambridge. Ab 1586 in London, führte er ein unmäßiges Leben. Wegen Gotteslästerung angeklagt, wurde er, bevor er verurteilt werden konnte, während eines Wirtshaushändels erstochen.

Marshall, George Catlett

amerik. General und Politiker
* 31.12.1880 in Uniontown (PA)
† 16.10.1959 in Washington (DC)

General M. übernahm nach der deutschen Invasion in Polen 1939 die Leitung des amerikanischen Generalstabs und war an allen Aktionen

der USA während des II. Weltkrieges entscheidend beteiligt. Als Sonderbotschafter in China (1945–47) versuchte er zwischen →Mao Zedong und Chiang Kai-scheck zu vermitteln. Als amerikanischer Außenminister (1947–49) entwarf M. im Rahmen der Containment-Politik zur Eindämmung des sowjetischen Einflusses den Marshall-Plan zum Wiederaufbau des nicht kommunistischen Europas mit Hilfe der USA. In der Krise des Koreakrieges wurde er ins Amt des Verteidigungsministers berufen (1950/51). 1953 erhielt M. zusammen mit A. →Schweitzer den Friedensnobelpreis.

Marx, Karl

dt. Philosoph, Sozialwissenschaftler und Publizist
* 5.5.1818 in Trier
† 14.3.1883 in London

M., Sohn eines jüdischen Rechtsanwalts, studierte Rechtswissenschaften, Philosophie und Geschichte in Bonn und Berlin (1835–41). Hier setzte er sich kritisch mit den Theorien →Hegels auseinander und wurde zu einem der führenden Köpfe der Junghegelianer. 1942/43 war M. leitender Redakteur der neugegründeten liberalen Rheinischen Zeitung, die ihr Erscheinen bald einstellen musste. Nach der Eheschließung mit Jenny von Westphalen (1843) emigrierte er nach Paris (1843–45) und gab zusammen mit Arnold Ruge die *Deutsch-französischen Jahrbücher* heraus. M. hatte Kontakt mit H. →Heine und mit den französischen Sozialisten. In Paris begann auch die Freundschaft mit F. →Engels, die zeitlebens währen sollte, sowie die enge Zusammenarbeit mit ihm. M. beschäftigte sich verstärkt mit dem Sozialismus und wandte sich von der deutschen idealistischen Philosophie ab (*Die heilige Familie,* 1845, zusammen mit Engels; *Deutsche Ideologie,* 1845). 1845 musste er auf Verlangen der preußischen Regierung Frankreich verlassen und ging nach Brüssel, wo er Arbeitervereinigungen gründete und die ersten soziologisch-wirtschaftlichen Theorien verfasste. Zusammen mit Engels entwarf er das 1848 veröffentlichte *Kommunistische Manifest,* die erste radikale Kritik der bürgerlich-kapitalistischen Gesellschaft und zugleich politischer Aufruf an das Proletariat. Nach Ausbruch der Februarrevolution kam M. zurück nach Köln, wurde jedoch 1849 erneut ausgewiesen und ließ sich in London nieder, wo er bis zu seinem Tod lebte. M. vertrat in seiner Gesellschaftstheorie die These der Notwendigkeit der proletarischen Revolution zur Verwirklichung einer menschlichen Gesellschaft. Nach 1848 widmete er sich hauptsächlich der soziologischen Interpretation der Gesellschaft und untersuchte die ökonomischen Gesetze der Geschichtsentwicklung. In dieser Zeit entstanden bedeutende Schriften (*Zur Kritik der Ökonomie,* 1859) und sein Hauptwerk *Das Kapital* (1. Bd. 1867; Bd. 2 und 3 unvollendet herausgegeben von Engels 1885 bzw. 1894). Als Mitarbeiter der *New York Tribune* verfasste M. politische Kommentare und Kampfschriften. 1864 wurde unter seiner Mitwirkung die „Internationale Arbeiterassoziation" gegründet, die 1872 zusammenbrach. Danach hielt er sich von organisatorischen Aufgaben fern. M. gab mit seinen Theorien der internationalen Arbeiterbewegung eine wissenschaftliche Grundlage und schärfte das allgemeine Bewusstsein für gesellschaftliche Zusammenhänge wie kaum ein anderer Denker. Sein dialektischer und historischer Materialismus wurde zur einflussreichsten philosophischen Strömung der Gegenwart (Marxismus), die mit →Lenins Deutung und revolutionärer Anwendung ihren Höhepunkt erreichte.

Masaccio

(eigtl.: Tommaso di Giovanni di Simone Guidi)
ital. Maler
* 21.12.1401 in San Giovanni Valdarno
† wahrscheinlich 1428 in Rom

M. brachte die entscheidende Wende von der Gotik zur toskanischen Frührenaissance. In seinen Bildern dominieren klare, ruhige Farben. Der Raum ist perspektivisch durchgestaltet, wobei die Tiefenwirkung durch die Komposition der Menschen verstärkt wird. Die Körper sind plastisch herausgearbeitet und durch Mimik und Gestik aufeinander bezogen. Ab 1422 lebte M. in Florenz. Zusammen mit seinem mutmaßlichen Lehrer Masolino schuf er Fresken in der Brancacci-Kapelle in Santa Maria del Carmine (1425–28). Sehr eindrucksvoll ist auch das Dreifaltigkeitsfresko in Santa Maria Novella. Er starb vermutlich an der Pest.

Mata Hari

(eigtl.: Margaretha Geertruida Zelle)
niederl. Tänzerin
* 7.8.1876 in Leeuwarden
† 15.10.1917 in Vincennes bei Paris

M. erlangte als Nackttänzerin, Kurtisane und Spionin des deutschen und französischen Geheimdienstes im I. Weltkrieg gleichermaßen Weltruhm. Aus kleinbürgerlichen Verhältnissen stammend, heiratete sie 19-jährig einen niederländischen Kolonialoffizier, mit dem sie auf Java lebte. Nach ihrer Scheidung 1903 kam M. nach Paris, nahm ihren Künstlernamen an und erlebte als Tänzerin eine beispiellose Karriere. Sie wurde mit vielen einflussreichen Persönlichkeiten aus Politik und Gesellschaft bekannt, was sie für ihre Geheimdiensttätigkeit nutzen konnte. In erster Linie aus Geldnot nahm M. Spionageangebote sowohl vom deutschen als auch französischen Geheimdienst an. 1917 wurde sie von französischen Behörden, die sie observiert hatten, verhaftet und zum Tode verurteilt, da sie angeblich Kriegsgeheimnisse an Deutschland verraten hatte.

Matisse, Henri Émile Benoît

frz. Maler, Grafiker und Bildhauer
* 31.12.1869 in Le Cateau
† 3.11.1954 in Nizza

Die Malerei entdeckte M. nach seinem Jurastudium und studierte ab 1893 an der Ecole des Beaux-Arts in Paris. Durch Reisen ans Mittelmeer und in die Südsee löste er sich allmählich von klassischen Vorbildern und wurde nach einer kurzen impressionistischen Phase (1896–1904) zum führenden Meister des „Fauvismus“. Diese Bezeichnung entstand durch die Äußerung des Kritikers L. Vauxcelles anlässlich der Ausstellung M.s mit Maurice de Vlaminck u. a. 1905, er fühle sich wie unter „fauves“ (Wilden). Im Mittelpunkt von M.s Werk standen zunächst großflächige, die Perspektive missachtende Figurenkompositionen und Stillleben (*Der Tanz,* 1911). Er beschäftigte sich intensiv mit den Geheimnissen der Farben und vertiefte vor allem eine arabeske Komponente, mit der er bewusst das Ornamental-Dekorative suchte (*Odaliske mit roten Hosen,* 1922). Ab den 30er Jahren schuf M. seine teilweise monumentalen, nahezu abstrakten Collagen aus einfarbigen Transparentpapieren, die die Wirkung der Farben und das Zusammenspiel der Flächen zum Thema haben. Mit seinem bildhauerischen Werk hatte

M. bereits Anfang des 20. Jh.s begonnen (*Der Sklave,* 1903). Später entstanden u. a. die Plastiken *Das Leben. Torso* (1906) und *La Serpentine* (1909) sowie Studien von Köpfen und Büsten. Sein Gesamtwerk umfasst auch grafische Arbeiten und die Ausgestaltung der neuen Kapelle Notre Dame du Rosaire in Vence.

Matthäus (hl.)

Apostel und Evangelist

M. soll die Worte Jesu in hebräisch aufgezeichnet haben. Möglicherweise stammt von ihm die sog. „Redequelle" (Logienquelle), die dem 1. und 3. Evangelium zugrunde liegt. Diese wurde später unter Benutzung des Markus-Evangeliums (von Markus verfasstes ältestes Evangelium des Neuen Testaments, um 70 n. Chr.) zum M.-Evangelium erweitert (um 80 n. Chr.), in dem die Erfüllung der Weissagungen des Alten Testaments durch Jesus betont wird. M. werden als Evangelist der Engel, als Apostel Buch, Schwert, Hellebarde oder Winkelmaß symbolhaft beigegeben.

Maugham, William Somerset

engl. Schriftsteller
* 25.1.1874 in Paris
† 16.12.1965 in Cap Ferrat bei Nizza

Nach einer schweren Jugend (Verlust der Eltern) studierte M. Medizin in London und Heidelberg und beschrieb diese Zeit in seinem ersten großen Entwicklungsroman *Der Menschen Hörigkeit* (1915, dt. 1939). Er schuf ein etwa 200 Kurzgeschichten, 30 Romane und 25 Theaterstücke umfassendes schriftstellerisches Werk, das vor allem durch exotische Schauplätze und außergewöhnliche Schlusspointen gekennzeichnet ist und seine Reisen sowie die

Kontakte mit der internationalen Gesellschaft schildert. M.s eigentliche Bedeutung für die Literatur liegt jedoch in der meisterhaften Handhabung der kurzen, pointierten Erzählung. Zu seinen bekanntesten Werken gehören u. a. der Künstlerroman über Gauguin *Silbermond und Kupfermünze* (1909, dt. 1954), *Menschen der Südsee* (1921, Erzählungen), die Gesellschaftskomödie *Finden Sie, dass Constanze sich richtig verhält?* (1927, dt. 1927) sowie der Roman *Auf Messers Schneide* (1944, dt. 1946).

Maupassant, Henri René Albert Guy de

frz. Schriftsteller
* 5.8.1850 auf Schloss Miromesnil, Dieppe
† 7.7.1893 in Passy bei Paris

F. stammte aus verarmtem lothringischem Adel. Er begann ein Jurastudium, nahm im Krieg 1870/71 teil, war dann im Staatsdienst tätig. Zur schriftstellerischen Tätigkeit von dem großen Romancier G. →Flaubert ermuntert hatte er mit der Novelle *Fettklößchen* (1880) den ersten Erfolg. In den folgenden Jahren entstanden über 200 Novellen, sechs Romane und Gedichte, Dramen sowie Reiseberichte. M. wurde zum meistgelesenen und bestbezahlten Schriftsteller seiner Zeit. Er schilderte in seinen naturalistischen Novellen, in denen er mit einer vollendet beherrschten Sprache die Meisterschaft der kleinen Prosaform erreichte, Vorkommnisse aus allen Schichten der Gesellschaft einer sinnentleerten, triebverfallenen Welt. Nachdem M.s Gesundheitszustand sich verschlechterte, und er wegen Drogenabhängigkeit und beginnender Geisteserkrankung einen Selbstmordversuch unternahm, endete er in einer Heilanstalt. Weltruhm erlangten u. a. seine Novellen *Das Haus Tellier* (1881, dt. 1893), *Der Horla* (1887, dt. 1893) sowie die Romane *Ein Leben* (1883, dt. 1894) und *Bel ami* (1885, dt. 1892).

Maximilian I.

dt.-röm. Kaiser
* 22.3.1459 in Wiener Neustadt
† 12.1.1519 in Wels

M., Sohn Kaiser Friedrichs III. erwarb 1477 durch die Vermählung mit Maria von Burgund, der Erbtochter →Karls des Kühnen, Anrecht auf die burgundischen Besitzungen. Damit begann auch die Feindschaft Frankreichs, die jahrzehntelange Kämpfe um dieses Gebiet zur Folge hatte. Erst durch den Frieden von Senlis (1493) konnte M. seinen Anspruch durchsetzen. 1486 zum Römischen König gewählt, eroberte er nach dem Tod des Matthias Corvinus (1490) die habsburgischen Kernlande (Niederösterreich, Steiermark, Kärnten) zurück und vereinigte nach dem Tod seines Vaters (1493) den gesamten habsburgischen Besitz in einer Hand. 1494 heiratete M. in zweiter Ehe Bianca Maria Sforza, die Tochter des Herzogs von Mailand. 1495 verbündete er sich mit Spanien, Venedig und Mailand, um die Franzosen aus Italien zu vertreiben. Nach anfänglichen Erfolgen musste M. im Frieden von Blois (1504) Ludwig XII. von Frankreich Mailand als Reichslehen überlassen. Trotz finanzieller Unterstützung durch J. →Fugger hielten ihn die Italienzüge in ständiger Geldnot. Um die Unterstützung der Reichsstände zu erlangen (Gemeiner Pfennig), sah er sich in Fragen der Reichsreform ab 1495 zu großen Zugeständnissen genötigt. Die Folgen waren der „Schwabenkrieg“ und damit die Abspaltung der Schweiz vom Reich (1499). Durch sein Eingreifen in den Landshuter Erbfolgekrieg (1504) konnte M. im Osten des Reiches Kufstein, Kitzbühel, Rattenberg und die Landvogteien Hagenau und Ortenau gewinnen. Als sehr erfolgreich erwies sich seine vorausschauende Heiratspolitik, die die Grundlage für das habsburgische Reich schuf: Die Ehe seines Sohnes Philipp des Schönen mit der spanischen Infantin Johanna (der Wahnsinnigen) sicherte deren Sohn →Karl V. die spanischen Erblande. M.s Enkel Ferdinand I. erhielt durch die Vermählung mit Anna von Böhmen Ansprüche auf die böhmisch-ungarische Krone. M. leitete mit seiner Politik die Neuzeit ein (1495 Ewiger Landfriede; 1500/12 Einteilung des Reiches in Kreise). Er war beim Volk sehr beliebt, förderte Wissenschaft und Kunst (→Dürer, →Altdorfer) und entwarf selbst die dreibändige allegorische Autobiografie Weißkunig, 1514, Theuderdank, 1517 und Freydal (unvollendet).

Maximilian I.

bayr. Kurfürst
* 17.4.1573 in München
† 27.9.1651 in Ingolstadt

M. kam 1597 auf den bayerischen Herzogsthron. Er ordnete das Land neu, förderte die Wirtschaft, schuf eine straff organisierte Verwaltung sowie eine Gesetzessammlung („Codex Maximilianeus“), die über ein Jahrhundert gültig blieb. M. war der Vorkämpfer der Gegenreformation. Er führte 1607 die Reichsexekution gegenüber Donauwörth durch, woraufhin die protestantischen Stände zur Evangelischen Union zusammentraten. Dagegen gründete der Landesfürst 1609 die Katholische Liga: Die Voraussetzungen für den Dreißigjährigen Krieg waren damit geschaffen. Zu Beginn des Krieges kam er mit dem Heer der Liga unter der Leitung des Generals →Tilly Kaiser Ferdinand II. 1620 im Kampf um Böhmen, 1623 um die Pfalz zu Hilfe. Dafür erhielt er die Oberpfalz und die pfälzische Kurwürde.

Auf dem Regensburger Kurfürstentag 1630 setzte M. die Entlassung →Wallensteins durch. Bayern wurde in M.s langer Regierungszeit zu einem frühabsolutistischen Staat, für den sich der glaubensstrenge Kurfürst in unermüdlicher Tätigkeit aufzehrte. Seine glühende Verehrung der Muttergottes (von Altötting) förderte die Volksfrömmigkeit in Bayern entscheidend (→Maria, die Jungfrau).

Maxwell, James Clerk

engl. Physiker
* 13.6.1831 in Edinburgh
† 5.11.1879 in Cambridge

M. ist der Begründer der modernen Elektrodynamik und der kinetischen Gastheorie. Außergewöhnlich begabt, wurde er nach dem naturwissenschaftlichen Studium 1856 Professor in Aberdeen, später in London. Auf den Experimenten von M. →Faraday aufbauend, fasste M. dessen Ergebnisse in mathematische Formeln und führte die Begriffe „Kraftlinien“ und „elektrisches Feld“ ein. Die von ihm formulierten Grundgleichungen der Elektrodynamik (Maxwell'sche Gleichungen) stellen die Wechselbeziehungen zwischen elektrischen und magnetischen Feldern dar und zeigen, dass sich ein elektromagnetisches Wechselfeld mit Lichtgeschwindigkeit als Welle fortpflanzt. Daraus schloss M. dass auch das Licht zu den elektromagnetischen Wellen zu rechnen ist. Seine Theorien wurden später von H. R. →Hertz experimentell bestätigt. M. stellte den thermodynamischen Satz auf, dass die Temperatur gleichbedeutend ist mit der mittleren kinetischen Energie der Moleküle eines Gases. Er fasste seine Erkenntnisse in bedeutenden Werken über Wärme, Elektrizität und Magnetismus zusammen.

Mazarin, Jules

(eigtl.: Giulio Mazarini)
frz. Kardinal und Staatsmann
* 14.7.1602 in Pescina, Abruzzen
† 9.3.1661 in Vincennes

M., der aus sizilianischem Adel stammte, studierte geistliches und weltliches Recht. Als päpstlicher Offizier war er in diplomatischer Mission tätig und wurde 1634 zum Nuntius von Paris, 1641 – ohne Priesterweihe – zum Kardinal ernannt. Ab 1639 stand M. im Dienste Ludwigs XIII., trat 1642 die Nachfolge →Richelieus an und bestimmte nach dem Tod des Königs fast 20 Jahre lang die Erziehung des noch unmündigen →Ludwigs XIV. Mit der Königinmutter Anna von Österreich leitete er die gesamte französische Politik. Durch den weiteren Ausbau des Absolutismus sowie durch die außenpolitischen Erfolge im Westfälischen Frieden (1648) und im Pyrenäenvertrag (1659) sicherte er die Hegemonie Frankreichs in Europa und schuf damit die Voraussetzungen für die Politik Ludwigs XIV. Innenpolitisch musste der diktatorische und wegen seiner Habgier verhasste Kardinal vor der Fronde (1648–53), einer vom Volk unterstützten Opposition des Adels und der Parlamente, zweimal ins Ausland fliehen. M. konnte jedoch den Widerstand niederzwingen und den Absolutismus wahren.

Mazzini, Giuseppe

ital. Politiker
* 22.6.1805 in Genua
† 10.3.1872 in Pisa

M. widmete sein Leben dem Kampf um ein geeinigtes, von ausländischen Einflüssen befreites Italien. 1828 trat er in die politische Geheimorganisation „Carboniera" ein, musste aber nach seiner Verhaftung das Land verlassen. In Frankreich gründete M. 1831 die Befreiungsorganisation „Giovine Italia" („Junges Italien"), die durch Guerillakrieg und Untergrundarbeit die Einigung Italiens unter republikanischer Verfassung herbeiführen sollte. Während der Revolution 1848/49 kehrte er nach Italien zurück, trat Februar 1849 an die Spitze des Triumvirats der Römischen Republik und leitete mit G. →Garibaldi die Abwehr der Franzosen. Nach der Niederwerfung der Revolution (Juni 1849) floh M. nach England. Der überzeugte Republikaner, der die letzten Jahre unter falschem Namen in seiner Heimat verbrachte, hat entscheidend auf die Entstehung eines italienischen Nationalbewusstseins eingewirkt.

McClintock, Barbara

amerik. Botanikerin und Genetikerin
* 16.6.1902 in Hartford (CT)
† 2.9.1992 in Huntington (NY)

C. entdeckte bereits in den 40er Jahren die beweglichen Strukturen in der Erbmasse von Maiszellen. Die Bedeutung ihrer Entdeckung, dass die „springenden Gene" („jumping genes") in der bis dahin für starr gehaltenen Struktur der Chromosomen als Kontrollelemente dienen, blieb über Jahrzehnte von der genetischen Forschung unerkannt. Nach Studium und Lehrtätigkeit (bis 1931) an der Cornell Universität und am botanischen Institut in Freiburg (1933/34) war C. an verschiedenen Universitäten tätig. Seit 1974 wirkte sie am Cold Spring Harbour Laboratory New York. 1983 wurde sie mit dem Nobelpreis für Medizin ausgezeichnet.

Mead, Margaret

amerik. Ethnologin
* 16.12.1901 in Philadelphia (PA)
† 15.11.1978 in New York

Bekannt wurde M. durch ihre ausgedehnten Feldforschungen in der Südsee (Samoa, Admiralitäts-Inseln, Neuguinea), bei denen sie vor allem die Sozialisation der vorpubertären und pubertären Mädchen sowie das sexuelle Verhalten der Jugendlichen und Erwachsenen untersuchte. Ihre in Ozeanien gewonnenen Einsichten übertrug sie auf gesellschaftlich-kulturelle Phänomene westlicher Industriegesellschaften und fand damit auch außerhalb der Ethnologie Beachtung. M. gehörte zu den maßgeblichen Gestaltern der Kultur- und Persönlichkeitsforschung. Allerdings wurden ihre Befunde, die als Beleg für extremen Kulturdeterminismus („Jeder Kulturtypus bringt einen bestimmten Persönlichkeitstypus deutlich häufig hervor") dienen sollten, von anderen Anthropologen nicht bestätigt. M., Tochter eines Wirtschaftsprofessors und ab 1954 Professorin für Völkerkunde an der Columbia-Universität, beeinflusste mit ihrer Kritik an der sozialisationsbedingt minderen Rolle der Frau in der amerikanischen Gesellschaft die Frauenbewegung in den 70er Jahren ganz wesentlich.

Medici, Lorenzo

(genannt il Magnifico,
„der Prächtige")
florent. Stadtherr
* 1.1.1449 in Florenz
† 8.4.1492 in Florenz

M., Enkel von Cosimo de Medici, führte Florenz als beispielhafter Vertreter der Renaissance auf den Gipfel seiner Bedeutung. Er machte die Stadt zum kulturellen Mittelpunkt Italiens und zum Zentrum der Macht. Mit dem

Familienvermögen förderte er die bedeutendsten Wissenschaftler und Künstler seiner Zeit (Poliziano, Verrochio, Mirandola, Botticelli, Michelangelo) und trat selbst als Dichter hervor. 1478 konnte M. einen von Papst Sixtus IV. unterstützten Aufstand, dem sein Bruder und Mitregent Giuliano zum Opfer fiel, niederschlagen. Er festigte das Gleichgewicht zwischen den rivalisierenden italienischen Mächten durch Bündnisse mit Mailand und Venedig.

Meir, Golda

(eigtl.: G. Meyerson)
israel. Politikerin
* 3.5.1898 in Kiew
† 8.12.1978 in Jerusalem

M. wanderte 1906 mit ihrer Familie in die USA aus. Nach der Lehrerausbildung stieß sie durch ihren Mann zur zionistischen Gewerkschaftsbewegung und übersiedelte 1921 nach Palästina. Nach anfänglicher Kibbuzarbeit wurde sie 1923 Mitglied der Arbeiterpartei (Mapai) und spielte eine zunehmend wichtige Rolle in der Gewerkschaft „Histadrut". 1929 war M. Mitglied des Zionistischen Weltkongresses und des Exekutivrates der Jewish Agency, deren politische Abteilung sie ab 1946 leitete. Im Mai 1948 war sie Mitunterzeichnerin der Staatsproklamation Israels und Mitglied der provisorischen Regierung D. →Ben Gurions. Als Botschafterin in Moskau (1948/49), dann als Arbeitsministerin (1949–56) und Außenministerin (1956–66) zählte M. stets zur politischen Spitze Israels. Als Ministerpräsidentin (1969–74) suchte sie direkte Gespräche mit den Arabern. Gegen heftigen Widerstand in den eigenen Reihen setzte sie 1970 einen Waffenstillstand am Suezkanal durch. Nach dem überraschenden Angriff Ägyptens 1973 geriet M. trotz des israelischen Sieges nach der Beendigung des Krieges zunehmend unter innenpolitische Kritik und trat nach einer Wahlniederlage 1974 zurück.

Melanchthon, Philipp

(eigtl.: P. Schwarzerd)
dt. Humanist und Reformator
* 16.2.1497 in Bretten, Unterpfalz
† 19.4.1560 in Wittenberg

Bereits als 12jähriger studierte M. an der Heidelberger Universität, später in Tübingen, wo er 1514 als Magister Vorlesungen über Aristoteles hielt. 1518 erhielt er auf den Vorschlag seines Onkels und Förderers, des berühmten Humanisten J. Reuchlin einen Ruf als Professor für Griechisch an die Universität Wittenberg. Mit seiner Antrittsrede über die „Notwendigkeit einer Studienreform" gewann er die Aufmerksamkeit und die Freundschaft M. →Luthers, die bis zu dessen Tod anhielt. M. organisierte – mit Schwerpunkt auf der Antike – die Neugestaltung der Schulen und Universitäten, was ihm später den Ehrennamen „Praeceptor Germaniae" (Lehrmeister Deutschlands) einbrachte. Als Mitarbeiter des im Bann stehenden M. →Luther formulierte er dessen Bekenntnisschrift *Confessio Augustana* für den Reichstag zu Augsburg (1530) und deren Verteidigung in der *Apologie* aus. Schon 1521 hatte M. in seinen *Loci communes* die erste wissenschaftliche Darstellung der neuen Lehre gegeben. Außerdem war er an zahlreichen Religionsgesprächen beteiligt (Leipzig 1519, Marburg 1529, Worms 1540, Regensburg

1541). Er unterstützte Luther bei der Bibelübersetzung und führte 1528 Unterricht und Prüfung der Pfarrer ein. Im Gegensatz zu Luther war M. ein zu Kompromissen geneigter Gelehrter, um Frieden zwischen den Konfessionen bemüht. Nach Luthers Tod kam es anlässlich des Augsburger Interims zu Streitigkeiten zwischen den strengen Lutheranern und den gemäßigten Philippisten. M. prägte mit seiner Geistesmischung aus Humanismus und Christentum den deutschen Protestantismus wesentlich.

Melville, Herman

amerik. Schriftsteller
* 1.8.1819 in New York
† 28.9.1891 in New York

M. brach nach den Tod seines Vaters eine Banklehre ab und heuerte 1841 auf einem Walfänger an, der in die Südsee fuhr. Er lebte längere Zeit bei den Eingeborenen. Nach seiner Rückkehr in die Heimat begann M. seine Erlebnisse als Matrose und Walfänger schriftstellerisch zu verarbeiten und verfasste Südsee- und Abenteuererzählungen, die bei realistischer Vordergrundhandlung seine Helden auf der Suche nach einem unerreichbaren Ideal zeigen. Mit seinem ersten Roman *Typee* (1846) wurde er über Nacht bekannt. In den folgenden Jahren entstanden weitere Werke (u. a. *Omoo,* 1847; *White Jacket,* 1850), in denen Autobiografisches und Fiktives mit Fachwissen zu packenden Abenteuern verarbeitet wurde. Auch verstand es M., länder- und völkerkundliche Schilderungen sowie kulturkritische Ansichten in seine Geschichten anschaulich einzuflechten. Sein Hauptwerk *Moby Dick oder Der weiße Wal* erschien 1851 (dt. 1927) und zählt heute zur Weltliteratur. Sein Spätwerk enthält immer stärker einen skeptisch-pessimistischen Grundzug. Mit seinem letzten veröffentlichten Werk *Ein sehr vertrauenswürdiger Herr* (1857, dt. 1958), einer allegorischen Satire, hielt M. seinen Zeitgenossen den Spiegel vor. In den letzten Lebensjahren geriet der Schriftsteller in völlige Vergessenheit.

Menander

(Menandros)
griech. Komödiendichter
* um 342 v. Chr. in Athen
† um 291 v. Chr. in Athen

M. gilt als bedeutendster Vertreter der attischen Komödie. Der Schüler Theophrasts verzichtete auf mythologische Themen und stellte das alltägliche Leben der Athener Bürger in den Mittelpunkt seiner Lustspiele. Er stellt menschliche Verhaltensweisen in entscheidenden Augenblicken meisterhaft dar und verwendet eine der gezeichneten Personen je nach Herkunft und Wesen angemessene Sprache. Von seinen 108 Komödien sind fast nur Bruchstücke bekannt. Vollständig erhalten ist nur *Dyskolos* (Der Griesgram) durch einen Papyrusfund in einer ägyptischen Mumienverkleidung (1959 veröffentlicht). M.s Werk beeinflusste, von Plautus und Terenz nachgebildet, bis in die Neuzeit das europäische Lustspiel (→Shakespeare, →Molière und →Lessing).

Mendel, Gregor

(eigtl.: Johann M.)
Prior der Augustinereremiten
und Botaniker
* 22.7.1822 in Heinzendorf, Schlesien
† 6.1.1884 in Brünn

M. entdeckte in langjährigen Kreuzungsversuchen mit verschiedenen Erbsensorten die grundlegenden Gesetzmäßigkeiten der Vererbung. 1868 wurde er Prior seines Klosters. Die Ergebnisse seiner botanischen Kreuzungsversuche hielt M. systematisch fest und trug diese 1865 dem Naturforschenden Verein in Brünn

vor, fand aber keine Beachtung. Erst 1900 wurde die Forschungsarbeit M.s von Hugo de Vries, Carl Erich Correns und Erich von Tschermak-Seysenegg wiederentdeckt und fand später in der Chromosomentheorie der Vererbung eine Bestätigung. Die Mendelschen Regeln sind allgemein gültig in der Vererbung von Merkmalen bei Mensch, Tier und Pflanze, damit auch für die Weitergabe der im Zellkern lokalisierten Erbanlagen bei der Fortpflanzung.

Mendelejew, Dmitri Iwanowitsch

russ. Chemiker
* 8.2.1834 in Zobolsk, Sibirien
† 2.2.1907 in St. Petersburg

M. stellte 1868/69 kurz vor Lothar Meyer das Periodensystem der chemischen Elemente auf, von denen damals 63 bekannt waren. Aufgrund der sich aus der periodischen Gesetzmäßigkeit der Wertigkeiten ergebenden Lücken in der Tabelle sagte er die Existenz weiterer unbekannter Elemente voraus (1871). Das 1955 entdeckte, künstlich hergestellte radioaktive Element 101 wurde zu Ehren des großen Naturwissenschaftlers Mendelevium (Md) benannt.

Mendelssohn-Bartholdy, Felix (Jacob Ludwig)

dt. Komponist
* 3.2.1809 in Hamburg
† 4.11.1847 in Leipzig

M., Enkel des Philosophen Moses Mendelssohn, erhielt eine musisch betonte Erziehung und gab schon mit neun Jahren Klavierkonzerte. Ab seinem 11. Lebensjahr verfasste er eigene Kompositionen. 17-jährig schuf M. eines

seiner berühmtesten Stücke, die Ouvertüre zu Shakespeares *Ein Sommernachtstraum* (1826), die ihn sofort bekannt machte. 1829 dirigierte er die erste Wiederaufführung der *Matthäuspassion* seit J. S. →Bachs Tod und leitete damit den Beginn der Bach-Rezeption ein. Nach gefeierten Konzertreisen durch Europa war M. 1833 Musikdirektor in Düsseldorf, 1835 Leiter der Gewandhauskonzerte in Leipzig und begründete 1843 das dortige Konservatorium. Dem Komponisten M. gelang eine meisterliche Synthese zwischen klassischem Satzstil und romantischem Ausdruck. Sein vielseitiges Werk war im Dritten Reich verboten. Zu seinem Hauptwerk zählen 5 Sinfonien (darunter die *Schottische,* die *Italienische* sowie die *Reformations-Sinfonie*), Ouvertüren und Schauspielmusiken, 2 Klavierkonzerte, 2 Violinkonzerte, Oratorien *(Paulus und Elias),* Kirchenmusik, Chöre und Lieder, Kammer- und Klaviermusik *(Lieder ohne Worte).*

Meng-dse

(eigtl.: Meng ke, lat. Mencius)
chin. Philosoph
* 372 v. Chr.
† 289 v. Chr.

M., konfuzianischer Klassiker, lehrte im Gegensatz zu seinem Zeitgenossen Xunzi, dass der Mensch von Natur aus gut sei. Er trat für eine humanitäre Regierungsform ein, die er bei Herrschern der Frühzeit verwirklicht sah. Als erster chinesischer Philosoph räumte er dem Volk das Recht auf Revolution ein. Sein nach ihm benanntes Werk wurde wahrscheinlich von seinen Schülern herausgegeben. Der Philosoph Zhu Xi (1130–1200) ordnete es unter die vier

Klassiker ein, die von 1313–1905 als Grundlage für der kaiserlichen Beamtenprüfungen dienten.

Mercator, Gerhardus

(eigtl.: Gerhard Kremer)
niederl. Kartograph
* 5.3.1512 in Rupelmonde, Flandern
† 2.12.1594 in Duisburg

M., Sohn eines deutschen Schuhmachers, wuchs in Flandern auf. Er erhielt von Ordensbrüdern eine theologische Ausbildung, studierte später Mathematik und Astronomie, erlernte das Handwerk des Kupferstechers und die Anfertigung von Globen. 1552 entfloh er den Protestantenverfolgungen Karls V. und trat in den Dienst des Herzogs von Jülich in Duisburg. Hier schuf er neben Globen und einem Ptolemäus-Atlas (1578), zahlreiche große neue Landkarten, darunter die Europakarte, die ihn berühmt machte (1554) und die Weltkarte (1569) erstmals unter Anwendung der Mercatorprojektion. Diese Art der Kartendarstellung führt zwar zur starken Verzerrung der Flächen im polaren Bereich, ist aber winkeltreu und daher der bevorzugte Kartennetzentwurf für Navigationskarten. Als Hauptwerk M.s gilt eine Sammlung von Landkarten, die er erstmals unter der Bezeichnung Atlas herausgab (1585).

Mérimeé, Prosper

(Pseudonym: Clara Gazul)
frz. Schriftsteller
* 28.9.1803 in Paris
† 23.9.1870 in Cannes

Der Sohn eines wohlhabenden Malers und Kunstkritikers studierte Archäologie und unternahm als Kurator für Denkmalpflege zahlreiche Reisen durch Frankreich und die Mittelmeerländer. Durch seine Beziehungen zur späteren französischen Kaiserin Eugénie hatte er in späteren Jahren Zutritt zum Hof Napoleons III. Die ersten literarischen Werke erschienen unter seinem Pseudonym.

Nach romantisch-sarkastischen Dramen und Balladen und dem historischen Roman entdeckte M. die Novelle als die ihm gemäße literarische Form. Als Novellist ist er zwischen Romantik und Realismus einzuordnen. Durch die Werke *Colomba* (1840) und *Carmen* (1845) wurde M. international bekannt. *Carmen* diente als Vorlage für die weltberühmte Oper von G. →Bizet. M. verfasste außerdem archäologische und literarische Essays sowie Übersetzungen der Werke von →Gogol und →Puschkin.

Messerschmitt, Willy

dt. Flugzeugkonstrukteur
* 26.6.1898 in Frankfurt a. M.
† 15.9.1978 in München

M. gründete während des Studiums 1923 die Messerschmitt-Flugzeugbau-Gesellschaft in Bamberg. Als Chef der Bayerischen Flugzeugwerke und Professor an der TH München entwickelte er hochwertige Segel-, Motor- und Düsenflugzeuge. Ab 1934 konstruierte M. das im II. Weltkrieg am häufigsten eingesetzte Flugzeug der Luftwaffe, den Jäger Me 109. Das Jagdflugzeug Me 209 hielt 1939–69 den Geschwindigkeitsweltrekord von 755,138 km/h für Flugzeuge mit Kolbenmotor. Ab 1943/44 begann er mit der ersten Serienherstellung von Raketen- und Düsenflugzeugen. M., der vom NS-Regime mehrfach ausgezeichnet wurde, war nach dem Krieg zunächst interniert. Nach dem Wiederaufbau seiner Firma produzierte er Nähmaschinen, Kabinenmotorroller und Fertighäuser. Ab 1955 wurden wieder Flugzeuge hergestellt. Aus der M.-Flugzeugbau-Gesellschaft ging nach der Fusion 1969 die Messerschmitt-Bölkow-Blohm GmbH hervor.

Metternich, Klemens Wenzel Lothar Nepomuk, Fürst von

österr. Staatsmann
* 15.5.1773 in Koblenz
† 11.6.1859 in Wien

M., der Diplomatensohn, studierte Jura in Straßburg, später in Mainz und erlebte die Auswirkungen der Französischen Revolution, von der die Besitzungen seiner Familie bedroht waren. Nach seiner Heirat ließ er sich in Wien nieder, wo seine politische Karriere begann. Zunächst kaiserlicher Gesandter in Dresden, in Berlin (1803) und in Paris (1806) wurde M. 1809 Außenminister und 1821 Haus-, Hof- und Staatskanzler seines Landes. In den vierzig Jahren seiner Amtszeit erwies er sich als begnadeter Diplomat, war aber als letzter Verfechter der traditionellen Monarchie ein kompromissloser Gegner der demokratischen Ideen der Französischen Revolution. Die Wiederherstellung des europäischen Gleichgewichts nach den Napoleonischen Kriegen erschien M. als die vordringlichste Aufgabe. Er bemühte sich durch vorsichtiges Abwarten und eine intensive Kongresspolitik um Schonung und Einbeziehung Frankreichs. Durch seine Befürwortung kam die Hochzeit der Kaisertochter Marie Louise mit Napoleon I. zustande (1810). 1813 trat er der antifranzösischen Koalition bei und übernahm die diplomatische Führung der Verbündeten. Nach dem Sieg über Napoleon konnte M. auf dem Wiener Kongress (1814/15) die politisch-soziale Restauration Europas gegen liberale und nationale Bestrebungen festschreiben. Eine nationalstaatliche Einigung Deutschlands wie auch die Wiederherstellung des Heiligen Römischen Reiches lehnte er ab und begnügte sich mit der Schaffung eines lockeren deutschen Staatenbundes unter österreichischer Vormachtstellung. Gegen mögliche Freiheitsbewegungen wurden 1819 die Karlsbader Beschlüsse geschaffen, durch deren reaktionäre und polizeistaatliche Maßnahmen das „Metternichsche System" bis zur Revolution von 1848 aufrechterhalten werden konnte. Nach dem Ausbruch der Wiener März-Revolution wurde M. zur Abdankung und Flucht gezwungen. Er ging ins Exil nach Großbritannien, später nach Belgien und konnte erst 1851 nach Wien zurückkehren.

Michelangelo Buonarroti

ital. Bildhauer, Baumeister und Maler
* 6.3.1475 in Capres, Toskana
† 18.2.1564 in Rom

M., bedeutendster Bildhauer seit der Antike, gilt als Überwinder der Hochrenaissance und als Vater des Barocks. Der aus kleinem Landadel stammende Künstler hat die Tradition der Antike und die zeitgenössischen Strömungen in einem höchst eigenwilligen Werk vereinigt und damit seinen die Jahrhunderte überdauernden Ruhm begründet. M. kam 1488 nach Florenz, wo er Schüler D. Ghirlandaios war. Dort schuf er 1492 die Marmorreliefs der *Madonna mit dem Kind an der Treppe* und der *Kentaurenschlacht* (Casa Buonarroti), bereits in Abkehr von der Tradition →Donatellos. Nach dem Studium der antiken Statuen unter seinem Lehrer Bertoldo di Giovanni entstanden seine *Pietà* (1498–1501) und der *David* (1501–04), die bereits seine zu Humanismus und Poesie neigende Grundhaltung offenbaren. Papst Julius II. berief M. 1505 mit dem Auftrag, sein Grabmal zu gestalten nach Rom. Als ihm 1508 die Ausmalung der Decke in der Sixtinischen Kapelle im Vatikan übertragen wurde, blieb das Grabmal bis auf die Figur des Moses und des sterbenden Sklaven unvollendet. Auch die Arbeiten für die Grabkapelle der Medici in San Lorenzo zu Florenz konnten nicht vollendet werden. 1533 begann M. im

Auftrag von Papst Clemens VII. das Gemälde *Das Jüngste Gericht* in der Sixtinischen Kapelle, wohl sein berühmtestes Werk als Maler, das er 1541 beendete. Seit 1546 Bauleiter der Peterskirche, schuf M. den Entwurf für die mächtige Rippenkuppel (1586–93 ausgeführt). Er leitete auch die Umgestaltung des Kapitolplatzes in Rom und den Bau des Treppenhauses der Biblioteca Laurenziana (Florenz), das schon barocke Grundformen erkennen lässt. Seine Gedichte und Liebessonette, größtenteils der von ihm verehrten Vittoria Colonna gewidmet, betrachtete M. nur als Beiwerk.

Mies van der Rohe, Ludwig

dt.-amerik. Architekt
* 27.3.1886 in Aachen
† 17.8.1996 in Chicago

M. gilt neben seinem Lehrer Peter Behrens, →Le Corbusier und W. →Gropius als einer der wegweisenden Architekten unserer Zeit. In der Anfangszeit war er noch vom klassizistischen Stil beeinflusst. Erst nach 1910 wurde M. zum führenden Vertreter moderner Baukunst, für die er die Materialien Glas, Beton und Stahl bevorzugte. In dieser funktionellen Bauweise mit erlesener Austattung entstanden verschiedene kühn geformte Hochhäuser (u. a. ein Wohnblock in der Weißenhofsiedlung in Stuttgart, 1927; der deutsche Pavillon für die Weltausstellung in Barcelona, 1929). M. war 1929–33 Direktor des Bauhauses in Dessau. 1937 emigrierte er in die USA und war 1938–58 Leiter der Architekturabteilung am Illinois Institute of Technology in Chicago, das durch M.s Bautätigkeit ein Zentrum modernen experimentellen Bauens wurde (Commonwealth Promenade Appartements, 1956; Chicago Federal Center, 1964–68). Seine letzte große Arbeit war die Errichtung der Neuen Nationalgalerie in Berlin (1962–68), in der er den Einklang zwischen konstruktiver Klarheit und harmonischen Proportionen verwirklichte.

Mill, John Stuart

engl. Philosoph und Nationalökonom
* 20.5.1806 in London
† 8.5.1873 in Avignon, Frankreich

M., Hauptvertreter des Positivismus, wurde von seinem Vater James M., dem bekannten Historiker und Volkswirtschaftler, privat unterrichtet und auf eine Laufbahn als Wissenschaftler vorbereitet. 1823–58 stand er im Dienst der Ostindischen Kompanie und war 1865–68 liberaler Unterhausabgeordneter. M. setzte sich für die Rechte der Arbeiter und der Frauen ein. In den Wirtschaftswissenschaften knüpfte er an die Lehren von D. Ricardo an und forderte einen sozial-ethischen Maßstab, der dem Einzelnen und der Allgemeinheit größtmöglichen Nutzen garantieren sollte. In der Philosophie verband M. den Positivismus mit den Elementen des englischen Empirismus. Für ihn ist die Grundlage der Philosophie die Analyse der Empfindungen und ihrer Verknüpfungen. Er ließ als alleiniges Verfahren der Wissenschaft den Induktionsschluss vom Einzelnen auf das Allgemeine gelten. Seine bedeutendsten Werke sind: *System of Logic, Ratiocinative and Inductive* (1843), *Principles of Political Economy* (1848), *The Subjection of Women* (1869).

Miller, Glenn

amerik. Jazzmusiker
* 1.3.1904 in Clarinda (IA)
† 15.2.1944 über dem Ärmelkanal

M. war zu Beginn seiner Karriere Jazzposaunist und wurde als Bandleader und Arrangeur einer der stilprägenden Musiker des Swing. Er schuf ein Tanzorchester, dessen charakteristischer

Sound auf vier Saxophonen und der Klarinette als führendem Instrument beruht. In den 30er Jahren entstanden Hits wie *Moonlight Serenade, Tuxedo Junction, Pennsylvania 6–5000, In the Mood* und *Chattanooga Choo-Choo.* M., während des II. Weltkrieges Mitglied der US-Army und Leiter des „Army Air Force Orchestra", kam beim Absturz eines Militärflugzeugs ums Leben.

Miller, Henry (Valentine)

amerik. Schriftsteller
* 26.12.1891 in New York
† 7.6.1980 in Pacific Palisades (CA)

M. stellte in seinen Romanen als Protest gegen Erstarrung und Konvention unverhüllt tabuisierte Lebensbereiche dar und wurde zu einem der umstrittensten amerikanischen Schriftsteller des 20. Jh.s. 1930–40 lebte er als Bohemien in Paris, wo er hauptsächlich in literarischen Emigrantenkreisen verkehrte. M.s Erzählungen und Romane haben stark autobiografischen Charakter und seine persönlichen Erlebnisse der Pariser Jahre zum Inhalt. Mit dem Roman Wendekreis des Krebses gelang ihm 1934 (dt. 1953) der Durchbruch, der Wendekreis des Steinbocks folgte 1939 (dt. 1953). Wegen Obszönität waren diese und andere Werke von M. in den USA, wo er ab 1942 wieder lebte, bis 1960 verboten. Durch die Skandale und Prozesse, die sie auslösten, erlangten sie einen hohen Bekanntheitsgrad. Weitere bekannte Titel sind: *Sexus* (1949, dt. 1970), *Plexus* (1953, dt. 1955), *Nexus* (1960, dt. 1961) sowie *Stille Tage in Clichy* (1966, dt. 1968).

Milton, John

engl. Dichter
* 9.12.1608 in London
† 8.11.1674 in St. Giles, Buckinghamshire

M. unterstützte mit Streitschriften den Kampf der puritanischen Republikaner gegen die Königstreuen (1639–60). In seiner späteren Diplomatentätigkeit unter O. →Cromwell zeigte er zugunsten von Wort-, Gedanken- und Gewissensfreiheit eine ähnlich kompromisslose Haltung. Nach der Restauration des Königstums (1660) musste er sich von der Politik zurückziehen. M.s Bücher wurden öffentlich verbrannt. 1632–38 widmete er sich intensiven Sprachstudien und eigenen literarischen Arbeiten. In dieser Zeit entstanden die epischen Gedichte *Der Heitere, Der Nachdenkliche* und das Maskenspiel *Comus.* Auf einer Europareise macht er die Bekanntschaft bedeutender Männer wie G. →Galilei. Nach seinem Rückzug aus dem öffentlichen Leben verfasste M. das weltberühmte Blankversepos *Das verlorene Paradies* (1667, dt. 1682), das der inzwischen erblindete Dichter seinen Töchtern diktierte. Als Ergänzung dazu entstand *Das wiedergewonnene Paradies* (1671, dt. 1685). Sein als griechische Tragödie geformtes Lesedrama *Samson Agonistes* (1671, dt. 1840) verdeutlicht in biblischem Gewand die zunehmende Resignation des Dichters.

Mirabeau, Honoré Gabriel Riqueti, Graf von

frz. Journalist und Staatsmann
* 9.3.1749 in Le Bignon bei Nemours
† 2.4.1791 in Paris

M., einer der schärfsten Kritiker des „Ancien régime", führte als junger Offizier ein derart ausschweifendes Leben, dass sein eigener Vater ihn wegen Veruntreuung mehrfach ins Gefängnis bringen ließ. Auf seiner Flucht nach Holland wurde er aufgegriffen und zum Tod verurteilt, 1782 jedoch begnadigt und freigelassen. 1792 erschienen die berühmten *Briefe an Sophie,* die er im Gefängnis verfasst hatte. M. ging als politischer Journalist nach London, war später Geheimagent in Berlin (*Geheime Geschichte des Berliner Hofes,* 1789). Beim

Ausbruch der Revolution kehrte er nach Frankreich zurück. Vom Adel der Provence zurückgewiesen, ließ er sich vom bürgerlichen Dritten Stand in die Generalstände wählen. Durch seine überragende Rednergabe beherrschte M. die Nationalversammlung, deren Präsident er 1791 als Führer der Jakobiner wurde. Er arbeitete maßgeblich an der Erklärung der Menschen- und Bürgerrechte mit. M. lehnte den Despotismus ab, befürwortete aber eine konstitutionelle Monarchie mit starker monarchischer Exekutive nach britischem Vorbild. Während er der populärste Streiter für das Volk war, unterhielt er heimliche Kontakte mit dem König. Seine Erkrankung und sein plötzlicher Tod wirkten sich zugunsten der Republikaner aus.

Miró, Joan

span. Maler, Grafiker und Bildhauer
* 20.4.1893 in Montroig
bei Barcelona
† 25.12.1983 in Palma de Mallorca

M. gehört zu den bedeutendsten Künstlern des Surrealismus, doch sind seine oft mit skurrilen Titeln versehenen Werke mit ihrer Darstellung heiterer Fabelwelten in den zeitgenössischen Kunstbetrieb nicht einzuordnen. Er studierte 1912–15 an der Akademie Gali in Barcelona. M. setzte sich schon vor seiner Begegnung mit P. →Picasso 1919 mit dem Kubismus auseinander. Es entstanden kubistisch beeinflusste Landschaften, Stillleben und Akte. Bald ging M. zu verschlüsselten Zeichen über, die scheinbar zusammenhanglos in vielgestaltige Kompositionen integriert wurden. Kürzel stehen für Tag und Nacht, Mensch und Tier, Bauernhof und Fluss, Feld und Flur, dämonische Fabelwesen verkörpern Ängste und Gefahren (*Gepflügte Erde,* 1922–24). 1935 übersiedelte der Künstler wegen des bevorstehenden Bürgerkrieges nach Paris. Danach entstanden die sog. „Schreckensbilder“. Um 1940 begann M. mit der Gestaltung von Keramikobjekten, später beschäftigte er sich mit Wandmalereien (großes Wandbild für das UNESCO-Gebäude in Paris, 1958). In den 60er Jahren widmete er sich der Gestaltung großer Freiplastiken, Objektmontagen, in denen er Alltagsgegenstände mit seinen surrealistischen Grundmotiven verband. In den 70er Jahren entstanden Großplastiken aus Marmor und Kunststoff.

Mithridates VI. Eupator Dionysos

pontischer König
* um 132 v. Chr. in Sinope
† 63 v. Chr. in Pantikapäum

M., seit 120 v. Chr. König, konnte erst nach der Ermordung seiner grausamen Mutter die Herrschaft antreten (112). Er dehnte das kleine Königtum Pontos an der Südküste des Schwarzen Meeres bis zur Krim aus, eroberte Teile Kleinasiens und Griechenlands und schuf ein Großreich, das jedoch nicht lange bestehen sollte. Er machte sich die Unzufriedenheit über die römische Ausbeutung zunutze und ließ 88 v. Chr. an einem Tag 80 000 in Kleinasien lebende Römer töten („Vesper von Ephesos“). Dadurch löste er die drei Mithridatischen Kriege aus (88–63v. Chr.). Obwohl anfangs erfolgreich, musste sich M. den römischen Feldherren Sulla und Pompejus geschlagen geben. Der Verrat seines Sohnes führte zur endgültigen Kapitulation, und M. ließ sich von einem Soldaten erdolchen.

Mohammed

Stifter des Islam
* um 570 in Mekka
† 8.6.632 in Medina

M. („der Gepriesene“), früh verwaist, wurde von seinem Onkel Abu Talib erzogen. Er unternahm wahrscheinlich zahlreiche Karawanenreisen, bei denen er Christentum, Judentum und andere Religionen kennen lernte. Im Alter von 25 Jahren heiratete er die wesentlich ältere Kaufmannswitwe Chadidscha. 610 erlebte M. seine Berufung und empfing von da an Offenbarungen, deren Kern die Einzigkeit des Schöpfergottes und das Jüngste Gericht darstellen. Anfangs verkündete er die Botschaft nur im Vertrautenkreis, später trat er als Gesandter Gottes in Mekka auf, stieß aber auf starken Widerstand. Um Verfolgungen zu entgehen, entschloss sich M. mit seinen Anhängern 622 zur „Hedschra“ (Beginn der islamischen Zeitrechnung), d.h. zur Auswanderung nach Medina. Hier wurde er als Prophet anerkannt, und man übertrug ihm die politische Führung des Gemeinwesens. M. entwickelte seine Lehre weiter, bildete besonders die rechtliche Seite aus. Die Riten, die er festsetzte, hoben seine Gemeinde von den Christen und Juden sowie vom Heidentum immer deutlicher ab. Im Heiligen Krieg ab 624 führte M. seine Truppen gegen die feindliche Übermacht und konnte nach Kämpfen, diplomatischen Verhandlungen und Massenbekehrungen 630 als Sieger in Mekka einziehen, dessen Heiligtum, die Kaaba, zur Wallfahrtsstätte des Islams erhoben wurde. Zur Zeit seines Todes bekannte sich fast die ganze arabische Halbinsel zur Lehre M.s. Das politisch und religiös geeinte Arabien konnte sich zwischen den damals herrschenden Großmächten – dem christlichen Byzanz und dem zarathustrischen Persien – behaupten. M. sah sich in der Tradition der Propheten und empfand es als seine Aufgabe, den Arabern in ihrer eigenen Sprache die göttlichen Offenbarungen zu bringen, die später im Koran niedergelegt wurden.

Mohammed II.

(eigtl. Mehmed II.)
osman. Sultan
* 30.3.1432 in Adrianopel
† 3.5.1481 bei Gebze

Den Beinamen „Fatih“ (Eroberer) führte M. seit er 1453 Konstantinopel (früher Byzanz), die christliche Hauptstadt des oströmischen Reiches, erobert und dem Osmanischen Reich einverleibt hatte. Er machte Istanbul zur mohammedanischen Residenz und vergrößerte den Einflussbereich des Islam durch zahlreiche Feldzüge. Dabei besetzte er Griechenland, die Krim und weite Teile des Balkans (Serbien, Bosnien, Albanien) und verdrängte Venedig und Genua aus dem östlichen Mittelmeer. Der auf dem militärischen Gebiet als streng und grausam geltende Sultan schätzte die schönen Künste besonders. Dichter, Maler und Wissenschaftler unterstützte er großzügig und stellte Beziehungen zu den italienischen Kunstzentren her. Nach der Eroberung Griechenlands beließ M. der Stadt Athen wegen ihrer ruhmreichen Vergangenheit die Freiheit und die Selbstverwaltung. Von der Stadt Ragusa forderte er als Tribut die antiken Handschriften aus ihren reichen Bibliotheken. In den Jahren des Friedens zog er die bedeutendsten Künstler an seinen Hof.

Mohn, Reinhard

dt. Medienunternehmer
* 29.6.1921 in Gütersloh

M. übernahm 1947 die Leitung des Bertelsmann Verlags von seinem Vater und baute das Unternehmen zu einem der größten Medienkonzerne der Welt aus. Seinen größten Erfolg verzeichnete er 1950 mit der Gründung des „Bertelsmann Leserings", der 1993 weltweit über 20 Millionen Mitglieder zählte. Durch Ankäufe und Beteiligungen (Gruner+Jahr, 1969) wurde die Expansion vorangetrieben. Der Konzern umfasst heute neben Verlagen (u.a W. Goldmann Verlags 1974) und Buchklubs im In- und Ausland (Bantam-Doubleday-Dell in den USA, 1977) Druckbetriebe, Musik- und Videounternehmen (RCA/Ariola, 1986) und elektronische Medien. Seit den 90er Jahren investiert der Konzern auch erhebliche Summen in das digitale Fernsehen, wo er 1997 mit L. →Kirch eine strategische Allianz eingegangen ist. 1970 führte M. die Mitarbeiterbeteiligung ein und gründete 1977 die Bertelsmann-Stiftung, deren Vorsitzender er seit 1991 ist. Bis 1981 war er der Vorstand der Bertelsmann AG (seit 1971).

Molière

(eigtl.: Jean-Baptiste Poquelin)
frz. Dichter und Schauspieler
* 15.1.1622 in Paris
† 17.2.1673 in Paris

Nach dem Besuch der Jesuitenschule studierte M. Jura, um Advokat zu werden. Als Sohn eines Hoftapezierers hatte er davor den Titel eines königlichen Teppichwirkers und Kammerdieners erhalten. Auf Reisen lernte er die Schauspielerin Madeleine Béjart kennen, gründete mit ihr 1643 das „Illustre-Théâtre" und verschrieb sich ganz der Schauspielerei. Er schrieb von der italienischen „Commedia dell' arte" beeinflusste Stücke. Nach 13 Jahren Wanderbühne durch die Provinz kam M. 1658 nach Paris, wo er durch die Vorführung einer eigenen Komödie König →Ludwig XIV. auffiel. Ab 1661 schrieb er Stücke für Hoffeste, auch mit Gesangs- und Tanzeinlagen („comedié ballet"). Als Schützling des Königs genoss M. eine Sonderstellung (ab 1665) in der Gesellschaft und war mit berühmten Zeitgenossen befreundet (→La Fontaine, J.P. →Racine). Seine formvollendeten fünfaktigen Sittenkomödien sind voll Situations- und Charakterkomik, geben die Schwächen und Laster der Menschen der Lächerlichkeit preis. Dadurch hatte M. auch viel offene und intrigante Feindschaft zu erleiden. Von den mehr als 300 Lustspielen sind 32 erhalten. Die bedeutendsten Werke sind: *Die lächerlichen Preziösen* (1659, dt. 1670) *Tartuffe* (1664, dt. 1748), *Der Menschenfeind* (1666, dt. 1742), *Der Geizige* (1668, dt. 1670) und *Die gelehrigen Frauen* (1672, dt. 1752). M., der selbst Regie führte und häufig die Hauptrolle übernahm, brach während der Aufführung des *Eingebildeten Kranken* (1673, dt. 1694) zusammen und starb.

Mommsen, Theodor

dt. Historiker und Jurist
* 30.11.1817 in Garding, Schleswig
† 1.11.1903 in Charlottenburg
(heute Berlin)

M. war der erste bedeutende deutsche Wissenschaftspolitiker. Der Pfarrerssohn interessierte sich schon während des Jurastudiums für antike Rechtsgeschichte und betrieb Studien in Frankreich und Italien (1844–47). Er war als Zeitungsredakteur, später als Professor der Rechte in Leipzig tätig. Wegen Beteiligung an der Revolution von 1848 und seiner liberal-demokratischen Einstellung verlor er den Lehrauftrag. Über Professuren im Ausland kam er nach Berlin, wo er Professor für Alte Geschichte wurde (1858). 1874–95 war er Sekretär der

Preußischen Akademie der Wissenschaften. Den Mittelpunkt von M.s Arbeit bildete die Erforschung des römischen Altertums aus der Sicht des Rechtsgelehrten. Für seine *Römische Geschichte* (1854–85) erhielt er 1902 den Literaturnobelpreis. Das Werk gilt bis heute als Meisterleistung der Geschichtsschreibung. Mit der Sammlung *Corpus Inscriptionum Latinarum* (1863 ff.) schuf er eine enzyklopädische und philologische Quellengrundlage. Politisch stand M. den bürgerlichen Linken nahe, war 1863–79 Abgeordneter im Landtag, 1881–84 im Reichstag. M. war ein überzeugter Gegner →Bismarcks und bekämpfte den Antisemitismus des Historikers H. von Treitschke.

Mondrian, Piet

(eigtl.: Pieter Cornelis Mondriaan)
niederl. Maler
* 7.3.1872 in Amersfoort
† 1.2.1944 in New York

M. gilt als einer der wichtigsten Künstler des niederländischen Konstruktivismus. Er trug zur Entwicklung der geometrischen Abstraktion entscheidend bei. Nach den Versuchen in den herkömmlichen Stilarten löste er sich allmählich vom Naturbild. In Paris lernte M. den Kubismus kennen (1911–14) und wandte sich konsequent der abstrahierenden Malweise zu. Nach seiner Rückkehr in die Niederlande gründete er 1917 mit Theo van Doesburg die Gruppe „De Stijl" und gab die gleichnamige Zeitschrift heraus. Ab 1919 wieder in Paris veröffentlichte M. die kunsttheoretische Schrift *Der Neoplastizismus.* Darunter verstand der Künstler ein allgemeines Gestaltungsprinzip für Architektur, Design und bildende Kunst. Es sollte in der Reduktion der Naturform auf einfache, senkrecht-waagerechte Strukturen bestehen. In seinen Bildern baute M. in strengen Rhythmen ein rechtwinkliges Gerüst auf, in das er helle und farbige Flächen integrierte (u. a. *Komposition mit Blau,* 1917; *Komposition I mit Rot, Gelb und Blau,* 1921). 1940 übersiedelte er nach New York. In M.s Spätwerk vollzog sich eine Wandlung zum Heiteren und Tänzerischen. Er knüpfte an die aufgelockerten Kompositionen von vor 1918 an und schuf aus der Farbe aufgebaute Gitterstrukturen (*Broadway Boogie,* 1942/43, *Victory Boogie,* 1943/44, unvollendet).

Monet, Claude

frz. Maler
* 14.11.1840 in Paris
† 6.12.1926 in Giverny

M., einer der Hauptvertreter des französischen Impressionismus, provozierte durch seine diffusen Stimmungsmotive; in Dunst oder Nebel getauchte Landschaften, flimmerndes Sonnenlicht wurden ohne starre Umrisslinien mit Hilfe farblich abgestufter Tupfen festgehalten. Sein Gemälde *Impression, aufgehende Sonne,* das M. auf einer Gruppenausstellung 1874 in Paris zeigte, war der Anlass zu einer spöttischen Kritik über die „Impressionisten" und gab einer ganzen Kunstepoche ihren Namen. In Le Havre, wo er seine Kindheit verbrachte, kam M. über den Marinemaler Eugène Boudin zum damals ungewohnten Malen im Freien. Entgegen dem Rat seiner Familie schloss er sich nicht den akademisch anerkannten Ateliers, sondern freien und fortschrittlichen Künstlern an. M. gelang es, mit A. →Renoir, E. →Degas und E. →Manet den Klassizismus zu überwinden. 1893 siedelte er nach Giverny um, wo die Serien seiner berühmten Seerosenbilder entstanden. Zu M.s berühmtesten Werken zählen auch *Camille oder das grüne Kleid* (1866), *Frauen im Garten* (1867), *Der Fluss* (1868), *Regatta bei Argenteuil* (1874) und *Pappeln im Wind* (1891).

Monroe, Marilyn

(eigtl.: Norma Jean Baker, geborene Mortensen)
amerik. Filmschauspielerin
* 1.6.1926 in Los Angeles
† 5.8.1962 in Los Angeles

M., die in ärmlichen Verhältnissen aufwuchs, musste als uneheliche Tochter während ihrer Kindheit Demütigungen und sexuellen Missbrauch erleiden. Nachdem ihre Mutter wegen eines Nervenzusammenbruchs in eine Klinik eingewiesen worden war, verbrachte M. ihre Jugend in Waisenhäusern und bei Pflegeeltern. Das Sexsymbol Hollywoods der 50er Jahre, begann ihre Karriere als Aktmodell. Von der Filmgesellschaft Twentieth Century Fox zum Sexidol aufgebaut, spielte sie sehr erfolgreich in zahlreichen Komödien die Hauptrolle (u. a. *Wie angelt man sich einen Millionär?* 1952; *Blondinen bevorzugt,* 1952; *Das verflixte 7. Jahr,* 1955; *Manche mögen's heiß,* 1959). M. wehrte sich gegen die Vermarktung ihres Körpers. 1955 wurde sie Mitglied im Actor's Studio, um ihr Rollenrepertoire zu erweitern. Sie produzierte die Filme *Bus Stop* (1956) und *Der Prinz und die Tänzerin* (1957). Die Kritik bescheinigte ihr beste schauspielerische Leistungen, das Publikum jedoch reagierte ablehnend. Trotz ihres komödiantischen Talents und ernsthafter Rollen konnte sie sich von dem Image der dummen Blondine nicht lösen. Nach dem Scheitern ihrer Ehe mit dem Baseball-Star Joe DiMaggio heiratete M. 1956 den Schriftsteller Arthur Miller, der die letzte Filmrolle für sie schrieb: *Misfits – Nicht gesellschaftsfähig* (1961). 1962 wurde sie in ihrer Wohnung tot aufgefunden, gestorben an einer Überdosis Schlaftabletten. Die genauen Umstände um ihren Tod sind bis heute nicht geklärt und ließen den Mythos M. entstehen.

Montagnier, Luc

frz. Mediziner und Virologe
* 18.8.1932 in Chabris, Indre-et-Loire

M. entdeckte 1984 als erster Wissenschaftler das HI-Virus, den Erreger der Immunschwächekrankheit AIDS. Nach dem Studium widmete er sich der medizinischen Forschung und beschäftigte sich hauptsächlich mit der Untersuchung von Viren. In den 70er Jahren ließ eine „neue" Krankheit die Welt aufhorchen. M. vermutete, dass die tödlich verlaufende Krankheit durch ein Virus verursacht werde. Seit 1982 Leiter der Virologischen Abteilung des Pasteur Instituts in Paris, entdeckt er bei routinemäßigen Analysen von Blutkonserven das für diese Krankheit verantwortliche Virus. Der amerikanische Mikrobiologe Robert Gallo hatte fast gleichzeitig mit M. ein Virus gefunden, das Blutkrebs verursachte und es HTLV 1 genannt. Zwischen den Wissenschaftlern entbrannte ein jahrelanger Streit. Die Auseinandersetzung eskalierte derart, dass die Regierungen beider Länder sich mit dem Thema beschäftigten. 1991 wurde durch weitere Untersuchungen eindeutig nachgewiesen, dass M. der Entdecker des Erregers ist. G. zog seine Ansprüche zurück, gilt jedoch weiterhin als Urheber des AIDS-Tests, der seit den 80er Jahren zum Nachweis des HI-Virus eingesetzt wird.

Montaigne, Michel Eyquem, Seigneur de

fr. Schriftsteller und Philosoph
* 28.2.1533 auf Schloss Montaigne, Périgord
† 13.9.1592 auf Schloss Montaigne, Périgord

M., Philosoph des Späthumanismus, schuf mit den Essais (ab 1572) eine neue literarisch-philosophische Gattung, die besonders in Frankreich Anklang und Verbreitung gefunden hat. Es sind persönliche Reflexionen und Gedanken über verschiedene Zeit- und Lebensfragen in lockerer, geistreicher Gesprächsform als Auseinandersetzung mit der Antike. Der Sohn eines

reichen, geadelten Kaufmanns erhielt eine humanistische Erziehung und war nach dem Studium der Rechtswissenschaften Provinzialbeamter, Parlamentsrat und 1582–85 Bürgermeister von Bordeaux. Den Mittelpunkt seiner Betrachtungen, die vorurteils- und wertfrei sind, bildet die Analyse des Menschen als einer Einheit von Körper und Geist. Als Vertreter eines skeptischen Epikuräertums bekannte sich M. zur Freude am Leben und einer moralischen Behandlung der Menschheit. Sein Einfluss reichte bis ins 20. Jahrhundert.

Montesquieu, Charles (Louis) de Secondat, Baron de la Brèd et de M.

frz. Staatsphilosoph
* 18.1.1689 auf Château La Brède bei Bordeaux
† 10.2.1755 in Paris

M. entstammte einer alten Adelsfamilie und schlug die juristische Laufbahn ein. Von seinem Onkel ererbte er 1716 die Stelle des Präsidenten des Gerichtshofs zu Bordeaux, die er jedoch 1726 verkaufte, um durch Europa zu reisen. Bekannt wurde M. durch seine zunächst anonym veröffentlichten *Persischen Briefe* (1721). Es war eine fiktive witzig-ironische Korrespondenz zweier seit kurzem in Paris lebender Perser mit ihren Angehörigen in der Heimat. In dieser Veröffentlichung geißelte M. das politische, gesellschaftliche und geistige Leben im absolutistischen Frankreich seiner Zeit. 1748 erschien sein Hauptwerk *Vom Geist der Gesetze* (dt. 1891), in dem er die Prinzipien für die politische Ordnung der Staaten herausarbeitete. Er machte psychologische Voraussetzungen wie die Tradition, die Religion und physische Gegebenheiten (vor allem geographische Lage und Klima) für die Unterschiedlichkeit der politischen Ordnungen verantwortlich. M. entwarf als Idealstaat eine am Vorbild Englands orientierte „demokratische Monarchie" mit einer Gewaltenteilung in Gesetzgebung, Regierung und Rechtssprechung, wobei die Gesetzgebung und Regierung eine Aufspaltung in Adel und Bürgertum vorsah, damit ein Stand den anderen am Machtmissbrauch hindere. M.s Idee von der Gewaltenteilung unterstützte die Französische Revolution und wurde zum Wegbereiter des modernen Verfassungsstaates.

Monteverdi, Claudio

ital. Komponist
* getauft 15.5.1567 in Cremona
† 29.11.1643 in Venedig

M. war der zentrale Komponist des Stilwandels um 1600. Bereits mit 16 Jahren wurde er durch seine Kompositionen bekannt und 1590 als Sänger und Violaspieler an den Hof der Herzöge von Gonzaga nach Mantua berufen. 1613 übernahm M. die Kantorstelle an der Markuskirche in Venedig. M.s musikalische Entwicklung vom Höhepunkt der Polyphonie (Vielstimmigkeit) zu einem neuen monodischen Stil lässt sich am besten in den acht *Madrigalbüchern* (1587–1651) verfolgen. Auf dem Gebiet des Musikdramas war er durch die völlige Verflechtung von Wort und Ton sowie die totale Ausschöpfung der stimmlichen und instrumentalen Möglichkeiten bahnbrechend und trieb die musikalische Entwicklung von der Monodie zur Oper. Sein *L'Orfeo* (1607) gilt als erste Oper großen Stils der Geschichte. M.s spätere Werke *Die Heimkehr des Odysseus* (1640) und *Die Krönung Poppeas* (1642) sind dramatische Meisterwerke dieser Gattung, die im 1637 gegründeten, ersten ständigen Opernhaus der Welt, dem „Teatro San Cassino" in Venedig, aufgeführt wurden.

Montezuma II.

(eigtl: Motecuhzoma)
aztek. Herrscher
* um 1466 in Tenochtitlán, Mexiko
† 30.6.1520 in Tenochtitlán

Der Urenkel M.I. Ilhuicamina und Sohn des Axavacatl regierte von 1502 bis zu seiner Gefangennahme durch H. →Cortés am 14.11. 1519. M. („Ehrwürdiger Zorniger Herr") war ein gerechter Herrscher, der sein Reich durch Eroberung neuer Gebiete erweitert hatte. Er versuchte den Vormarsch der Spanier nach Zentralmexiko zu verhindern, konnte aber aus Unsicherheit sowohl durch die unbekannten Waffen der Spanier als auch aufgrund des traditionellen Glaubens an die zu erwartende Rückkehr des „weißen Gottes" keinen großen Widerstand leisten. M. wurde in seinem eigenen Palast gefangen gesetzt, wo er auch starb. Er soll angeblich mit Steinwürfen von seinen aufgebrachten Untertanen getötet worden sein.

Montgolfier, Étienne Jacques de

frz. Erfinder
* 6.1.1745 in Vidalon-lès-Annonay
† 2.8.1799 in Serières (Ardèche)

M. und sein Bruder **Joseph-Michel M.** (* 26.8. 1740; † 26.6.1810) sind die Erfinder des Heißluftballons (Montgolfière), des ersten erfolgreichen Luftfahrzeugs. Die Brüder führten in ihrer Papierfabrik bei Lyon auch physikalische Versuche durch. Die Beobachtung, dass Ascheteile über dem Feuer aufsteigen, diente bei den folgenden Experimenten als Grundlage. Sie füllten Papiertüten mit Rauch, die viel weiter nach oben schwebten. Am 5.6.1783 stellten die Brüder M. den ersten papiergefütterten Stoffballon öffentlich vor. Dieser hatte einen Umfang von 33 cm und flog, angetrieben durch die erwärmte spezifisch leichtere Luft eines Strohfeuers etwa 2000 m weit. Einige Monate später erfolgte die erste Vorführung des Ballons vor König →Ludwig XVI., bald die erste bemannte Fahrt, bei der ein Feuerbecken für die Lufterwärmung sorgte und die beiden Passagiere auf einer Galerie auf der Höhe des Ballonhalses standen.

Moore, Henry

engl. Bildhauer, Maler und Grafiker
* 30.7.1898 in Castleford, Yorkshire
† 31.8.1986 in Much Hadham, Hertfordshire

M., Vertreter der nachkubistischen Skulptur, gehört mit seinen zwischen Figuration und Abstraktion einzuordnendem Werk zu den bedeutendsten Bildhauern des 20. Jh.s. Mit seinen formreduzierten Skulpturen, für die die Kunst der Naturvölker von größter Bedeutung war, wurde M. weltberühmt. Das zentrale Thema seiner Bildhauerkunst ist der Mensch, den er als Teil eines organischen Ganzen im Spannungsfeld der Naturkräfte darstellte. Auf das Wesentliche abstrahiert, sind die Figuren postkubistisch mit teilweise surrealistischer Betrachtungsweise gestaltet. In den 20er Jahren noch figurbezogen, bekam M.s Werk später Züge der Monumentalität. Die anfangs noch relativ geschlossene Form der Figuren wurde in der Folge durch Aushöhlungen, Vertiefungen u. a. mehr und mehr aufgelöst. Sein Spätwerk weist Elementarformen auf, die Knochen oder Wurzeln ähneln (*Drei Teile Nr. 3: Wirbel,* 1964). Zu seinen bedeutendsten Plastiken zählen: u. a. *Liegende* (1938), *Krieger mit Schild* (1951), *König und Königin* (1951). M.s Werk umfasst auch zahlreiche Zeichnungen und Aquarelle.

Morgan, Thomas Hunt

amerik. Genetiker
* 25.9.1866 in Lexington (KY)
† 4.12.1945 in Pasadena (CA)

M. gilt als Begründer der modernen Vererbungslehre. Nach dem Zoologiestudium nahm er eine Professur an der Columbia Universität in New York an, wo er Hugo de Vries kennenlernte, der um 1900 die lange Jahre unbeachteten Forschungsergebnisse G. →Mendels widerentdeckt hatte. M. konnte an den in seinem Labor gezüchteten Taufliegen (Drosophila melanogaster) die von de Vries für Pflanzen ausgearbeitete Mutationstheorie bestätigen. Er erkannte, dass bestimmte Erbmerkmale entweder gekoppelt oder einzeln vererbt und manche Chromosomenpaare durch ein sog. „Crossing-over" von Generation zu Generation vertauscht werden. Durch die Identifizierung der verschiedenen Erbfaktoren auf den Chromosomen bewies M. die lineare Anordnung der Genorte und beschrieb die geschlechtgebundene Vererbung. 1911 veröffentlichte er die erste, an der Taufliege erarbeitete Genkarte. 1933 wurde M. mit dem Nobelpreis für Medizin ausgezeichnet.

Morse, Samuel

amerik. Erfinder
* 27.4.1791 in Charlestown (MA)
† 2.4.1872 in New York

M. entwickelte die ersten Schreibtelegrafen für Linien- und später Punkt-Strich-Schrift und erfand das Morsealphabet. Der Sohn eines Pfarres war eigentlich Kunstmaler und hatte sich als Landschafts- und Porträtmaler schon einen Namen gemacht. Auf der Schiffsreise von Europa nach Amerika kam M. auf die Idee, die Telegrafie zur schriftlichen Übermittlung von Nachrichten zu benutzen. 1837 meldete er seine Erfindung, die anfangs als reine Spielerei betrachtet wurde, zum Patent an. Die erste Telegrammübertragung fand 1844 zwischen Baltimore und Washington statt.

Morus, Sir Thomas (hl.)

(auch: More, Sir Thomas)
engl. Humanist und Staatsmann
* 7.2.1477 in London
† 6.7.1535 in London

M., der den Beruf des Richters ausübte, wurde 1504 Parlamentsmitglied, 1523 Sprecher des Parlaments und war 1529–32 Lordkanzler. Als sich →Heinrich VIII. 1532 wegen seines Ehescheidungsprozesses von Rom trennte, legte M. seine Ämter nieder. Er stimmte der Ehescheidung nicht zu, wodurch er die Gunst des Königs verlor. 1534 wurde M., nachdem er sich geweigert hatte, die königliche Alleingewalt durch den „Suprematseid“ anzuerkennen, verhaftet und als Hochverräter hingerichtet. Der mit →E. von Rotterdam eng befreundete große Humanist beschreibt in seinem lateinisch geschriebenen Hauptwerk *Utopia* (1516) die Vision eines Idealstaates, in dem Privateigentum und Geldverkehr abgeschafft wären und wo allgemeine Toleranz herrschte. In diesem ersten modernen Staatsroman geißelt er auch die Ungerechtigkeit und Missstände der Renaissancezeit. M. wurde 1935 heilig gesprochen (6.7).

Moses

(hebr. Mosche)
Religionsstifter
um 1250 v. Chr.

Laut Bibelüberlieferung wurde M. als Neugeborenes ausgesetzt, aber von einer Pharaonentochter aus dem Nil gerettet. Als eine wohl geschichtliche, aber sagenumwobene Gestalt aus dem Stamm Levi, von besonderer charismatischer Begabung, hatte M. eine Mittlerstellung zwischen dem Gott Jahwe und Israel inne. Im 13. Jh. v. Chr. übernahm er als Gesetzgeber und Richter die Führung des Volkes oder einiger Stämme. Am Berg Sinai wurde ihm die Offenbarung des Gottes Jahwe in Form der „Zehn Gebote“ zuteil. Mit der Bundeslade und den mosaischen Gesetzen legte der Religionsstifter die Grundlagen des Judentums. Während die Quellen zum Pentateuch (die sog. Fünf Bücher Mose, das Gesetzbuch der Juden) ihn von einer besonderen Seite schildern, wird er von den Großen Propheten nicht oder nur am Rande erwähnt. Im Neuen Testament ist M. häufig genannt, im Islam gilt er als Prophet und Vorgänger →Mohammeds.

Mozart, Wolfgang Amadeus

österr. Komponist
* 27.1.1756 in Salzburg
† 5.12.1791 in Wien

M. gehört neben J. →Haydn und L. van →Beethoven zu den drei Hauptmeistern der Wiener Klassik und zu den größten Musikern der Weltgeschichte. Er zeigte schon früh eine hohe musikalische Begabung. Von seinem Vater Leopold M. wurde er seit dem vierten Lebensjahr auf der Geige, dem Klavier und in der Komposition unterwiesen. Bereits mit sechs Jahren gab M. seine ersten Klavierkonzerte und erregte Aufsehen als Wunderkind. Ab 1762 war er mit seinem Vater und seiner Schwester „Nannerl“ auf Konzertreisen (u. a. Wien, München, Paris, London, Den Haag, Genf). Mit 11 Jahren schrieb er seine erste Oper, ein Jahr später das Singspiel *Bastien und Bastienne.* 1769 wurde M. vom Erzbischof von Salzburg zum Konzertmeister ernannt und ließ sich noch in Italien, wo er für seine Kompositionen hohe Auszeichnungen erhielt, weiter ausbilden. Nach seiner Rückkehr nach Salzburg folgte eine unermüdliche Schaffensperiode. M. schrieb neben italienischen Opern vor allem Kirchenmusik, Serenaden, Klavier- und Violinkonzerte, Symphonien und Kammermusik. 1777 verließ er den Salzburger Hof, von dessen provinzieller Enge er zunehmend abgestoßen wurde und reiste stellungsuchend nach Mannheim, München und Paris. 1778 kehrte er in den Salzburger Dienst zurück, bis es 1781 zum endgültigen Bruch mit dem Erzbischof kam. Seitdem lebte M. als freier Komponist in Wien, wo er seine größten Werke schuf. 1782 heiratete er Constanze Weber, begegnete später J. →Haydn, mit dem ihn eine enge Freundschaft verband. Er lernte die Musik von J. S. →Bach und G. F. →Händel kennen, was zu einer intensiven Auseinandersetzung mit der polyphonen Kunst des Spätbarocks führte. Seine beruflichen Hoffnungen wurden bitter enttäuscht. Mit seinen inhaltlich brisanten und kritischen großen Opern verlor M. die Gunst des konservativen Wiener Adels. In den letzten fünf Jahren seines Lebens zog er sich von der Öffentlichkeit zurück und brachte die Höhepunkte seines Werks hervor. Trotz mehrerer Erfolge starb er in wirtschaftlicher Not. Sein letztes Werk, das *Requiem,* blieb unvollendet. M. schuf in allen Kompositionsgattungen vollendete und für die Wiener Klassik zentrale Werke. Besonders seine Bühnenwerke, deren Wirkung durch seinen Sinn für Dramatik verstärkt wird, zeigen dies deutlich: Die „Opera buffa" erhielt durch M. einen weite Affektbereiche umspannenden Stil (*Figaros Hochzeit,* 1786; *Don Giovanni,* 1787; *Cosi fan tutte,* 1790). Das weithin erstarrte Thema der „Opera seria" wird durch musikalische Dramatisierung abgelöst (*Idomeneo,* 1781). Seine *Zauberflöte* (1791) stellt die Synthese seines Opernschaffens dar und übte weit über die Wiener Klassik hinaus eine große Wirkung aus. Sie wurde zum Vorbild der Romantik. Die Musik von M. spiegelt auch die neue Situation des bürgerlichen Künstlers in der aristoratischen Gesellschaft wider, wodurch M. zu einer zentralen Leitfigur der neueren Musikgeschichte wurde. Seine über 600 Werke wurden erstmals 1862 durch Ludwig von Köchel in einem „chronologisch-thematischen Verzeichnis" geordnet.

Mubarak, Mohammed Hosni

ägypt. Politiker
* 4.5.1928 in Kafr al-Musiha, Menufia

Nach der Ermordung Präsident A. as →Sadats 1981 durch Fundamentalisten wurde M., seit 1975 Vizepräsident, zum Nachfolger bestimmt. Dem neuen Staatschef gelang es, trotz anhaltender wirtschaftlicher Probleme und den Un-

ruhen durch die radikalen Moslem-Bruderschaften das Vertrauen seines Volkes zu gewinnen. Anfang der 90er Jahre begann sich die Opposition, vor allem die großbürgerliche Wafd-Partei und die sozialistische Arbeiterpartei, verstärkt zu formieren. Zu erneuten innenpolitischen Unruhen kam es Ende der 90er Jahre durch die islamischen Fundamentalisten, die den westlichen Führungsstil M.s ablehnen und einen islamischen Staat errichten wollen. Dabei schrecken sie auch vor Gewalt nicht zurück. Außenpolitisch konnte M. nach langjährigen Bemühungen Ägypten, das nach dem Frieden mit Israel in die Isolation geraten war, in die Gemeinschaft der arabischen Staaten zurückführen.

Munch, Edvard

norweg. Maler und Grafiker
* 12.12.1863 in Løten, Hedmark
† 23. 1.1944 auf Gut Ekely bei Oslo

M. war einer der bedeutendsten Wegbereiter des Expressionismus, der die Malerei des 20. Jh.s entscheidend beeinflusste und vor allem der deutschen Kunst wertvolle Impulse gab. In seiner Pariser Zeit (1889) wurde er besonders von P. →Gauguin und V. van →Gogh beeinflusst. 1892 in Berlin kam es auf einer Ausstellung des Vereins Berliner Künstler wegen M.s allzu freizügigen Darstellungen zum Eklat. Für die danach gegründete Gruppe „Berliner Secession" stellte der Künstler 1902 das *Lebensfries,* einen Zyklus aus 22 Gemälden, zusammen. Ab 1906 lebte M. meistens in seiner Heimat. Der expressive Ausdruck seiner Gemälde (*Der Schrei,* 1893; *Angst,* 1894/95) verband sich mit den Einflüssen von Symbolismus und Jugendstil. Das zentrale Thema seines Werks, das er schon früh anschlug, war der Mensch in seiner Lebensangst, seelischen Not und Einsamkeit. Auch seine Landschaften drücken Melancholie (z. B. *Sommernacht an der Küste,* 1902) oder Bedrohung (*Sommernacht,* 1901) aus. In seinem späteren Werk (ab 1910) trat die expressionistische Malweise in den Vordergrund, seine Hauptthemen blieben aber bestehen (z. B. *Der Maler und sein Modell,* 1919/21). M. schuf auch ein umfangreiches grafisches Werk und war ein Meister der Lithographie und des Holzschnittes (u. a. *Das kranke Kind,* 1885/86; *Der Kuss*).

Murdoch, Rupert Keith

austr.-amerik. Zeitungsverleger
* 11.3.1931 in Melbourne

M. baute aus zwei Zeitungen, die er 1952 von seinem Vater geerbt hatte, ein weltweites Medienimperium auf (The News Corporation Ltd.). Der Oxford-Absolvent (Politik, Geschichte, Volkswirtschaft) begann seinen Verlag auszubauen, indem er andere Zeitungen auf Kreditbasis kaufte. Durch Boulevardjournalismus erzielte er immer höhere Umsätze und avancierte mit dem Ankauf von Sydneyer Massenblättern in den 60er Jahren zum viertgrößten Verlag in Australien. Nach den Beteiligungen in Neuseeland und Hongkong engagierte sich M. auf dem britischen Medienmarkt („News of the World", „The Sun", „Times", „Sunday Times"). In den USA hatte M. einen schweren Start. Auf dem Gebiet der Presse blieb er weitgehend erfolglos. Nach der Annahme der US-Staatsbürgerschaft (1985) stieg er in den amerikanischen Fernsehmarkt ein (Skyband, Metromedia, 20th Century Fox). Mit Sky Channel übernahm M. den ersten europäischen Satellitensender. Sein Konzern ist heute der fünftgrößte Medienkonzern der Welt. Seit 1994 ist er mit 49,9% am deutschen Privatfernsehen Vox beteiligt. Zweifellos führte das Anwachsen solcher Mediengiganten wie M., Bertelsmann AG (R. →Mohn) und L. →Kirch zu einer erhöhten Medienkonzentration.

Musil, Robert (Edler von)

österr. Schriftsteller
* 6.11.1880 in Klagenfurt
† 15.4.1942 in Genf

M., einer der Schöpfer des modernen Romans, erlangte mit seinem unvollendeten Hauptwerk *Der Mann ohne Eigenschaften* (1930–43) literarischen Weltruhm. Nach dem Psychologie- und Philosophiestudium war er als Bibliothekar und Redakteur tätig und nahm als Offizier am I. Weltkrieg teil. Ab 1922 arbeitete M. als freier Schriftsteller in Berlin und Wien, ging 1938 ins Exil in die Schweiz, wo er bis zu seinem Tod fast vergessen an seinem Hauptwerk arbeitete. M. hatte schon mit dem Roman *Die Verwirrungen des Zöglings Törless* (1906) Beachtung gefunden. Dann folgten Bühnenstücke und Novellen (*Vereinigungen,* 1911; *Grigia,* 1923; *Die Portugiesin,* 1923; *Drei Frauen,* 1924). M.s fragmentarischer Roman *Der Mann ohne Eigenschaften* ist eine Analyse der sich auflösenden Donaumonarchie sowie des – parallel gesetzten – Deutschen Reiches vor dem mitgedachten Hintergrund des I. Weltkriegs. Zu Lebzeiten weitgehend unbeachtet, erfuhr M. erst nach 1945 breite Aufmerksamkeit.

Mussolini, Benito

ital. Politiker
* 29.7.1883 in Predappio, Forlì
† 28.4.1945 in Giulino di Mezzegra, Comer See

M. war der Führer („Il Duce") der italienischen Faschisten. Unter dem Einfluss seiner sozialistisch eingestellten Eltern trat er bereits mit 17 Jahren in die Partei ein. Ab 1901 war er als Lehrer in der Schweiz tätig, wurde aber 1904 wegen sozialistischer Agitation ausgewiesen.

Wieder in Italien, gab er die Zeitschrift „Klassenkampf" heraus (1909–12). Als Vertreter des radikalen Flügels der Sozialistischen Partei stieg er zum führenden Funktionär auf und war 1912–14 Chefredakteur des Parteiblatts „Avanti". Nach seinem Ausschluss aus der Sozialistischen Partei gründete M. die von der Schwerindustrie finanzierte Zeitung „Il Popolo d'Italia", in der er die Interventionspropaganda G. d' →Annunzios unterstützte und sich für den Eintritt Italiens an der Seite der „Entente cordiale" in den I. Weltkrieg einsetzte. Nach dem Ende des Krieges nutzte M. die allgemeine Verbitterung über die „verlorenen Siege" aus und gründete im März 1919 in Mailand aus den nationalistischen Kampfgruppen die ersten „Kampfbünde" („Fasci di combattimento"), mit denen er die politische Linke und soziale Bewegungen bekämpfte. Als Abgeordneter der Kammer wandelte M. im November 1921 die Kampfbünde in den „Partito Nazionale Fascista" um. Durch den „Marsch auf Rom" erzwang er im Oktober 1922 seine Beauftragung mit der Kabinettsbildung durch den König. Als Ministerpräsident (1923–43) mit diktatorischen Vollmachten beanspruchte M. immer größere Machtbefugnisse und griff mit Anspruch auf „caesarisches" Führertum bewusst auf altrömische Vorbilder zurück. Seine Stellung festigte er durch innenpolitische Erfolge, wie z. B. die Verminderung der Arbeitslosigkeit, den Städte- und Straßenbau und die erfolgreiche Aussöhnung mit dem Vatikan (Lateranverträge, 1929) sowie außenpolitisch durch die Unterwerfung Libyens (1926–31), Äthiopiens (1935/36) und Albaniens (1939). Seine Kolonialpolitik störte die Interessen der Westmächte empfindlich, so dass er sich immer mehr an A. →Hitler anlehnen musste („Achse Berlin-Rom"). 1940 trat M. an Hitlers Seite in den II. Weltkrieg ein. Die Misserfolge auf allen Kriegsschauplätzen und die sich abzeichnende Niederlage Deutschlands führten 1943 zum Misstrauensvotum durch den Faschistischen Großrat und zu seiner Entlassung und Verhaftung. Nach der Befreiung durch deutsche Fallschirmjäger (12.9.1943) gründete M. im deutschen Machtbereich die „Repubblica Sociale Italiana", wodurch der Bürgerkrieg um zwei Jahre verlängert wurde. Auf der Flucht in die Schweiz wurde M. von italienischen Partisanen gefangen genommen und zusammen mit seiner Geliebten Clara Petacci ohne Verfahren hingerichtet.

Mussorgskij, Modest Petrowitsch

russ. Komponist
* 21.3.1838 in Karewo
† 28.3.1881 in St. Petersburg

M., in der musikalischen Ausbildung weitgehend Autodidakt, war Offizier in der Leibgarde des Zaren. Später nahm er Unterricht bei M. Balakirew und bemühte sich mit vier anderen Musikern in der „Gruppe der Fünf", eine nationale Musik zu schaffen. M.s Musik ist von Unabhängigkeit, von einer neuen, realistischen Umsetzung der Sprache und von der russischen Volksmusik geprägt. Seine urwüchsige, fantasievolle Musikalität, kraftvoll und von unkonventioneller Herbheit blieb selbst von seinen Musiker-Freunden unverstanden. M. starb früh an übermäßigem Alkoholgenuss. Zu seinen bekanntesten Werken zählen die Opern *Boris Godunow* (1874) und *Chowanschtschina* (1886); *Eine Nacht auf dem Kahlen Berge* für Orchester (1867); Klavierwerke, darunter *Bilder einer Ausstellung* (1874; Orchesterfassung von M. →Ravel, 1922; Rockversion von Emerson, Lake & Palmer, 1971); *Lieder und Tänze des Todes* (1874–77) sowie verschiedene Chorwerke.

Nabokow, Vladimir (Vladimirovič)

amerik. Schriftsteller russ. Herkunft
* 23.4.1899 in St. Petersburg
† 2,7.1977 in Montreux

N., einer der bekanntesten russischen Schriftsteller des 20. Jh.s, emigrierte nach der Oktoberrevolution mit seiner großbürgerlichen Familie nach England. Er studierte in Cambridge Literatur, lebte 1922–37 vorwiegend in Berlin, dann in Paris und übersiedelte 1940 in die USA, wo sein Ruhm als Schriftsteller wuchs. N., der bereits während der Schulzeit durch bemerkenswerte Gedichte hervorgetreten war, wandte sich nach 1940 mehr und mehr dem Roman zu. 1955 hatte er einen Skandalerfolg mit *Lolita* (dt. 1959), dem zunächst als pornografisch missverstandenen Roman über die Leidenschaft eines 37-jährigen Mannes für ein zwölfjähriges Mädchen. Später erschienen u. a. *Fahles Feuer* (1962, dt. 1968) und *Ada oder das Verlangen* (1969, dt. 1974). N.s Werk, das er selbst vom Russischen ins Englische und umgekehrt übersetzte, erweist ihn als Form- und Sprachkünstler, der das Wort zu Spiel und Parodie nutzte. Es zeichnet sich durch kunstvolle Strukturen, literarische Anspielungen, skurrile Personen und Liebe zum Detail aus und wirkt durch eine feine Erotik in besonderer Weise reizvoll.

Nagy, Imre

ung. Politiker
* 7.8.1896 in Kaposvár
† 16.6.1958 in Budapest

N., Bauernsohn und gelernter Schlosser, kam während des I. Weltkriegs in russische Gefangenschaft. Er schloss sich später den Bolschewiki an und kehrte 1944 nach Ungarn zurück, wo er mehrere Ministerposten bekleidete. Nach dem Tod J. →Stalins 1953 wurde N. zum Ministerpräsidenten von Ungarn ernannt und war durch seine Liberalierungsmaßnahmen bei der Bevölkerung relativ populär. Besonders bei den Bauern war er beliebt, da er ihnen privaten Landbesitz zugestehen wollte. 1955 wurde er von den orthodoxen Kommunisten aus dem Amt verdrängt, aber während des Volksaufstandes (24.10.-3.11.1956) wieder als Ministerpräsident eingesetzt. N. verkündete Ungarns Neutralität und dessen Austritt aus dem Warschauer Pakt. Nach der Niederschlagung des Aufstandes wurde er von sowjetischen Truppen aus der jugoslawischen Botschaft verschleppt und in einem geheimen Prozess als Hochverräter zum Tode verurteilt und erschossen. 1990, nach dem Ende der kommunistischen Herrschaft in Ungarn, wurde N. rehabilitiert.

Nansen, Fridtjof

norweg. Polarforscher
und Ozeanograph
* 10.10.1861 auf Gut Store-Frøen bei Oslo
† 13.5.1930 in Lysaker bei Oslo

N. überquerte 1888 als erster auf Hundeschlitten von Ost nach West das 3000 m hohe Inlandeis Grönlands. Er hatte Zoologie studiert und war Kurator am Museum Bergen (1882–87), beschäftigte sich aber hauptsächlich mit Plänen zur Erforschung des Polargebietes. Eine weitere Pionierleistung war die noch gewagtere Eisfahrt auf N.s Spezialschiff „Fram“ durch das völlig unbekannte Nordpolarbecken von der Nordsibirischen See zum Nordpolarmeer (1893–96). Ab 1910 wandte sich N. den meereskundlichen Forschungen im

Nordatlantik zu. Nach dem I. Weltkrieg leitete er die Rückkehr der deutschen Kriegsgefangenen, setzte sich als Völkerbundkommissar für die hungerleidende russische Bevölkerung ein und errichtete den sog. „Nansen-Pass“ für Staatenlose. Für seine internationalen Hilfsaktionen wurde N. 1922 mit dem Friedensnobelpreis ausgezeichnet.

Napoleon I.

(eigtl.: Napoleone Buonaparte, frz. Napoléon Bonaparte)
frz. Kaiser
* 15.8.1769 in Ajaccio, Korsika
† 5.5.1821 auf St. Helena, Südatlantik

N. war der Sohn eines korsischen Advokaten, dessen Familie im 13. Jh. von Florenz nach Korsika übergesiedelt war. Nach Besuch einer Militärakademie wurde der kleinwüchsige, aber sehr ehrgeizige junge Mann 1785 Artillerieleutnant und erntete bei der Eroberung von Toulon höchste Anerkennung. Als Brigadegeneral zwang er 1795 den Royalistenaufstand nieder und erhielt den Oberbefehl im Italienzug gegen Österreich (1796/97). Nach dem Sieg schloss N. eigenmächtig Frieden mit Österreich und dem Papst und bereitete zur Schwächung Englands den Ägyptenfeldzug vor (1798/99), der jedoch weniger erfolgreich war. Nach der Niederlage seiner Flotte gegen H. → Nelson, kehrte er überraschend nach Frankreich zurück, stürzte durch den Staatsstreich vom 9.11.1799 (18. Brumaire VIII) das Direktorium und übernahm als 1. Konsul die Macht. N. erklärte die Revolution für beendet und nutzte die folgende kurze Friedensperiode für Reorganisation und Aufbau im Inneren. Die bedeutendsten Leistungen waren die Verwaltungszentralisation, der Abbruch des Kirchenkampfes, die Reorganisation des Bildungswesens und des Militärs sowie die Schaffung des grundlegenden Gesetzeswerkes „Code civil“, das auch für die Rechtsreformen des übrigen Europas als Vorbild diente. 1802 ließ sich N., ursprünglich für zehn Jahre zum Konsul bestimmt, durch Volksentscheid auf Lebenszeit wählen. Obwohl er die Rechtsgleichheit und die persönliche Freiheit nicht antastete, brachte er doch in die neue Verfassung von 1802 restaurativ-absolutistische Elemente ein. Seine Alleinherrschaft sicherte N. durch ein stark ausgebautes Polizei- und Zensursystem. In bewusster Nachempfindung des Kaisertums →Karls des Großen krönte er sich (und seine Gemahlin Joséphine de Beauharnais) 1804 in Paris zum erblichen Kaiser der Franzosen. Außenpolitisch gab N. seinem maßlosen Expansionsdrang nach und zerschlug die 3. Koalition zwischen Großbritannien, Österreich, Russland und Schweden durch die Schlacht bei Austerlitz (1805). Durch die Errichtung des Rheinbundes (1806/07) sicherte er die französische Hegemonie in Mitteleuropa. Der Habsburger Franz II. hatte schon vorher die deutsche Kaiserkrone niedergelegt. Im 4. Koalitionskrieg vernichtete er das alte Preußen (Jena/Auerstedt, 1806). Im Frieden von Tilsit (1807) teilte N. mit Zar Alexander I. die Herrschaft über Europa. Nach der Besetzung Portugals (1807), Spaniens (1808), Dalmatiens (1809) sowie Hollands (1810) stand er auf dem Höhepunkt seiner Macht. Zur Sicherung seiner Machtstellung erhob N. seine Brüder Louis, Jérôme und Joseph zu Königen in Holland, Westfalen und Neapel. Gegen Großbritannien erhob er die Kontinentalsperre, eine strenge Wirtschaftsblockade, die den gesamten europäischen Kontinent schwer traf. 1809 versuchte Österreich die napoleonische Herrschaft abzuschütteln, wurde aber bei Wagram entscheidend geschlagen. Um seine dynastischen Ansprüche zu legitimieren, ließ sich N. von Joséphine scheiden und heiratete die österreichische Kaisertochter Marie Louise (1810). Als der russische Zar die Kontinentalsperre aus wirtschaftlichen Gründen durchbrach, kam es zum Russlandfeldzug (1812/13), der mit der Vernichtung der Großen Armee endete. Nach der Vertreibung aus Russland wurde N. während der Befreiungskriege von den Armeen Russlands, Preußens, Österreichs und Schwedens auch aus Deutschland verdrängt (Völkerschlacht bei Leipzig, 1813). Im März 1814 nahmen die verbündeten Truppen Paris ein, N. wurde zur Abdankung gezwungen und auf die Insel Elba verbannt. Während des Wiener Kongresses kehrte er nach Frankreich zurück, seine Herrschaft dauerte aber nur 100 Tage. Durch die Siege britischer und preußischer Truppen bei Waterloo (1815) wurde N. endgültig geschlagen und auf Lebenszeit auf die südatlantische Insel St. Helena verbannt, wo er 1821 starb. 1840 wurde sein Leichnam im Pariser Invalidendom beigesetzt. N., zunächst als Befreier empfunden, wurde als Vermittler der freiheitlichen Ideen zum Erwecker des nationalen Selbstbewusstseins der einzelnen Völker, das sich schließlich gegen ihn selbst richtete.

Napoleon III.

(eigtl.: Charles Louis Napoléon Bonaparte)
frz. Kaiser
* 20.4.1808 in Paris
† 9.1.1873 in Chislehurst bei London

Der Neffe →Napoleons I. und Sohn König Louis Bonapartes von Holland lebte nach 1815 überwiegend in Süddeutschland. Fern der politischen Realität fühlte sich N. nach dem Tod des Sohnes Napoleons I. (1832) als direkter Nachfolger der Bonaparte-Linie und zur Rettung Frankreichs auserwählt. Nach zwei gescheiterten Putschversuchen gegen den Bürgerkönig Louis Philippe (Straßburg 1836, Boulogne 1840) wurde er zu lebenslänglicher Haft verurteilt, konnte jedoch 1846 entkommen. Nach der Februarrevolution wurde er 1848 in die Nationalversammlung, Dezember 1848 zum Präsidenten der Republik gewählt. Durch den Staatsstreich vom 2.12.1851 weitete N. seine Amtszeit unter Änderung der Verfassung auf 10 Jahre aus und machte sich am 2.12.1852 durch Volksabstimmung zum erblichen Kaiser der Franzosen. Der autokratisch regierende N. war bestrebt, durch außenpolitische Erfolge die Opposition in Innern zu beschwichtigen. Er beteiligte sich am Krimkrieg (1853–56); die Unterstützung der italienischen Freiheitsbewegung brachte Frankreich Nizza und Savoyen ein. Die Errichtung eines mexikanischen Kaisertums unter französischer Protektion schlug fehl. Im Deutsch-Französischen Krieg (1870/71) wurde N. am 2.9.1870 bei Sedan von preußischen Truppen gefangen genommen, dankte zwei Tage später ab und lebte bis zu seinem Tod im englischen Exil.

Nasser, Gamal Abd el

ägypt. Offizier und Politiker
* 15.1.1918 in Beni Mor
† 28.9.1970 in Kairo

Nach dem Besuch der Militärakademie machte N. eine steile Karriere als Offizier. Nach dem Israelisch-Arabischen Krieg (1948) war er einer der Mitbegründer der geheimen Revolutionsgruppe „Komitee der freien Offiziere“, die 1952 König Faruk stürzte und an die Macht kam. 1953 erhielt N. den Oberbefehl über die Streitkräfte, war dann Innenminister, anschließend stellvertretender Ministerpräsident. 1954 betrieb er die Absetzung des Staatspräsidenten Nagip, um selbst das Amt des Staatsoberhauptes zu übernehmen. Zwei Jahre später löste N. mit der Verstaatlichung des bis dahin in britischem Besitz befindlichen Suezkanals die Suezkrise aus. Sein erfolgreicher Widerstand gegen eine britisch-französisch-israelische Intervention machte ihn zum Vorkämpfer des arabischen Nationalismus. In den folgenden Jahren trieb er die Industrialisierung Ägyptens voran und baute mit sowjetischen Finanzmitteln den Assuan-Staudamm. Seine Position festigte er durch die Entmachtung der Parteien und der Moslem-Bruderschaft. Er versuchte mehrfach, Ägypten mit anderen Staaten zu vereinigen und war 1958–61 Präsident der mit Syrien gebildeten Vereinigten Arabischen Republik. N. war Verfechter eines arabischen Sozialismus und bedeutender Repräsentant der blockfreien Staaten. Nach dem erfolglosen Sechstagekrieg gegen Israel (1967) wuchs die Abhängigkeit von der Sowjetunion

Nebukadnezar II.

Chaldäerkönig
† 562 v. Chr.

N., Sohn des Nabupolassar, machte das von seinem Vater gegründete Neubabylonische Reich zur Großmacht. 605 v. Chr. besiegte er die in Syrien hereinbrechenden Ägypter unter Pharao Necho II. bei Karkemisch. Durch weitere Eroberungszüge führte N. das babylonische Reich am Euphrat und Tigris zur neuen Blüte. 597 schlug er Aufstände im Königreich Juda nieder, nahm Jerusalem ein, zerstörte die Stadt 587/586 und deportierte die Bevölkerung nach Mesopotamien (Babylonische Gefangenschaft). Durch seine großartige Bautätigkeit (Turmbau zu Babel, Marduk-Hochtempel, Hängende Gärten, Kanal-, Palast- und Befestigungsanlagen) machte N. das 689 von den Assyrern völlig zerstörte Babylon zur größten und kulturell bedeutendsten Stadt seiner Zeit. Sein Reich fiel 23 Jahre nach seinem Tod an den persischen Weltherrscher →Kyros II.

Nelson, Horatio, Viscount

brit. Admiral
* 29.9.1758 in Burnham Thorpe, Norfolk
† 21.10.1805 bei Trafalgar

N. begründete mit dem Sieg über →Napoleon I. bei Abukir 1798 die britische Seeherrschaft im

Mittelmeer. Der Pfarrerssohn fuhr bereits mit 12 Jahren zur See, schlug die Offizierslaufbahn ein und wurde 20-jährig Kapitän. Er erhielt u. a. ein Kommando im Nordamerikanischen Unabhängigkeitskrieg und wurde nach dem Sieg über die spanische Flotte 1797 zum Admiral befördert. Ab 1798 Oberbefehlshaber der britischen Flotte, führte N. 1799 die von den Franzosen vertriebenen Bourbonen an ihren Hof in Neapel zurück und hatte in dieser Zeit eine Liebesbeziehung zu der Diplomatengattin Lady Emma Hamilton entwickelt. 1801 besiegte N. die dänische Flotte und bezwang 1805 die Übermacht der französisch-spanischen Flotte bei Trafalgar. Damit errang England die Vorherrschaft im Mittelmeer, wodurch die Durchfahrt nach Indien gesichert war. N., der schon bei früheren Seeschlachten ein Auge und den rechten Arm eingebüßt hatte, verlor bei Trafalgar sein Leben und wird bis heute als Nationalheld gefeiert. 1801 wurde er geadelt.

Nernst, Walther Hermann

dt. Physiker
* 25.6.1864 in Briesen, Westpreußen
† 18.11.1941 in Muskau, Oberlausitz

N. gilt als der Begründer der physikalischen Chemie. Seine Arbeiten auf dem Gebiet der Elektro- und Wärmetechnik waren bahnbrechend. 1887 entdeckte er den galvanomagnetischen Effekt, begründete die Theorie der elektrischen Nervenreizung (1899) und entwickelte die nach ihm benannte Nernstlampe (ein aus bestimmten Oxiden gepresstes Stäbchen, das, durch Stromdurchgang erhitzt, fast weißes Licht ausstrahlt), die heute als Infrarotstrahler benutzt wird. 1906 formulierte N. den dritten Hauptsatz der Wärmelehre („Nernstsches Wärmetheorem“), der besagt, dass der absolute

Nullpunkt der Temperatur ein unerreichbarer Grenzwert ist. Für seine Arbeiten auf dem Gebiet der Thermochemie wurde N. 1920 mit dem Chemienobelpreis ausgezeichnet.

Nero

(N. Claudius Caesar
Augustus Germanicus)
röm. Kaiser
* 15.12.37 n. Chr. in Antium
(heute Anzio)
† 9.6.68 n. Chr. bei Rom

N., Sohn Agrippinas der Jüngeren, wurde nach deren Vermählung mit Kaiser Claudius von diesem adoptiert und von →Seneca erzogen. Agrippina setzte die Verheiratung N.s mit Claudius' Tochter Octavia durch (53) und verhalf ihm – nach Beseitigung ihres Gemahls – auf den Thron. Der talentierte, aber unberechenbare N. war unter dem Einfluss Senecas und des Prätorianerpräfekten Burrus zunächst maßvoll und außenpolitisch erfolgreich. Aber schon bald entwickelte er sich zum vergnügungs- und prunksüchtigen Despoten, der rücksichtslos und willkürlich seine Macht ausspielte. 55 n. Chr. ließ er seinen Stiefbruder Britannicus vergiften, 59 seine Mutter und 62 seine Frau Octavia ermorden, um die geliebte Poppäa Sabina heiraten zu können. Den Verdacht der Brandstiftung beim Brand Roms (64) lenkte N. von sich auf die Christen ab und veranlasste ihre grausame Verfolgung. Beim Wiederaufbau errichtete er prächtige Bauten wie das „Goldene Haus", trat öffentlich als Wagenlenker auf und ließ sich als Dichter und Sänger feiern. Nach Aufdeckung der Pisonischen Verschwörung (65) verfolgte N. die Senatsaristokratie. Er erzwang u. a. Senecas Selbstmord und verschuldete Poppäas Tod. 66 heiratete er Statilia Messalina. Nach den Aufständen in Gallien und Spanien (68) beging er Selbstmord.

Neruda, Pablo

(eigtl.: Neftalí Ricardo Reyes
Basualto)
chil. Dichter
* 12.7.1904 in Parral
† 23.9.1973 in Santiago de Chile

N., der sich nach dem tschechischen Schriftsteller Jan Neruda nannte, ist der bekannteste Lyriker Chiles und wirkte mit seinem Werk maßgeblich auf den südamerikanischen Freiheitskampf. Nach dem Philosophiestudium hatte er 1924 einen sensationellen Erfolg mit *Zwanzig Liebesgedichte und ein Lied der Verzweiflung* (dt. 1958). N. war als Diplomat ab 1934 in Spanien, wurde aber zwei Jahre später wegen seiner offenen Stellungnahme gegen General →Franco ausgewiesen. Wieder in der Heimat, trat er 1945 in die Kommunistische Partei Chiles ein, musste bei deren Verbot das Land verlassen und lebte 1949–52 als Emigrant in Europa. N.s Hauptwerk *Der große Gesang* (1950, dt. 1953) ist eine Darstellung der Landschaften, Völker und Geschichte Lateinamerikas. In seiner dichterischen Entwicklung durchlief er verschiedene Phasen und kam über den Surrealismus und den Sozialistischen Realismus zu einem sehr persönlichen Stil. 1971 erhielt er den Literaturnobelpreis. N. war 1970–73 Botschafter der Regierung Salvador Allende in Paris. Seine bedeutendsten Werke sind: *Aufenthalt auf Erden* (1933–47, dt. 1960), *Spanien im Herzen* (1937, dt. 1956), *Elementare Oden* (1954–57, dt. 1957–61) und *Memorial von Isla Negra* (1964, dt. 1974), Rückblick und Abrechnung mit sich selbst.

Neumann, Johann Balthasar

dt. Baumeister und Ingenieur
* getauft 30.1.1687 in Eger
† 18.8.1753 in Würzburg

N. war zugleich Wegweiser und Hauptvertreter des süddeutschen Spätbarock. Zum Glockengießer ausgebildet, trat er als Feldingenieur in den Militärdienst ein, wurde 1719 zum bischöflichen Baudirektor ernannt und begründete mit dem Bau der berühmten Würzburger Residenz seinen Ruhm. N. verband mit Geschick und Einfühlungsvermögen italienische und französische Stilelemente mit eigenem Formempfinden zu gewagten Bauten mit kühn verbundenen Raumfluchten und prächtiger Dekoration, die den Höhepunkt des deutschen Barocks und Rokokos bilden (z. B. Treppenhäuser in Schloss Bruchsal und Brühl). In Kirchenbauten verband N. Langhaus und Zentralbau mit Freipfeilern zu großzügigen Räumen (u. a. Wallfahrtkirche Vierzehnheiligen in Oberfranken). Außerdem schuf er Nutzbauten und zeichnete Entwürfe für Brücken und Kanäle, für den Wormser Dom und die Hofburg in Wien.

Newton, Sir Isaac

engl. Physiker
* 4.1.1643 in Woolsthorpe, Lincolnshire
† 31.3.1727 in Kensington (heute zu London)

N., der Begründer der klassischen Mechanik, gehörte zu den Universalgenies des Abendlandes. Die naturwissenschaftliche Begabung des eher durchschnittlichen Schülers N. wurde von einem Pfarrer erkannt, der ihm ein Stipendium für die Universität Cambridge beschaffte. Seine bahnbrechenden Entdeckungen in den Bereichen Mathematik und Physik begründeten das moderne Weltbild. Für die Mechanik lieferte N. die drei Grundsätze („Newtonsche Axiome"): Trägheitsgesetz, Beschleunigungsgesetz und Wechselwirkungsgesetz, die er 1687 in seiner Schrift *Philosophiae naturalis principia mathematica* veröffentlichte. Er stellte das Gravitationsgesetz auf und erklärte damit die Bewegung der Planeten um die Sonne und bestätigte die Gesetze von J. →Kepler und das Fallgesetz des G. →Galilei. In der Optik beobachtete er die Spektralfarben des Lichtes und die sog. „Newtonschen Ringe" (Interferenzerscheinung) und konstruierte ein Spiegelteleskop (1688). Bei den Untersuchungen physikalischer Strömung und Schwingung erkannte N. wichtige Regeln der Aerodynamik und Akustik. Im Bereich Mathematik entwickelte er unabhängig von G. W. →Leibniz die Grundlagen der Differential- und Integralrechnung. N.s gewaltiges Werk erfuhr schon zu Lebzeiten große Anerkennung. 1705 wurde er geadelt.

Nietzsche, Friedrich

dt. Philosoph
* 15.10.1844 in Röcken bei Lützen
† 25.8.1900 in Weimar

N. war der große Anreger der europäischen Geistesgeschichte des 20. Jh.s. Der Sohn eines protestantischen Pfarrers studierte Theologie und klassische Sprachen in Bonn und Leipzig und wurde bereits mit 26 Jahren Professor für Philologie in Basel (1869–79). Ein Augenleiden zwang ihn jedoch zur Aufgabe seines Amtes. Die nächsten zehn Jahre führte N. ein privates Gelehrtendasein und ein unruhiges Wanderleben in Deutschland, Italien und der Schweiz. Nach seinem Nervenzusammenbruch 1889 fiel er zunehmend in geistige Umnachtung. N.s Denken stand zunächst unter dem Einfluss A. →Schopenhauers und des Musikdramas R. →Wagners. In der Schrift *Die Geburt der Tragödie aus dem Geiste der Musik* (1872) interpretierte er die griechische Antike, die ihm als Modell einer geglückten Kultur galt, aus dem Wechselspiel des Apollinischen und Dionysischen und hoffte, dem Genie Wagner möge die Wiedergeburt der Antike gelingen. Seine Erwartungen einer ästetischen Erneuerung wurden nicht erfüllt. Nach dem Besuch der 1. Bayreuther Festspiele distanzierte sich N. von Wagner. In kulturkritischen Schriften vertrat er eine aufklärerisch-positivistische Haltung und wandte sich gegen Religion, Metaphysik und Kunst (*Menschliches-Allzumenschliches,* 1878–80). Diese Zeit des Übergangs ist in den Werken *Morgenröte* (1881) und *Die fröhliche Wissenschaft* (1882) festgehalten, die bereits die zentralen Themen seines Denkens ausprägten. In seinem philosophisch-dichterischen Hauptwerk *Also sprach Zarathustra* (1883–85) überwand N. vollends die idealistische Philosophie und entwickelte die Vorstellungen vom „Übermenschen", vom „Tod Gottes" und der „Umwertung aller Werte", vom „Willen zur Macht" und von der „ewigen Wiederkehr des Gleichen", die auch seine weiteren Spätwerke bestimmten und Kritik an der bisherigen Philosophie, am Christentum und an der Moral übten (*Jenseits von Gut und Böse,* 1886; *Zur Genealogie der Moral,* 1887; *Der Antichrist,* 1888). Das geplante systematische Hauptwerk Der Wille zur Macht mit dem Motiv des „europäischen Nihilismus" blieb unvollendet. Die letzte Schrift vor dem Ausbruch seiner geistigen Erkrankung ist die Autobiografie *Ecce homo* (1888). Sprachlich kraftvoll und ein Meister des pointierten Aphorismus, blieb N. zunächst fast unbekannt. Nach seinem Tod wurden seine Werke von nationalistisch-konservativen Interpretationen beansprucht, später von den Nationalsozialisten hinsichtlich des Rassismus und Antisemitismus missbraucht. Erst nach dem II. Weltkrieg fand N.s Werk eine seinem philosophischen Horizont angemessene Aufnahme.

Nightingale, Florence

brit. Krankenpflegerin
* 15.5.1820 in Florenz
† 13.8.1910 in London

N. organisierte während des Krimkrieges 1853–56 das englische Sanitätswesen und rettete damit tausenden Soldaten das Leben. Sie entstammte einer angesehenen, reichen Familie,

erlernte als eine der ersten Frauen der oberen Gesellschaftsschichten die Krankenpflege und wurde zum Inbegriff der aufopfernden Pflegerin. H. →Dunant, beeindruckt von N.s Beispiel, regte 1862 die Gründung des Internationalen Roten Kreuzes an. Später unternahm N. mit gesammelten Geldern die Errichtung von Schulen sowie Ausbildungsstätten für Krankenschwestern und Militärärzte in England, aber auch in den britischen Kolonien. 1907 wurde ihr der Orden für hohe Verdienste um das Britische Reich verliehen.

Nikolaus I. Pawlowitsch

Zar von Russland
* 6.7.1796 in Zarskoje Selo
† 2.3.1855 in St. Petersburg

N., dritter Sohn Pauls I., folgte 1825 seinem ältesten Bruder Alexander I. auf den Thron nach, da der zweitälteste Bruder die Krone abgelehnt hatte. Im gleichen Jahr schlug er den Aufstand der „Dekabristen" (Geheimbund reformfreudiger Gardeoffiziere), die größere Bürgerfreiheiten anstrebten, nieder. N. errichtete eine Schreckensherrschaft, die auf der Macht seiner Geheimpolizei beruhte. 1830/31 warf er den polnischen Aufstand nieder und hob die im Wiener Kongress festgelegte Selbständigkeit Polens auf. 1849 kam er Kaiser →Franz Joseph I. zu Hilfe und zwang die ungarischen Revolutionäre zur Aufgabe. Durch sein schonungsloses Vorgehen bei seinem Versuch, jede freiheitliche Regung im Keim zu ersticken, erhielt N. den Beinamen „Gendarm Europas“. Nach anfänglich erfolgreichen Eroberungskriegen gegen Persien (1826–28) und das Osmanische Reich (1828/29), scheiterte seine Expansionspolitik an dem für Russland katastrophal endenden Krimkrieg gegen die Türken, Franzosen und Engländer.

Nikolaus II. Alexandrowitsch

Zar von Russland
* 18.5.1868 in Zarskoje Selo
† 16.7.1918 in Jekaterinburg

N. übernahm 1894 von seinem Vater Alexander III. die Regentschaft und setzte dessen unumschränkte Alleinherrschaft fort. Nach seiner Niederlage im Russisch-Japanischen Krieg 1905 kam es zu revolutionären Unruhen, die ihn zur Proklamation einer Verfassung und zur Schaffung eines Parlaments (Duma) zwangen. Außerdem musste er den nicht russischen Nationalitäten größere Freiheiten gewähren. Seine Versprechungen nahm der willensschwache, von seiner Frau und dem Wundermönch Rasputin abhängige Zar später größtenteils wieder zurück. Russlands enger Anschluss an die „Entente cordiale“ und die Begünstigung der slawischen Nationalismen auf dem Balkan zwangen ihn zur Teilnahme am I. Weltkrieg, wodurch der Untergang der Monarchie beschleunigt wurde. Unter dem Druck der drohenden Revolution musste N. am 15.3.1917 abdanken. Nach der Oktoberrevolution wurde die in Sibirien gefangen gehaltene Zarenfamilie während eines Ansturms von Konterrevolutionären durch Bolschewisten ermordet. Die 300-jährige Dynastie der Romanows fand damit ihr Ende.

Nikolaus von Kues

(lat. Nicolaus Cusanus;
eigtl.: N. Chrypffs „Krebs“)
dt. Theologe, Philosoph
und Naturforscher
* 1401 in Kues, Mosel
† 11.8.1464 in Todi, Umbrien

N., Sohn eines Winzers, studierte Kirchenrecht und Theologie in Heidelberg, Padua und Köln. Nach seiner Teilnahme am Basler Konzil für den Erzbischof von Trier (1432) wechselte er zur päpstlichen Partei über und setzte sich für kirchliche Reformen in Deutschland und für die Einigung der römischen mit der griechischen Kirche ein. 1448 wurde N. Kardinal, 1450 Bischof von Brixen. Sein Denken war vom Neuplatonismus geprägt, wobei er sich von der strengen Scholastik distanzierte. Er gilt in vielen Fragen als Übergangsfigur vom Mittelalter zur Neuzeit und entwarf ein Gottes- und Weltbild, das seiner Zeit fremd blieb und erst im 20. Jh. wiederentdeckt wurde. Durch symbolisch-mystische Vernunftserkenntnis, ein „wissendes Nichtwissen“, suchte N. die Welt der vielen endlichen Dinge aus einem gemeinsamen Ursprung zu begreifen, in dem ihre Gegensätze durch Gott aufgehoben sind. Den Menschen deutet er als Mikrokosmos, in dem sich das Universum wiederspiegelt. N. beschäftigte sich neben theologischen und kirchenpolitischen Problemen auch mit mathematischen (Problem des unendlichen) und naturwissenschaftlichen (Erdbewegung) Fragen. Seine bedeutendsten Schriften sind *Concordantia catholica* (1433), *Docta ignorantia* (1440) und *Idiota* (1450).

Nilsson, Birgit

schwed. Sängerin
* 17.5.1918 in Karup bei Malmö

N. gilt in ihrem Fach als die bedeutendste Wagner-Interpretin ihrer Generation. Die Sopranistin, die ihr Debüt 1944 an der Königlichen Oper in Stockholm gab, wurde vom Dirigenten

Fritz Busch gefördert und arbeitete eng mit Wieland Wagner und K. →Böhm zusammen. Seit den 50er Jahren feierte N. Triumphe auf allen internationalen Bühnen (Bayreuth seit 1953; Chicago, San Francisco, 1956; Wien, London seit 1957; New York seit 1959). Zu ihren Glanzrollen zählen „Brünnhilde“ im Ring-Zyklus, „Isolde“ im *Tristan* sowie Partien in *Elektra* (Richard Strauss) und *Turandot* (Giacomo Puccini). Die Künstlerin wurde für ihre Leistungen mehrfach ausgezeichnet (Ehrenmitglied der Wiener Staatsoper u. a.). 1978 unternahm N. eine sehr erfolgreiche Europa- und Asientournee als Liedsängerin. Seit 1985 betätigt sie sich als Gesangspädagogin.

Nixon, Richard Milhous

amerik. Politiker
* 9.1.1913 in Yorba Linda (CA)
† 22.4.1994 in New York

N. war der erste Präsident der USA, der zurücktreten musste. Er geriet in den Mittelpunkt des sog. Watergate-Skandals, bei dem es sich um einen Einbruch in das Wahlbüro der Demokratischen Partei handelte, in den der Stab des Weißen Hauses verwickelt war. Nach Aufdeckung der Affäre legte N. sein Amt nieder (1974), um einem Amtsenthebungsverfahren (Impeachment) zu entgehen. Seit 1946 Mitglied der Republikanischen Partei, war N. 1953–60 Vizepräsident D. D. →Eisenhowers und erlitt 1960 gegen J. F. →Kennedy eine knappe Präsidentschaftsniederlage. 1961–67 war er wie schon vor Beginn seiner politischen Karriere als Anwalt tätig und wurde 1968 zum 37. Präsidenten gewählt, 1973 in seinem Amt bestätigt. N.s Außenpolitik war – beraten von Henry Kissinger – unbestritten erfolgreich. Er beendete das amerikanische Engagement im Vietnamkrieg (1973 Waffenstillstandsabkommen). Als erster US-Präsident besuchte er die Volksrepublik China und die UdSSR (1972) und leitete damit die Normalisierung der Beziehungen der USA zu den beiden kommunistischen Staaten ein. Nach dem Jom-Kippur-Krieg (1973) bemühte er sich um eine Lösung der Nahost-Frage. Innenpolitisch kamen Wirtschafts- und Rassenprobleme auf N. zu; sein Vizepräsident S. Agnew musste wegen eines Bestechungsskandals zurücktreten. Die Watergate-Affäre beendete seine politische Karriere.

Nobel, Alfred

schwed. Chemiker und Ingenieur
* 21.10.1833 in Stockholm
† 10.12.1896 in San Remo

Auf dem Gebiet der Sprengstofftechnik leistete N. Pionierarbeit. Der Sohn eines Industriellen und Erfinders übernahm nach dem Tod des Vaters dessen Laboratorium und erfand die Initialzündung mit Zündkapseln. 1867 entwickelte er aus dem hochempfindlichen Nitroglyzerin durch Zusatz von gebrannter Kieselerde das Dynamit. N. war auch auf anderen naturwissenschaftlichen Gebieten erfolgreich tätig (z. B. Petroleumdestillation). Sein großes Vermögen vermachte er einer Stiftung, die seit 1901 jährlich die N.-Preise für herausragende Leistungen in Chemie, Physik, Medizin, Literatur und für die Wahrung des Friedens verleiht.

Noether, Amalie („Emmy")

dt. Mathematikerin
* 23.3.1882 in Erlangen
† 14.4.1935 in Bryn Mawr (PA), USA

N. gilt als bedeutendste Mathematikerin des 20. Jh.s. Mit der von ihr entwickelten „Idealtheorie in Ringbereichen" und ihren Untersuchungen zur abstrakten Algebra prägte sie die moderne Algebra. Sie war die Tochter von Max N., der als Begründer der algebraischen Geometrie gilt. Nach dem Abschluss des Gymnasiums studierte N. mit einer Sondergenehmigung Englisch, Französisch und Mathematik, da Frauen 1900 vom regulären Studium in Deutschland noch ausgeschlossen waren. Sie promovierte erfolgreich (1907), die Habilitation wurde ihr jedoch trotz fachlicher Kompetenz bis 1919 verweigert. Ab 1922 Professorin in Göttingen, präsentierte N. ihre Arbeiten zum Noetherschen Ring und zur Idealtheorie (1926). Die Grundlage der Zahlentheorie erweiterte sie mit ihren Untersuchungen zur abstrakten Algebra. 1933 wurde N. als Jüdin die Lehrbefugnis entzogen; im gleichen Jahr emigrierte sie in die USA, wo sie als Gastprofessorin an der Frauenhochschule am Bryn Mawr College tätig war.

Nofretete

altägypt. Königin
† nach 1345 v. Chr.

Der Name der Königin bedeutet „Die Schöne ist zurückgekommen". N. war die Gemahlin des Pharaos Amenophis IV., der einem neuen monotheistischen Sonnenglauben huldigte und den Namen →Echnaton annahm. Das königliche Paar zog von Theben nach Amarna, der neuen Hauptstadt. Im Kampf gegen die Amun-Priester der alten Religion unterlag Echnaton und fand den Tod. Das weitere Schicksal von N. ist nicht bekannt. Berühmt wurde sie durch die von deutschen Archäologen in Amarna gefundenen Bildnisse, vor allem aber durch die 1912 ausgegrabene bemalte Kalksteinbüste, die sich heute im Ägyptischen Museum in Berlin befindet.

Norbert von Xanten (hl.)

dt. Ordensstifter
* um 1080 in Gennep, Xanten
† 6.6.1134 in Magdeburg

N., Sohn eines Grafen, stand im Dienst des Erzbischofs Friedrich I. von Köln und war Kaplan Kaiser →Heinrichs V. Nachdem er 1115 die Priesterweihe empfing, entschloss er sich zu dem besitzlosen Leben eines Wanderpredigers. N. gründete um 1120 in Prémontré bei Laon den Kanonikerorden der Prämonstratenser, eine in Gemeinschaft, Armut und Gehorsam lebende Bruderschaft von Geistlichen, die zur Buße und Erneuerung aufrief und 1126 offiziell anerkannt wurde. Im gleichen Jahr wurde N. zum Erzbischof von Magdeburg ernannt und setzte seinen Orden für die missionarische Erschließung und Kolonisierung des Ostens ein, wobei er die Unterstützung König Lothars III. von Supplinburg erhielt. Seine Forderungen nach Askese und innerer Umkehr jedoch stießen auf erheblichen Widerstand. Später ernannte ihn König Lothar III. zum Kanzler des Reiches für Italien. N. wurde 1582 heilig gesprochen (6.6).

Nordenskiöld, Adolf Erik Freiherr von

schwed. Polarforscher
* 18.11.1832 in Helsingfors (Helsinki)
† 12.8.1901 auf Dalbyö, Södermanland

N. stammte ursprünglich aus Finnland, war aber aus politischen Gründen nach Schweden ausgewandert. 1858–73 unternahm er mehrere Polarexpeditionen, erforschte das westliche Grönland und drang entlang der sibirischen Küste bis zur Jenissei-Mündung vor. Anschließend plante er die Suche einer Nordostpassage, die er 1878 durchführte. Trotz Schwierigkeiten bewältigte N. als erster den Seeweg an der Nordküste Europas und Asiens zum Pazifischen Ozean und kehrte über Japan nach Schweden zurück (erste Umsegelung des eurasischen Kontinents). 1880 wurde er geadelt.

Norman, Jessye

amerik. Sängerin
* 15.9.1945 in Augusta (GA)

N. wurde zu Beginn der 70er Jahre als „schwarze Callas" berühmt. Die aus einer baptistischen Kirchensänger-Familie stammende Sopranistin gewann nach dem Studium den ersten Preis beim Gesangwettbewerb der dt. Rundfunkanstalten (1968). Sie debütierte im gleichen Jahr an der Deutschen Oper Berlin in Wagners *Tannhäuser* und ist seitdem international erfolgreich (1972 Debüt an der Mailänder Scala; 1983 Debüt an der Metropolitan Opera New York). N. verfügt über ein umfangreiches Rollenrepertoire (Werke von Haydn, Mozart bis hin zu modernen Komponisten) und gehört zu führenden Liedinterpretinnen (Arnold Schönberg, Alban Berg). 1975 erhielt sie den Deutschen Schallplattenpreis. 1988 wirkte N. in der Fernseh-Einspielung von Bizets *Carmen* mit.

Nostradamus

(eigtl.: Michel de Notre-Dame)
frz. Arzt und Astrologe
* 14.12.1503 in Saint-Rémy-de-Provence
† 2.7.1566 in Salon-de-Provence

Über die Person und das Leben N.' ist wenig bekannt. Der Leibarzt Karls IX. erregte vor allem durch seine dunklen Prophezeihungen (*Centuries astrologiques,* 1555), ihm angeblich von Gott eingegeben, großes Aufsehen. Seine „Prophéties" enthielten in gereimten Vierzeilern („quatrains") Weissagungen über Geschichtsereignisse, künftige Herrscher, persönliche Schicksale und Katastrophen, die effektvollerweise manchmal in Erfüllung gingen. Bis in die jüngste Zeit werden seine Weissagungen immer wieder neu gedeutet. 1781 setzte die katholische Kirche N.' Schrift auf den Index des Vatikans, da sie den bevorstehenden Untergang des Papstums vorausgesagt hatte.

Novalis

(eigtl.: Georg Philipp Friedrich Freiherr von Hardenberg)
dt. Dichter
* 2.5.1772 auf Gut Oberwiederstedt bei Mansfeld
† 25.3.1801 in Weißenfels

N. war der bedeutendste Dichter der Frühromantik. Der Sohn eines adeligen Landherren in Thüringen wurde nach dem juristischen und philosophischen Studium und einer Ausbildung an der Bergakademie Freiberg Assessor der Salinenverwaltung in Weißenfels (1796). Beeinflusst durch den Pietismus und erschüttert von dem frühen Tod seiner Verlobten Sophie von Kühn, begann N. mit seinem literarischen Schaffen. In den ekstatischen *Hymnen an die Nacht* (1797) verherrlichte er die Geliebte und feierte die Nacht als mystische Wesenheit. N. gab der deutschen Romantik die Grundgefühle von Todessehnsucht, Nachtverzauberung und ahnungsvoller Ergriffenheit durch die Natur. In seinen Aphorismen über Religion, Poesie, Naturwissenschaften und Staatslehre versuchte er Natur und Geist, Traum und Wirklichkeit sowie

Endliches und Unendliches in einem „magischen Idealismus“ zu verbinden (*Die Christenheit oder Europa,* 1799). Von N. stammt das Bild der „Blauen Blume“: In dem fragmentarischen Bildungsroman *Heinrich von Ofterdingen* (1798–1801) findet der Held die „Blaue Blume“, das Symbol des Weltsinns, der sich vor allem dem Dichter erschließt. N. war mit L. →Tieck und F. von →Schlegel befreundet. Er starb mit 28 Jahren an einer Lungenkrankheit.

Nurmi, Paavo

finn. Leichtathlet
* 13.6.1897 in Turku
† 2.10.1973 in Helsinki

N., eine Ausnahmeerscheinung auf Mittel- und Langstrecken (1500 m bis 20 km), stellte mehr als 20 Weltrekorde auf und errang bei den Olympischen Spielen 1920–28 neun Gold- und drei Silbermedaillen. Damit hat er dem Hochleistungssport in der heutigen Form bereits in den 20er Jahren einen weiteren Horizont verliehen. N. erhielt 1932 wegen Verletzung des Amateurstatus Startverbot und wurde von den Olympischen Spielen im gleichen Jahr in Los Angeles ausgeschlossen. Verbittert zog er sich vom aktiven Sport zurück und war in den folgenden Jahren als Unternehmer erfolgreich. 1952 wurde der große Sportler rehabilitiert.

O'Neill, Eugene Gladstone

amerik. Dramatiker
* 16.10.1888 in New York
† 27.11.1953 in Boston (MA)

O. ist der bedeutendste amerikanische Dramatiker des 20. Jh.s und durch seine formalen Bühnenexperimente ein Wegbereiter des modernen Dramas. Nach den Wanderjahren mit der Schauspieltruppe seines Vaters brach er sein

Studium in Princeton ab (1906), um als Matrose die Welt kennen zu lernen (1910–12). Eine Lungenerkrankung zwang O. zum Sanatoriumsaufenthalt. In dieser Zeit fand er unter dem Einfluss von Werken A. →Strindbergs und H. →Ibsens zur Literatur, die als Vorbilder für seine ersten Dramen dienten. Nach den zunächst düsteren, zum Teil psychoanalytischen Stücken, wandte er sich vom Naturalismus ab und betonte das Symbolische. Den Mittelpunkt von O.s Dramen bilden nicht die zwischenmenschlichen Beziehungen, sondern die Frage nach dem Wert des menschlichen Glückstrebens sowie seine Suche nach dem Sinn des Lebens und seiner ausweglosen, aber verzweifelten Suche nach „Zugehörigkeit“. In seinem Hauptwerk, der Dramentrilogie in 13 Akten *Trauer muss Elektra tragen* (1931, dt. 1947) überträgt O. pessimistisch und illusionslos diesen griechischen Tragödienstoff auf das puritanische Leben Neuenglands und wendet sich mit diesem Werk gegen den amerikanischen Optimismus. Weitere bekannte Werke des Literaturnobelpreisträgers von 1936 sind *Jenseits vom Horizont* (1920, dt. 1952), *Gier unter Ulmen* (1924, dt. 1925), *Eines langen Tages Reise in die Nacht* (1956, dt. 1956) und *Fast ein Poet* (1935–42).

Oberth, Hermann

dt. Physiker und Raumfahrtpionier
* 25.6.1894 in Hermannstadt, Siebenbürgen
† 28.12.1989 in Nürnberg

O. arbeitete im II. Weltkrieg an der Entwicklung von Raketen. Bereits 1917 hatte er eine Flüssigkeitsrakete entworfen und beschrieb in seinem Buch *Wege zur Raumfahrt* (1929) die Grundlagen der heutigen Raumfahrt. 1941–45 entwickelte er in der Heeresversuchsanstalt von Peenemünde die V2–Rakete. 1955 ging O. in die USA und war bis 1958 als Mitarbeiter seines Schülers W. von →Braun im Redstone-Arsenal tätig (Entwicklung lenkbarer Geschosse). In den letzten Jahren befasste er sich vor allem mit philosophischen und parapsychologischen Problemen.

Ockham, Wilhelm von

(auch: Occam)
engl. Theologe und Philosoph
* um 1285 in Ockham, Surrey
† 10.4.1349 (?) in München

Der Franziskanermönch, der in Oxford studierte und dort lehrte, gilt als Erneuerer und bedeutendster Vertreter des Nominalismus. Aufgrund seiner Vorlesungen wurde er 1323 von dem Universitätskanzler der Ketzerei bezichtigt und von Papst Johannes XXII. in Avignon angeklagt und für schuldig befunden wurde. 1328 entzog sich O. der päpstlichen Gewalt und suchte Schutz bei Kaiser →Ludwig dem Bayern, den er später als Ratgeber im Kampf gegen das Papsttum unterstützte. O. befasste sich vor allem mit logischen und erkenntnistheoretischen Problemen. Für ihn haben nur Einzeldinge Realität. Zugleich hielt er Gott für auf natürlichem Wege nicht erkennbar (Trennung von Glaube und Wissen, Philosophie und Theologie). Durch seine Theorie eröffnete O. die Möglichkeit, alle willkürlichen Dogmen der Kirche anzuzweifeln, ohne dabei den Glauben anzutasten, wodurch er bis zu M. →Luther Einfluss ausübte.

Odoaker

(auch: Odowaker)
germ. Heerführer
* um 430
† 15.3.493 in Ravenna

O., Sohn eines Skirenfürsten, diente nach der Zerstörung seines ostgermanischen Volkes durch die Ostgoten 469 in der Leibwache des letzten weströmischen Kaisers Romulus Augustus. Von den germanischen Söldnern zum Heerkönig ausgerufen, setzte O. 476 den Kaiser ab, übernahm selbst die Herrschaft und wurde vom oströmischen Kaiser Zeno anerkannt. Er wurde von Senat und Papst unterstützt, gliederte Dalmatien dem Westen ein und zerstörte 487 das Donaureich der Rugier. Von dem Ostgotenkönig →Theoderich dem Großen wurde O. mehrfach geschlagen und nach 3-jähriger Belagerung in Ravenna ermordet.

Oersted, Hans Christian

dän. Physiker
* 14.8.1777 in Rudköbing
† 9.3.1851 in Kopenhagen

O., Professor für Physik der Technischen Hochschule in Kopenhagen, entdeckte 1820 die Ablenkung einer Magnetnadel durch elektrischen Strom und wurde dadurch zum Begründer der Lehre vom Elektromagnetismus. Nach ihm ist die nicht gesetzliche Maßeinheit Oersted (Oe) der magnetischen Feldstärke benannt. O. erfand auch ein Messgerät für die Zusammendrückbarkeit von Flüssigkeiten.

Offenbach, Jacques

(eigtl.: Jakob Eberst)
frz. Komponist dt. Herkunft
* 20.6.1819 in Köln
† 5.10.1880 in Paris

O. gilt als Schöpfer der modernen, gesellschaftskritischen Operette. Nach einer Musikausbildung und dem Unterricht im Geigenspiel wurde er 14-jährig zu dem Kompositions- und Violoncello-Lehrer Cherubini nach Paris geschickt. Nach einer Anstellung im Orchester

der „Opéra comique“ wurde er 1850 Kapellmeister und 1855 Theaterdirektor des „Bouffes-Parisiens“. O.s Werke zeichnen sich durch Witz, satirische Schärfe und einfallsreiche Parodie der französischen „Belle Époque“ aus und wurden zum gefeierten Mittelpunkt der Pariser Gesellschaft. Nach 1876 widmete er sich hauptsächlich seiner einzigen Oper *Hoffmans Erzählungen* (nach E. T. A. →Hoffmann), die erst 1881 nach seinem Tod uraufgeführt wurde. Von seinen über 100 Operetten zählen u. a. *Orpheus in der Unterwelt* (1858), *Die schöne Helena* (1864), *Pariser Leben* (1866), *Blaubart* (1866) zu den bekanntesten.

Ohm, Georg Simon

dt. Physiker
* 16.3.1789 in Erlangen
† 7.7.1854 in München

O. arbeitete hauptsächlich auf dem Gebiet der Elektrizität und stellte 1826 das Ohmsche Gesetz, das Grundgesetz des Gleichstroms, auf (Die Stromstärke I in einem Leiter ist proportional zur angelegten elektrischen Spannung U: $I=U/R$, wobei R der elektrische Widerstand ist). Er untersuchte die spezifischen Widerstände verschiedener Metalle. Die Einheit des elektrischen Widerstandes wurde ihm zu Ehren „Ohm“ genannt. Auf dem Gebiet der Akustik erforschte O. um 1840 die Grund- und Oberschwingungen (Ohm-Helmholtzsches Grundgesetz). Er verfasste auch zahlreiche naturwissenschaftliche Werke: *Grundlinien einer zweckmäßigen Behandlung der Geometrie* (1817), *Die galvanische Kette, mathematisch bearbeitet* (1827), *Beiträge zur Molecularphysik* (1849) und *Grundzüge der Physik* (1854). Ab 1833 war O. am Polytechnikum in Nürnberg tätig, 1850 wurde er Professor in München.

Olivier, Sir Laurence Kerr

engl. Schauspieler und Regisseur
* 22.5.1907 in Dorking, Surrey
† 11.7.1989 in Brighton

O. wurde als Shakespeare-Interpret weltberühmt und war einer der bedeutendsten Schauspieler des 20. Jh.s. Der Sohn eines anglikanischen Pfarrers fiel schon in Schulaufführungen durch sein schauspielerisches Talent auf. Nach dem Besuch einer Londoner Schauspielschule gelang O. der Durchbruch auf der Bühne in der Rolle des Charmeurs. Den großen Erfolg hatte er jedoch mit seinen Shakespeare-Rollen, besonders mit der Aufsehen erregenden Hamlet-Interpretation (1937). O. wurde in den 30er Jahren auch für den Film entdeckt und errang in Hollywood-Produktionen Weltruhm (*Stürmische Höhen,* 1939; *Rebecca,* 1940; *Heinrich V.,* 1945; *Richard III.,* 1955). Für seine Hamlet-Verfilmung erhielt er 1948 den Oscar für beste Regie und beste Hauptrolle. O. bewies seine Wandlungsfähigkeit nicht nur in klassischen und tragischen, sondern auch in modernen und komischen Rollen (*Der Prinz und die Tänzerin,* 1957). Ab Mitte der 60er Jahre machte sich der Schauspieler rar (*Ein Mord mit kleinen Fehlern,* 1972; *Der Marathon-Mann,* 1976; *The Boys from Brazil,* 1978). 1979 erhielt er einen Ehren-Oscar. O. war in zweiter Ehe mit der bekannten englischen Schauspielerin Vivien Leigh (*Vom Winde verweht,* 1939) verheiratet (1940–60). 1947 wurde er geadelt.

Oppenheimer, (Julius) Robert

amerik. Physiker
* 22.4.1904 in New York
† 18.2.1967 in Princeton (NJ)

O. leitete ab 1943 in dem neueingerichteten Forschungszentrum in Los Alamos das „Manhatten Project", das den Bau der ersten amerikanischen Atombombe zum Ziel hatte. 1949 widersetzte sich der Wissenschaftler der Konstruktion der Wasserstoffbombe aus technischen und moralischen Gründen und wurde 1953/54 im Zug der Säuberungswelle unter Senator McCarthy einem Untersuchungsverfahren wegen angeblicher kommunistischer Gesinnung unterworfen. Aufgrund der peinlichen Verhöre verlor O. den Zugang zu allen geheimen Staatsprojekten sowie seine Position in der amerikanischen Atomenergiebehörde. Erst 1963 wurde er von Präsident J. F. →Kennedy rehabilitiert.

Orff, Carl

dt. Komponist
* 10.7.1895 in München
† 29.3.1982 in München

O., einer der vielseitigsten und bedeutendsten Persönlichkeiten der deutschen Musik des 20. Jh.s., gilt als Erneuerer des Musiktheaters. Das zentrale Ziel, das sog. totale Theater, in dem sich Musik, Wort und Bewegung zu einem Gesamtkunstwerk vereinigen, konnte er erstmals in seinen *Carmina Burana* (1937) verwirklichen. Zugrunde liegen ihnen die mittellateinischen Vagantenlieder, die in der Abtei Benediktbeuren gefunden worden sind. Bizarre Fantasie und Überschwenglichkeit kennzeichnen O.s Werke. In seinen Bühnenwerken räumt er dem Chor durch betonte Rhythmik eine besondere Rolle ein. Seine musikpädagogischen Konzepte hatte er an der 1924 mit der Gymnastiklehrerin Dorothee Günther gegründeten Schule für Gymnastik, Tanz und Musik erarbeitet und stellte sie im *Schulwerk* (1930–35) dar. Diese elementare Musiklehre sucht durch das Spiel an von O. teilweise selbst entwickelten Schlaginstrumenten („O.-Instrumentarium") die kreativen Fähigkeiten von Kindern zu wecken. Zu seinen bekanntesten Werken zählen *Der Mond* (1939), *Die Kluge* (1943), *Catulli Carmina* (1943), *Die Bernauerin* (1947), *Antigone* (1949), *Astutuli* (1953), *Oedipus der Tyrann* (1959), *Prometheus* (1968) *De Temporum Fine Commedia* (1972). O. war Professor für Komposition an der Musikhochschule München (1950–60) und gründete 1961 das Orff-Institut am Mozarteum Salzburg.

Ortega y Gasset, José

span. Schriftsteller und Philosoph
* 9.5.1883 in Madrid
† 18.10.1955 in Madrid

Ausgehend von Henri Bergson, F. →Nietzsche und Wilhelm Dilthey vertrat O. die Idee des „Perspektivismus": Jedes Volk und jede Epoche habe entsprechend der zeitgeschichtlichen Voraussetzungen eine spezifische Wahrheit und Aufgabe. Nach dem Philosophie- und Literaturstudium war O. Professor für Metaphysik in Madrid (1911–36). Vor →Francos

Regime emigrierte er nach Frankreich und Argentinien (1936), war während des II. Weltkrieges in Deutschland und Portugal und kehrte 1945 nach Spanien zurück. In der ersten Hälfte des 20. Jh.s zählte O. zu den einflussreichsten spanischen Intellektuellen und war der bedeutendste Essayist der spanischen Literatur. O., der sich mit unterschiedlichsten Themen und Problemen befasste, analysierte in seinem kulturpolitischen Essay *Aufstand der Massen* (1929, dt. 1931) die Zeit und kündigte den Untergang des Liberalismus an. Zu seinen weiteren bedeutenden Werken zur Zeit- und Kulturkritik zählt u. a. *Die Aufgabe unserer Zeit* (1923, dt.1928); postum erschien das soziologische Werk *Der Mensch und die Leute* (1957, dt. 1958).

Orwell, George

(eigtl.: Eric Arthur Blair)
engl. Schriftsteller
* 26.6.1903 in Motihari (Indien)
† 21.1.1950 in London

O., der hauptsächlich als politischer Publizist tätig war, wurde durch seine Anti-Utopie *1984* (1949, dt. 1950) bekannt. In Indien aufgewachsen, studierte er an der Eton-Universität und war 1922–27 Kolonialpolizist in Burma (heute: Myanmar). Aus Protest gegen das imperialistische britische System quittierte O. den Dienst und führte in Europa ein abenteuerliches Leben. 1936 nahm er auf republikanischer Seite am Spanischen Bürgerkrieg teil. Während des II. Weltkrieges war er Mitarbeiter des Britischen Rundfunks. O.s literarischer Ruhm begründet sich auf seinen einzigen beiden Büchern. Die satirische Tierfabel *Farm der Tiere* (1945, dt. 1946) ist eine Warnung vor Klassenkampf und stalinistischer Gewaltherrschaft. In *1984,* nicht als Zukunftsroman beabsichtigt, entwarf O. das Bild eines totalitären Weltstaates mit perfekter Bewusstseinsmanipulation und Überwachung sowie einer geknechteten Massengesellschaft.

Otto I., der Große

dt.-röm. Kaiser
* 23.11.912
† 7.5.973 in Memleben

O., Sohn →Heinrichs I., wurde 936 in Aachen zum König gekrönt. Sein Ziel war die Festigung des Reiches unter seiner Führung. Durch die Unterwerfung und Vereinigung des Herzogtums Franken mit der Krone (939) und die Einsetzung von Familienmitgliedern in den Herzogtümern Lothringen (944), Bayern (947) und Schwaben (950) versuchte O. den Widerstand der Stammesherzöge gegen den Ausbau einer starken Königsmacht auszuschalten. Als sich aber selbst seine nächsten Angehörigen gegen die königliche Zentralgewalt auflehnten (953–55), begann er das „ottonische Reichskirchensystem" aufzubauen, indem er immer mehr Bischöfe und Äbte zu staatlichen Aufgaben heranzog (Immunitätsverleihung und Übertragung von Grafschaften) und damit die Voraussetzungen für die Ausbildung geistlicher Fürstentümer schuf. Die Bedrohung des Reiches durch äußere Feinde führte zur Einigung. 950 unterwarf O. Böhmen und gliedert es dem Reichsverband ein. 955 besiegte er die Ungarn bei Augsburg, die Slawen an der Recknitz und konnte damit seine Machtstellung behaupten. Auf seinem 1. Italienzug (951/52) kam er der Witwe des Königs Lothar von Italien, Adelheid von Burgund, zu Hilfe und erwarb durch die Heirat mit ihr die langobardische Krone. Auf seinem 2. Italienzug (961–65), der auf Veranlassung des Papstes Johannes XII. geschah, ließ er sich zum Kaiser krönen. Der 3. Italienzug (966–72) erbrachte die päpstliche Zustimmung zur Errichtung des Erzbistums Magdeburg als Missionszentrum des Slawenlandes. Die Auseinandersetzungen mit Byzanz, das die Oberherrschaft über die langobardischen Fürstentümer in Süditalien zu behaupten suchte, konnte O. durch die Vermählung seines Sohnes Otto II. (seit 967 Mitkaiser) mit der byzantinischen Prinzessin Theophano (972) beilegen. Die karolingische Reichsidee erlebte eine Wiederbelebung; römisches Kaisertum und deutsches Königtum gingen von nun an eine dauerhafte Verbindung ein. O. wurde im Magdeburger Dom beigesetzt.

Otto I. von Wittelsbach

Pfalzgraf und Herzog von Bayern
* um 1120
† 11.7.1183 in Pfullendorf

O., Sohn des bayerischen Pfalzgrafen Otto V., folgte 1156 seinem Vater. Er hatte sich schon auf dem 1. Italienzug →Friedrichs I. Barbarossa ausgezeichnet und war einer seiner wichtigsten Berater. Nach dem Sturz des Welfenherzogs →Heinrich der Löwe 1180 wurde er vom Kaiser mit dem Herzogtum Bayern belehnt. O. begründete die Herrschaft des Hauses Wittelsbach in Bayern, die erst 1918 mit der Ausrufung der Republik endete.

Otto II.

dt.-röm. Kaiser
* Ende 955
† 7.12.983 in Rom

Seit 961 König, ab 967 Mitkaiser, folgte O. 973 seinem Vater →Otto I. auf den Thron. Dem hochgebildeten Herrscher gelang es nicht, die Errungenschaften seines Vaters voll zu bewahren. 974 zwang er Harald Blaatand von Dänemark zur Wiederanerkennung der tributären deutschen Oberherrschaft. 974–78 warf er seinen Vetter Heinrich den Zänker von Bayern, der sich mit Polen und Böhmen verbündet hatte, nieder und trennte Kärnten mit seinen Marken als selbständiges Herzogtum von Bayern ab. In der Bayerischen Ostmark und im Nordgau (Oberpfalz) setzte er die Babenberger als Markgrafen ein. Das verkleinerte Bayern erhielt Otto I. von Schwaben. O., der seit 972 mit der byzantinischen Prinzessin Theophano verheiratet war, nahm 982 den Titel „Kaiser der Römer" an und zog nach Italien, um das byzantinische Unteritalien zu erobern (980–983). O. wurde von den Sarazenen, die ab 976 von Sizilien auf das Festland eingedrungen waren, bei Cortone (Kalabrien) vernichtend geschlagen (982) und starb an Malaria. Kurz vor seinem Tod konnten die Dänen und Slawen fast alle ostelbischen Gebiete zurückgewinnen. Sein Grab befindet sich im Petersdom zu Rom.

Otto. III.

dt.-röm. Kaiser
* 980 bei Kleve
† 23. oder 24.1.1002 Paterno bei Viterbo

O. wurde bereits 3-jährig von seinem Vater →Otto II. zum König gekrönt. Er erhielt zunächst unter der Vormundschaft seiner Mutter Theophano und nach deren Tod (991) unter seiner Großmutter Adelheid von Burgund eine sorgfältige Erziehung. 994 übernahm O. selbst die Regentschaft. Er erkannte die Konstantinische Schenkung nicht an und bestellte unter Missachtung des kurialen Wahlrechts seinen Vetter Brun zum Papst (Gregor V.). 996 ließ er sich von ihm in Rom zum Kaiser krönen. Nach dessen Tod ernannte O. gegen den Widerstand des römischen Adels den befreundeten Gerbert von Reims zum Papst (Silvester II.). Er erstrebte die Erneuerung des Römischen Reiches mit Rom als Haupt- und Residenzstadt (Renovatio Imperii Romanorum). Ein römischer Aufstand zwang ihn jedoch Anfang 1001 zum Verlassen der Ewigen Stadt. Durch die Errichtung der Erzbistümer Gnesen (1000) und Gran (1001) verselbständigte er die Kirche in Polen und Ungarn gegenüber der Reichskirche. O. starb mit 22 Jahren, unverheiratet und kinderlos. Er wurde im Dom zu Aachen beigesetzt.

Otto IV.

dt.-röm. Kaiser
* um 1175/76 oder 1182 in Argentan, Normandie (?)
† 19.5.1218 in Harzburg

Der Sohn →Heinrichs des Löwen und der Mathilde von England teilte mit seinem Vater die Verbannung und wuchs am englischen Hof des Onkels →Richard I. Löwenherz auf. Nach dem Tod →Heinrichs VI. wurde O. mit englischer Unterstützung und auf Betreiben einer antistaufischen Fürstenpartei 1198 zum Gegenkönig Philipps von Schwaben gewählt. Er konnte sich gegen den Staufer nicht durchsetzen (Niederlage bei Wassenberg, 1206) und wurde erst nach Philipps Ermordung (1208) und seiner Verlobung mit dessen Tochter allgemein anerkannt, 1209 in Rom zum Kaiser gekrönt. Als er 1210 unter Missachtung aller Verträge das unter päpstlicher Lehenshoheit stehende Sizilien erobern wollte, sprach Papst →Innozenz III. den Bann über ihn aus und setzte bei den Fürsten die Wahl des Staufers Friedrich von Sizilien (→Friedrich II.) zum deutschen König durch. O., dessen Position durch den Tod seiner staufischen Gemahlin deutlich geschwächt war, wurde 1214 bei Bouvines von dem mit dem Staufer verbündeten Philipp II. August von Frankreich entscheidend geschlagen. Nach seiner endgültigen Niederlage zog sich O. resignierend in seine braunschweigischen Stammlande zurück.

Otto, Nikolaus August

dt. Ingenieur
* 14.6.1832 in Holzhausen, Taunus
† 26.1.1891 in Köln

O. entwickelte 1867 mit dem Ingenieur Eugen Langen den sog. Ottomotor (Verbrennungsmotor mit Vergaser oder Benzineinspritzung zur Herstellung des Verbrennungsgemisches). 1864 hatten die beiden eine Motorenfabrik gegründet, aus dem 1872 die „Gas-Motoren-Fabrik Deutz AG" hervorging. Auf der Pariser Weltausstellung (1867) gewann Otto eine Goldmedaille. Sein Viertaktmotor fand vielseitige Verwendung für Kraftwagen, Lokomotiven und Schiffe und bildete die Grundlage zur Weiterentwicklung des Kolbenmotors und des selbstzündenden Dieselmotors.

Ovid

(lat. Publius Ovidius Naso)
röm. Dichter
* 20.3.43 v. Chr. in Sulmo
† um 18 n. Chr. in Tomis (heute Konstanza)

O. stammte einem vermögenden Adelsgeschlecht und übernahm nach dem Studium der Rhetorik in Rom und Athen eine Stellung im Staatsdienst. Bald widmete er sich jedoch ausschließlich der Dichtkunst. Mit erotischen und mythologischen Werken, voll Witz und Fantasie und sprachlich wie rhythmisch-musikalisch meisterhaft, wurde O. bald zum beliebtesten Dichter Roms. Sein Frühwerk umfasst die *Liebeselegien* (*Amores,* ab 20 v. Chr.), die *Heroides* (erdichtete Liebesbriefe mythologischer Frauengestalten, um 15 v. Chr.), die berühmte *Liebeskunst* (*Ars amatoria,* 1 v. Chr.) und *Heilmittel gegen die Liebe* (*Remedia amoris,* 2 n. Chr.). O. wurde 8 n. Chr. von Kaiser Augustus wahrscheinlich infolge eines Sittenskandals im Zusammenhang mit der Kaiserenkelin Julia nach Tomis verbannt, wo er *Klagelieder (Tristia)* und *Briefe (Epistulae ex ponto)* schrieb. Seine epischen Hauptwerke sind die *Metamorphosen* (1–10 n. Chr.), eine 15-bändige Sammlung von Verwandlungssagen aus der griechischen und römischen Mythologie in Hexametern, und die *Fasti* (unvollendet), eine dichterische Erklärung römischer Festtage. O.s Werk fand nicht nur den Beifall seiner Zeitgenossen, es wurde auch im Mittelalter immer wieder kopiert und galt von der Humanistenzeit an bis ins

19./20. Jh. als Hauptquelle für den antiken Mythos.

Owens, Jesse

(eigtl.: James Cleveland O.)
amerik. Leichtathlet
* 12.9.1913 in Danville (AL)
† 31.3.1980 in Tucson (AZ)

O. stellte am 25.5.1935 am „Tag der Tage" („Day of the Days") innerhalb von 45 Minuten sechs Weltrekorde auf. Sein Weitsprung-Weltrekord von 8,13 m blieb 25 Jahre lang ungebrochen. Der Sohn eines Baumwollpflückers gewann ein Jahr später bei den Olympischen Sommerspielen in Berlin vier Goldmedaillen (100 m, 200 m, 4x100 m, Weitsprung) und war neben P. →Nurmi der zweite Star der Leichtathletik. Kurz nach den Olympischen Spielen trat O. vom Amateursport zurück.

Paganini, Niccolò

ital. Violonist und Komponist
* 27.10.1782 in Genua
† 27.5.1840 in Nizza

P. war der beste Violinvirtuose des 19. Jh.s. Das Spiel des „Teufelsgeigers" auf seiner berühmten Violine von G. A. Guarneri wurde in ganz Europa bewundert. Das Leben P.s ist nur lückenhaft überliefert. Sein Vater soll ihn seit seinem sechsten Lebensjahr zum Üben des Geigenspiels eingesperrt und später in Kirchenkonzerten vorgeführt haben. Nachdem er mit 16 Jahren dem Elternhaus entflohen war, führte er angeblich ein recht abenteuerliches Leben. Gesichert scheint, dass P. ab 1805 Kapellmeister in Lucca war und seit 1808 auf Konzertreisen durch ganz Europa Triumphe feierte. Seine bis heute unerreichte Technik, besonders die Flageolett-Doppelgriffe, wird durch seine kaum zu spielenden Kompositionen dokumentiert. P.s eigene Violinkonzerte stehen in der Tradition des französischen Virtuosenkonzerts und im Gegensatz zur klassischen deutschen Tradition; sie dienen stets der Selbstdarstellung des großen Virtuosen. P. hinterließ sechs Violinkonzerte, Variationen und 24 Caprici per violine solo, die u. a. von F. →Liszt bearbeitet wurden (1820).

Palestrina, Giovanni Pierluigi da

ital. Komponist
* um 1525 in Palestrina
† 2.2.1594 in Rom

P. war Chorknabe in Rom und anschließend Organist in Palestrina (1544–51). 1551 wurde er Singlehrer des Knabenchors in der Peterskirche und tat ab 1555 an den verschiedenen Kirchen Roms Dienst, nachdem er aus dem Chor der Sixtinischen Kapelle ausgeschlossen wurde, dessen Mitgliedschaft nur Priestern vorbehalten war. Ab 1571 war er Komponist der päpstlichen Kapelle. P. gelang es ihm als Kirchenmusiker, franko-flämische mit römischen Traditionen zu verbinden. Sein A-capella-Stil war in seiner Ausgewogenheit und Ruhe Vorbild der ganzen katholischen Kirchenmusik. P.s Werke stellen den Höhepunkt der vokalpolyphonen Kunst der späten Renaissance-Musik dar. Sein Gesamtwerk umfasst etwa 105 Messen (u. a. *Stabat mater*), 250 Motetten, Lamentationen, Hymnen, Magnificats, 68 Offertorien, Madrigale. P.s berühmteste Messe *Missa Papae Marcelli*

diente Hans Pfitzner als Grundlage für seine Oper *Palestrina* (1917).

Palladio, Andrea

(eigtl.: Andrea di Pietro)
ital. Baumeister
* 30.11.1508 in Padua
† 19.8.1580 in Vicenza

P. entwickelte, von der antiken Baukunst ausgehend, in der Hochrenaissance einen Architekturstil von strenger Gesetzmäßigkeit und klarer Gliederung (Palladianismus) und beeinflusste für mehrere Jahrhunderte die französische, englische und niederländische Baukunst. P., Sohn eines Müllers, hatte das Steinmetz-Handwerk gelernt und kam erst spät zur Architektur, als er auf Anregung eines Großgrundbesitzers einen eigenen Entwurf für das neue Rathaus in Vicenza anfertigte. Beispiele seiner kühlen Harmonie sind die Kirchen San Giorgio Maggiore (begonnen 1565), Il Redentore (1576 ff.) in Venedig, die Stadtpaläste Palazzo Chiericati (begonnen 1551) und Palazzo Valmarana (1565 ff.) in Vicenza, die Landhäuser Villa Barbaro (1555 ff.) in Maser und Villa Rotonda (begonnen 1567, vollendet 1591 von Scamozzi) sowie das Teatro Olimpico in Vicenza, das ebenfalls erst nach P.s Tod vollendet wurde. Seine auf Vermessung römischer Bauten beruhenden Lehren *Quattro libri dell'architettura* (1570) waren bis Ende des 18. Jh.s bestimmend.

Paracelsus

(eigtl.: Theophrastus
Bombastus von Hohenheim)
dt. Arzt und Naturphilosoph
* 10.12.1493 in Einsiedeln, Schweiz
† 24.9.1541 in Salzburg

P. wurde von seinem Vater, einem Arzt und Naturforscher, ausgebildet und praktizierte nach dem Medizinstudium in ganz Mitteleuropa. Durchaus noch in mittelalterlichem Denken befangen, ging er doch neue medizinische Wege: Er wandte sich von der →Hippokrates zugeschriebenen Säftelehre ab und setzte sich für eine Naturheilkunde ein, die hauptsächlich die Heilungskräfte im Körper unterstützt. P. behandelte den Menschen als körperlich-seelische Einheit und fand in der Verabreichung chemischer Substanzen das geeignete Mittel zur Stärkung der Heilkraft des Körpers (chemotherapeutische Methoden und Mikro-Makro-Kosmos-Idee). P. musste seine Anstellung als Stadtarzt und Professor in Basel aufgeben (1527), da seine ungewöhnlichen Behandlungsmethoden und die in deutscher Sprache gehaltenen Vorlesungen das Misstrauen der Schulmedizin erregten. So führte er ein Wanderleben in Süddeutschland. P. erforschte auch die Syphilis und Pest und verfasste Schriften über die Hygiene der Wundbehandlung sowie allgemeine Krankheitsursachen, aber auch über Theologie, Philosophie und Sozialpolitik. Seine Bedeutung als Arzt wurde erst lange nach seinem Tod erkannt.

Parler, Peter

dt. Baumeister und Bildhauer
* 1330 in Schwäbisch Gmünd
† 13.7.1399 in Prag

P. stammte aus einer Steinmetz-, Baumeister- und Bildhauerfamilie, die die deutsche spätgotische Architektur und Plastik wesentlich beeinflusst hat. Ab 1353 setzte er im Auftrag von Kaiser →Karl IV. den 1344 von Matthias von Arras begonnen Bau des Prager St. Veits-Doms fort. Er gestaltete vor allem den Chor mit dem ersten monumentalen Netzgewölbe der deutschen Spätgotik. Ab 1357 erbaute P. die Karlsbrücke mit dem Altstädter Brückenturm, die Choranlagen für St. Bartholomäus in Kolin (ab 1360) und entwarf die Pläne für St. Barbara in Kuttenberg, die von seinem Sohn Johann P. (ab 1388) ausgeführt wurde.

Pascal, Blaise

frz. Philosoph und Mathematiker
* 19.6.1623 in Clermont-Ferrand
† 19.8.1662 in Paris

P. galt schon als Kind als mathematisches Genie. Mit 16 Jahren entwickelte er Lehrsätze über Kegelschnitte, mit denen er seine Umgebung verblüffte. Drei Jahre später konstruierte er eine Rechenmaschine, fand 1647 das Gesetz der kommunizierenden Röhren und erkannte die Möglichkeit, das Barometer für die Luftdruckmessung zu benutzen. P. arbeitete über Wahrscheinlichkeitsrechnung, woraus 1654 das „Pascalsche Dreieck" mit einer entsprechenden Abhandlung entstand. In seinem Denken wurde er zunächst durch R. →Descartes beeinflusst, später nach einem Bekehrungserlebnis besonders durch die jansenitische Mystik des Klosters Port-Royal, dem er sich ab 1654 anschloss. Schon lange an einer Krankheit leidend, starb er dort im Alter von 39 Jahren. In seinem Hauptwerk *Gedanken über die Religion* (1670, dt. 1929) zeigte P. die Unzulänglichkeit der Vernunft und stellte der „Logik des Verstandes" die „Logik des Herzens" gegenüber. Der unerschütterliche Glaube an Gott war für ihn der einzige mögliche Weg des Menschen, sein Dasein und die ihn bewegenden Kräfte zu erkennen.

Pasolini, Pier Paolo

ital. Schriftsteller und Filmregisseur
* 5.3.1922 in Bologna
† 2.11.1975 in Ostia

Der Sohn eines faschistischen Offiziers war nach dem Studium der Literatur und Kunstgeschichte zunächst Lehrer (1943–49). P. schrieb Gedichte in friaulischer Mundart, sozialkritische Essays und neorealistische Romane (*Vitale Jungen,* 1955, dt. 1990; *Vita Violanta,* 1959, dt. 1963), bevor er das Medium Film entdeckte. Er war einer der umstrittensten europäischen Regisseure. Die Kritik an den Missständen der italienischen Gesellschaft, die er schon in seinen literarischen Werken in den Vordergrund stellte, setzte er in seinen Filmen fort. Sein filmisches Werk ist vom Katholizismus und Marxismus geprägt, dabei stark von der christlichen und antiken Mythologie beeinflusst. Anfang der 70er Jahre stellte P., der sich schon früh offen zu seiner Homosexualität bekannt hatte, das Thema Erotik in den Mittelpunkt seines Schaffens. Nach seiner Ermordung wurde der widersprüchliche Regisseur zu einer Art intellektuellen Kultfigur. Seinem ersten Film *Accatone – Wer nie sein Brot mit Tränen aß* (1961) folgte eine Reihe vieldiskutierter Werke: *Mamma Roma* (1062), *Das erste Evangelium – Matthäus* (1964), *Große Vögel – kleine Vögel* (1964), *Teorema – Geometrie der Liebe* (1968), *Der Schweinestall* (1969), *Decamerone* (1970), *Erotische Geschichten aus 1001 Nacht* (1974), *120 Tage von Sodom* (1975).

Pasternak, Boris Leonidowitsch

russ. Dichter
* 10.2.1890 in Moskau
† 30.5.1960 in Peredelkino Leninskowo bei Moskau

P., Sohn des Maler L. Pasternak und einer Pianisten, wollte ursprünglich Komponist werden, gab aber das Musikstudium auf, da ihm das absolute Gehör fehlte. Er studierte Philosophie in Marburg und Jura in Moskau. P. begann als ein dem Futurismus nahestehender Lyriker, fand jedoch bald eigene Ausdrucksformen von großer Musikalität. Sein Gedichtband *Meine Schwester, das Leben* (1917, veröffentlicht 1922) machte ihn in Russland sehr populär. In der Stalin-Ära wurde ihm seine unpolitische Haltung vorgeworfen, und P. erhielt Publikationsverbot. 1932–43 arbeitete er ausschließlich als Übersetzer (u. a. Shakespeare, Kleist, Rilke). Seine Übertragung von Goethes *Faust* wurde zum Klassiker. Sein weltberühmter Roman *Doktor Schiwago* (dt. 1958) wurde erstmals 1957 in Italien veröffentlicht (Erstveröffentlichung in der UdSSR 1988) und in beinahe alle Sprachen der Welt übersetzt. Die Titelfigur, ein Arzt und Dichter, flüchtet vor dem totalen Machtanspruch des Kommunismus in eine geistige Welt. Der Roman schildert zugleich die Wirren während der ersten Jahre in der Sowjetunion (1966 von D. →Lean erfolgreich verfilmt). Den ihm zuerkannten Nobelpreis für Literatur im Jahre 1958 musste P. ablehnen. Er wurde postum 1961 formal als Lyriker rehabilitiert.

Pasteur, Louis

frz. Biologe und Chemiker
* 27.12.1822 in Dôle
† 28.9.1895 in Villeneuve-L'Étange bei Paris

P., Sohn eines Gerbers, studierte Naturwissenschaften und übernahm nach verschiedenen Professuren 1867 den Lehrstuhl für organische Chemie an der Sorbonne in Paris. Er hatte sich durch Arbeiten über die optische Aktivität einen Namen gemacht. P. widerlegte endgültig die Lehre von der Urzeugung (die Vorstellung von der ersten Entstehung des Lebens aus unbelebtem Material), bewies die Bedeutung von Kleinlebewesen bei Gärung und Fäulnis und führte 1865 die Haltbarmachung von Milch u. a. durch schonende Erhitzung auf 60–80°C ein, wodurch die Gärungserreger (außer Sporen) vernichtet werden (Pasteurisieren). Über diese Arbeiten kam P. zu der Erkenntnis, dass viele Krankheiten bakteriellen Ursprungs sein mussten. Seine Untersuchungen von Hühnercholera, Milzbrand, Schweinerotlauf und Tollwut begründeten die moderne Bakteriologie. An diesen Seuchen erprobte P. mit Erfolg eine Schutzimpfung aus künstlich abgeschwächten Krankheitserregern: 1881 erfolgte die erste Impfung gegen die tödlich verlaufende Tollwut. P. war der Leiter des 1888 eingerichteten Institut Pasteur in Paris, das bis heute zu den weltweit bedeutendsten Forschungsinstituten zählt.

Paul III.

(eigtl.: Alessandro Farnese)
Papst
* Februar 1468 in Canino
† 10.11.1549 in Rom

P. entstammte dem alten Adelsgeschlecht Farnese und wurde bereits mit 25 Jahren – vor der Priesterweihe – Kardinal, 1509 Bischof, 1534 Papst. Der Renaissance zugehörig war auch er ein Freund der Künste und Wissenschaften. Insbesondere förderte er die Baukunst und berief →Michelangelo zum Weiterbau der Peterskirche und zur Ausführung des Jüngsten Gerichts in der Sixtinischen Kapelle. Er legte die Farnesischen Gärten an und vervollkommnete den Familienpalast der Farnese. Als Familien- und Hausmachtpolitiker setzte P. seinen Sohn Pier Luigi als Herzog von Parma und Piacenza ein. Andererseits konnte er sich der innerkirchlichen Reformbewegung nicht mehr entziehen und ernannte tatkräftige Kardinäle. 1537 erfolgte die Bestätigung des Kapuziner-, 1540 des Jesuitenordens. 1542 reorganisierte und zentralisierte der Papst die Inquisition. 1545 berief er das Tridentinische Konzil ein, auf dem zahlreiche Missstände beseitigt wurden. Die Versammlung zog eine klare Abgrenzung zur Lehre →Luthers und verstellte endgültig jede Möglichkeit einer Wiedervereinigung beider Kirchen.

Paul VI.

(eigtl.: Giovanni Battista Montini)
Papst
* 26.9.1897 in Concesio, Brescia
† 6.8.1978 in Castel Gondolfo

P., Sohn eines Notars und Verlegers, trat nach der Priesterweihe in den Dienst des päpstlichen Staatssekretariats und gehörte zu den persönlichen Mitarbeitern Pius' XII. 1954 wurde er Erzbischof von Mailand und 1958 durch den neuen Papst →Johannes XXII. Kardinal, dem er 1963 im Amt nachfolgte. P. führte das 1962 begonnene 2. Vatikanische Konzil bis 1965 in konservativem Sinne zu Ende und schuf im gleichen Jahr die Bischofsgemeinde als Organ der Gesamtkirchenleitung. Seine Enzykliken nahmen zu allen wichtigen Bereichen des öffentlichen und privaten Lebens Stellung, was besonders in den Fragen des Zölibats (1967), der Ehe und vor allem der Geburtenregelung (1968) zu heftiger Kritik führte. P. war besonders um Aussöhnung mit den orthodoxen Kirchen bemüht, reiste in alle Erdteile, um die ökumenische Präsenz des Papstes zu verdeutlichen. Neuen Strömungen innerhalb der Kirche gegenüber verhielt er sich meist zurückhaltend und betonte sehr stark die päpstliche Autorität.

Pauling, Linus Carl

amerik. Chemiker
* 28.2.1901 in Portland (OR)
† 19.8.1994 in Big Sur (CA)

P. entwickelte aus den Gesetzen der Quantenmechanik neue grundlegende Vorstellungen über die Natur der chemischen Bindungen (Quantenchemie) und schuf mit *Die Natur der chemischen Bindung* (1939, dt. 1962) das bedeutendste Standardwerk zur Struktur- und Bindungsanalyse in der modernen Chemie. In den 40er Jahren wandte sich P. der Untersuchung der Struktur von Biomolekülen zu und entdeckte in den 50er Jahren die schraubenförmige Struktur der Proteinmoleküle (Helixstruktur), wodurch er zum Begründer der Molekularbiologie wurde. Für seine Arbeiten zur Struktur von Molekülen erhielt er 1954 den Nobelpreis für Chemie. Neben seiner wissenschaftlichen Arbeit widmete sich P. der Bekämpfung der atomaren Bedrohung. 1958 überreichte er an die Vereinten Nationen ein von über 11 000 Wissenschaftlern unterzeichneten Appell für ein internationales Abkommen über die Einstellung von Kernwaffenversuchen. Wegen seines unbeugsamen Eintretens für den Weltfrieden erhielt er 1962 den Friedensnobelpreis. In den 70er Jahren erregte der große Wissenschaftler erneut Aufsehen mit seiner – von vielen Kollegen abgelehnten – These, die regelmäßige Einnahme relativ hoher Dosen von Vitamin C schütze vor Krebs (er selbst nahm jeden Tag 10 g Vitamin C zu sich).

Paulus (hl.)

(hebr.: Saulus)
christl. Apostel
* 5–15 n. Chr. in Tarsus, Kilikien
† um 64 n. Chr. in Rom

P. entstammte einer streng jüdischen Familie der Diaspora. Von seinem Vater erbte er das römische Bürgerrecht. Er erlernte das Zeltmacher-Handwerk, eignete sich nebenbei ein großes Wissen an und ließ sich in griechischer Rhetorik ausbilden. P. trat anschließend der religiösen Partei der Pharisäer bei. Nach dem Tod Jesu lebte er in Jerusalem, wurde von dort aus zur Kontrolle der jüdischen Gemeinde nach Damaskus geschickt, wo er als fanatischer Eiferer unerbittlich alle christlichen Gruppierungen verfolgte. Durch ein visionäres Bekehrungserlebnis um 30 n. Chr. – vor den Toren von Damaskus – wurde er jedoch zum Anhänger Jesu und ohne ihn gekannt zu haben dessen bedeutendster Apostel. P. löste das Evangelium aus der gesetzlichen Enge des palästinensischen Judentums und verbreitete es in der hellenistischen Welt. P. unternahm drei große Missionsreisen in den gesamten Mittelmeerraum und gründete zahlreiche Gemeinden. Zuletzt wurde P. in Jerusalem (um 58 n. Chr.) von den Pharisäern, die ihre Auserwähltheit bedroht sahen, gefangen genommen und verbrachte einige Jahre in Caesarea. Da er als römischer Bürger an den Kaiser appellierte, wurde er nach Rom gebracht. Vermutlich ist er dort ein Opfer der Christenverfolgung durch →Nero geworden. P. war, erfüllt von leidenschaftlichem Missionseifer, die treibende Kraft des sich ausweitenden Christentums und führte es aus der Enge einer vom Judentum abgespaltenen Sekte heraus auf den Weg zu einer Weltreligion. Die 13 Briefe des P.' im Neuen Testament werden nicht alle als „echt" anerkannt. Sicher sind von ihm abgefasst: Römerbrief, beide Korintherbriefe, der Galater-, Philipper-, der 1. Thessalonicher- und der Philemonbrief. Die Abfassung beim Epheser-, Kolosser- und 2. Thessalonicherbrief sowie bei den Pastoralbriefen ist umstritten. Der Hebräerbrief wurde P. fälschlich zugeschrieben. P. wurde heilig gesprochen (Peter- und Paulus-Tag, 29.6.).

Pausanias

griech. Schriftsteller
* um 110 n. Chr. in Kleinasien (?)
† um 180 n. Chr.

P. bereiste Griechenland, Rom, Syrien, Palästina, Ägypten und verfasste zwischen 160 und 180 n. Chr. ein Reisehandbuch über die Sehenswürdigkeiten Griechenlands, die weniger literarisch, als vielmehr stofflich wertvoll ist. Das Werk ist unvollständig überliefert und wurde später in 10 Bde. gegliedert. Es enthält neben gelehrten Exkursen zu Geschichte, Mythologie und Kunstgeschichte auch Beobachtungen über Landschaften, Beschreibungen inzwischen zerstörter Bauwerke sowie Zitate aus längst verschollenen Dichtungen. Seine Reisebeschreibungen sind eine unschätzbare Quelle für das Verständnis der antiken Welt.

Pavarotti, Luciano

ital. Sänger
* 12.10.1935 in Modena

P. gehört neben P. →Domingo und J. Carreras zu den besten Tenören der Welt. Nachdem er 1961 beim Internationalen Wettbewerb Reggio Emilia den ersten Preis gewann, gelang ihm 1963 mit den Auftritten in Amsterdam als „Edgardo" in Donizettis *Lucia di Lammermoor* und in London als „Rodolfo" in Puccinis *La Bohème* der internat. Durchbruch. 1966 hatte P. sein Debüt an der Mailänder Scala und 1968 an der Metropolitan Opera New York und übernimmt seitdem Gastverpflichtungen (u. a. ab 1968 an der Grand Opéra in Paris). Der umjubelte Heldentenor ist besonders berühmt im ital. Fach; sein Repertoire umfasst vor allem Partien von Donizetti, Puccini und Verdi.

Pawlow, Iwan Petrowitsch

russ. Physiologe
* 14.9. 1849 in Rjasan
† 27.2.1936 in Leningrad

P. begründete zusammen mit Wladimir von Bechterew aufgrund umfangreicher Tierversuche die Reflexologie. Er führte experimentelle Untersuchungen der Verdauungsabläufe bei lebenden Hunden durch und entdeckte, dass die während der Nahrungsaufnahme zu beobachtenden Speichel- und Magensaftabsonderung sich auch dann einstellt, wenn nur ein vorher gewohnheitsmäßig mit der Fütterung gekoppeltes Signal zu hören ist (bedingter Reflex). Er konnte damit seine Annahme, dass der Körper auf Reizwirkungen messbar reagiert, bestätigen. Durch seine Erforschung der sog. höheren Nerventätigkeit wie Sprechen und Denken bewies P. die Abhängigkeit seelischer Empfindungen von Vorgängen im Gehirn und entwickelte die Ansätze einer neurologisch fundierten Psychologie, die in Russland und im Behaviorismus (Hauptrichtung der amerikanischen Psychologie) fortgeführt wurde. P. erhielt 1904 den Nobelpreis für Medizin.

Pelé

(eigtl.: Edson Arantes do Nascimento)
bras. Fußballspieler
* 23.10.1940 in Três Corações

P. gilt unumstritten als bester Fußballspieler aller Zeiten. Der Brasilianer wurde als Mitglied der Nationalmannschaft in 78 Länderspielen (1958–70) eingesetzt und gewann dreimal die Weltmeisterschaft (1958, 1962 und 1970). Nachdem er 18 Jahre das Trikot des FC Santos trug, wechselte er 1975 zu Cosmos New York, wo er mit Franz Beckenbauer zusammenspielte. Nach der Meisterschaft verabschiedete er sich vom Profi-Fussball und aus den USA. Ab 1978 betätigte P. sich als erfolgreicher Unternehmer und wurde 1995 Sportminister in Brasilien.

Peres, Shimon

(eigtl.: Shimon Persky)
israel. Politiker
* 16.8.1923 in Wołozyn, Polen

P. konnte als Außenminister unter Y. →Rabin 1993 mit dem Jericho-Gaza-Abkommen sein Ziel, die Rückgabe der seit 1967 besetzten arabischen Gebiete an die Palästinenser, verwirklichen. Für seinen Einsatz erhielt er 1994 zusammen mit Rabin und J. →Arafat den Friedensnobelpreis. Nach der Auswanderung 1934 nach Palästina war P. Mitglied der jüdischen Selbstschutzorganisation Haganah und der Arbeiterpartei (Mapei), aus der er 1965–68 austrat. P. war ab 1948 im Verteidigungsministerium tätig und 1959–65 stellvertretender Verteidigungminister. Nachdem er 1969–74 verschiedene Ministerämter innehatte, wurde er Verteidigungsminister(1974–77). Ab 1977 Vorsitzender der israelischen Arbeiterpartei, war P. in den 80er Jahren Ministerpräsident (1984–86) und Außenminister (1986–88; 1992–95) einer großen Koalition aus dem Likud-Block und der Arbeiterpartei. Nach der Ermordung Rabins (1995) wurde er erneut Ministerpräsident und setzte trotz islamischer Terroranschläge die Friedenspolitik gegenüber den Palästinensern fort. Bei den folgenden Wahlen im Mai 1996 konnte seine Partei keine Mehrheit erringen. Seitdem ist P. Führer der Opposition.

Periander

(griech.: Periandros)
Tyrann von Korinth
* um 627 v. Chr.
† um 585 v. Chr.

P. übernahm von seinem Vater Kypselos den Stadtstaat Korinth, der unter seiner rund 40-

jährigen Herrschaft die höchste wirtschaftliche Blüte und politische Macht in der archaischen Zeit erreichte. Er vermied große Kriege und unterhielt gute Beziehungen zu den anderen griechischen Staaten. P. war als Kolonisator im adriatischen Raum und in der Nordägäis tätig. Er führte zugunsten des Bauerntums zum Teil gewaltsam Sozialreformen durch, was die mächtigen adeligen Großgrundbesitzer zu seinen erbitterten Gegnern machte. P. galt trotz einiger ihm zugeschriebener, größtenteils legendärer Tyrannengreuel als einer der Sieben Weisen (im Altertum bekannte griechische Philosophen und Staatsmänner des 7. und 6. Jh.s v. Chr.).

Perikles

athen. Staatsmann
* nach 500 v. Chr. in Athen
† 429 v. Chr. in Athen

P., Nachkomme des alten, aber traditionell demokratiefreundlichen Geschlechts der Alkmeoniden, war maßgeblich an der Anklage des Aristokratenanhängers Kimon beteiligt und trat nach dessen Tod 461 in Athen an die Spitze des Demos (Gemeindebezirk eines Stadtstaates). Durch seine Redegewandtheit und taktisch klugen Kriegszüge gegen Sparta und Persien errang er in kurzer Zeit für Athen die Vormachtstellung im Attischen Seebund und begründete durch die Überführung des Bundesschatzes von Delos nach Athen (454) den Wohlstand und die Demokratisierung der Stadt. P. entzog dem von hohem Adel besetzten Areopag (Rat und Gericht) das Aufsichtsrecht über die Staatsverwaltung und die Beamten und übertrug es auf den Rat der Fünfhundert, die Volksversammlung und die Volksgerichte. Athen erreichte damals seinen politischen und kulturellen Höhepunkt und wurde zur führenden Wirtschaftsmacht Griechenlands. 449 beendete er im Kalliasfrieden die Perserkriege und schloss mit Sparta 446/445 einen Waffenstillstand auf 30 Jahre. Seine kostspieligen Bauvorhaben verwirklichte P. mit Hilfe des Phidias, der wie →Sophokles, →Herodot, Anaxagoras u. a. seinem Freundeskreis angehörte. Die Errichtung der Langen Mauern zwischen Athen und Piräus sowie die Bebauung der Akropolis brachten neben strategischen Vorteilen auch deutlichen Aufschwung im Handel, in der Kunst und der Arbeitsbeschaffung. Den Peloponnesischen Krieg bereitete P. planmäßig vor (431); er wurde 430 von dem durch die Verluste zu Beginn des Krieges und durch den Ausbruch der Pest demoralisierten Volk vorübergehend abgesetzt, verurteilt, 429 rehabilitiert und wiedergewählt. Kurz darauf starb er jedoch an der Pest.

Pestalozzi, Johann Heinrich

schweiz. Erzieher und Bildungsreformer
* 12.1.1746 in Zürich
† 17.2.1827 in Brugg

Der aus altem italienischen Adel stammende P. begann mit dem theologischen und juristischen Studium sowie einer landwirtschaftlichen Ausbildung, kam jedoch zu der Erkenntnis, zur Betreuung und Ausbildung des einfachen Volkes berufen zu sein. Er gründete mehere „Armenanstalten“ (Waisenhäuser), in denen er Schule und gewerbliche bzw. landwirtschaftliche Arbeit zu verbinden suchte (u. a. 1770–74 Gut Neuhof, 1799–1804 Burgdorf, 1805–24 Yverdon). Diese Anstalten vermochten sich wegen P.s Mangel an organisatorischer und geschäftlicher Begabung nicht lange zu halten, ihre Ideen sollten aber für die Vorschul- und Volksschulentwicklung in ganz Europa eine umwälzende Wirkung zeigen. In vielen Ländern wurden Schulen und Lehrerbildungsstätten in P.s Sinn errichtet. P. glaubte an den guten Kern des Menschen, den es nur zu erkennen und zu fördern gelte. In zahlreichen, zum Teil romanhaften Schriften (u. a. *Abendstunde eines Einsiedlers,* 1780; *Lienhard und Gertrud,* 1781–87; *Wie Gertrud ihre Kinder lehrt,* 1801) erklärte er seine Gedanken über das Wesen des Menschen als ursprünglich familiäres Wesen, seine Zielvorstellungen der Erziehung (Hilfe zur Selbstentfaltung des Menschen aus dem natürlichen über den gesellschaftlichen zum sittlichen Zustand in den Lebenskreisen Familie, Beruf, Gemeinwesen) und über den Unterricht (Elementarunterricht, die Verbindung geistigen und praktischen Lernens sowie das Prinzip der Selbständigkeit und Anschaulichkeit). P. wurde nach seinem Tod als Menschenfreund verehrt.

Peter I., der Große

(Pjotr I. Alexejewitsch)
Zar von Russland
* 9.6.1672 in Moskau
† 8.2.1725 in St. Petersburg

P. wurde schon 1682 neben seinem geistesschwachen Halbbruder Iwan V. zum Mitregenten. Die Regentschaft für beide führte deren Schwester Sofja Alexejewna. Als P. 1689 die Alleinherrschaft antrat, schickte er seine Halbschwester ins Kloster, seinem Bruder beließ er jedoch Titel und Würden eines Zaren. Unter seiner energischen, aber grausamen Führung fand Russland den Anschluss an den Westen. Er versuchte das russische Reich nach Süden auszuweiten und eroberte das osmanische Asow am Schwarzen Meer (1696) und persische Gebiete am Kaspischen Meer (1723), konnte jedoch diese Besitzungen nicht lange halten. Erfolgreicher war seine auf die Gewinnung der Ostseeküste ausgerichtete Außenpolitik. Im Nordischen Krieg hatte P. bei Poltawa (1709) den entscheidenden Sieg gegen Karl XII. von Schweden. Mit dem Frieden zu Nystad (1721) wuchs Russland zum mächtigsten Staat des Ostseeraumes. P. gründete 1703 die neue Residenz St. Petersburg und nannte sich seit 1721 Zar. Während seiner Auslandsreisen 1697/98 hatte er sich viele Anregungen für die spätere Reformtätigkeit geholt. Gegen den Widerstand der Altmoskowiter führte P. seine Reformen durch, die aber wegen der Kriegsbelastung zum Teil in den Anfängen stecken blieben. Zur Modernisierung von Heer und Marine holte er ausländische Experten ins Land und verpflichtete alle Untertanen zum Dienst am Staat. Er schuf einen neuen Dienstadel und die Landbevölkerung wurde durch Steuermaßnahmen den Großgrundbesitzern vollkommen ausgeliefert. Ferner errichtete P. einen Senat als oberste Justiz- und Aufsichtsbehörde, mehrere Kollegien als einer Art von Fachministerien nach schwedischem Vorbild und bildete statt des Kirchenpatriarchats den unter seiner Aufsicht stehenden Heiligen Synod. Außerdem reformierte er die Verwaltung durch die Teilung des Landes in 8 Gouvernements mit Provinzen und Kreisen. Er führte den Julianischen Kalender ein und baute das Bildungswesen aus, indem er neue Schulen und die Akademie der Wissenschaften gründete. P.s zweite Frau wurde als Katharina I. seine Nachfolgerin.

Petrarca, Francesco

ital. Dichter
* 20.7.1304 in Arezzo
† 18.7.1374 in Arquà bei Padua

P. verbrachte seine Kindheit in Avignon, da sein Vater, ein Advokat, die Stadt Florenz aus politischen Gründen verlassen musste. Er studierte in Frankreich und Italien Jura, später antike Literatur. 1326 empfing P. die geistlichen Weihen und stand im Dienst des Kardinals Colonna und hatte 1327 die entscheidende Begegnung mit Laura, die sein in der Volkssprache geschriebenes lyrisches Werk inspirierte. Nach weiten Reisen ließ er sich 1333–49 bei Avignon nieder. 1341, inzwischen als humanistischer Dichter berühmt, wurde er auf dem Kapitol in Rom zum Dichterkönig gekrönt. Während dieses Italienaufenthaltes traf P. 1342 mit dem Freiheitskämpfer Cola di Rienzo zusammen, mit dem ihn die Idee der Wiederherstellung der römischen Republik und der Einheit Italiens verband (Kanzone *Italia mia*). 1353–61 gehörte er zum Mailänder Hof der Visconti, ab 1362 hielt er sich in Venedig und Arquà auf. P., bedeutendster Lyriker Italiens, Begründer des Humanismus, mit →Dante und G. →Boccaccio Schöpfer des klassischen Kanons der italienischen Literatur, wirkte auf seine Zeit und auf die Nachwelt durch die in italienischer Sprache geschriebene Sammlung von Liebessonetten *Canzoniere.* Seine Gedichte verschmelzen antike Formtradition mit dem „Dolce stil nuovo" (Dichtart im 13. Jh. in Norditalien). P.s Gedicht *Die Triumphe,* in Nachahmung von Dantes *Göttlicher Komödie* in Terzinen geschrieben, stellt die Stadien des Daseins als Triumph der Liebe, der Keuschheit, des Todes, des Ruhms, der Zeit und der Ewigkeit dar. Mit dem nach römischen Vorbildern in lateinischer Sprache verfassten, die Taten →Scipios d. Ä. verherrlichenden Epos *Africa* sowie den Eklogen (altrömische Schäfergedichte) des *Bucolicum Carmen* und die *Epistolae metricae,* aber auch in der Kunstgattung des Briefes nach dem Vorbild →Ciceros schuf P. die literarischen Formen des europäischen Humanismus.

Petrus (hl.)

(urpr.: Simon; aramäisch Kephas)
Jünger und Apostel Jesu
† zwischen 64 und 67 n. Chr. in Rom

Simon, Sohn des Jona, Fischer aus Bethsaida am See Genezareth, kam mit seinem Bruder Andreas zu Jesus, von dem er seinen Beinamen P. bekam. Obwohl er Jesus verleugnet hatte, war er nach dessen Tod zusammen mit Johannes und Jakobus der führende Apostel der Urgemeinde in Jerusalem. Ursprünglich war P. für die Judenmission bestimmt, wirkte danach in Antiochia auch unter Heiden und kam so vermutlich nach Rom. Hier soll er nach christlicher Überlieferung wie →Paulus bei der Christenverfolgung unter →Nero den Märtyrertod erlitten haben. Er wurde in Neros Gärten unter der heutigen Peterskirche bestattet. Nach der katholischen Lehre war P. der erste Bischof von Rom; sein Vorrang unter den Aposteln ging damit auch auf das Bischofsamt in Rom über (Papst). Er wurde heilig gesprochen (Peter- und Paulus-Tag, 29.6.).

Phidias

(griech. Pheidias)
griech. Bildhauer, Bronzeplastiker und Maler
* Anfang 5. Jh. v. Chr. in Athen
† um 430 v. Chr. in Athen

P. war neben →Polyklet der größte Bildhauer der griechischen Klassik. Seine Mitwirkung, zumindest bei den Entwürfen des Parthenon, bei der Errichtung der Akropolis ist als sicher anzunehmen. Er war berühmt für seine Kolossalfiguren, von denen heute nur verkleinerte Kopien, Münzdarstellungen oder Beschreibungen antiker Autoren überliefert sind. P. schuf die Athene Promachos, eine 9 m hohe Statue auf der Akropolis, ferner die Athene Parthenos mit kostbarer Verkleidung aus Goldblech und Elfenbein und die 12 m hohe Statue des thronenden Zeus in Olympia aus Gold und Elfenbein (eines der Sieben Weltwunder). Er fertigte auch Bronzestatuen. P. soll wegen Veruntreuung von Material verurteilt und im Gefängnis umgekommen sein.

Philipp II.

makedon. König
* um 382 v. Chr. in Pella
† 336 v. Chr.

Ph., Vater →Alexanders d. Gr., war ursprünglich Verweser für den unmündigen Sohn Perdikas III., Amyntas. 355 nahm er den Königstitel an und verwandelte während seiner 25-jährigen Herrschaft das politisch unbedeutende, durch Erbstreit zerrissene Makedonien in eine geschlossene Großmacht, die sich an die Spitze ganz Griechenlands setzte. Zunächst reorganisierte Ph. das Heer. Dank Eroberung der Edelmetallgruben in Pangaiongebiet verfügte er über unbegrenzte Geldmittel (Prägung der Ph.-Münzen in Gold und Silber). Er begann sein Reich mit gezielten Eroberungen besonders von Küstenstädten strategisch abzusichern und vergrößerte es um Thessalien (344 v. Chr.) und Thrakien (3434/42). 339 zog Ph. gegen die verbündeten Thebaner und Athener und übernahm nach dem Sieg bei Chaironeia (338) in dem durch seine großzügige Friedenspolitik 337 zustande gekommenen Korinthischem Bund (alle griechischen Städte außer Sparta) die Führung Griechenlandes. Ph. schuf so die wirtschaftlichen, territorialen und organisatorischen Voraussetzungen für die Expansion des makedonischen Reiches unter seinem Sohn und Nachfolger Alexander d. G. Während seiner Kriegsvorbereitungen gegen Persien fiel Ph. einer Verschwörung makedonischer Adliger, vielleicht unter Beteiligung seiner verstoßenen Frau, Olympias, zum Opfer.

Philipp II.

span. König
* 21.5.1527 in Valladolid
† 13.9.1598 in El Escorial

P. erbte von seinem Vater →Karl V. Spanien mit seinen amerikanischen Kolonien, die Niederlande, Mailand, Neapel, Sizilien und Sardinien. Seine Siege über Frankreich (Pyrenäenfrieden 1559) und die Osmanen (Seeschlacht bei Lepanto 1571) sowie die Annektion Portugals infolge von Erbansprüchen (1580) verschafften Spanien unter Ph.s Regierung eine Vormachtstellung in Europa. Das Land hatte seine größte Ausdehnung und befand sich auf dem Höhepunkt seiner politischen, wirtschaftlichen und kulturellen Bedeutung. Ph., der sich als Hüter des Katholizismus verstand, war ein Vorkämpfer der Gegenreformation, konnte aber den Abfall der protestantischen Provinzen der Niederlande nicht verhindern. Im Kampf gegen das protestantische England Königin →Elisabeths I. wurde die spanische Flotte (Armada) 1588 vernichtet. Die schwerfällige Bürokratie in Spanien, wodurch wichtige Entscheidungen verhindert wurden, sowie das starre Festhalten des Königs an überholten Regierungs- und Religionsformen leiteten den Niedergang des spanischen Reiches ein.

Philipp IV., der Schöne

frz. König
* 1268 in Fontainebleau
† 29.11.1314 in Fontainebleau

Ph., seit 1285 König, führte die mittelalterliche Königsherrschaft in Frankreich auf ihren Höhepunkt und leitete gleichzeitig die Verweltlichung der Krone und ihre Loslösung vom Heiligen Stuhl ein. Die Grundlage seiner Politik bildete das rücksichtlose Streben nach Landgewinn. Seine Heirat mit der Erbprinzessin Johanna von Navarra (1284) brachte ihm den Pyrenäenstaat und die Champagne ein. Außerdem konnte er deutsche Gebiete an der Rhône und Maas sowie die letzten englischen Festlandbesitzungen für Frankreich einnehmen. Im Kampf gegen Flandern gewann Ph. den wallonischen Teil der Grafschaft (1312). Zur Finanzierung seiner Feldzüge setzte er die Besteuerung des Klerus durch, worauf er mit dem päpstlichen Bann belegt wurde. Papst →Bonifatius VIII. entging zwar einer Gefangennahme, starb aber wenig später; Ph. ließ Clemens V. zu dessen Nachfolger wählen und verlegte 1309 seinen Sitz nach Avignon – die 70-jährige „Babylonische Gefangenschaft“ begann. 1312 erzwang er vom Papst die Auflösung des Templerordens und beschlagnahmte dessen enorm großes Vermögen. Ph. schuf einen juristisch gebildeten Beamtenapparat (Legisten) und stärkte das Bürgertum, das er 1302 neben Adel und Klerus als „dritten Stand“ erstmals berief.

Piaget, Jean

schweiz. Psychologe
* 9.8.1896 in Neuchâtel
† 16.9.1980 in Genf

P.s bahnbrechende Studien über die geistigen Entwicklungsstufen des Kindes sind von grundlegender Bedeutung für die Entwicklungspsychologie und Pädagogik. Zusammen mit seinen Mitarbeitern erforschte er die auf Erkenntnis beruhenden (kognitiven) Entwicklungsstrukturen beim Kind. In zahlreichen Veröffentlichungen stellte P. Protokolle kindlicher Reaktionen in zufälligen oder vorher festgelegten Situationen dar. In Kommentaren und Auswertungen ging er auf die Notwendigkeit eines Umdenkens von Elternhaus und Schule ein. Im Mittelpunkt von P.s Untersuchungen stand zunächst die Frage des Zusammenspiels zwischen Sprache und Denken. In den 30er und 40er Jahren rückten die Arbeiten über die Entwicklung von Raum-, Zeit-, Kausalvorstellungen sowie die allmähliche Entstehung eines moralischen Weltbildes von Kindern im Schulalter in den Vordergrund. Mit theoretischen und philosophischen Untersuchungen untermauerte er sein Arbeitsgebiet, die sog. „genetische Epistemologie“. P., der 1929–71 an den Universitäten in Genf, zeitweise in Lausanne und Paris lehrte, veröffentlichte eine Reihe von Schriften über seine Forschungsarbeit: *Das Erwachen der Intelligenz beim Kinde* (1939, dt.1969), *Die Entwicklung des Zahlenbegriffs beim Kinde* (1941, dt. 1965), *Nachahmung, Spiel und Traum. Die Entwicklung der Sprechfunktion beim Kinde* (1945, dt. 1969), *Die natürliche Geometrie des Kindes* (1948, dt. 1974), *Abriss der genetischen Epistemologie* (1950, dt. 1974), *Gedächtnis und Intelligenz* (1968, dt. 1974).

Picasso, Pablo

(eigtl.: Pablo Ruiz y P.)
span. Maler, Grafiker, Bildhauer und Keramiker
* 25.10.1881 in Málaga
† 8.4.1973 in Mougins bei Cannes

P., der universale Künstler, ist der bedeutendste Maler der Moderne. Nach dem Studium an der Madrider Kunstakademie (ab 1897) ließ er sich ab 1900 in Paris nieder, wo er zum kulturellen Kreis um H. →Matisse, André Derain, G. →Braque und G. →Apollinaire gehörte. Nach realistischen Anfängen mit eindringlichen Studien der menschlichen Einsamkeit (*Die Absinth-Trinkerin,* 1902; „Blaue Periode") und melancholischen Bildern aus dem Zirkusmilieu („Rosa Periode", 1905–07) bediente sich P. der Ausdrucksmittel der Naturvölker („période nègre"). Mit dem epochalen Werk *Les Demoiselles d'Avignon* (1906/07), beeinflusst von afrikanischen Masken, gelang ihm die Überleitung zum Kubismus, den er mit Braque vom analytischen über die Collagen („papier collés"; aus Zeitungsausschnitten, Tapetenresten und zeichnerischen Elementen) zum synthetischen Kubismus entwickelte. Ab 1913 entstanden Montagen aus Blech, Karton und anderen Materialien (*Gitarre,* 1912). Von der Abstraktion des Gegenständlichen wandte sich P. 1917 einer neoklassizistischen, monumental figürlichen Malerei zu. Zu Beginn der 20er Jahre widmete er sich klassischen Motiven neben Themen wie Stierkampf, Maler und Modell sowie Frauenbildnisse. Ab 1925 wurde der Einfluss des Surrealismus deutlich. Dramatische Wirkungen erstrebten seine krassen Bildverzerrungen, besonders in seinem großen Wandbild Guernica (1937), einer der vielen Höhepunkte seines Schaffens. Dieses Antikriegsgemälde entstand nach dem Angriff der deutschen Luftwaffe auf den baskischen Ort Guernica. Er schuf auch zahlreiche bildhauerische Meisterwerke, wie der *Frauenkopf* (Fernanda) von 1909, dann verschiedene Drahtplastiken oder den aus Fahrradsattel und -lenker zusammengesetzten *Stierkopf* (1943). 1968 fertigte er große Radierserien *(Maler und Modell, Die Liebenden).* Einen großen Teil seines Werks stiftete P. dem französischen Staat (1985 Musée Picasso in Paris).

Piccard, Auguste

schweiz. Physiker
* 28.1.1884 in Lutry, Waadt
† 25.3.1962 in Lausanne

P., der sich mit kosmischer Strahlung und den ionisierten Atmosphärenschichten befasste, erregte 1931 großes öffentliches Aufsehen, als er mit einem Ballon Vorstöße in die Stratosphäre unternahm. Von Augsburg aus erreichte er in einer Druckkabine, getragen von einem Ballon, eine Höhe von 15781 m. Ein Jahr später wie-

derholte P. seinen Versuch, der neben der Rekordhöhe von 16940 m für die Raumfahrt wichtige Daten über die Höhenstrahlung erbrachte. Ab 1947 beschäftigte er sich intensiv mit dem Tiefseetauchen und stieß 1953 mit seinem selbstgebauten Tauchboot „Bathyscaph" im Thyrrhenischen Meer in eine Tiefe von 3150 m vor. An P.s Versuchen waren u. a. sein Zwillingsbruder Jean und sein Sohn Jacques, der die Tiefseeforschung später fortsetzte, beteiligt.

Pico della Mirandola, Giovanni

ital. Humanist
* 24.2.1463 in Mirandola bei Modena
† 17.11.1494 bei Florenz

P., der wirkungsvollste Vertreter der Renaissancephilosophie, versuchte →Platon mit →Aristoteles, die jüdische Religion mit dem Christentum, Magie mit Wissen zu verbinden, wobei er jedoch die Astrologie ablehnte; er sprach sich für eine überkonfessionelle Kirche aus. P. stammte aus italienischem Fürstengeschlecht und studierte kanonisches Recht in Bologna, Literatur in Ferrara, Philosophie in Padua und lehrte anschließend an der „Accademia Platonica". Beeinflusst von dem Arzt und Philosophen Marsilio Ficino, entstand seine *Rede über die Würde*

des Menschen. P. lud 1486 prominente Gelehrte aus ganz Europa nach Rom ein, um über seine Thesen zu diskutieren, was von Papst Innozenz VIII. untersagte wurde. P. wurde exkommuniziert und ging nach Frankreich ins Exil. Lorenzo di Medici holte den Philosophen später nach Florenz zurück. 1493 vom päpstlichen Bann befreit, wandte P. sich dem Katholizismus Savonarolas (1452–1498) zu, des Dominikaner-Predigers, der zur urchristlichen Umkehr aufrief.

Piëch, Ferdinand

österr. Autokonstrukteur und Industriemanager
* 17.4.1937 in Wien

P. ist der Enkel F. →Porsches. Nach dem Ingenieursstudium arbeitete er ab 1963 in der Porsche KG als Sachbearbeiter im Motorenversuch. 1971 wurde P. technischer Geschäftführer des Unternehmens, erreichte jedoch sein Ziel, Vorsitzender der Geschäftsführung zu werden, nicht. Er verließ die Firma und arbeitete anschließend als freier Ingenieur. u. a. entwickelte er für die Daimler Benz AG die Grundlagen für einen Fünfzylinder-Dieselmotor. 1973 übernahm P. bei der VW-Tochter AUDI AG in Ingolstadt die Leitung der Hauptabteilung für Sonderaufgaben der technischen Entwicklung, womit seine unaufhaltsame Karriere begann. Nachdem er 1973 in den AUDI-Vorstand aufgerückt war, wurde er 1988 Vorstandsvorsitzender. 1992 kam es zu Negativ-Schlagzeilen wegen Querelen zwischen Vorstand und Familieneignern der Stuttgarter Sportwagenfirma Porsche. 1993 wurde P. zum Nachfolger von Carl H. Hahn als Vorstandsvorsitzender berufen und behielt zunächst seinen Vorstandssitz bei der AUDI AG. Sein Ziel war den VW-Konzern in der Weltrangliste der Autounternehmen ganz nach oben zu bringen. In den folgenden Geschäftsjahren ließ sich bei VW eine anhaltende Aufwärtsentwicklung erkennen. Zu neuen Turbulenzen kam es, als Louis Hughes, der Präsident von GM Europa, Strafantrag gegen den früheren GM-Opel-Manager José Ignacio Lopez, den P. als „Kostenkiller" ins VW-Management geholt hatte, stellte. 1996 verließ Lopez VW, und die Streitigkeiten, die jahrelang für Schlagzeilen in der Wirtschaftspresse sorgten, konnten außergerichtlich beigelegt werden. Die Umsatzzahlen bei VW verzeichneten in den letzten Jahren imponierende Zuwachsraten (1996 über 100 Milliarden DM). Für das Jahr 2000 ist die Produktion der modernisierten Auflage des legendären Käfers, der „New Beetle" vorgesehen, der bereits in Mexiko hergestellt wird und zum Renner in den USA geworden ist. P., der in zweiter Ehe verheiratet ist, gilt als Multimillionär.

Pincus, Gregory Goodwin

amerik. Biologe
* 4.9.1903 in Woodbine (NJ)
† 22.8.1967 in Boston

P. entwickelte 1954 die Empfängnis verhütende P.-Pille („Anti-Baby-Pille"). Nach dem Biologiestudium in Cornell, Harvard, Cambridge und Berlin gründete er sein eigenes Forschungsinstitut. Ab 1951, von der Befürworterin der Geburtenkontrolle Margaret Sanger beeinflusst, beschäftigte er sich intensiv mit der Biologie der Fortpflanzung. P. konnte nachweisen, dass das Hormon Progesteron während der Schwangerschaft in höherer Konzentration auftritt und den Eisprung (Ovulation) verhindert. Aus drei synthetisch hergestellten progesteronähnlichen Hormonen, die sich als wirksam zur Unterdrückung der Ovulation erwiesen, konnte er die „Pille" entwickeln und auf den Markt bringen, die nahezu 100-prozentige Sicherheit aufwies und in den folgenden Jahrzehnten, trotz einer Reihe von Nebenwirkungen, zu dem meistverwendeten Verhütungsmittel wurde.

Pindar(os)

griech. Lyriker
* 522 oder 518 v. Chr. in Kynoskephalä bei Theben
† nach 466 v. Chr. in Argos

P. war mit seinen lyrischen Liedern Dichter und Komponist zugleich. Der aus einem Adelsgeschlecht stammende Lyriker galt schon zu Lebzeiten als der Inbegriff griechischen Dichtertums. Von den 17 Büchern seiner Dichtungen sind, bis auf Papyrus-Bruchstücke, die Kultlieder verloren gegegangen. Erhalten sind jedoch vier Bücher mit chorischen Preisliedern (Epinikien) auf Sieger bei den Olympischen, Pythischen, Nemeischen und Isthmischen Spielen. Diese Epinikien enthalten Angaben über den Sieger, aber auch kultische Beschreibungen und Beispiele aus den Göttermythen. Vom Formalen her sind sie charakterisiert durch mannigfache Metren und meist strophische Dreiteilung in Strophe, Antistrophe und Epode (Triadenform). P.s Werk bildete den Übergang von der archaischen zur klassischen Zeit und beeinflusste die Lyrik bis in die Neuzeit hinein (Übersetzungen von F. →Hölderlin).

Pippin III., der Jüngere

fränk. König
* um 715
† 24.9.768 in Saint-Denis

P., Sohn →Karl Martells, erhielt als Hausmeier beim Tod seines Vaters (741) Neustrien, Burgund und die Provence, sein Bruder Karlmann Austrasien, Alemannien und Thüringen. Um die Machtausübung zu legalisieren setzten die Brüder 743 Childerich III. als merowingischen Schattenkönig ein. Nachdem Karlmann sich als Mönch ins Kloster zurückzog (747), brachte P. dessen Herrschaftsgebiete in sein Reich ein. Ende 751 setzte er mit Einverständnis von Papst Zacharias Childerich III. ab, ließ sich selbst zum fränkischen König wählen und krönen. 754 ließ sich P. von Papst Stephan II., der nach Frankreich gekommen war, um Hilfe gegen den Langobardenkönig Aistulf zu erbitten, nochmals salben und erhielt die Würde eines „patricius Romanorum“. Er garantierte 756 dem Papst die Restitution der von den Langobarden in Besitz genommenen byzantinischen Gebiete Roms und Ravennas („Pippinische Schenkung“). Vor seinem Tod teilte P. das gefestigte und vergrößerte Frankenreich für sein Söhne Karlmann und dem späteren →Karl dem Großen.

Pirandello, Luigi

ital. Schriftsteller
* 28.61867 in Agrigent
† 10.12.1936 in Rom

P. ist der bedeutendste Dramatiker des modernen italienischen Theaters. Nach dem Studium der Philologie betätigte er sich zunächst als Journalist, gründete 1925 ein eigenes Theater. Beeinflusst von der Psychoanalyse beschäftigten P. als Dramatiker und Romancier die Frage nach der Grenze zwischen Sein und Schein („Maske“), die Fragwürdigkeit der menschlichen Existenz und im Besonderen Spaltung, Auflösung und Verlust des Ichbewusstseins. Außer Gedichten und einigen Romanen verfasste er über 200 Novellen und zahlreiche, die moderne Bühne revolutionierende Theaterstücke. Ein Welterfolg wurde sein Drama *Sechs Personen suchen einen Autor* (1921), das anfangs von Publikum und Kritik abgelehnt wurde. P. machte das Theater zum Gegenstand des Theaters und erzielte große Bühnenwirksamkeit durch die Enthüllung des Lebens als Spiel. Der große Dramatiker, der 1924 zur Faschistischen Partei beigetreten war, erhielt 1934 den Literaturnobelpreis. Zu seinen bedeutendsten Werken zählen *Die Wollust der Anständigkeit* (1917, dt. 1925), *So ist es, wie Sie meinen* (1918, dt. 1925), *Man weiß nicht wie* (1935, dt. 1935).

Pius II.

(eigtl.: Enea Silvio de'Piccolomini)
Papst
* 18.10.1405 in Corsignano, Siena
† 15.8.1464 in Ancona

P. stand als Laie im Dienst hoher kirchlicher Würdenträger und wirkte auf dem Basler Konzil als Wortführer der konziliaren Theorie, die die Beschlüsse allgemeiner Konzile über die des Papstes stellte. 1439 förderte er die Wahl des Gegenpapstes Felix V. P. war auch ein hochgebildeter humanistischer Dichter und verfasste historische und länderkundliche Abhandlungen, Reden sowie Liebesgeschichten. Ab 1445 erfolgte eine Umkehr in seinem eher weltlich orientierten Leben: Er wandelte sich zu einem Verfechter des Papalismus, empfing die Priesterweihe und wurde Mittelsmann zwischen dem deutschen König und dem Heiligen Stuhl. P., dem man in Passau wegen ungenügender Adelsnachweise eine Domherrenstelle verweigerte, wurde 1456 zum Kardinal ernannt und erreichte 1458 mit der Wahl zum Papst den Höhepunkt seiner Karriere. Das Hauptziel seines Pontifikats war die Einigung Europas, um geschlossen gegen die Osmanen vorgehen zu können, aber die Bildung einer abendländischen Abwehrfront scheiterte. Seine Bulle *Execrabilis* (1460), die jede Appellation an ein allgemeines Konzil als Ketzerei verdammte, kennzeichnet das Ende des Konziliarismus.

Pius IX.

Papst
(eigtl.: Graf Giovanni Maria Mastai-Ferretti)
* 13.5.1792 in Sinigaglia
† 7.2.1878 in Rom

1846 begann das längste und eines der umstrittensten Pontifikate der Geschichte. P., der sich schon als Bischof von Imola für liberale Reformen eingesetzt hatte, war zunächst äußerst beliebt. Seine fortschrittlichen Regierungsmaßnahmen im Kirchenstaat wurden allgemein begrüßt. P. stellte sich aber gegen die Unabhängigkeitsbestrebungen Italiens von Österreich und schwenkte nach der Revolution von 1848/49 mit seinem Berater Giacomo Antonelli auf einen reaktionären Kurs ein. Die Einigung Italiens konnte er nicht verhindern, erkannte jedoch die italienische Regierung nicht an und wies die „Garantiegesetze" von 1871 zurück, die den Ausgleich zwischen dem italienischen Staat und dem Heiligen Stuhl bedeutet hätten. Außerdem untersagte er jedem Katholiken die Betätigung in der italienischen Politik. Seine Haltung provozierte schließlich die Eingliederung des Kirchenstaates ins Königreich Italien. Nach dem Verlust des Kirchenstaates (1870) und der Ernennung von Rom zur italienischen Hauptstadt zog sich P. in den Vatikan zurück. Als Haupt der Kirche verkündete er 1854 das Dogma von der Unbefleckten Empfängnis Mariens (→Maria, die Jungfrau) und verdammte im *Syllabus errorum* von 1864 die „hauptsächlichsten Irrtümer unserer Zeit": Pantheismus, Naturalismus, Rationalismus und Liberalismus. Durch das Dogma der „Unfehlbarkeit des Papstes" in Fragen des Glaubens und der Sitte auf dem 1. Vatikanischen Konzil (1870) unter P. wurde der Gipfel des Zentralismus innerhalb der katholischen Kirche erreicht, was zu Spannung und Kritik, vor allem innerhalb der Kirche, führte und Ausgangspunkt für den mit dem preußischen Staat ausgefochtenen Kulturkampf war.

Pius XII.

(eigtl.: Eugenio Pacelli)
Papst
* 2.3.1876 in Rom
† 9.10.1958 in Castel Gandolfo

P., 1917–25 Nuntius für Bayern, ab 1920 zugleich für das Deutsche Reich (bis 1929) und ab 1930 Kardinalstaatssekretär, wurde 1939 Papst, in einer Zeit äußerster politischer Zuspitzung in Europa. Er versuchte den II. Weltkrieg zu verhindern und warnte 1939 A. →Hitler vor der Anzettelung eines Krieges. Als seine Versuche fehlschlugen, wahrte P. Neutralität und vermittelte 1939/40 und 1943 zwischen der deutschen Opposition und der britischen Regierung. Obwohl er den Nationalssozialismus und den Kommunismus als politisch-weltanschauliches Übel des 20. Jh.s verurteilte, sah er im Kommunismus eine weitaus größere Gefahr, für dessen Mitgliedschaft er die Exkommunikation androhte. Daher blieb P.' Politik gegenüber dem NS-Regime in Deutschland umstritten; vor allem sein Schweigen zur Judenverfolgung wurde ihm schwer angelastet. Innerkirchlich vertrat er eine streng-konservative Linie und herrschte zentralistisch und autoritär. Durch die Verkündigung des Dogmas von der leiblichen Aufnahme Mariens in den Himmel (1950) vertiefte P. die Kluft zwischen Katholizismus und Protestantismus.

Pizarro, Francisco

span. Eroberer
* um 1475 Trujillo, Estremadura
† 26.6.1541 in Lima

Als erfahrener Expeditionsteilnehmer in mittelamerikanischen Regionen startete P. 1524 zu

der wagemutigen Entdeckungsfahrt an die südamerikanische Küste über die Landenge von Panama und an der Westküste entlang südwärts auf der Suche nach dem sagenhaften Goldland Peru. 1527 entdeckte der Konquistador die peruanische Küste und ließ sich, wieder zurück in Spanien, von →Karl V. zum Statthalter von Peru ernennen (1529). Mit drei Schiffen und 180 Mann erreichte er erneut die peruanische Küste und eroberte auf brutalste Weise das hoch entwickelte Inka-Reich (1531–35), dessen Herrscher Atahualpa er ermorden ließ. 1535 gründete P. die neue Residenz „Stadt der Könige", das heutige Lima. In der Auseinandersetzung um Macht und Reichtum kam sein Mitstreiter Almagro 1538 ums Leben; P. wurde drei Jahre später von dessen Anhängern ermordet.

Planck, Max

dt. Physiker
* 23.4.1858 in Kiel
† 4.10.1947 in Göttingen

P., einer der bedeutendsten Naturwissenschaftler des 20. Jh.s, prägte als Begründer der Quantentheorie die moderne Physik entscheidend mit. Zunächst Physikprofessor in Kiel (1885–89), dann in Berlin, war er 1912–38 Sekretär der Preußischen Akademie der Wissenschaften. Ab 1894 trug P. zur vertieften Kenntnis der Thermodynamik bei. 1900 entwickelte er das Plancksche Strahlungsgesetz für den gesamten Frequenzbereich. Durch die Untersuchung der Strahlung erhitzter Körper kam er zu der Erkenntnis, dass Energie nicht kontinuierlich, sondern in kleinsten „Portionen“, sog. Quanten, ausgestrahlt wird. Die Annahme einer Existenz von Energiequanten, die nur proportionale Werte zu ihren Frequenzen annehmen können, führte zur Entdeckung der Naturkonstanten, dem Planckschen Wirkungsquantum. Die Quantentheorie wurde von A. →Einstein, N. →Bohr und W. →Heisenberg weiterentwickelt. P. erhielt 1918 den Nobelpreis für Physik. 1930–37 amtierte er als Präsident der „Kaiser Wilhelm Gesellschaft zur Förderung der Wissenschaften“, die später in „Max-Planck-Gesellschaft umbenannt wurde. 1937 trat P. aus Protest gegen die Behandlung jüdischer Wissenschaftler von seinem Amt zurück. 1945 wurde sein Sohn, der an der Verschwörung vom 20.7.1944 gegen A. →Hitler beteiligt war, hingerichtet. 1945/46 übernahm der große Physiker die Leitung der Max-Planck-Gesellschaft in Göttingen.

Platon

(auch: Plato)
griech. Philosoph
* um 427 v. Chr. in Athen oder Ägina (?)
† um 347 in Athen

P., der aus einer reichen Athener Familie stammte, war ursprünglich für den Beruf des Politikers bestimmt. Zunächst versuchte er sich als Tragödiendichter, wurde jedoch entscheidend von seinem Lehrer →Sokrates geprägt. Unter dem Eindruck des Peloponnesischen Krieges und der Hinrichtung von Sokrates 399 wurde S. zum Gegner der ath. Demokratie und entwarf in seinem Werk *Politeia* den idealen Staat. Nach mehreren Reisen in die griechischen Kolonialländer, u. a. nach Sizilien, wo er den Tyrannen von Syrakus →Dionysios vergeblich von seiner Staatstheorie zu überzeugen suchte, gründete er vermutlich 387 v. Chr. eine Philosophenschule in Athen, die er bis zu seinem Tod leitete. Hier verfasste er auch seine Schriften (meist in Form von Dialogen), die beinahe vollständig erhalten sind, die Echtheit jedoch bei einigen umstritten ist. Im Zentrum von P.s Denken steht seine Ideenlehre: Allein die Ideen, die Ursprung und Ziel alles Seienden darstellen, sind ewig, unwandelbar und wahr. Die Vorstellungen sind nur Abbilder dieser Ideen („Höhlengleichnis). In den Zahlen und geometrischen Körpern sieht P. einen Zwischenbereich zwischen Ideenwelt und Sinnenwelt. Die Seele ist für ihn unsterblich und gestattet dem denkenden Menschen eine Erinnerung an das vorgeburtliche Einssein; die Erkenntnis der zeitlosen, absoluten Wahrheit ist möglich und Tugend erlernbar. Denn die Idee des Guten als oberste Idee besitzt ontologische und ethische Bedeutung. Der Ordnung der Seele entspricht die Ordnung des Staates. Nach P. besteht dieser aus drei Ständen: den Bauern, Handwerkern und Kaufleuten, die die Grundbedürfnisse erfüllen; den Kriegern, die den Staat schützen und schließlich den Herrschenden (Philosophen). Er bevorzugte die Oligarchie (die Herrschaft einer geistigen und ethischen Elite). P. begründete mit seiner Gedanken- und Ideenphilosophie den ethischen und politischen Idealismus und beeinflusste, auch durch →Aristoteles, R. →Descartes, G. W. →Leibniz und G. W. F. →Hegel das christlich-abendländische Denken. P.s bedeutendsten Werke sind: *Apologie, Kriton, Symposion, Gorgias, Phaidon, Menon, Kratylos, Politeia,* aus der Altersepoche *Theaitetos, Parmenides, Sophistes, Politikos, Philebos, Timaios, Kritias, Nomoi.*

Plautus, Tutus Maccius

röm. Komödiendichter
* um 254 v. Chr. in Sarsina, Umbrien
† 184 v. Chr. in Rom

P. gehörte wohl zu den beliebtesten Dichtern seiner Zeit. Er dichtete die ihm als Vorbild dienende neue griechische Komödie *(Menander, Philemon)* witzig und volkstümlich um und glich sie römischen Verhältnissen an. Sie sind durch musikalische Einlagen zu Singspielen aufgelockert. P. schuf bühnenwirksame, komische Stücke mit urwüchsiger Komik der Typenfiguren und sprachlicher Charakterisierung sowie metrischer Vielfalt, die während der Antike einzigartig waren. Von den angeblich 130 Lustspielen sind 20 vollständig erhalten. P., der im Mittelalter kaum Beachtung fand, wurde im 15. Jh. wiederentdeckt. u. a. W. →Shakespeare, →Molière, G.E. →Lessing und H. von →Kleist (z. B. *Amphitryon*) griffen P.s Stücke stofflich auf.

Plotin(os)

griech. Philosoph
* 205 in Lykopolis, Ägypten
† 270 in Minturnae, Kampanien

P. war in Alexandria ein Schüler des Philosophen Ammonios Sakkas und gründete in Rom 244 eine neuplatonische Philosophenschule, welche die wohlwollende Unterstützung von Kaiser Gallineus erfuhr. In seiner Philosophie vereinigte P. die platonische Lehre mit religiösmystischen Motiven und wirkte tiefgreifend auf das Christentum und die gesamte europäische, auch die neuzeitliche Philosophie. Er ging aus vom Einen als dem höchsten, göttlichen Sein, aus dem Geist, Seele und die endlichen Dinge stufenweise „ausfließen" (Emanation). Es liegt an dem Menschen, die Seele mit Hilfe des Philosophen zu ihrem Ursprung zurückzuführen, indem er sie dazu befähigt, das Eine als das Gute in Ekstase zu erfassen und mit ihm eins zu werden, wobei sich die Seele von allen körperhaften Trieben befreit. P.s mehr als 260 Schriften wurden von seinem Schüler Porphyrios in Neunergruppen *(Enneaden)* zusammengefasst.

Plutarch(os)

griech. Schriftsteller und Philosoph
* um 45 n. Chr. in Chaironeia, Böotien
† um 125 n. Chr.

P. lebte nach einem Studium an der Platonischen Akademie in Athen als wohlhabender Mann in seiner Heimatstadt und war ab 95 Priester in Delphi. Von seinen zahlreichen philosophischen, politischen und populärwissenschaftlichen Schriften sind etwa die Hälfte erhalten. Zu den bekanntesten gehören zum einen die 46 erhaltenen Parallelbiografien, in denen je ein berühmter Grieche einem berühmten Römer gegenübergestellt wird (z. B. →Alexander der Große und →Caesar), um das Griechen- und Römertum in gleicher Weise zu würdigen. Zum anderen sind es die 80 erhaltenen philosophischen Schriften (Moralia), die meist in Dialogform – beinflusst von →Platon – Fragen der Ethik erörtern, aber auch alltägliche Probleme der Familie und Ehe aufgreifen, ferner Fragen von Politik und Staatsführung, dazu philosophische und religionsgeschichtliche Probleme aufwerfen.

Poe, Edgar Allan

amerik. Schriftsteller
* 19.1.1809 in Boston
† 7.10.1849 in Baltimore

P., der Vollwaise war, wuchs bei Pflegeeltern auf und wurde teilweise in England erzogen. Nach dem Bruch mit seinem Pflegevater und dem gescheiterten Besuch der Militärakademie erschienen seine ersten großen Erzählungen. P. hatte schon mit 16 Jahren unter einem Pseudonym zu schreiben begonnen. Er war später für verschiedene Zeitungen als Journalist tätig, hatte aber keinen Erfolg. Ursprünglich Lyriker, fand sein dichterisches Werk kaum Würdigung. Es ist durch eine sorgfältig konstruierte Wortmusikalität gekennzeichnet und ist schwermütig und hintergründig. Lediglich die meisterhaften Übersetzungen Ch. →Baudelaires brachten P.s Poesie den französischen Symbolisten nahe (u. a. *Tamerlane,* 1827; *Der Rabe,* 1845; *Ulalume,*

1847). Allgemein bekannt geworden ist er mit seinen Erzählungen von unheimlichen, grausig-fantastischen und bizarr-humoristischen Begebenheiten (*Untergang des Hauses Usher,* 1839; *Der Doppelmord in der Rue Morgue,* 1841; *Der entwendete Brief,* 1844 u. a.). Das gesamte literarische Werk des Schöpfers der Kurzgeschichte und Detektiverzählung steht in der Nachfolge der amerikanischen Romantik. Im Amerika des 19. Jh.s heftig kritisiert, in Europa gefeiert, gilt P. heute noch als „modern". Der frühe Tod seiner Frau stürzte P. in große materielle und seelische Not. Nach einer depressiven und exzentrischen Phase fand der Dichter selbst den Tod, dessen nähere Umstände nie geklärt wurden.

Pol Pot

(eigtl.: vermutlich Saloth Sar)
kambodsch. Politiker
* 19.5.1928 in der Provinz Kompong Thom
† 15.4.1998

Unter der Regierung von P. wurde das Land hermetisch abgeriegelt. Während dieser 3-jährigen Terrorherrschaft in Kambodscha (1976–79), die als „Steinzeitkommunismus" bekannt wurde, erlebte die Bevölkerung die brutalsten Methoden; mehrere Millionen Menschen verloren durch Umsiedlungsaktionen und gezielten Terror ihr Leben. P., Mitbegründer der kambodschanischen KP, unternahm nach dem Sieg der Roten Khmer den Versuch, die Wirtschaft des Landes ausschließlich auf die Landwirtschaft zu reduziern. Geld und Handel wurden abgeschafft, das Leben in der Stadt verboten. Mit der Invasion durch die vietnamesische Armee wurde P. Ende 1978 gestürzt, blieb jedoch bis 1985 Führer der Roten Khmer im Untergrund. Ab 1997 musste er sich vor einem Gericht verantworten; P. starb in Gefangenschaft.

Pollock, Jackson

amerik. Maler
* 28.1.1912 in Cody (WY)
† 11.8.1959 in East Hampton (NY)

P., einer der wichtigsten Vertreter des Abstrakten Expressionismus, experimentierte ab 1947 mit neuen Techniken: Er ließ auf riesige auf dem Boden ausgebreitete monumentale Leinwände Farbe aus der Tube oder durchlöcherten Farbdosen tropfen („Dripping-Technik") und bearbeitete sie dann mit „Stöcken, Kellen oder Messern", bis Liniengeflechte entstanden, die das ganze Bild überziehen. P. wurde zum gefeierten Begründer der „Action Painting", ein Begriff, den der Kunstkritiker H. Rosenberg 1950 für ihn prägte. Er kam bei einem Autounfall ums Leben.

Polo, Marco

venez. Kaufmann und Weltreisender
* um 1254 in Venedig
† 8.1.1324 in Venedig

Berühmt wurde der venezianische Seefahrer durch seinen Reisebericht über den Fernen Osten. Der 17-jährige P. begleitete Vater und Onkel, wohlhabende venezianische Kaufleute, auf einer ungewöhnlichen Reise über Persien und Pakistan bis nach Nordchina (1271–95). Fast 20 Jahre verbrachte er am Hof des

→Kublai Khan, des Herrschers über China und die Mongolei, und lernte als dessen Gesandter und Gouverneur alle Provinzen des riesigen Reiches kennen. 1292 traten die Polos die Rückreise über Südost- und Vorderasien an. Als sie drei Jahre später in Venedig eintrafen, glaubte man ihren Erzählungen nicht. P. geriet nach einer Seeschlacht zwischen Genua und Venedig (1298/99) in genuesische Gefangenschaft, wo er einem Mithäftling seine Erlebnisse diktierte. Nach seiner Freilassung schenkte man seinem Bericht weitgehend Glauben. P.s „Beschreibung der Welt“ war über Jahrhunderte das wichtigste geographische Handbuch über den unbekannten Fernen Osten.

Polybios

griech. Geschichtsschreiber und Staatsmann
* um 200 v. Chr. in Megalopolis
† um 120 v. Chr.

P., vornehmer Abstammung, nahm eine führende Stellung im Archäischen Bund (eine Vereinigung von 12 griechischen Städten gegen Makedonien) ein. Er wurde 167 v. Chr. nach der Zerstörung des Makedonischen Reiches durch Rom (Schlacht von Pydna) zusammen mit 1000 Achäern als Geisel nach Rom gebracht. Dort wurde P. von dem einflussreichen Scipio d. J. zum Freund und Berater erwählt und in den illustren „Scipionenkreis“ aufgenommen. Unter dem Eindruck der binnen 53 Jahren errungenen Weltherrschaft Roms verfasste er eine universalhistorisch angelegte Geschichte über die Jahre 264–144 v. Chr. in 40 Büchern (Historien), von denen die ersten fünf vollständig, die übrigen fragmentarisch erhalten sind. P. definierte erstmals bestimmte methodische Grundsätze der Geschichtsschreibung, Qualifikation und Aufgabe des Geschichtsschreibers und begründete die pragmatische Geschichtsdarstellung, damit der Leser – insbesondere der Staatsmann – Nutzen daraus ziehe.

Polyklet

(griech. Polykleitos)
griech. Bildhauer
* um 480 v. Chr. in Argos
† nach 423 v. Chr.

P., neben →Phidias der bedeutendste Bildhauer der Antike, war als Haupt der peloponnesischen Erzgießerschule tätig. Von seinen monumentalen Statuen von Heroen und Göttern sind nur noch Kopien und Abbildungen auf Münzen sowie genaue Beschreibungen erhalten (z. B. *Hera von Argos; Doryphoros,* der Speerträger; *Diadumenos,* Jüngling, der sich die Siegerbinde ums Haupt legt). P.s kunsttheoretische Schrift *Kanon* über die Proportionen des menschlichen Körpers legte lange Zeit verbindliche Normen für die Schönheit und Vollkommenheit der Figur fest.

Pompejus, Gnaeus P. Magnus

röm. Feldherr und Politiker
* 29.9.106 v. Chr. in Picenum
† 28.9.48 v. Chr. bei Pelusium,

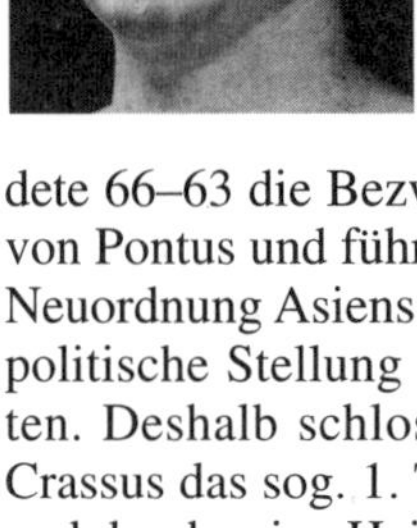

P. erwarb sich frühen militärischen Ruhm in Sizilien, Afrika und Spanien. 71 v. Chr. schlug er die Reste des von Crassus bekämpften Skalvenaufstandes des Spartakus nieder, führte 67 erfolgreich Krieg gegen die Seeräuber im Mittelmeer, vollendete 66–63 die Bezwingung →Mithridates' VI. von Pontus und führte anschließend 64/63 eine Neuordnung Asiens durch. Trotzdem war seine politische Stellung in Rom nicht unangefochten. Deshalb schloss P. 60 mit →Caesar und Crassus das sog. 1. Triumvirat, das 56 erneuert und durch seine Heirat mit Caesars Tochter Julia zusätzlich gefestigt wurde. Nach Julias und

Crassus' Tod 54 entwickelte sich eine wachsende Feindschaft zwischen P., der 52 verfassungsmäßig Alleinherrscher (consul sine collega) wurde und Caesar. Die Diskrepanzen führten schließlich 49 zum Bürgerkrieg, nachdem sich P. auf Seiten des Senators gegen Caesar gestellt hatte. P. unterlag in der Schlacht bei Pharsalos. Auf der Flucht nach Ägypten wurde er von einem Römer ermordet.

Pope, Alexander

engl. Schriftsteller
* 21.5.1688 in London
† 30.5.1744 in Twickenham bei London

P.s Dichtung vereinigte ein Formideal, das an der Antike geschult war, eine von der Aufklärung bestimmte deistische Weltauffassung und Fortschrittsgläubigkeit sowie die Ironie des Rokoko. Nachdem er wegen eines Spottgedichtes über den Direktor vom Internat verwiesen wurde, bildete er sich privat weiter. Bereits mit 12 Jahren schrieb P. Schäfergedichte nach →Vergils Vorbild. Berühmt wurde er durch *Der Lockenraub* (1712, dt. 1908), ein komisches Heldenepos, in dem er ein witzig-ironisches Bild von dem gesellschaftlichen Leben in London zeichnete. P. gab auch mit J. →Swift eine satirische Zeitschrift heraus und übersetzte →Homers Werke.

Popper, Sir Karl Raimund

brit. Philosoph österr. Herkunft
* 28.7.1902 in Wien
† 17.9.1994 in Croyden bei London

P., Begründer und bedeutendster Vertreter des kritischen Rationalismus, entwickelte als Kritiker des Wiener Neopositivismus eine allgemeine wissenschaftstheoretische Methodenlehre.

Mit seinem kritischen Rationalismus vertritt er eine Philosophie der Wachsamkeit gegenüber Versuchen, endgültige Theorien oder absolute Wahrheiten aufzustellen. In seinem Hauptwerk *Die offene Gesellschaft und ihre Feinde* (engl. 1945, dt. 1957/58) kritisierte P. den Marxismus und legte den Entwurf einer neuen Sozialordnung dar. Revolutionäre Erneuerungen lehnt er ab, da nichts voraussagbar ist, auch nicht die Entwicklung des Wissens und setzt vielmehr auf schrittweise soziale Reformen. Als Gegner der Frankfurter Schule geriet er im sog. Positivismusstreit (1969) in scharfen Gegensatz zu T.W. →Adorno u. a. Weitere bedeutende Werke P.s, der 1947–69 Professor in London war, sind *Logik der Forschung* (1935), *Objektive Erkenntnis* (1973, dt. 1976), *Das Ich und sein Gehirn* (1977, dt. 1979, mit J.C. Eccles), *Auf der Suche nach einer besseren Welt* (1984). P. wurde 1964 geadelt.

Porsche, Ferdinand

dt. Automobilkonstrukteur
* 3.9.1875 in Maffersdorf, Böhmen
† 30.1.1951 in Stuttgart

P., der „Vater des Käfers", kreierte den Volkswagen, das bis heute erfolgreichste Auto der Welt. Nach der Ausbildung als Spengler wurde er Mitarbeiter der Wagenfabrik Lohner in Wien, für die er zur Weltausstellung 1900 ein transmissionsloses Elektro-Auto entwickelte. Seit 1923 Generaldirektor bei Daimler-Benz, konstruierte P. in seinem Stuttgarter Ingenieurbüro ab 1934 im Auftrag des Reichsverbands der deutschen Automobilindustrie den Volkwagen, der erst nach 1945 Produktionsreife erreichte und 1955 mit dem millionsten Exemplar das meistproduzierte Auto Europas wurde. Mit seinem Sohn Ferdinand entwickelte P. das zweite legendäre Auto (1948/49), den berühmten Sportwagen, der seit 1950 in der F. Porsche AG serienmäßig hergestellt wird. P., der während des Krieges auch Panzer baute, verbüßte dafür nach Kriegsende zwei Jahre Haft.

Pound, Ezra (Loomis)

amerik. Dichter
* 30.10.1885 in Hailey (ID)
† 1.11.1972 in Venedig

P.s Bedeutung als Erneuerer der anglo-amerikanischen Lyrik im 20. Jh. wird an der von ihm begründeten Schule des Imagismus deutlich. Er forderte statt des Begriffs und der reflektierenden Idee das direkte Bild, die unmittelbare Erfahrung zu verwenden. P., der nach Reisen, ab 1909 auf dem europäischen Kontinent lebte (1909–20 in London, 1920 in Paris, 1924–45 in Italien), erreichte in den 40er Jahren mit seiner Kritik an Amerikas Zivilisation und Kapitalismus einen exzessiven Höhepunkt. Er trat für den Faschismus ein und verbreitete über Radio Rom antiamerikanische und antisemitische Propaganda. Ab 1945 stand er unter Anklage wegen Hochverrats, wurde 1946 in eine psychiatrische Klinik eingewiesen und erst 1958 wieder freigelassen. An seinem Hauptwerk Cantos (ab 1915, dt. in Teilübersetzungen zuletzt 1975) schrieb P. über vier Jahrzehnte. Es zählt zu den eigenwilligsten und schwierigsten Werken der englischsprachigen Literatur. In den 120 Gesängen, strukturell an →Dantes Göttliche Komödie angelehnt, übt er Zeitkritik, indem er der modernen technischen Zivilisation Amerikas die Kulturtraditionen Europas und Asiens gegenüberstellt. Er entwickelte hierfür einen Stil auf mehreren Sprachebenen, von Umgangston bis zum Spezialausdruck, durchsetzt von Anspielungen auf Mythen, Zitaten, historische Gestalten und Begebenheiten.

Poussin, Nicolas

frz. Maler
* 15.6.1593 oder 1594 in Villers, Normandie
† 19.11.1665 in Rom

P. ist der Meister eines barocken Klassizismus französischer Prägung. Äußerst belesen und gebildet, jedoch offenbar ohne besondere künstlerische Ausbildung, wurde er anfangs von →Raffael und der venetianischen Malerei beeinflusst. Über Venedig kam P. 1624 nach Rom, wo er bis zu seinem Tod blieb. Seine ausgewogenen Bilder sind von antiker Klarheit bei Vertiefung jeder Einzelheit, mit arkadischer Festlichkeit in „heroischen“ Landschaften und setzen beim Betrachter Kenntnisse antiker Kunst, Literatur, Mythologie und Religion voraus. P.s Werk umfasst 350 Ölgemälde und etwa 100 Zeichnungen: z. B. *Der Parnass* (1626), *Die Inspiration des Dichters* (1630), *Das Reich der Flora* (1631), *Anbetung des Goldenen Kalbes* (1635), *Diogenes* (1648), *Die Hirten von Arkadien* (1650–55) und *Die Jahreszeiten* (1660–64).

Praxiteles

griech. Bildhauer
4. Jh. v. Chr.

P., ein Meister der Spätklassik, arbeitete vermutlich um 370–325 v. Chr. in Athen. Bei seinen Göttergestalten waren ihm, im Unterschied zur Erhabenheit der Archaik und frühen Klassik, Beseelung und Vermenschlichung von Bedeutung. Von P.' Werk existieren als römische Kopien *Aphrodite von Knidos* (um 330), *Apol-*

lon Sauroktonos (um 340) sowie als Original *Hermes mit dem Dionysosknaben* (um 325). P. brachte den kontrapostischen Aufbau (Asymmetrie durch Standbeinbelastung) der Figuren zur vollendeten Ausführung.

Presley, Elvis (Aron)

amerik. Rocksänger
* 8.1.1935 in East Tupelo (MS)
† 16.8.1977 in Memphis (TN)

P., der ehemalige Lastwagenfahrer, wurde mit seinem ersten Titel *That's All Right, Mama* 1954 über Nacht zum Star. Mit ihm begann der Rock 'n' Roll seinen Siegeszug um die Welt. Mit *Heartbreak Hotel* hatte er 1956 seinen ersten Nr.-1-Hit. Mit über 500 Millionen verkauften LP's und Singles bis zu seinem Tod wurde er bislang der erfolgreichste Musiker. P. verkörperte den Rock 'n' Roll schlechthin. Durch seine Agressivität, Rebellion, Sinnlichkeit und Schwermut provozierte er die ältere Generation und erfüllte den jungen Menschen ihre Träume. Seine musikalische Mischung aus Rock 'n' Roll, Country, Blues und Gospel, seine harten Rock-Titel und gefühlvollen Balladen sowie sein typischer Hüftschwung („Elvis the Pelvis") machten den Musiker zum „King of Rock 'n' Roll". Nachdem P. 1958–60 seinen Militärdienst in Deutschland abgeleistet hatte, war es in den späten 60er Jahre ruhiger um ihn geworden. 1969 landete er mit dem Titel *In the Ghetto* erneut einen Hit, erhielt 1972 den Grammy-Preis und feierte mit seiner weltweit ausgestrahlten Fernsehshow „Aloha from Hawaii" ein triumphales Comeback. Der frühe Tod des Sängers, der zuletzt an Depressionen und Tablettenabhängigkeit litt, machte P. zur Rock-Legende. Seine bekanntesten Titel sind: u. a. *Love Me Tender, Are You Lonesome Tonight?, Don't Be Cruel, Hound Dog, It's Now or Never, Jailhouse Rock, Good Rockin' Tonight.*

Prokofjew, Sergej Sergejewitsch

sowjet. Komponist und Pianist
* 23.4.1891 auf Gut Sonzowka, Ukraine
† 5.3.1953 in Moskau

P. war noch im zaristischen Russland als Komponist unkonventioneller Musik bekannt geworden. Nach der Revolution emigrierte er ins Ausland (1918–1933), lebte in den USA, später in Paris und fand als Pianist, Komponist und Dirigent weltweit Anerkennung. Nach seiner Rückkehr in die UdSSR (1934) wurde P. trotz ideologischer Differenzen zu einem der Hauptvertreter eines sowjetisch-russischen Nationalstils. P. schuf nach expressionistischen Anfängen virtuose, neoklassizistische Werke, die später von lyrischer, betont einfach gehaltener Musik abgelöst wurden. Seine gemäßigt moderne Musik erhielt durch folkloristische Melodik und ironisch gefärbte Komik eine eigenständige, gefühlsmäßig ansprechende Prägung. P.s Meisterwerk, die Oper *Die Liebe zu den drei Orangen* (1921) ist von trockenem Witz, skurriler Fantastik und polytonaler Virtuosität. Sein Gesamtwerk umfasst 8 Opern, darunter u. a. *Der Spieler* (1929), *Krieg und Frieden;* 3 Schauspielmusiken; 7 Balette, u. a. *Romeo und Julia* (1938), *Cinderella* (1945), *Die steinerne Blume* (1946); 11 Instrumentalkonzerte; 7 Sinfonien, darunter *Symphonie classique;* das musikalische Märchen für Sprecher und Orchester *Peter und der Wolf* (1936) sowie die Vertonungen der Filme von S. Einstein.

Proust, Marcel

frz. Schriftsteller
* 10.7.1871 in Paris
† 18.11.1922 in Paris

P. schuf mit seinem siebenteiligen Romanzyklus *Auf der Suche nach der verlorenen Zeit* (1913–27, dt. 1953–57) eines der bedeutendsten Epen unseres Jahrhunderts und wurde damit zum Wegbereiter der Moderne. Der Sohn einer wohlhabenden Familie litt schon seit frühester Kindheit an Asthma, verkehrte als Dandy – ohne den Zwang zum Gelderwerb – in den Pariser Salons, war u. a. mit A. →Gide befreundet. P. schrieb 1893 seine ersten Artikel in Feuilletons sowie Erzählungen (*Tage der Freuden,* 1896, dt. 1926) und gefiel sich in der Pose des Literaten. Erst nach dem Tod der Eltern und der Verschlimmerung seiner Krankheit konzentrierte er sich ernsthaft auf das Schreiben (1905). P. zog sich fast völlig aus der Gesellschaft zurück, arbeitete in einem licht- und schallgedämpften Raum über 15 Jahre an seinem Hauptwerk *Auf der Suche nach der verlorenen Zeit.* In diesem Erinnerungsroman, in dem die Zeit als subjektives Erleben der Seele wahrgenommen wird, entfaltet sich in der minuziösen Studie feinster seelischer Nuancen die Welt der Aristokratie und Großbourgeoisie, eine Welt des Verfalls. Der erste Band des Monumentalwerks (*In Swanns Welt,* 1913, dt. 1953) blieb weitgehend unbeachtet. Erst der zweite Band (*Im Schatten junger Mädchenblüten,* 1919) brachte P. weltweite Anerkennung; 1919 erhielt er den Prix Goncourt. Die letzten Bände des Zyklus wurden erst nach seinem Tod veröffentlicht. Als literarische Technik verwendete er insbesondere den inneren Monolog, um alle geschilderten Gedanken unmittelbar wiedergeben zu können.

Ptolemaios I. Soter

ägypt. König
* 367/366 v. Chr.
† 283 v.Chr.

P. zeichnete sich als Feldherr →Alexanders des Großen, besonders in den Feldzügen nach Afghanistan und Indien, aus und erwarb nach dessen Tod in den Diadochenkriegen um das Erbe Alexanders die Satrapie Ägypten (323 v. Chr.). 305 nahm er den Königstitel an und machte Alexandria zur Haupt- und Residenzstadt und zum geistigen und wirtschaftlichen Mittelpunkt. Durch kluge Außenpolitik vermehrte P. seine Macht. In zahlreichen und wechselvollen Kämpfen dehnte er seine Herrschaft auf Kyrene, Zypern, Südsyrien mit Phönizien sowie die Küstenlandschaft Kleinasiens aus. P. hatte sein Reich vor allem gegen Antigonos (Kleinasien) und dessen Sohn Demetrius Poliorcetes zu verteidigen. Von den Bewohners der Insel Rhodos erhielt er 304 v. Chr. den Titel Soter („Retter"). Die Ptolemäer, die makedonischer Abstammung waren, gebärdeten sich als Nachkommen der ägyptischen Pharaonen. Unter P. und seinen Nachfolgern erblühte das Land noch einmal zu einem mächtigen Königreich, das erst mit →Kleopatra, der letzten Königin aus der Dynastie der Ptolemäer, 30 v. Chr. unterging.

Ptolemäus, Claudius

alexandr. Geograph, Astronom und Mathematiker
* um 100 in Ägypten
† um 170

P., der in Alexandria lebte, war der letzte große Naturwissenschaftler der Antike. Er schrieb in Griechisch eine grundlegende „Anleitung zur Erdbeschreibung", in der er Länge und Breite zahlreicher damals bekannter Orte angab und lieferte damit für lange Zeit ein maßgebliches Standardwerk der Kartographie. Berühmt wurde P. durch sein *Großes astronomisches System,* in dem er das Wissen der griechischen Astronomen, vor allem das Hipparchs überlieferte. Das Werk, ins Arabische übersetzt, kam als *Almagest* nach Europa, und das darin erklärte „Ptolomäische Weltbild" blieb bis zu →Kopernikus Grundlage der Astronomie: Die Erde galt als Mittelpunkt der Bewegungen von Sonne und Mond sowie der Planeten, die sich in sog. Epizykloiden um die Erde bewegen (geozentrisch). P. stellte auch neue mathematische Formeln auf, fand erstmals die Brechungsgesetze der Lichtstrahlen und entwickelte eine mathematisch aufgebaute Harmonielehre für die griechische Musik.

Puccini, Giacomo

ital. Komponist
* 22.12.1858 in Lucca
† 29.11.1924 in Brüssel

P., der letzte große italienische Musikdramatiker des 20. Jh.s, gehört neben W. A. →Mozart, R. →Wagner und G. →Verdi zu den meistaufgeführten Opernkomponisten. Nach einer Ausbildung am Mailänder Konservatorium hatte er 1884 mit der Oper *Le Villi* den ersten Erfolg. Mit seiner dritten Oper *Manon Lescaut* gelang ihm 1893 der internationale Durchbruch. P. verstand es, zeitgemäße Stoffe mit sicherem Instinkt für Dramatik auf die Bühne zu bringen und schuf Opern mit impressionistisch beeinflusster Melodik. Den Höhepunkt seines Schaffens bilden *La Bohème* (1896), der Prototyp der italienischen Oper im späten 19. Jh., und *Tosca* (1900), die zu den bedeutenden Werken des Verismus (realistische Darstellung der italienischen Literatur, Kunst und Musik) gehört. Weitere bekannte Werke P.s sind u. a. *Madame Butterfly* (1904), *Das Mädchen aus dem goldenen Westen* (1910), *Turandot* (1926, unvollendet), *Requiem* (1905).

Puschkin, Alexander Sergejewitsch

russ. Dichter
* 6.6.1799 in Moskau
† 10.2.1837 in St. Petersburg

Von den meisten seiner Zeitgenossen unverstanden, gilt P. als der Schöpfer der neuen russischen Literatursprache aus kirchenslawischen, volkstümlichen und französischen Elementen. Der aus altem Adel stammende Dichter hatte schon als Schüler mit Freiheitsgedichten von sich reden gemacht und ist mit 21 Jahren wegen des politischen Inhalts seiner Gedichte und Zugehörigkeit zu einer revolutionären Vereinigung für vier Jahre nach Südrussland verbannt worden. Während dieser Zeit beschäftigte sich P. mit den Werken →Byrons und →Shakespeares und verband mit seinem Werk die westliche Tradition mit dem russischen Volksgut. Er schuf mit seiner vielseitigen, formvollendeten Lyrik (politische Satire, schwermütige Elegien, Balladen), dem Zauberepos *Ruslan und Ludmilla* (1820), dem Versroman *Eugen Onegin* (1825–32, dt. 1946; vertont von P. →Tschaikowski), dem Drama *Boris Godunow* (1824–30; vertont von M. →Mussorgskij) sowie den psychologisch-realistischen Novellen (u.a *Pique Dame,* 1833, dt. 1922; vertont von P. →Tschaikowski) absolute Höhepunkte der russischen Literatur. 1824–28 lebte P. unter Hausarrest auf dem Gut seiner

Mutter und benötigte anschließend für sämtliche Unternehmungen die persönliche Erlaubnis des Zaren. 38-jährig starb er an den Folgen eines Duells. Weitere herausragende Werke P.s sind der meisterhafte Roman *Die Hauptmannstochter* (1836), die Novellensammlung *Belkins Erzählungen* (1831) und die historische Aufzeichnung der *Geschichte des Pugatschow-Aufstandes* (1834). Schon bald nach seinem Tod würdigte man den früher eher zwiespältig aufgenommenen Dichter als Urheber einer neuen russischen Literatursprache und Vermittler zwischen russischer und westeurop. Tradition.

Pyrrhus

(griech. Pyrrhos)
griech. König
* 319 v. Chr.
† 272 v. Chr. in Argos

P. regierte bereits mit 13–17 Jahren als König der Molosser in Epirus. 302 v. Chr. floh er vor Kassander, dem König von Makedonien, konnte aber 297 mit →Ptolemaios I. die Herrschaft in Epirus zurückgewinnen und sein Reich beträchtlich vergrößern. 287–284 war P. König von Makedonien, musste aber anschließend alle seine Eroberungen Lysimachos, einem weiteren Diadochen, mit dem er die Macht teilte, überlassen. Er kam den Tarentinern gegen die Römer zu Hilfe und schlug diese 280 bei Herakleia in Lukanien sowie 279 bei Ausculum in Apulien, jedoch unter hohen Verlusten (daher heute noch sprichwörtlich „Pyrrhussieg“). 279–276 besetzte P. fast ganz Sizilien gegen die Karthager, unterlag aber 275 bei Beneventum den Römern endgültig. Wieder in Epirus, griff er 275–273 erneut Makedonien an und fiel 272 im Kampf um die Peleponnes.

Pythagoras

griech. Philosoph
* um 570 v. Chr. auf Samos
† um 480 v. Chr. in Metapont, Unteritalien

P. lernte auf seinen Reisen Wissenschaft und Weisheit des Orients kennen, gründete später in Kroton die religiös-philosophische Bruderschaft der Pythagoreer. Er lehrte die Seelenwanderung und damit die Trennung von Seele und Leib, was für das spätere abendländische Denken wesentlich war. Entprechend verlangte er Vervollkommnung durch einen sittlichen Lebenswandel. Nach P. waren Zahl und Harmonie Grundprinzipien alles Seienden. Der Inhalt des ihm zugeschriebenen pythagoreischen Lehrsatzes war schon den mesopotamischen Hochkulturen seit 2000 v. Chr. bekannt, bis zu →Euklid fehlten zu einem Beweis noch die mathematischen Voraussetzungen. Ob andere Erkenntnisse, wie das musiktheoretische Gesetz vom Verhältnis zwischen Tonhöhe und Saitenlänge und die Vorstellung der Erde als einer sich bewegenden Kugel, von P. stammen, ist nicht gesichert, denn es existieren keine Aufzeichnungen, da die Geheimhaltung und eine asketische Lebensführung zu den Prinzipien der Bruderschaft gehörten, weshalb das Wissen der Pythagoreer kaum einzelnen Personen zuzuordnen sind.

Raabe, Wilhelm

(Peudonym: Jakob Corvinus)
dt. Schriftsteller
* 8.9.1831 in Eschershausen bei Braunschweig
† 14.11.1910 in Braunschweig

Die Werke des großen humorvoll-ironischen Erzählers des poetischen Realismus in der Folge →Jean Pauls und von Ch. →Dickens zählen heute wegen ihrer kunstvollen Verknüpfung

unterschiedlichster Begebenheiten und ihrer realistischen Schilderung des 19. Jh.s zu den wichtigsten Wegbereitern der modernen Erzähltechnik. R., der das Gymnasium verlassen hatte, um Buchhändler zu werden, war bereits mit seinem ersten Roman *Die Chronik der Sperlingsgasse* (1857), der das Abbild einer kleinbürgerlichen Idylle darstellt, erfolgreich. Die pessimistische Leiderfahrung hat die Romantrilogie *Der Hungerpastor* (1864), *Abu Telfan* (1868), *Der Schüdderump* (1870) zum Thema. Neben der Darstellung skurriler Sonderlinge und ihrer Welt verdeutlichte R. in seinem Werk die kritische Haltung gegenüber dem oberflächlichen und engherzigen Spießertum. In seinen Spätwerken (*Stopfkuchen,* 1891; *Die Akten des Vogelsangs,* 1896) ist die versöhnliche Lebensweisheit zu erkennen. Im Mittelpunkt stehen Sonderlinge als Romanfiguren, die sich in der aufstrebenden Gesellschaft des wilhelminischen Deutschlands ihre Unabhängigkeit bewahren.

Rabelais, François

frz. Dichter
* um 1494 oder 1495 in La Devinière bei Chinon
† 9.4.1553 in Paris

R. war Philosoph und Lebenskünstler, zugleich Arzt, Franziskanermönch, Benediktiner, Weltgeistlicher, Dichter und gilt als Vorkämpfer des humanistischen Bildungsideals der Renaissance. Als Schriftsteller, belesen wie kaum ein anderer, machte er von seinem Wissen respektlos Gebrauch. In seinem dichterischen Hauptwerk, dem fünfbändigen Roman *Gargantua und Pantagruel* (1532–64, Bd. 5 wahrscheinlich nicht von R.; dt. Johann Fischart 1575, Johann Gottlob Regis 1832–41), einer von Lebensfreude und Fantasie erfüllten Satire, wandte sich R. gegen Übelstände in Staat und Kirche, besonders gegen die jede Freiheit und Freude verderbenden Dogmen und Scheinheiligkeit. Die Geschichten über einen Riesen und seinen Sohn sind vieldeutig, bunt komponiert, philologisch nicht gänzlich zu entschlüsseln und erfüllt von dem Ringen um Unabhängigkeit.

Rabin, Yitzhak

israel. Politiker
* 1.3.1922 in Jerusalem
† 4.11.1995 in Tel Aviv

R. war der Initiator des Friedensprozesses zwischen Israelis und Palästinensern. Nachdem er 1992 zum zweiten Mal Premierminister geworden war, betrieb er mit Außenminister S. →Peres eine Aussöhnungspolitik mit der PLO und den arabischen Staaten. 1994 beendeten R. und König →Hussein II. von Jordanien den seit dem Sechstagekonflikt 1967 zwischen ihren Ländern bestehenden Kriegszustand. Seine Friedenspolitik stieß aber bei jüdischen Extremisten auf heftigen Widerstand. R. wurde während einer Veranstaltung in Tel Aviv von einem rechtsradikalen Israeli ermordet. Sein Nachfolger Peres setzte sich in seiner Amtszeit für die Weiterführung der Friedensverhandlungen ein. R. hatte ursprünglich eine militärische Ausbildung genossen und war 1965–67 Generalstabschef. Erst nach dem Sechstagekrieg 1967 wechselte er in die Politik und wurde nach dem Rücktritt G. →Meirs (1974) von der Arbeiterpartei (Mapei) zum Nachfolger bestimmt.

Als Ministerpräsident (1974–77) konnte R. jedoch die Rivalitäten im Regierungslager nicht beenden.

Rachmaninow, Sergej Wassiljewitsch

russ.-amerik. Komponist, Pianist und Dirigent
* 1.4.1873 auf Gut Oneg, Nowgorod
† 28.3.1943 in Beverly Hills (CA)

Als Komponist war R. einer der letzten Spätromantiker. Sein Musikstil knüpft stilistisch an F. →Chopin und P. I. →Tschaikowsky an. Er schrieb überwiegend Werke für oder mit Klavier. Einige seine Kompositionen erlangten große Popularität (z. B. das *Prélude in cis-Moll,* 1892 und das *Klavierkonzert Nr. 2 in cis-Moll,* 1901). R. emigrierte nach der Russischen Revolution (1917) ins Ausland und lebte hauptsächlich in den USA. Danach konzentrierte er sich auf seine Pianisten- und Dirigentenkarriere. Neben seinen eigenen Werken spielte der glänzende Virtuose vorwiegend F. →Chopin und F. →Liszt. Zu R.s Werk gehören auch drei Opern *(Aleko, Francesca da Rimini, Der Geizige Ritter),* 3 Sinfonien, Kantaten und Lieder. 1992 wurden in den russischen Archiven 42 weitere Werke der Orchester- und Kammermusik sowie Lieder des Komponisten entdeckt.

Racine, Jean (Baptiste)

frz. Dramatiker
* 21.12.1639 in La Ferté-Milon, Champagne
† 21.4.1699 in Paris

R., der die Liebestragödie mit Frauen als Hauptgestalt in die französische Literatur brachte, gilt zusammen mit Pierre Corneille als der Schöpfer des klassischen französischen Dramas. Der Vollwaise R. wurde von den Jansenisten im Kloster Port Royal sorgfältig erzogen. Seine ersten Tragödien *Die Thebais oder Die feindlichen Brüder* (1664) und *Alexander der Große* (1665) wurden von der Schauspieltruppe →Molières aufgeführt, mit dem es aber bald aus Konkurrenzgründen und wegen einer Liebesaffäre zum Zerwürfnis kam. Als klassischer Dramatiker fand R. mit *Andromache* (1667) allgemeine Anerkennung. Auf dem Höhepunkt der französischen Klassik erneuerte er die Tragödie nach griechischem Vorbild, benutzte fast ausschließlich Alexandriner und verzichtete auf alle äußeren Verwicklungen. Seine Helden handeln ganz aus ihren Leidenschaften und Schwächen heraus, die Handlung lebt vor allem von psychologisch vertieften Konfliktsituationen. Weiter bedeutende Werke von R. sind *Bérénice* (1670), *Bajazet* (1672), *Mithridates* (1673), *Iphigenie* (1674), *Phädra* (1677) sowie die einzige Komödie *Britannicus* (1669). Mit *Ester* (1689) und *Athalie* (1691) griff er erstmals auf biblische Stoffe zurück, während alle übrigen Stücke an die griechisch-römische Antike anknüpften.

Raffael

(eigtl.: Rafaello Santi)
ital. Maler
* wahrscheinlich 6.4.1483 in Urbino
† 6.4.1520 in Rom

R. bestimmte neben →Leonardo da Vinci und →Michelangelo lange nachwirkend den Malstil der Hochrenaissance. Seine Lehrmeister waren sein Vater Giovanni Santi und Perugino, von dessen lyrischem Einfluss sich R. schon bald löste (*Vermählung Marias,* 1504). Durch die Begegnung mit Leonardo, Fra Bartolomeos und Michelangelo in Florenz gewann sein Stil Plastizität und Monumentalität hinzu (*Madonna Tempi,* 1505, *Madonna mit dem Stieglitz*). 1508 von Papst →Julius II. nach Rom gerufen, wurde R. mit der Ausmalung dreier Räume (Stanzen) im Vatikan beauftragt. Daneben malte er in der Villa Farnesina die Fresken vom *Triumph der Galathea* (1514) und von *Amor und Psyche* (um 1518). R. war ab 1514 für den Bau der Peterskirche verantwortlich. Gleichzeitig entstanden die Tafelbilder der *Madonna della Sedia,* die *Sixtinische Madonna* (um 1512/13) und die Bildnisse von Papst Julius II. sowie Leo X. Seine Fresken, Tafelbilder und Teppichentwürfe (Apostel-Motive) setzten neue Maßstäbe für das natürliche, selbstbewusste Menschenbild und die lebendige Ordnung monumentaler Gruppenszenen auf historischen, biblischen oder mythologischen Gemälden. Der schon zu Lebzeiten hochgeehrte R. starb bereits mit 37 Jahren.

Rainier III.

(eigtl.: Louis Henri Maxena Bertand R.)
Fürst von Monaco
* 31.5.1923 in Monaco

R. aus der Dynastie der Grimaldis folgte nach dem Besuch von Schulen in England, in der Schweiz und dem Politologiestudium in Paris 1949 seinem Großvater, Fürst Louis II., auf den Thron nach. Um die schlechte Finanzlage des Fürstentums zu verbessern förderte er vor allem die Ansiedlung finanzkräftiger Persönlichkeiten, die Neulandgewinnung, eine „saubere" Industrie sowie den breiten Tourismus. 1956 heiratete R. die amerikanische Schauspielerin G. →Kelly, die als Landesfürstin viel zu dem Image und Wohlstand des Mini-Staates beigetragen hat. Aus ihrer Ehe gingen der Thronfolger Prinz Albert (*1958) und die Prinzessinnen Caroline (*1957) und Stephanie (*1965) hervor. Eine Neuformulierung des Protektoratsvertrags mit Frankreich führte dazu, dass die Steuervorteile Monacos gegenüber dem Nachbarland heute begrenzt sind.

Raleigh, Sir Walter

engl. Seefahrer
* um 1554 in Hayes Barton, Devonshire
† 29.10.1618 in London

Durch die erfolgreiche Beteiligung an den Religionskriegen und der Niederschlagung des irischen Aufstandes empfahl sich R. für den persönlichen Dienst →Elisabeths I. und wurde zum Günstling der Königin, die ihn zum Handlanger ihrer gegen Spanien gerichteten Expansionspolitik machte. 1585 gründete er in der Neuen Welt die erste Kolonie für die englische Krone und nannte sie zu Ehren der „jungfräulichen" Königin „Virginia", wofür er in den Adelstand erhoben wurde. Auf weiteren Entdeckungs- und Raubfahrten erreichte er, auf der Suche nach dem sagenhaften Eldorado, Guayana und brachte u. a. die Kartoffel nach Europa. 1603 wurde R. von →Maria Stuarts Sohn Jakob I., dem Nachfolger Elisabeths, wegen Hochverrats zum Tod verurteilt, dann aber 13 Jahre im Londoner Tower gefangen gehalten, wo er in dieser Zeit eine fünfbändige Weltgeschichte (1614) verfasste. Danach ließ ihn der König unter der Bedingung frei, dass er in Amerika Goldminen fände, um die königlichen Kassen zu füllen. R.s letzter Raubzug scheiterte jedoch 1617 am Eingreifen der Spanier. Nach seiner Rückkehr nach England wurde er hingerichtet.

Ramón y Cajal, Santiago

span. Mediziner
* 1.5.1852 in Petilla de Aragón
† 17.10.1934 in Madrid

R. erforschte vor allem den Feinbau des Nervengewebes. 1889 gelang ihm durch Verbesserung der Färbemethoden Camillo Golgis die erste genaue Darstellung der komplexen Struktur der Nervenbahnen des Gehirns, des Rückenmarks und der Netzhaut. Er stellte die Neuronentheorie auf, dass das Nervensystem aus Ganglien (knotenförmige Ansammlungen von Nervenzellen) und deren Fortsätzen besteht. R. erhielt 1906 zusammen mit Golgi den Nobelpreis für Medizin.

Ramses II.

ägypt. Pharao
* um 1304 v. Chr.
† um 1224 v. Chr.

R., Sohn von Sethos I., wurde 1290 König. Unter ihm erreichte Ägypten einen letzten Höhepunkt seiner Machtentfaltung. Er kämpfte gegen die Hethiter um die Vormachtstellung in Ägypten, konnte aber nach der Schlacht bei Kadesch am Orontes (um 1285 v. Chr.) gegen König Mawatallis Syrien nicht halten. Mit dessen Nachfolger Hattusilis III. schloss R. Frieden und heiratete später eine von dessen Töchtern. Während seiner Herrschaft entfaltete sich eine rege Bautätigkeit. Es entstanden imposante Kolossalbauten wie die Tempel in Karnak und Luxor, der Felsentempel Abu Simbel am Ufer des Nils und der Totentempel in Theben-West. Die Friedensverträge mit den Hethitern liegen uns heute in Keilschrift und ägyptischer Sprache vor und stellen ein weiteres eindrucksvolles Zeugnis aus der Ära R.' dar.

Rathenau, Walther

dt. Politiker und Industrieller
* 29.9.1867 in Berlin
† 24.6.1922 in Berlin

R. wurde 1915 als Nachfolger seines Vaters Emil R. Präsident der AEG (Allgemeine Elektrizitätsgesellschaft). Während des I. Weltkrieges leitete er die Kriegsrohstoff-Abteilung und rief noch 1918 die Massen auf, mit ihrem Einsatz die drohende Niederlage zu verhindern. Nach dem Krieg nahm der nationalliberale Unternehmer als Sachverständiger an der Versailler Friedenskonferenz teil (1919), kam anschließend als Wirtschaftsberater der Regierung zur Politik und wurde 1922 Außenminister. In seinen sozial engagierten, kulturphilosophischen Schriften plädierte R. für die Beseitigung kapitalistischer Auswüchse und verfocht eine kooperative Planwirtschaft auf demokratischer Grundlage. Er hatte wesentlichen Einfluss auf die Außenpolitik der Weimarer Republik, die er mehrfach als Sonderbotschafter auf internationalen Konferenzen vertrat. Auf der Konferenz in Cannes 1921 erreichte er die Herabsetzung der laufenden Reparationszahlungen und schloss im April 1922 mit der UdSSR den Vertrag von Rapallo. Wegen seiner Haltung, der Forderung der Alliierten nach Erfüllung der Reparationen („Erfüllungspolitiker") so weit wie möglich zu entsprechen, um nachzuweisen, dass sie nicht zu erfüllen seien, aber auch durch seine jüdische Abstammung wurde R. Zielscheibe heftiger antisemitistischer und nationalistischer Angriffe. Er wurde von jungen rechtsradikalen Offizieren auf offener Straße erschossen.

Ravel, Maurice

frz. Komponist
* 7.3.1875 in Cibourne bei Biarritz
† 28.12.1937 in Paris

R., bedeutendster französischer Komponist um die Jahrhundertwende neben C. →Debussy, vereinigte in seinem Werk die impressionistische Klangkultur mit ausgefeilter Formbeherrschung. Innovativ im Klavierstil, progressiv in der Harmonie und kühn im Experiment mit musikalischen Formen, ebnete er als Befürworter einer musikalischen Objektivität den Weg für I. →Strawinsky und die antiromantische Schule der 20er Jahre. Der Sohn eines Franzosen und einer Baskin lebte nach den Studienjahren am Pariser Konservatorium zurückgezogen in einem kleinen Dorf. Zunächst von seinen Zeitgenossen Gabriel Fauré und N. A. →Rimski-Korsakow, später von Debussy beeinflusst, griff R. nach 1918 verstärkt auf ältere Musik zurück (Couperin, Scarlatti). Sein berühmtestes Werk ist der *Boléro* (1928). Neben Opern (*L'heure espagnole,* 1911), Baletten (*Daphnis et Chloé,* 1912; *La Valse,* 1920), Klaviermusik (*Miroirs,* 1905; *Gaspard de la nuit,* 1908) und Orchesterwerken (*Rhapsodie espagnole,* 1907) schuf er auch Lieder und Kammermusikwerke. R. instrumentierte meisterhaft eigene und fremde Klavierstücke (z. B. Bilder einer Ausstellung von M. →Mussorgskij).

Reagan, Ronald Wilson

amerik. Politiker
* 6.2.1911 in Tempico (IL)

Der 40. Präsident der USA war, bevor seine politische Karriere begann, Filmschauspieler. Nach dem Studium der Soziologie, Wirtschafts- und Theaterwissenschaften wirkte er in mehr als 50 zweitklassigen Hollywood-Produktionen mit und setzte sich als Mitglied, später als Präsident der Schauspielergewerkschaft, stark für die sozialen Rechte der Schauspieler ein. Ab 1962 Mitglied der Republikanischen Partei, war R. 1966–73 Gouverneur von Kalifornien. Mit der Wahl zum Präsidenten der

USA erreichte seine politische Karriere den Höhepunkt. In den acht Jahren seiner Präsidentschaft gelang es R. vor allem, das durch den Vietnamkrieg, die Watergate-Affäre und die Geiselnahme in Teheran verunsicherte amerikanische Selbstbewusstsein wieder aufzurichten. Seine Wirtschaftspolitik, die gleichzeitig auf Steuersenkung, Hochzinspolitik und Senkung der Sozialausgaben setzte, erhöhte zwar die Staatsverschuldung, aber außenpolitisch demonstrierte R. Stärke. Er trieb die Rüstung gegenüber der Sowjetunion voran (SDI, „NATO-Doppelbeschluss") und leistete konkrete Hilfe an Rebellen gegen die von der UdSSR unterstützten Regierungen in Nicaragua und Afghanistan. Weitere Eckpunkte waren der Einsatz der US-Truppen auf Grenada (1983) sowie der Bombenangriff auf Tripolis (1986). Ein wichtiger Schritt zur Entspannung der Lage zwischen den USA und der UdSSR war die Unterzeichnung des INF-Vertrags gemeinsam mit M. →Gorbatschow über die Abschaffung aller nuklearen Mittelstreckenraketen. Die Entspannungspolitik R.s, der 1981 bei einem Attentat schwer verletzt wurde, versuchte sein Nachfolger George Bush fortzusetzen.

Reis, Johann Philipp

dt. Physiker
* 7.1.1834 in Gelnhausen
† 14.1.1874 in Friedrichsdorf bei Bad Homburg

R. gilt als der Erfinder des Fernsprechers (1861). Die naturwissenschaftlichen Grundlagen hatte er sich neben seiner Arbeit als Angestellter in einem Farbengeschäft angeeignet.

Später begann er ein Studium der Mathematik und Physik und arbeitete anschließend als Privatlehrer. R. entwickelte ein Gerät, das Töne – zunächst noch recht unverständlich – auf elektrischem Weg etwa 100 m übertrug. Seine Erfindung, die er „Telephon" nannte, führte er dem Physikalischen Verein 1864 in Gießen vor, stieß jedoch auf Unverständnis und Desinteresse. Erst durch A.G. →Bell erlangte R.' bahnbrechende Erfindung die enorme Bedeutung, die sie bis heute innehat.

Rembrandt

(eigtl.: R. Harmensz van Rijn)
niederl. Maler und Grafiker
* 15.7.1606 in Leiden
† 4.10.1669 in Amsterdam

R., der unerreichte Meister der niederländischen Malerei, war der Sohn eines Müllers. Nach dem Besuch der Lateinschule und der Universität entschloss er sich zu einer Malerausbildung und war der Schüler von Pieter Lastman. In der Leidener Frühzeit (1626–31) entstanden kleinformatige Porträts mit starken Hell-Dunkel-Kontrasten (z. B. *Der Geldwechsler,* 1627), Studien und Radierungen. Mit der Übersiedlung nach Amsterdam (1631) begann die lebensfrohe Periode als erfolgreicher Bildnismaler. 1634 heiratete R. Saskia Uijlenburgh. Seinen Erfolg leitete das Bild *Anatomie des Dr. Tulp* (1632) ein. Neu in seinem Werk waren die lebendig-dramatische Gruppierung, biblische Szenen mit warmen, fein abgestimmten Farben, in denen das Licht räumliche und seelische Tiefe schafft. Die *Nachtwache* (1642), die das Gruppenbild als spontane Aktion in Licht und Dunkel erfasste, wurde deshalb von den Auftraggebern (Amsterdamer Bürgerwehr) abgelehnt. Die verschwenderische Zeit mit Saskia als Weltmann und Kunstsammler endete mit ihrem Tod, was den wirtschaftlichen Zusammenbruch zur Folge hatte. Der gesamte Familienbesitz wurde 1657 versteigert, was R.s zweite Frau Hendrickje Stoffels auch nicht verhindern konnte. Aber die Schaffenskraft des großen Meisters blieb ungebrochen. Als Maler erreichte er eine neue Qualität der Verinnerlichung. Er schuf Bilder mit starkem Farbauftrag, auf denen seine Figuren mit goldfarbenem Leuchten das sie umgebende dämmrige Dunkel beleben (*Der Mann mit dem Goldhelm,* um 1651, *De Staalmeesters,* 1661/62; *Lesender Titus,* 1665; *Familienbild,* um 1668). Außerdem malte er seine zweite Frau wie vorher Saskia in vielfältigen Variationen und schuf mehr als 100 Selbstporträts. R.s Hinterlassenschaft von rund 600 Gemälden, 1200 Zeichnungen und 300 Radierungen blieb bis zur Wiederentdeckung um 1850 weitgehend unbeachtet.

Renoir, Pierre Auguste

frz. Maler, Grafiker und Bildhauer
* 25.2.1841 in Limoges
† 17.12.1919 in Cagnes-sur-Mer bei Nizza

R., einer der Hauptvertreter des Impressionismus, erlernte ursprünglich die Kunst der Porzellanmalerei. Erst 21-jährig begann er eine Ausbildung an der Kunstakademie, wo er u. a. die Impressionisten C. →Monet und G. →Courbet kennen lernte. 1860 fand R. zur Freilichtmalerei, dann zum impressionistischen Stil. Szenen aus dem Pariser Kleinbürgerleben machte er zum Mittelpunkt seiner Werke aus dieser Periode: In warmen Farben und mit zarten Pinselstrichen gemalt, erscheinen die Konturen oft aufgelöst, die Motive tauchen in ein natürliches Licht (*Der Badeplatz. La Granouil-*

lière, 1869; *Tanz im Moulin de la Galette,* 1876). Durch die Begegnung mit der Klassik auf einer Italienreise (1880) änderte R. trotz des großen Erfolges seine Malweise zugunsten festerer Strukturen. In dieser sog. trockenen Phase entstanden Bilder von klaren Linien (*Die großen Badenden,* 1884–87). Im Spätwerk fand er wieder zu einem rein malerischen Stil weicher Konturen und schuf eine Vielzahl von Porträts, weibliche Akte mit sonnenerfüllten Garten-, Wald- und Hafenszenen im Hintergrund sowie Stillleben. Farbigkeit und Anmut kennzeichnen seine mit Freude am Spiel des Lichts gemalten Bilder. R., mit etwa 6000 Werken einer der produktivsten Maler überhaupt, war auch zeichnerisch und druckgrafisch tätig und schuf ab 1907 trotz beginnender Lähmung ausdrucksvolle Plastiken.

Reuchlin, Johannes

(gräzisiert Kapnion)
dt. Humanist
* 22.2.1455 in Pforzheim
† 30.6.1522 in Stuttgart

Nach den juristischen und philologischen Studien arbeitete R. als Diplomat, Advokat, Richter und Professor alter Sprachen. Der Gegner der Reformation vertrat den Neuplatonismus in Deutschland. R. gab 1506 die erste hebräische Grammatik heraus und erforschte die jüdische Kabbalistik (*De arte cabbalistica,* 1517). Er förderte die wissenschaftliche Bibelkritik und vermittelte die Kenntnis der althebräischen und griechischen Sprache. Mit seinen Komödien *Henno* (1497) und *Sergius* (1506) wurde R. zum Begründer des neulateinischen Schuldramas. Seine Polemik gegen die Vernichtung jüdischer Schriften durch Scholastiker hatte die Verurteilung R.s durch den Papst (1520) zur Folge, und daraus erwuchs die humanistische Satire der *Dunkelmännerbriefe* (von Crotus Rubianus und U. von →Hutten, 1515–17), die in absichtlich schlechtem Latein verfasst die Gegner R.s (Kölner Dominikaner) und den scholastischen Lehrbetrieb verspotten.

Reynolds, Sir Joshua

engl. Maler
* 16.7.1723 in Plympton
† 23.2.1792 in London

R., Sohn eines Geistlichen und Schulmeisters, wurde von dem bekannten Londoner Porträtmaler Thomas Hudson ausgebildet. Auf Studienreisen in Italien (1749–52) fand er seinen eigenen Stil, indem er sich an großen Meistern wie Raffael, Michelangelo und Tizian schulte. Neuartig war, dass R. den großen italienischen Historienstil auf das englische Porträt übertrug. Um 1755 war sein Stil so begehrt, dass er bereits mehr als 100 Porträts gemalt hatte. Sein früher Erfolg machte R. schon 1760 zum führenden Maler Londons. 1768 wurde er von König →George III. geadelt und zum Präsidenten der neugegründeten Königlichen Akademie ernannt. Mit seinen kunsttheoretischen Vorträgen, die als wichtigste Quelle für die Ästhetik des 18. Jh.s gelten, nahm er großen Einfluss auf die englische Malerei. R. hinterließ etwa 2000 Bildnisse von Mitgliedern der Aristokratie, darunter zahlreiche duftig-zarte Kinderporträts.

Rhodes, Cecil (John)

brit. Politiker
* 5.7.1853 in Bishop-Stortford, Hertfordshire
† 26.3.1902 in Muizenberg bei Kapstadt

R., der Vorkämpfer des britischen Imperialismus, zog 16-jährig wegen einer Lungenkrankheit nach Südafrika. In kurzer Zeit erwarb er durch die Monopolisierung des südafrikanischen Diamantenbergbaus und durch riesige Goldfunde ein enormes Vermögen. R.' politische Karriere begann 1881 in der Kapkolonie. 1885 wurde das Betschuanaland britische Kronkolonie. Während seiner Amtszeit als Premierminister der Kapkolonie (1890–96) gelang der von ihm gegründeten British South Africa Company die Erwerbung von Rhodesien (später nach ihm benannt). R. versuchte vergeblich, Transvaal durch Wirtschaftssanktionen zur Union mit Kapland zu veranlassen, um einen britischen Gesamtstaat Südafrika zu schaffen. Er veranlasste schließlich seinen Rhodesien-Verwalter Leander Starr Jameson, den Burenstaat mit Waffengewalt zum Anschluss zu zwingen. Nach dem Scheitern des Unternehmens trat R. zwar zurück (1896), blieb aber bis zu seinem Tod – besonders im Burenkrieg (1899–1902) politisch aktiv.

Ricardo, David

engl. Bankier und Nationalökonom
* 19.4.1772 in London
† 11.9.1823 in London

R., neben A. →Smith hervorragendster Vertreter der klassischen Nationalökonomie, trat mit 14 Jahren in das Börsengeschäft seines Vaters ein und wurde durch geschickte Spekulationen schon als junger Mann sehr reich. Er führte Smith' Gedanken (Wohlstand der Nationen) über die Ansammlung von Reichtum weiter und erstellte erstmals ein geschlossenes System der Ökonomie (*Grundsätze der Volkswirtschaft und Besteuerung,* 1817). R. untersuchte besonders die Probleme der Einkommensverteilumg, der Wertlehre (Arbeitswertlehre) und des Außenhandels. Mit seiner Betonung der Arbeit als maßgeblicher Produktionsfaktor bildete er eine Grundlage für die Wirtschaftstheorie von K. →Marx, der aber aus R.s Gesetzen auf das Ende des Kapitalismus schloss, während R. von dessen Funktionsfähigkeit überzeugt war.

Ricci, Matteo

ital. Jesuitenmissionar
* 6.10.1552 in Macerata
† 11.5.1610 in Peking

R. konnte als Vermittler europäischer Wissenschaft und Technik die Gunst des kaiserlichen Hofes in Peking gewinnen. Durch Anpassung der christlichen Botschaft an Denken und Mentalität der Chinesen eröffnete er eine erfolgreiche Missionstätigkeit. Im Ritenstreit (Der Meinungsstreit um den Grad der Anpassung der Missionare an die Riten und religiösen Kulthandlungen in den Missionsländern dauerte über 100 Jahre und wurde erst 1742 von Papst Bonifatius XIV. gegen die Jesuiten entschieden) brachten Franziskaner und Dominikaner das Missionskonzept R.s zum Scheitern, indem sie die Arbeit der Jesuiten verleumdeten. Es war jedoch R.s bleibender Verdienst, die Kenntnisse über China in Europa zu verbessern wie auch umgekehrt.

Richard I. Löwenherz

engl. König
* 8.9.1157 in Oxford
† 6.4.1199 in Châlus, Poitou

R. verdankt den Beinamen seinem ungewöhnlichen, kriegerischen Mut. Der Sohn König →Heinrichs II. folgte 1189 seinem Vater auf den Thron. 1190–92 nahm er mit →Friedrich Barbarossa und Philipp II. August von Frankreich am 3. Kreuzzug teil. Auf seinem Weg nach Palästina eroberte R. Zypern und besiegte in Ägypten Sultan →Saladin. An der blutigen Eroberung von Akkon wirkte er mit, konnte aber den Traum von der Befreiung Jerusalems nicht verwirklichen und musste gar mit Saladin einen 3-jährigen Waffenstillstand schließen. Vor Akkon kam es auch zu persönlichen Streitigkeiten mit Herzog Leopold V. von Österreich, den R. dadurch persönlich beleidigte, dass er dem Babenberger vor Akkon eine Standarte niederreißen ließ. Löwenherz, der auf der Heimreise Schiffbruch erlitt und nun den Landweg durch Österreich riskieren musste, geriet 1192 in Gefangenschaft Leopolds, der ihn an Kaiser →Heinrich VI. auslieferte. Dieser benutzte R. als politisches Druckmittel gegen die weltliche Partei (→Heinrich der Löwe) und ließ ihn 1194 gegen hohes Lösegeld und Leistung eines Lehnseids frei. Der König hielt sich während seiner 10-jährigen Regentschaft nur kurze Zeit in seinem englischen Königreich (mit den Besitzungen auf dem Festland) auf und hatte große Mühe seine Herrschaft gegen seinen Bruder →Johann ohne Land, der sich mit Frankreich verbündet hatte, wieder zu festigen. R. wurde in einer Fehde gegen einen französischen Grafen getötet. Seine Befreiung aus der Gefangenschaft Heinrichs VI. durch den Sänger Blondel ist eine Sage.

Richard II.

engl. König
* 6.1.1367 in Bordeaux
† 14.(?)2.1400 in Pontefract Castle, Yorkshire

R. erbte als 10-jähriger die englische Krone von seinem Großvater →Eduard III., blieb jedoch bis 1389 unter der Vormundschaft seines Onkels, des Herzogs von Lancaster, und in der Abhängigkeit des Kronrats. Unter seiner Regierung wurde England, das von den Auswirkungen des 100-jährigen Krieges erschöpft und finanziell ruiniert war, von schweren inneren Krisen erschüttert. 1381 brach der Bauernaufstand los und es kam zu Machtkämpfen des Adels. R., der in erster Ehe mit Anna von Böhmen verheiratet gewesen war, hoffte durch die Verehelichung der 7-jährigen französischen Königstochter Isabella den außenpolitischen Hauptgegner Frankreich befriedigen zu können. Nach der Absicherung seiner Machtansprüche wurde der König 1399 von seinem Vetter, dem späteren Heinrich IV., zusammen mit dem Parlament wegen Willkürherrschaft gestürzt und gefangengenommen. Er starb im Gefängnis. W. →Shakespeare machte R.s Schicksal zum Thema seines berühmten Dramas *Richard II.* (um 1600).

Richard III.

engl. König
* 2.10.1452 in Fotheringhay
† 22.8.1485 bei Bosworth, Leicestershire

R., seit der Krönung seines älteren Bruders Eduard IV. Herzog von Gloucester, erhob nach dem Tod des Königs Anspruch auf die Thronfolge. Er ließ 1483 seinen Neffen als den nächsten Thronanwärter ermorden und alle anderen Widersacher beseitigen, um sich die Königsherrschaft zu sichern. Es gelang R. während seiner 2-jährigen Herrschaft nicht, den Frieden in England wiederherzustellen, der durch die „Rosenkriege“ zwischen den Häusern Lancaster (rote Rose im Wappen) und York (weiße Rose im Wappen) seit 1455 gestört war. In der letzten Schlacht bei Bosworth 1485 fiel R., der letzte König aus dem Haus York, und die englische Krone ging auf Heinrich VII. aus dem Hause Tudor über. Die Schreckensherrschaft R.s III. inspirierte W. →Shakespeare zu seinem gleichnamigen Drama.

Richardson, Samuel

engl. Schriftsteller
* 19.8.1689 (getauft) in Mackworth, Derbyshire
† 4.7.1761 in London

R. gilt als der Erfinder des empfindsamen Briefromans. Er war ursprünglich ein erfolgreicher Buchdrucker und verständnisvoller Berater befreundeter Damen. Auf Wunsch entwarf er ihnen auch Liebesbriefe und gab später eine Sammlung von Musterbriefen für jede Gelegenheit heraus. Erst 50-jährig verfasste R. seinen ersten Briefroman, der ein sensationeller Erfolg wurde (*Pamela oder Die belohnte Tugend,* 1740). In der Folge entstanden sein berühmtestes Werk *Clarissa Harlow oder Die Geschichte einer jungen Dame* (1748) und *Die Geschichte des Sir Charles Grandison* (1754). In seinen Romanen kombinierte R. die Schilderung seelischer Regungen mit moralisch-erzieherischen Absichten, was dem Zeitgeschmack Englands, aber auch Frankreichs und Deutschlands entsprach. Die neuen Vorstellungen über das Verhältnis der Geschlechter wurden vor allem von den lesenden Damen mit Begeisterung aufgenommen. R. galt für J. J. →Rousseau und J. W. →Goethe sowie für die meisten Dichter der Sturm-und-Drang-Periode als Vorbild.

Richelieu, Armand Jean du Plessis, Herzog von

frz. Kardinal und Staatsmann
* 9.9.1585 in Paris
† 4.12.1642 in Paris

R. war einer der bedeutendsten Politiker im Europa des Dreißigjährigen Krieges. Er stammte aus verarmtem Adel und schlug die geistliche Laufbahn ein. Trotz seiner schlechten körperlichen Verfassung erlangte R. aufgrund beeindruckender Bildung und eiserner Willenskraft

bereits mit 21 Jahren die Bischofswürde. Durch die Protektion der Königinmutter Maria von Medici wurde er 1622 Kardinal und war ab 1624 Erster Minister Ludwigs XIII. Die Hauptziele des Kirchenmannes lagen eindeutig in der Politik. R.s Ziel war ein starkes, das übrige Europa beherrschendes Frankreich. Er brach die Macht des Adels, beseitigte die politische Sonderstellung der Hugenotten und ließ sie 1628 auf der Halbinsel La Rochelle belagern. Die relativ unabhängigen Provinzgouverneure ersetzte er durch ergebene Beamte (Intendanten), was zur Ausschaltung der lokalen Selbstverwaltung zugunsten eines starken Zentralismus führte. Selbst die Gründung der Académie française 1635 geschah mit der Absicht, Kunst und Wissenschaft zu zentralisieren. Außenpolitisch gelang es R., Frankreich aus der spanisch-österreichischen Umklammerung durch das Haus Habsburg zu befreien und zur herrschenden Macht in Europa zu machen. 1635 trat er offen auf der Seite des protestantischen Königs →Gustav II. Adolf von Schweden in den Dreißigjährigen Krieg ein. R.s auf eine absolutistische Monarchie und französische Vorherrschaft abzielende Politik – in seinem politischen Testament niedergelegt – erreichte erst unter →Ludwig XIV. und Minister →Mazarin ihren Höhepunkt.

Riemenschneider, Tilman

dt. Bildschnitzer und Bildhauer
* um 1460 in Heiligenstadt
† 7.7.1531 in Würzburg

R. war der Hauptmeister der spätgotischen Plastik. Nach einer Ausbildung wahrscheinlich am Oberrhein in Schwaben im Umkreis von Nicolaus Gert und J. Syrlin hielt er sich ab 1483 nachweislich in Würzburg auf und war dort als Bildhauer und Bildschnitzer tätig. 1520 wurde R. zum Bürgermeister der Stadt gewählt, geriet aber 1525 wegen Parteinahme für die Bauern im Bauernkrieg mit der kurfürstlichen Obrigkeit in Konflikt. Nach der Niederschlagung der Erhebung verlor er alle Ämter und Ehren sowie Teile seines Vermögens, kam in Kerkerhaft und wurde gefoltert. Danach soll R. nicht mehr künstlerisch tätig gewesen sein. Dem großen Meister gelang bei bewegten Gruppen aus dem biblischen Geschehen eine harmonische Komposition und die Überwindung der spätgotischen Unruhe. Er schuf lebensgroße, feingliedrige Figuren aus Holz und Stein von idealisierter Schönheit und beseelter Innerlichkeit. Durch die Einbeziehung des Licht- und Schattenspiels und die besondere Oberflächenbehandlung wird ein Wirkung erzielt, die eine Bemalung überflüssig macht. R. gestaltete zahlreiche Altäre, Grabmäler und Einzelfiguren, die die bildende Kunst im 16. Jh. so stark beeinflussten, dass seine Originale von Imitationen schwer zu unterscheiden sind. Gesichert sind u. a.: die Schnitzaltäre von Münnerstadt (Pfarrkirche), Rothenburg (Heiligblutaltar, Jakobskirche), Creglingen (Herrgottskirche) sowie das berühmte Figurenpaar Adam und Eva für die Würzburger Marienkapelle.

Rilke, Rainer Maria

(eigtl.: René M. R.)
österr. Schriftsteller
* 4.12.1875 in Prag
† 29.12.1926 in Val Mont, Schweiz

R., einer der bedeutendsten Lyriker der Weltliteratur, wurde besonders in den 50er Jahren in der BR Deutschland verehrt. Aus kleinbürgerlichen Verhältnissen stammend, sollte er eine Militärausbildung erhalten, musste aber die Kadettenschule aus gesundheitlichen Gründen bald verlassen. R. studierte in Prag, München und Berlin Literatur und Kunst. 1894 entstanden seine ersten Gedichte, ab 1899 war er nur noch dichterisch tätig. Durch aristokratische Gönner gefördert, unternahm R. lange Auslandsreisen und hatte Begegnungen mit außergewöhnlichen Menschen. In Russland traf er L. →Tolstoi. 1901/02 heiratete er die Bildhauerin Clara Westhoff, die er im Künstlerkreis von Worpswede kennen lernte. Ab 1905 war er als Sekretär von A. →Rodin tätig. R. entwickelte sich sprachkünstlerisch von melodisch-gefälliger Stimmungslyrik, in der die Sehnsucht nach mystischer Gottverbundenheit deutlich wird (*Das Stundenbuch,* 1905), zu einer objektiven, virtuos gestalteten sprachlichen Nachbildung des Wesens der Dinge („Ding-Gedicht“; *Neue Gedichte,* 1907). Die autobiografischen *Aufzeichnungen des Malte Laurids Brigge* (1910), der einzige Roman R.s, spiegeln eine seelische Krise des übersensiblen Dichters wider. Das Werk wurde mit seiner Darstellung der Sinn- und Sprachkrise der Jahrhundertwende zum ersten deutschsprachigen Ausdruck der literarischen Moderne. In den *Duineser Elegien* (1923), die die Fragwürdigkeit der menschlichen Existenz besingen, herrschen im Gegensatz zur weichen Klangfülle seiner früheren Gedichte harte, freirhythmische Fügungen in kühnem Bilderreichtum vor. R. war auch ein meisterhafter Übersetzer französischer, englischer, russischer und italienischer Lyrik (u. a. von Paul Verlaine, Stéphane Mallarmé, Paul Ambroise Valéry). Er starb an Leukämie.

Rimbaud, Jean Nicolas Arthur

frz. Dichter
* 20.10.1854 in Charleville, Ardennen
† 10.11.1891 in Marseille

R., dessen Werk großen Einfluss auf Symbolismus, Surrealismus und Existenzialismus sowie die neue katholische Dichtung hatte, empfand schon seit früher Jugend Hass gegen die

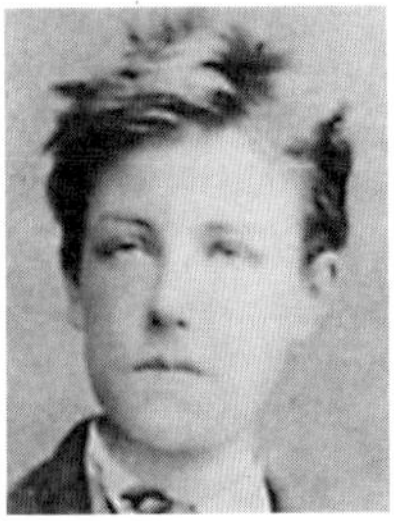

bestehende Gesellschaftsordnung, Moral und Religion. Mit 17 Jahren ging er nach Paris zu dem Lyriker Paul Verlaine, dem er seine ersten Gedichte geschickt hatte. Die intime Freundschaft, die sich zwischen den beiden entwickelte, endete drei Jahre später in einem Streit, bei dem R. verletzt wurde. Erst 20-jährig ging er als Legionär nach Afrika und schrieb keine Gedichte mehr. Während seiner Abwesenheit waren R.s Gedichte von Verlaine erfolgreich veröffentlicht worden. Der Dichter brach in seinem Werk in Form und Inhalt mit der herkömmlichen Lyrik. In seinen fantastisch-visionären Gedichten verwendete R. bei Auflösung der festen Maße als erster den „vers libre" und erweiterte das poetische Bewusstsein durch kühne Bilder, die nicht etwas anderes symbolisierten, sondern selbst existenzielle Erfahrungen darstellten. Seine bekanntesten Werke sind: *Das trunkene Schiff* (1871, dt. 1908), *Ein Aufenthalt in der Hölle* (1873, dt. 1927), *Erleuchtungen* (1886, dt. 1924). R. starb nach der Beinamputation, die wegen eines Tumors am Knie vorgenommen werden musste.

Rimski-Korsakow, Nikolai Andrejewitsch

russ. Komponist
* 18.3.1844 in Tichwin, Nowgorod
† 21.6.1908 in Ljubensk, St. Petersburg

R. war das geistige Haupt des „Mächtigen Häufleins". Dieser Kreis der damals führenden russischen Komponisten (M. A. Balakirew, C. Cui, M. P. →Mussorgski, A. P. Borodin) hatte sich die Ausbildung einer national-russischen Musik zum Ziel gesetzt. R., ursprünglich zum Seeoffizier ausgebildet, komponierte auf einer Weltumsegelung seine erste Sinfonie. Später war er Inspektor der Marinekapellen und ab 1886 Dirigent der Sinfoniekonzerte in St. Petersburg. Beeinflusst u. a. von F. →Liszt und H.

→Berlioz, bildete R. einen individuellen Stil aus, der durch instrumentale Farbigkeit sowie klare formale und harmonische Strukturen gekennzeichnet ist (*Scheherazade,* 1888). Seine Melodik bereicherte er durch den russischen Volksliedschatz (*Die Mainacht,* 1880). Seine vorbildliche Orchestertechnik vermittelte R. an zwei Generationen russischer Komponisten. Seine Schüler waren u. a. I.→Starwinsky und S. →Prokofjew. Er schrieb mehrere Opern, deren Texte er selbst verfasste: *Sadko* (1898), *Die Braut des Zaren* (1899), *Das Märchen vom Zaren Saltan* (1900) und *Der goldene Hahn* (1909). Sein weiteres Werk umfasst 3 Sinfonien und andere Orchesterwerke, Kammer- und Klaviermusik sowie Chorwerke und Lieder. Er vollendete *Fürst Igor* von Borodin und *Boris Godunow* von Mussorgski. R. fiel wegen Unterstützung revolutionärer Studenten 1905 in Ungnade, woraufhin die Aufführung seiner Werke verboten wurde.

Robert Guiscard

normann. Eroberer
* um 1015 in der Normandie
† 17.7.1085 in Kephallenia

R., Sohn des Normannen Tankred von Hauteville, nahm ab 1046 an den normannischen Invasionszügen (ab 1017) gegen Süditalien teil und vertrieb bis 1060 die byzantinischen Truppen aus Apulien. Er nahm zunächst den Titel Graf, später Herzog von Apulien, Kalabrien und Sizilien an (1057/58–85). Auf der Synode von Melfi (1059) leistete R. Papst Nikolaus II. den Lehenseid, der ihn dafür als Herrscher anerkannte. 1076 eroberte er Salerno und beauftragte seinen Bruder →Roger I. mit der Eroberung Siziliens. 1080 erneuerte R. seinen Lehenseid gegenüber Papst →Gregor VII. und unternahm 1081/82 einen Kriegszug gegen Ostrom. Bis Saloniki vorgedrungen, unterbrach er den erfolgreichen Feldzug gegen Alexios I. Komnenos und kam 1084 dem Papst gegen →Heinrich IV. zu Hilfe und befreite ihn aus der belagerten Engelsburg. Anschließend nahm er den Kampf gegen Byzanz wieder auf, besiegte die griechisch-venezianische Flotte bei Korfu und starb während der Kämpfe.

Robespierre, Maximilien de

frz. Revolutionär
* 6.5.1758 in Arras
† 28.7.1794 in Paris

R., der aus armen Verhältnissen stammte, hatte es zum Rechtsanwalt gebracht und war seit 1789 Abgeordneter des dritten Standes bei den Generalständen. Der ehrgeizige Politiker verstand es, in den Wirren der Revolution politische Karriere zu machen. R. profilierte sich auf dem radikalen linken Flügel und propagierte eine kompromisslose Demokratisierung des Volkes. Als Mitglied des Jakobiner-Klubs und im Nationalkonvent (ab September 1792) führender Kopf der Bergpartei, setzte er nach dem Fluchtversuch →Ludwigs XVI. dessen Hinrichtung durch und war die treibende Kraft beim Aufstand von Paris 1793. Nach der Verdrängung seines Rivalen G.J. →Danton aus dem Wohlfahrtsausschuss nahm R. eine quasidiktatorische Stellung ein. In dem Bestreben eine von ihm gepredigte Vernunft und Tugend zur Herrschaft zu bringen, führte der „Unbestechliche“ die auf das Schafott gestützte jakobinische Schreckensherrschaft auf den Höhepunkt, der er schließlich selbst zum Opfer fiel. R. wurde am 27.7.1794 von den eigenen Gefolgsleuten gestürzt und guillotiniert.

Rockefeller, John Davison

amerik. Industrieller
* 8.7.1839 in Richford (NY)
† 23.5.1937 in Ormond Beach (FL)

R., legendärer Industrieller des Hochkapitalismus Ende des 19. Jh.s, verkörpert wie kein zweiter den „Amerikanischen Traum“. Seine Karriere begann er als 16-jähriger in einer Kommissionsfirma und war 1870 mit 31 Jahren an der Spitze der von ihm mitgegründeten Standard Oil Company. Durch den Bau von Pipelines, zahlreiche Aufkäufe sowie zweifelhafte Geschäftsmethoden erreichte R. rasch eine mächtige Monopolstellung. 1878 betrug der Anteil seines Unternehmens 95% des gesamten Erdölmarktes. Die massive Einmischung in die Politik wurde zunehmend von der Öffentlichkeit kritisiert. 1906 löste die Regierung unter Theodore Roosevelt mit Hilfe des Anti-Kartell-Gesetzes R.s Trust in kleinere Zweige auf, wobei R. die Minderheitsbeteiligungen an Nachfolgefirmen blieben. R. verkörperte den Typ des Großkapitalisten, wobei er selbst eher puritanisch lebte und trotzdem ein großzügiges Verhalten anderem gegenüber zeigte. Insgesamt investierte R. 500 Mio Dollar für wohltätige Zwecke. Er gründete große Stiftungen für Wissenschaft (Universität Chicago, 1890) und Wohlfahrt (R.-Institute for Medical Research, 1913). Sein Sohn John Davison (1874– 1960) baute das R. Center in New York (1939).

Rodin, Auguste

frz. Bildhauer
* 12.11.1840 in Paris
† 17.11.1917 in Meudon

Der Meister der impressionistischen Plastik entwickelte immer neue Möglichkeiten zur Darstellung seelischer Haltung und Größe des Menschen in Gruppen und Bildnisbüsten. Einen Überblick über das Schaffen des bedeutendsten Bildhauers des 19. Jh.s bietet das von ihm selbst vorbereitete R.-Museum in Paris, in dem sich die meisten Werke des Künstlers befinden. R. gelang die Überwindung des akademischen Klassizismus seiner Zeit und damit der Anfang der modernen Bildhauerkunst. Einen zentralen Platz in R.s Werk nehmen drei Arbeiten ein: *Das Höllentor* (ab 1880, unvollendet), geplant als monumentales Tor für einen nie realisierten Bau des Museé des Arts décoratifs in Paris. Der Entwurf war eine expressive Komposition mit ineinander verschlungenen oder schwebenden Körpern; in der Skulptur bislang ohne Beispiel. Zukunftweisend war auch die unheroische Gruppe *Die Bürger von Calais* (1884–86), die eine radikale Abkehr von der überkommenen Denkmalplastik darstellt, und bei deren Enthüllung es zu lautstarken Protesten kam. Das gleiche gilt für das *Balzac-Denkmal* (1891–98), eine völlig antiidealistische Figur. R. fand erst spät allg. Anerkennung und gilt heute als der Hauptmeister der Plastik des 19. Jh.s. In seinem Spätwerk öffnete sich R. auch anderen Stilrichtungen, z. B. dem Expressionismus E. →Munchs. Erst im Alter erfuhr der Künstler eine allgemeine Anerkennung. Zu R.s bedeutenden Werken gehören auch: *Das eherne Zeitalter* (1876), *Der Kuss* (1888), *Der Denker* (1904; aus den zeichnerischen Vorstudien zum *Höllentor* hervorgegangen) und *Die Kathedrale* (1908).

Roger I.

Graf von Sizilien und Kalabrien
* um 1031
† 22.6.1101 in Mileto, Kalabrien

R., Sohn des Normannen Tankred von Hauteville, folgte 1058 seinem älteren Bruder →Robert Guiscard nach Unteritalien und eroberte als dessen Lehensmann in einem Kampf gegen die Sarazenen, der fast 30 Jahre dauerte, Sizilien (1060/61–91). R.s Verdienst lag darin, eine moderne, zentralistische Verwaltung zu begründen; in seinem Reich herrschte religiöse Toleranz gegenüber Griechen, Juden und Muslimen.

Roger II.

sizil. König
* 22.12.1095
† 26.2.1154 in Palermo

R. trat 1105 die Nachfolge seines Vaters →Roger I. in Sizilien an und dehnte seine Herrschaft nach dem Tod →Robert Guiscards auch über Unteritalien aus. Nachdem er 1128 von Papst Honorius II. mit Apulien belehnt wurde, ließ er sich 1130 vom Gegenpapst Anaklet II. gegen Anerkennung der päpstlichen Lehenshoheit zum König von Sizilien krönen und als Regent der Herzogtümer Kalabrien und Apulien bestätigen. 1139 setzte er Papst Innozenz II. gefangen, um auch dessen Anerkennung zu erzwingen. R. schuf trotz großer Widerstände einen straff zentralisierten Beamtenstaat, der das Fundament für die unteritalienische Herrschaft seines Enkels Kaiser →Friedrich II. bildete. R. unternahm Feldzüge in Afrika und holte die Seidenweberei von Griechenland nach Palermo. An seinem Hof verfasste der arabische Geograph Edrisi das *Buch Rogers,* eine der wichtigsten Erdbeschreibungen des gesamten Mittelalters.

Rolling Stones

engl. Rockgruppe

Die R., 1962 in London gegründet, waren in den 60er Jahren neben den →Beatles die wichtigste Gruppe der Rockmusik. Der Namensgeber war der Song *Rolling Stone Blues* von Muddy Waters. Der Sänger Mick Jagger (* 1943), Gitarrist Keith Richards (* 1943), Gitarrist Brian Jones (1942–69), Schlagzeuger Charlie Watts (* 1941) und Bassist Bill Wyman (* 1941) begannen als Bluesband, kamen über Rhythm and Blues zum Rock 'n' Roll und bildeten einen Gegenpol zur Musik der Beatles. Mick Jagger, der mit seiner lasziven Bühnenshow den Bürgerschreck verkörperte, wurde für Rocksänger der nächsten Generation zum Vorbild. Nach dem Tod von B. Jones kam zunächst Mick Taylor in die Gruppe, der ab 1975 durch den Gitarristen Ron Wood ersetzt wurde. Die R. hielten sich über dreißig Jahre als eine der erfolgreichsten Rockgruppen in der Geschichte des Rock 'n' Roll und überstanden alle Zeitströmungen. Auch am Ende der 90er Jahre zählen sie zu den Großen der Rock- und Popmusik und gehen nach wie vor mit ihren äußerst aufwendigen Bühnenshows auf Tournee. Zu den erfolgreichen Titeln der „Stones" gehören *It's all over now* (1964, erster Nr.1–Hit), *Satisfaction* (1965), *Beggar's Banquet* (1968), *Exile on Main Street* (1972), *Angie* (1973), *Black & Blue* (1976), *Tattoo You* (1981), *Steel Wheels* (1989), *Voodoo Lounge* (1994).

Rommel, Erwin

dt. General
* 15.11.1891 in Heidenheim an der Brenz
† 14.10.1944 in Herrlingen bei Ulm

R. erlangte als Oberbefehlshaber des Deutschen Afrikakorps (1941–43) durch seine kühne, taktisch geschickte und frontnahe Truppenführung selbst beim englischen Feind General

Montgomery große Anerkennung als „Wüstenfuchs". Der Lehrersohn hatte schon am Ende des I. Weltkrieges den Rang eines Hauptmanns. Als überzeugter Nationalsozialist war R. unter A. →Hitler Kommandant des Führerhauptquartiers während der Sudetenkrise (1938/39) und 1940 Panzerchef der „Geisterdivision", die an der Westfront die Ardennenlinie durchbrach. Ab 1942 Generalfeldmarschall, wurde er bei El Alamein mangels Nachschub zum Rückzug gezwungen und anschließend Oberbefehlshaber der Heeresgruppe B an der Kanalküste (1943/44). Nach der Landung der Alliierten in der Normandie (1944) und angesichts der katastrophalen Gesamtkriegslage forderte R. Hitler am 15.7.1944 auf, mit den Westmächten Friedensverhandlungen einzuleiten. Deshalb und wegen seiner Kontakte zu den Spitzen des Widerstandes bereits im Februar 1944 wurde er im Herbst 1944 auf die Weisung Hitlers vor die Alternative gestellt, einen Volksgerichtshofsprozess zu riskieren oder Selbstmord zu begehen. Seine Selbsttötung mit Gift wurde als natürlicher Tod dargestellt, die Beisetzung gestaltete sich wegen der großen Popularität R.s zu einem vorgeheuchelten Staatsbegräbnis.

Röntgen, Wilhelm Conrad

dt. Physiker
* 27.3.1845 in Lennep, heute zu Remscheid
† 10.2.1923 in München

R.s Entdeckung der unsichtbaren, elektromagnetischen „X-Strahlen", die nach ihm benannt wurden (R.-Strahlen), revolutionierte die Naturwissenschaft. Nach dem Maschinenbaustudium beschäftigte er sich intensiv mit theoretischen Naturwissenschaften. Dem Professor in Hohenheim, Straßburg, Gießen, Würzburg und

München gelangen auf fast allen Gebieten der Physik, aber vor allem der spezifischen Wärme und der Physik der Kristalle, neue Erkenntnisse. Bahnbrechend wurde aber seine Erforschung und Beschreibung der „neuartigen Strahlen" (R.-Strahlen), deren Kurzwelligkeit ein Durchdringen fast aller festen Stoffe erlaubte. Er hatte diese Eigenschaft in seinem Labor bei der Beobachtung elektrischer Entladungen in einer Vakuumröhre durch ihre fluoreszierende Wirkung auf ein chemisch präpariertes Papier wahrgenommen. 1901 wurde R. der erste Nobelpreis für Physik verliehen. Den ihm angetragenen Adelstitel lehnte er ebenso ab wie die Patentierung seiner Entdeckung, um eine technische und medizinische Nutzanwendung nicht zu verhindern. Erst viele Jahre später erkannte man die Leukämie verursachende Wirkung dieser Strahlen. Heute dient die medizinische Verwendung der R.-Strahlen zur Krankheitserkennung sowie zur Behandlung von erkranktem, wucherndem Gewebe. Durch verschiedene Neuentwicklungen sind heute die schädigenden Nebenwirkungen reduziert worden. Mit Hilfe der R.-Strahlen lässt sich auch der innere Aufbau von Atomen, Molekülen und Kristallen untersuchen.

Roosevelt, Franklin Delano

amerik. Präsident
* 30.1.1882 in Hyde Park (NY)
† 12.4.1945 in Warm Springs (GA)

R., der 32. Präsident der USA, wurde als einziger viermal in dieses Amt gewählt (1933, 1936, 1940 und 1944). Ursprünglich Rechtsanwalt, wurde er 1910 Senator für die Demokraten und begann seine politische Karriere als Unterstaatssekretär im Marineministerium (1913–20). Wegen Erkrankung an Kinderlähmung zog sich R. 1920 zunächst von der Politik zurück.

Trotz bleibender Behinderung konnte er 1928 in die Politik zurückkehren und war bis 1932 Gouverneur von New York. 1933 trat er gegen den republikanischen Präsidenten Hoover in den Wahlkampf ein, aus dem er als Sieger hervorging. Nach seinem Amtsantritt bekämpfte R. die große Wirtschaftskrise durch den „New Deal", indem er als Notstandsprogramm zahlreiche Gesetze durchsetzte, die einen drastischen Einschnitt in die amerikanische Tradition bedeuteten und die Abwendung vom unbeschränkten Wirtschaftsliberalismus zu einer Sozialstaatspolitik vollzogen (Aufhebung der Prohibition, Arbeitsbeschaffungsmaßnahmen, Finanzkontrolle, Wohlfahrtsprogramme, ansatzweise Einführung von Arbeitslosen- und Altersversicherung, Justizreformen). Ein weiterer Schritt aus der Wirtschaftskrise war die Lösung des Dollars vom Goldstandard. Außenpolitisch führte er die USA aus dem seit 1930 bestehenden Isolationismus und pflegte diplomatische Beziehungen zu den südamerikanischen Staaten und zur Sowjetunion. R. erkannte früh, dass die Politik A. →Hitlers friedensgefährdend war und gab noch vor dem amerikanischen Kriegseintritt die Neutralität der USA weitgehend auf. Durch das Leih-Pacht-Gesetz vom 11.3.1941 unterstützte er Frankreich und England, vereinbarte am 14.8.1941, noch vor dem japanischen Angriff auf Pearl Harbor, mit W. →Churchill die Atlantikcharta (Grundsätze für eine Neuordnung nach dem II. Weltkrieg). Nach Eintritt der USA in den II. Weltkrieg (Dezember 1941) steuerte R. die bedingungslose Kapitulation der Achsenmächte an. Auf den Konferenzen von Teheran (1943) und Jalta (1945) versuchte er zu einer neuen Weltordnung zu gelangen. R., der sich für die Schaffung der UN (Vereinten Nationen) einsetzte, wurde später zu große Nachsicht gegenüber Stalin vorgeworfen. Er starb kurz vor der Kapitulation Deutschlands.

Rossini, Gioacchino

ital. Komponist
* 29.2.1792 in Pesaro
† 13.11.1868 in Paris

R. war der erfolgreichste Meister der italienischen „Opera buffa" im frühen 19. Jh. Bereits mit 18 Jahren schrieb er seine erste Oper und hatte drei Jahre später mit *Tancred* den großen Durchbruch. Wahre Begeisterungsstürme löste *Der Barbier von Sevilla* (1816) aus. Nach der Beschäftigung an verschiedenen italienischen Opernhäusern arbeitete R. als gefeierter Musiker in London, Wien und ab 1823 in Paris. Mit 37 Jahren hatte er bereits 40 Opern sowie Orchester- und Kammermusik komponiert. Anschließend zog er sich ins Privatleben zurück und schrieb nur noch die Kirchenwerke *Stabat mater* (1832) und *Petite messe solonelle* (1863). Zu R.s bedeutenden Werken zählen auch die Opern *Die Italienerin in Algier* (1813), *Othello* (1816), *Aschenbrödel* (1817), *Die diebische Elster* (1817) und *Wilhelm Tell* (1829).

Rothschild, Mayer Amschel

dt. Finanzier
* 23.2.1743 in Frankfurt am Main
† 19.9.1812 in Frankfurt am Main

R., der Gründer der traditionsreichen R.-Bank, entstammte einer seit dem 16. Jh. in Frankfurt ansässigen Familie, die den Namen R. nach dem roten Schild vor ihrem Haus in der ehemaligen Judengasse führte. Ursprünglich führte er einen kleinen Handel und stellte durch Sammeln und Verkaufen von Münzen Beziehungen zu dem Landgrafen von Hessen her. Finanzgeschäfte auch mit anderen Fürstenhäusern, später die Finanzierung der Kriege gegen →Napoleon I. sicherten dem Bankhaus einen raschen Aufschwung. R.s fünf Söhne führten das renommierte Bankhaus mit Zweigniederlassungen in London, Paris, Wien und Neapel erfolgreich weiter. Die internationale Unternehmensgruppe R. war an vielen politisch bedeutsamen Entscheidungen der Weltwirtschaft beteiligt (Wiederaufbau Europas nach 1815, Schaffung von Eisenbahn- und Schifffahrtslinien, Zahlung der französischen Reparationen an Deutschland nach 1871). Bankhäuser der R.s bestehen heute noch in London und Paris.

Rousseau, Jean-Jacques

frz.-schweiz. Philosoph, Komponist und Schriftsteller
* 28.6.1712 in Genf
† 2.7.1778 in Ermenonville bei Paris

R., der aus einer hugenottischen Familie stammte, führte ein unstetes Wanderleben. Nach Jahren des Selbststudiums, besonders auf dem philosophischen und musikalischen Gebiet, ließ er sich 1742 in Paris nieder, wo er zu D. →Diderot und den Enzyklopädisten stieß. R. erfand eine Zahlennotenschrift, komponierte Arien, Romanzen, Melodramen, das Singspiel *Le devin du village* (1752) und verfasste musiktheoretische Beiträge zur Encyclopédie. Berühmt wurde er aber durch kulturkritische Abhandlungen (1749–53), in denen er den negativen Einfluss von Wissenschaft und Kunst auf den Menschen hervorhob und die Rückkehr zum einfachen Leben („zurück zur Natur") forderte (ausgeführt in dem empfindsamen Briefroman zweier Liebender *Julie oder Die neue Héloise,* 1761). Auch seine Erziehungsphilosophie ist durch die Forderung nach naturgemäßer Entfaltung des jungen Menschen bestimmt. In *Émile oder Über die Erziehung* (1762), einem die Pädagogik revolutionierenden Roman, verwertete R. kühn die erforschten Eigenarten des Kindes für die Praxis und zeigte, dass neben einer naturgemäßen Erziehung auch eine „natürliche Religion“ das Gute im Menschen zu fördern vermag. In seiner Gesellschaftstheorie setzte er die natürliche Freiheit und Gleichheit aller Menschen voraus. Die staatsrechtliche, sozialphilosophische Schrift *Über den Gesellschaftsvertrag* (1762) nahm als Grundlage eines Staates nicht ein Gottesgnadentum, sondern die freiwillige Verpflichtung des Einzelnen gegenüber der Allgemeinheit an. In den *Bekenntnissen* (1771), einer schonungslos offenen Autobiografie, schilderte R. seinen Lebensweg. So bedeutend die Ideen des Philosophen waren, so tragisch war sein eigenes Leben. R., selbst mutterlos aufgewachsen, lebte mit einer Dienstmagd zusammen, die er später heiratete. Alle fünf Kinder, die aus dieser Verbindung hervorgingen, wurden in ein Findelhaus gegeben – angesichts der humanitären und reformpädagogischen Grundsätze R.s ein unbegreiflicher Widerspruch. Das Werk des großen Philosophen beeinflusste das 18. und 19. Jh. nachhaltig. Seine antirationalistische Einstellung war ausschlaggebend für die Überwindung der Aufklärung, seine Staatsphilosophie lieferte die ideologischen Grundlagen für die Französische Revolution. In Deutschland wirkte R. vor allem auf J. G. →Herder, den Sturm und Drang und die Romantik.

Rubens, Peter Paul

flām. Maler
* 28.6.1577 in Siegen, Westfalen
† 30.5.1640 in Antwerpen

R., bedeutendster Vertreter des flämischen Frühbarock, erhielt eine umfassende künstlerische und humanistisch-klassische Ausbildung. Er stand jahrelang im diplomatischen Dienst der spanischen Krone und lernte auf seinen Reisen verschiedene Länder und Kunstrichtungen kennen. Als Maler von der niederländischen Kunst beeinflusst, überwand er den Bildstil der Romanisten in Italien, wo er sich 1600–08 aufhielt. Es entstanden machtvolle, bewegte Figurenkompositionen, in denen R. in klassisch-humanistischer Gesinnung die flämische Tradition und seine Eindrücke aus Italien vereinigte. Neben großen Altarbildern schuf er Szenen aus der antiken Mythologie, Landschaften, höfische Allegorien und meisterhafte Bildnisse. Häufig dienten seine erste und zweite Frau, Isabella Brant († 1626) und Helene Fourment, als Modelle. In seinem späteren Werk werden die Farben heller und sind von ungeheuerer Leuchtkraft; der Aufbau der Bilder lockert sich auf. R., der in Antwerpen großes Ansehen genoss, unterhielt eine große Werkstatt, mit deren Hilfe er die Fülle von Aufträgen bewältigen konnte. Namhafte Schüler und Gehilfen arbeiteten u. a. nach seinen Skizzen. Neben den 600 eigenhändigen Bildern R.’ entstanden etwa 2000 Werkstattarbeiten, bei denen häufig durch eine gewisse Kühle und Steifheit die Routine des Werkstattbetriebes zu bemerken ist. Bedeutend ist auch das zeichnerische Werk von R., war er doch ein Meister des Holzschnitts und Kupferstichs. Der Einfluss seiner Bilder im Stil eines repräsentativen Barock wirkte sich in ganz Europa aus. Von seinen Werken sind besonders hervorzuheben u. a. *Die vier Philosophen* (um 1602), das Triptychon *Die Kreuzabnahme* (1611–14) in der Kathedrale von Antwerpen, *Raub der Töchter des Leukippos* (1616), *Amazonenschlacht* (1618), *Löwenjagd* (1621), *Der Liebesgarten* (1633), *Meleager und Atalante* (1637), *Der trunkene Silen, Heilige Cäcilie* (1639).

Rubinstein, Arthur

amerik. Pianist poln. Herkunft
* 28.1.1887 in Lodz
† 20.12.1982 in Genf

R., einer der bedeutendsten Pianisten des 20. Jh.s, gilt vor allem als begnadeter Interpret der

Werke von F. →Chopin. Der Schüler von Ignacy Paderewski debütierte mit 12 Jahren in einem Orchesterkonzert in Berlin. In den 20er Jahren wurde R. in Europa als brillanter Interpret Chopins und neuerer spanischer Komponisten bekannt. Obwohl er bereits 1906 eine Konzert-Tournee durch die USA unternommen hatte, stellte sich der erste große Erfolg in Amerika

1937 ein. Sein neuer Klavierstil war durch Farbigkeit und Deutlichkeit gekennzeichnet. Er erweiterte sein Repertoire um die Werke J. S. →Bachs, der Wiener Klassik sowie einiger Romantiker. R., seit 1946 amerikanischer Staatsbürger, trat häufig für karitative Zwecke auf, so z. B. bei seinem ersten Marathonkonzert 1953 in New York, während dessen er in zehn Tagen fünf Konzerte gab. 1958 fand in Polen nach 20 Jahren sein erstes Konzert statt. Noch mit 80 Jahren bewältigte er an einem Abend drei Konzerte von L. van →Beethoven. 1976 nahm R. in der Londoner Wigmore Hall nach 77 Jahren Abschied von seinem Konzertpublikum. Er hinterließ ein gewaltiges Schallplattenwerk.

Rudolf I. von Habsburg

dt. König
* 1.5.1218 auf Schloss Limburg, Breisgau
† 15.7.1291 in Speyer

R. von Habsburg (nach der „Habichtsburg" im Aargau benannt), ab 1239 im Besitz der Grafschaft Habsburg, konnte als Parteigänger der letzten Staufer (Patenkind Kaiser →Friedrichs II.) in Südwestdeutschland zum mächtigsten Landesfürsten aufsteigen. Mit seiner Wahl zum König (1273) endete das herrscherlose Interregnum, das seit dem Tod Friedrichs II. zu chaotischen Verhältnissen im Reich geführt hatte. R. forderte die während des Interregnums entfremdeten Reichsgüter zurück und bekämpfte das übermächtig gewordene Raubrittertum, dämmte das Fehdeunwesen ein und stärkte Handel und Verwaltung der Städte. Den Rivalen Ottokar II. von Böhmen, der als einziger R.s Krönung in Aachen ferngeblieben war, zwang er 1276 zur Herausgabe von Österreich, Steiermark, Kärnten, Krain und des Egerlandes. Bei der Schlacht auf dem Marchfeld bei Dürnkrut 1278 wurde Ottokar vernichtend geschlagen. Böhmen und Mähren blieben bei Ottokars Sohn, der R.s Tochter heiratete; 1282 belehnte er seine Söhne Albrecht und Rudolf mit Österreich und der Steiermark. Mit diesen Maßnahmen legte R. den Grundstein für die Hausmacht der Habsburger.

Russel, Bertrand, 3. Earl of

brit. Mathematiker, Philosoph und Schriftsteller
* 18.5.1872 in Trelleck
† 2.2.1970 in Penrhyndeudreath, Wales

R., der die britische und amerikanische Philosophie sowie die öffentliche Meinung des 20. Jh.s wesentlich beeinflusste, war eigentlich Mathematiker. Als Grundlagenforscher versuchte er die Mathematik auf die reine Logik zu reduzieren (zusammen mit Alfred North Whitehead *Principia mathematica,* 1910–13). 1910–16 Dozent in Cambridge, erhielt R. wegen Aufforderung zur Kriegsdienstverweigerung seine Entlassung und kam 1918 ins Gefängnis, wo er seine *Einführung in die mathematische Philosophie* (1919) verfasste. In seiner Erkenntnistheorie stand R. dem Neopositivismus nahe, die sich von einer realistischen Position aus zu einem „logischen Atomismus" (eine Welt aus Relationen von einzelnen Sachverhalten) entwickelte. Politisch wurde R. durch seine konsequente pazifistische Haltung bekannt und war seit dem ersten Weltkrieg einer der Vorkämpfer der internationalen Friedensbewegung. Er wandte sich gegen jede Form der Unterdrückung im politischen und gesellschaftlichen Leben, organisierte Massenproteste, Sitzblockaden sowie Bürger- und Friedensinitiativen (z. B. das „Vietnam-Tribunal“ 1967 in Stockholm). Wegen regierungsfeindlicher Aktivitäten kam er noch mit 89 Jahren ins Gefängnis. Seine Sozialkritik beruhte auf einem Menschenbild, das durch Vernunft und Liebe bestimmt war. Mit seiner witzig und prägnant formulierten wissenschaftlichen Prosa bekämpfte er die Institutionen Staat, Kirche (*Warum ich kein Christ bin,* 1957) und die Ehe. Außerdem forderte er ein antiautoritäres Erziehungswesen mit mehr Freiheiten für den Einzelnen. Für sein Werk *Ehe und Moral* (1929, dt. 1951) erhielt R. den Literaturnobelpreis. Weitere Werke von ihm sind u. a. *Die Analyse des Geistes* (1921, dt. 1927), *Lob des Müßiggangs* (1935, dt. 1957), *Philosophie des Abendlandes* (1946, dt.19 52) *Unpopuläre Betrachtungen* (1950, dt. 1951), *Philosophie. Die Entwicklung meines Denkens* (1959, dt. 1973). In Würdigung der Verdienste R.s wurde 1963 in London das „B.-R.-Friedensinstitut“ gegründet.

Ruth, George Herman „Babe“

amerik. Baseballspieler
* 6.6.1895 in Baltimore
† 16.8.1948 in New York

R. wuchs, von seinen Eltern verlassen, im Waisenhaus auf, wo er sich für Baseball zu interessieren begann. Nachdem er 1914 einen Profivertrag unterschrieben hatte, machte er schnell Karriere. Während seiner 20-jährigen Profilaufbahn (bis 1934) stellte er zahllose Rekorde auf. In den 20er Jahren war R. als Schlagmann der New York Yankees auf dem Höhepunkt seiner Baseball-Karriere. Er nahm insgesamt an zehn World Series (Sieger der American League gegen die Sieger der National League) teil. R. gilt als bester Baseball-Spieler aller Zeiten.

Rutherford, Lord Ernest Baron of Nelson

engl. Physiker
* 30.8.1871 in Nelson, Neuseeland
† 19.10.1937 in Cambridge

R., der erste Experimentalphysiker der Wissenschaftsgeschichte, war um die Jahrhundertwende führend bei der Erforschung der Radioaktivität. Der Sohn britischer Auswanderer begann seine wissenschaftliche Karriere nach dem Studium in Neuseeland als Professor in Montreal (1898) und lehrte später in England (ab 1919 in Cambridge). Nachdem C. →Röntgen die „X-Strahlen“ entdeckte hatte, beschäftigte sich R. mit der Messung der von ihnen erzeugten Ionisation. 1897 erkannte er, dass die vom Uran ausgehende Strahlung aus verschiedenen Anteilen besteht. Die positiv geladenen und magnetisch abgelenkten Strahlen bezeichnete er als Alphastrahlen, die negativ geladenen als Betastrahlen und die vom Magnetfeld nicht abgelenkten Anteile der Strahlung als Gammastrahlen. 1902 definierte R. die Radioaktivität als Umwandlung der Elemente und formulierte aufgrund ihres spontanen und in Stufen erfolgenden Zerfalls zusammen mit dem Chemiker Frederick Soddy das radioaktive Zerfallsgesetz. Die Zeitspanne bis zum Zerfall der Hälfte einer radioaktiven Substanz nannte er Halbwertszeit. Aus der Beobachtung der Streuung von Alphateilchen an Atomkernen entwickelte er das nach ihm benannte Atommodell: Das Atom besitzt einen positiv geladenen, relativ schweren Kern, der von elektrisch negativen Teilchen kleiner Masse (Elektronen) umkreist wird. Dieses Modell wurde von N. →Bohr weiterentwickelt. Während des I. Weltkriegs arbeitete R. in Forschungslabors der Alliierten. 1919 gelang ihm die erste künstliche Kernreaktion durch Beschießen von Stickstoffkernen mit Alphateilchen. R. wurde für seine Untersuchungen über den radioaktiven Zerfall der Elemente 1908 mit dem Nobelpreis für Chemie ausgezeichnet. 1931 wurde er in den Adelsstand erhoben.

Sachs, Hans

dt. Meistersinger und Dichter
* 5.11.1494 in Nürnberg
† 19.1.1576 in Nürnberg

S. ging als Schustergeselle fünf Jahre auf Wanderschaft und besuchte zahlreiche Singschulen des Landes, erhielt danach eine Ausbildung im Meistersang (Nachahmung des höfischen Minnesangs nach strengen Regeln und von Handwerkspoeten ausgeübt). Nach der endgültigen Niederlassung in Nürnberg (1517) wurde S. Meister und Zunftmitglied der „Meistersinger“. Er dichtete bis ins hohe Alter 4275 Meisterlieder, rund 200 Dramen und 1800 Spruchgedichte. Sein umfangreiches Werk stellt den Höhepunkt des Meisterliedes dar. S. verarbeitete antike, biblische und volkstümliche Stoffe in Knittelversen. Seine Schwänke und Fastnachtsspiele verbinden derbe Komik und kurzweilige Spaßigkeit mit lehrhafter Schlussmoral. S., der zu Lebzeiten als „berühmtester teutscher Poet“ galt, geriet während des Barock und der Aufklärung in Vergessenheit. Erst im Verlauf des Sturm und Drang sowie der Romantik wurde er wiederentdeckt und stieg zu einem gefeierten Dichter auf. Besonders J. W. →Goethes Gedicht *Hans Sachsens poetische Sendung* und R. →Wagners Oper *Die Meistersinger von Nürnberg* trugen zu seiner Popularität bei. Zu den bekannten Werken von S. zählen u. a.: das sich zu M. →Luther bekennende Gedicht *Wittenbergisch Nachtigall* (1523), die Fastnachtsspiele *Das Narrenschneiden* (1534), *Der schwangere Bauer* (1544), *Das Kälberbrüten* (1551) und der Schwank *St. Peter mit der Geiß* (1555).

Sadat, Mohammed Anwar as-

ägypt. Politiker
* 25.12.1918 in Talah Monufija, Nildelta
† 6.10.1981 in Kairo

S., Nachfolger G. el →Nassers, gehörte wie dieser zu dem „Geheimbund der Freien Offiziere“, der 1952 König Faruk I. stürzte und die Macht übernahm. In den folgenden Jahren bekleidete er verschiedene hohe Ämter, war 1960-69 Präsident der Nationalversammlung und 1969 Vizepräsident Ägyptens. Nach dem plötzlichen Tod Nassers wurde S. 1970 Staatspräsident. Er trieb den politischen und wirtschaftlichen Liberalisierungsprozess im Land voran, löste 1972 die von Nasser geknüpften Bindungen an die Sowjetunion und suchte Kontakte zu den USA. Nach dem Jom-Kippur-Krieg gegen Israel im Oktober 1973 setzte sich S. für Verhandlungen mit dem Nachbarn ein. Seine konsequente Friedensinitiative brachte ihm allgemeine Bewunderung, aber auch die ablehnende Haltung fast aller arabischen Staaten ein. Höhepunkt seiner Friedensbemühungen stellen seine durch die Reise nach Jerusalem (1977) und das Friedensabkommen von Camp David mit M. →Begin (1979) dar. Dieser Vertrag führte zum Ausschluss Ägyptens aus der Arabischen Liga. 1978 erhielt S. zusammen mit Begin den Friedensnobelpreis. Der ägyptische Präsident, der für einen aufgeklärten, liberalen Islam eintrat, aber den aufkommenden religiösen Fundamentalismus tolerierte, wurde 1981 während einer Parade in Kairo von religiösen Fanatikern ermordet.

Sade, Donatien-Alphonse-François, Marquis de

frz. Schriftsteller
* 2.6.1740 in Paris
† 2.12.1814 in Charenton

Berühmt wurde de S. durch seine obszönen, skandalumwitterten Schriften. Der Spross des französischen Hochadels machte schon als Offizier während des Siebenjährigen Kriegs durch seinen zügellosen Lebenswandel von sich reden. Wegen sexueller Abartigkeit und besonders schwerer Ausschweifungen kam der Marquis mehrfach ins Gefängnis und wurde nach einem Giftmord an einer Prostituierten 1772 zum Tod verurteilt. Er entkam zwar der Vollstreckung, war aber 1777-90 ständig inhaftiert, bis er 1801 von →Napoleon I. in der Nervenheilanstalt Charenton festgesetzt wurde. De S. verbrachte insgesamt 27 Jahre hinter Gittern und verfasste in dieser Zeit seine zahlreichen Romane und Erzählungen. Vor allem in dem Roman *Justine oder Das Unglück der Tugend* (1791), aber auch in dem Fragment *Die 120 Tage von Sodom* beschreibt de S. realistisch-exakt sexuelle Perversionen, für die später der psychologische Begriff „Sadismus" geprägt wurde. De S.s Werk, das anfangs von der Ruchlosigkeit lebte, nahm auch ernsthaften Einfluss auf die Literatur des Existenzialismus im 20. Jahrhundert.

Saint-Exupéry, Antoine de

(eigtl.: Antoine-Marie-Roger Graf von S.)
frz. Schriftsteller
* 29.6.1900 in Lyon
† 31.7.1944 bei Korsika

Berühmt wurde S. durch seine Erzählung *Der kleine Prinz* (1943, dt. 1959), in der er seine Lebensphilosophie in ein Märchen kleidete. Sein Werk ist geprägt von seinen Erfahrungen als Pilot. Nach dem Militärdienst bei der französischen Luftwaffe trat S. in die amerikanische

„Air Force" ein; er kehrte von einem Aufklärungsflug Richtung Korsika nicht mehr zurück. In seinen Romanen wird der auf sich allein gestellte Mensch mit Technik und Naturgewalten konfrontiert. S. war ein Verherrlicher des heroischen Lebens, dessen Ziel für ihn in der aufopferungsbereiten, humanen Brüderlichkeit und Freundschaft bestand. Für sein Hauptwerk *Wind, Sand und Sterne* (1939, dt. 1940) erhielt er 1939 den Grand Prix du roman de l'Académie française. Postum erschienen *Die Stadt in der Wüste* (1948, dt. 1951) und *Dem Leben einen Sinn geben* (1956, dt. 1957).

Saint-Saëns, Camille

frz. Komponist und Pianist
* 9.10.1835 in Paris
† 16.12.1921 in Algier

S., einer der profiliertesten französischen Komponisten, gilt als Vertreter des Neoklassizismus in Frankreich. Er hatte schon als 5-jähriger mit dem Spiel einer Klaviersonate von L. van →Beethoven Aufsehen erregt. Kennzeichnend für sein Werk sind die elegante Distanziertheit sowie die Originalität der Melodik und Form. Neben den fünf Klaviersonaten (1858-96) zählt das Konzert *Karneval der Tiere* (1886) zu seinen populärsten Schöpfungen. S.' sinfonische Dichtungen (darunter *Totentanz,* 1875) und große Sinfonien sind von F. →Liszt beeinflusst; sein kompositorisches Hauptwerk, die *3. Sinfonie in c-Moll mit Orgel* (1886), ist diesem Meister gewidmet. Als Opernkomponist gelang ihm der große Durchbruch 1883 in

Paris mit *Henri VIII.* S. war Ende des 19. Jh.s der berühmteste Komponist Frankreichs und wurde schon zu Lebzeiten mit einem Denkmal geehrt. Sein Gesamtwerk umfasst neben 13 Opern (u. a. *Samson und Dalila,* 1877), fünf Sinfonien, vier sinfonische Dichtungen Ballett- und Chormusik sowie Konzerte für Klavier, Violine und Violoncello.

Saladin ibn Ayyub

(arab. Salah ad-Din)
ägypt.-syr. Sultan
* um 1138 in Tikrit, Irak
† 4.3.1193 in Damaskus

S. kam als Oberbefehlshaber der Truppen des Sultans von Damaskus 1169 nach Ägypten, wo er 1171 die Fatimiden-Herrschaft beseitigte, um die Ayyubiden-Dynastie zu gründen. 1174 eroberte S. Syrien und wurde 1175 vom Kalifen als Sultan über Ägypten, Syrien und Palästina anerkannt. Nach der Eroberung von Aleppo (1183) und Mosul (1186) kam es 1187 zur Vernichtung des Kreuzfahrerheeres bei Hattin und damit zur Einnahme von Jerusalem. Der dadurch ausgelöste 3. Kreuzzug (1189-92) wurde schließlich mit der friedlichen Einigung zwischen S. und →Richard Löwenherz beendet. Jerusalem blieb weiterhin in muslimischer Hand, wobei den Christen freier Zutritt zu den Heiligen Stätten gewährt würde. S. wurde wegen seines ritterlichen Charakters auch von den Christen hoch geachtet. G. E. →Lessing machte den Widersacher der christlichen Kreuzfahrer zum Mittelpunkt seines Dramas *Nathan der Weise.*

Salk, Jonas Edward

amerik. Mediziner
* 28.10.1914 in New York
† 23.6.1995 in La Jolla (CA)

S. wurde berühmt durch die Entwicklung eines weltweit eingesetzten Impfstoffs aus abgetöteten Polioviren gegen Kinderlähmung, der im Gegensatz zu der Schluckimpfung injiziert werden muss. An der Gewinnung des Impfstoffes gegen Kinderlähmung aus lebenden, abgeschwächten, doch vermehrungsfähigen Polioviren war **Albert B. Sabin** (26.8.1906 – 3.3.1993) maßgeblich beteiligt (vorbeugende Schluckimpfung). S. entwickelte auch eine Reihe von Impfstoffen gegen die Grippe und beschäftigte sich ebenfalls mit der Bekämpfung der Immunschwäche AIDS.

Sallust

(Gajus Sallustius Crispus)
röm. Geschichtsschreiber
* 86 v. Chr. in Amiternum
† um 35 oder 34 v. Chr.

S. begann 55 oder 54 v. Chr. die politische Laufbahn als Quästor und Volkstribun. Er wurde 46 von →Caesar zum Prätor und Statthalter der neuen Provinz Africa ernannt, wurde wegen unrechtmäßiger Bereicherung in diesem Amt angeklagt, kam jedoch durch Caesars Eintreten frei. Nach der Ermordung Caesars war S. nicht mehr politisch tätig, sondern widmete sich nur noch der Geschichtsschreibung. Erhalten sind: Die *Verschwörung des Catilina* (um 42/41), *Der Jugurthinische Krieg* (um 40) sowie nur fragmentarisch eine Zeitgeschichte der Jahre 78-67. In dem politischen Pamphlet *Invektive gegen Cicero* und in zwei Briefen an Caesar, deren Echtheit umstritten sind, schildert S. die nach Ausschaltung aller äußeren Feinde eingetretene Dekadenz der römischen Nobilität bzw. die Korruption von Staat und Gesellschaft nach Sulla. Seiner Überzeugung nach war der Niedergang Roms auf den allgemeinen Sittenverfall zurückzuführen. S. Stil ist an →Cato d.Ä. geschult; in seiner Geschichtsauffassung bemüht er sich weniger um historische Wahrhaftigkeit als um die moralische Bewertung der zur Zeit des Bürgerkriegs herrschenden Verhältnisse; in seinen Werken mahnt er mit beispielhaften Persönlichkeiten zur Vernunft.

Salomo

israelit. König
* um 965 v. Chr.
† um 926 v. Chr.

Unter S., Sohn König →Davids und seiner Nebenfrau Bathseba, erlebte das Reich Israel-Juda seinen Höhepunkt. Er verstand es, das Großreich durch den Ausbau defensiver Grenzanlagen, kluge Diplomatie und politische Heiraten zusammenzuhalten und erreichte eine friedliche Außenpolitik. Zur Festigung seiner Macht und zwecks systematischer Besteuerung teilte er das Land, entsprechend den Stammesgebieten, in 12 Regionen ein. Mit den Steuern finanzierte S. den Ausbau der Hauptstadt. Er pflegte die Wissenschaft und die Künste an seinem Hof und machte durch den Bau des Tempels und der Residenz aus Jerusalem eine prächtige Metropole. Er selbst gilt als Verfasser einzelner *Psalmen,* des *Hohelieds* und weiterer Schriften des Alten Testaments. S. förderte den Handel, schuf eine straffe Verwaltung, unterhielt eine Flotte und reformierte das Militär. Die Weisheit des Königs war sprichwörtlich, trotzdem konnte er das israelitische Königtum nicht nachhaltig festigen. Nach seinem Tod zerfiel das Reich.

Sanger, Frederick

brit. Biochemiker
* 13.8.1912 in Rendcomb, Gloucestershire

S. gelang durch Entwicklung und Anwendung neuer biochemischer Methoden die Strukturanalyse komplexer körpereigener Baustoffe. 1952 entschlüsselte er die Primärstruktur des Hormons Insulin durch die sog. Proteinsequenzanalyse und erhielt für seinen Erfolg 1958 den Nobelpreis für Chemie. In der Nukleotidforschung konnte S. 1977 die genaue Reihenfolge der Bausteine der DNS (Desoxyribonukleinsäure), Trägersubstanz der genetischen Information, für den Bakteriophagen PhiX 174 veröffentlichen. Er entwickelte Methoden, mit denen er die DNS in kleine Bruchstücke spalten und sie nach der radioaktiven Markierung untersuchen konnte (DNA-Sequenzierung). S. erhielt für seine bahnbrechenden Ergebnisse 1980 erneut den Nobelpreis für Chemie zusammen mit Walter Gilbert und Paul Berg, die unabhängig von ihm mit anderen biochemischen Methoden gleiche Ergebnisse erzielt hatten.

Sappho

griech. Lyrikerin
um 600 v. Chr. Mytilene auf Lesbos

Von dem Leben der ältesten griechischen Dichterin ist wenig belegt. S. war aristokratischer Herkunft und von politischen Unruhen auf Lesbos betroffen. Sie floh nach Sizilien, wo sie mehr als zehn Jahre lebte, kehrte aber später nach Mytilene zurück. Hier versammelte sie junge Mädchen um sich zu einer Gemeinschaft, die der Aphrodite und den Musen geweiht war, und unterrichtete sie bis zum Eintritt in die Ehe in Poesie, Musik und Tanz. Darüber hinausgehende Berichte von ihrem Leben sind meist antike literarische Fiktion, wie z. B. die Legenden um den weiblichen Kulturkreis, die später zur Benennung der gleichgeschlechtlichen Liebe unter Frauen (lesbische Liebe) nach der Insel Lesbos führte. Auch S.s Sprung vom Leukadischen Felsen aus unerwiderter Liebe zu Phaon gehört in das Reich der Legenden. Ihre Hochzeits- und Liebeslieder in der Form von Gebeten und Götterhymnen mit leidenschaftlichen Äußerungen eigenen Gefühls sind zum Teil in der nach ihr benannten vierzeiligen Sapphischen Strophe abgefasst. Die klare, ausdrucksvolle Sprache wurde Vorbild für die spätere Dichtkunst (z. B. Horaz). Von S.s Werk sind neben einem vollständigen Gedicht zahlreiche Fragmente erhalten. Die Dichterin wurde zur literarischen Figur in Dramen (u. a. F. →Grillparzer).

Sartre, Jean-Paul

frz. Schriftsteller und Philosoph
* 21.6.1905 in Paris
† 15.4.1980 in Paris

S., nach dem II. Weltkrieg das Vorbild der kritischen Intellektuellen, wurde durch den Roman *Der Ekel* (1938, dt. 1949) und seine Dramen *Die Fliegen* (1943, dt. 1947) und *Bei geschlossenen Türen* (1945, dt. 1949) bekannt, in denen er die Sinnlosigkeit der Existenz und zugleich das Wagnis und die moralische Verantwortung der Freiheit hervorhebt. Seine grundlegende Position legte S. in seinem ersten philosophischen Hauptwerk *Das Sein und das Nichts* (1943, dt. 1962) theoretisch dar. In der brillant formulierten Abhandlung, die ihn als Begründer und Hauptvertreter des Existenzialismus ausweist, entwickelt er ausgehend von E. →Husserl, G. W. F. →Hegel und besonders M. →Heidegger, die Grundzüge seiner Philosophie der Freiheit, zu der der Mensch in einer Welt ohne Gott und traditionelle Bindungen verdammt ist und die er nur durch verantwortungsvolles Handeln erreichen kann. In weiteren Romanen (*Die Wege der Freiheit,* 1945-49, dt. 1949-51), Dramen (*Die ehrbare Dirne,* 1946, dt. 1949; *Die schmutzigen Hände,* 1948, dt. 1949; *Die Eingeschlossenen,* 1960, dt. 1960) und Essays baute S. seine Theorie aus und hob die Bedeutung des gesellschaftlich-politischen Engagements hervor. Im Mittelpunkt seines zweiten philosophischen Hauptwerkes *Kritik der dialektischen Vernunft* (1960, dt. 1967) steht die Auseinandersetzung mit dem Strukturalismus und Marxismus. Der Anti-Ideologe mit Sympathien für den Marxismus manifestierte seine „lebensnahe" Philosophie durch öffentliche Auftritte. Er kritisierte die sowjetische Intervention in Ungarn (1956) und wandte sich 1967 zusammen mit B. →Russell gegen Kriegsverbrechen der USA in Vietnam. 1964 wurde er mit dem Literaturnobelpreis ausgezeichnet, den er jedoch ablehnte. S. beeinflusste als Integrationsfigur des französischen Existenzialismus auch privat durch die freie Liebesbeziehung zu S. de →Beauvoir, die er seit dem Philosophiestudium kannte, die Lebensgestaltung vieler Menschen. Neben den Autobiografien *Die Wörter* (1964, dt. 1965) und *Die Sachen* (1965, dt. 1967) verfasste er auch die Künstlerbiografien über Stéphane Mallarmé und Ch. →Baudelaire. Sein letztes großes Werk war die Studie *Der Idiot der Familie. Gustave Flaubert 1821 bis 1857* (1971/72, dt. 1977/78).

Saussure, Ferdinand de

schweiz. Sprachwissenschaftler
* 26.11.1857 in Genf
† 22.2.1913 in Vufflens-le-Château, Waadt

S., Begründer des modernen Strukturalismus, gliederte das Phänomen Sprache in die Bereiche „langue" (Sprache), „langage" (Sprachfähigkeit) und „parole" (individuelles Sprechen). Der Sohn eines bekannten Naturwissenschaftlers war nach dem Studium ab 1891 Professor für allgemeine Sprachlehre und Sanskrit. Bereits 1879 hatte er durch die Theorie der indogermanischen Ablautlehre von sich reden gemacht. S. unterschied zwei Betrachtungsweisen der Sprache (langue), eine „diachronische“, die den sprachlichen Werdegang in der zeitlichen Abfolge erforscht und eine „synchronische“, die einen bestimmten Punkt der Sprachentwicklung untersucht. S.s Hauptwerk *Cours de linguistique générale* erschien erst 1916.

Schelling, Friedrich Wilhelm Joseph von

dt. Philosoph
* 27.1.1775 in Leonberg, Württemberg
† 20.8.1854 in Bad Ragaz, Schweiz

S. stand mit vielen Größen des beginnenden 19. Jh.s aus Literatur und Philosophie in persönlichem Kontakt. Er war Mitschüler von G. W .F. →Hegel und F. →Hölderlin im Tübinger Stift, später der Kollege J. G. →Fichtes und F. →Schillers als Professor in Jena. Dort heiratete er die Schriftstellerin Caroline Schlegel. Bereits in jungen Jahren die gefeierte Stimme des romantischen Idealismus, geriet S. in seiner Berliner Zeit (ab 1841) immer mehr in Vergessenheit. In seiner philosophischen Entwicklung fanden seine frühen naturwissenschaftlichen Studien in Verbindung mit romantisch-schwärmerischen Motiven Aufnahme in seine Naturphilosophie (*Ideen zu einer Philosophie der Natur,* 1797; *Von der Weltseele,* 1798). Um 1800 entwarf er im Bereich der Metaphysik sein *System des transzendentalen Idealismus,* in dem die Gegensätze von Subjekt und Objekt, Natur und Geist im Absoluten aufgehoben werden. Von diesem Höhepunkt der idealistischen Auffassung wich S. in seiner Schrift *Philosophische Untersuchungen über die menschliche Freiheit* (1809) weitgehend ab. Über die Infragestellung des Idealismus gelangte er schließlich zu einem christlich-mythischen Gottesgefühl (*Philosophie der Mythologie,* 1842).

Schiller, (Johann Christoph) Friedrich

dt. Dichter
* 10.11.1759 in Marbach, Württemberg
† 9.5.1805 in Weimar

S., der in einem kleinbürgerlichen Elternhaus aufwuchs, kam mit 14 Jahren an die „Karlsschule“ des Herzogs Karl Eugen von Württemberg, wo er nach dem Studium der Rechte zum Medizinstudium gezwungen wurde. Nach der Promotion war er Regimentsmedikus. S. setzte seine dichterische Arbeit, die er als Student begonnen hatte, fort. Sein unterdrückter Freiheitswille schlug sich in den Sturm-und-Drang-Drama *Die Räuber* (1780) nieder, dessen Uraufführung am Mannheimer Nationaltheater ihn schlagartig bekannt machte. Wegen seiner unerlaubten Reise dorthin und weil sich der despotische Herzog in dem Stück persönlich angegriffen sah, wurde S. mit Schreibverbot und Arrest belegt, dem er sich durch Flucht nach Mannheim entzog. In dieser Übergangsperiode in Oggersheim und Bauerbach vollendete er die Dramen *Fiesco* (1783), *Kabale und Liebe* (1784) und begann – im Übergang zur Klassik – den *Don Carlos.* 1783-84 hatte er eine Anstellung als Theaterdichter in Mannheim, weilte 1785-87 in Leipzig und Dresden. In dieser Zeit arbeitete S. den *Don Carlos* in Jamben um und schrieb für seine Zeitschrift „Rheinische Thalia“ verschiedene Erzählungen. Nach der Übersiedlung nach Weimar (1787) vertiefte er sich in historische Studien (*Geschichte des Abfalls der vereinigten Niederlande von der spanischen Regierung,* 1788), was ihm eine Geschichtsprofessur in Jena einbrachte (1789). Nach seiner Heirat mit Charlotte von Lengefeld (1790) trat bei ihm eine schwere Lungentuberkulose auf, unter der er den Rest seines Lebens zu leiden hatte. In dieser Zeit beschäftigte sich S. intensiv mit den Werken I. →Kants. Dessen Sittengesetz erweiterte er in *Über Anmut und Würde* (1793) und *Über die ästhetische Erziehung des Menschen* (1795). Ab 1794 vertiefte sich seine Begegnung mit J. W. von →Goethe zu einer Freundschaft und einem für beide fruchtbaren Dialog. Ihre beiden gegensätzlichen Weltauffassungen beschrieb S. in der poetischen Typologie *Über naive und sentimentalische Dichtung* (1795 ff.). Es folgte die gemeinsame Arbeit an den Zeitschriften „Die Horen“ und „Musenalmanach“, an den epigrammatischen Spottgedichten *Xenien* und Balladen (*Die Kraniche des Ibykus* u. a.). Die Formen der Klassik (*Wallenstein,* 1796-99; *Maria Stuart,* 1800) genügten S. trotz meisterhafter Architektonik und Steigerung nicht. In der *Braut von Messina* (1803) versuchte er den antiken Chor zu erneuern, schuf mit der *Jungfrau von Orléans* (1801) ein romantisches Trauerspiel und mit *Wilhelm Tell* (1804) ein Volksdrama. Seit 1799 wieder in Weimar übernahm er Bühnenbearbeitungen für das dortige Theater. Sein *Demetrius* blieb Fragment. In seinen Gedichten gelangte S. zu streng idealistischer Gedankendichtung (*Das Ideal und das Leben, Der Künstler, Das Lied von der Glocke,* 1799), in dem er seine ästhetischen und sittlichen Anschauungen in erhabenem Pathos ausspricht. Er betrachtete die Kunst als eine Macht, die in ihrer frei erscheinenden Schönheit dem Menschen den Zugang zur Sittlichkeit und Humanität erschließen kann. Bei allen historischen Stoffen ging es S. dabei um den Weg des Menschen zu freier Selbstverwirklichung.

Schinkel, Karl Friedrich

dt. Baumeister und Maler
* 13.3.1781 in Neuruppin
† 9.10.1841 in Berlin

S. war Schüler des bekannten Baumeisters David Gilly und unternahm anschließend Studienreisen nach Italien und Frankreich. Seit 1805 wieder in Berlin wurde er als Landschafts- und Bühnenmaler bekannt. Später trat er in den Staatsdienst und beeinflusste ab 1838 als Oberlandesbaudirektor das gesamte preußische Bauwesen. Seine Bauten sind von Klarheit und Formstrenge und stellen durch die Anpassungsfähigkeit an die Umgebung den Höhepunkt der klassizistischen Baukunst in Preußen dar. S. war als Innenarchitekt an der Austattung verschiedener Schlösser Preußens beteiligt. Zu seinen Hauptbauwerken gehören u. a.: Neue Wache (1818), Schauspielhaus (1818-21), Humboldt-Schlösschen in Tegel (1821-23), Altes Museum (1824-28), Schloss Charlottenhof im Park von Sanssouci (1827), Nikolaikirche in Potsdam (1830-37). S. schuf auch Vorlagen für das Kunsthandwerk und schrieb über die *Grundlagen der praktischen Baukunst* (2 Bde., 1834).

Schlegel, August Wilhelm

dt. Schriftsteller, Sprach- und Literaturwissenschaftler
* 5.9.1767 in Hannover
† 12.5.1845 in Bonn

S.s eigentliche Bedeutung liegt mehr in der einfühlsamen Kritik und Interpretation anderer literarischer Schöpfungen, besonders der von Goethe, als im eigenen literarischen Schaffen. Nach dem Theologie- und Philologiestudium lebte er fünf Jahre als Hauslehrer in Amsterdam und ließ sich 1795 in Jena nieder. Hier arbeitete er für F. →Schillers Zeitschrift „Horen“ und „Musenalmanach“ und heiratete 1796 die Dichterin Caroline Böhmer, die spätere Frau →Schellings. Zusammen mit seinem Bruder Friedrich gab S. 1798–1800 die Zeitschrift „Athenäum“ heraus, die die poetologischen Leittexte der

Frühromantik enthielt. Nach der Trennung von seiner Frau war er 1804–17 ständiger Reisebegleiter und Hauslehrer der französischen Schriftstellerin Madame de Staël. Seit 1818 Professor in Bonn, wandte er sich der Erforschung indischen Sprach- und Gedankengutes zu und wurde zum Begründer der altindischen Philologie. Er weckte das Interesse seiner Epoche an ausländischen Kulturen und machte den Deutschen mit dichterisch nachempfundenen, formal virtuosen Übersetzungen der Werke →Dante Alighieris, →Calderón de la Barcas, vor allem aber W. →Shakespeares zugänglich.

Schlegel, Friedrich von

dt. Philosoph und Dichter
* 10.3.1772 in Hannover
† 12.1.1829 in Dresden

Ursprünglich Kaufmann, gab S. seinen Beruf auf, um Jura, Philosophie und Kunst zu studieren. Ab 1796 schloss er sich dem literarischen Kreis seines Bruders A. W. →Schlegel in Jena an. Zusammen gaben sie die programmatische Zeitschrift „Athenäum" heraus (1798–1800), wo er in zahlreichen „Fragmenten" die romantische (d.h. romanhaft-fantastische) Dichtung als „progressive Universalpoesie" der Moderne definierte. Er heiratete 1804 Dorothea Veit, die sich S.s wegen scheiden ließ und zur Titelfigur seines kaum verschlüsselten, autobiografischen Romans *Lucinde* (1799) wurde. Das Werk hatte wegen Propagierung freier erotischer Liebe einen skandalumwitterten Erfolg. Nach seinem Übertritt zum Katholizismus 1808 betätigte er sich als Sekretär der Wiener Staatskanzlei, später als Berater beim Wiener Kongress. 1820–23 gab S. die konservative, fanatisch katholische Zeitschrift „Concordia" heraus. Seine kulturhistorischen Schriften in ihrer pointiert aphoristischen, oft fragmentarischen Form sind beispielhaft für den romantischen Stil, der eine Mischung aller Gattungen aus Dichtung und Philosophie verwirklicht. Mit seinen Werken *Geschichte der Poesie der Griechen und Römer* (1798) und *Geschichte der alten und neuen Literatur* (1815) wurde er auch zum Begründer der wissenschaftlichen Literaturgeschichte.

Schleiermacher, Friedrich Daniel Ernst

dt. Theologe und Philosoph
* 21.11.1768 in Breslau
† 12.2.1834 in Berlin

S.s Versuch, Vernunft und Offenbarung, Philosophie und Religion miteinander zu versöhnen, bestimmte die geistig-religiöse Entwicklung des 19. Jh.s. Nach dem Studium der evangelischen Theologie war S. Hauslehrer, Prediger, Schriftsteller und wurde 1810 Professor an der von ihm mitgegründeten Berliner Universität. Beeinflusst von der Romantik, nahm er sowohl zur Aufklärung als auch zur protestantischen Dogmatik eine entschlossene Gegenposition ein. In seiner Schrift *Über die Religion. Reden an die Gebildeten unter ihren Verächtern* (1799) erklärte S. die Selbständigkeit der im „frommen Selbstbewusstsein des Menschen" wurzelnden Religion gegenüber Philosophie und Moral. Im Mittelpunkt der praktischen Frömmigkeit stand für ihn die geschichtlich erfolgte Erlösungstat Christi (*Glaubenslehre,* 1821). S. übersetzte auch →Platon und wies für die Philosophie und Pädagogik neue Wege und hat mit seinem Bemühen um Ausgleich zwischen Vernunft und Glauben die innerkirchliche Auseinandersetzung im Protestantismus bis heute geprägt.

Schliemann, Heinrich

dt. Archäologe
* 6.1.1822 in Neubukow, Mecklenburg
† 26.12.1890 in Neapel

S., der Pfarrerssohn, interessierte sich schon als Kind für die antiken griechischen Sagen. Später brachte er es als Kaufmann zu beträchtlichem Reichtum. Neben seiner Arbeit lernte er Fremdsprachen und beherrschte schließlich 15 Sprachen, darunter Russisch und Arabisch. Er war bereits über 40 Jahre alt, als er in Paris begann, Sprachwissenschaften und Archäologie zu studieren. Nach zahlreichen Studienreisen und eingehender Lektüre Homers bestimmte S. 1868 den in der Türkei nahe den Dardanellen gelegenen Hügel Hissarlik als Ort für das legendäre Troja, obwohl die wissenschaftliche Welt es an anderer Stelle vermutete. S. ließ sich nicht beirren und fand in 12-jähriger Grabungsarbeit, die er aus eigenen Mitteln finanzierte, eine Siedlung und den sog. „Schatz des Priamos". Weitere sensationelle Entdeckungen waren Mykene (1874–76) und die antiken Stätten Orchomenos (1880–86) und Tiryns (1884/85).

Schmeling, Max

dt. Boxer
* 28.9.1905 in Klein-Luckow, Uckermark

S. wurde 1930 als erster und bislang einziger Deutscher Champion aller Klassen. Schon als Jugendlicher interessierte er sich leidenschaftlich für den Boxsport und wurde bereits als 18-jähriger Berufsboxer. Zum Mythos des deutschen Sports wurde S. am 20.6.1936, als er in einem Nicht-Titelkampf den bis dahin unbesiegten J. →Louis in der zwölften Runde K.o. schlug. Bereits 1927 Europameister im Halbschwergewicht, wurde er 1930 Weltmeister aller Klassen nach einem Disqualifikationssieg über Jack Sharkey und 1931 nach einem K.-o.-Sieg über William Stribbling. Im Revanchekampf gegen Joe Louis wurde S. bereits in der ersten Runde K.o. geschlagen (1938). 1948 trat der große Boxer vom aktiven Sport zurück, ist aber auch Jahrzehnte nach Beendigung seiner Boxerlaufbahn ein Idol geblieben. 1971 erhielt er das Bundesverdienstkreuz.

Schnitzler, Arthur

österr. Schriftsteller
* 15.5.1862 in Wien
† 21.10.1931 in Wien

S. war ursprünglich praktischer Arzt, fühlte sich aber mehr zu literarischem Schaffen berufen und widmete sich später ausschließlich der Literatur. Er stand in persönlichem Kontakt zu Heinrich Mann, S. →Freud, gehörte zur Gruppe „Junges Wien" und war H. von →Hofmannsthal freundschaftlich verbunden. S. porträtierte in seinem Werk die dekadente Gesellschaft des Wiener Fin de Siècle um die Jahrhundertwende in impressionistischen Bildern. Seelische Leere, Flüchtigkeit der Gefühle, Relativierung der Werte bilden S.s Grundthemen; seine Werke spiegeln den Zerfall der bürgerlich-liberalen Ordnung vor Ausbruch des I. Weltkrieges wider. Seine psychologische, mitunter psychoanalytische Betrachtungsweise des Trieblebens (*Reigen,* 1900) führte zu zahlreichen Skandalen. S. gelang die meisterliche Gestaltung seelischer Übergangszustände (*Traumnovelle,* 1926); in *Leutnant Gustl* (1901) und *Fräulein Else* (1924) führte er den inneren Monolog ein. In seinen Dramen stand zunächst die Vergänglichkeit erotischer Bindung (*Liebelei,* 1895), dann Spiel zwischen Schein und Wirklichkeit (*Der grüne Kakadu,* 1899; *Marionetten,* 1906, *Komödie der Worte,* 1925) im Vordergrund. S.s Werke gehören zu den meistgespielten und -gelesenen unseres Jahrhunderts.

Scholl, Geschwister

dt. Widerstandskämpfer
Hans Scholl
* 22.9.1918 in Ingersheim
† 22.2.1943 in München
Sophie Scholl
* 9.5.1921 in Forchtenberg
† 22.2.1943 in München

Die Geschwister S. waren während ihrer Gymnasialzeit noch begeisterte Mitglieder der nationalsozialistischen Jugendverbände. Kriegseindrücke, der Einfluss des Elternhauses sowie katholischer Widerstandskämpfer bewogen sie zur Änderung ihrer Einstellung gegenüber dem Hitlerregime. Hans S. (Medizinstudent) und Professor Kurt Huber (* 1893, † 1943) gründeten an der Münchner Universität die gegen den Nationalsozialismus gerichtete Widerstandsorganisation „Weiße Rose", der sich neben anderen Freunden auch Sophie Scholl (Biologie- und Philosophiestudentin) anschloss. Nach Hans' Einsatz als Sanitäter an der Ostfront (1942) veranstaltete die Gruppe unter Lebensgefahr mehrere Flugblattaktionen. Als sie unter dem Eindruck der Niederlage von Stalingrad am 18.2.1943 Flugblätter in den Lichthof der Münchner Universität warfen, wurden Hans und Sophie S. verhaftet und vom „Volksgerichtshof" zum Tode verurteilt und hingerichtet.

Schönberg, Arnold

österr. Komponist
* 13.9.1874 in Wien
† 13.7.1951 in Los Angeles

S. hat mit seinen Werken und theoretischen Schriften die Kunstmusik des 20. Jh.s entscheidend geprägt. 21-jährig gab er seinen ursprünglichen Beruf als Bankkaufmann auf, um sich nur noch der Musik zu widmen. Ab 1903 lebte S. als Komponist und Kompositionslehrer in Wien. Zu seinen Schülern gehörten Alban Berg, Anton von Webern und Hanns Eisler. In diesen Jahren errang er bereits internationale Erfolge in London (1912 mit 5 Orchesterstücken) und in Wien (1913 mit *Gurrelieder*). Da S. jedoch überwiegend ablehnende Reaktionen auf seine Kompositionen erlebte, gründete er 1918 in Wien den „Verein für musikalische Privataufführungen". Anfang der 20er Jahre entwickelte er mit seiner Zwölftontechnik ein neues Ordnungsmodell, das die klassische Harmonik ersetzte und bis zur seriellen Musik der 50er Jahre ausstrahlte. Nach der Konversion zum jüdischen Glauben emigrierte S. in die USA. 1941 nahm er die amerikanische Staatsbürgerschaft an, von 1936–44 war er als Professor in Los Angeles tätig. In dieser Zeit kombinierte er die Zwölftontechnik mit einer stark erweiterten Tonalität (z. B. in *Kol Nidre* für Sprecher, Chor und Orchester, 1938). In den 40er Jahren entstanden politisch-religiöse Werke, u. a. die ironische *Ode an Napoleon* (1942) und *Ein Überlebender aus Warschau* (1947). Zu S.s umfangreichem Werk zählen auch: das Streichsextett *Verklärte Nacht* (1899), *Pierrot lunaire* für Singstimme und Kammermusik (1912), Dramen mit Musik (*Erwartung; Die glückliche Hand,* 1908–13), die unvollendete Oper *Moses und Aaron* (1930–32), Oratorien (*Jakobsleiter*

1917, unvollendet), Lieder mit Klavierbegleitung (u. a. *Das Buch der hängenden Gärten,* 1908/09) u. v. a. T. →Mann setzte in seinem Zeit- und Künstlerroman *Doktor Faustus* (1947) der Zwölftontechnik S.s ein Denkmal, wo sie ein Geniestreich des Teufelbündners Adrian Leverkühn ist.

Schopenhauer, Arthur

dt. Philosoph
* 22.2.1788 in Danzig
† 21.9.1860 in Frankfurt am Main

S. leitete mit seinem Hauptwerk *Die Welt als Wille und Vorstellung* (1819) eine neue Epoche der europäischen Philosophie ein. Er versuchte, sich gegen den herrschenden Idealismus, besonders von Hegel durchzusetzen. S. hatte die Universitätslaufbahn als Dozent aufgegeben und ließ sich 1831 als Privatgelehrter in Frankfurt nieder. Er gab der Kantischen Tranzendentalphilosophie eine anthropologisch-psychologische Wendung. Der Pessimist S. betrachtete die Welt als die bloße Vorstellung des Subjekts und das Leben als triebhaften Urdrang, der letzlich nur Leid erzeuge. Dem Leid steter Unerfülltheit sei nur durch radikale Verneinung des Willens sowie der Individualität und des Lebens zu entgehen. Allein Mitleid mache ein Zusammenleben möglich, außer völliger Entsagung aller Wünsche sei die vorübergehende Erleichterung durch das Erlebnis der Kunst, deren Krone die Musik bilde, der einzige Weg zur Erlösung. Für seine Erlösungslehre nahm S. Anleihen aus dem Buddhismus. S. hat in hohem Maße F. →Nietzsche, R. →Wagner, T. →Mann und nicht zuletzt S. →Freud, der bei ihm Anregungen zur Traumtheorie fand, beeinflusst. Weitere bedeutende Werke sind *Über das Sehen und die Farben* (1851) sowie *Parerga und Paralipomena* mit den brillanten *Aphorismen zur Lebensweisheit* (1851).

Schrödinger, Erwin

österr. Physiker
* 12.8.1887 in Wien
† 4.1.1961 in Wien

S., Begründer der Wellenmechanik, lieferte eine mathematische Darstellung der von dem französischen Physiker Victor Louis Brogli vorhergesagten Materiewellen und der Quantenmechanik. Nach dem Studium der Physik und Mathematik in Wien konzentrierte er sich später ganz auf die theoretische Physik. Seine Differentialgleichung (S.-Gleichung), in der S. das Verhalten der dreidimensionalen Elektronenwellen zusammenfasste, ist bei der mathematischen Behandlung mikrophysikalischer Probleme von größter Bedeutung. Nachdem er nach England emigrierte, erhielt er 1933 zusammen mit Paul Dirac den Physiknobelpreis für seine Beiträge zur Quantentheorie. In den 40er Jahren beschäftigte sich S. mit der damals neu entstandenen Molekularbiologie (Grenzgebiet zwischen Biologie und Physik) und befasste sich mit den Grundprinzipien der genetischen Information. Nach seiner Rückkehr nach Österreich (1956) wandte er sich den erkenntnistheoretischen und philosophischen Aspekten der Physik zu.

Schubert, Franz

österr. Komponist
* 31.1.1797 in Lichtenthal bei Wien
† 19.11.1827 in Wien

Dank seiner schönen Sopranstimme wurde S. mit 13 Jahren in den Knabenchor des Wiener

Konvikts aufgenommen, wo er u. a. von Antonio Salieri unterrichtet wurde. Für einige Zeit

als Hilfslehrer bei seinem Vater tätig, widmete er sich ab 1817 ausschließlich der Musik und lebte trotz ständiger Geldsorgen als freier Komponist. Obwohl introvertiert, veranstaltete er oft mit seinen Freunden gesellig-musikalische Abende („Schubertiaden", u. a. mit den Malern Leopold Kupelwieser und Moritz von Schwind). In den nächsten 11 Jahren, die ihm noch verbleiben sollten, schuf S. ein gewaltiges Werk, in dem er den Übergang von der Wiener Klassik zur musikalischen Romantik des 19. Jh.s vollzieht. Das Kernstück seines Gesamtwerkes umfasst über 600 Lieder, viele nach Gedichten von Goethe (u. a. *Erlkönig, Heideröslein*), Schiller, M.→Claudius *(Der Tod und das Mädchen),* H. →Heine *(Am Meere),* Ludwig Uhland *(Frühlingsglaube),* Wilhelm Müller (Liederzyklen *Die schöne Müllerin, Winterreise*) u. a. S. verwendete verschiedene Liedformen: In seinen Liedern gewinnen Melodie und Harmonie Eigenleben; erstmals setzt sich die Musikbegleitung mit dem Inhalt der Dichtung auseinander. Dieser Liedtypus wurde vor allem für R. →Schumann, J. →Brahms, Hugo Wolf, Max Reger und R. →Strauss zum Vorbild. Außerdem komponierte er 7 Messen , zahlreiche Chorwerke, Singspiele, Bühnenmusiken *(Rosamunde),* acht Sinfonien (darunter die berühmte *Unvollendete*), mehrere Tänze, 23 Klaviersonaten, Klaviertrios, -quartette und -quintette (darunter das *Forellenquintett*) sowie Werke für Streicher. S. starb mit 31 Jahren an Typhus.

Schumann, Clara

dt. Pianistin
* 13.9.1819 in Leipzig
† 20.5.1896 in Frankfurt am Main

S. war die erfolgreichste Klaviervirtuosin des 19. Jh.s. Sie wurde früh von ihrem Vater, dem Musikpädagogen Friedrich Wieck, unterrichtet. Bereits mit neun Jahren ging sie auf Konzertreisen. Später heiratete sie den Schüler ihres Vaters R. →Schumann nach einem vierjährigen, teilweise gerichtlich geführten Kampf, da F. Wieck der Tochter sein Einverständnis dazu verweigerte. Nach der Eheschließung (1840) interpretierte S. hauptsächlich die Werke ihres Mannes, aber auch die Werke Beethovens und Chopins sowie ihre eigenen Kompositionen. Nach dem frühen Tod ihres Mannes (1856) bearbeitete sie zusammen mit J. →Brahms, mit dem sie eine innige Freundschaft verband, die Gesamtausgabe der Werke R. Schumanns. Sie unterrichtete 1878–92 am Hochschen Konservatorium in Frankfurt.

Schumann, Robert

dt. Komponist
* 8.6.1810 in Zwickau
† 29.7.1856 in Endenich bei Bonn

S. gilt als typischer Komponist und „Universalkünstler" der deutschen Hochromantik. Vor allem in seinen bedeutenden Liedern und Klavierwerken werden die Strukturen des klassischen Satzes durch seine poetische Kunst des Ausdrucks abgelöst. S. nahm während seines Jurastudiums Klavierunterricht bei Friedrich Wieck, dessen Tochter Clara (C. →Schumann) später seine Frau wurde. Ab 1830 wandte er sich ganz der Musik zu. Die angestrebte Virtuosenkarriere musste er aufgrund einer Fingerlähmung aufgeben. 1834 gründete S. die „Neue Zeitschrift für Musik", die er zum führenden Publikationsorgan der Romantiker machte. Er arbeitete als Komponist, Musikschriftsteller, Lehrer und Chorleiter. Viele seiner Werke wurden von seiner Frau meisterhaft interpretiert. Nach seinem Rücktritt als Musikdirektor der Stadt Düsseldorf traten bei S. starke Depressionen auf. 1854 unternahm er einen Selbstmordversuch und lebte bis zu seinem Tod geistig umnachtet in einer Heilanstalt. S.s Gesamtwerk umfasst vier Sinfonien, vier Ouvertüren, je ein Klavier-, Violin- und Violoncellokonzert, Chorwerke, die Oper *Genoveva* (1850), zahlreiche Lieder und Liederzyklen (*Liederkreis* nach J. von →Eichendorff; *Dichterliebe* nach H. →Heine). Den zweiten Schwerpunkt neben seinen Liedern bildet seine überragende Klaviermusik, die hauptsächlich seiner Frau gewidmet ist, darunter *Papillons* (1832), *Carnaval* (1835), *Davidsbündlertänze* (1837), *Fantasiestücke* (1837), *Kinderszenen* (darin die berühmte *Träumerei,* 1838) und *Kreisleriana* (1838).

Schütz, Heinrich

dt. Komponist
* 14.10.1585 in Köstritz, Thüringen
† 6.11.1672 in Dresden

S. prägte die deutsche Musik des Barock durch die Verschmelzung der traditionellen Polyphonie mit der neuen italienischen Monodie (einstimmiger Sologesang mit Generalbass). Die ungewöhnliche musikalische Begabung des jungen S. wurde von dem Landgrafen Moritz von Hessen entdeckt und maßgeblich gefördert. Er studierte in Venedig, wo er mit der Musik C. →Monteverdis in Berührung kam. Ab 1617 war er Hofkapellmeister in Dresden. S.' Werk besteht überwiegend aus wortbezogener geistlicher Musik mit deutschen Texten. Er gilt als der Begründer der großen traditionellen protestantischen Kirchenmusik in Deutschland, die er durch seine Motetten, Madrigale, Psalmen, Passionen und Oratorien bereichert und befruchtet hat. Es sind u. a. *Psalmen Davids* (1616), *Cantiones sacrae* (1625), *Geistliche Chormusik* (1648), drei *Passions-Historien, Deutsches Magnificat* (1671) sowie die erste Oper in deutscher Sprache *Dafne* (1627), deren Musik verschollen ist.

Schweitzer Albert

dt. Theologe, Missionsarzt und Organist
* 14.1.1875 in Kaysersberg, Oberelsass
† 4.9.1965 in Lambaréné, Gabun

S., der evangelischer Pfarrer und Professor für Theologie war, studierte erst später Medizin und gründete 1913 am Fluss Ogooué in Gabun das Tropenkrankenhaus Lambaréné, besonders zur Bekämpfung von Lepra und Schlafkrankheit. Den Erhalt und Ausbau des Hospitals suchte er mit Orgelkonzerten und Vorträgen in Europa und den USA sowie als Schriftsteller zu finanzieren. 1927 konnte er es um ein großes Gebäude erweitern. Als Musiker war S. ein Kenner und hervorragender Interpret J. S. →Bachs, dessen Biografie er verfasste. Als Theologe, bekannt geworden mit der Geschichte der *Leben-Jesu-Forschung* (1906), vertrat er die Theorie, dass Jesus Christus die kosmische Apokalypse noch zu seinen Lebzeiten erwartet und daher eine bedingungslose Nächstenliebe von den Menschen gefordert habe. Nach dem II. Weltkrieg trat S. gegen die Atombombenversuche auf und warnte zusammen mit A. →Einstein und B. →Russel vor den Gefahren der Atomkraft. Weltgeltung aber verschaffte ihm seine Forderung „Ehrfurcht vor dem Leben", die er selbst beispielhaft erfüllte. 1952 erhielt S. den Friedenspreis des Deutschen Buchhandels. Für seine lebenslange Arbeit im Dienst am Kranken erhielt er 1952 den Friedensnobelpreis.

Scipio, Publius Cornelius, der Ältere

röm. Politiker und Feldherr
* um 235 v. Chr.
† 183 v. Chr. in Liternum, Kampanien

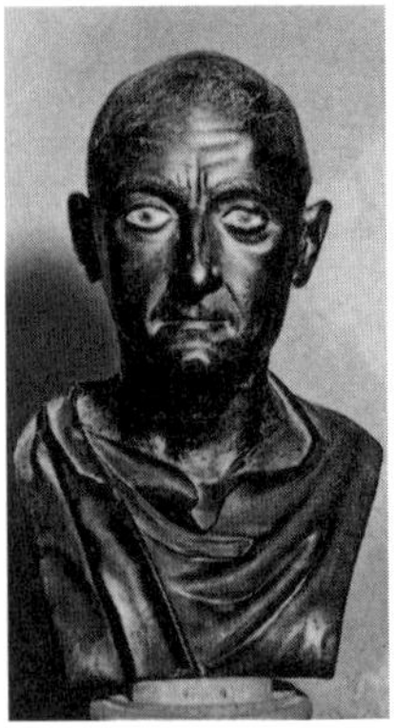

P. erhielt im 2. Punischen Krieg 211 v. Chr. den Oberbefehl, Spanien vom karthagischen Einfluss zu befreien. 206 konnte er durch den Sieg über Hasdrubal, den Bruder →Hannibals dieses Ziel erreichen. 205 wurde S. zum Konsul gewählt und setzte gegen den Widerstand im Senat die Landung der Römer in Afrika durch (204). Er bezwang Hannibal 202 entscheidend bei Zama, wodurch er den Beinamen „Africanus" erhielt. 190 wurde er als Legat Berater seines Bruders Lucius Cornelius S. Nach den politisch motivierten und von →Cato betriebenen „Scipionen-Prozessen" – wegen angeblicher Bestechung und Unterschlagung – zog sich S., dessen militärische Erfolge die Basis für Roms künftige Eroberungspolitik im Mittelmeerraum bildeten, verbittert auf sein Landgut zurück. Sein Adoptiv-Enkel, S. Aemilianus der Jüngere, zerstörte im dritten und letzten Punischen Krieg Karthago (146 v. Chr.) (→Gracchus).

Scott, Sir Walter

schott. Schriftsteller
* 15.8.1771 in Edinburgh
† 21.9.1832 auf Schloss Abbotsford, Tweed

S. gilt als der Begründer des historischen Romans. Er stammte aus altem schottischen Adel und war nach dem Studium der Rechtswissenschaften Sheriff von Selkirk. S. übersetzte deutsche Balladen und sammelte schottische Sagen

und Lieder. Nach den romantischen Verserzählungen (u. a. *Das Fräulein vom See,* 1810) schrieb er 1814 den ersten historischen Roman *Waverly* (dt. 1822), dem zahlreiche andere folgten. S.s neue Technik beruhte auf der Verbindung eines romanhaften, erfundenen Schicksals mit gut fundierten Bildern der schottischen und englischen Geschichte 1200–1700 als Hintergrund. Von seinen Gestaltungen sind am berühmtesten *Rob Roy* (1817. dt. 1819), *Das Herz von Midlothian* (1818, dt. 1826), *Ivanhoe* (1819, dt. 1820) und *Quentin Durward* (1823). S.s historischer Roman hatte großen Einfluss auf die Werke von A. →Dumas, V. →Hugo und H. de →Balzac sowie auf die gesamte europäische Romantik.

Seneca, Lucius Annaeus der Jüngere

röm. Philosoph, Dichter und Politiker
* um 4.v. Chr. in Córdoba, Spanien
† 65 n. Chr. in Rom

S. nahm als Erzieher und Berater des jungen Kaisers →Nero maßgeblichen Einfluss auf die gesamte Politik des römischen Reiches. Er hatte in Rom eine rhetorische Ausbildung erhalten, wandte sich aber unter dem Eindruck der Stoiker zunehmend der Philosophie zu. Im Dienst des Kaisers →Claudius fiel er bei dessen Frau Messalina in Ungnade. 48 n. Chr. wurde er aus der Verbannung in Korsika zurückgeholt, um die Erziehung Neros zu übernehmen. Die ersten Regierungsjahre Neros standen unter dem mäßigenden Einfluss S.s, der 54 zum Konsul ernannt worden war. 59 setzte eine wahre Schreckensherrschaft des unberechenbaren Kaisers ein; S. verlor dessen Vertrauen und zog sich vom Hof zurück. Wegen angeblicher Beteiligung an einer Verschwörung wurde er jedoch von Nero zum Selbstmord gezwungen. Seine philosophischen Schriften mit praktischen Anweisungen für das alltägliche Leben verbanden das Ideal der von allem Irdischen unabhängigen Weisheit und die Lehre der christlichen Ethik *(Dialoge, Moralische Briefe an Lucilius)*. S.s großes literarisches Werk umfasst auch Tragödien und naturwissenschaftliche Schriften *(Naturales Questiones)* sowie die geistreiche Verspottung des verstorbenen Kaisers Claudius in *Apocolocynthosis* und hatte großen Einfluss auf das geistige Leben Roms. Seine ethischen Schriften und vor allem seine Tragödien waren vom 16. bis 18. Jh. bedeutendes Bildungsgut.

Seurat, Georges Pierre

frz. Maler
* 2.12.1859 in Paris
† 19.3.1891 in Paris

S., Hauptvertreter des Neoimpressionismus, begründete zusammen mit dem Maler Paul Signac auf Grund physikalischer und farbtheoretischer Studien den Pointillismus. Bei dieser Malweise werden viele Punkte aus reinen Farben nebeneinander gesetzt und verbinden sich dem Auge des Betrachters zu Mischtönen und farbigen Flächen. 1893/94 entstanden seine ersten großformatigen Ölgemälde (z.B. Badende, am Fluss sitzend) in der neuen Technik. S. malte vor allem Landschaften um Paris und Figurenszenen in strengem Bildaufbau und erreichte dadurch auch bei bewegten Szenen die Atmosphäre einer eigenartigen Ruhe und Erstarrtheit (z. B. *Zirkus,* 1891). Der erst 31-jährige starb in Paris an Diphterie.

Shakespeare, William

engl. Dichter und Schauspieler
* 26.4.1564 (getauft) in Stratford-upon-Avon
† 23.4.1616 in Stratford-upon-Avon

Über das Leben des großen englischen Dichters ist wenig bekannt. S. war der Sohn eines wohlhabenden Handschuhmachers und einer Gutsherrentochter. Nach dem Besuch der Lateinschule heiratete er 18-jährig die um acht Jahre ältere Ann Hathaway, mit der er drei Kinder hatte. 1592 wurde S. erstmals als Schauspieler und erfolgreicher Dramatiker in London erwähnt, wo er Teilhaber des Globe Theatres war. Später kaufte er das Blackfriars Theatre. Zu Wohlstand gekommen, zog er sich 1611 nach Stratford zurück, wo er bis zu seinem Tod lebte. S.s Werk umfasst neben Versdichtungen (*Venus und Adonis,* 1593, dt. 1783; *Die Schändung der Lukrezia,* 1594, dt. 1876) und Sonetten historische Schauspiele, vor allem aus der englischen Geschichte, dann Tragödien, Komödien und Märchenspiele. In seinem Schaffen lassen sich vier Perioden unterscheiden (da seine Stücke handschriftlich nicht überliefert sind, können die Entstehungsdaten seiner Werke nicht sicher festgelegt werden). In der ersten Periode schloss S. an die bestehenden Formen und antiken Vorbilder an und versuchte sich auf verschiedenen Gebieten. Er schrieb die höfischen Lustspiele *Die beiden Veroneser* (1592, dt.1775), *Die Komödie der Irrungen* (1591, dt. 1775), *Der Widerspenstigen Zähmung* (1593, dt. 1831), *Verlorene Liebesmüh* (1594, dt. 1836) und das Märchenspiel *Ein Sommernachtstraum* (1595, dt. 1775). Sein berühmtes Liebesdrama *Romeo und Julia* (1595, dt. 1766) sowie seine Königsdramen *Heinrich VI.* (1590/91, dt. 1776) und *Richard III.* (1592, dt. 1776) entstanden ebenfalls in dieser Periode. Die zweite Periode bis 1600 umfasst die Königsdramen *Richard II.* (1595, dt. 1764), *König Johann* (1596, dt. 1763), *Heinrich IV.* (1596/97, dt. 1764) sowie die Komödien *Der Kaufmann von Venedig* (1595, dt. 1763), *Viel Lärm um Nichts* (1599, dt. 1830), *Wie es euch gefällt* (1599, dt. 1763) und *Was ihr wollt* (1600, dt. 1766). Aus seiner düster-pessimistischen dritten Periode stammen die großen Tragödien *Hamlet* (1601, dt. 1766), *Othello* (1604, dt. 1766), *Macbeth* (1608, dt. 1765), *König Lear* (1606, dt. 1762). In dieser Perode entstanden auch die von den Werken Plutarchs beeinflussten großen Dramen *Julius Caesar* (1600, dt. 1741), *Antonius und Kleopatra* (1607, dt. 1764), *Coriolan* (1608, dt. 1777) und *Timon von Athen* (1609, dt. 1763). Die Spätzeit von S.s Schaffens bildet die vierte Periode mit den Märchenspielen *Das Wintermärchen* (1610, dt. 1766) und *Der Sturm* (1611, dt. 1762) sowie der Tragikomödie *Maß für Maß* (1604, 1763). In Anbetracht des gewaltigen Gesamtwerkes wurde seine Autorschaft lange Zeit angezweifelt. Die Vielseitigkeit seiner Begabung, die von Liebeslyrik bis zum dramatischen Pathos und von feinster Ironie bis zum derben Humor reicht, sowie die Gestaltung tiefer Charaktere und schließlich die Kühnheit der bilderreichen Sprache hielt man mit seiner angeblich mangelhaften Bildung nicht für vereinbar. Heute gilt seine Verfasserschaft als unbestritten. S.s Einfluss auf Literatur, Poetologie und Dramaturgie – der besonders in Deutschland seit der zweiten Hälfte des 18. Jh.s wirkte - reicht unvermindert bis heute (C. M. →Wieland, J. W. →Goethe, A. W. →Schlegel).

Shaw, George Bernard

anglo-ir. Schriftsteller
* 26.7.1856 in Dublin
† 2.11.1950 in Ayot St. Lawrence, Hertfordshire

S., einer der bedeutendsten Vertreter des modernen englischen Dramas, schrieb sein erstes Theaterstück erst mit 36 Jahren. Seine Romane, die er schon früh verfasst hatte, erschienen in Zeitungen, blieben aber erfolglos. S. setzte sich für die Sozialreformen der neugegründeten „Fabian-Gesellschaft" ein und schrieb ab 1885 Theater- und Konzertkritiken. Anschließend wandte er sich immer mehr dem eigenen schriftstellerischen Schaffen zu. Die Einführung des sog. Ideenstücks war die entscheidende Neuerung, durch die S. um 1900 das konventionelle englische Theater reformierte. Unter dem Einfluss von H. →Ibsen entwickelte er die Form der Diskussion in seinen Gesellschaftsdramen und übte darin polemische Sozialkritik voll entlarvender Ironie und paradoxer Gedankenführung. Seine geistreichen Dialoge erklären verschiedene Standpunkte, seine eigenen legte er in brillant geschriebenen Vorworten nieder. Sein sozialreformerisches Streben richtet sich in den frühen Stücken gegen die viktorianische Besitzergesellschaft (*Die Häuser des Herrn Sartorius,* 1863, dt. 1911) und gegen die Scheinmoral (*Frau Warrens Gewerbe,* 1894, dt. 1904). In der Komödie erkannte S. die Möglichkeit, Kritik mit charakterstarken, sympatischen (Anti-)Helden wirksam zu transportieren. Den Sieg einer natürlichen Lebenskraft verdeutlichen besonders *Mensch und Übermensch* (1903, dt. 1907), *Zurück zu Methusalem* (1922, dt. 1925) und *Die heilige Johanna* (1923, dt. 1924). 1925 wurde S. mit dem Literaturnobelpreis ausgezeichnet, den Adelstitel lehnte er jedoch ab. Zu seinen erfolgreichsten Bühnenstücken gehören u. a.: *Helden* (1894, dt. 1903), *Candida* (1898, dt. 1904), *Caesar und Kleopatra* (1900, dt. 1905), *Major Barbara* (1905, dt. 1909), *Der Kaiser von Amerika* (1929, dt. 1929). Sein großer Bühnen Erfolg *Pygmalion* (1913, dt. 1913) wurde ein halbes Jahrhundert später als das Musical *My Fair Lady* (1956) von Frederik Loewe weltbekannt.

Shelley, Percy Bysshe

engl. Dichter
* 4.8.1792 in Field Place
bei Horsham, Sussex
† 8.7.1822 bei Viareggio, Toskana

S. gilt neben →Byron als bedeutendster Vertreter der englischen Romantik. Der in Eton erzogene Dichter schrieb früh seine ersten Erzählungen. Wegen seiner anonym erschienenen Flugschrift *The necessity of atheism* (1811) musste er Oxford verlassen. Ab 1818 lebte er in der Schweiz und in Italien. S.s Werk entsprang leidenschaftlichem Freiheitsstreben, prophetischem Dichterbewusstsein, mystischem Pantheismus und romantischer Naturauffassung (*Ode to a skylark, The cloud,* 1821). Als sein Hauptwerk gilt das kosmische Drama *Der entfesselte Prometheus* (1820, dt. 1887). Zu seinen weiteren bedeutendsten Werken zählen die Gedichtssammlung *Ode to the westwind* (1820), die melancholische Lyrik *Epipsychidon* (1821) und die seinem verstorbenen Freund J. →Keats gewidmete Elegie *Adonis* (1821). S. starb in Italien bei einem Segelunfall.

Sherrington, Sir Charles Scott

brit. Physiologe
* 27.11.1857 in London
† 4.3.1952 in Eastburne

S. wurde mit seinen umwälzenden Arbeiten über Nervenbahnen zwischen Gehirn und Rückenmark sowie über Reflexe zum Begründer der modernen Neurophysiologie. Der Sohn eines Zahnarztes studierte Medizin und widmete sich anschließend der Untersuchung des Nervensystems. Er war Professor in Liverpool, später in Oxford. Nach dem I. Weltkrieg erarbeitete S. ein detailliertes Kartenwerk der Bewegungszentren der Großhirnrinde. Den einzelnen Gehirnfeldern ordnete er die von ihnen abhängigen Körperregionen zu. S. wurde 1922 in den Adelsstand erhoben und erhielt 1932 mit Edgar D. Adrian den Medizinnobelpreis.

Sibelius, Jean

finn. Komponist
* 8.12.1865 in Hämeenlinna
† 20.9.1957 in Järvenpää
bei Helsinki

S. war der führende Repräsentant einer eigenständigen, nationalfinnischen Musik sowie einer der bedeutendsten Vertreter der skandinavischen Musik. Nach seinem Studium in Helsinki, Berlin und Wien hatte er schon als junger Komponist großen Erfolg. S. schrieb zunächst sinfonische Dichtungen mit einer Thematik aus der Volksmusik, der Geschichte und der Sagenwelt seiner Heimat. Sein kompositorisches Schaffen beschloss er mit der einsätzigen 7. Sinfonie und der sinfonischen Dichtung *Tapiola* (1925). Zwischen Spätromantik und Neuer Musik entwickelte S. seinen eigenen Stil, der sich durch melodisches Pathos und herbe Harmonik auszeichnet. Mit der Aufführung seiner Chorsinfonie *Kullervo* gelang ihm 1892 der erste große Erfolg. Internationale Anerkennug erreichte er mit dem Konzert bei der Pariser Weltausstellung 1900 mit seiner 1. Sinfonie e-Moll. S., der bereits 1897 eine Staatspension auf Lebenszeit erhalten hatte, zog sich auf seinen Landsitz zurück, wo er 1925 sein letztes Werk komponierte.

Siemens, Werner von

dt. Erfinder und Unternehmer
* 13.12.1816 in Lenthe bei Hannover
† 6.12.1892 in Berlin-Charlottenburg

S., Gründer eines der weltweit bedeutendsten elektrotechnischen Unternehmen, konnte sich

trotz seiner außergewöhnlichen technischen Begabung ein Studium aus finaziellen Gründen nicht leisten. Nach dem Eintritt in die preußische Armee 1835 experimentierte er mit seinem Bruder an verschiedenen Erfindungen in der Hoffnung, damit Geld zu verdienen. Den ersehnten Erfolg hatte S. 1846 mit seiner Konstruktion des elektrischen Zeiger- und Drucktelegrafen. Ein Jahr später gründete er zusammen mit Johann Georg Halske in Berlin „Die Telegraphen-Bauanstalt Siemens & Halske", aus der sich das Weltunternehmen „Siemens AG" entwickeln sollte. 1849 verließ S. das Militär und widmete sich nur noch seinen technischen Erfindungen. 1866 entdeckte er das dynamo-elektrische Prinzip, das Grundlage der Elektroenergietechnik wurde (Starkstromerzeugung). Zu seinen Erfindungen gehörte auch die nahtlose Isolierung elektrischer Leiter durch Guttapercha. S. verlegte weltweit Telegrafenleitungen und Unterseekabel. Er arbeitete an der Entwicklung der E-Lokomotive (1879), eines elektrischen Fahrstuhls (1880) und einer elektrischen Straßenbahn (1881). S. setzte sich für das Patentgesetz ein und war an der Gründung der Physikalisch-Technischen Reichsanstalt beteiligt. 1880 wurde er geadelt.

Siegmund

(auch Sigismund)
dt.-röm. Kaiser
* 15.2.1368 in Nürnberg
† 9.12.1437 in Znaim,
heute Tschechien

S. erbte 1368 als zweiter Sohn →Karls IV. die Markgrafschaft Brandenburg. Durch seine Verlobung mit der Tochter (1372) Ludwigs von Ungarn und Polen erwarb er Erbansprüche auf beide Länder, konnte sich aber erst nach Ludwigs Tod (1382) und nur in Ungarn durchsetzen. 1387 erfolgte die Krönung, und erst 1402 wurde S. nach jahrzehntelangen Kämpfen gegen einheimische Magnaten und Thronanwärter aus der unteritalienischen Anjou-Dynastie allgemein anerkannt. Durch die Kämpfe in Ungarn sowie den Kreuzzug gegen die Osmanen, der 1396 mit einer schweren Niederlage bei Nikopolis endete, war S. in ständiger Geldnot. Er verpfändete 1388 die Kurmark an seinen Vetter Jobst von Mähren, verkaufte 1402 die Neumark an den Deutschen Orden. Nach dem Tod Ruprechts von der Pfalz wurde S. 1410 neben Jobst von Mähren zum deutschen König gewählt, konnte nach dessen plötzlichem Tod 1411 die Herrschaft allein antreten. Um das geschlossene Vorgehen des christlichen Europa gegen das Osmanische Reich durchzusetzen, musste er die Beseitigung des seit 1378 bestehenden großen abendländischen Schismas erwirken. Das Konstanzer Konzil (1414–18) konnte zwar die Kircheneinheit wieder herstellen, aber die Verbrennung von J. →Hus (1415) als Ketzer in Konstanz schuf für S. neue Probleme. Er wurde als Nachfolger seines 1419 gestorbenen Bruders Wenzel in Böhmen nicht anerkannt. Die Hussiten behielten in den verheerenden „Hussitenkriegen" militärisch die Oberhand und erkannten S. erst 1436 als Landesherren an, nachdem das Basler Konzil ihnen in religiösen Fragen Zugeständnisse gemacht hatte. Die Durchführung einer von ihm geplanten Reichsreform blieb ihm versagt; sie konnte erst 1485 von Kaiser →Maximilian ins Werk gesetzt werden.

Sinan

osman. Architekt
* um 1489 bei Kayseri
† 1578 oder 1588 in Konstantinopel

S. kam als Janitschar an den osmanischen Hof und wurde unter →Suleiman II. Hofbaumeister. In Weiterentwicklung des Zentralbaugedankens führte er den osmanischen Moscheebau zur monumentalen Vollendung. S.s Bauten zeichnen sich vor allem durch eine gewaltige Kuppelanlage und eine symmetrische Raumdurchdringung aus. Er erbaute in Konstantinopel (Istanbul) die Prinzenmoschee (1544–48), die Mihrimah-Moschee (vollendet 1548), die Suleiman-Moschee (1550–57) und die Rüstem-Pascha-Moschee (vollendet 1561). Als S.s Meisterwerk gilt die Selimiye-Moschee in Edirne (1567–74). Zu seinen über 300 Bauten zählen auch bedeutende Ingenieurswerke wie z. B. die Brücke über den Aras.

Sitting Bull

(auch: Tatanka Yotanka)
Stammeshäuptling
* um 1831 am Grand River, South Dakota
† 15.12.1890 in Fort Yates, North Dakota

S., Stammeshäuptling der Sioux, war einer der großen Führer der letzten indianischen Freiheitsbewegung (1866– 76). Zusammen mit dem Häuptling „Crazy Horse" lockte er 1876 am Little Bighorn River das Kavallerieregiment des Generals Custer in den Hinterhalt, wo es vernichtend geschlagen wurde. S. floh nach Kanada und lebte bis 1881 im Exil, wurde aber ausgeliefert. Anschließend lebte er in einem Indianerreservat und wurde auch in der Wild West Show von →Buffalo Bill vorgeführt. S., der sich gegen die Weißen weiterhin rebellisch verhielt, wurde bei einer Festnahme wegen unerlaubter Kulthandlung erschossen. Die Sioux Indianer gaben den bewaffneten Widerstand auf; kurz darauf folgte das von amerik. Soldaten verübte Massaker am Wounded Knee.

Smetana, Bedřich (Friedrich)

tschech. Komponist
* 2.3.1824 in Leitomischl
† 12.5.1884 in Prag

S. gilt, zusammen mit A. →Dvořák, als Schöpfer der tschechischen Nationalmusik. Er war fünf Jahre Musikdirektor in Göteborg in Schweden und dirigierte 1866–74 am Prager Nationaltheater. Wegen völliger Ertaubung musste er diese Tätigkeit aufgeben und widmete sich nur noch dem kompositorischen Schaffen, das von F. →Chopin, F. →Liszt und R. →Wagner beeinflusst ist und vielfach Elemente der techischen Volksmusik enthält. Weltweite Anerkennung erlangte S. vor allem mit seiner heiteren Oper *Die verkaufte Braut* (1866) und dem Zyklus von sinfonischen Dichtungen *Mein Vaterland* (1874–79, darunter *Die Moldau*). Sein Werk umfasst weitere Opern (*Libussa,* 1881), Chorwerke, Lieder, Polkas, Klaviermusik sowie das Streichquartett e-Moll *Aus meinem Leben* (1876).

Smith, Adam

schott. Volkswirtschaftler und Moralphilosoph
* 5.6.1723 in Kirkaldy
† 17.7.1790 in Edinburgh

S., Begründer der klassischen Volkswirtschaftslehre, war Professor für Logik, lehrte ab 1752 auch Moralphilosophie in Glasgow. Als herzoglicher Hauslehrer hatte er bei seinem Aufenthalt in Frankreich (1764–66) die Hauptvertreter der Aufklärung kennen gelernt. Später zog er sich zu Privatstudien zurück. Zu Beginn der industriellen Entwicklung fasste S. alle

ökonomische Theorien und Strömungen seiner Zeit in populärwissenschaftlichen Schriften zusammen. Er untersuchte vor allem die Produktion. Als bestimmend für den Volkswohlstand sah er die Arbeit an, deren Produktivität durch zunehmende Arbeitsteilung steigt. Außerdem sorge die bestehende Weltordnung dafür, dass der egoistische Trieb des Einzelnen zum Wohle aller führe. Diese Harmonie könne durch äußere (staatliche) Eingriffe nur gestört werden. Zu seinen bedeutenden Werken zählen *Theorie der Gefühle* (1759) und *Eine Untersuchung über Natur und Ursachen des Volkswohlstandes* (1776).

Snell, George Davis

amerik. Genetiker
* 19.12.1903 in Haverhill (MA)
† 6.6.1996 in Bar Harbor (ME)

S.s Entdeckung (zusammen mit den Medizinern Baruj Banacerraf und Jean Dausset) von zellulären Oberflächenstrukturen, von denen immunologische Reaktionen gesteuert werden, schuf die Voraussetzung zur Entwicklung erfolgreicher Methoden zur Gewebe- und Organtransplantation. Er fand, dass diese Zellhautstrukturen vererbt werden und die Verträglichkeit der Gewebeübertragung zwischen zwei Lebewesen von verschiedenen Genen bestimmt wird, die im sog. Haupthistokompatibilitätskomplex liegen. Die Identifizierung der Gen-Orte bedeutete den entscheidenden Schritt zu erfolgreichen Gewebsverpflanzungen. 1980 erhielt er gemeinsam mit seinen Kollegen Dausset und Benacerraf den Nobelpreis für Medizin.

Sokrates

griech. Philosoph
* 469 v. Chr. in Athen
† 399 v. Chr. in Athen

Über S., der in Athen als Gegner der Sophisten auftrat, ist nur wenig Biografisches bekannt. Er war der Sohn eines Bildhauers und einer Hebamme und wahrscheinlich mit Xanthippe verheiratet. S. ist hauptsächlich als Volksbelehrer überliefert, der leidenschaftlich diskutierte und gegen die sich in raffinierter, doch oberflächlicher Rhetorik erschöpfenden Sophisten predigte. Er wurde wegen angeblicher Gottlosigkeit und Verführung der Jugend zum Tode durch den Schierlingsbecher – die damals übliche Hinrichtungsform – verurteilt. S. hinterließ keine Schriften, so dass seine Lehre nur in den Aufzeichnungen seiner Schüler, vor allem →Platons und →Xenophons, überliefert ist. Seine mit Ironie angewandte Methode, die Dikussionspartner durch Fragen zur Ratlosigkeit und zum Wissen von ihrem eigenen Nichtwissen zu führen (Aporetik), um ihnen dann die richtigen Einsichten zu entlocken, nannte er Hebammenkunst (Mäeutik). Für S. stand die Frage nach dem richtigen Leben im Vordergrund. Er war von dem im Menschen verborgenen Guten überzeugt und forderte daher Selbsterkenntnis, um die innere göttliche Stimme (Daimonion) zu hören und sich von ihr führen zu lassen.

Solon

athen. Staatsmann und Dichter
* um 640 v. Chr. in Athen
† um 560 v. Chr. in Athen

In Athen kam es 595/594 zu einem immer größer werdenden Konflikt zwischen dem überaus reichen Adel und dem verschuldeten einfachen Volk. S. wurde 594 bei diesem Streit zum Mittler gewählt und als Archon (oberster Staatsbeamter) mit außerordentlichen Befugnissen ausgestattet, um die soziale Neuordnung Athens durchzuführen. In einem neuen Gesetzeswerk (Solonische Gesetze) wurden soziale Gegensätze entschärft, die bestehenden Schulden aufgehoben und die Schuldknechtschaft verboten. S. förderte Handel und Wirtschaft mit der Neufestsetzung von Münzfuß, Normmaßen und -gewichten und setzte die Aufzeichnung des geltenden Privatrechts durch. Die Bevölkerung wurde in vier Klassen nach der Größe ihres Besitzes (Timokratie) unterteilt. Zu den obersten Ämtern (Archonten) hatten nur die Angehörigen der ersten und zweiten Klasse Zugang, während die ersten drei Klassen im „Rat der 400" vertreten waren und die vierte Klasse („Theten") nur das aktive Wahlrecht für die Volksversammlung ausüben konnte. Das konservative Reformwerk S.s leitete den attischen Demokratisierungsprozess ein. S. verfasste zahlreiche Reden, Elegien und Epoden, die eng mit seiner politischen Tätigkeit verbunden waren.

Sophokles

griech. Tragödiendichter
* 497/496 v. Chr. in Kolonos
† 406/405 v. Chr. in Athen

Aus einer wohlhabenden Familie stammend, erhielt S. eine sorgfältige Erziehung und wurde mit höchsten Staatsämtern betraut. 443/442 war er Schatzmeister des Attischen Seebundes und nahm 441/440 zusammen mit Perikles am Krieg gegen Samos teil. Als Dichter löste sich S. mit weitreichenden formalen und inhaltlichen Änderungen von dem traditionellen Kulttheater. Er erweiterte die Möglichkeiten und den Spannungsreichtum des Dramas vor allem durch die Einführung des dritten Schauspielers, Vermehrung der Zahl der Chorsänger von 12 auf 15 und Geschlossenheit des Einzeldramas, das er aus der strengen Bindung der Trilogie löste. Während die Dramen von →Aischylos noch ganz den Charakter von Kultspielen besaßen, bildet bei S. das unentrinnbare Schicksal des Helden, der in Leid und schuldhafter Verstrickung scheitern muss, den Schwerpunkt. Trotz seiner religiösen Verbundenheit leitet er zur bereits säkularisierten Tragödie des →Euripides über. Von wahrscheinlich 123 Dramen sind nur sieben vollständig erhalten: *Aias, Elektra, König Ödipus, Trachinierinnen, Philoktet, Ödipus auf Kolonos* sowie 400 Verse aus dem Satyrspiel *Die Spürhunde* und andere Fragmente.

Spielberg, Steven

amerik. Filmregisseur und
-produzent
* 18.12.1947 in Cincinnati (OH)

Mit seinen tricktechnisch perfekt gemachten Unterhaltungsfilmen wurde S. zum finanziell erfolgreichsten Regisseur aller Zeiten. Bereits 16-jährig drehte er mit einer 8-mm-Kamera seinen ersten Film. In Hollywood inszenierte S. zunächst TV-Produktionen (u. a. Episoden für die TV-Serie *Columbo*). Der Durchbruch gelang ihm mit dem Fernsehfilm *Duell,* der in Europa erfolgreich in den Kinos lief. Aber erst mit dem Thriller *Der weiße Hai* (1974) wurde er über Nacht zum Starregisseur.

Neben der aufwendigen Tricktechnik, mit der er oft seine Filme gestaltet, versteht es S. mit großem Einfühlungsvermögen die Fantasie von Kindern und Erwachsenen anzusprechen. Oft verwendet er für seine Produktionen fantastische oder Science-fiction-Stoffe. Ende der 80er Jahre wandte sich S. auch ernsteren, zeitgeschichtlichen Themen zu (*Die Farbe Lila,* 1986) und erhielt 1994 für seinen Antikriegsfilm Schindlers Liste erstmals den Oscar für den besten Film. Zu seinen bekanntesten Filmen zählen auch: *Unheimliche Begegnung der dritten Art* (1977), *Jäger des verlorenen Schatzes* (1980), das Science-fiction-Märchen *E.T.* (1981), *Indiana Jones und der Tempel des Todes* (1983) und *Jurassic Park* (1993).

Spinoza, Baruch (Benedictus de)

niederl. Philosoph
* 24.11.1632 in Amsterdam
† 21.2.1677 in Den Haag

S., der aus einer jüdischen Familie stammte, gelangte durch intensives Studium religiöser und philosophischer Schriften zu einer unorthodoxen Weltanschauung und wurde 1656 aus der jüdischen Gemeinde in Amsterdam ausgeschlossen. Danach lebte er zurückgezogen von der Unterstützung treuer Freunde und der Arbeit als Linsenschleifer. Bis auf zwei Abhandlungen (*Principia philosophiae,* 1663 und *Theologisch-politischer Traktat,* 1670) wurden S.s Schriften erst nach seinem Tod veröffentlicht. In seinem Hauptwerk *Ethik nach geometrischer Methode dargelegt* (1662 ff.) offenbarte S. die rationalistisch-mystischen Vorstellungen, die ihm den Vorwurf des Atheismus einbrachten. Im Unterschied zum persönlichen, transzendenten jüdisch-christlichen Gott geht er von der einen unendlich-umfassenden göttlichen Substanz (deus sive natura – Gott oder die Natur) aus, die sich dem Verstand in den zwei Eigenschaften Denken und Ausdehnung zeigt. Sie verkörpert sich in allen endlichen Dingen, zu denen auch der Mensch gehört. S.s historisch-kritische Lesart der Bibel war provozierend, weil sie die Macht der Kirche bedrohte, so wie auch seine Politiktheorie, die eine deutliche Präferenz zur Demokratie aufweist. S. Pantheismus wurde erst von den Vertretern des deutschen Idealismus (G. E. →Lessing, J. G. von →Herder, J. W. von →Goethe) entdeckt.

Spitz, Mark

amerik. Schwimmer
* 10.2.1950 in Modesto (CA)

S. ist mit neun Goldmedaillen, einer Silber- und einer Bronzemedaille der erfolgreichste Schwimmer bei Olympischen Spielen. Er hatte schon 1968 in Mexiko zwei Siege errungen und wurde 1972 mit insgesamt sieben Goldmedaillen der überragende Sportler der Olympischen Spiele in München. S., der 34 Weltrekorde schwamm, versuchte 1991 ein Comback, was jedoch misslang.

Springer, Axel Caesar

dt. Verleger
* 2.5.1912 in Altona, Hamburg
† 22.9.1985 in West-Berlin

S., die Symbolfigur des konservativen Deutschland in den 60er Jahren, baute sein Unternehmen zum größten europäischen Pressekonzern auf. Als Sohn eines Verlegers lernte er seinen Beruf von der Pike auf und führte später das väterliche Unternehmen weiter. Nach der Gründung der Rundfunkzeitschrift „Hör zu“ (1946) kamen in der Folge die Zeitungen „Die Welt“ und „Die Welt am Sonntag“ (1953), Regionalzeitungen, Programm- und Fachzeitschriften, mehrere Großdruckereien sowie der „Ullstein

Verlag“ (1959) zu S.s Unternehmen dazu. 1952 gründete er die „Bild“-Zeitung, womit in Deutschland ein neues Pressezeitalter begann. Der aggressive Boulevardjournalismus (kurze Artikel in reißerischer Aufmachung) des konservativen Massenblatts „Bild“ führte in den 60er und 70er Jahren zu großer Kritik. Während der Studentenunruhen 1968 beeinflussten die Tageszeitungen S.s, allen voran „Bild“, die Bevölkerung durch einseitige politische Ausrichtung und schürten Emotionen. Die beherrschende Stellung des S.-Verlags auf dem Tageszeitungenmarkt, die als Gefährdung der Presse- und Meinungsfreiheit empfunden wurde, führte zur kritischen öffentlichen Meinung, die u. a. Einbußen der Marktanteile zu Folge hatte, so dass S. verschiedene Zeitschriften an andere Verlage verkaufte („Bravo“, „Eltern“). In den 80er Jahren stieg S. mit Beteiligungen bei privaten Rundfunk- und Fernsehsendern (z. B. SAT 1) ein. Gegenwärtig besitzt der S.-Konzern zusammen mit L. →Kirch die Fernsehübertragungsrechte für die Bundesligaspiele bis zur Saison 1999/2000.

Stalin, Jossif

(eigtl.: J. Wissarionowitsch Dschugaschwili)
sowjet. Politiker
* 21.12.1879 in Gori bei Tiflis
† 5.3.1953 in Moskau

Den Namen Stalin („der Stählerne“) gab sich der Sohn eines armen georgischen Schusters erst zu Beginn seiner politischen Karriere. Wegen revolutionärer Umtriebe musste S. 1899 das Priesterseminar, das er besuchte, verlassen und war, seit 1903 bei den Bolschewiki, im kommunistischen Untergrund tätig. Nach der Revolution übernahm er wichtige Aufgaben in der Partei und Regierung. Ab 1917 war er der Leiter der „Prawda“, 1917–23 Volkskommissar für Nationalitätenpolitik. Als Generalsekretär des Zentralkomitees der KP (ab 1922) konnte er nach →Lenins Tod seine Konkurrenten (u. a. L. → Trotzki und Nikolai Iwanowitsch Bucharin) ausschalten. Seine 25 Jahre währende Regierungszeit (ab 1928) wurde zu einem beispiellosen Schreckensregiment. Als absoluter Diktator vernichtete S. 1936–38 die „alte Garde“ der KP in willkürlichen Schauprozessen und „Säuberungsaktionen“, denen auch Künstler und Intellektuelle zum Opfer fielen. Er kollektivierte die Landwirtschaft und trieb in Fünfjahresplänen die Industrialisierung der Sowjetunion vorwärts. Außenpolitisch isoliert, schloss S. 1939 einen Nichtangriffspakt mit Hitler, der in einem geheimen Zusatzprotokoll der Sowjetunion die östliche Hälfte Polens und und weitere Gebietsgewinne zusicherte. Nach dem deutschen Angriff 1941 mobilisierte er die letzten Volksreserven und rief als Regierungschef und „Marschall“ zum Großen Vaterländischen Krieg auf. Auf den Konferenzen von Teheran, Jalta und Potsdam setzte er mit härtesten Verhandlungsmethoden gegen die Alliierten den Staatssozialismus durch und bereitete die Weltmachtstellung der UdSSR nach dem II. Weltkrieg vor. Nach seinem Tod wurde im Mai 1953 die Abkehr vom stalinistischen „Personenkult“ proklamiert. 1956 erfolgte auf dem XX. Parteitag der KPdSU die öffentliche Absage an den „Stalinismus“. S.s Leichnam wurde 1961 aus dem Mausoleum am Roten Platz in Moskau entfernt und in ein einfaches Grab umgebettet. Trotz dieser Bemühungen blieben die von S. geschaffenen Herrschaftsstrukturen bis zur Ära M. →Gorbatschows unangetastet.

Staudinger, Hermann

dt. Chemiker
* 23.3.1881 in Worms
† 8.9.1965 in Freiburg i. Br.

S. schuf durch Entschlüsselung der Struktur von hochmolekularen Verbindungen (Makromolekülen) die Grundlage für den Aufschwung der Kunststoffindustrie. Bis 1922 galten Stoffe wie Zellulose und Kautschuk – von S. als Makromoleküle bezeichnet – als ungeordnetes Konglomerat. S. konnte die polymere Zusammensetzung großer Moleküle aus zahlreichen kleinen Einheiten zeigen. Bereits zu Beginn der 30er Jahre brachte die chemische Industrie eine Vielzahl von Kunststoffverbindungen auf den Markt (z. B. Polyacrylverbindungen), deren molekulare Klärung der Industrie durch S. zur schnellen Entwicklung weiterer Kunststoffe verhalf. 1953 wurde S. mit dem Nobelpreis für Chemie ausgezeichnet.

Stein, Heinrich Friedrich Karl, Reichsfreiherr vom und zum

preuß. Staatsmann
* 26.10.1757 in Nassau, Lahn
† 29.6.1831 auf Schloss Cappenberg, Westfalen

S.' Name ist mit den Ideen der preußischen Reformzeit untrennbar verbunden. Er versuchte, den alten ständisch aufgebauten Staat durch eine liberale Erneuerung von innen heraus zu retten. Nach dem Jurastudium trat S. 1780 in den preußischen Staatsdienst ein. Als Minister des Zoll-, Salz-, Fabrik- und Kommerzialwesens (1804) setzte er eine Reihe von Reformen durch, vor allem die Aufhebung der Binnenzölle. S.s Forderung, das königliche Regierungskabinett durch moderne Ressortministerien abzulösen sowie seine Ablehnung des Außenamtes nach der vernichtenden Niederlage Preußens 1806 gegen →Napoleon I. führten zu seiner Entlassung durch den König. S., der als Ursache für die preußische Katastrophe den Absolutismus sah, wurde nach dem Frieden von Tilsit (1807) auf Empfehlung Napoleons als leitender Minister zurückgeholt und konnte seine Ideen verwirklichen. Das Edikt vom 9.10.1807 erklärte die Freiheit der Person und des Grundeigentums. Bis 1810 setzte er die Bauernbefreiung aus der Erbuntertänigkeit für ganz Preußen durch und führte 1808 die Selbstverwaltung der Städte und die Neuordnung der Regierung in fünf Fachministerien (Inneres, Finanzen, Auswärtiges, Krieg, Justiz) ein. Nachdem Napoleon von S.s Plänen für einen deutschen Volksaufstand erfahren hatte, musste dieser am 24.11.1808 seinen Abschied nehmen, wodurch ihm die Vollendung seiner Reform versagt blieb. In den folgenden Jahren lebte er geächtet in Österreich, bis ihn Zar →Alexander I. von Russland 1812 zu seinem Berater berief. Von Russland aus organisierte S. die erfolgreiche Befreiung Europas von Napoleon. Auf dem Wiener Kongress (1814/15) versuchte er vergebens, seinen Plan eines deutschen Einheitsstaates durchzusetzen. Auf S.s Anregung hin wurde Anfang 1819 die „Gesellschaft für die ältere deutsche Geschichtskunde“ gegründet, die die bis heute erscheinende *Monumenta Germaniae historica* (ab 1826) herausgab.

Steinbeck, John Ernst

amerik. Schriftsteller
* 27.2.1902 in Salinas (CA)
† 20.12.1968 in New York

S., einer der meistgelesenen amerikanischen Schriftsteller, studierte ursprünglich Naturwissenschaften. Später war er als Reporter in New York tätig und schrieb während des II. Weltkriegs Kriegsberichte. In seinem literarischen Werk, das Kurzgeschichten, Novellen und Romane umfasst, trat S. mit engagierter Sozialkritik für eine gerechtere Verteilung des Reichtums in Amerika und für mehr Toleranz ein. In drastischer, oft humorvoller Weise prangert er die Verelendung des Landarbeiters an (*Von Mäusen und Menschen,* 1937, dt. 1949). In seinem bekanntesten Roman *Die Früchte des Zorns* (1939, dt. 1940) steht eine durch Naturkatastrophen aus der Heimat vertriebene Farmerfamilie im Mittelpunkt, die im „Gelobten Land Kalifornien“ eine neue Existenz gründen möchte, aber Hass und Verfolgung erlebt. Weltruhm erlangte S. durch die Verfilmung (1955) der Familiengeschichte *Jenseits von Eden* (1952, dt. 1953) mit James →Dean in der Hauptrolle. 1940 erhielt er den Pulitzerpreis, 1962 wurde er mit dem Literaturnobelpreis ausgezeichnet. 1965 war S. Berichterstatter in Vietnam und setzte sich wegen des undifferenzierten Patriotismus seiner Reportagen heftiger Kritik in der Öffentlichkeit aus.

Steiner, Rudolf

österr. Anthroposoph
* 27.2.1861 in Kraljevica, Kroatien
30.3.1925 in Dornach bei Basel

S., Begründer der Anthroposophie, studierte in Wien Naturwissenschaften und wurde 1890 Mitarbeiter des Goethe- und Schillerarchivs in Weimar. Er erforschte die naturwissenschaftlichen Schriften Goethes und gab sie neu heraus. In Berlin trat er der mystisch-religiösen Theosophischen Gesellschaft bei, verließ sie aber 1913 wieder und gründete im gleichen Jahr die Anthroposophische Gesellschaft mit ihrem Zentrum in Dornach („Goetheanum“). Die anthroposophische Lehre ist eine christlich orientierte Weltanschauung, die, ausgehend von Goethes Naturauffassung, eine umfassende Deutung aller Natur- und Kulturbereiche sowie eine freiheitliche und ganzheitliche Lösung der politischen und wirtschaftlichen Probleme sucht. Mit seiner in den Freien Waldorfschulen (ab 1919) praktizierten Pädagogik, besonders unter Betonung des musischen Bereiches, seinen Veröffentlichungen und vor allem mit seinen heilpädagogischen Therapieformen übte S. großen Einfluss auf das Kulturleben und die Erziehung aus. Seine praktischen Lehren sind heute aktueller denn je (u. a. biologisch-dynamischer Landbau, sanfte Medizin).

Steinway, Heinrich Engelhard

(eigtl. H. E. Steinweg)
amerik. Unternehmer dt. Herkunft
* 15.2.1797 in Wolfshagen
† 7.2.1871 in New York

S. war einer der bedeutendsten Piano- und Flügelbauer, der mit seinem 1853 gegründeten Unternehmen „Steinway & Sons“ einen bis heute fortdauernden internationalen Erfolg erzielte. S., Teilnehmer an der Schlacht von Waterloo (1815) in der preußischen Armee (→Napoleon I.), gründete seine erste Piano-Fabrik in Brunswick 1836. Nachdem er 1850 in die USA ausgewandert war, gründete er mit seinen vier Söhnen eine neue Werk- und Fabrikationsstätte in New York (1853), der 1880 eine weitere in Hamburg folgte. Die S.-Familie konnte die Piano-Bauweise um zahlreiche Einzelheiten, so z. B. um das gusseiserne Gerüst, verbessern.

Stendhal

(eigtl.: Marie-Henri Beyle)
frz. Schriftsteller
* 23.1.1783 in Grenoble
† 23.3.1842 in Paris

S., der ursprünglich studieren sollte, entschied sich für eine Anstellung beim französischen Kriegsministerium und nahm unter →Napoleon I. an den Feldzügen nach Italien, Deutschland, Österreich und Russland teil. Während der Restauration lebte er in Mailand und Paris. Anerkennung erlangte S. vor allem durch seine zeit-

kritischen Romane *Rot und Schwarz* (1830, dt. 1901) und *Die Kartause von Parma* (1839, dt. 1845). Mit *Racine et Shakespeare* (1823–25) wurde er zum Vorkämpfer des romantischen Dramas. Durch seine sachliche Sprache und psychologisch exakte Beobachtung der Menschen gilt S. als der wichtigste Wegbereiter des französischen Realismus. Zu S.s literarischem Werk gehören außerdem Reiseberichte (*Promenades dans Rome,* 1829), Essays (*Über die Liebe,* 1822, dt. 1903), Tagebücher und Erzählungen sowie musikgeschichtliche Biografien (W.A. →Mozart, J. →Haydn, G. →Rossini).

Stephenson, George

engl. Ingenieur und Erfinder
* 9.6.1781 in Wylam-on-Tyne, Northumberland
† 12.8.1848 in Chesterfield bei Newcastle

S. konstruierte 1814 die erste betriebsfähige Dampflokomotive, die zunächst nur zum Kohlentransport eingesetzt wurde. Eigentlich im Kohlenbergbau tätig, hatte er sich im Selbststudium technische Fähigkeiten erworben. 1921–25 leitete S. den Bau der ersten englischen Eisenbahnlinie von Stockton nach Darlington (39 km), die eigentlich als Pferdebahn geplant war. 1823 gründete er zusammen mit seinem Sohn Robert eine eigene Lokomotivenfabrik in Newcastle, aus der die berühmte Lokomotive „Rocket“, die 1829 beim Wettrennen der Liverpool-Manchester-Eisenbahngesellschaft Sieger war, stammte.

Sterne, Laurence

engl. Schriftsteller
* 24.11.1713 in Clonmel, Irland
† 18.3.1768 in London

S., der nach seinem Theologiestudium Landpfarrer wurde, veröffentlichte 1759–67 seinen neunbändigen Roman *Leben und Meinungen Tristan Shandys* (dt. 1948) mit einem kauzigen Geistlichen im Mittelpunkt, der ihn über Nacht bekannt machte. Danach widmete er sich ausschließlich der Schriftstellerei und hielt sich wegen eines Augenleidens häufig in Südeuropa auf. *Yoricks empfindsame Reise durch Frankreich und Italien* (1768, dt. 1768) gibt einen autobiografisch-fiktiven Bericht über seine Reise- und Liebesabenteuer. In S.s Werken wird die Handlung in ständiger Selbstironie von zahlreichen subjektiven Ausschweifungen unterbrochen. Dieser höchst eigenwillige, der aufgeklärten Vernunft seiner Zeit entgegenwirkende Stil übte großen Einfluss besonders auf →Jean Paul und auf die Romanexperimente des 20. Jahrhunderts aus.

Stevenson, Robert Louis

schott. Schriftsteller
* 13.11.1850 in Edinburgh
† 3.12.1894 in Apia, Samoa

S. wollte Leuchtturmbauer werden, konnte aber sein Vorhaben wegen eines Lungenleidens nicht realisieren. Er studierte Jura, wandte sich jedoch der Schriftstellerei zu. Wegen seiner angegriffenen Gesundheit unternahm S. häufig Reisen in klimatisch günstigere Gebiete. In farbigen Reiseberichten beschrieb er seine ungewöhnlichen Reiseerlebnisse. Die spannende und fantasievolle Abenteuergeschichte *Die Schatzinsel* (1887, dt. 1897) machte ihn berühmt und gehört bis heute zu den beliebtesten und erfolgreichsten Jugendromanen. S. verstand es meisterhaft, seine überaus fesselnd geschriebenen Erzählungen mit lebensvollen Charakterzeichnungen sowie romantischen, fantastischen oder gruseligen Stilelementen zu bereichern. Er schrieb auch Gedichte und Essays und die Studie *Der seltsame Fall des Dr. Jekyll und Mr. Hyde* (1886, dt. 1889), die erregende, unheimliche Darstellung einer Persönlichkeitsspaltung, die häufig als Vorlage für erfolgreiche Verfilmungen diente. Die letzten Lebensjahre verbrachte S. auf der Südseeinsel Samoa.

Stewart, James

(eigtl.: James Maintland)
amerik. Schauspieler
* 20.5.1908 in Indiana (PA)
† 2.7.1997 in Los Angeles (CA)

S. war einer der großen Hollywoodstars der 40er bis 60er Jahre. Ursprünglich Architekt, gab er 1935 sein Filmdebüt *(Der elektrische Stuhl).* Unter der Regie von Frank Capra gelang S. mit *Mr. Smith geht nach Washington* 1939 der Durchbruch. Seine etwas linkische Art, bedächtige Sprechweise und seine schlacksige Gestalt waren die Markenzeichen des Stars, der als die Idealverkörperung des anständigen Amerikaners galt. 1941 erhielt S. für seine Rolle in der Komödie *Die Nacht vor der Hochzeit* den Oscar. Unter A. →Hitchcock drehte er vier Filme (*Cocktail für eine Leiche,* 1950; *Das Fenster zum Hof,* 1954; *Der Mann, der zuviel wusste,* 1956; *Vertigo – Aus dem Reich der Toten* (1959), die heute zu den Hollywood-Klassikern zählen. In den 50er Jahren avancierte S. zum klassischen Westernhelden, nachdem er bereits 1939 mit *Der große Bluff* seinen ersten Western gedreht hatte. Es folgten Filme wie *Winchester 73* (1950), *Meuterei an Schlangenfluss* (1951) und *Der Mann aus Laramie* (1955). 1959 wurde S. für seine Rolle in *Anatomie eines Mordes* auf dem Filmfestival in Venedig ausgezeichnet. 1962 erhielt er für den Film *Mr. Hobbs macht Ferien* den Darstellerpreis von Berlin. In den 70er Jahren arbeitete S. hauptsächlich für das Fernsehen (u. a. *Fackeln im Sturm,* 1986). 1982 wurde ihm für Verdienste um die Filmkunst der Goldene Bär von Berlin, 1985 der Ehren-Oscar verliehen.

Stifter, Adalbert

österr. Schriftsteller
* 23.10.1805 in Oberplan, Böhmerwald
† 28.1.1868 in Linz

S., im Benediktinerkloster Kremsmünster erzogen, studierte Jura und Naturwissenschaften, brach aber sein Studium ab und verdiente sein Geld als Landschaftsmaler sowie Privatlehrer. Ab 1850 Schulrat und 1853 Konservator für Oberösterreich wandte er sich mehr und mehr der literarischen Arbeit zu. Nach romantisch beeinflussten Anfängen (*Der Condor,* 1840; *Der Hochwald,* 1842; *Abdias,* 1842) erreichte S. eine strenge Klarheit nach dem Vorbild Goethes. Seine Prosa beinhaltet meisterhafte Naturbeschreibungen und edel gezeichnete Menschencharaktere. Seine großen Werke sind der Bildungsroman *Der Nachsommer* (1857), der eine heile Welt im Einklang mit der Natur beschwört, und *Witiko* (1865–67), ein böhmisches Geschichtsepos. Berühmt sind auch die Erzählungen *Brigitta* (1843) und *Bergkristall* (1853). Der Dichter musste sich infolge einer schweren Krankheit ab 1865 aus dem Berufsleben zurückziehen. Er starb an den Folgen eines Selbstmordversuchs.

Stinnes, Hugo

dt. Industrieller
* 12.2.1870 in Mühlheim an der Ruhr
† 10.4.1924 in Berlin

S. baute nach dem I. Weltkrieg den größten deutschen Konzern auf. Selbst aus einer Industriellenfamilie stammend, begann er nach dem Abitur eine Handelslehre, die er jedoch aufgab, und studierte an der Technischen Hochschule und Bergakademie in Berlin. Schwerpunkte seines Unternehmens, das schnell wuchs, waren Bergbau, Binnen- und Seeschifffahrt sowie Schwerindustrie. 1899 gründete S. zusammen mit August Thyssen den Mühlheimer Bergwerksverein und erwarb kurz nach der Jahrhundertwende die Aktienmehrheit beim Rheinisch-Westfälischen Elektrizitätswerk, das zum größten Stromanbieter Europas wurde. In den 20er Jahren wandte sich S. auch dem Ölgeschäft zu und kaufte Ölquellen, Raffinerien und Ferngasleitungen. Zum Zeitpunkt seines Todes war er der mächtigste Wirtschaftsführer Europas.

Storm, Theodor

dt. Dichter
* 14.9.1817 in Husum
† 4.7.1888 in Hademarschen, Holstein

S. gilt als der Hauptvertreter des poetischen Realismus. Der aus einer angesehenen Familie stammende Dichter studierte Jura und ließ sich zunächst in seiner Heimatstadt als Rechtsanwalt nieder, musste diese jedoch wegen seiner antidänischen Protesthaltung verlassen. Später praktizierte er in Potsdam, wo er mit J. von →Eichendorff und Th. →Fontane in Berührung

kam. In seinem literarischen Werk blieb S. thematisch den Menschen und der Landschaft seiner Heimat zugewandt; es reicht von spätromantischer Lyrik bis zur realistisch-dramatischen Novelle. Seine frühen spätromantischen Gedichte sind besonders von Eduard Mörike beeinflusst. Auch seine ersten Novellen (z. B. *Immensee,* 1849, *Angelika,* 1855, *Pole Poppenspäler,* 1875) zeigen eine poetische, melancholische Grundhaltung. Allmählich fand eine Entwicklung zur realistischen, die Handlung herausarbeitenden Schicksals- und Chroniknovelle (oft in Rahmenhandlungen eingebettet) statt. In ihr dominieren die menschliche Leidenschaft und der Kampf des Einzelnen gegen überlegene Mächte (*Aquis submersus,* 1877; *Carsten Curator,* 1878; *Die Söhne des Senators,* 1881; *Ein Fest auf Haderslevhuus,* 1885; *Der Schimmelreiter,* 1888).

Stoß, Veit

dt. Bildhauer und Holzschnitzer
* um 1447/48 wahrscheinlich in Horb am Neckar
† 1533 in Nürnberg

In dem leidenschaftlichen, fast barocken Ausdruck stellt S.' Werk den Höhepunkt der deutschen spätgotischen Bildhauerkunst dar. Er schuf ab 1447 in 12-jähriger Arbeit den Hochaltar der Marienkirche in Krakau. Die lebensgroßen, expressiv bewegten Figuren zeigen im Mittelteil den Tod Mariens, auf den Flügeln ihre sieben Freuden und sieben Leiden. S. schuf auch die Grabplatte König Kasimirs IV. Andreas aus rotem Marmor (1492, im Dom zu Krakau). Ab 1496 in Nürnberg ansässig, musste S. wegen angeblicher Wechselfälschung eine öffentliche Brandmarkung hinnehmen, wurde aber später von Kaiser →Maximilian rehabilitiert. Zu seinen bedeutenden Werken zählen

u. a. *Engelsgruß* in St. Lorenz (1518), das *Große Kruzifix* in St. Sebald (1520), beide in Nürnberg sowie der unvollendete Altar im Dom zu Bamberg (1520–23). S. war auch als Maler und Kupferstecher tätig.

Strauß, Franz Josef

dt. Politiker
* 6.9.1915 in München
† 3.10.1988 in Regensburg

Der bayerische Ministerpräsident und langjährige Vorsitzende der Christlich Sozialen Union (CSU) war Repräsentant einer konsequent christlich-konservativen Politik. S. spaltete wie kaum ein zweiter Politiker im Nachkriegsdeutschland die öffentliche Meinung und trat als entschiedener Gegner von W. →Brandts Ostpolitik auf. S., der Metzgerssohn aus München, war der Mitbegründer der CSU und deren Generalsekretär, später stellvertertender Vorsitzende. 1953 im Kabinett →Adenauer Bundesminister für Sonderaufgaben, ab 1955 Minister für Atomfragen, wurde er ein Jahr später Bundesverteidigungsminister. Als Befürworter einer atomaren Verteidigungsrüstung in Deutschland erlebte S. heftige öffentliche Kritik und musste wegen der SPIEGEL-Affäre (angeblicher Geheimnisverrat des Hamburger Nachrichtenmagazins) 1962 zurücktreten. 1966 wurde er von Kurt Georg Kiesinger zum Finanzminister der Großen Koalition berufen. Die innenpolitischen Auseinandersetzungen der 70er Jahre verschärfte S. unter dem Motto „Freiheit oder Sozialismus“, was zu einer grundsätzlichen Gegnerschaft der im Bundestag vertretenen Parteien führte. Er unternahm zahlreiche außenpolitische Reisen (u. a. 1975 zu →Mao Zedong) und trug als bayerischer Ministerpräsident (ab 1978) entscheidend zur Ansiedlung hochtechnisierter Unternehmen in dem überwiegend von der Landwirtschaft geprägten Freistaat und damit zur finanziellen Stabilität Bayerns bei.

Strauß, Johann (Sohn)

österr. Komponist
* 25.10.1825 in Wien
† 3.6.1899 in Wien

S., der als „Walzerkönig“ zu internationalem Ruhm gelangte, sollte ursprünglich trotz seiner musikalischen Begabung eine Banklehre machen. Ohne das Wissen seines Vaters, des berühmten Komponisten Johann S. (Vater), lernte er Geige spielen und hatte bereits 19-jährig eine eigene Kapelle, in der auch seine Brüder Josef und Eduard mitwirkten. S. komponierte 16 Operetten, die zum Teil bis heute kaum an Popularität eingebüßt haben (*Die Fledermaus,* 1874; *Eine Nacht in Venedig,* 1883; *Der Zigeunerbaron,* 1885; *Wiener Blut,* 1899). Zu seinem musikalischen Werk zählen neben zahlreichen Polkas *(Leichtes Blut, Pizzicato-* und *Tritsch-Tratsch-Polka),* die unvergessenen Walzer, die die Wiener Musik zur Zeit der k. u. k.-Monarchie in der ganzen Welt bekannt machten (u. a. *An der schönen blauen Donau, Künstlerleben, G'schichten aus dem Wiener Wald, Rosen aus dem Süden, Kaiserwälzer*).

Strauss, Richard

dt. Komponist
* 11.6.1864 in München
† 8.9.1949 in Garmisch

S. errang schon im Alter von 20 Jahren durch seine sinfonische Programmmusik internationale Anerkennung. Der Sohn eines Starhornisten im Königlichen Münchner Hoforchester wurde 1885 zum Dirigenten der Meininger Hofkapelle berufen. Während dieser Zeit lernte er F. →Liszt und R. →Wagner kennen, bei denen die Musik S.' ihre Wurzeln hat. Seine Kunst ist durch virtuose Instrumentierung und schillernde Harmonik geprägt. In der Tradition der Spätromantik, eröffnete er zugleich die Wege zur Neuen Musik. Nach der Jahrhundertwende entwickelte sich S. zu einem der bedeutendsten Musikdramatikern des 20. Jh.s. Während seiner Dirigententätigkeit an der Königlichen Oper Berlin (1898 –1919) konzentrierte er sich zunächst auf Konzerte und unternahm Gastspielreisen in die USA (1904). Später bildete die Oper den Schwerpunkt seines Schaffens. In seinen Opern – meist zu Texten von H. von →Hofmannsthal – zeigt sich S. als Bühnenpraktiker mit Sinn für wirkungsvolle Effekte. Ein neuer Operntypus gelang ihm mit den Einaktern *Salome* (1905) und *Elektra* (1909), im *Rosenkavalier* (1911) verwirklichte er das Ideal einer modernen heiteren Oper. S.' kompositorische Meisterschaft zeigt sich in den sinfonischen Dichtungen wie *Don Juan* (1889), *Tod und Verklärung* (1890), *Till Eulenspiegel* (1895), *Also sprach Zarathustra* (1896), aber auch in den Opern *Guntram* (1894), *Ariadne auf Naxos* (1912), *Die Frau ohne Schatten* (1919), *Arabella* (1933), *Die schweigsame Frau* (1935). Zu seinem Werk gehören auch Chorwerke, Klavier- und Kammermusik, Ballett (*Josephslegende,* 1914) und zahlreiche Lieder, von denen die *Vier letzten Lieder* (1948) für Sopran und Orchester einen Höhepunkt dieser Gattung bildet. S., Mitbegründer der Salzburger Festspiele, war 1919–24 Leiter der Wiener Staatsoper; ab 1925 widmete er sich hauptsächlich dem Komponieren und übernahm Verpflichtungen als Konzertdirigent. Sein Entsetzen über die Zerstörung von Kulturdenkmälern manifestiert sich in seinem Spätwerk (z. B. *Metamorphosen,* 1945).

Strawinsky, Igor Fjodorowitsch

amerik. Komponist russ. Herkunft
* 17.6.1882 in Oranienbaum bei St. Petersburg
† 6.4.1971 in New York

S. zählt zu den bedeutendsten und wirkungsreichsten Komponisten der Neuen Musik und gilt als Begründer des Neoklassizismus. Der Sohn eines bekannten Opernsängers war ab 1903 Schüler von N. →Rimski-Korsakow und begann sein umfangreiches Werk in der Tradition der russischen Spätromantik (*Feuerwerk,* 1909), der er nach 1910 eine betont antiromantische Konzeption entgegenstellt, und entwickelte einen individuellen Stil höchster Expressivität. Seine internationale Karriere begann in Paris mit den Aufführungen *Der Feuervogel* (1910), *Petruschka* (1911) und *Le sacre du printemps* (1913). S. griff nahezu alle Stilentwicklungen des 20. Jh.s auf, ohne sich auf bestimmte „Schulen" festzulegen (Jazz, Impressionismus, Zwölftontechnik, serielle Musik). S.s alle Gattungen der vokalen und instrumentalen Musik umfassendes Werk ist vor allem durch klangliche, instrumentatorische und rhythmische Brillanz gekennzeichnet. Weitere erfolgreiche Werke sind u. a. die Ballette *Die Nachtigall* (1914), *Pulcinella* (1920), *Der Fuchs* (1917), *Les noces* (1932), *Kartenspiel* (1936), *Orpheus* (1958), die Opern *Oedipus Rex* (1927), *Die Sintflut* (1962), das Chorwerk *Requiem canticles* (1966), drei Sinfonien, ein Violinkonzert, eine Messe, Kammermusik, Klavierwerke sowie Lieder. S. lebte ab 1914 in der Schweiz, ging 1920 nach Paris und hatte seinen Wohnsitz ab 1939 in den USA; 1945 erhielt er die amerikanische Staatsbürgerschaft. 1960 wurde S. in der UdSSR rehabilitiert.

Stresemann, Gustav

dt. Politiker
* 10.5.1878 in Berlin
† 3.10.1929 in Berlin

S. war überzeugter Anhänger der Monarchie und Verfechter einer annexionistischen Kriegszielpolitik. Durch den Ausgang des I. Weltkrieges kompromittiert und in der Weimarer Republik weitgehend isoliert, bildete er 1918 aus dem rechten Flügel der sich auflösenden Nationalliberalen Partei die Deutsche Volkspartei und führte diese von der Opposition bis zur Regierungsverantwortlichkeit. S. lehnte zunächst die Weimarer Verfassung und den Versailler Vertrag ab, erkannte jedoch ab 1920 die politischen Gegebenheiten an. Nach dem Scheitern der Regierung wurde er von August bis November 1923 Reichskanzler und vermochte innerhalb seiner kurzen Regierungszeit die gefährdete junge Republik zu festigen. Der erste Schritt dazu war die Beendigung des passiven Widerstandes gegen die Ruhrbesetzung. Durch die Gründung der Deutschen Rentenbank und die Währungsreform am 15.11.1923 erreichte S. das Ende der Inflation. Die erfolgreiche Abwehr kommunistischer Putschversuche in Sachsen und Thüringen sowie separatistischer Bewegungen in Bayern und im Rheinland stabilisierte endgültig die Lage. Nach dem Ausscheiden der SPD aus der Regierung trat S. zurück, blieb aber weiter bis zu seinem Tod Außenminister. Er verfolgte das Ziel, Deutschlands Isolation durch Annäherung an die Westmächte aufzubrechen. 1924 erreichte S. eine Mäßigung der Reparationen (Dawes-Plan), 1925 die Räumung des Ruhrgebiets sowie die Verständigung mit Frankreich und Belgien auf Grund von Sicherheitsgarantien (Locarno-Verträge). 1926 erfolgte die Aufnahme in den Völkerbund, 1927 die Beendigung der interalliierten Militärkontrolle, 1928 die Unterzeichnung des Kellogg-Pakts zur Ächtung des Krieges. Auf der Haager Konferenz 1929 wurde die Abmachung über eine Verringerung der Reparationsleistungen sowie die Zusage der vorzeitigen Räumung des Rheinlandes (Young-Plan) getroffen. Zusammen mit seinem französischen Kollegen Aristide Briand erhielt S. 1926 den Friedensnobelpreis.

Strindberg, August

schwed. Dichter
* 22.1.1849 in Stockholm
† 14.5.1912 in Stockholm

S. gilt als der Erneuerer des Dramas und nahm in seinen dramatischen Werken die Formen des europäischen Expressionismus und Surrealismus vorweg. Der Sohn eines Schiffsagenten und einer Magd hatte nach dem frühen Tod der Mutter eine harte Kindheit und Jugend, die er später in dem autobiografischen Roman *Der Sohn einer Magd* (1886/87, dt. 1909/10) schilderte. Er brach sein Medizinstudium ab und versuchte sich in den verschiedensten Berufen, war u. a. Lehrer, Bibliothekar und Journalist. Bekannt und zugleich Begründer des schwedischen Naturalismus wurde S. mit der Gesellschaftssatire *Das rote Zimmer* (1879, dt. 1889). Nach historischen Erzählungen und Reiseberichten erreichte er mit den Dramen des Geschlechterkampfs *Der Vater* (1887, dt. 1888) und *Fräulein Julie* (1888, dt. 1889) den ersten künstlerischen Höhepunkt. S.s Werke kreisen um seine verzweifelte Suche nach Wahrheit und Selbsterkenntnis, sind aber besonders der Ausdruck seiner Unfähigkeit zu Menschen, vor allem zu Frauen, eine Beziehung aufzubauen (seine drei Ehen scheiterten). S. vertrat die Ansicht, Frauen seien Männern intellektuell und moralisch unterlegen, aber an Gerissenheit und

Rafinesse weit überlegen. Ein polemischer Ausfall des ansonsten fortschrittlichen Dichters war die Erzählung *Die Verheirateten* (1884, dt. 1889), die einen Proteststurm der Frauenbewegung bewirkte. In den 90er Jahren in Paris traten bei S. die ersten Zeichen von Verfolgungswahn auf, die in einer Krise endeten und die er in seiner Autobiografie *Inferno* (1897, dt. 1898) literarisch verarbeitete. Ab 1899 wieder in Stockholm gründete er 1907 das „Intime Theater", wo seine Kammerspiele aufgeführt wurden (*Wetterleuchten, Die Brandstätte, Gespenstersonate, Der Scheiterhaufen,* alle 1907). In seinem Alterswerk griff er noch einmal die konservative Gesellschaft auf (*Die gotischen Zimmer,* 1904, dt. 1904; *Schwarze Fahnen,* 1907, dt. 1908). Weitere bedeutende Werke S. sind das historische Drama *Meister Olof* (1872, dt. 1895) sowie *Nach Damaskus* (1989–1904, dt. 1912), *Ostern* (1901, dt. 1901), *Totentanz* (1901, dt. 1904), *Ein Traumspiel* (1902, dt. 1903).

Suleiman II., der Große (der Prächtige)

osman. Sultan
* 6.11.1494 in Trabzon
† 6.9.1566 vor Szigetvár, Ungarn

S., Sohn und Nachfolger Sultan Selims I., führte während seiner langen Regierungszeit (1520–1566) das Osmanische Reich auf den Höhepunkt seiner Macht. Es erreichte seine größte Ausdehnung und bedrohte das christliche Abendland. S.s gefürchtete Flotte sicherte die Macht im Mittelmeerraum und vertrieb 1522 die Johanniter von der Insel Rhodos. Zu Lande entriss er den Persern Mesopotamien und Armenien und drang in das habsburgische Hoheitsgebiet vor. Die Ungarn bezwang er 1521 zu ersten Mal mit der Eroberung Belgrads. S.s zweiter Sieg 1526 bei Mohács bedeutete das Endc Ungarns. 1529 stand er vor den Toren Wiens. Die Belagerung der Stadt blieb zwar erfolglos, erschütterte aber das Abendland zutiefst. Nach der Eroberung von Bagdad und Täbris im Osten strebte S. 1536 ein Bündnis mit König →Franz I. von Frankreich an: Damit kam es zum erstenmal zu einer Koalition zwischen einer christlichen Großmacht und den „Ungläubigen". Der Feldzug von 1541 brachte die gesamte ungarische Tiefebene in die osmanische Hand. Die Herrschaft über das Mittelmeer eroberte S. von →Karl V. zurück. Nach Algier fiel 1551 Tripolis. Über das Rote Meer drang die osmanische Flotte bis in den Indischen Ozean vor. S., der von seinen Untertanen „der Gesetzgeber" genannt wurde, führte im Innern des Landes auf allen Gebieten umfangreiche Reformen durch. Viele seiner Gesetze blieben bis ins 19. Jh. gültig. Er entwickelte die Baukunst (Suleiman-Moschee in Istanbul, von →Sinan erbaut) und förderte – selbst ein Dichter – die Kunst sowie die Wissenschaft.

Sullivan, Louis Henry

amerik. Architekt
* 3.9.1856 in Boston
† 14.4.1924 in Chicago

S. gilt als der „Erfinder" des Hochhauses. Der bedeutendste Vertreter der Chicagoer Architekturschule prägte die moderne Stadtarchitektur durch die Verwendung der Stahlskelettkonstruktion und entwarf seine Gebäude nach funktionalen Gesichtspunkten. Seinen Hochhäusern verlieh S. trotz sparsamer architektonischer Mittel durch bizarre oder zeitgenössische Jugendstil-Ornamente ein markantes Aussehen. Neben dem Auditorium Building (1886–90) und dem Carson Pivie Scott Department Store (1899–1904) in Chicago entwickelte S. mit Wainright Building (1890) in St. Louis seinen Gebäudetypus für das Waren-, Büro- und Hotelhochhaus, das oft kopiert wurde. Sein Einfluss auf die amerikanische Hochhaus-Architektur wirkte durch seine Schriften über Architektur und durch seine Schüler (u. a. Frank Lloyd Wright) auch im 20. Jh. weiter.

Sun Yat-sen

(eigtl.: Sun Wen)
chin Politiker
* 12.11.1866 in Siangschan, Kwangtung
† 12.3.1925 in Peking

S., Führer der republikanischen Revolution, war der einflussreichste chinesische Politiker in der Übergangszeit von der Monarchie zur Republik. Er stammte aus einer christlichen Familie. Nach dem Besuch der Missionsschule auf Honolulu studierte S. Medizin, entschied sich jedoch für eine politische Laufbahn. Sein politisches Ziel war die Demokratisierung Chinas. Unter dem Einfluss der russischen Revolution gründete er 1906 in Japan die Chinesische Revolutionäre Liga, aus der sich 1912 die Nationale Volkspartei Guomindang entwickelte. Nach dem Ausbruch der chinesischen Revolution 1911 kehrte S. nach China zurück, war 1912 für kurze Zeit Staatspräsident, musste aber dem Militärdiktator Yuan Shikai weichen. 1913–17 war er erneut in Japan im Exil. 1917 stellte er sich an die Spitze einer Gegenregierung in Kanton. Enttäuscht über die mangelnde Unterstützung, wandte sich S. von den Westmächten ab und suchte ab 1922 eine enge Zusammenarbeit mit der Sowjetunion und den Kommunisten. Sein Streben war eine Einigung mit Nordchina. Er starb allerdings vor Beginn einer Wiedervereinigungskonferenz in Peking.

Swift, Jonathan

ir.-engl. Schriftsteller
* 30.11.1667 in Dublin
† 19.10.1745 in Dublin

S., der bedeutendste Satiriker seiner Zeit, erreichte mit dem vierteiligen Roman *Gullivers Reisen* (1726, dt. 1904) den Höhepunkt seines literarischen Schaffens. Nach einer Kindheit in ärmlichen Verhältnissen studierte er Theologie

und trat anschließend in die Dienste des Schriftstellers und Staatsmannes Sir William Temple. Später wurde S. anglikanischer Geistlicher (1694) und war politisch aktiv. Er kämpfte für die nationalen Interessen Irlands und geriet persönlich wie beruflich in Schwierigkeiten. Er verfasste bissige Pamphlete und Satiren voll Menschenfeindlichkeit. Mit A. →Pope verband ihn die Absicht, den Glauben und die guten Sitten gegen zügellosen Deismus und Fortschrittsglauben zu verteidigen. S. karikierte den Streit der Konfessionen in *Märchen von einer Tonne* (1696) und die Konkurrenz zwischen antiken und modernen Schriften (*Die Schlacht der Bücher,* 1704). In *Gullivers Reisen* geißelte er allegorisch die gesellschaftlichen und sittlichen Missstände seiner Zeit. Die Teile I und II seines Hauptwerks, das die grotesken Abenteuer des Schiffsarztes Gulliver im Reiche der Zwerge und Riesen schildert, zählen heute noch zur klassischen Jugendliteratur. Die Bücher III und IV beschreiben Gullivers Erlebnisse bei den „Wissenschaftlern und den gelehrten Pferden“ und sind von Menschenhass und bitterem Zynismus gekennzeichnet. S., der in geistiger Umnachtung starb, hinterließ auch Tagebücher und seine Korrespondenz mit „Vanessa“, ein Meisterwerk der Briefliteratur.

Tacitus, Publius Cornelius

röm. Geschichtsschreiber
* um 55 n. Chr.
† um 120 n. Chr.

Über das Leben T.' ist bis zu seinem Eintritt in die politische Laufbahn kaum etwas bekannt. Er hatte wahrscheinlich eine rhetorische Ausbildung und ab 88 (Prätor) hohe politische Ämter inne. 97 war er Konsul, um 112 Prokonsul in der Provinz Asia. Erst nach dem Tode des von ihm als Gewaltherrscher gebrandmarkten Domitianus (96) trat T. als Schriftsteller hervor. Zunächst veröffentlichte er die Biografie seines Schwiegervaters Agricola, die eine wichtige Quelle für das römische Britannien darstellt. Später gab er mit *Germania* den ersten zusammenhängenden Bericht von der Landschaft und den Bewohnern Germaniens und schließlich den *Dialog über die Redner* heraus. Seine nur fragmentarisch erhaltenen Hauptwerke *Historiae* und *Annales* behandeln die römische Geschichte von der Flavierzeit bzw. die Zeit vom Tode →Augustus' bis →Nero. Im Mittelpunkt steht das Verhalten der Kaiser, die zwar psychologisch einfühlsam, aber einseitig negativ dargestellt werden, denn T. hielt diese Staatsform mit der altrömisch-republikanischen „Freiheit" für nicht vereinbar. In pessimistischer Grundhaltung und würdevollem Sprachstil verfasst, ist T.' Werk an inhaltsschwerer Knappheit und an Ausdruck in der römischen Historienschreibung unübertroffen.

Tagore, Rabindranath

(eigtl.: R. Thakur)
ind. Dichter und Philosoph
* 6.5.1861 in Kalkutta
† 7.8.1941 in Shantiniketan, Bengalen

T. belebte die bengalische Sprache durch die Schöpfung der modernen bengalischen Literatur und ist als Vermittler zwischen der indischen Tradition und europäischen Kultur bekannt geworden. Als Sohn eines hochgestellten Brahmanen erhielt er eine umfassende Erziehung, besuchte Schulen in England und studierte 1878–83 englische Literatur. T. verfasste seine Gedichte, Romane und Dramen auf Bengalisch, von denen er einen Teil selbst ins Englische übertrug. Seine Lyrik ist vom Impressionismus beeinflusst, die Grundelemente seines poetischen Schaffens sind die Begriffe „Puja" (Verehrung), „Prem" (Liebe) und „Prakriti" (Natur). T.s Gedankenwelt wurde in Bengalen in der zweiten Hälfte des 20. Jh.s zu einer Art Ersatzreligion. 1901 gründete er in Shantiniketan eine Schule, die seit 1951 als staatliche Universität anerkannt ist. T. illustrierte seine Werke mit Tuschezeichnungen, schuf zahlreiche Gedichte und Tanzdramen mit eigener Vertonung. Am bekanntesten wurden seine Liebesgedichte (*Der Gärtner,* 1895) und die Lyriksammlung *Gitanjali* (1910, dt. 1914), für die er 1913 als erster Inder den Literaturnobelpreis bekam.

Talleyrand-Périgord, Charles Maurice de, Prince de Bénévent

frz. Staatsmann
* 2.2.1754 in Paris
† 17.5.1838 in Paris

Dem genialen, wenn auch gewissenlosen Politiker T. gelang es, über vier Jahrzehnte die Politik Frankreichs maßgeblich mitzubestimmen. Der Spross eines alten Adelsgeschlechts konnte wegen seiner körperlichen Behinderung nicht die militärische Laufbahn einschlagen. 1779 wurde T. Priester, 1788 Bischof von Autun und vertrat ein Jahr später den Klerus in den Generalständen. Als Mitglied der Nationalversammlung wandelte er sich vom gemäßigten Reformer zum Revolutionär und beantragte die Verstaatlichung der Kirchengüter. Inzwischen Präsident der Nationalversammlung, leistete er den Eid auf die zivile Verfassung und zelebrierte zur Feier der Konföderation (14.7.1790) auf dem Marsfeld ein feierliches Hochamt. T., daraufhin vom Papst gebannt, legte 1791 die Bischofswürde nieder. Als Diplomat versuchte er vergeblich, Großbritannien von einer antifranzösischen Koalition mit Preußen und Österreich abzuhalten. Vom Konvent als Royalist verurteilt, musste er 1794–96 nach Amerika emigrieren. Nach seiner Rückkehr amtierte T. 1797–1807 als Außenminister des Direktoriums sowie →Napoleons I. Ab 1807 arbeitete er der napoleonischen Hegemonialpolitik heimlich entgegen, fiel Anfang 1809 beim Kaiser in Ungnade. Nach der Niederlage Napoleons betrieb er die Restauration der Bourbonen, wofür er von Ludwig XVIII. erneut zum Außenminister ernannt wurde. Auf dem Wiener Kongress konnte T. durch sein staatsmännisches Können die Großmachtstellung Frankreichs zurückgewinnen. 1815 musste er auf Druck der äußersten Rechten zurücktreten. 1830 befürwortete er die Thronbesteigung des „Bürgerkönigs" Louis Philipp und wirkte bis 1834 als Botschafter in England.

Tasso, Torquato

ital. Dichter
* 11.3.1544 in Sorrent
† 25.4.1595 in Rom

T.s vom Zwiespalt zwischen sinnlichem Schönheitskult und christlicher Glaubensstrenge geprägtes literarisches Werk steht am Ausgang der Spätrenaissance. Der aus bergamaskischem Adelsgeschlecht stammende Dichter verbrachte seine Jugend an verschiedenen Fürstenhöfen und ging 1560 zum Jurastudium nach Padua, wandte sich dort aber mehr der Literatur zu. 1562 schrieb T. sein berühmtes Ritterepos *Rinaldo* und wurde bereits mit 18 Jahren als Dichter gefeiert. Seine beleidigenden Satiren zwangen ihn 1564 zur Flucht aus Padua, er wurde aber am Hofe der Este in Ferrara aufgenommen. Ab 1572 stand er im Dienst des Herzogs Alfons II. In dieser Zeit mehrten sich bei T. die Zeichen von Verfolgungswahn und religiösen Zwangsvorstellungen. Er erstattete Selbstanzeige beim Inquisitionsgericht und wurde 1579 wegen gefährlicher Wutausbrüche für sieben Jahre in die Irrenanstalt St. Anna in Ferrara eingewiesen. Danach zog er trotz Protektion durch Papst und Fürsten ruhelos umher und starb kurz vor seiner Dichterkrönung. T.s populäres Werk umfasst u. a.das lyrisch gestimmte, romantisch-christliche Epos *Das befreite Jerusalem* (1581, dt. 1626), das Hirtenspiel *Amnita* (1580), die Tragödie *Il Re Torrismonde* (1587) sowie zahlreiche Gedichte, Diskurse und rund 1700 Briefe. T.s Leben regte später u. a. J. W. →Goethe zur dichterischen Gestaltung an.

Teilhard de Chardin, Marie-Joseph Pierre

frz. Theologe, Philosoph
und Paläontologe
* 1.5.1.1881 in Sarcenat
bei Clermont-Ferrand
† 10.4.1955 in New York

T., Priester und Professor am Institut Catholique in Paris, versuchte eine Synthese zwischen Evolutionstheorie und christlicher Glaubenslehre, geriet aber in Gegensatz zur offiziellen Lehre der katholischen Kirche. Der Sohn eines Landadeligen besuchte die Jesuitenschule, unternahm nach der Priesterweihe Forschungsreisen – eigentlich vom Orden erzwungene Versetzungen – (1923–39) nach Südafrika und China, wo er sich an den Ausgrabungen des sog. Pekingmenschen beteiligte. Nach Europa zurückgekehrt, bemühte sich T. beim Papst um eine Lehrtätigkeit in Frankreich und um die Veröffentlichung seines in China verfassten Buches *Der Mensch im Kosmos* (postum 1955 erschienen), wurde jedoch zurückgewiesen und ging 1951 in die USA. T. vertrat die These, dass die kontinuierliche Entwicklung des Lebendigen zum Geistigen mit dem Menschen nicht abgeschlossen sei. Der Mensch sei dazu aufgerufen, die Evolution des Kosmos zu vollenden. Unausweichliches Ziel sei eine durch die göttliche Liebe („Punkt Omega") ermöglichte, alle Völker und Rassen vereinende Weltkultur. Da T.s Theorien nicht in das Bild des einmaligen Schöpfungsakts des Gottes passten und seine optimistische Vorstellung mit dem Jüngsten Gericht nur schwer zu vereinen war, wurden seine Schriften erst nach dem Tod publiziert: *Die Entstehung des Menschen* (1956, dt. 1961), *Die Zukunft des Menschen* (1959, dt. 1963), *Die menschliche Energie* (1962, dt. 1966), *Wissenschaft und Christus* (1965, dt. 1970) und *Mein Glaube* (1969, dt. 1972).

Teller, Edward

amerik. Physiker ung. Herkunft
* 15.1.1908 in Budapest

T. war ab 1949 maßgeblich an der Entwicklung der Wasserstoffbombe beteiligt. Der Sohn einer wohlhabenden jüdischen Familie verließ nach dem Gymnasium Ungarn, um in Deutschland Physik zu studieren. Nach der Machtübernahme der Nationalsozialisten musste T. emigrieren und ließ sich in den USA nieder. Nach Hinweisen auf eine Entwicklung der Atombombe in Deutschland, rief US-Präsident F. D. →Roosevelt das sog. Manhatten-Projekt ins Leben, das den Bau einer Atombombe zum Ziel hatte. T. arbeitete (1943–46) neben J. R. →Oppenheimer an der Entwicklung der amerikanischen Atombombe in Los Alamos. Nach dem Kriegsende leitete er das Institute for Nuclear Studies in Chicago, wo seine Forschungsarbeit der Entwicklung der Wasserstoffbombe galt. Am 1.11.1952 fand der erste Test auf dem ehemaligen Eniwetok-Atoll (Marshall-Inseln) statt. T. wurde zum exponierten Befürworter dieser Massenvernichtungwaffe („Vater der Wasserstoffbombe"). Die Prognosen einer Katastrophe bei einem Atomkrieg bezeichnete er als „blanken Unsinn". Vor dem amerikanischen Senat sprach sich T. gegen den Atomsperrvertrag aus. Der Physiker, der seine Abneigung gegenüber der Sowjetunion offen ausdrückte, lehnte auch das SALT II-Abrüstungsabkommen ab, befürwortete jedoch Präsident R. →Reagens Pläne, ein lasergestütztes Satellitensystem zur Raketenabwehr (SDI) im Weltall zu installieren.

Terenz

(Publius Terentius Afer)
röm. Komödiendichter
* um 190 v. Chr. in Karthago
† 159 v. Chr. in Griechenland

T. kam schon in jungen Jahren als Sklave von Karthago nach Rom, wo er im Haus des Senators Terentius Lucanus eine vornehme Erziehung genoss und später freigelassen wurde. Er wurde in den Literaturkreis des →Scipio d. J. aufgenommen und schrieb sechs die attische Komödie nachahmende Stücke, die 166–160 aufgeführt wurden *(Das Mädchen von Andros, Der Selbstquäler, Der Eunuch, Phormio, Die Brüder* und *Die Schwiegermutter).* Gegenüber →Plautus bevorzugte T. den reinen Sprechvers und ließ die Schauspieler nicht mehr singen. Seine gemäßigte Komik bedient sich eines kultivierten Sprachstils, auch sind seine Stücke psychologisch nuanciert. Die fein herausgearbeiteten Figuren verwickeln sich in ein Gewirr von Schwierigkeiten, gelangen jedoch am Schluss immer zu einer glücklichen Lösung. T.' Werk galt bis ins 18. Jh. als die wichtigste Schullektüre im Lateinunterricht und wurde u. a. von H. →Sachs, →Molière und G.E. →Lessing bearbeitet.

Mutter Teresa

(eigtl.: Agnes Gonxha Bojaxhiu)
ind. Ordensgründerin alban. Herkunft
* 27.8.1910 in Skopje
† 5.9.1997 in Kalkutta

T. war 1928 Novizin der irischen Lorettoschwestern und als Lehrerin in Indien tätig.

Seit 1946 arbeitete sie bei den Ärmsten in den Slums von Kalkutta, eröffnete 1949 hier die erste Schule und gründete 1950 die „Kongregation der Missionarinnen der Nächstenliebe“, die

inzwischen 400 Niederlassungen in Europa und in der Dritten Welt hat. T.s Ordensschwestern arbeiten nach den Ordensregeln niemals für Geld oder für Reiche. Sie kümmern sich in den Elendsvierteln Kalkuttas um ausgesetzte Kinder, die Kranken, Hungernden und Sterbenden. Nach 30 Jahren Arbeit wurde T., von den Armen „Engel der Sterbenden“ genannt, 1979 mit dem Friedensnobelpreis geehrt. Sie initiierte die Gründung weiterer sozialer und medizinischer Einrichtungen wie Armenschulen, Leprazentren, Entbindungsheime, ein Heim für ledige Mütter, eine Tuberkuloseklinik sowie ein „Sterbehaus“. 1990 von der Leitung des Ordens entpflichtet, unternahm T. in den letzten Jahren weltweite Vortragsreisen. Im Alter von 87 Jahren ist T. an den Folgen einer Herzattacke gestorben.

Tesla, Nicola

amerik. Physiker kroat. Herkunft
* 10.7.1856 in Siniljan, Kroatien
† 7.1.1943 in New York

T. studierte in Graz, Prag und Paris und emigrierte 1884 in die USA, wo er mit Th. A. →Edison zusammenarbeitete. Später verließ er das Unternehmen Edisons wegen Differenzen und widmete sich seinen eigenen Erfindungen. Er entwickelte u. a. den T.-Transformator für hochfrequente Wechselströme. Das Gerät dient zur Erzeugung von Hochspannungen hoher Frequenz und findet vor allem in der Medizin Verwendung. Nach dem Physiker ist auch die Einheit der magnetischen Flussdichte benannt.

Thales von Milet

griech. Philosoph und Naturforscher
* um 626 v. Chr. in Milet, Kleinasien
† um 545 v. Chr.

T. gilt als erster griechischer Philosoph und einer der Sieben Weisen der antiken Welt. Von seinem Leben ist wenig bekannt. T. sah das Wasser als Urgrund aller Dinge und als Ausdruck der Beseelung des Lebendigen an. Er erforschte Naturphänomene wie Sonnenfinsternis, Magnetismus, Nilüberschwemmungen und Erdbeben. Seine praktischen Kenntnisse sind ebenso belegt: Dem Heer des →Krösus erleichterte er es, den Halys zu überschreiten, indem er den Fluss umleiten ließ. Bekannt wurde er durch seine Erkenntnisse der elementaren Geometrie. Er stellte vermutlich den Lehrsatz auf, dass jeder Umfangswinkel eines Halbkreises (Thales-Kreis) 90° beträgt.

Thatcher, Hilda Margaret Baroness of Kesteven

brit. Politikerin
* 13.10.1925 in Grantham, Lincolnshire

T. war die erste Premierministerin Großbritanniens und hatte dieses Amt länger als alle anderen britischen Regierungschefs inne (1979–90). Sie studierte Chemie, anschließend Jura und wurde als Rechtsanwältin zugelassen. Ab 1959 Abgeordnete der Konservativen Partei im Unterhaus, begann T.s steile politische Karriere. 1964 wurde sie Sprecherin ihrer Partei, war für das Transportwesen, später für die Erziehung verantwortlich. Nach dem Sieg der Konservativen wurde sie unter Premiermister Edward Heath Ministerin für Wirtschaft und Erziehung.

1975 übernahm sie nach der Wahlniederlage der Konservativen die Führung ihrer Partei und damit die der Opposition. Mit ihren flammenden Reden („Predigten") zugunsten der Leistungsgesellschaft erwarb sie sich in dieser Zeit den Ruf einer „Eisernen Lady". Nach ihrem Wahlsieg am 3.5.1979 leitete sie eine harte monetaristische Wirtschaftspolitik ein: Sie strich Subventionen, kürzte die Staatsausgaben, senkte die Steuern, erhöhte die Zinsen und versuchte so die Wirtschaft zu beleben („Thatcherismus"). Durch ihre entschlossene Haltung im argentinisch-britischen Konflikt um die Falkland-Inseln (1982) erlangte T. außerordentliche Popularität im eigenen Land und erwarb den internationalen Ruf eines unnachgiebigen Hardliners. 1987 gelang ihr ein dritter Wahlsieg. Weitere Kürzungen von Sozialleistungen und die umstrittene Kommunalsteuer sowie ihre unnachgiebige antieuropäische Einstellung führten zum Prestigeverlust. 1990 verlor T. den Parteivorsitz und wurde von ihrem ehemaligen Schatzmeister John Major abgelöst. 1992 wurde sie in den Adelsstand erhoben.

Themistokles

athen. Staatsmann
* um 524 v. Chr.
† um 459 v. Chr. in Magnesia

Zur Zeit der Perserkriege begann T. als Archon (hoher Staatsbeamter) 493/492 v. Chr. in Athen mit dem Ausbau des Hafens Piräus; an der Schlacht von Marathon (490) nahm er wohl als Stratege teil. Nach der Entmachtung seines Gegenspielers Aristides 482, konnte er sein Flottenbauprogramm in die Tat umsetzen. T. lockte 480 nach dem Untergang des →Leonidas an den Thermopylen die persische Flotte durch eine List in die Meerenge von Salamis, wo sie unter →Xerxes I. von den Griechen endgültig geschlagen wurde. Damit legte er den Grundstein für den Ausbau der attischen Seemacht (Attischer Seebund). 479/478 ließ T. gegen den Einspruch Spartas einen Mauerring um Athen errichten. Durch diese erneute Bevorzugung Athens zog er sich den Zorn der übrigen Partner des Bundes zu. T.s selbstherrliches Verhalten führte zum Verlust seiner Anhängerschaft, 471 wurde er durch Ostrakismos verbannt, schließlich wegen angeblichen Hochverrats zum Tode verurteilt. Mit Hilfe des persischen Großkönigs Artaxerxes konnte er fliehen und starb als persischer Lehnsfürst.

Theoderich der Große

ostgot. König
* um 453 in Pannonien
† 30.8.526 in Ravenna

Der Sohn des Königs Thiudimer aus dem ostgotischen Geschlecht der Amaler (in Heldendichtungen als Amelungen aufgeführt) verbrachte seine Jugend als Geisel in Byzanz (461–471), wo er Kultur und Staatsaufbau des Römerreiches studieren konnte. Nach dem Tod seines Vaters wurde er 471 König der Ostgoten in Pannonien, führte aber sein Volk im Bündnis mit Ostrom an die untere Donau. Vom oströmischen Kaiser Zeno wurde T. 488 mit einem Zug gegen den Germanenkönig →Odoakar beauftragt, den er mehrmals besiegte und ihn nach der Übergabe Ravennas 493 ermordete. Das von T. in Italien errichtete Reich gründete sich auf der Trennung von arianischen Ostgoten und katholischen Römern: Den Römern oblag die Landesverwaltung und die Wirtschaft, die Goten übernahmen den militärischen Schutz, was dem Land eine 30-jährige Periode des Friedens und einer allgemeinen Blüte verschaffte. T. wurde zwar 497 von Byzanz anerkannt, suchte dennoch seine Stellung durch ein Bündnissystem mit anderen germanischen Stämmen u. a. durch Heirat zu sichern. Dieser Versuch scheiterte an der Expansionspolitik →Chlodwigs I., der er 507/508 durch Angliederung der westgotischen Provence an Italien entgegenwirkte. Die deutsche Sagengestalt Dietrich von Bern und das Grabmal in Ravenna erinneren an den ostgotischen König.

Thomas von Aquin(o) (hl.)

ital. Scholastiker
* wahrscheinlich 1225 auf Schloss Roccasecca bei Aquino
† 7.3.1274 in Kloster Fossanova, Latium

Die Lehre des T., die bis heute die offizielle Philosophie der katholischen Kirche darstellt, galt lange als der Höhepunkt der Scholastik. T. stammte aus einem Grafengeschlecht und trat nach seiner Erziehung in einem Benediktinerkloster dem zur Armut verpflichtenden Dominikanerorden bei. Ab 1245 war er Schüler des →Albertus Magnus und lehrte ab 1452 an den Universitäten Paris, Köln, Bologna, Rom und Neapel. In seiner Philosophie knüpft T. an →Aristoteles an, besonders mit der Unterscheidung von Materie und Form, Existenz und Wesen, Potenz und Akt. Auch das Wesen Gottes lässt sich nach ihm zum Teil philosophisch bestimmen, und zwar auf Grund der Analogie des Seins. In seiner Ethik hebt er die Willensfreiheit hervor; bedeutend ist für ihn, dass das Gute erkannt wird. Seine Staatsphilosophie orientiert sich ebenfalls an Aristoteles. Als Vermittler zwischen Philosophie (Aristoteles) und Theologie (→Augustinus) zeichnet sich T. durch kunstvolle Kompromisse aus, die die Bruchstellen zwischen christlicher Glaubenstradition und aristotelischer Philosophie zu verbinden suchen. Er verfasste Kommentare zu den wichtigsten Werken des Aristoteles, eine Schrift zur Verteidigung des Glaubens gegen die Heiden (*Summa contra gentiles,* 1266–73). In dem gewaltigen systematischen Werk *Summa theologiae* (1266–73) fasste T. unter Einbeziehung aller menschlichen Daseinsbereiche das gesamte Wissens- und Glaubensgut der spätmittelalterlichen Kirche zusammen, das 1879 durch Papst Leo XIII. zur verbindlichen katholischen Lehrmeinung wurde. Er schrieb weiter systematische theologische Werke, viele Bibelkommentare sowie Schriften zu Einzelfragen und kleinere Abhandlungen. T. starb auf der Reise zum Konzil von Lyon. 1323 wurde er heilig gesprochen (7.3.), 1567 zum Kirchenlehrer erklärt.

Thorpe, Jim

(indian. Wa-Tuo-Huck)
amerik. Sportler
* 28.5.1888 in Shawanee (OK)
† 28.3.1953 in Lomita (CA)

T. galt als der größte Sportler der ersten Hälfte des 20. Jh.s. Der Sohn eines indianisch-irischen Vaters und einer indianischen Mutter wurde früh Vollwaise und galt schon in der Schule als ein Ausnahmesportler. Bei den Olympischen Spielen 1912 gewann T. den zum ersten Mal ausgetragenen Zehnkampf mit Spitzenleistungen in den Einzeldisziplinen sowie den Fünfkampf. Ein Jahr später wurden ihm die Goldmedaillen wegen Verstoßes gegen die Amateurregeln aberkannt. T. hatte vor seiner Leichtathletikkarriere im Baseball Geld verdient. Für die Leichtathletik wurde er für den Rest seines Lebens gesperrt, erreichte jedoch großen Ruhm als Football-Profi. Nach dem Ende seiner Sportlerkarriere hatte T. private und Alkoholprobleme. In den 40er Jahren schlug er sich in Filmnebenrollen und verschiedenen Jobs durch. Nach der Abschaffung des Amateurstatus wurde der große Sportler 1983 postum rehabilitiert, seine 1912 gewonnenen Medaillen wurden ihm wieder zugesprochen.

Thukydides

griech. Geschichtsschreiber
* um 460 v. Chr. in Athen
† nach 399 v. Chr.

T.' Werk ist nach →Herodot das zweite große Geschichtswerk des Abendlandes. Der Sohn eines reichen Aristokraten war Stratege im Peloponnesischen Krieg. Nach seinem erfolglosen Versuch, die athenische Kolonialstadt Amphipolis in Kleinasien von der Belagerung Spartas zu befreien (424 v. Chr.), wurde T. für 20 Jahre verbannt. Er zog sich auf seine thrakischen Besitzungen zurück und begann den Verlauf des griech. Bruderkrieges ab 431 v. Chr. aufzuschreiben *(Geschichte des Peloponnesischen Krieges).* T. betrieb als erster Geschichtsschreiber ein ausgiebiges Quellenstudium, bemühte sich um Sachlichkeit, Unvoreingenommenheit und Ursachenanalyse. Sein Werk hat auch eine kritische Darstellung der militärisch-diplomatischen Ereignisse zum Ziel und stellt hierfür erstmals methodische Grundsätze auf. Seine bis heute modern anmutenden Forschungsmethoden wirkten über →Tacitus und →Machiavelli bis ins 19. Jh. hinein.

Tiberius, Claudius Nero

röm. Kaiser
* 16.11.42 v. Chr. in Rom
† 16.3.37 n. Chr. in Kap Misenum

T. wurde durch die Heirat seiner Mutter (38 v. Chr.) mit Oktavian (→Augustus) dessen Stiefsohn. Da er sich als Feldherr in Armenien, Pannonien und Germanien bewährte, wurde er vom Kaiser zum Thronerben auserwählt, aber erst nach seiner erzwungenen Heirat mit der Kaiserstochter Julia von ihm adoptiert. Nach Augustus' Tod 14 n. Chr. trat T. dessen Nachfolge an.

Er verzichtete auf eine Erweiterung des Reiches und beschränkte sich auf die Sicherung der Grenzen, sorgte für einen sparsamen Finanzhaushalt und eine planmäßige Verwaltung. Die 23 Jahre seiner Herrschaft waren eine Zeit des Friedens und der Blüte. Durch sein schroffes Wesen wurde der Kaiser jedoch immer mehr angefeindet, was zur Verschlechtung des innenpolitischen Klimas führte. 26 zog er sich für immer in seine Villa auf Capri zurück und überließ die unumschränkte Regierungsgewalt dem Prätorianerpräfekten Sejan.

Tieck, Ludwig

dt. Dichter
* 31.5.1773 in Berlin
† 28.4.1853 in Berlin

T. gilt zusammen mit A. W. und F. von →Schlegel als Begründer der Jenaer Frühromantik. Trotz seiner Absicht Schauspieler zu werden studierte T. auf Wunsch seiner Eltern Theologie und Philosophie sowie Geschichte und Literatur. Während seiner Studien zum Shakespeare-Bewunderer geworden, schrieb er seinen dämonisch-fantastischen Roman *Die Geschichte des Herrn William Lovell* (13 Bde., 1795/96), der ihn bekannt machte. In der Folge erschienen seine übermütig-satirischen Märchenspiele mit mittelalterlichen Stoffen und neu erfundenen Kunstmärchen (*Der blonde Eckbert,* 1796; *Ritter Blaubart,* 1797), voll romantischer Ironie mit oft didaktischem Inhalt (*Der gestiefelte Kater,* 1797; *Prinz Zerbino,* 1799). Leittexte der Frühromantik wurden die mit Wilhelm Heinrich Wackenroder verfassten *Herzensergießungen eines kunstliebenden Klosterbruders* (1797) und der Künstlerroman *Franz Sternbalds Wanderungen* (1798). Dem Kreis der Frühromantiker um T. (1799–1801) gehörten auch →Novalis, C. →Brentano, J. →Fichte und von →Schelling an. Später reiste er durch Europa, wurde 1819 Hofdramaturg in Dresden. Sein schriftstellerischer Weg führte ihn schließlich zu den formvollendeten realistischen Romanen und Novellen (*Aufruhr in den Cevennen,* 1826; *Des Lebens Überfluss,* 1839; *Vittorio Accorombona,* 1840). Große Bedeutung hat der Dichter auch als meisterhafter Übersetzer des *Don Quijote* von M. de → Cervantes und als Mitarbeiter an der Fortführung der Schlegelschen Shakespeare-Übersetzung durch seine Tochter Dorothea und Wolf Heirich Graf von Baudissin erlangt. 1841 wurde T. von König Friedrich Wilhelm IV. nach Berlin gerufen, wo er mit seinen spektakulären Inszenierungen wahre Shakespeare-Stürme auslöste.

Tiepolo, Giovanni Battista

ital. Maler
* 5.3.1696 in Venedig
† 27.3.1770 in Madrid

Der Hauptmeister des venezianischen Spätbarock in der Tradition von P. →Veronese schuf Wand- und Deckenfresken in Palästen und Kirchen sowie Tafelbilder. Besonders seine Fresken zeichnen sich durch dramatische Bewegtheit und harmonischen Zusammenklang strahlender Farben aus. T. galt schon 1726 als nahmhafter Künstler, malte bis 1730 in Udine Fresken im Dom und erzbischöflichen Palast, später war er in Venedig und Mailand tätig. 1750 erhielt er eine Verpflichtung in Würzburg und gestaltete dort in 3-jähriger Arbeit die fürstbischöfliche Residenz. Berühmt sind die gewaltigen Fresken im Kaisersaal zur Verherrlichung →Friedrich Barbarossas sowie die Darstellung vom *Olymp und den vier Erdteilen* für das Treppenhaus. Ab 1762 in Madrid, malte T. im königlichen Palast die Fresken *Apotheose Spaniens* und *Spanien und seine Kolonien.* Sein Werk umfasst u. a. unzählige Tafelbilder und Grafiken biblischen, historischen und mythologischen Inhalts.

Tilly, Johann Tserclaes Graf von

kaiserl. Feldherr
* Februar 1559 auf Schloss Tilly, Brabant
† 30.4.1632 in Ingolstadt

Der Feldherr aus Brabanter Uradel kämpfte im Niederländischen Aufstand und im Türkenkrieg seit 1593 auf der Seite der spanischen Habsburger. 1610 trat T. in bayerische Dienste und gleichzeitig an die Spitze der gegenreformatorischen Partei (um Kurfürst →Maximilian I. von Bayern) im Dreißigjährigen Krieg. Als Oberbefehlshaber der Katholischen Liga schlug er die evangelischen Böhmen und Friedrich V. von der Pfalz 1620 am Weißen Berg vor Prag. Eine Reihe spektakulärer Siege leiteten die Rekatholisierung der Pfalz, Hessens und Westfalens ein (Siege bei Wimpfen, 1622; Höchst, 1622; Stadtlohn 1623; Lutter am Barenberg, 1626). Nach →Wallensteins Sturz (1630) wurde T. zum Generalissimus der kaiserlichen und ligistischen Truppen ernannt und konnte 1631 die protestantische Hochburg Magdeburg erobern, unterlag aber noch im gleichen Jahr dem vereinigten schwedisch-sächsischen Heer bei Breitenfeld. Er wurde im Gefecht bei Rain am Lech tödlich verwundet. Sein Leichnam kam in das von dem tiefgläubigen Marien-Verehrer oft wegen der Gnadenkapelle aufgesuchte Altötting.

Timur-Leng

(auch: Tamerlan)
asiat. Eroberer
* 8.4.1336 bei Kesch, Westturkestan
† 18.2.1405 in Otrar

Der mittelasiatische Herrscher T. (Timur = Eisen, Leng oder Lenk = der Hinkende) aus türkisiertem, mongolischem Geschlecht nutzte die Zersplitterung der Mongolenreiche im 14. Jh. aus, um das Reich →Dschingis Khans zu erneuern und riss 1360 die Macht in Westturkestan an sich. 1370 erklärte er sich zum Nachfolger des großen Mongolenherrschers und begann mit seinem berüchtigten Heer seinen Eroberungszug. Ab 1380 unterjochte T. Mittelasien von der Chinesischen Mauer bis Moskau, Nordindien, Iran, Mesopotamien und Ostkleinasien. 1402 bezwang er ein großes türkisches Heer unter Sultan Bejazid I. bei Ankara. Er vernichtete christliche und islamische Völker, obwohl er selbst gläubiger Moslem war. Er baute seine Residenzstadt Samarkand aus, indem er die besten Handwerker und Künstler als Gefangene in die Hauptstadt verschleppte. Während der Vorbereitung eines China-Feldzuges starb T. Nach seinem Tod zerfiel das Reich unter seinen Nachfahren, den unkriegerischen, hochkultivierten Timuriden, rasch wieder in die einzelnen Fürstentümer.

Tintoretto

(eigtl.: Jacopo Robusti)
ital. Maler
* 29.9.1518 in Venedig
† 31.5.1594 in Venedig

T., der Haupmeister des zum Barock führenden Manierismus, wirkte ausschließlich in Venedig. Seinen Beinamen T. (der kleine Färber) erhielt er auf Grund des Berufes seines Vaters, der Färber war. Der Schüler →Tizians nannte sich 1539 erstmals in einem Dokument mit dem Meistertitel. Nach seinem ersten großen Werk *Das Wunder des hl. Markus* (1548) malte T. vor allem religiöse Fresken, Tafelbilder und Porträts. Das Frühwerk des Meisters stand noch unter dem Einfluss von Parmigianino und →Michelangelo. Seine zuerst leuchtenden, dann tonig gebrochenen Farben werden im Spätwerk fahl und blass, das Licht wird zum Spannungsträger und erhält einen dramatisierenden Charakter. Zu seinen bedeutendsten Werken zählen die Wand- und Deckenfresken in der Scuola di San Rocco mit Darstellungen des Alten Testaments (1565–87) und im Dogenpalast (1574– 92).

Tito, Josip

(eigtl.: J. Broz)
jugos. Staatsmann und Militär
* 25.5.1892 in Kumrovec, Kroatien
† 4.5.1980 in Ljubljana

T., der Organisator des jugoslawischen Widerstandes gegen die deutschen und italienischen Besatzungsmächte, gründete 1945 die Jugoslawische Föderative Republik. Dem aus einer Kleinbauernfamilie stammenden Politiker gelang es, als Integrationsfigur die verschiedenen Volksgruppen zusammenzubinden. T. kämpfte 1914 im österreichisch-ungarischen Heer, geriet 1915 in russische Gefangenschaft und trat 1917 in die Rote Armee ein. Nach seiner Rückkehr (1920) war er ab 1925 maßgeblich am Aufbau der jugoslawischen KP beteiligt. Wegen illegaler Organisation der Partei und der Gewerkschaften kam er 1928–34 ins Gefängnis, emigrierte anschließend nach Moskau. Ab 1937 Generalsekretär der verbotenen

KPJ, führte er im II. Weltkrieg unter dem Decknamen „Tito“ die Partisanenbewegung gegen die Besatzungsarmeen. Nach der Befreiung des Landes wurde T. Ministerpräsident (1945) und 1953 Staatspräsident (ab 1963 auf Lebenszeit). 1948 brach er mit Kominform und entwickelte einen nationalen Kommunismus („Titoismus“). Außenpolitisch orientierte er sich an der Bewegung der „Blockfreien Staaten“, die er als Gegengewicht zu den Großmächten anstrebte. Nach seinem Tod brach Anfang der 90er Jahre der Bürgerkrieg zwischen den Teilrepubliken aus, der zum endgültigen Zerfall Jugoslawiens führte.

Titus

(eigtl.: T. Flavius Vespasianus)
röm. Kaiser
* 30.12.39 n. Chr. in Rom
† 13.9.81 n. Chr. bei Reate
(heute Rieti)

T., Sohn des Kaisers Vespasian, schlug 70 n. Chr. im Auftrag seines Vaters den großen jüdischen Aufstand nieder, der mit der Eroberung und Zerstörung Jerusalems und des heiligen Tempels endete (Darstellung auf dem T.-Bogen am Ostende des Forum Romanum). Bei der Rückkehr nach Rom wurde er mit einem Triumphzug geehrt und zum Präfekten der Prätorianergarde ernannt, kurz darauf zum Mitregenten seines Vaters erhoben. Nach dessen Tod 79 trat er die Herrschaft an und bestimmte zu Beginn seiner Regierung seinen ehrgeizigen Bruder Domitianus zum Teilhaber an der Herrschaft und künftigen Nachfolger. T.' kurze, durch Milde, Großzügigkeit und Gerechtigkeit geprägte Regierungszeit, in der das Kolosseum vollendet wurde, war von dem Vesuvausbruch und der folgenden Verschüttung Pompejis überschattet. 80 erlebte Rom einen Großbrand und eine Pestepidemie.

Tizian

(eigtl.: Tiziano Vecellio)
ital. Maler
* um 1488/90 in Pieve di Cadore, Dolomiten
† 27.8.1576 in Venedig

T., Hauptmeister der venezianischen Hochrenaissance, war Schüler G. →Bellinis und Mitarbeiter →Giorgiones. Der Sohn eines Hauptmanns der Bürgerwehr fiel schon früh durch sein Talent auf und wurde zur Ausbildung nach Venedig geschickt. Seine frühen Werke (um 1500–18) zeichnen sich durch lichte Farbigkeit sowie zeichnerische Klarheit und Ruhe aus (*Himmlische und irdische Liebe,* um 1515). Am Anfang seines Schaffens stehen die zwei Altarbilder in der Frarikirche in Venedig (*Himmelfahrt Mariä,* 1518 und *Pesaro-Madonna,* ab 1519) in einer dramatischen Bewegtheit, die fast barock anmutet. T.s mythologische Darstellungen sind durch satte Farbigkeit und lebendige Menschendarstellung gekennzeichnet (*Venusfest,* 1518–19; *Bacchus und Ariadne,* 1523). In der nachfolgenden Periode (bis um 1530) entwickelte sich T. zu monumentaler Größe. In dieser Zeit setzt eine Beruhigung der Farben und Formen ein (*Venus von Urbino,* 1538). In seiner mittleren Schaffensperiode entstanden die lebensechten prächtigen Bildnisse, durch die T. zum Porträtisten und Vertrauten der höchsten Würdenträger des 16. Jh.s wie →Karl V., →Philipp II., Franz II. von Frankreich und Papst Paul III. wurde. Sein Werk erfuhr erneut eine dramatische Steigerung mit der *Danae* (1553). Im Alterswerk (ab 1555) erreichte T. ein Höchstmaß an Sichtbarmachung seelischer Vorgänge durch die Farbe (*Dornenkrönung,* um 1570). Er erlangte höchsten Ruhm schon vor Mitte des 16. Jh.s. T.s Werk gehört zu den Höhepunkten der Malerei überhaupt.

Tolstoj, Lew (Leo) Nikolajewitsch Graf

russ. Schriftsteller
* 9.9.1828 in Jasnaja Poljana
† 20.11.1910 in Astapowo

Als Literat knüpfte T. an die Tradition der französischen Realisten wie G. →Flaubert an und führte den Realismus zu einem neuen Höhepunkt. Er stammte aus einer alten, einflussreichen Adels- und Gutsbesitzerfamilie und studierte zunächst Jura, dann orientalische Sprachen. Als Offizier nahm T. an den Kämpfen im Kaukasus und am Krimkrieg teil. Ab 1855 lebte er abwechselnd in Moskau und auf seinem Landgut, zog sich aber nach seiner Verheiratung ganz auf sein Gut Jasnaja Poljana zurück, wo er eine Schule für Bauernkinder gründete. T.s realistische Darstellungen von Gutsbesitzern und Bauern haben das Weltbild russischer Revolutionäre entscheidend geprägt. Aus seiner unermüdlichen Wahrheitssuche heraus entstanden die ersten Werke *Kindheit* (1852, dt. 1882), *Knabenjahre* (1853, dt. 1890), *Jugend* (1854, dt. 1890), *Die Kosaken* (1863, dt. 1885). Sein Hauptwerk *Krieg und Frieden* (1868/69, dt. 1885), ein Geschichtsepos um drei Familien aus der napoleonischen Zeit, beeinflusste die Entwicklung des historischen Romans weltweit. In der Ehetragödie *Anna Karenina* (1884, dt. 1886) beschäftigte sich T. mit moralphilosophischen Fragen. Ende der 70er Jahre geriet er in eine religiöse Krise, die den Wandel zu einem rationalistisch gefärbten, rigorosen Urchristentum in strenger Befolgung der Bergpredigt verursachte. In zahlreichen polemischen Schriften und besonders in dem Roman *Auferstehung* (1899, dt. 1901) kämpfte T. gegen die herrschende Gesellschaftsordnung, falsche Moral, soziale Ungerechtigkeit und Kriegsdienst. Staatliche Verbote und der Ausschluss aus der orthodoxen Kirchen waren die Folgen. T.s Werk umfasst auch zahlreiche Erzählungen (u. a. *Der Tod des Iwan Iljitsch,* 1886, dt. 1887; *Die Kreutzersonate,* 1889, dt. 1890; *Chadschi Murat,* 1901, dt. 1912) und Dramen wie *Die Macht der Finsternis* (1886, dt. 1887) und *Der lebende Leichnam* (1900, dt. 1912). Er verfasste auch pädagogische Schriften, in denen er die Freiheit als Element der Erziehung betonte. Seine pazifistische Haltung, seine positive, wenn auch idealisierende Einstellung zum einfachen Volk machten T. schon zu Lebzeiten zu einer Symbolfigur.

Toscanini, Arturo

ital. Dirigent
* 25.3.1867 in Parma
† 16.1.1957 in New York

T. gehört zu den bedeutendsten Dirigenten des 20. Jh.s. Ursprünglich Violoncellist, wurde er 1886 in Rio de Janeiro als Dirigent von *Aida* bekannt. Anschließend wirkte er an den weltweit bedeutendsten Opernhäusern, der Mailänder Scala (ab 1898) und der Metropolitan Opera (1908–15), als Interpret vor allem der Werke von G. →Verdi, R. →Wagner und G. →Puccini. Seine absolute Werktreue, sein Einsatz für die italienische Oper und die Moderne, aber auch sein perfektionistischer und emotionaler Umgang mit Musikern sowie sein einzigartiges musikalisches Gedächtnis – er spielte das gesamte Repertoire auswendig – brachten T. den unumstrittenen Rang eines Maestro. 1928, auf dem Höhepunkt seiner Karriere, übernahm er die Leitung der New Yorker Philharmoniker. Der Gegner des Faschismus und Nationalsozialismus emigrierte 1937 in die

USA. In New York leitete er bis 1954 das für ihn gegründete NBC Symphony Orchestra, mit dem zahlreiche Schallplattenaufnahmen entstanden.

Toulouse-Lautrec, Henri de

frz. Maler und Grafiker
* 24.11.1864 in Albi
† 9.9.1901 auf Schloss Malromé, Gironde

Ausgehend vom Impressionismus, nimmt T. mit seinem unverwechselbaren Werk unter den Künstlern um die Jahrhundertwende einen herausragenden Platz ein. Er stammte aus einer alten, wohlhabenden Adelsfamilie und begann schon früh zu zeichnen. T., der sich als Kind beide Beine gebrochen hatte, die dann unterhalb der Knie nicht mehr wuchsen, ließ sich 1882 in Paris nieder und widmete sich der Malerei und der Grafik. Er war in der Halbwelt von Montmartre zu Hause, stellte mit schonungsloser Offenheit und mitfühlender Beobachtungsgabe das Leben in Cafés, Bordellen, Nachtkabaretts, Theatern, auf Rennplätzen und im Zirkus dar. 1887 lernte T. van →Gogh kennen. Angeregt durch japanische Farbholzschnitte, begann er um 1892 mit Farblithographie, deren klare, begrenzte Formen dem Jugendstil nahe stehen (z. B. *La Grande Loge,* 1896/97; das Plakat für das Moulin Rouge *La Golue,* 1891). In nur knapp 15 Jahren schuf T. eine Vielzahl bedeutender Gemälde und mehrere hundert Lithographien, Plakate und Zeichnungen. Ab 1896 hatte er wachsende Gesundheitsprobleme durch Alkoholexzesse; 1899 wurde er nach einem psychischen Zusammenbruch in eine Nervenheilanstalt eingewiesen. In T.s Spätwerk, gezeichnet durch den seelischen Zerfall, werden die Farben düsterer, und die karikaturistische Schärfe lässt nach. Bahnbrechend für das künstlerische Plakat, wirkte seine Grafikkunst bis weit in das 20. Jahrhundert.

Trajan(us)

(eigtl.: Marcus Ulpius Traianus)
röm. Kaiser
* 18.9.53 n. Chr. in Italica, Spanien
† 8.8.117 n. Chr. in Selinus, Kleinasien

Zunächst mehrfach in hohen militärischen Rängen, wurde T. 91 zum Konsul ernannt und 97 von Kaiser Nerva adoptiert. Seit 98 Kaiser, nahm er besonders an der Nord- und Ostgrenze des Reiches die Eroberungspolitik →Caesars wieder auf. 101/102 und 105/106 unterwarf er Dakien, eroberte 106 das Reich der Nabatäer (südöstlich von Palästina bis zum Roten Meer) und führte 114–117 Krieg gegen die Parther (iranisches Reitervolk). Durch umfangreiche Reformen und Großzügigkeit gegenüber dem Volk erreichte T. politische und soziale Ruhe. Seine rege Bautätigkeit umfasste vor allem den Ausbau des Straßennetzes sowie das nach ihm benannte Forum und die Thermen, ferner Brücken, Kanäle und Häfen. Unter T.s Herrschaft erreichte das Römische Reich seine größte Ausdehnung. Ihm zu Ehren wurde in Rom 113 die marmorne T.-Säule errichtet, die eine goldene Urne mit seiner Asche enthält.

Trotzki, Lew Dawidowitsch

(eigtl.: Leib Bronstein)
sowjet. Politiker
* 7.11.1879 auf Gut Janowka, Ukraine
† 21.8.1940 in Mexiko-Stadt

Trotz ideologischer Gegensätze zu W. I. →Lenin war T. eine der führenden Gestalten der Revolution von 1917. Schon als Schüler Sozialist und Anhänger von K. →Marx, wurde er wegen revolutionärer Agitation 1899 nach Sibirien verbannt, floh aber 1902 ins Ausland. 1903 wurde er Mitglied der Menschewiki und war an der Revolution von 1905 beteiligt. Nach Verhaftung und Verbannung gelang ihm erneut die Flucht ins Ausland. 1907–17 lebte T. in Westeuropa und den USA. Im Mai 1917 kehrte er nach

Russland zurück, schloss sich den Bolschewiki an und bereitete an Lenins Seite, als zweiter Mann in ZK und Politbüro die Oktoberrevolution vor. Als Außenkommisar im Rat der Volkskommissare führte T. die Friedensverhandlungen von Brest-Litowsk mit den Mittelmächten. Als Kriegskommissar organisierte er 1918–42 den Aufbau der Roten Armee. Nach Lenins Tod (Januar 1924) geriet T. bald in Konflikt mit J. →Stalin, dessen Wirtschaftspolitik er ablehnte. T. vertrat die Ansicht, dass die Revolution scheitern müsse, falls es nicht gelänge, sie auch in andere Länder einzuführen. Wegen dieser Kritik an Stalin und an dessen Konzeption vom Ausbau des Sozialismus wurde er 1927 aus dem Politbüro und ZK ausgeschlossen und nach Kasachstan verbannt, 1929 aus der UdSSR ausgewiesen. Anschließend lebte T. in Frankreich und in Mexiko, bekämpfte publizistisch den Stalinismus (*Die permanente Revolution,* 1930; *Die Geschichte der russischen Revolution,* 1931–33; *Die verratene Revolution,* 1937) und gründete 1938 die 4. Internationale. In Mexiko wurde er wahrscheinlich in Stalins Auftrag durch einen sowjetischen Geheimagenten ermordet. T.s weiterführende Theorie, deren Kernstück seine Idee von der „permanenten Revolution", begründete die kommunistische Strömung des Trotzkismus, eine Weiterentwicklung der marxistischen Theorie.

Truman, Harry

amerik. Politiker
* 8.5.1884 in Lamar (MO)
† 26.12.1972 in Kansas City (KS)

Vizepräsident T. wurde nach dem Tod von F. D. →Roosevelt 33. Präsident der USA (1945). Er setzte die Kriegspolitik seines Vorgängers mit dem Ziel der Kapitulation Japans fort. Zu diesem Zweck befahl er den Abwurf der Atombomben auf Hiroshima und Nagasaki (6. und

9.8.1945), durch die rund 300 000 Menschen sofort starben. Nach Beendigung des II. Weltkrieges nahm er an der Potsdamer Konferenz zur Neufestlegung der deutschen Grenzen teil. T. verkündete 1947 eine neue Außenpolitik gegenüber dem Expansionsdrang der Sowjetunion und leitete mit der T.-Doktrin, die allen nichtkommunistischen Ländern wirtschaftliche und militärische Hilfe versprach, den Kalten Krieg ein. Er unterstützte mit dem Marshall-Plan den Aufbau Westeuropas, insbesondere Deutschlands und war 1949 an der Gründung der Nato beteiligt. Er schickte ab 1950 US-Truppen zur Unterstützung Südkoreas gegen den kommunistischen Norden, verhinderte jedoch eine Ausweitung des Krieges durch die Absetzung General MacArthurs. Der berüchtigten Kommunistenjagd durch den republikanischen Senator Joseph R. McCarthy, die in seine Amtsperiode fiel, stand er weitgehend passiv gegenüber. T., der nach dem I. Weltkrieg Richter und ab 1935 demokratischer Senator seines Heimatstaates Missouri war, verlor wesentlich an Popularität und lehnte 1952 eine erneute Präsidentschaftskandidatur ab.

Tsai Lun

chin. Erfinder
* um 50 n. Chr.
† 118 n. Chr.

T. war vermutlich Eunuch und Minister am Hof der Han-Kaiser. Nach seinem eigenen Bericht stellte er aus Baumrinde, Hanf und Stoff filzartige Blätter her, die dem heutigen Papier schon sehr nahe kommen. Über chinesische Kriegsgefangene in Samarkand fand die Erfindung Eingang in die arabische Welt (um 751). Von dort verbreitete sich die Kenntnis der Papierherstellung durch den christlich-arabischen Kulturaustausch in der Folge der Kreuzzüge im ganzen Abendland (seit 1276).

Tschaikowski, Pjotr (Peter) Iljitsch

russ. Komponist
* 7.5.1840 in Wotkinsk, Wjatka
† 6.11.1893 in St. Petersburg

T. gelangte als erster russischer Komponist zu Weltruhm. Er studierte 1865 bei A. →Rubinstein am Petersburger Konservatorium und war 1866–78 Professor für Musiktheorie am Moskauer Konservatorium. T.s Kunst wurzelt zum Teil in der deutschen Romantik, richtet sich aber vor allem nach französischen Vorbildern (H.→Berlioz, G. →Bizet) und greift nur selten auf die Elemente der russischen Volksmusik zurück. Sein Frühwerk zeigt sein lyrisches und dramatisches Talent, später entwickelte sich T.s Musik immer mehr zum Ausdruck eigenen Erlebens und Empfindens. Ab den 80er Jahren als freischaffender Komponist tätig, schuf er eines der größten Werke der Vokal- und Instrumentalmusik und trat auch als Dirigent eigener Werke auf. Durch die Einbeziehung von Bestandteilen westlicher Musik stand T. im Gegensatz zu den Komponisten einer nationalrussischen Musik. Zu seinen Hauptwerken gehören sechs Sinfonien, darunter Nr. 6 h-Moll *Pathetique* (1893), 10 Opern, z. B. *Wojewode* (1867/68), *Undine* (1869), *Eugen Onegin* (1877/78), *Die Jungfrau von Orléans* (1878/79), *Die Zauberin* (1885–87), *Pique Dame* (1890) und *Jolanthe* (1890) sowie die einzigartigen klassischen Ballette *Schwanensee* (1875/76), *Dornröschen* (1888/89) und *Der Nussknacker* (1891/92). T.s Werk umfasst auch sinfonische Dichtungen und Fantasie-Ouvertüren (*Romeo und Julia,* 1868/70; *Hamlet,* 1888 u. a.), drei Klavierkonzerte, Violinkonzert, Orchestersuiten, Werke für Streicherorchester, Kammer- und Klaviermusik.

Tschechow, Anton Pawlowitsch

russ. Schriftsteller
* 29.1.1860 in Taganrog
† 5.7.1904 in Badenweiler, Deutschland

T. zählt zu den bedeutendsten Schriftstellern Russlands und ist Mitbegründer der modernen russischen Literatur. Ursprünglich Arzt, verfasste er zunächst unter dem Pseudonym Antoscha Tschechonta humoristische Erzählungen und Anektoden für verschiedene, meist satirische Zeitschriften. Bekannt wurde er mit Erzählungen aus dem Kleinbürgertum, in denen zum Teil humorvoll, meist in verhaltener Melancholie seelische Einsamkeit schildert (*Eine langweilige Geschichte,* 1889, dt. 1963). 1889 setzte sich T. mit dem Stück *Die Möwe* (dt. 1902) als Theaterautor durch. Seine handlungsarmen impressionistischen Dramen leben von feinfühliger Charakterisierung seelischer Zustände, besonders der untätigen Leere. *Drei Schwestern* und *Der Kirschgarten* gehören zu den meistgespielten Bühnenwerken der Welt. Seine Themen sind Konflikte zwischen dem Landadel, Intellektuellen und dem aufstrebenden Bürgertum, aber auch die alltäglichen Tragödien der Einsamkeit und des gescheiterten Zusammenlebens. Weitere bedeutende Werke sind die Erzählungen *Der Tod des Beamten* (1883), *Der Dicke und der Dünne* (1883), *Krankenzimmer Nr. 6* (1892, dt. 1903) sowie das Drama *Onkel Wanja* (1897, dt. 1902). T., der schon seit 1884 an der Schwindsucht litt, starb während einer Kur im Schwarzwald.

Tschiang Kai-scheck

(auch: Chiang Kai-sheck)
chin.-taiwan. Politiker
* 31.10.1887 in Fenghua, Chekiang
† 5.4.1975 in Taipeh

T., Mitarbeiter →Sun Yatsens, wurde 1925 zu dessen Nachfolger an der Spitze der Guomindang. Im Gegensatz zu seinem Vorgänger strebte er die Einigung Chinas unter Ausschluss der Kommunisten an. T., dessen politische Karriere nach dem Besuch der Militärakademie begonnen hatte, siegte 1925–28 im Bürgerkrieg und errang mit russischer Hilfe die Herrschaft fast über ganz Südchina. 1928 brach er mit der UdSSR und führte ab 1930 Vernichtungsfeldzüge gegen die Kommunisten, die 1934/35 zu ihrem legendären Langen Marsch nach Nordchina gezwungen wurden. Seit 1928 Ministerpräsident der „Chinesischen Republik", kämpfte T. während des japanisch-chinesischen Krieges zusammen mit den Kommunisten gegen Japan (1936–46). 1948/49 war er Staatspräsident der von der Guomindang beherrschten Gebiete. Im erneut aufflammenden Bürgerkrieg ab 1946 waren die Guomindang-Truppen der Volksarmee →Mao Zedongs unterlegen. Nach Gründung der Volksrepublik China 1949 floh T. nach Taiwan. Bis zu seinem Tod blieb er Präsident der Republik China mit dem Anspruch, ganz China zu vertreten. Die Aufnahme der VR China 1972 in die UNO sowie ihre internationale Anerkennung führten zur politischen Isolierung T.s. Aber die nach dem Koreakrieg seitens der USA beschlossene Wirtschaftshilfe bewirkte in den 50er Jahren einen Aufschwung, durch den Taiwan nach Japan zur zweitgrößten Industrienation Asiens wurde.

Tucholsky, Kurt

(Pseudonyme: Peter Panter, Theobald Tiger, Ignaz Wrobel, Kaspar Hauser)
dt. Schriftsteller
* 9.1.1890 in Berlin
† 21.12.1935 in Hindås, Schweden

T., zeitkritischer Satiriker, Kabaretttexter und Essayist, begann schon während des Jurastudiums seine journalistische Tätigkeit und verfasste kultur- und zeitkritische Glossen und Gedichte. Bekannt wurde T. mit der Erzählung *Rheinsberg – ein Bilderbuch für Verliebte* (1912). Er war der Herausgeber (bis 1932) der Zeitschrift „Weltbühne", eines linksintellektuellen politischen Blatts, in dem er seine geistreich-ironischen Beiträge meist unter verschiedenen Pseudonymen veröffentlichte. Der entschiedene Pazifist und humanistisch geprägte Radikalliberale ging 1924 enttäuscht als Korrespondent nach Paris, wo er unermüdlich schrieb und gegen reaktionäre Justiz, verklemmtes Kleinbürgertum, gegen Chauvinismus und Spießertum kämpfte. 1929 übersiedelte T. nach Schweden, wo sein einziger Roman *Schloss Gripsholm* (1931) erschien. 1933 wurde er von den Nationalsozialisten ausgebürgert, seine Bücher wurden verboten. Von Krankheit gezeichnet und verzweifelt über die politische Entwicklung in Deutschland nahm er sich zwei Jahre später das Leben. Zu seinem Werk zählen auch *Träumereien an preußischen Kaminen* (1920), *Deutschland, Deutschland über alles* (1929), *Lerne lachen ohne zu weinen* (1931). Nach dem II. Weltkrieg wirkte T.s Einfluss bei den nachfolgenden Kabarettisten weiter.

Tupolew, Andrej

sowjet. Flugzeugkonstrukteur
* 10.11.1888 in Pustomasowo, Kalinin
† 23.12.1972 in Moskau

T., Gründer des Instituts für Aerodynamik und Hydrodynamik in Moskau, konstruierte 1924 das erste sowjetische Ganzmetallflugzeug ANT 2. 1934 baute er das größte Landflugzeug seiner Zeit, ANT 20 „Maxim Gorki“. 1937 unternahm er den ersten Transpolarflug mit der ANT 25. Während der „Säuberungsaktion“ J. →Stalins wurde T. 1939 inhaftiert und im Lager Omsk untergebracht, aber 1943, während des II. Weltkrieges wieder entlassen und 1960 rehabilitiert. Sein Sohn Alexej Andrejewitsch war der Chefkostrukteur der TU-144, des ersten Überschall-Verkehrsflugzeugs (1968).

Turgenjew, Iwan Sergejewitsch

russ. Dichter
* 9.11.1818 in Orjol
† 3.9.1883 in Bougival bei Paris

T. gehört zu den großen realistischen Erzählern Russlands im 19. Jh. Der Spross einer alten Adelsfamilie betätigte sich nach dem Literatur- und Philosophiestudium als freier Schriftsteller und lebte ab 1847 meist im Ausland (Deutschland und Frankreich). Bekannt wurde T. durch seine realistische, lyrisch bewegte Prosa. In seinem Werk schildert er widersprüchliche Charaktere und spricht soziale und politische Probleme an, wie z. B. eine direkte Anklage gegen die Leibeigenschaft in den nahezu dokumentarischen *Aufzeichnungen eines Jägers* (1852, dt. 1854). In seinen Romanen *Ein Adelsnest* (1859, dt. 1895), *Väter und Söhne* (1862, 1869) und *Rauch* (1867, dt. 1867) entwarf T. ein eindrucksvolles Bild Russlands zur Zeit der Reformen von Alexander II. Landschafts- und Naturschilderungen bilden den tragenden Rahmen seiner Prosa. Bekannt sind auch seine Novellen *Assja* (1858), *Das Lied der triumphierenden Liebe* (1881) sowie der Gesellschaftsroman *Rudin* (1856).

Turing, Alan Mathison

brit. Mathematiker
* 23.6.1912 in London
† 7.6.1954 in Wilmslow, Cheshire

T. schuf durch seine Forschungen wichtige Grundlagen der Informatik und für die Konstruktion von Computern. Schon als Schüler fiel er durch sein Rechentalent auf. Nach dem Studium der Mathematik in Cambridge wechselte er nach Princeton/USA. 1937 veröffentlichte T. sein Hauptwerk über die Konzeption für eine später nach ihm benannte Rechenmaschine. Die Turing-Maschine setzte sich aus einem Schaltsystem, einem Schreib-Lesekopf und einem unendlichen Bandspeicher zusammen und ermöglichte die Beschreibung alogarithmischer Lösbarkeit von mathematischen Problemen. Während des II. Weltkrieges setzte T. seine Kenntnisse für das Informationsbüro des britischen Außenministeriums ein. Es gelang ihm, geheime Nachrichten, die die Deutschen auf der „Enigma“ codiert hatten mit Hilfe einer eigenen Apparatur zu entschlüsseln. Im Alter von 41 Jahren nahm sich T. das Leben.

Turner III., Robert Edward („Ted“)

amerik. Unternehmer
* 19.11.1938 in Cincinnati (OH)

T. gelang es, innerhalb von wenigen Jahren neben ABC, CBS und NBC das viertgrößte Fernsehunternehmen (TBS) der USA aufzubauen. Anfang der 60er Jahre hatte er das Studium abgebrochen, um die Werbeagentur seines Vaters zu übernehmen, mit der er als Grundlage zu Beginn der 70er Jahre zum Medienunternehmer avancierte. 1970 kaufte er einen kommerziellen regionalen TV-Kanal, der verlustreich arbeitete, setzte auf konservative Unterhaltungssendungen (u. a. Familienserien, Filmklassiker) und Nachrichten. Bereits drei Jahre später brachte der Sender Gewinne, und 1976 gelang T. der Sprung auf den nationalen Markt, als er seinen TV-Sender zur „Superstation“ TBS (Turner Broadcasting System) erweiterte. 1980 gründete er den Nachrichtensender Cable News Network (CNN) und baute ein weltweites Korrespondentennetz auf, das eine Nachrichtensendung rund um die Uhr und aus aller Welt ermöglichte. Weltbekannt wurde CNN durch die Live-Berichte während des Golfkrieges Januar/Februar 1991. 1986 erwarb T. den Filmverleih Metro Goldwyn Mayer (S. →Goldwyn). Sein Versuch CBS zu übernehmen scheiterte aus finanziellen Gründen. 1995 erreichte er die Fusion mit Time Warner; damit entstand der größte Medienkonzern der Welt. T. ist seit 1991 in dritter Ehe mit der amerikanischen Schauspielerin Jane Fonda verheiratet.

Turner, William

engl. Maler
* 23.4.1775 in London
† 19.12.1851 in Chelsea, London

T. wurde mit seinem eigenen impressionistisch wirkenden Malstil zum bedeutendsten Romantiker der englischen Malerei. Ursprünglich topografischer Zeichner, besuchte er die Royal Academy und skizzierte auf seinen Reisen durch England und Wales Städte, Bauten und vor allem Küstenlandschaften, die ab 1800 unter dem Eindruck von Claude Lorraine und der Niederländer entstanden. Nach einer Studienreise nach Venedig (1819) wandte sich T. von der naturalistischen Wiedergabe ab. Die bis ins Visionäre gesteigerten Wirkungen der Farbigkeit von Licht und Atmosphäre führten zu einer den Impressionismus vorwegnehmenden Malweise. T.s Hauptthemen waren Landschaften, bewegte Seebilder, aber auch biblische Szenen sowie Idyllen und Historienbilder. Von seinem Werk sind über 300 Ölbilder und -skizzen, mehrere tausend Aquarelle und Zeichnungen erhalten, darunter *Die Mole von Calais* (um 1803), *Überqueren des Bachs* (1815), *Pilatus wäscht seine Hände* (1830), *Der Brand des Parlamentsgebäudes, 16. Oktober 1834* (1835), *Interieur in Petworth* (um 1837), *Northam Castle, Sonnenaufgang* (1835–40), *Dogana und S. Maria della Salute* (1843) und *Regen, Dampf und Geschwindigkeit* (1844).

Tut-ench-Amun

ägypt. Pharao
* um 1355 v. Chr.
† um 1337 v. Chr.

T. war der Schwiegersohn – und wahrscheinlich auch Sohn von Amenophis IV. (→Echnaton) aus der 18. Dynastie und der →Nofretete. Er kam nach dem Tod seines Bruders Semenchkare 1347/46 an die Macht. Unter seiner Herrschaft wurde die traditionelle ägyptische Amun-Religion wieder hergestellt. T. gab den Sonnenkult Echnatons auf, legte seinen ersten Namen Tut-ench-Aton ab und machte Memphis zur neuen Hauptstadt. Sein Grab – T. starb sehr früh, vermutlich gewaltsam – wurde von Howard Carter 1922 fast unberührt im „Tal der Könige“ entdeckt. Es enthielt die größten jemals an einer Stelle entdeckten Schätze an Kunsthandwerken und Gebrauchsgegenständen, Gold und anderen Kostbarkeiten. Der Grabschatz vermittelt ein einzigartiges Bild des ägyptischen Kunsthandwerks im 14. Jh. v. Chr.

Uderzo, Albert

frz. Comic-Zeichner
* 25.4.1927 in Fismes, Dép. Marne

U. ist zusammen mit René Goscinny (1926–1977) Schöpfer der seit 1956 erscheinenden Comic-Serie Asterix, die mittlerweile in 40 Sprachen (auch auf Latein) verkauft wird und mehrfach verfilmt wurde. Während U. die Geschichten des legendären Gallierpaares Asterix und Obelix zur Zeit Caesars illustriert, schrieb sein Freund Goscinny die Texte. Nach dessen Tod führte U. die Comic-Serie, die ihren Erfolg der meisterhaften Mischung von grobianischem Slapstick und hintergründiger Parodie verdankt, allein weiter.

Urban II.

(eigtl.: Odo de Châtillon)
Papst
* um 1035 in Châtillon-sur-Marne
† 29.7.1099 in Rom

Anfänglich Mönch und Prior von Cluny, war U. 1079/80 Kardinalbischof von Ostia, anschließend päpstlicher Legat in Deutschland. 1088 wurde er Nachfolger von Victor III. Im Investiturstreit verfolgte U. konsequent die Ziele →Gregors VII., war aber in seiner Taktik diplomatischer als jener. So gelangen ihm Ansätze zur Einigung mit der kaiserlichen Macht und die Überwindung des Schismas sowie die Weiterentwicklung des gregorianischen Reformpapsttums. Gegenüber Kaiser →Heinrich V. suchte U. Rückhalt bei der Markgräfin Mathilde von Tuszien, deren Ehe mit dem späteren Herzog Welf V. von Bayern er stiftete sowie bei den unteritalienischen Normannen. So belehnte er 1089 →Robert Guiskards Sohn mit Apulien und machte 98 bedeutende kirchliche Zugeständnisse an →Roger I. von Sizilien. In Rom konnte er sich ab 1096 gegenüber dem kaiserlichen Gegenpapst Clemens III. durchsetzen. Auf der Synode von Clermont 1095 rief U. zur Befreiung des Heiligen Landes und zum ersten Kreuzzug auf. Damit begann die 200 Jahre währende Zeit der abendländischen Kreuzzugbewegung.

Urban VIII.

(eigtl.: Maffeo Barberini)
Papst
* 1568 in Florenz
† 29.7.1644 in Rom

U. wurde 1623 als Nachfolger Gregors XV. zum Papst gewählt. Der Pontifex war hochgebildet und ein Förderer von Kunst und Wissenschaft, ruinierte jedoch durch seinen schrankenlosen Nepotismus und reiche Bautätigkeit die Finanzen des Kirchenstaates. Im Dreißigjährigen Krieg unterstützte U. aus Furcht vor einer habsburgischen Übermacht seinen Gegenspieler Kardinal →Richelieu und damit indirekt die protestantische Seite, da Frankreich mit Schweden verbündet war. Er ließ im Inquisitionsprozess G. →Galilei von der Kopernikanischen Lehre abschwören. U.s Bekämpfung der neuen naturwissenschaftlichen Erkenntnisse sowie des Gallikanismus und des Jansenismus hatte für das moralische Ansehen der katholischen Kirche erhebliche Folgen.

Vasari, Giorgio

ital. Maler, Bildhauer und Kunstschriftsteller
* 30.7.1511 in Arezzo
† 27.6.1574 in Florenz

V., Vertreter des Manierismus, war u. a. Schüler →Michelangelos und in seinem Schaffen stark von diesem beeinflusst. Nach seiner Ausbildung betätigte er sich in Florenz, Rom und Venedig. Erhalten sind von ihm zahlreiche dekorative Wandfresken (Palazzo Vecchio in Florenz 1555–71; Cancelleria in Rom, 1546), Porträts der Medici-Fürsten sowie allegorische und religiöse Bilder. Ab 1560 baute V. die Uffizien in Florenz, die ursprünglich Verwaltungsgebäude, später Kunstsammlungen beherbergten. Weitaus bekannter wurde er jedoch durch seine *Lebensbeschreibungen der berühmtesten italienischen Architekten, Maler und Bildhauer* (1550–68), Biografien großer Künstler vom 13. bis 16. Jh., die noch heute eine wichtige Quelle der Kunstgeschichte bilden.

Vega Carpio, Lope Félix de

span. Dichter
* 25.11.1562 in Madrid
† 27.8.1635 in Madrid

V. gilt mit seinem dramatischen Werk und seinen radikalen Bühnenreformen als der Schöpfer des spanischen Nationaltheaters. Er gab dem Kunstdrama, der „comedia", die endgültige Form durch Einteilung in nur noch drei Akte, Verwendung freier Versmaße, Mischung von komischen und tragischen Elementen sowie die Einführung der Figur des „gracioso" (des den Herrn parodierenden Dieners). Von etwa 1500 Stücken, die V. geschrieben haben soll, sind etwa 460 erhalten. In seinem umfangreichen Werk spiegelt sich das bewegte Leben des großen Dichters wider. Seine ersten Übersetzungen und Bühnenstücke entstanden bereits während des Studiums. 1588 wurde er wegen skandalöser Liebesgeschichten aus Kastilien verbannt und nahm an der erfolglosen Fahrt der Armada gegen England teil. Obwohl 1614 zum Priester geweiht, heiratete V. und verlor seine Sekretärsstelle beim Herzog von Alba in Toledo, weil er des Konkubinats angeklagt wurde. Als er nach weiteren persönlichen Schicksalsschlägen und in wirtschaftlicher Not starb, erwies ganz Madrid auf der Trauerfeier dem größten spanischen Dichter aller Zeiten die Ehre. V. schrieb Stücke über Ehre, Treue und Hingabe an König, Glauben und Liebe sowie Schäfer-, Ritter- und mythologische Dramen. Die Titel *Die Jüdin von Toledo* (1617), *Das brennende Dorf* (1619), *Der Ritter vom Mirakel* (1621) und *Der beste Richter ist der König* (1635) zählen zu den noch heute gespielten Bühnenwerken des Dichters. V. verfasste auch historische und mythologische Erzählungen darunter, den autobiografische Dialogroman *Dorothea* (1632) und den Abenteuerroman *Der Pilger in seinem Vaterland* (1604). Seine Lyrik ist leicht und ungekünstelt, und meisterhaft sind seine zahlreichen populären Liebeslieder.

Velázquez, Diego Rodríguez de Silva y

span. Maler
* 6.6.1599 (getauft) in Sevilla
† 7.8.1660 in Madrid

V., ein Meister der Barockmalerei, hatte schon in jungen Jahren großen Erfolg. Er stammte aus einem niederen, aber alten Adelsgeschlecht. Nach seiner Ausbildung bei dem spanischen Maler Francisco Pacheco wurde er 1617 in die Malergilde aufgenommen und 1623 als Hofmaler nach Madrid berufen. V.' Werk stand anfänglich unter dem Einfluss der von Caravaggio und Ribera ausgehenden Helldunkelmalerei religiöser Bilder und Volkstypen. Typisch für sein ganzes Schaffen war die Verbindung von plastisch-realistsicher Darstellung mit vielfältiger Farbnuancierung (z. B. *Der Wasserträger,* um 1619–20). Als Hofmaler schuf V. zunächst Bildnisse König Philipps IV. und seines Hofes in einem farblich zurückhaltenden, würdevollen Stil. 1629–31 unternahm er eine Reise nach Italien, nach der seine Werke der Reifezeit in weichen, aufgelockerten Farben entstanden wie z. B. *Die Übergabe von Breda* (1634–35) und die Porträts der königlichen Familie und spanischen Granden in prächtiger Farbigkeit und genauer physiognomischer Beobachtung. Später machte er die Narren und Zwerge des Hofes zum Thema seiner Werke und malte sie in kühleren Farben. Die zweite Italienreise (1649–51) leitete V.' Spätstil ein, für den die fast impressionistisch aufgelockerte, manchmal skizzenhafte Malweise bei gleichbleibender realistischer Darstellung bestimmend war (z. B. Papst *Innozenz X.,* 1650; *Las Meninas,* 1656; *Die Spinnerinnen,* 1657). Die Übernahme weiterer

Hofämter zwangen V.' allerdings auch, einen Großteil der Ausführung seiner späten Bilder in die Hände seiner Werkstattgehilfen zu legen.

Verdi, Giuseppe Fortunino Francesco

ital. Komponist
* 10.10.1813 in Le Roncele bei Parma
† 27.1.1901 in Mailand

V. war der bedeutendste Vertreter der italienischen Oper im 19. Jahrhundert. Er beherrschte die Oper in Italien 50 Jahre lang fast konkurrenzlos und war der meistgespielte Komponist seiner Zeit. Die Mailänder Uraufführung seiner dritten Oper *Nabucco* (1842) machte V. schlagartig berühmt. Die Handlung der Oper (Befreiung der Juden unter →Nebukadnezar) wirkte auf das Publikum wie ein Spiegel für die Befreiungsbewegung in Italien und machte V. zum musikalischen Repräsentanten der italienischen Einigungsbestrebungen. Musikalisch an die Werke von G. →Rossini und Vincenzo Bellini anknüpfend, sind V.s Opern von ungewöhnlicher Intensität der dramatischen Gestaltung, rhythmischer Prägnanz und reicher Melodik geprägt. Mit den Werken von V. (u. a. *Rigoletto,* 1851; *Der Troubadour,* 1853; *La Traviata,* 1853, *Ein Maskenball,* 1859, *Die Macht des Schicksals,* 1862; *Don Carlos,* 1867; *Othello,* 1887) erreichte die italienische Oper ihren letzten wirklichen Höhepunkt. 1870 komponierte er zur Eröffnung des Suez-Kanals im Auftrag des ägyptischen Vizekönigs seine wahrscheinlich bedeutendste Oper *Aida.* Mit seinem letzten Bühnenwerk, der lyrischen Komödie *Falstaff* (1893) schuf V. einen Stil, der Elemente der „Opera buffa" mit einer neuen Klangtechnik verbindet. Den Abschluss seines Lebenswerkes bilden das *Requiem* (1874), *Te Deum* (1895) und *Stabat mater* (1897).

Vergil

(Publius Vergilius Maro)
röm. Dichter
* 15.10.70 v. Chr. in Andes bei Mantua
† 21. 9.19 v. Chr. in Brundisium (heute Brindisi)

V. beeinflusste nachhaltig die europäische Epik und galt im Mittelalter, vor allem in romanischen Ländern, als größter Dichter des Abendlandes. Er erhielt eine umfassende Ausbildung in allen damaligen Wissensgebieten und wandte sich anschließend der Dichtkunst zu. Einige kleine Jugendgedichte sind in der Sammlung *Catalepton* überliefert. Sein erstes großes Werk waren die Bucolica, Hirtengedichte nach dem Vorbild des Theokrit. Durch Asinius Pollio wurde V. bei Oktavian (→Augustus) eingeführt; zugleich gehörte er dem Kreis um Maecenas an, dem er 29 seine Gedichte *Georgica* widmete, ein mehrbändiges Lehrgedicht über Ackerbau, Baumkultur, Vieh- und Bienenzucht. Sein unvollendetes, letztes Werk *Äneas,* ein 12-bändiges Heldenepos in Hexametern, entspricht im Aufbau →Homers *Illias* und *Odysee,* verherrlicht aber Äneas als Ahnherrn des Augustus und Gründer des Römischen Reiches.

Vermeer, Jan

(genannt: Vermeer van Delft)
niederl. Maler
* 31.10.1632 in Delft
† 15.12.1675 in Delft

V. gilt als der Hauptmeister des bürgerlichen Interieurs. Aus dem Leben des Künstlers ist wenig überliefert. Er wurde mit 20 Jahren in die Malerzunft „Lukasgilde" aufgenommen und hinterließ ein knappes Gesamtwerk von etwa 40 Bildern. V. malte hauptsächlich nur eine oder wenige Personen bei alltäglichen Beschäftigungen; sie lesen, plaudern, malen, handarbeiten oder musizieren, wobei der Maler auf jede Bewegung verzichtet. Auffallend ist die „fotografische Perspektive“ auf vielen Bildern V.s: Die Verzerrung, die auf einer Fotografie in Erscheinung tritt, wenn sich die Gegenstände ganz dicht vor dem Objektiv befanden, ist auf zahlreichen Gemälde des Künstlers wahrzunehmen. Forscher und Kunstexperten sind davon überzeugt, dass V. zumindest bei einigen seiner Bilder ein mechanisches Hilfsmittel anwandte – eine Camera obscura: Sie fing durch eine Öffnung oder Linse einen Ausschnitt der Wirklichkeit ein und projizierte ihn in einen dunklen Kasten, wie ein Fotoapparat heute ein Bild auf einen Film projiziert. Im 19. Jh. wurde V.s „Unvermögen“, die Größenverhältnisse von Gestalten einer bestimmten Szene in Einklang zu bringen, von Gelehrten kritisiert. Der größte Reiz seiner Darstellungen liegt in der ausgewogenen, durch den Gegensatz von kühlen und leuchtenden Farben bedingten klaren Komposition und der damit verbundenen Fähigkeit, Nebensächliches ins Großartige zu steigern. V.s Werk umfasst nur wenige religiöse Szenen und Landschaften. Seine Gemälde sind nicht datiert, können daher nur ungefähr zeitlich eingeordnet werden. Zu den bekanntesten zählen u. a. *Bei der Kupplerin, Spitzenklöpplerin, Ansicht von Delft, Dienstmagd mit Milchkrug, Der Geograph, Junge Dame mit Perlenhalsband, Briefleserin in Blau, Mädchen mit dem Perlenohrgehänge, Das Maler-Atelier.*

Verne, Jules

frz. Schriftsteller
* 8.2.1828 in Nantes, Dép. Loire-Atlantique
† 24.3.1905 in Amiens, Dép. Somme

V. nahm mit seinen halbwissenschaftlich-utopischen Abenteuerromanen eine ganze Reihe technischer Entwicklungen des 20. Jh.s vorweg und begründete damit die literarische Gattung Science-fiction. Ursprünglich Jurist, interessierte er sich mehr für das Theater und verfasste Opernlibretti und Dramen, studierte aber auch

Naturwissenschaften. 1863 hatte V. mit *Fünf Wochen im Ballon* den ersten Erfolg. Seine den ungetrübten Fortschrittsoptimismus am Ende des 19. Jh.s widerspiegelnden Romane, weisen ab 1871 auch politische Tendenzen auf. Weltberühmt wurde V. mit den Werken *Reise zum Mittelpunkt der Erde* (1864, dt. 1874), *Von der Erde zum Mond* (1865, dt. 1873), *20 000 Meilen unter dem Meer* (1869 ff., dt. 1875), *Reise um die Erde in 80 Tagen* (1873, dt. 1875) und *Michael Strogoff, der Kurier des Zaren.* V.s häufig und erfolgreich verfilmte „Klassiker“ zählen noch heute zu den meistgelesenen Jugendbüchern und wurden nahezu in alle Sprachen der Welt übersetzt.

Veronese, Paolo

(eigtl.: P. Caliari)
ital. Maler
* 1528 in Verona
19.4.1588 in Venedig

Über V., einen der Hauptmeister der venezianischen Spätrenaissance, ist wenig bekannt. Seine Ausbildung erhielt er in Verona (daher sein Name), übersiedelte 1554 nach Venedig. V.s Werk wurde von →Tizian, →Tintoretto und →Michelangelo maßgeblich beeinflusst. Von ihm stammen zahlreiche Fresken (*Triumph der Venezia* im Dogenpalast in Venedig, 1580–85) und Tafelbilder mit religiösen Darstellungen für Paläste und Kirchen. Große bewegte Tafelszenen, die in seinen Arbeiten immer wiederkehren, bilden in ihrer dekorativen Üppigkeit eine unmittelbare Vorstufe des Barock (z. B. *Hochzeit zu Kana,* 1563). V. musste sich 1573 vor einem Inquisitionsgericht verantworten, weil er das religiöse Gemälde *Gastmahl bei Levi* realistisch mit unfrommen Gestalten ausgeschmückt hatte. Bedeutend sind auch die Fresken in der Villa Barbaro in Maser bei Vicenza.

Vespasian(us), Titus Flavius

röm. Kaiser
* 17.11.9 n. Chr. bei Reate
(heute Rieti), Mittelitalien
† 24.6.79 n. Chr. Aquae Cutiliae,
bei Reate

V., Begründer der Dynastie der Flavier, zeichnete sich ab 43 unter Claudius als Legat im Feldzug gegen Britannien aus. Er war 51 Konsul, 62 Statthalter von Afrika und erhielt 67 von →Nero den Auftrag, den jüdischen Aufstand niederzuschlagen, bei dem sein Sohn →Titus 70 Jerusalem eroberte und zerstörte. 69 wurde T. von den Legionen des Ostens zum Kaiser ausgerufen und im Dezember 69 nach Beseitigung seines Rivalen Vitellius vom Senat als Herrscher anerkannt. V. sicherte die Grenzen, reorganisierte das Heer und dehnte die römische Herrschaft in Britannien und Germanien aus. Innenpolitisch sanierte er die Staatsfinanzen durch radikale Steuer- und Sparpolitik und betrieb eine umfangreiche Bautätigkeit, die vor allem dem Wiederaufbau Roms nach dem Brand unter Nero dienen sollte, ließ u. a. das Kolosseum und den Jupitertempel errichten. Aufgrund der philosophischen Opposition vertrieb V. die Stoiker und Kyniker aus Rom.

Vespucci, Amerigo

ital. Seefahrer
* 9.3.1451 oder 1454 in Florenz
† 22.2.1512 in Sevilla

V., der als Bankier des Hauses Medici eine Florentiner Niederlassung in Lissabon leitete, unternahm 1497–1504 in spanischen und portugiesischen Diensten mehrere Entdeckungsfahrten in mittel- und südamerikanische Küstengebiete. Er umsegelte die gesamte Nord- und Ostküstc ctwa vom Río Magdalcna bis Río dc la Plata, entdeckte den Amazonas und erkannte die neugefundenen Gebiete als selbständigen Erdteil. V.s Reiseberichte und Karten erregten in Europa großes Aufsehen, seine ausführlichen Darstellungen der Einwohner, Tiere und Pflanzen der Neuen Welt fanden große Beachtung. Nach dem Vornamen V.s prägte daher der deutsche Kartograph Martin Waldseemüller auf seiner Weltkarte von 1507 für den südamerikanischen Kontinent die Bezeichnung „Amerika". Der niederländische Geograph G. →Mercator übertrug 1538 den Begriff auf den ganzen Doppelkontinent.

Viktoria

Königin von Großbritannien
und Irland und Kaiserin von Indien
* 24.5.1819 in Kensington
(heute zu London)
† 22.1.1901 in Osborne House,
Isle of Wight

V., einziges Kind des Herzogs von Kent und der Prinzessin Viktoria von Sachsen-Coburg, trat 1837 als Königin von England die Nachfolge ihres Onkels Wilhelm IV. an. 1840 vermählte sie sich mit ihrem Vetter Prinz Albert von Sachsen-Coburg-Gotha, der zeitlebens als engster Berater großen Einfluss auf die Königin ausübte. V. gab ihre Sympathien für die Whigs zugunsten einer neutralen, streng konstitutionellen Haltung auf. In besonderen Krisensituationen wurde sie politisch aktiv und steuerte durch ihre entschiedene

Stellungnahme den Kurs der britischen Regierung. Erst nach dem Tod ihres Gemahls (1861), mit dem sie neun Kinder hatte, zog V. die konservativen Premierminister Salisbury, in den 80er Jahren B. →Disraeli, den Liberalen vor. Die Königin erfreute sich im ganzen Commonwealth größter Popularität. Ihre Regierungszeit, das Viktorianische Zeitalter, war durch eine Epoche der Prüderie und kultureller Stagnation, aber auch durch die industrielle Entwicklung Großbritanniens gekennzeichnet, durch die der neue Mittelstand der Fabrikanten und Kaufleute eine der beherrschenden und einflussreichsten Kräfte im Staat wurden. In dieser Zeit erreichte das Land den Höhepunkt seiner imperialistischen Expansion. Ab 1876 Kaiserin von Indien, nahm V. einen nachhaltig wirkenden dynastischen Einfluss auf die Politik Europas.

Visconti, Luchino

(eigtl. V. di Modrone)
ital. Regisseur
* 2.11.1906 in Mailand
† 17.3.1976 in Rom

V. war der Wegbereiter des italienischen Neorealismus. Der aus einem alten italienischen Adelsgeschlecht stammende Regisseur stand trotz seiner Herkunft stets dem Marxismus nahe. In seinem Filmschaffen stellte er illusionslos vor allem die soziale und politische Wirklichkeit ab etwa 1925 dar. V. entwickelte den Film mit sozialkritischem und revolutionärem Engagement zu einer hohen künstlerischen Erzählform. Sein erster Film *Ossessione – von Liebe besessen* (1942), eines der wegweisenden Werke des Realismus, wurde, wie später viele seiner Arbeiten, verboten. Sein Lieblingsthema, das Treiben eines Einzelnen oder einer Gesellschaftschicht in den Untergang, inszenierte V. häufig in Ausstattungsfilmen wie *Der Leopard* (1962, mit Burt Lancaster), für den er 1963 mit der Goldenen Palme von Cannes ausgezeichnet wurde, und *Ludwig II.* (1972, mit Helmut Berger, Romy Schneider). Er führte auch erfolgreich Regie bei Theaterstücken, Balletten und Opern (z. B. an der Mailänder Scala mit M. →Callas). Zu seinen bekanntesten Filmen zählen u. a. *Die Erde zittert* (1948), *Sehnsucht* (1954), *Rocco und seine Brüder* (1959), *Der Tod in Venedig* (1971, nach Th. →Mann), *Die Unschuld* (1973).

Vitruv

(Marcus Vitruvius Pollio)
röm. Architekt und Ingenieur
* um 60 v. Chr.
† um 10 nach Chr.

V. wirkte mit der von hochhellenistischen Bauwerken entlehnten Proportionslehre normsetzend auf die Architektur der Renaissance. Er war als Militärtechniker im Heer →Caesars und →Augustus' tätig, beteiligte sich am Bau der römischen Wasserversorgung und erbaute die Basilika in Fanum Fortunae. Von seinen Bauten hat sich allerdings nichts erhalten. V. verfasste ein etwa 25 v. Chr. erschienenes, dem Kaiser Augustus gewidmetes Handbuch *De Architectura libri X (10 Bücherüber die Architektur).* Es behandelt außer Architektur auch Uhren-, Instrumenten- und Apparatebau sowie die Konstruktion von Kriegsmaschinen. Er beschrieb die theoretischen Grundlagen und Kenntnisse der Physik und Mathematik und bezog auch die Klimatologie und Astronomie, sogar die Philosophie und Musik mit ein. Es ist als einziges antikes Werk über Architektur und Technik erhalten. Die erste von mittlerweile über 70 Schriften wurde 1415 in St. Gallen wiedergefunden. V.s Lehrbuch leistete einen entscheidenden Beitrag zur Entwicklung der Baukunst seit der Renaissance. Es begründete eine Baukunst mit der Säule und den antiken Bauformen als Grundelemente, die bis ins 19. Jh. das allg. verbindliche Ideal blieb.

Vivaldi, Antonio

ital. Violonist und Komponist
* 4.3.1678 in Venedig
† 28.7.1741 (begraben) in Wien

V. war einer der größten Violinvirtuosen seiner Zeit. 1703 erhielt er die Priesterweihe und übernahm 1716 die Leitung des Mädchenkonservatoriums Conservatorio della Pietà in Venedig, das für sein Orchester und seine Sängerinnen berühmt wurde. V. war dort bis 1740 als Violinlehrer, Dirigent und Hauskomponist tätig. Er unternahm Konzertreisen nach Florenz und Rom, nach Wien und Amsterdam und entwickelte den Typus des Solo-Violinkonzerts, das mit seinen drei Sätzen – Allegro-Adagio-Allegro – auf die venezianische Opernarie zurückreicht, zu einer zentralen Form der Barockmusik. V.s lang vergessene umfangreiche Kompositionen (etwa 770) wurden erst 1926 durch einen Handschriftenfund wiederentdeckt. Darunter sind 46 Opern, von denen 21 vollständig erhalten sind, drei Oratorien, u. a. Juditha triumphans (176), Orchesterwerke, über 200 Violinkozerte, über 200 Konzerte für verschiedene Besetzungen, zu denen sein programmatisches, berühmtes Werk *Die vier Jahreszeiten* (um 1725) gehört; hinzu kommen Kirchenmusik sowie ein- bis dreistimmige weltliche Kantaten und Serenaden. Einige von V.s Violinkonzerten wurden von J. S. →Bach für Klavier und Orgel umgeschrieben.

Volta, Alessandro Giuseppe Antonio Graf

ital. Physiker
* 18.2.1745 in Como
† 5.3.1827 in Como

V., der in Como und Pavia Physik lehrte, untersuchte vor allem elektrische Erscheinungen. Die Herstellung und Speicherung von Elektrizität in beträchtlichen Spannungen gelang ihm

1775 unter erfolgreicher Anwendung von „elektrischer Ladung“ und „Kapazität“ mit Hilfe des von ihm konstruierten Plattenkondensators, eines elektrolytischen Strommessgeräts (Voltameter). V. entwickelte auch die Voltasche Säule (1780), die aus hintereinandergeschalteten V.-Elementen (älteste Form eines galvanischen Elements) bestand und die erste Stromquelle mit höherer Spannung war. Die Einheit der elektrischen Spannung wurde zu Ehren des großen Physikers „Volt“ genannt.

Voltaire

(eigtl.: François Marie Arouet)
frz. Schriftsteller und Philosoph
* 21.11.1694 in Paris
† 30.5.1778 in Paris

V., bedeutendster Vertreter der französischen Aufklärung, war der Sohn eines Notars und erhielt eine umfassende Ausbildung im Jesuitenkolleg Louis-le-Grand. Seine kritischen Schriften gegen Hof und Regime brachten ihm 1716 die Verbannung und Haft in der Bastille (1717) ein. Nach der erfolgreichen Aufführung seiner Tragödie *Oedipus* (1719) wurde er zum beliebten Hofdichter und stand zunächst in der Gunst des Königs, bis jedoch erneute Auseinandersetzungen 1726 V. ins Exil nach England trieben. Durch seine *Lettres philosophiques* (1734), in denen er den englischen Konstitutionalismus gegenüber den politischen Zuständen im absolutistischen Frankreich in den hellsten Farben malte, setzte er sich erneut Verfolgungen aus. 1733 zog er sich für zehn Jahre nach Lothringen zurück, wo seine großen philosophischen, geschichtlichen und kulturhistorischen Werke entstanden. V. war ein leidenschaftlicher Kämpfer für Vernunft, Menschenrechte und religiöse Toleranz. Als Philosoph dem englischen Empirismus nahestehend, lehnte er Metaphysik und Mystizismus ab und bezweifelte die Willensfreiheit (u. a. *Grundbegriffe der Philosophie,* 1738). Er schrieb klassizistische Dramen (*Zaïre,* 1732; *Mahomet,* 1742), heute noch lebendig wirkende Romane um das Grundthema des menschlichen Glücks (*Zadig,* 1747; *Candide,* 1759), Epen (*La Pucelle d'Orléans,* 1762) sowie Geschichtswerke, die wirtschaftliche und kulturelle Bedingungen miteinbezogen (*Das Jahrhundert Ludwigs XIV.,* 1751) und eine Kulturgeschichte mit dem Gedanken einer fortschrittlichen Menschheitsentwicklung (*Essay über die allgemeine Geschichte und über Sitten und Geist der Nationen,* 1756–69). Nach der Ernennung zum Historiographen Frankreichs (1745) erfolgte V.s Aufnahme in die Académie française. Von 1750 bis zum Zerwürfnis 1753 war er Gast →Friedrich d. Gr. in Berlin, der ihn schon lange verehrte. Ab 1759 lebte V. auf seinem Alterssitz Ferney und verfasste in fast 20 Jahren über 400 Veröffentlichungen. Er schrieb Kommentare zu Theater und Strafrecht, Geschichtswerke, Essays gegen den Absolutismus, Fanatismus und die Volksverdummung. Er trat in seinen Schriften für Humanität und liberales Bürgertum ein und behandelte gesellschaftspolitische und philosophische Fragen, besonders der Aufklärung.

Wagner, Richard

dt. Komponist
* 22.5.1813 in Leipzig
† 13.2.1883 in Venedig

W. hat als Komponist, Dramatiker, Theoretiker, Dirigent und Regisseur den romantischen Gedanken eines Gesamtkunstwerks, in dem alle Bühnenkünste zu einer Einheit verschmolzen werden, verwirklicht. Nach einer gründlichen kompositorischen Ausbildung wirkte er als Opernkapellmeister in Würzburg, Magdeburg, Königsberg und Riga. In dieser Zeit vollendete W. seine beiden frühesten Opern *Die Feen* (1834) und *Das Liebesverbot* (1836). 1839 musste er wegen hoher Schulden aus Riga fliehen und ging über London nach Paris, wo er sich durch Schriftstellerei und Opern-Arrangements nur mühsam durchschlug, da seine Oper *Rienzi* (1840) keinen Erfolg hatte; zwei Jahre später wurde sie in Dresden ein großer Erfolg. Zum Königlich Sächsischen Hofkapellmeister ernannt, schrieb W. in den folgenden Jahren die romantischen Opern *Tannhäuser* (1845) und *Lohengrin* (1848). Nach literarischen und historischen Studien dichtete er die Heldenoper *Siegfried* (1848), musste aber vor der Vertonung wegen Beteiligung an der Mai-Revolution (1849) fliehen und ging nach Zürich. Im Exil entstand die wegweisende Abhandlung *Das Kunstwerk der Zukunft* (1849), in die neben seinem Programm, Dichtung, Mimik und Musik zusammenzufassen, auch die Verschmelzung von Naturmystik, romantischer Erlösungssehnsucht und nationalem Pathos sowie die Idee der Einigung zu einem großen Vaterland mit einging. Nach einer Teilamnestie 1860 kam W. wieder nach Deutschland. In den folgenden Jahren hatte er, trotz zahlreicher Konzerte in europäischen Hauptstädten, finanzielle Schwierigkeiten, aus denen ihn 1864 die Begegnung mit dem jungen →Ludwig II. von Bayern und die anschließende Berufung nach München rettete. 1870 heiratete er in zweiter Ehe Cosima von Bülow, die Tochter F. →Liszts, zu der er bereits seit mehreren Jahren eine außereheliche Beziehung hatte. 1872 übersiedelte W. mit seiner Familie nach Bayreuth und legte den Grundstein des von ihm entworfenen und vor allem mit Hilfe Ludwigs II. finanzierten Festspielhauses. Die Eröffnung fand 1876 mit der Uraufführung des vollständigen *Ring des Nibelungen* (Bühnenfestspiel an drei Tagen und einem Vorabend: *Das Rheingold,* 1869, *Die Walküre,* 1870, *Siegfried,* 1876, *Götterdämmerung,* 1876) statt. In W.s Werk hat sich der Wandel von der Oper zum Musikdrama, der mit *Tannhäuser* und *Lohengrin* beginnt, in *Tristan und Isolde* (1865) vollzogen. Während die Oper bisher aus der Aneinanderreihung einzelner Nummern wie Arie, Duett, Ensemble, Chor bestand, führt W. eine durchkomponierte, vom Leitmotiv geprägte Form rezitierenden Sprechgesangs ein. An Stelle der bisherigen Homophonie tritt die Polyphonie, womit sich der Schwerpunkt des musikalischen Geschehens auf das Orchester verlagert. An die von W. bis zu ihren letzten Konsequenzen geführten Tonalität knüpfte die Neue Musik nach 1900 an. Zu seinen bedeutendsten Bühnenwerken zählen auch *Der fliegende Holländer* (1843), *Die Meistersinger von Nürnberg* (1868) und das Bühnenweihfestspiel *Parsifal* (1882), dessen christl.-myst. Elemente F. →Nietzsche zum Bruch mit W. veranlassten (siehe auch →Wolfram von Eschenbach). W. komponierte auch Vokalwerke, u. a. sieben Kompositionen zu Goethes *Faust* (1832), ein Oratorium (1843) und Klavierstücke und verfasste eine Reihe musiktheoretischer Abhandlungen (*Oper und Drama,* 1851; *Über das Dirigieren*) sowie sämtliche Textbücher zu seinen Bühnenwerken. Aber auch aggressive, streng deutschnational gesinnte Schriften wie *Das Judentum in der Musik* (1850) gehören zu seinem Werk, was viele W.-Anhänger bis heute gerne vergessen.

Waksman, Selman Abraham

amerik. Mikrobiologe russ. Herkunft
* 22.7.1888 in Prikula bei Kiew
† 16.8. 1973 in Hyannis (MA)

W.s Arbeiten über Bodenmikroorganismen führten zur Entdeckung des Streptomycins und anderer Antibiotika, für die er 1952 den Nobelpreis für Medizin erhielt. Seit 1915 amerikanischer Staatsbürger, absolvierte W. im gleichen Jahr die Rutgers Universität, wo er 1930 Professor für Mikrobiologie wurde.

Wałesa, Leszek „Lech"

poln. Gewerkschaftler und Politiker
* 23.9.1943 in Popowo bei Bydgoszcz

W., Sohn eines Handwerkers, arbeitete seit 1966 als Elektromonteur in der Danziger Lenin-Werft. Als Mitglied der staatlichen Gewerkschaft hatte er bereits bei den blutigen Arbeiterunruhen 1970 eine führende Rolle gespielt. 1976 wurde W. infolge einer Streikaktion entlassen und war Mitbegründer der „Freien Gewerkschaft des Küstengebietes". 1980 setzte er sich an die Spitze der großen Streikbewegung, die mit der Erhöhung der Fleischpreise in Polen begonnen hatte. W. war es zu verdanken, dass der Konflikt mit der kommunistischen Regierung mit der Zulassung der unabhängigen Gewerkschaft „Solidarität" endete. Er wurde wieder eingestellt und war ab September 1980 Vorsitzender der Gewerkschaft. Ein „Nationaler Militärrat" unter General Jaruzelski verhängte im Dezember 1981 das Kriegsrecht über Polen; W. und andere Oppositionelle kamen in Haft. Im Herbst 1982 wurde die Gewerkschaft verboten. Nach der Freilassung stand W. immer noch unter ständiger Beobachtung. 1983 wurde ihm der Friedensnobelpreis verliehen, den seine Frau für ihn entgegennahm. Gestärkt durch diese Auszeichnung, beteiligte er sich an der Arbeit illegaler Gewerkschaftsgruppen im Untergrund. 1988 bot die Regierung Gespräche „am runden Tisch“ an, 1989 kam der sog. Gesellschaftsvertrag zustande, der das Ende des kommunistischen Machtmonopols bedeutete. Ab 1990 erster nicht kommunistischer Staatspräsident Polens nach dem II. Weltkrieg, erlebte W. mehrere Regierungswechsel, die er aufgrund seiner verfassungsrechtlich starken Stellung zum Teil mitbewirkte. Bei der Präsidentenwahl 1995 unterlag er dem ehemaligen Kommunisten Alexander Kwasniewski.

Wallenstein, Albrecht Wenzel Eusebius von

(eigtl.: Wald[en]stein)
habsburg. Feldherr und Politiker
* 24.9.1583 in Heřmanice
bei Königgrätz
† 25.2.1634 in Eger

Kaiserlicher Generalissimus im Dreißigjährigen Krieg, bestimmte W. dessen Verlauf maßgeblich mit. Er stammte aus altem protestantischen Adel Böhmens und studierte in Altdorf, Bologna und Padua. Seit 1604 in kaiserlichen Diensten, trat er um der Karriere willen 1606 oder 1607 zum Katholizismus über und war anschließend Kämmerer am Wiener Hof. Durch den Tod seiner ersten Frau (1614) fielen deren riesige Ländereien in Mähren W. zu, zu denen er nach Scheitern des böhmischen Aufstandes und seinem Sieg am Weißen Berg (1620) weiteren Grundbesitz aus konfiszierten protestantischen Gütern in Nordböhmen hinzuerwerben konnte. 1623 wurde er von Kaiser Ferdinand II. zum Reichsfürsten erhoben. Als sich Dänemark 1625 mit dem Niedersächsischen Bund gegen den Kaiser und die katholische Liga verbündete, warb W. auf eigene Kosten ein Heer von 40 000 Mann an, das dem Kaiser eine von den Truppen der Liga unabhängige militärische Macht geben sollte. W. wurde zum Oberbefehlshaber aller Armeen ernannt und schlug mit →Tilly 1626 Ernst von Mansfeld bei Dessau, drängte 1627 die Dänen bis nach Nordjütland zurück. Nach dem Frieden von Lübeck wurde der ruhmreiche Heerführer mit dem Fürstentum Mecklenburg belehnt. W.s politische Gegner, die Kurfürsten, allen voran →Maximilian I. von Bayern, waren um ihre reichsständische Freiheit besorgt und setzten den Kaiser unter Druck, der 1630 den Feldherrn entließ. Der Siegeszug →Gustavs II. von Schweden bis Süddeutschland erzwang aber bereits 1632 seine Rückberufung. Innerhalb kurzer Zeit befreite W. Bayern und schlug den Schwedenkönig bei Nürnberg und Lützen, wo Gustav II. Adolf fiel. Danach versuchte W., eigenmächtig den Reichsfrieden zu vermitteln, was erneut Misstrauen bei Fürsten und Kaiser erregte, der 1634 seinem Heerführer Hochverrat unterstellte, ihn absetzte, ächtete und mit seinen engsten Vertrauten umbringen ließ. Das Schicksal und die vielschichtige Persönlichkeit W.s regte später F. →Schiller zu seinem gleichnamigen Drama an (1798/99).

Walther von der Vogelweide

mittelhochdt. Dichter
* um 1170 wahrscheinlich
in Österreich
† um 1230 wahrscheinlich
bei Würzburg

Über das Leben W.s, des bedeutendsten Vertreters der mittelhochdeutschen Lyrik und Minnesängers ist dokumentarisch fast nichts überliefert. Nur seine Werke geben einige Auskunft:

W. war ein landloser Ministerialer (Dienstmann am Hofe des Königs oder eines Adeligen) vermutlich aus niederösterreichischem Adel und lernte den Minnesang am Wiener Hof der Babenberger (1190–98). Anschließend führte er jahrelang ein Wanderleben als fahrender Ritter und war an verschiedenen Höfen tätig, bis er von Kaiser →Friedrich II. 1220 ein kleines Lehen bei Würzburg erhielt (ein Danklied gilt dem Kaiser). W. brachte den höfischen Minnesang zu höchster Vollendung, überwand gleichzeitig die Stilisierung der Minnelyrik und entwickelte das Minne-Ideal der Gegenseitigkeit, das er in Liedern aus dem Lebensbereich des Landvolks („niedere Minne“) gestaltete *(Unter den Linden, Nemt frouwe disen kranz)*. Mit seiner weltlichen Spruchdichtung übte er Kritik am drohenden Zerfall des Stauferreiches und an der weltlichen Macht des Papstes. In seiner Alterslyrik verherrlicht er den Kreuzzug (1227–29) und bringt die Vergänglichkeit der Welt und den Glauben an Gott zur Sprache. W. hinterließ 140 Sang-Spruchstrophen und etwa 75 mehrstrophige Lieder, deren Melodien zum Teil erhalten sind.

Warhol, Andy

(eigtl.: Andrej Warhola)
amerik. Künstler tschech. Herkunft
* 6.8.1928 in Pittsburgh (PA)
† 22.2.1987 in New York

W. ist der bekannteste und als Maler, Grafiker, Fotograf und Filmemacher einer der vielseitigsten Pop-art-Künstler. Der Sohn tschechoslowakischer Einwanderer war ursprünglich Werbegrafiker. Ab 1962 entstanden seine ersten Bildserien. Unter dem Eindruck der „Ready-mades“ von M. →Duchamp wählte W. Konsumartikel als Motive (*100 Cans*, 1962, die ersten Campbell's Suppendosen). Im Siebdruckverfahren schuf er die Serie der Star-Ikonen, Porträts von Massenidolen wie M. →Monroe und E. →Presley. Dazu färbte er vorhandene Fotografien ein und setzte sie vor einen farbigen Hintergrund. Seine Veränderungen der vorgegebenen Motive (Objekte oder Fotografien) beschränkten sich auf die Vervielfältigung sowie farbliche und fototechnische Veränderungen. Siebdrucke mit Dollar-Noten, Rabattmarken oder Coke-Flaschen in vielfacher Reihung konfrontieren den Zuschauer mit vertrauten Dingen in unbekanntem Zusammenhang. W.s Ausstellung in New York (1962) wurde zum sensationellen Erfolg. Er richtete sich ein neues Atelier ein. Die vollständig mit Aluminium ausgekleidete „factory“ wurde zum Anziehungspunkt vieler Künstler. W.s ließ seine Drucke hier von den Assistenten nach seinen Vorstellungen ausführen. In dem Atelier entstanden auch Underground-Filme und fanden die berühmten theaterartigen Happenings und multimedialen Präsentationen statt (z. B. mit der Rockgruppe Velvet Underground). 1968 wurde W. durch die Schüsse einer Frau verletzt. Nach seiner Genesung schuf er ab 1972 Auftragsporträts, besonders von Prominenten wie Mick Jagger, M. →Jackson und Caroline von Monaco. 1972 nahm er an der documenta 5 mit „Empire“, 1982 an der documanta 7 mit der Serie „Oxidation“ teil. Letzte große Arbeit W.s waren die „Camouflages“ (1986), von Tranfarben überlagerte Selbstporträts. Der Künstler starb 58-jährig nach einer Gallenblasenoperation.

Washington, George

amerik. General
und 1. Präsident der USA
* 22.2.1732 in Wakefield (VA)
† 14.12.1799 in Mount Vernon (VA)

Der amerikanische Nationalheld war der Sohn eines reichen Pflanzers, wurde Vermessungsingenieur und schlug eine militärische Laufbahn ein. 1755–58 war er im Kampf gegen die Franzosen Kommandeur der Miliz von Virginia. Im nordamerikanischen Unabhängigkeitskrieg wurde W. Oberbefehlshaber der Kolonialstreitkräfte, die er mit Unterstützung →La Fayettes und Friedrich Wilhelm von Steubens zu einer

schlagkräftigen Armee formte. Er blieb trotz einer Reihe von Niederlagen unerschütterlich, bis die Engländer 1781 unter General Charles Cornwallis bei Yorktown geschlagen wurden. Als Vorsitzender (ab 1787) des Verfassungskonvents in Philadelphia wurde W. 1789 zum ersten Präsidenten der USA gewählt. Innenpolitisch stützte er sich auf Alexander Hamilton, der für eine starke Zentralregierung eintrat. Außenpolitisch achtete er strikt auf die Neutralität gegenüber den europäischen Staaten, suchte den Ausgleich mit Großbritannien und schloss 1794 mit den Briten einen für die USA nicht sehr vorteilhaften Freundschafts- und Handelsvertrag ab. Diese vorsichtige Außenpolitik und innenpolitische Gründe brachten W. während seiner zweiten Amtsperiode in Konflikt mit Th. →Jefferson. 1796 verzichtete er auf eine weitere Kandidatur und zog sich auf seinen Landsitz nach Mount Vernon zurück. W. erfuhr schon zu Lebzeiten aufgrund seiner militärischen und politischen Verdienste große Verehrung. Die Bundeshauptstadt der USA und der Bundesstaat im Nordwesten des Landes wurden nach ihm benannt.

Watson, James Dewey

amerik. Molekularbiologe
* 6.4.1928 in Chicago

W. hatte wesentlichen Anteil an der Aufklärung der molekularen Struktur der Desoxyribonukleinsäure (DNS), die der Träger des genetischen Materials ist. 1951 kam er nach Cambridge, wo seine Zusammenarbeit mit dem britischen Biologen und Physiker Francis Crick (* 8.6.1916) begann. 1953 entwickelten die Wissenschaftler das Modell der DNS, die aus zwei in sich gewundenen Strängen (Doppelhelix) aufgebaut ist. Damit konnten W. und Crick auch die identische Reduplikation des Erbmaterials in der Zelle erklären. Für ihre Ergebnisse erhielten die Molekularbiologen zusammen mit Maurice Wilkens 1962 den Medizin-Nobelpreis. W. erforschte später die Funktion der Ribonukleinsäure (RNS) bei der Synthese der Proteine. Er war 1961–68 Professor an der Harvard Universität und ist seit 1968 Direktor am Cold Spring Laboratory. Seit 1988 leitet W. das umstrittene Großprogramm zur Entschlüsselung des menschlichen Erbguts (Genomprojekt).

Watson, Thomas J.

amerik. Unternehmer
* 17.2.1874 in Campell (NY)
† 19.6.1956 in New York

W. baute mit IBM (Industrial Business Machines) den weltweit führenden Hersteller von EDV-Anlagen auf. Der Sohn einer schottisch-irischen Einwandererfamilie arbeitete nach dem Besuch der Handelsschule als Buchhalter, später als Handelsvertreter und stieg zum Leiter der Firma CTR (Computing-Tabulating Recording Company) auf, die Waagen, Stechuhren und Tabelliermaschinen herstellte. Nach der Umbenennung (1924) des Unternehmens in IBM konzentrierte W. die Produktion auf Lochkarten und legte damit den Grundstein für die Entwicklung zu einem Weltkonzern. In den 40er Jahren wehrte er sich gegen den Bau von Computern, die mit Magnetbändern statt Lochkarten arbeiteten. Sein Konkurrent Remington Rand brachte 1951 den ersten in Serie gebauten Großcomputer heraus. Erst nach dem Koreakrieg beschloss W. den Bau eines Computers und präsentierte 1953 die IBM Data Processing Machine. Kurz vor seinem Tod fasste er die rund 140 ausländischen Tochtergesellschaften zur IBM World Trade Corporation zusammen. IBM ist heute der größte Computer-Hersteller der Welt mit rund 344 000 Beschäftigten und einem Umsatz von 64,5 Milliarden US-Dollar (1992).

Watt, James

engl. Ingenieur und Erfinder
* 19.1.1736 in Greenock-on-Clyde
† 19.8.1819 in Heathfield bei Birmingham

W. baute 1765 die erste praktisch verwendbare Dampfmaschine. Der gelernte Feinmechaniker entwickelte die atmosphärische Newcomensche Dampfmaschine weiter, indem er zur Arbeitsgewinnung statt Atmosphärendruck den Dampfdruck nutzte. Mit dem Kurbel- und Schwungrad wandelte er die Hin- und Herbewegung in eine besser nutzbare Drehbewegung um. 1775 gründete W. mit dem Fabrikanten Matthew Boulton eine Dampfmaschinenfabrik, in der er die Leistung seiner Dampfmaschine ständig verbesserte. 1782–84 konstruierte er die doppelt wirkende Niederdruck-Dampfmaschine, bei der Dampfdruck abwechselnd von beiden Seiten des Kolbens zugeführt wurde. Die ab 1787 in Baumwollspinnereien eingesetzten Dampfmaschinen der Firma Boulton und Watt leiteten in England das Zeitalter der Industrialisierung ein. Auf W. geht auch die Feststellung, dass das Wasser kein Element, sondern eine Verbindung ist, zurück. Dem großen Erfinder zu Ehren wurde die Einheit der elektrischen Leistung Watt genannt.

Watteau, Jean-Antoine

frz. Maler
* 10.10.1684 in Valenciennes
† 18.7.1721 in Nogent-sur-Marne

Das Werk W.s stand anfänglich unter starkem Einfluss der venezianischen und flämischen Malerei. Er schuf aus barockem Pathos und flämischen Sinnenfreuden seinen eigenen graziösen, den Rokoko vorbereitenden Stil. W. beugte sich keinen herkömmlichen Malregeln und -techniken und fand seinerzeit keine große Beachtung. Die meisten der etwa 300 Bilder des bedeutenden Künstlers sind entweder verschollen oder aufgrund minderwertiger Farbqualität in schlechtem Zustand. W.s nach und nach wieder entdecktes und -aufgefundenes Werk zeichnet sich durch zarte und duftige Helligkeit der Farben aus. Hauptthema sind Feste der eleganten Gesellschaft in arkadischer Landschaft (*Das Liebesfest,* 1716/19), Szenen aus der italienischen Komödie sowie aus dem Bauern- und Soldatenleben (*Strapazen der Soldaten,* 1716; *Liebe auf dem Lande,* 1719). Weitere bekannte Werke W.s sind u. a. *Mezzetin* (1719) und der Gaukler *Gilles* (1720).

Weber, Carl Maria von

dt. Komponist
* 18.11. 1786 in Eutin
† 5.6.1826 in London

W. gilt als einer der bedeutendsten Komponisten der Frühromantik und Schöpfer der deutschen romantischen Oper. Der aus einer Musikerfamilie stammende Komponist erhielt seine Ausbildung in München und Wien, Mannheim und Darmstadt. 1813 wurde er Operndirektor in Prag, 1816 musikalischer Leiter der neugegründeten Deutschen Oper in Dresden, die er zu einem musikalischen Mittelpunkt machte. 1821 hatte W. anlässlich der Eröffnung des Schauspielhauses in Berlin mit seiner romantischen Oper *Der Freischütz* den ersten großen Bühnenerfolg. Er entwickelte die Form der durchkomponierten Oper (*Euryanthe,* 1823), an die R. →Wagner anknüpfte. W.s weitere Opern *Peter Schmoll* (1803), *Silvana* (1810), *Abu Hassan* (1811), *Die drei Pintos* (1820) und *Oberon* (1826) waren weniger erfolgreich, während seine Sinfonien, Ouvertüren, Klavier- und Klarinettenkonzerte sowie die Kammer- und Klaviermusik (darunter die berühmte *Aufforderung zum Tanz*) heute noch häufig gespielt werden. W. schuf auch die Bühnenmusik zu Schillers *Turandot* und Kleists *Käthchen von Heilbronn* sowie kirchliche Vokalmusik und Lieder.

Weber, Max

dt. Soziologe
* 21.4.1864 in Erfurt
† 14.6.1920 in München

W. lehrte nach dem Studium der Rechtswissenschaften, Wirtschaftswissenschaften, Geschichte und Philosophie als Soziologe, Nationalökonom und Wirtschaftshistoriker an verschiedenen Universitäten. Basierend auf historischen Forschungsergebnissen entwickelte er seine „verstehende Soziologie". Danach können im Rahmen der Gesellschaftswissenschaften keine eindeutigen Kausalbeziehungen bestimmt werden. Sein Hauptwerk *Wirtschaft und Gesellschaft. Grundriss der verstehenden Soziologie* erschien 1922 postum und besitzt bis heute als Standardwerk der Sozialwissenschaften Gültigkeit. W. definierte Soziologie als Wissenschaft vom „sozialen Handeln", das sich in allen Gesellschaftsbereichen wiederfindet. Regelmäßig wiederkehrende Verhaltensmuster werden zu Institutionen (Ehe, Beruf, Herrschaft usw.), und in der Institution drücken sich die allgemein anerkannten Ordnungsvorstellungen aus. Im Gegensatz zu K. →Marx lehnte W. eine einseitige Bestimmtheit des sozialen Lebens durch ökonomische Faktoren ab. Ab 1903 gab er das „Archiv für Sozialwissenschaften" heraus. In dem Beitrag *Die „Objektivität" sozialwissenschaftlicher Erkenntnis* (1904) schuf er die Grundlagen einer historisch orientierten Kultur- und Sozialwissenschaft (siehe auch N. →Luhmann). Die Abhandlung *Die protestantische Ethik und Geist des Kapitalismus* (1905) analysiert den Zusammenhang zwischen puritanischer Religiosität, rationaler Lebensführung und Entstehung des modernen Kapitalismus. Seine Untersuchungen über alle großen Religionen fasste W. in seiner *Wirtschaftsethik der Weltreligionen* (1915) zusammen und begründete damit die Religionssoziologie. W. war auch als aktiver Politiker tätig – er nahm an den Verhandlungen in Versailles teil – und war Mitbegründer der Deutschen Demokratischen Partei.

Welles, Orson

amerik. Regisseur und Schauspieler
* 6.5.1915 in Kenosha (WI)
† 10.10.1985 in Los Angeles

W.s Erstlingswerk *Citizen Kane* (1941), in dem er auch die Titelrolle verkörperte, bedeutete einen Wendepunkt in der Kinogeschichte. Der Sohn eines Industriellen und einer Pianistin, der früh Waise wurde, trat schon in Schulaufführungen als Schauspieler und Regisseur hervor. 1931 wurde er 16-jährig in das Gate Theatre in Dublin aufgenommen, nachdem er sich als 25-jährigen amerikanischen Theaterstar ausgegeben hatte. Ab 1933 arbeitete W. in New York als Schriftsteller und Rundfunksprecher. Am 30.10.1938 löste seine Rundfunkadaption von H.G. Wells' Stück *Krieg der Welten* Panik in den USA aus, da viele Hörer die geschilderte Landung von Marsmenschen für ernst hielten. Hollywood war auf W. aufmerksam geworden. Er erhielt einen Vertrag von der Filmgesellschaft RKO, der ihm weitreichende künstlerische Freiheiten zusicherte. *Citizen*

Kane, der die Geschichte eines Zeitungsmagnaten erzählt, wurde von der Kritik als Meisterwerk gefeiert. Der Verleger W. R. →Hearst hatte wegen Parallelen zu seiner Lebensgeschichte vergeblich versucht, die Premiere zu verhindern. Als Schauspieler verkörperte W. häufig titanische Persönlichkeiten und war ein sehr erfolgreicher Shakespeare-Darsteller. Sein *Macbeth* als Regisseur und Hauptdarsteller zählt zu den Höhepunkten der Theaterverfilmung. Zu seinen weiteren Erfolgen zählen *Jane Eyre* (1943), *Die Lady von Shanghai* (1946), *Der Dritte Mann* (1949), *Im Zeichen des Bösen* (1957/58), *Der Prozess* (1962), *Falstaff* (1965/66) und *Der zehnte Tag* (1971). W. erhielt 1971 einen Ehren-Oscar und war in zweiter Ehe mit der Schauspielerin Rita Hayworth verheiratet (1943–47).

Werfel, Franz

österr. Schriftsteller
* 10.9.1890 in Prag
† 26.8.1945 in Beverly Hills (CA)

W., der aus einer angesehenen jüdischen Kaufmannsfamilie stammte und selbst diesen Beruf erlernte hatte, begann seine literarische Laufbahn mit visionär-expressionistischen Gedichten (*Der Weltfeund,* 1912; *Einander,* 1915). Mit dem Roman *Verdi* (1924) und dem Drama *Juarez und Maximilian* (1924) wandte er sich historischen Stoffen und einem psychologischen Realismus zu. Ab 1929 mit der Schriftstellerin Alma Mahler, der Witwe G. →Mahlers, verheiratet, unternahm W. als freier Schriftsteller große Auslandsreisen. Er emigrierte 1938 nach Frankreich und floh 1940 in die USA. Die in dem Ideendrama *Der Spiegelmensch* (1920) sichtbar gewordene Erlösungssehnsucht steigert sich später zu mystischer Religiosität (*Das Lied von Bernadette,* 1941) und metaphysischer Utopie (*Stern der Ungeborenen,* 1946). In *Die Kämpfe der Schwachen* (1933) und *Die vierzig Tage des Musa Dagh* (1933) tritt W. für die Gefährdeten und Unterdrückten ein. Seine weiteren bekannten Werke sind *Nicht der Mörder, der Ermordete ist schuldig* (1920), *Der Tod des Kleinbürgers* (1927), *Der Abituriententag* (1928), *Barbara oder Die Frömmigkeit* (1929), *Der veruntreute Himmel* (1939), *Jacobowsky und der Oberst* (1944).

Weyden, Rogier van der

niederl. Maler
* um 1400 in Tournai
† 18.6.1464 in Brüssel

W. war neben den Gebrüdern van Eyck (J. van →Eyck) der bedeutendste altniederländische Meister, dessen Werk besonders die Entwicklung der deutschen Malerei und Graphik beeinflusst hat. Nach der Ausbildung bei Robert Campin in Tournai war er ab 1436 Stadtmaler in Brüssel und schuf ein umfangreiches Werk von Altarbildern, Heiligen, Madonnen und Porträts. Da W. eine sehr produktive Werkstatt besaß, in der auch zahlreiche Wiederholungen und Kopien entstanden und wegen des Fehlens jeglicher Signatur, sind die Bilder zeitlich sowie urhebermäßig schwer einzuordnen. Der ursprünglich für St. Columba in Köln geschaffene *Dreikönigsaltar* befindet sich heute in München, während sich ein anderes Hauptwerk, das *Jüngste Gericht* (um 1451/52), noch an seinem ersten Standort im Hôtel-Dieu in Beaune verblieben ist. Kennzeichnend für seinen Stil sind zeichnerische Schärfe, plastische Modellierung, eindrucksvolle Widerspiegelungen seelischer Regungen und eine leuchtende Farbigkeit. Zu W.s berühmtesten Gemälden gehören *Kreuzigung, Kreuzabnahme* (um 1440), *Der hl. Lukas zeichnet die Madonna* (um 1450), *Porträt Karls des Kühnen* (um 1460).

Wieland, Christoph Martin

dt. Dichter
* 5.9.1733 in Oberholzheim bei Biberach
† 20.1.1813 in Weimar

Der große Dichter der deutschen Aufklärung stammte aus einem pietistischen evangelischen Pfarrhaus und studierte zunächst Philosophie und Jura, brach diese jedoch zugunsten der Literatur ab. Danach war W. Hauslehrer in der Schweiz (1759), Beamter in Biberach (1760) und lehrte ab 1569 Philosophie in Erfurt. 1772 übernahm er die Erziehung der Prinzen Karl August und Bernhard in Weimer, war ab 1775 als freier Schriftsteller tätig. W.s seraphisch-moralisierende Jugendgedichte (*Die Natur der Dinge,* 1752) standen vor allem unter dem Einfluss F. G. →Klopstocks. Später wandte er sich einer graziös-ironischen, aufgeklärten und geistreichen Dichtung im Stil der französischen Spätrokoko zu, die charakteristisch ist für seine Stellung zwischen Aufklärung und Klassik. W.s Hauptwerk ist der erste große deutsche Bildungsroman *Geschichte des Agathon* (1766/67), der in antiker Szenerie die Entwicklung eines jungen Mannes zu selbstbewusster Humanität beschreibt. Der politisch aktuelle Schlüsselroman *Der goldene Spiegel* (1772) ist ein Plädoyer für eine aufgeklärte Monarchie. *Die Abderiten, eine sehr wahrscheinliche Geschichte* (1773–76) stellt eine Satire auf zeitgenössische Torheiten dar. In der Vermittlung antiken, französischen und spanischen Kulturguts entstanden die Versdichtungen *Musarion oder die Philosophie der Grazien* (1768), *Der neue Amadis* (1771) und *Oberon* (1780). *Die Geheime Geschichte des Philosophen Peregrinus Proteus* (1791), *Agathodämon* (1799) und *Aristipp und einige seiner Zeitgenossen* (1800–01) bilden das Alterswerk W.s. Außerdem führte er in empfindsamen Dramen (*Lady Johanna Gray,* 1758) den Blankvers in die deutsche Dramatik ein. Als Übersetzer (z. B. erstmals in dt. Sprache W. →Shakespeare, →Horaz) und als Herausgeber des „Teutschen Merkur“, der ersten deutschen literarischen Monatsschrift, förderte W. die literarische Bildung in seiner Zeit.

Wiener, Norbert

amerik. Mathematiker
* 26.11.1894 in Columbia (MI)
† 18.3.1964 in Stockholm

W. gilt als Begründer der Kybernetik, der Wissenschaft von Steuerungs- und Regelungsvorgängen in Systemen. Seine überragende Intelligenz zeigte sich bereits sehr früh. W. machte 15-jährig seinen Collegeabschluss, studierte zunächst Biologie an der Harvard Universität, wechselte aber später zu Philosophie und Mathematik über. In seinen Forschungsarbeiten stellte er fest, dass mathematische Modelle auch für die Abläufe in anderen wissenschaftlichen Gebieten (z. B. Biologie, Medizin, Physik, Soziologie) als Erklärungsgrundlage gelten können. Sein Hauptwerk *Cybernetics* (1948, dt. 1963) fasst die mathematischen Grundlagen der Informationsvermittlung und der Steuerung eines Systems zusammen und begründete die Kybernetik als neue Wissenschaft. Er starb auf einer Reise nach Schweden.

Wilde, Oscar Fingal O’Flahertie Wills

ir.-engl. Schriftsteller
* 6.10.1854 in Dublin
† 30.11.1900 in Paris

W., führender Vertreter des Ästhetizismus in England, lebte in London als vornehmer Dandy und wurde durch sein extravagantes Leben, aber auch durch seine literarischen Erfolge bekannt. Angeregt vom französischen Symbolismus schrieb W. viele erfolgreiche sarkastisch-

frivole Gesellschaftskomödien, die mit geistreichen und witzigen Dialogen die konventionelle bürgerliche Moral der prüden viktorianischen Zeit verspotten: *Lady Windermeres Fächer* (1892, dt. 1902), *Eine Frau ohne Bedeutung* (1892, dt. 1902), *Bunbury* (auch *The Importance of Being Ernest,* 1895, dt. 1903) und *Ein idealer Gatte* (1899). Für die berühmte Schauspielerin Sarah Bernhardt verfasste W. die symbolistische Tragödie *Salomé* (1891, dt. 1903), die von R. →Strauss vertont wurde. Durch seinen einzigen Roman *Das Bildnis des Dorian Gray* (1891, dt. 1901), ein teils autobiografischer Roman in geistreicher Sprache, der den skrupellosen, schließlich verzweifelnden und an seinen Lastern zugrunde gehenden Genussmenschen zeichnet, provozierte W. die Gesellschaft seiner Zeit. 1895 wurde er wegen Homosexualität zu zwei Jahren Zuchthaus verurteilt, wo die bedeutende Dichtung *Die Ballade vom Zuchthaus zu Reading* (1898, dt. 1903) entstand. Aus der Haft entlassen, lebte W. unter dem Pseudonym Sebastian Melmoth in zerrütteten Verhältnissen in Paris.

Wilder, Billy

(eigtl.: Samuel W.)
amerik. Regisseur österr. Herkunft
* 22.6.1906 in Wien

W. gilt als der Komödienspezialist Hollywoods. Der Sohn einer jüdischen Familie brach sein Jurastudium ab und arbeitete in Berlin als freier Journalist. In den 30er Jahren entwickelte sich W. zu einem erfolgreichen Drehbuchautor (*Menschen am Sonntag,* 1929; *Emil und die Detektive,* 1931). Nach der Machtübernahme durch die Nationalsozialisten verließ er 1933 Deutschland und emigrierte über Frankreich in die USA. In Hollywood schrieb er zunächst weiter Drehbücher (*Blaubarts achte Frau,* 1938; *Ninotschka,* 1939). In den 40er Jahren führte er selbst Regie und war erfolgreich mit seinen im Stil der Schwarzen Serie inszenierten Filmen (*Frau ohne Gewissen,* 1944). Für das Alkoholikerdrama *Das verlorene Wochenende* (1945) erhielt W. 1946 seinen ersten Oscar, 1951 den zweiten für das Drehbuch zu seinem Film *Boulevard der Dämmerung.* Ab Mitte der 50er Jahre wandte er sich leichteren Themen zu. Es entstanden spritzig-humorvolle Komödien (*Sabrina,* 1954; *Das verflixte siebte Jahr,* 1955; *Manche mögen's heiß,* 1959; *Eins, Zwei, Drei,* 1961; *Das Mädchen Irma la Douce,* 1963), die den Höhepunkt seiner Kariere bedeuteten. Die Satire auf Geschäftsmoral und Duckmäusertum *Das Appartement* (1959) brachte W. einen weiteren Oscar. 1957 machte er einen erneuten Ausflug in den Krimalbereich mit der Verfilmung des Agatha-Christie-Romans *Zeugin der Anklage.* W.s Arbeiten in den 70er und 80er Jahren stießen nur noch auf verhaltenes Interesse (*Extrablatt,* 1974; *Buddy, Buddy,* 1981). Bevorzugter Darsteller W.s ist der in seiner Tragikomik meisterhafte Jack Lemmon.

Wilhelm I.

dt. Kaiser und König von Preußen
* 22.3.1797 in Berlin
† 9.3.1888 in Berlin

Der zweite Sohn König Friedrich Wilhelms III., seit 1829 mit Prinzessin Augusta von Sachsen-Weimar verheiratet, wurde nach der Thronbesteigung seines kinderlosen Bruders Friedrich Wilhelm IV. 1840 als „Prinz von Preußen" Thronfolger. Er vertrat einen konservativen Standpunkt und machte sich bei der blutigen Niederschlagung der Berliner Märzrevolution

1848 als „Kartätschenprinz" einen unrühmlichen Namen. W. musste – gezwungen durch die Volksstimmung – nach England fliehen, kehrte aber bald wieder zurück und kommandierte 1849 die gegen die aufständischen Demokraten in Baden und der Pfalz eingesetzten preußischen Truppen. 1858 übernahm W. für seinen geistig erkrankten Bruder die Regentschaft und leitete durch die Entlassung des reaktionären Kabinetts Manteufel eine liberale „neue Ära" ein, die jedoch kurz nach seiner Thronbesteigung (1861) mit dem Widerstand des Parlaments gegen die kostspielige preußische Heeresreform scheiterte (1862). Bereits entschlossen abzudanken, konnte er durch die Berufung →Bismarcks zum preußischen Ministerpräsidenten die Heeresvorlagen durchsetzen und den Verfassungskonflikt zu Gunsten der Krone entscheiden. In der Folge bestimmte Bismarck, wenn auch unter heftigen Auseinandersetzungen mit dem König, die preußische Politik. 1871 ließ sich W. nur zögernd zum deutschen Kaiser ausrufen und stimmte 1878 den Sozialistengesetzen und 1879 dem Abschluss des deutsch-österreichischen Zweibundes zu.

Wilhelm I., der Eroberer

engl. König
* um 1028 in Falaise, Normandie
† 7.9.1087 in Rouen

W., Sohn Herzog Roberts I., übernahm 1035 nach dessen Tod als Herzog der Normandie die Herrschaft. Er warf die Aufstände des übermächtigen Adels nieder, eroberte 1063 die Grafschaft Maine und wehrte die Angriffe der französischen Könige Heinrich I. und Philipp I. ab. Auf Grund seiner Verwandschaft mit Eduard dem Bekenner beanspruchte W. den englischen Thron und landete nach dem Tod des Königs im September 1066 in England, wo er seinen Rivalen Harold II. am 14.11.1066 bei Hastings besiegte. Am 25.12.1066 ließ er sich zum neuen englischen Herrscher krönen und eroberte bis 1071 das ganze Königreich, das er unter seinen normannischen Baronen aufteilte. W. besetzte alle geistlichen und weltlichen Ämter mit Normannen und baute ein straffes, allein von der Krone abhängiges Lehenssytem auf, das keine Territorienbildung aufkommen ließ. 1086 verlangte er von allen Vasallen den direkten Untertaneneid, der in den folgenden Regierungen wiederholt wurde. Im gleichen Jahr ließ er die Anlage des „Domesday Book" in Angriff nehmen, das zur Steuergrundlage werden sollte. W. sicherte das Königtum mit einer zentralistischen Verwaltung, mit dem Bau des Towers und der Anerkennung der bestehenden angelsächsischen Verfassung. Er schaltete den Einfluss der Kirche aus und machte sich selbst zum Oberhaupt.

Wilhelm II.

dt. Kaiser und König von Preußen
* 27.1.1859 in Potsdam
† 4.6.1941 auf Schloss Doorn
bei Utrecht, Niederlande

W., ältester Sohn Friedrichs III. wurde 1888 beim Tod seines Vaters König von Preußen und deutscher Kaiser. Die Zeit seiner Herrschaft (bis 1918), obwohl nicht wirklich von W. geprägt, ist als die sog. Wilhelminische Epoche in die Geschichte eingegangen. Zunächst strebte W. eine Aussöhnug mit der Arbeiterschaft an. Im Konflikt darüber spitzten sich die gegensätzlichen Standpunkte in Innen- und Außenpolitik mit →Bismarck zu und führten 1890 zur Entlassung des Reichskanzlers. Der Versuch, persönlich die Reichspolitik zu leiten, hatte fatale politische und diplomatische Folgen, da er seine Mitarbeiter weniger nach politischer, sondern mehr nach ihrer Anpassungsfähigkeit auswählte. W. verlängerte den Rückversicherungsvertrag mit Russland nicht und brachte dieses somit an die Seite der Entente cordiale (England und Frankreich). Seine Prunksucht, Unbedachtsamkeiten und der forcierte Flottenausbau erschwerten der Regierung die Führung ihrer Geschäfte (Daily-Telegraph-Affäre). Der Versuch einer Wahlrechtsreform scheiterte an der mangelnden Unterstützung des Kaisers. Obwohl W. den Krieg verhindern wollte, trug er schließlich mit seinen unsachgemäßen politischen Manipulationen doch zum Ausbruch des I. Weltkrieges bei. Während des Krieges zog er sich weitgehend zurück und verzichtete am 28.11.1918, von →Hindenburg zur Abdankung gedrängt, auf den Thron. Die letzten Jahrzehnte verbrachte er im holländischen Exil.

Wilhelm III., von Oranien

engl. König
* 14.11.1650 in Den Haag
† 19.3.1702 in London

Der Sohn des Prinzen Wilhelm II. von Oranien wurde 1672, als die Invasion Frankreichs bevorstand, zum Generalkapitän der niederländischen Truppen und zum Statthalter von fünf Provinzen ernannt. W. entwickelte sich zum erfolgreichsten Widersacher der Hegemonialpolitik →Ludwigs XIV. Er bewog England zur Einstellung des Seekrieges und gewann Kaiser und Reich, Spanien und Dänemark als Koalitionspartner gegen Frankreich, mit dem 1678 ein Vertrag ohne Gebietsverluste geschlossen werden konnte. 1688 folgte W. einem Ersuchen der parlamentarischen Opposition in England, die ihn gegen das absolutistische Regime →Jakobs II. zu Hilfe rief. In der „Glorious Revolution" nahm er England ohne Blutvergießen in Besitz und wurde 1689 zusammen mit seiner Gemahlin Maria vom Parlament zum neuen König von England, Schottland und Irland ausgerufen. In der unmittelbar zuvor beschworenen „Declaration of Rights" bestätigte er die Rechte des Parlaments. Im Pfälzischen Erbfolgekrieg (1688–97) vereinigte W. erneut eine große Allianz aus England, den Niederlanden, Savoyen, Spanien und Schweden sowie dem Kaiser und bedeutenden Reichsfürsten gegen Frankreich und zwang Ludwig XIV. im Frieden von Rijswijk 1697, den Krieg ohne Gewinne zu beenden. Schließlich war W. am Zustandekommen der Großen Allianz gegen den Sonnenkönig beteiligt (1701), die in den spanischen Erbfolgekrieg mündete.

Wilson, Thomas Woodrow

amerik. Politiker
* 28.12.1856 in Staunton (VA)
† 3.2.1924 in Washington

Aus einem presbyterianischen Elternhaus stammend, erhielt W. eine religiöse Erziehung. Als Professor für Geschichte, Recht und Volkswirtschaft bemühte er sich später um liberale und demokratische Universitätsreformen. 1910–12 war er demokratischer Gouverneur von New Jersey. Als 28. Präsident der USA führte W. im Geiste des Liberalismus wirtschaftliche und finanzpolitische Reformen durch (Zollsenkung, Schaffung der Bundeszentralbank, Anti-Trust-Gesetz, Einführung gestaffelter Einkommenssteuer). Außenpolitisch lehnte er zwar den Dollarimperialismus ab, verfolgte jedoch in Lateinamerika eine „Politik der offenen Tür" für die USA, zu deren Durchsetzung er auch vor militärischen Interventionen nicht zurückschreckte. Nach dem Ausbruch des I. Weltkrieges bemühte sich W. um die Neutralität der USA, protestierte gegen den U-Boot-Krieg der Deutschen wie gegen die britische Blockade der Mittelmächte als Verbrechen wider Kriegsrecht und Menschlichkeit. Nach seiner Wiederwahl 1916 bemühte er sich um die Beendigung des Krieges durch Verhandlungen. Doch infolge der Aufnahme des uneingeschränkten U-Boot-Krieges durch

Deutschland am 1.2.1917 brach W. die diplomatischen Beziehungen ab und trat im April 1917 in den Krieg ein. Als Grundlage für einen gerechten und dauerhaften Frieden proklamierte er im Januar 1918 ein Vierzehn-Punkte-Programm, das er auf der Pariser Konferenz von 1919 nur in geringem Maße durchsetzen konnte. Sein Hauptziel war die Gründung eines Völkerbundes zur Sicherung des Friedens, was jedoch vom US-Senat wie auch der Versailler Vertrag abgelehnt wurde. Für seine Bemühungen um den Frieden erhielt W. 1919 den Nobelpreis.

Winckelmann, Johann Joachim

dt. Kunstgelehrter
* 9.12.1717 in Stendal
† 8.6.1768 in Triest

W. gilt als der Begründer der deutschen Kunstwissenschaft und klassischen Archäologie. Der Schusterssohn besuchte in Halle und Jena Vorlesungen über Theologie, Naturwissenschaften, Medizin und Philosophie, ohne jedoch seinen Abschluss zu machen, wurde Lehrer und später Bibliothekar des Grafen Bünau bei Dresden (1748–54). Besonders durch die Dresdner Antikensammlung angeregt, schuf W. sein Epoche machendes Werk *Gedanken über die Nachahmung der griechischen Werke in der Malerei und Bildhauerkunst* (1755), das zur Programmschrift des Klassizismus wurde. 1754 trat er zum Katholizismus über und übersiedelte ein Jahr später nach Rom, wo er Bibliothekar des Kardinals Albani, ab 1763 Präfekt der Antikensammlungen des Vatikans war. Das Studium der Kunstwerke fand seinen Niederschlag vor allem in dem Hauptwerk W.s *Die Geschichte der Kunst des Altertums* (1764), in dem er eine die Grundlagen des künstlerischen Schaffens berücksichtigende Stilgeschichte schuf, die zur grundlegenden Betrachtungsweise der neueren Kunstwissenschaft, vor allem der vergleichenden Kunstgeschichte geworden ist. Indem er die griechische Antike vor der römischen hervorhob, bestimmte er das Schönheitsideal der deutschen Klassik („edle Einfalt, stille Größe"). W. wurde auf einer Reise das Opfer eines Raubmordes.

Wittgenstein, Ludwig Joseph Johann

österr. Philosoph
* 26.4.1889 in Wien
† 29.4.1951 in Cambridge

W., Vertreter des Neopositivismus, stammte aus einer angesehenen jüdischen Fabrikantenfamilie, studierte in Berlin Maschinenbau, später Mathematik und Philosophie in Manchester und Cambridge, wo er sich dann der Philosophie B. →Russels zuwandte. 1920 verschenkte er sein Millionenvermögen und lebte bis 1929 als Dorflehrer und Gärtner. Anschließend kehrte W. nach Cambridge und damit ins Geistesleben zurück. Er befasste sich besonders mit der Kritik, der Logik und Sprache, deren Kern W.s „Abbildtheorie" zur Klärung des Verhältnisses von Sprache und Wirklichkeit ist. Seine logisch-philosophischen Abhandlungen (*Tractacus logico-philosophicus,* 1921), gehören zu den bedeutendsten philosophischen Schriften des 20. Jh.s. 1947 gab er die Lehrtätigkeit auf und widmete sich nur noch seinem Spätwerk *Philosophische Untersuchungen* (1953, postum), in dem W. seine Positionen der Frühphilosophie wieder infrage stellt. Die Bedeutung der Worte liegt im Gebrauch verschiedener, sich überlappender Sprachspiele im Alltag oder Berufsleben. Die Philosophie habe die Aufgabe die natürlichen Sprachen zu beschreiben, wofür W. eine Theorie der Sprachspiele entwickelte. Sein Werk beeinflusste besonders die analytische Philosophie.

Wolfram von Eschenbach

mittelhochdt. Dichter
* um 1170 in Eschenbach, Mittelfranken
† um 1220 in Eschenbach, Mittelfranken

W. war neben →Hartmann von Aue und Gottfried von Strassburg der dritte bedeutende Dichter der höfischen Epoche. Der aus einem unbegüterten ritterlichen Ministerialengeschlecht stammende Dichter stand vor allem im Dienst des Grafen von Durne und des Landgrafen Hermann von Thüringen. Obwohl er keine Lateinschule besuchte, verfügte W. über umfassende Kenntnisse der deutschen und französischen Literatur. Über sein Leben ist nichts Schriftliches überliefert, lediglich einige Stellen in seinem Werk geben Auskunft. Von W. sind acht frühe Minnelieder erhalten, darunter fünf Tagelieder, mit denen er die deutsche Tradition dieser Gattung begründete. Anschließend entstanden seine großen Epen. In dem Gralepos *Parzival* besang er (16 Bücher, 25 000 Verse), nach dem Vorbild des Chrétien des Troyes, die Irrfahrten eines Toren, der schließlich geläutert zum Hüter des wundertätigen Grals erhoben wird. W.s zwei Alterswerke sind fragmentarisch geblieben: Das Geschichtsepos *Willehalm* schildert symbolisch den Kampf zwischen Christentum und Heidentum. Die Dichtung *Titurel* greift die Liebesgeschichte der Nebenfiguren seines Hauptwerkes auf und stellt eine Art genealogische Fortsetzung des *Parzival* dar.

Woolf, Virginia Adeline

engl. Schriftstellerin
* 25.1.1882 in London
† 28.3.1941 in Lewis, Sussex

W.s formal erneuerte Romane zählen zu den Klassikern der Moderne. Die Tochter des Biografen und Kritikers Leslie Stephan wuchs in einem geistig aufgeschlossenen Elternhaus auf und war mit dem Literaturkritiker Leonard W. verheiratet. Zusammen gründeten sie den Verlag „Hogarth Press" (1917). Um W. traf sich die „Bloomsbury Group", ein Freundeskreis von Literaten (u. a. Victoria Sackville-West), Wissenschaftlern und Philosophen. Ihre Prosa zeichnet sich durch nuancierte Darstellung des Bewusstseinsstroms, klare Struktur und lyrische Qualität aus. Aus ihrer Abneigung gegenüber der traditionellen Romanform heraus, stellt sie an den Roman den Anspruch, er solle das wechselnde Leben in seinem ganzen komplexen Zustand darstellen (so auch bei J. →Joyce und M. →Proust) und Menschen in ihrer Widersprüchlichkeit zeigen (*Mrs. Dalloway,* 1925, dt. 1928; *Die Fahrt zum Leuchtturm,* 1927, dt. 1931). In ihren späteren Werken integrierte sie Merkmale anderer Gattungen in den Roman, wie z. B. in *Orlando,* einer fiktiven Biografie in Romanform, die die englische Dichtung von dem Helden symbolisiert. W. nahm sich bei einem erneuten Ausbruch der Nervenkrankheit, unter der sie seit der Kindheit litt, das Leben. Weitere bekannte Werke der Schriftstellerin sind *Die Wellen* (1931, dt. 1959), *Die Jahre* (1937, dt. 1954) und *Zwischen den Akten* (1941, dt. 1963). Postum 1976 erschien *Augenblicke. Skizzierte Erinnerungen* (dt. 1981).

Wright, Frank Lloyd

amerik. Architekt
* 8.6.1869 in Richland Center (WI)
† 9.4.1959 Phoenix (AZ)

Als Schüler von Louis H. Sullivan wurde W. zum wegweisenden Architekten in der ersten

Hälfte des 20. Jh.s. Mit dem Prinzip, den Bau von seinen inneren Funktionen her zu entwickeln, gelang ihm die Überwindung historischer Bauformen. Auf der Basis moderner Konstruktionsmethoden errichtete W. öffentliche und private Bauten, deren äußere Erscheinung vom Zweck, Material und von der Stellung in der Landschaft bestimmt wurde. Er baute z. B. funktionale und harmonisch in das Ambiente eingefügte Landhäuser, die sog. Prärie-Häuser, in denen er Naturmaterialien mit modernster Technik verband. Auch W.s Großbauten beeinflussten die Architektur wesentlich, wie das Bürogebäude Larkin House (1904/05), das nach außen abgeschlossen, ganz auf das Innere konzentriert ist und von oben stark belichtet wird. Ebenfalls berühmt ist der innen spiralförmig gestaltete Bau des Solomon R. Guggenheim Museums (1956–59) in New York. W.s Stil wirkte auch tiefgreifend auf die europäische Architektur ein. Bekannt sind das Kaufmann House „Falling Water“ oberhalb eines Wasserfalls (1935–39), das Wohnhochhaus Price Tower (1956) in Bartesville und die Ben Shalom Synagoge (1958/59) in Philadelphia.

Wright, Orville und Wilbur

amerik. Flugpioniere
Orville
* 19.8.1871 in Dayton (OH)
† 30.1.1948 in Dayton (OH)
Wilbur
* 16.4.1867 bei Millville (IN)
† 30.5.1912 in Dayton (OH)

Die Brüder W. führten am 17.12.1903 mit ihrem selbstkonstruierten 12 PS starken und 355 kg schweren Doppeldecker „Flyer I“ den ersten Motorflug der Welt durch, der weniger als eine Minute dauerte und etwa 50 m weit war. Ursprünglich Besitzer einer Fahrradfabrik, beschäftigten sie sich intensiv mit dem Problem des Fliegens. Durch systematische Studien, Experimente und Verbesserungen an Modellen gelangen den Brüdern 1901 die ersten etwa 100 m weiten Gleitflüge. Nach den ersten Geradeausflügen konnten sie mit einem verbesserten Modell ihres Motorflugzeuges Kurvenflüge durchführen. 1905 erfolgten die ersten Streckenflüge bis zu 45 km Länge. 1908 führten sie ihre Flugzeuge in Europa vor und legten z. B. 124 km in 140 Minuten zurück. Auf Grund ihres Strebens nach Perfektionierung ihrer Flugzeuge und mit der Ausbildung von Piloten gelten die Brüder W. als Wegbereiter der modernen Luftfahrt.

Wundt, Wilhelm

dt. Psychologe und Philosoph
* 16.8.1832 in Neckarau bei Mannheim
† 31.8.1920 in Großbothen bei Leipzig

W., seit 1864 Professor für Medizin an der Universität Heidelberg, gründete nach physiologischen Studien (*Grundzüge der physiologischen Psychologie,* 1874) in Leipzig das erste deutsche Institut für experimentelle Psychologie. Es diente zur Klärung des psychophysischen Leib-Seele-Problems, das für W. von zentraler Bedeutung war. Er sah die Psychologie als Basis aller Geisteswissenschaften an und die Logik als Methode für den Denkablauf, um zu wissenschaftlichen Ergebnissen zu gelangen. W.s kulturanthropologisches Werk *Völker-*

psychologie (1900–20) untersucht die Entwicklungsgesetze von Sprache, Mythos und Sitte als Ausdruck der „Volksseele". Philosophisch vertrat er (ab 1874 Professor für Philosophie in Leipzig) eine voluntaristische Metaphysik (*Philosophische Studien,* 1883–1902; *System der Philosophie,* 1889). W. veröffentlichte zahlreiche Abhandlungen darunter *Physiologische Studien* (1906–17) und *Vorlesungen über die Menschen- und Tierseele* (1864).

Wyler, William

amerik. Regisseur
* 1.7.1902 in Mühlhausen, Elsass (Frankreich)
† 27.7.1981 in Beverly Hills (CA)

W. wurde mit seinen perfekten, spannend inszenierten Filmen unterschiedlicher Genres zu einem der großen Regisseuren Hollywoods. Der Sohn deutsch-schweizerischer Eltern emigrierte 1920 nach einer Ausbildung als Herrenausstatter in die USA. In Hollwood arbeitete er in den Universal Studios, dessen Präsident sein Onkel war, als Regieassistent. Den Durchbruch als Regisseur hatte W. mit dem Gangsterfilm *Sackgasse* (1937). Er verfilmte auch Bühnenstücke und literarische Klassiker (*Stürmische Höhen,* 1939, mit L. →Olivier). Für zwei Werke, die die Auswirkungen des Krieges behandeln, *Mrs. Miniver* (1942) und *Die besten Jahre unseres Lebens* (1946), wurde W. mit dem Oscar ausgezeichnet. Einen weiteren Höhepunkt in seinem Schaffen stellte *Ben Hur* (1959) dar, für den er seinen dritten Oscar erhielt und der mit insgesamt elf Oscars einen Rekord in der Filmgeschichte aufstellte (Der Rekord wurde erst 1998 von dem Untergangsepos *Titanic* mit ebenfalls elf Oscars eingestellt). Zu W.s bekannten Titeln zählen die Melodramen *Jezebel – Die boshafte Lady* (1938) und *Die kleinen Füchse* (1941), beide mit Bette Davis, die Gangster- und Kriminalfilme *Polizeirevier 21* (1951), *An einem Tag wie jeder andere* (1955), der Liebesfilm *Ein Herz und Krone* (1953), die Komödie *Wie klaut man eine Million,* (1965), beide mit Audrey Hepburn, das Musical *Funny Girl* (1967) und das Antirassismusdrama *Glut der Gewalt* (1969).

Xenophon

griech. Offizier und Schriftsteller
* um 430 v. Chr. in Athen
† um 354 v. Chr. Korinth (?)

Der Schüler des →Sokrates schloss sich 401 v. Chr. als Offizier dem Zug des Perserprinzen Kyros d. J. gegen dessen Bruder Artaxerxes II. an und führte nach Kyros' Tod in der Schlacht bei Kunaxa das griechische Söldnerheer vom Tigris nach Hellas zurück. Anschließend in thrakischen, dann in spartanischen Diensten, kämpfte X. 394 auf seiten Agesilaos' II. in der Schlacht bei Koroneia gegen die mit Athen verbündeten Thebaner und wurde von den Athener verbannt. Er lebte etwa 20 Jahre auf dem von den Spartaner zum Geschenk erhaltenen Landgut in Skillus nahe Olympia. Nach der Niederlage der Spartaner floh X. 371 nach Korinth, wurde 368/67 von Athen amnestiert und war nur noch als Schriftsteller tätig. Er hatte eine aristokratische Erziehung erhalten und trat für eine spartanische Lebensform ein. Seine Persönlichkeit war durch sokratische Ideale geprägt und auf Freundschaft und Familie ausgerichtet. In der Fortsetzung des Geschichtswerkes des →Thukydides schrieb X. mit der *Hellenika* die griechische Geschichte von 411–362, gekennzeichnet durch Vorliebe für Sparta und das Herausstellen der handelnden Einzelpersönlichkeit. Er verfasste die *Anabasis,* eine Monographie über den Zug mit Kyros, dann *Agesilaos,* eine biografi-

sche Lobschrift auf den König sowie politische *(Kyrupädie, Hieron, Staat der Lakedämonier)* und philosophische *(Apologie des Sokrates, Symposion)* Schriften.

Xerxes I.

pers. König
* um 519 v. Chr.
† 465 v. Chr. in Susa

Der Sohn →Darius' I. und der einflussreichen Königin Atossa wurde in der Nachfolge seines Vaters 486 v. Chr. persischer Großkönig. Er schlug ägyptische und babylonische Aufstände (484 bzw 482) nieder und setzte den Krieg gegen Griechenland (480) fort. Infolge der Niederlagen in den Seeschlachten bei Salamis (480) und Mykale (479) sowie in der Landschlacht bei Plataä (479) musste er jedoch seine Eroberungspläne aufgeben (→Leonidas, →Themistokles) und konnte die Ausbreitung des Attischen Seebundes ab 477 an der West- und Südküste Kleinasiens nicht verhindern. X. betrieb eine rege Bautätigkeit, vor allem in der Palaststadt Persepolis in Südpersien. Hier und in Susa ließ er monumentale Palastbauten errichten. Während einer Palastrevolution wurde X. von dem Führer seiner Leibwache ermordet. Sein alttestamentarischer Name lautet Ahasverus „Der über Helden Herrschende".

Yeats, William Butler

ir. Dichter
* 13.6.1865 in Sandymount bei Dublin
† 28.1.1939 in Roquebrune-Cap-Martin bei Nizza

Y. gilt als der Erneuerer der irischen Nationalliteratur und ist ein bedeutender Vertreter der literarischen Moderne. Er studierte zunächst Kunst in Dublin, wandte sich aber später der Schriftstellerei zu. 1899 gründete er das Abbey Theatre (das spätere irische Nationaltheater), dessen Leiter er bis zu seinem Tod war. Anfangs in symbolistischer Tradition, verwendete er später eine immer tiefer verschlüsselte Bildersprache (*Last Poems,* 1939). Y. schuf Werke von symbolisch vertiefter Gestaltung keltischer Sagenstoffe als Darstellung geheimer Seelenkräfte. Seine Neigung zum Spiritismus brachte den Dichter mit dem Medium Georgie Hyde-Lees zusammen, die er 1917 heiratete. Obwohl er in Englisch schrieb, wurde Y. zum Wiedererwecker alter gälischer Literaturtradition. Er verfasste philosophisch-mystische Gedichte, Erzählungen, Essays, lyrisch empfundene Dramen: *Die Gräfin Cathleen* (1892, dt. 1925), *Das Land der Sehnsucht* (1894, dt. 1911), *Deidre* (1907, dt. 1933). u. a. Y. erhielt 1923 den Nobelpreis für Literatur.

Young, Thomas

engl. Arzt und Physiker
* 13.6.1773 in Milverton, Somerset
† 10.5.1829 in London

Y. ist der Begründer (1801) der Dreifarbenlehre des Sehens, nach der die Retina des Auges ausschließlich Rot, Grün und Blau wahrnimmt und alle anderen Farben einschließlich Weiß Reizkombinationen aus diesen drei Grundfarben sind. Der naturwissenschaftlich, aber auch sprachlich sowie musisch begabte Arzt hielt neben seiner medizinischen Tätigkeit Physikvorlesungen und befasste sich vor allem mit optischen Problemen. Er entdeckte u. a., dass die Scharfeinstellung des menschlichen Auges durch die Krümmungsveränderung der Linse bewirkt wird. Auch kam Y. zu grundlegenden Erkenntnissen in der Wellentheorie des Lichtes und erhärtete diese mit seinem Interferenzprinzip anhand der Beugungserscheinungen (Newtonsche Ringe). Er suchte eine Erklärung für die Gezeiten und beschäftigte sich mit der Entschlüsselung der ägyptischen Hieroglyphen und wurde zum Wegbereiter J.-F. →Champollions.

Zarathustra

pers. Prophet
zwischen 1000 und 600 v. Chr.

Über das Leben des Z. ist kaum etwas bekannt. Auskunft über sein Wirken gibt der erste Abschnitt des vierteiligen heiligen Buches der Perser, das Avesta. Von Beruf Priester und Sänger, wurde Z. wegen seines Protestes gegen blutige Stieropfer und rauschhafte Orgien arischer Männerbünde aus der Heimat vertrieben und fand Zuflucht bei Fürst Vishtaspha. Unterstützt von diesem, begründete er die religiöse Lehre des Parsismus (Zoroastrismus). Z. verkündete in Ekstase empfangene Offenbarungen des Hochgottes Ahuramazda (Welt des Lichts), die den Menschen zur Entscheidung für das Gute und zur Absage an den bösen Geist Ahra Mainyu (Welt der Finsternis) aufriefen. Die schon seit Urzeiten bestehende Gegnerschaft wird nach Z. durch den endgültigen Sieg des Lichtgottes aufgehoben, wodurch der Kosmos wunderbar verwandelt und von dem Bösen gereinigt wird. Unter den Achämeniden wurde der Parsismus die persische Nationalreligion. Nach der arabisch-islamischen Eroberung des Landes wanderten die Parsen nach Indien aus.

Zátopek, Emil

tschech. Leichtathlet
* 19.9.1922 in Kaprivnice

Z., der zusammen mit Paavo Nurmi als bester Langstreckenläufer des 20. Jh.s gilt, erhielt durch sein sehr gleichmäßiges Lauftempo den Beinamen „Tschechische Lokomotive“. Der

Tischlerssohn begann schon während der Schulzeit mit ernsthaftem Lauftraining, studierte später Chemie, musste aber wegen des II. Weltkrieges sein Studium aufgeben. 1948 wurde er bei den Olympischen Spielen in London Olympiasieger über 10 000 m und zweiter über 5000 m. 1952 in Helsinki war Z. der Star der Spiele: Als bisher einziger Läufer gewann er die Goldmedaille über 5000 m, 10 000 m und im Marathon. Er stellte insgesamt 19 Weltrekorde auf und lief 10 000 m als erster unter 29 Minuten. Z.s Ehefrau, die Speerwerferin Dana Zatopkova war 1952 Olympiasiegerin sowie 1954 und 1958 Europameisterin. 1968 protestierte der Major der tschechoslowak. Armee gegen die gewaltsame Unterdrückung des „Prager Frühlings“, wurde daraufhin aus der KP ausgeschlossen und zum Hilfsarbeiter degradiert. Erst Ende der 70er Jahre wurde er von den kommunist. Machthabern rehabilitiert.

Zeiss, Carl

dt. Mechaniker und Industrieller
* 11.9.1816 in Weimar
† 3.12.1888 in Jena

Z. hatte sich mit 30 Jahren eine Werkstatt in Jena eingerichtet, in der er über zwei Jahrzehnte in erster Linie Mikroskope und Linsen für die naturwissenschaftlichen Fakultäten der Universität produzierte. Durch den Eintritt des Physikers Ernst Abbe in seine Firma und dessen wissenschaftlich fundierte Mitarbeit wurde der Grundstein zum späteren Weltkonzern für optische Geräte gelegt. Zusammen mit dem Chemiker Otto Schott gründete Z. die Tochtergesellschaft „Jenaer Glaswerk“ und erweiterte das gesamte Programm seines Unternehmens. Nach seinem Tod wurde die Firma in die „Carl-Z.-Stiftung“ umgewandelt. Sie ist Trägerin der beiden Stiftungsunternehmen „Carl Z., Oberkochen“ und „Schott Glaswerke, Mainz“.

Zenon von Kition, der Jüngere

griech Philosoph
* um 336 v. Chr. in Kition, Zypern
† 263 v. Chr. in Athen

Um 300 v. Chr. gründete Z. in der bunten Säulenhalle (stoa poikile) in Athen die Philosophenschule „Stoa“, die über mehrere Jahrhunderte eine feste gedankliche und ethische Lebensgrundlage bot. Die Stoa lehrte eine einheitliche Welt, in der nur Materielles wirklich ist und die von einer Urkraft durchströmt wird. Die Stoiker glaubten an einen von Gott beseelten und vorherbestimmten Kosmos, und der Mensch als dessen kleiner Teil habe sich in das Ganze harmonisch einzufügen. Die Lehre näherte sich der Idee des Weltbürgertums und der Gleichheit aller Menschen. Von Z.s Schriften sind nur Bruchstücke erhalten, seine Lehre jedoch wurde von seinen Schülern Kleanthes und Chrysippos weitergegeben.

Zeppelin, Ferdinand Graf von

dt. Luftschiffkonstrukteur
* 8.7.1838 in Konstanz
† 8.3.1917 in Berlin

Z. konstruierte erstmals lenkbare, gasgefüllte Starrluftschiffe, die populär als „Zeppeline“ bezeichnet wurden. Nach dem Besuch der Technischen Hochschule entschied er sich für eine militärische Laufbahn und beendete diese 1891. Anschließend ging Z. an die Ausführung seiner Pläne, ein motorgetriebenes Luftschiff für Personen- und Frachttransport über große Entfernungen zu bauen. Das erste Luftschiff LZ 1

startete am 2.7.1900 in Friedrichshafen am Bodensee. 1910 leitete Zeppelin mit der ersten Passagierfahrt das Zeitalter des Luftverkehrs ein. Die Zeppeline wurden im transatlantischen Liniendienst und im I. Weltkrieg für militärische Zwecke eingesetzt. 1937 kam es zur Katastrophe, als das Großluftschiff LZ 129 „Hindenburg“ nach einer Passagierfahrt über den Nordatlantik kurz vor der Landung in Lakehurst (New Jersey, USA) durch Brand zerstört wurde und 34 Menschen starben. Danach wurden die Pläne für ein internationales Luftschiff-Liniennetz aufgegeben.

Zola, Émile

frz. Schriftsteller
* 2.4.1840 in Paris
† 29.9.1902 in Paris

Als Hauptvertreter und Theoretiker des Naturalismus beeinflusste Z. die nachfolgende Literatengeneration bis ins 20. Jh. hinein, besonders mit *Les Rougon-Macquart* (1871–93, dt. 1892–99), einem 20-teiligen Zyklus von Experimentalromanen (darunter *Nana,* 1880 und *Germinal,* 1885). Hier schildert er mit naturwissenschaftlicher Präzision die Umwelt des Zweiten Kaiserreiches. Der Schwerpunkt liegt dabei auf der Darstellung der Figuren, die durch Milieu und Abstammung geprägt sind und sich in ihrer Umwelt behaupten müssen. Nach Abbruch der Schule arbeitete Z. seit 1862 im Verlagshaus Hachette, wo er bekannte zeitgenössische Schriftsteller kennen lernte. Auch Maler der neuen Stilrichtung des Impressionismus zähl-

ten zu seinen Freunden. Ab 1865 widmete er sich ausschließlich der Schriftstellerei und rief mit seinen naturalistischen Werken enorme Resonanz hervor. Z. wurde zum Vorkämpfer für soziale Gerechtigkeit. 1898 griff er in einem offenen Brief an den französischen Präsidenten *J'accuse…! (Ich klage an)* Partei für den des Landesverrats angeklagten A. →Dreyfus und wurde zu einem Jahr Gefängnis verurteilt, floh aber nach England. 1899 kehrte er rehabilitiert nach Frankreich zurück. Sein soziales Engagement wird auch in seinen weiteren Werken deutlich: u. a. die Romanzyklen *Die drei Städte* (1894–98, dt. 1895–98) und *Die vier Evangelien* (1899–1902, dt. 1900–07).

Zuckmayer, Carl

dt. Schriftsteller
* 27.12.1896 in Nackenheim am Rhein
† 18.1.1977 in Visp, Schweiz

Z., einer der erfolgreichsten deutschen Dramatiker, entdeckte nach einem Studium generale seine Liebe zum Theater. Er feierte große Bühnenerfolge durch Anschaulichkeit, volkstümliche Züge, sinnenfrohe Typen, humorvolle, drastische Situationen. Nach expressionistischen Anfängen mit dem Volksstück *Der fröhliche Weinberg* (1925), der zum durchschlagenden Erfolg wurde, fand Z. zu einem eigenen Stil im Rahmen der Neuen Sachlichkeit. Besonders bekannt wurde er durch die populärste seiner zeitkritischen Komödien *Der Hauptmann von Köpenick* (1931), die wie sein *Schinderhannes* (1927), eine Sozialsatire mit antiautoritärer Tendenz ist. Ein Welterfolg war *Des Teufels General* (1946) um die Gestalt eines Fliegergenerals unter A. →Hitler. Durch die Erfahrung beider Weltkriege zum Pazifisten geworden, griff Z. mit diesem Drama, das nach der Uraufführung heftige Diskussionen hervorrief, erstmals das Thema des Widerstandes gegen die Nationalsozialisten auf. Zu seinen häufig gespielten Stücken gehören auch *Barbara Blomberg* (1949) und das Résistance-Stück *Der Gesang im Feuerofen* (1950). Z. bekam wegen antifaschistische Äußerungen und auf Grund seiner jüdischen Herkunft ab 1933 Aufführungsverbot und musste 1938 über die Schweiz in die USA flüchten. 1947 kehrte er aus dem amerikanischen Exil zurück und ließ sich 1958 in der Schweiz nieder. Seine späten Zeitstücke waren wegen ihrer Konstruiertheit und Symbolik nicht sehr erfolgreich. 1966 erschien seine Autobiografie *Als wär's ein Stück von mir,* die zu Z.s größtem Prosaerfolg wurde. Er wurde 1929 mit dem Georg-Büchner-Preis ausgezeichnet.

Zuse, Konrad

dt. Ingenieur und Erfinder
* 22.6.1910 in Berlin
† 18.12.1995 in Hunfeld bei Fulda

Z. zählt neben A. M. →Turing und Howard Aiken (*1900, †1973) zu den Pionieren des Rechnerbaus. 1941 stellte er mit dem „Z3" den ersten programmgesteuerten elektromechanischen Computer vor und kam damit seinem amerikanischen Kollegen Aiken zuvor, der lange Zeit als Erfinder des Computers galt. Während des II. Weltkrieges entwickelte Z. mehrere Spezialrechner für Flugabwehrgeschütze. 1949 gründete er in Herford die Zuse KG, die mit den weiterentwickelten Rechnern der Typen Z11, Z22 und Z23 auf dem Markt kam. 1967 wurde sein Unternehmen von der Siemens AG übernommen.

Zweig, Stefan

österr. Schriftsteller
* 28.11.1881 in Wien
+ 23.2.1942 in Rio de Janeiro

Der aus dem jüdischen Bildungsbürgertum stammende Kosmopolit Z. studierte Germanistik, Romanistik und Philosophie in Österreich, Frankreich und Deutschland, bevor er sich 1913 in Salzburg niederließ.

Er wurde zunächst als Übersetzer von Ben Jonson und Biograf historischer und literarischer Persönlichkeiten aus der europäischen Kulturgeschichte bekannt. Später schrieb Z. v. a. Novellen (*Verwirrung der Gefühle,* 1927, *Schachnovelle,* 1941) und Romane (*Der Zwang,* 1927, *Ungeduld des Herzens,* 1939), die sich durch ihre psychologische Fragestellung und subtile Sprache auszeichneten. Angesichts des beginnenden faschistischen Terrors in Europa emigrierte Z. 1934 zunächst nach London, wo er die britische Staatsbürgerschaft annahm. 1940 ging er über die USA ins Exil nach Brasilien, wo er sich 1942 das Leben nahm. Sein autobiografischer Roman *Die Welt von Gestern* erschien 1943 postum.

Zwingli, Ulrich

schweiz. Reformator
* 1.1.1484 in Wildhaus, Toggenburg
† 11.10.1531 bei Kappel

Z., Pfarrer in Glarus (1506), Leutpriester in Einsiedeln (1516) und am Großmünster Zürich (1518), wurde durch →Erasmus von Rotterdam humanistisch stark beeinflusst. Unter dem Eindruck einer schweren Krankheit („Pesterlebnis“) und M. →Luthers, wandte er sich von Rom ab und trat für innerkirchliche Reformen ein. In seiner ersten öffentlichen Verlautbarung 1522 stellte er sich gegen die Verbindlichkeit der Fastengebote und des Priesterzölibats (Z. selbst war verheiratet). 1523 kam es zum Bruch mit dem Konstanzer Bischof und zum Beginn der Züricher Reformation unter der Leitung des politischen Rates der Stadt. Eine neue Kirchenordnung, die Messe, Orgel, Altäre, Firmung

und letzte Ölung abschaffte, wurde eingeführt. Z. geriet mit seiner Abendmahlslehre, die nur die symbolische Gegenwart Christi betonte, in Gegensatz zu Luther (*Marburger Religionsgespräch,* 1529). Politisch war er für die Gewinnung der altgläubigen Kantone tätig und fiel im Kampf gegen diese als Feldprediger der Zürcher Truppen. Durch den späteren Zusammenschluss der Anhänger Z.s mit J. →Calvin (1549) entstand die reformierte Kirche.